2023

Eduardo
Tomasevicius Filho

José Luiz de Moura
Faleiros Júnior

Pedro
Dalese

COORDENADORES

GDPR

Regulamento Geral sobre a Proteção de Dados da União Europeia

ANÁLISE DE CASOS
──────── SOBRE A APLICAÇÃO DE SANÇÕES ────────
ADMINISTRATIVAS

Amanda Thereza Lenci Paccola • **Ana Francisca** Pinto Dias • **Ana Marília** Dutra Ferreira da Silva • **Anderson** Souza da Silva Lanzillo • **Carolina** Lopes Scodro • **Caroline Stéphanie** Francis dos Santos Maciel • **Daniel** Falcão • **Eduardo** Tomasevicius Filho • **Emília** Garbuio Pelegrini • **Erick Hitoshi** Guimarães Makiya • **Gabriel** Oliveira de Aguiar Borges • **Gabriela** Buarque • **Giovanni Carlo** Batista Ferrari • **Ingrid** Drumond Correia Alves • **João Alexandre** Silva Alves Guimarães • **João Guilherme** Pereira Chaves • **José Luiz** de Moura Faleiros Júnior • **Kelvin** Peroli • **Leonardo** Perez Diefenthäler • **Leticia** Becker Tavares • **Letícia** Preti Faccio • **Livia** Clozel Fuziy • **Luana** Andrade de Lemos • **Ludmila** Douettes • **Lukas** Darien Dias Feitosa • **Marcela** Joelsons • **Mariana** A. Sousa Schedeloski • **Mariana** de Siqueira • **Mayara** Rocumback Vieira da Silva • **Pedro** Dalese • **Pietra** Daneluzzi Quinelato • **Pietra** Vaz Diógenes da Silva • **Rafael** Medeiros Popini Vaz • **Rodrigo** Cavalcanti • **Stéfani** Reimann Patz • **Sthéfano Bruno** Santos Divino • **Victor** Auilo Haikal • **Victoria** Paganella

Dados Internacionais de Catalogação na Publicação (CIP) de acordo com ISBD

C291

GDPR - Regulamento Geral sobre a Proteção de Dados da União Europeia: análise de casos sobre a aplicação de sanções administrativas / coordenado por Eduardo Tomasevicius Filho, José Luiz de Moura Faleiros Júnior e Pedro Dalese. - Indaiatuba, SP : Editora Foco, 2023.

488 p. ; 16cm x 23cm.

Inclui bibliografia e índice.

ISBN: 978-65-5515-715-4

1. Direito. 2. Lei Geral de Proteção de Dados. 3. União Europeia. 4. Sanções administrativas. I. Tomasevicius Filho, Eduardo. II. Júnior, José Luiz de Moura Faleiros. III. Dalese, Pedro. IV. Título.

2023-54

CDD 340   CDU 34

Elaborado por Odilio Hilario Moreira Junior - CRB-8/9949

Índices para Catálogo Sistemático:

1. Direito 340
2. Direito 34

Eduardo
Tomasevicius Filho

José Luiz de Moura
Faleiros Júnior

Pedro
Dalese

C O O R D E N A D O R E S

GDPR

Regulamento Geral sobre a Proteção de Dados da União Europeia

ANÁLISE DE CASOS
———————— SOBRE A APLICAÇÃO DE SANÇÕES ————————
ADMINISTRATIVAS

Amanda Thereza Lenci Paccola · **Ana Francisca** Pinto Dias · **Ana Marília** Dutra Ferreira da Silva · **Anderson** Souza da Silva Lanzillo · **Carolina** Lopes Scodro · **Caroline Stéphanie** Francis dos Santos Maciel · **Daniel** Falcão · **Eduardo** Tomasevicius Filho · **Emília** Garbuio Pelegrini · **Erick Hitoshi** Guimarães Makiya · **Gabriel** Oliveira de Aguiar Borges · **Gabriela** Buarque · **Giovanni Carlo** Batista Ferrari · **Ingrid** Drumond Correia Alves · **João Alexandre** Silva Alves Guimarães · **João Guilherme** Pereira Chaves · **José Luiz** de Moura Faleiros Júnior · **Kelvin** Peroli · **Leonardo** Perez Diefenthäler · **Letícia** Becker Tavares · **Letícia** Preti Faccio · **Livia** Clozel Fuziy · **Luana** Andrade de Lemos · **Ludmila** Douettes · **Lukas** Darien Dias Feitosa · **Marcela** Joelsons · **Mariana** A. Sousa Schedeloski · **Mariana** de Siqueira · **Mayara** Rocumback Vieira da Silva · **Pedro** Dalese · **Pietra** Daneluzzi Quinelato · **Pietra** Vaz Diógenes da Silva · **Rafael** Medeiros Popini Vaz · **Rodrigo** Cavalcanti · **Stéfani** Reimann Patz · **Sthéfano Bruno** Santos Divino · **Victor** Auilo Haikal · **Victoria** Paganella

2023 © Editora Foco

Coordenadores: Eduardo Tomasevicius Filho, José Luiz de Moura Faleiros Júnior e Pedro Dalese
Autores: Amanda Thereza Lenci Paccola, Ana Francisca Pinto Dias, Ana Marília Dutra Ferreira da Silva, Anderson Souza da Silva Lanzillo, Carolina Lopes Scodro, Caroline Stéphanie Francis dos Santos Maciel, Daniel Falcão, Eduardo Tomasevicius Filho, Emília Garbuio Pelegrini, Erick Hitoshi Guimarães Makiya, Gabriel Oliveira de Aguiar Borges, Gabriela Buarque, Giovanni Carlo Batista Ferrari, Ingrid Drumond Correia Alves, João Alexandre Silva Alves Guimarães, João Guilherme Pereira Chaves, José Luiz de Moura Faleiros Júnior, Kelvin Peroli, Leonardo Perez Diefenthäler, Leticia Becker Tavares, Letícia Preti Faccio, Livia Clozel Fuziy, Luana Andrade de Lemos, Ludmila Douettes, Lukas Darien Dias Feitosa, Marcela Joelsons, Mariana A. Sousa Schedeloski, Mariana de Siqueira, Mayara Rocumback Vieira da Silva, Pedro Dalese, Pietra Daneluzzi Quinelato, Pietra Vaz Diógenes da Silva, Rafael Medeiros Popini Vaz, Rodrigo Cavalcanti, Stéfani Reimann Patz, Sthéfano Bruno Santos Divino, Victor Auilo Haikal e Victoria Paganella
Diretor Acadêmico: Leonardo Pereira
Editor: Roberta Densa
Assistente Editorial: Paula Morishita
Revisora Sênior: Georgia Renata Dias
Capa Criação: Leonardo Hermano
Diagramação: Ladislau Lima e Aparecida Lima
Impressão miolo e capa: FORMA CERTA

DIREITOS AUTORAIS: É proibida a reprodução parcial ou total desta publicação, por qualquer forma ou meio, sem a prévia autorização da Editora FOCO, com exceção do teor das questões de concursos públicos que, por serem atos oficiais, não são protegidas como Direitos Autorais, na forma do Artigo 8º, IV, da Lei 9.610/1998. Referida vedação se estende às características gráficas da obra e sua editoração. A punição para a violação dos Direitos Autorais é crime previsto no Artigo 184 do Código Penal e as sanções civis às violações dos Direitos Autorais estão previstas nos Artigos 101 a 110 da Lei 9.610/1998. Os comentários das questões são de responsabilidade dos autores.

NOTAS DA EDITORA:

Atualizações e erratas: A presente obra é vendida como está, atualizada até a data do seu fechamento, informação que consta na página II do livro. Havendo a publicação de legislação de suma relevância, a editora, de forma discricionária, se empenhará em disponibilizar atualização futura.

Erratas: A Editora se compromete a disponibilizar no site www.editorafoco.com.br, na seção Atualizações, eventuais erratas por razões de erros técnicos ou de conteúdo. Solicitamos, outrossim, que o leitor faça a gentileza de colaborar com a perfeição da obra, comunicando eventual erro encontrado por meio de mensagem para contato@editorafoco.com.br. O acesso será disponibilizado durante a vigência da edição da obra.

Impresso no Brasil (01.2023) – Data de Fechamento (01.2023)

2023
Todos os direitos reservados à
Editora Foco Jurídico Ltda.
Avenida Itororó, 348 – Sala 05 – Cidade Nova
CEP 13334-050 – Indaiatuba – SP

E-mail: contato@editorafoco.com.br
www.editorafoco.com.br

AGRADECIMENTOS

A compreensão das consequências aplicáveis a agentes que violem a legislação de proteção de dados pessoais envolve, para além da amplamente discutida responsabilidade civil, o estudo das sanções administrativas previstas na Lei Geral de Proteção de Dados Pessoais – LGPD (Lei 13.709/2018). No Brasil, vivencia-se importantíssimo momento no qual o elogiável labor da Autoridade Nacional de Proteção de Dados já resultou em importantes guias orientativos para agentes de tratamento de diversos os setores.

Sabendo que a aplicação de sanções administrativas, especialmente das de caráter pecuniário, demanda metodologia clara e adequada (art. 53, LGPD) e que a experiência estrangeira pode ser valiosa fonte de inspiração o tema, idealizamos esta obra coletiva, que consolida investigações de altíssima qualidade, desenvolvidas pelas autoras e pelos autores que gentilmente aceitaram participar conosco do projeto, se dedicando a compreender, em minúcias, relevantes precedentes sancionatórios das autoridades de proteção de dados dos países europeus. Expressamos a cada colega que contribuiu para a composição dessa coletânea nossos sinceros agradecimentos!

Também registramos nossa gratidão à Editora Foco pelo esmero e pelo incentivo à produção acadêmica!

Por fim, expressamos nossos agradecimentos aos leitores. Esperamos que o objetivo de lançar instigantes reflexões a partir da experiência comparada suscite pesquisas, auxilie na atuação profissional e contribua para fomentar a cultura de proteção de dados pessoais no Brasil.

Muito obrigado!

São Paulo/Belo Horizonte/Rio de Janeiro, novembro de 2022.

Eduardo Tomasevicius Filho
José Luiz de Moura Faleiros Jr.
Pedro Dalese

APRESENTAÇÃO

A aplicação de sanções por violações às leis de proteção de dados é tema de suma importância para a adequada compreensão da abrangência do direito fundamental à proteção de dados pessoais e das regras a ele concernentes. A esse respeito, a experiência europeia – especialmente após a vigência do Regulamento Geral sobre a Proteção de Dados da União Europeia (2016/679(UE)) (GDPR/RGPD) – abarca vasta casuística, que merece atenção mais detida para que se possa colher impressões e substratos úteis para ampliar as possibilidades de interpretação da legislação brasileira.

Cientes disso, idealizamos a obra "GDPR – Regulamento Geral sobre a Proteção de Dados da União Europeia: análise de caso sobre a aplicação de sanções administrativas".

Trata-se de uma obra metodologicamente estruturada para que cada capítulo ofereça ao leitor uma compreensão abrangente do precedente analisado, conforme esclarecimentos contidos na descrição do caso, que contém os aspectos fáticos relacionados ao evento que gerou a aplicação da sanção administrativa, bem como o contexto normativo do país onde foi aplicada a sanção, suas repercussões, sua abrangência (em relação a vítimas diretas e indiretas, agentes envolvidos e outras particularidades) e outros aspectos relevantes, além de um breve contexto sobre o país onde foi aplicada a sanção analisada, o contexto do problema, quem era o violador e que vantagens se buscava com a violação do GDPR.

Cada texto também apresenta análise descritiva dos dispositivos do GDPR que foram violados, bem como eventuais violações a normas internas, explicando, de forma sintética, o contexto de incidência da sanção a partir da violação respectiva.

Nos textos, são apontados, ainda, os principais aspectos jurídicos do caso analisado, contemplando, por exemplo, análise sobre a atuação da autoridade nacional responsável pela aplicação da sanção, sobre a sanção aplicada (e sua gradação) e quanto às possibilidades de exercício do contraditório e de outras garantias pelo agente sancionado. E, quando cabível, são apresentadas reflexões críticas sobre como o caso analisado poderia ser solucionado pela legislação brasileira e sobre quais lições podem ser extraídas para robustecer a experiência brasileira com inspiração no precedente investigado.

São, ao todo, 25 capítulos, estruturados em torno dos seguintes temas: (i) introdução às diretrizes europeias; (ii) encarregado de dados/*data protection officer*; (iii) proteção de dados de pessoa jurídica; (iv) proteção de dados por padrão (*by default*); (v) controladoria conjunta; (vi) transferência internacional de dados; (vii) dados biométricos e reconhecimento facial; (viii) perfilização (*profiling*); (ix) dados e algoritmos; (x) instituições de ensino; (xi) direitos do titular; (xii) falhas de segurança; (xiii) *telemarketing*; e (xiv) divulgação indevida de dados.

No primeiro capítulo, Eduardo Tomasevicius Filho, José Luiz de Moura Faleiros Júnior e Pedro Dalese assinam o texto de introito, intitulado "Proteção de dados pessoais e sanções pecuniárias: principais diretrizes de aplicação e quantificação na União Europeia". Tem-se o intuito de apresentar as principais características definidas, pelo Comitê Europeu para a Proteção de Dados (*European Data Protection Board*) nas *Guidelines 04/2022 on the calculation of administrative fines under the GDPR*, com efeito desde 12 de maio de 2022.

Na sequência, três trabalhos são dedicados a temas relacionados à figura do encarregado de dados (*data protection officer*) e às experiências da *Espanha*, da *Itália* e da *Bélgica*. No segundo capítulo da obra, Pietra Vaz Diógenes da Silva e Caroline Stéphanie Francis dos Santos Maciel assinam o trabalho intitulado "Azar no jogo, sorte com DPO: o 'Caso Aconcagua Juegos S.A.' e a atuação da Autoridade Espanhola de Proteção de Dados". No terceiro capítulo, Gabriel Oliveira de Aguiar Borges assina o artigo intitulado "O caso do Ministério do Desenvolvimento Econômico da Itália e a proteção de dados no âmbito da administração pública". Já Rafael Medeiros Popini Vaz é autor do capítulo "*Chien qui aboie ne mord pas*? A "mordida" da Autoridade de Proteção de Dados belga por descumprimento de princípios gerais do GDPR".

Em seguida, a experiência da *Áustria* em relação à possibilidade de proteção de dados de pessoa jurídica é analisada pela autora Mariana A. Sousa Schedeloski no capítulo intitulado "Direito de proteção de dados da pessoa jurídica na Áustria: estudo de caso".

O sexto capítulo analisa a proteção de dados por padrão (*by default*) a partir de precedente da *Noruega*. O texto, que é assinado por Ana Marília Dutra Ferreira da Silva, Mariana de Siqueira e Rodrigo Cavalcanti, recebe o seguinte título: "Sanções à exposição de dados pessoais pela Confederação de Esportes da Noruega e as contribuições para o sistema de proteção de dados no Brasil".

Em relação à controladoria conjunta, João Guilherme Pereira Chaves se reporta à experiência da *Lituânia* com o capítulo "Sanção aplicada pela Inspetoria Estatal de Proteção de Dados lituana no 'Caso Karantinas': tratamento de dados pessoais ilícito em aplicativos de saúde pública".

A transferência internacional de dados na *Itália* é o tema do oitavo capítulo da obra, escrito por Leticia Becker Tavares, com o seguinte título: "'Caso Universidade Luigi Bocconi': riscos na contratação de *software* estrangeiro para o tratamento de dados na educação".

Dois textos são dedicados ao relevante tema dos dados biométricos e do reconhecimento fácil. O nono capítulo, lastreado na experiência da *Espanha*, é escrito por Pedro Dalese e Leonardo Perez Diefenthäler, e leva o título "'Caso Mercadona': os limites do interesse público (essencial) e da proporcionalidade no âmbito de atividades de tratamento envolvendo categorias especiais de dados biométricos para fins de segurança privada". Já Amanda Thereza Lenci Paccola e Emília Garbuio Pelegrini se dedicam à análise da experiência da *Finlândia* no estudo conduzido para a produção do capítulo

"'Caso Clearview AI': a aplicação de sanção por uso ilegal de software de reconhecimento facial pela polícia finlandesa".

Prossegue-se com os debates relativos à perfilização (*profiling*), primeiramente, no capítulo assinado por Marcela Joelsons e Victoria Paganella, que analisa evento ocorrido na *Noruega*: "'Caso Disqus': *cookies*, publicidade comportamental e legítimo interesse". O segundo caso é analisado por José Luiz de Moura Faleiros Júnior e Stéfani Reimann Patz, e trata de precedente da *Áustria*: "Perfilização, decisões automatizadas na Áustria: o direito de acesso no contraponto à proteção aos segredos comercial e industrial".

Em matéria de dados e algoritmos, a experiência da *Itália* é analisada por Gabriela Buarque, que assina o artigo intitulado "Mediação algorítmica em aplicativos de entrega: repercussões do 'Caso Deliveroo'".

No contexto mais específico das instituições de ensino, três textos compõem a obra. O primeiro deles, escrito por Anderson Souza da Silva Lanzillo, Luana Andrade de Lemos e Lukas Darien Dias Feitosa, se reporta a evento ocorrido na *Dinamarca* e recebe o seguinte título: "Supervisão de exames universitários on-line e a proteção de dados pessoais no contexto da Covid-19: uma análise da decisão da DPA dinamarquesa à luz do GDPR". O segundo, de autoria de Victor Auilo Haikal, explora evento ocorrido no *Reino Unido*, e leva o título "Proteção dos dados pessoais de Tsai Ing-Wen ou proteção de Tsai Ing-Wen de seus próprios dados?" Finalmente, Ana Francisca Pinto Dias apresenta todas as nuances verificadas em *Portugal* no trabalho intitulado "A proteção de dados pessoais e a utilização de aplicações de realização de exames à distância: algumas notas em torno da Deliberação 622/2021 da Comissão Nacional de Proteção de Dados de Portugal".

Os direitos do titular de dados são a matéria central de três outros capítulos da obra. Pietra Daneluzzi Quinelato analisa o caso da *Espanha* no texto intitulado "Controlador adicionou você" – inserção em grupo de WhatsApp sem consentimento do titular". Já João Alexandre Silva Alves Guimarães, Letícia Preti Faccio e Erick Hitoshi Guimarães Makiya estudam o precedente da *Dinamarca* no texto intitulado "E se fosse no Brasil? Uma análise do caso do laboratório dinamarquês sancionado por compartilhar dados". Por sua vez, Mayara Rocumback Vieira da Silva cuida da análise de precedente ocorrido na *França*: "CNIL multa SNAF por descumprimento de pedidos de retificação e exclusão de dados pessoais: breve análise do caso e algumas possíveis contribuições ao cenário brasileiro".

Três capítulos são dedicados a falhas de segurança. No primeiro deles, Livia Clozel Fuziy analisa precedente do *Chipre* em artigo intitulado "Insuficiência de medidas técnicas e organizacionais para garantir a segurança da informação em solução tecnológica". Já o artigo de Carolina Lopes Scodro se reporta a precedente da *Irlanda* no texto com o título "O 'Caso Irish Credit Bureau' e a proteção de dados". O terceiro texto, de Giovanni Carlo Batista Ferrari, trata de caso ocorrido no *Reino Unido*, com o título "Abalo no firmamento: o 'Caso Cathay Pacific Airways Limited'".

O famigerado *telemarketing* é objeto de estudo no vigésimo terceiro capítulo da obra, assinado por Daniel Falcão e Kelvin Peroli, com análise de precedente ocorrido na *Itália*. O texto recebeu o seguinte título: "*Please, don't "call me back*": o direito de oposição do titular de dados pessoais ante as condutas de *telemarketing* da italiana Fastweb S.P.A".

Os dois últimos trabalhos da obra exploram casos de divulgação indevida de dados pessoais. Ludmila Douettes e Pedro Dalese tratam da experiência da *Espanha* no artigo intitulado "A divulgação de imagens em descompasso com o GDPR e os danos à honra e à imagem do titular de dados". Já Sthéfano Bruno Santos Divino e Ingrid Drumond Correia Alves encerram a obra com chave de ouro ao tratar da experiência da *Irlanda* no texto intitulado "Violação de dados pessoais e comunicação do controlador a Autoridade de Proteção de Dados: o *enforcement* do art. 33.º, ns. 1 e 5 do GDPR ao art. 48 da LGPD".

Em linhas gerais, a obra se condensa e permite a expansão das investigações detalhadas em cada um dos precedentes explorados para servir de repositório de experiências concretas. Almeja-se robustecer as investigações teóricas em matéria de proteção de dados pessoais com a cognição de nuances reais que se tornaram fatores relevantes para desencadear o sancionamento administrativo por violações ao GDPR. Esperamos que a obra seja importante fonte de consulta para pesquisadoras e pesquisadores que se interessam pela matéria e desejamos uma agradável experiência de leitura!

São Paulo/Belo Horizonte/Rio de Janeiro, novembro de 2022.

Eduardo Tomasevicius Filho
José Luiz de Moura Faleiros Júnior
Pedro Dalese

SUMÁRIO

AGRADECIMENTOS

Eduardo Tomasevicius Filho, José Luiz de Moura Faleiros Jr. e Pedro Dalese.......... V

APRESENTAÇÃO

Eduardo Tomasevicius Filho, José Luiz de Moura Faleiros Júnior e Pedro Dalese .. VII

I – INTRODUÇÃO ÀS DIRETRIZES EUROPEIAS

1. PROTEÇÃO DE DADOS PESSOAIS E SANÇÕES PECUNIÁRIAS: PRINCIPAIS DIRETRIZES DE APLICAÇÃO E QUANTIFICAÇÃO NA UNIÃO EUROPEIA

Eduardo Tomasevicius Filho, José Luiz de Moura Faleiros Júnior e Pedro Dalese .. 3

II – ENCARREGADO DE DADOS / *DATA PROTECTION OFFICER*

2. AZAR NO JOGO, SORTE COM DPO: O 'CASO ACONCAGUA JUEGOS S.A.' E A ATUAÇÃO DA AUTORIDADE ESPANHOLA DE PROTEÇÃO DE DADOS

Pietra Vaz Diógenes da Silva e Caroline Stéphanie Francis dos Santos Maciel........ 31

3. O CASO DO MINISTÉRIO DO DESENVOLVIMENTO ECONÔMICO DA ITÁLIA E A PROTEÇÃO DE DADOS NO ÂMBITO DA ADMINISTRAÇÃO PÚBLICA

Gabriel Oliveira de Aguiar Borges 49

4. *CHIEN QUI ABOIE NE MORD PAS*? A "MORDIDA" DA AUTORIDADE DE PROTEÇÃO DE DADOS BELGA POR DESCUMPRIMENTO DE PRINCÍPIOS GERAIS DO GDPR

Rafael Medeiros Popini Vaz 61

III – PROTEÇÃO DE DADOS DE PESSOA JURÍDICA

5. DIREITO DE PROTEÇÃO DE DADOS DA PESSOA JURÍDICA NA ÁUSTRIA: ESTUDO DE CASO

Mariana A. Sousa Schedeloski.. 81

IV – PROTEÇÃO DE DADOS POR PADRÃO (*BY DEFAULT*)

6. SANÇÕES À EXPOSIÇÃO DE DADOS PESSOAIS PELA CONFEDERAÇÃO DE ESPORTES DA NORUEGA E AS CONTRIBUIÇÕES PARA O SISTEMA DE PROTEÇÃO DE DADOS NO BRASIL

Ana Marília Dutra Ferreira da Silva, Mariana de Siqueira e Rodrigo Cavalcanti 97

V – CONTROLADORIA CONJUNTA

7. SANÇÃO APLICADA PELA INSPETORIA ESTATAL DE PROTEÇÃO DE DADOS LITUANA NO 'CASO KARANTINAS': TRATAMENTO DE DADOS PESSOAIS ILÍCITO EM APLICATIVOS DE SAÚDE PÚBLICA

João Guilherme Pereira Chaves 115

VI – TRANSFERÊNCIA INTERNACIONAL DE DADOS

8. 'CASO UNIVERSIDADE LUIGI BOCCONI': RISCOS NA CONTRATAÇÃO DE *SOFTWARE* ESTRANGEIRO PARA O TRATAMENTO DE DADOS NA EDUCAÇÃO

Leticia Becker Tavares 131

VII – DADOS BIOMÉTRICOS E RECONHECIMENTO FACIAL

9. 'CASO MERCADONA': OS LIMITES DO INTERESSE PÚBLICO (ESSENCIAL) E DA PROPORCIONALIDADE NO ÂMBITO DE ATIVIDADES DE TRATAMENTO ENVOLVENDO CATEGORIAS ESPECIAIS DE DADOS BIOMÉTRICOS PARA FINS DE SEGURANÇA PRIVADA

Pedro Dalese e Leonardo Perez Diefenthäler 151

10. 'CASO CLEARVIEW AI': A APLICAÇÃO DE SANÇÃO POR USO ILEGAL DE SOFTWARE DE RECONHECIMENTO FACIAL PELA POLÍCIA FINLANDESA

Amanda Thereza Lenci Paccola e Emília Garbuio Pelegrini 179

VIII – PERFILIZAÇÃO (*PROFILING*)

11. 'CASO DISQUS': *COOKIES*, PUBLICIDADE COMPORTAMENTAL E LEGÍTIMO INTERESSE

Marcela Joelsons e Victoria Paganella 199

12. PERFILIZAÇÃO, DECISÕES AUTOMATIZADAS NA ÁUSTRIA: O DIREITO DE ACESSO NO CONTRAPONTO À PROTEÇÃO AOS SEGREDOS COMERCIAL E INDUSTRIAL

José Luiz de Moura Faleiros Júnior e Stéfani Reimann Patz 215

IX – DADOS E ALGORITMOS

13. MEDIAÇÃO ALGORÍTMICA EM APLICATIVOS DE ENTREGA: REPERCUSSÕES DO 'CASO DELIVEROO'

Gabriela Buarque 233

X – INSTITUIÇÕES DE ENSINO

14. SUPERVISÃO DE EXAMES UNIVERSITÁRIOS ON-LINE E A PROTEÇÃO DE DADOS PESSOAIS NO CONTEXTO DA COVID-19: UMA ANÁLISE DA DECISÃO DA DPA DINAMARQUESA À LUZ DO GDPR

Anderson Souza da Silva Lanzillo, Luana Andrade de Lemos e Lukas Darien Dias Feitosa 259

15. PROTEÇÃO DOS DADOS PESSOAIS DE TSAI ING-WEN OU PROTEÇÃO DE TSAI ING-WEN DE SEUS PRÓPRIOS DADOS?

Victor Auilo Haikal 273

16. A PROTEÇÃO DE DADOS PESSOAIS E A UTILIZAÇÃO DE APLICAÇÕES DE REALIZAÇÃO DE EXAMES À DISTÂNCIA: ALGUMAS NOTAS EM TORNO DA DELIBERAÇÃO 622/2021 DA COMISSÃO NACIONAL DE PROTEÇÃO DE DADOS DE PORTUGAL

Ana Francisca Pinto Dias 293

XI – DIREITOS DO TITULAR

17. "CONTROLADOR ADICIONOU VOCÊ" – INSERÇÃO EM GRUPO DE WHATSAPP SEM CONSENTIMENTO DO TITULAR

Pietra Daneluzzi Quinelato 329

18. E SE FOSSE NO BRASIL? UMA ANÁLISE DO CASO DO LABORATÓRIO DINAMARQUÊS SANCIONADO POR COMPARTILHAR DADOS

João Alexandre Silva Alves Guimarães, Letícia Preti Faccio e Erick Hitoshi Guimarães Makiya 343

19. CNIL MULTA SNAF POR DESCUMPRIMENTO DE PEDIDOS DE RETIFICAÇÃO E EXCLUSÃO DE DADOS PESSOAIS: BREVE ANÁLISE DO CASO E ALGUMAS POSSÍVEIS CONTRIBUIÇÕES AO CENÁRIO BRASILEIRO

Mayara Rocumback Vieira da Silva 361

XII – FALHAS DE SEGURANÇA

20. INSUFICIÊNCIA DE MEDIDAS TÉCNICAS E ORGANIZACIONAIS PARA GARANTIR A SEGURANÇA DA INFORMAÇÃO EM SOLUÇÃO TECNOLÓGICA

Livia Clozel Fuziy 381

21. O 'CASO IRISH CREDIT BUREAU' E A PROTEÇÃO DE DADOS

Carolina Lopes Scodro 393

22. ABALO NO FIRMAMENTO: O 'CASO CATHAY PACIFIC AIRWAYS LIMITED'

Giovanni Carlo Batista Ferrari 407

XIII – *TELEMARKETING*

23. PLEASE, DON'T "CALL ME BACK": O DIREITO DE OPOSIÇÃO DO TITULAR DE DADOS PESSOAIS ANTE AS CONDUTAS DE TELEMARKETING DA ITALIANA FASTWEB S.P.A

Daniel Falcão e Kelvin Peroli 423

XIV – DIVULGAÇÃO INDEVIDA DE DADOS

24. A DIVULGAÇÃO DE IMAGENS EM DESCOMPASSO COM O GDPR E OS DANOS À HONRA E À IMAGEM DO TITULAR DE DADOS

Ludmila Douettes e Pedro Dalese 441

25. VIOLAÇÃO DE DADOS PESSOAIS E COMUNICAÇÃO DO CONTROLADOR À AUTORIDADE DE PROTEÇÃO DE DADOS: O *ENFORCEMENT* DO ART. 33.º, NS. 1 E 5 DO GDPR AO ART. 48 DA LGPD

Sthéfano Bruno Santos Divino e Ingrid Drumond Correia Alves 455

I
INTRODUÇÃO ÀS
DIRETRIZES EUROPEIAS

1
PROTEÇÃO DE DADOS PESSOAIS E SANÇÕES PECUNIÁRIAS: PRINCIPAIS DIRETRIZES DE APLICAÇÃO E QUANTIFICAÇÃO NA UNIÃO EUROPEIA

Eduardo Tomasevicius Filho

Doutor e Livre-docente em Direito Civil pela USP. Professor-Associado do Departamento de Direito Civil da Faculdade de Direito da USP. Professor do Curso de Direito das Faculdades Integradas Campos Salles. Líder do Grupo de Pesquisa "Direito Civil na Sociedade em Rede". Advogado e consultor jurídico em São Paulo. E-mail: tomasevicius@usp.br.

José Luiz de Moura Faleiros Júnior

Doutorando em Direito Civil pela Universidade de São Paulo – USP/Largo de São Francisco. Doutorando em Direito, na área de estudo 'Direito, Tecnologia e Inovação', pela Universidade Federal de Minas Gerais – UFMG. Mestre e Bacharel em Direito pela Universidade Federal de Uberlândia – UFU. Advogado e Professor. E-mail: jfaleiros@usp.br.

Pedro Dalese

Especialista em Direito Digital e Proteção de Dados pela Escola Superior de Advocacia (ESA/OABRJ). Bacharel em Direito pela Universidade Federal Fluminense (UFF). Advogado do Escritório Luciano Tolla Advogados (Niterói/RJ) e Contato: pedrodalesejur@gmail.com.

Decisão completa:

https://edpb.europa.eu/system/files/2022-05/edpb_guidelines_042022_calculationofadministrativefines_en.pdf

Sumário: 1. Notas introdutórias – 2. A importância das sanções administrativas para o *enforcement* da legislação de proteção de dados – 3. Comentários e análise crítica das diretrizes europeias; 3.1 Metodologia para o cálculo de sanções pecuniárias; 3.2 Sanções pecuniárias de valores predeterminados; 3.3 Cumulação de infrações; 3.3.1 Princípio da especialidade; 3.3.2 Princípio da subsidiariedade; 3.3.3 Princípio do consumo; 3.4 Múltiplas condutas sancionáveis; 3.5 Critérios para a individualização da conduta sancionada e para o cômputo da sanção; 3.6 Atenuantes e agravantes: medidas corretivas e regulação responsiva; 3.7 Quantificação da sanção administrativa; 3.8 Sanções efetivas, proporcionais e dissuasivas em harmonia com o direito interno – 4. Conclusão – Referências.

1. NOTAS INTRODUTÓRIAS

A União Europeia, com o Regulamento 2016/679 – Regulamento Geral sobre a Proteção de Dados, o RGPD, ou, em inglês, *General Data Protection Regulation* (doravante denominado "GDPR"),[1] que é aplicável desde 25 de maio de 2018 – concluiu uma reforma abrangente do regulamento de proteção de dados até então vigente na Europa. O regulamento é composto de vários componentes essenciais, sendo um dos principais o reforço dos poderes de execução das autoridades de supervisão. O regulamento impõe um novo nível de sanções pecuniárias de valor substancialmente aumentado, bem como prevê a harmonização das mesmas entre os Estados-Membros.

Os controladores de dados (*data controllers*) e operadores de dados (*data processors*) passaram a assumir responsabilidades relacionadas à eficácia da proteção conferida aos dados pessoais, foram estruturados conceitos e princípios fundamentais para a conformação do panorama europeu de proteção dos dados pessoais. Além disso, editou-se importante arcabouço de regras para nortear a avaliação de violações de dados pessoais.

No afã de evitar disparidades e distorções quanto à aplicação da norma continental, o Comitê Europeu para a Proteção de Dados (*European Data Protection Board*) passou a editar orientações específicas, no intuito de fornecer uma base clara e transparente para a fixação de multas pelas autoridades dos Estados-Membros. As Diretrizes publicadas anteriormente sobre a aplicação e fixação de multas administrativas abordam as circunstâncias em que uma multa administrativa seria uma ferramenta apropriada e interpretam os critérios do artigo 83.º do GDPR a esse respeito. E, nesse contexto, foram publicadas as *Guidelines 04/2022 on the calculation of administrative fines under the GDPR*,[2] com efeito a partir de 12 de maio de 2022, definindo a metodologia para o cálculo de multas administrativas.

O Comitê adotou essas diretrizes para harmonizar a metodologia que as autoridades de supervisão aplicam no cálculo do valor de multas. São orientações complementares às anteriormente adotadas sobre a aplicação e fixação de multas administrativas para efeitos do GDPR, que incidem sobre as circunstâncias em que se deve aplicar uma sanção pecuniária.

O cálculo do valor da multa fica a critério da autoridade supervisora, observadas as regras previstas no GDPR. Nesse contexto, é exigido que o montante da multa seja, em cada caso, individualizado, eficaz, proporcional e dissuasor (artigo 83.º, n.º 1, do GDPR). Além disso, ao fixar o montante da multa, cada autoridade de supervisão deve ter em devida conta uma lista de circunstâncias que se refiram às características da infração (a

---

1. UNIÃO EUROPEIA. Regulamento (UE) 2016/679 do Parlamento Europeu e do Conselho de 27 de abril de 2016 relativo à proteção das pessoas singulares no que diz respeito ao tratamento de dados pessoais e à livre circulação desses dados e que revoga a Diretiva 95/46/CE (Regulamento Geral sobre a Proteção de Dados). *Jornal Oficial da União Europeia*, L 119, 04 mai. 2016, p. 1-88. Disponível em: https://eur-lex.europa.eu/legal-content/PT/TXT/PDF/?uri=CELEX:32016R0679&from=PT. Acesso em: 11 out. 2022.

2. UNIÃO EUROPEIA. European Data Protection Board (EDPB). *Guidelines 04/2022 on the calculation of administrative fines under the GDPR*. Public consultation. 12 mai. 2022. Disponível em: https://edpb.europa.eu/system/files/2022-05/edpb_guidelines_042022_calculationofadministrativefines_en.pdf. Acesso em: 11 out. 2022.

sua gravidade) ou ao caráter do autor (artigo 83.°, n.° 2, do GDPR). Por último, o montante da multa não pode exceder os valores máximos previstos nos artigos 83.°, n.° 4, n.° 5 e n.° 6 do GDPR. A quantificação do valor da multa baseia-se, assim, numa avaliação específica realizada em cada caso, dentro dos parâmetros previstos no Regulamento.

Tendo em conta o acima referido, o Comitê concebeu a metodologia composta por cinco etapas para o cálculo das multas administrativas por infração ao GDPR. Este texto introdutório apresentará os principais pontos de cada etapa, sinalizando sua importância – com os devidos destaques a cada elemento metodologicamente relevante – no intuito de propiciar adequada compreensão dos precedentes de sancionamento administrativo que serão estudados nos capítulos subsequentes da obra. Com a intenção de aclarar o panorama europeu concernente aos casos concretos de violação ao Regulamento e às medidas adotadas pelas autoridades nacionais, espera-se que o estudo detido das orientações europeias sobre o cálculo de multas seja importante sinalização para o amadurecimento da experiência brasileira, especialmente nos processos internos de adequação à legislação de proteção de dados pessoais.

2. A IMPORTÂNCIA DAS SANÇÕES ADMINISTRATIVAS PARA O *ENFORCEMENT* DA LEGISLAÇÃO DE PROTEÇÃO DE DADOS

O advento da Internet representa uma Segunda Revolução nas Comunicações,[3] o que se coaduna com a própria acepção atribuída por Manuel Castells à expressão "sociedade da informação",[4] que não é, definitivamente, um conceito novo, mas que remonta o início do período pós-industrial,[5] no qual a alavancagem das relações de consumo e o implemento da economia de massa propiciaram uma verdadeira revolução.

Sendo a informação a substância essencial da composição dessa nova morfologia estruturante da sociedade, "[o]s dados pessoais chegam a fazer as vezes da própria pessoa em uma série de circunstâncias nas quais a sua presença física seria outrora indispensável",[6] motivo pelo qual o tratamento de tais dados adquire notável relevância, a ponto de se definir a proteção constitucional os dados pessoais, o que desafia a Teoria do Direito à compreensão e à indicação de soluções para os novos problemas suscitados na nova sociedade da informação.[7]

Tal raciocínio, em leitura perfunctória, talvez remeta o leitor ao ideal de controle preconizado nos escritos de Alan Westin, particularmente quanto à perspectiva dominial

---

3. VAN DIJK, Jan. *The network society*. 3. ed. Londres: Sage Publications, 2012, p. 6.
4. CASTELLS, Manuel. *The rise of the network society*. The information age: economy, society, and culture. 2. ed. Oxford: Blackwell, 2010, v. 1, p. 469 et seq.
5. Sobre o tema, Daniel Bell informa que "[a]s expressões sociedade industrial, pré-industrial e pós-industrial são sequências conceituais ao longo do eixo da produção e dos tipos de conhecimento utilizados". BELL, Daniel. *O advento da sociedade pós-industrial*: uma tentativa de previsão social. Trad. Heloysa de Lima Dantas. São Paulo: Cultrix, 1973, p. 25.
6. DONEDA, Danilo. A *proteção dos dados pessoais como um direito fundamental*. Espaço Jurídico, Joaçaba, v. 12, n. 2, p. 91-108, jul./dez. 2011, p. 92.
7. PÉREZ LUÑO, Antonio-Enrique. *Manual de informática e derecho*. Barcelona: Ariel, 1996, p. 10 et seq.

que permeia seus primeiros argumentos.[8] O tema, entretanto, permite algumas conexões com os debates mais atuais quanto à extensão do direito fundamental à proteção de dados pessoais.[9] Discussões a esse respeito já desafiaram a doutrina europeia[10] e acabaram resultando na positivação de importante premissa na Carta dos Direitos Fundamentais da União Europeia (2000/C; 364/01):

> Artigo 8.º
>
> *Protecção de dados pessoais*
>
> 1. Todas as pessoas têm direito à protecção dos dados de carácter pessoal que lhes digam respeito.
>
> 2. Esses dados devem ser objecto de um tratamento leal, para fins específicos e com o consentimento da pessoa interessada ou com outro fundamento legítimo previsto por lei. Todas as pessoas têm o direito de aceder aos dados coligidos que lhes digam respeito e de obter a respectiva rectificação.
>
> 3. O cumprimento destas regras fica sujeito a fiscalização por parte de uma autoridade independente.[11]

A previsão do artigo 8.º, n.º 2, é especialmente importante, pois revela exatamente a preocupação do legislador europeu com a garantia de um direito de acesso ("direito de aceder", como se designa na tradução oficial de Portugal) da pessoa aos dados que lhe digam respeito, inclusive para fins de retificação. Há autores que sinalizam ter sido esta a primeira previsão do que hoje se chama de um direito fundamental à proteção de dados pessoais, na União Europeia. Há controvérsias, entretanto,[12] pois

---

8. WESTIN, Alan. *Privacy and freedom*. New York: IG, 2015, p. 362. Comenta: "First, personal information, thought of as the right of decision over one's private personality, should be defined as a property right, with all the restraints on interference by public or private authorities and due-process guarantees that our law of property has been so skillful in devising".

9. Destaca Ingo Wolfgang Sarlet: "(...) nunca é demais lembrar que levar à sério a proteção de dados pessoais é sempre também render homenagem à dignidade da pessoa humana, ao livre desenvolvimento da personalidade e à liberdade pessoal como autodeterminação". SARLET, Ingo Wolfgang. Proteção de dados pessoais como direito fundamental na Constituição Federal brasileira de 1988: contributo para a construção de uma dogmática constitucionalmente adequada. *Direitos Fundamentais & Justiça*, ano 14, n. 42, p. 179-218, Belo Horizonte, jan./jun. 2020. Já no contexto europeu, registra Gloria González Fuster: "The fragility of existing conceptualisations of the right to the protection of personal data has recently become particularly visible in relation with the embryonic EU right to be forgotten. Discussions surrounding this concept highlight a lack of consensus not only on what could be the limits of the right to the protection of personal data, or its necessary arrangement with other fundamental rights, but also on the distinctions relevant for its design, and those irrelevant (i.e. does it make any difference for the right's applicability that personal data has been made public? or that the individual consented to its processing?). They also oblige to interrogate the limits of any conceptual equivalence between, on the one hand, current EU personal data protection and, on the other, any privacy envisaged in terms of (effective) control upon information". GONZÁLEZ FUSTER, Gloria. *The emergence of personal data protection as a fundamental right of the EU*. Cham: Springer, 2014, p. 271.

10. RODOTÀ, Stefano. *Elaboratori elettronici e controllo sociale*. Bologna: Il Mulino, 1973, p. 67.

11. UNIÃO EUROPEIA. Carta dos Direitos Fundamentais da União Europeia. *Jornal Oficial das Comunidades Europeias*, C 364/1, 18 dez. 2000, p. 1-22. Disponível em: https://www.europarl.europa.eu/charter/pdf/text_pt.pdf. Acesso em: 11 out. 2022.

12. LYNSKEY, Orla. Deconstructing data protection: The "Added-Value" of a right to data protection in the EU Legal Order. *International and Comparative Law Quarterly*, n. 63, p. 569-597, Cambridge, jul. 2014, p. 562. Anota: "However, what is apparent from this scholarly speculation is that the EU has not adequately justified the introduction of the right to data protection in the EU legal order or explained its content".

o tema não possuía tantas especificidades à época, e também nunca se limitou apenas ao território europeu.[13]

Fato é que a dimensão específica do "acesso" aos dados é fruto de longa construção doutrinária. A autodeterminação informativa[14] é vista como pré-condição natural do indivíduo para o exercício de um rol quadrangular de direitos considerados 'básicos'. São os chamados "*ARCO rights*", sigla para os termos em inglês *access, rectification, cancellation* e *opposition*. A ideia que os justifica é a de que, sem que se saiba o mínimo, é impossível buscar a concretização de qualquer direito,[15] e os mais elementares – acesso, retificação, cancelamento e oposição – indicariam quatro dimensões conjugáveis para o exercício do que Orla Lynskey chama de "bloco fundante" (*foundational block*)[16] sobre o qual se assentam todas as demais construções normativas sobre direitos do titular de dados baseados na acepção de controle, que, paulatinamente, passa a ser compreendida como "processo" (*due process*).[17]

E, para que haja efetivo controle, é indispensável que sejam estruturadas condições específicas para a viabilização de um sistema de proteção e tutela jurídica. Se houver violação aos preceitos desse sistema, aliás, é pelas sanções cabíveis que se atingirá cenário de maior estabilidade e de reforço à confiança depositada na normatização que se criou e na higidez consequencial estabelecida para propiciar adequado *enforcement* diante de casos concretos.

A esse propósito:

> A importância das sanções administrativas é que o bem jurídico tutelado não é o direito da pessoa, ou das pessoas coletivamente consideradas, mas a proteção do sistema de proteção jurídica instituído em lei. Dessa forma, independentemente da ocorrência de dano à pessoa, ou da culpa do agente, aplicam-se multas pela mera infração das regras vigentes, o que impõe um dever geral de cautela mais acentuado na realização da atividade. Basta considerar por analogia o que ocorrem com as leis de trânsito: não importa se trafegar acima da velocidade permitida, fazer ultrapassagens proibidas, passar com o sinal fechado, estacionar em local proibido, ou avançar a faixa de pedestres não tenha causado acidentes ou meros aborrecimentos: são simplesmente proibidas essas condutas, para que se evitem ao máximo a ocorrência desses fatos, o que traz mais segurança a todos pelo reforço do cumprimento da lei.[18]

---

13. Em clássica obra, Alan Westin e Michael Baker já antecipavam a preocupação – de cunho social, e, portanto, coletivo – quanto à necessidade de ampliação de direitos da sociedade americana da época: "Ours is a society that has always expected law to define basic Citizen rights, and the scope of what American Society regards as rights and not privileges has been widened dramatically in the past decade". WESTIN, Alan; BAKER, Michael. *Databanks in a free society*. Nova York: Quadrangle Books, 1972, p. 347.

14. Conferir, sobre o conceito, MENDES, Laura Schertel. Autodeterminação informativa: a história de um conceito. *Pensar: Revista de Ciências Jurídicas*, v. 25, n. 4, p. 1-18, Fortaleza, out./dez. 2020.

15. ROUVROY, Antoinette; POULLET, Yves. The right to informational self-determination and the value of self--development: reassessing the importance of privacy for democracy. In: GUTWIRTH, Serge; POULLET, Yves; DE HERT, Paul; DE TERWANGNE, Cécile; NOUWT, Sjaak (Ed.). *Reinventing data protection?* Cham: Springer, 2009, p. 45-76.

16. LYNSKEY, Orla. *The foundations of EU Data Protection Law*. Oxford: Oxford University Press, 2015, especialmente o capítulo 6.

17. WESTIN, Alan; BAKER, Michael. *Databanks in a free society*. Nova York: Quadrangle Books, 1972, p. 356-370.

18. TOMASEVICIUS FILHO, Eduardo. Finalmente entrou em vigor a LGPD! *Consultor Jurídico*, 3 ago. 2021. Disponível em: https://www.conjur.com.br/2021-ago-03/tomasevicius-filho-finalmente-entrou-vigor-lgpd Acesso em: 11 out. 2022.

A importância das diretrizes metodológicas estabelecidas, na União Europeia, para o cálculo de sanções administrativas de natureza pecuniária decorre exatamente da perspectiva de estabilização do sistema de proteção de dados pessoais lá instituído.[19] Critérios objetivos propiciam incremento de confiança e garantem racionalidade ao sistema de regras definido em lei. Desse modo, o fomento à inserção de regras de boas práticas que estabeleçam procedimentos, normas de segurança e padrões técnicos de segurança da informação serão a desejada consequência da adoção de diretrizes claras e adequadas.[20-21] Esse é o mérito do Comitê Europeu para a Proteção de Dados com a publicação das *Guidelines 04/2022 on the calculation of administrative fines under the GDPR*.

As operações de processamento devem ser identificadas e a aplicação do artigo 83.º, n.º 3, do GDPR, deve ser avaliada. Em segundo lugar, é necessário identificar o ponto de partida para o cálculo do montante da multa, que é feito avaliando-se a classificação da infração no GDPR, avaliando a gravidade da infração à luz das circunstâncias do caso e avaliando o volume de negócios da empresa. A terceira etapa é a avaliação das circunstâncias agravantes e atenuantes relacionadas ao comportamento passado ou presente do controlador/operador e aumentando ou diminuindo a multa de acordo. O quarto passo é identificar os máximos legais relevantes para as diferentes infrações. Os aumentos aplicados nas etapas anteriores ou seguintes não podem exceder esse valor máximo. Por fim, deve-se analisar se o valor final apurado atende aos requisitos de efetividade, dissuasão e proporcionalidade. A multa ainda pode ser ajustada em conformidade, porém sem exceder o máximo legal relevante.

Ao longo de todas as etapas acima mencionadas, deve-se ter em mente que o cálculo de uma multa não é um mero exercício matemático. Pelo contrário, as circunstâncias

---

19. No Brasil, a Lei Geral de Proteção de Dados Pessoais (Lei 13.709/2018) contém comando específico acerca do tema. O artigo 53 assim estabelece: "Art. 53. A autoridade nacional definirá, por meio de regulamento próprio sobre sanções administrativas a infrações a esta Lei, que deverá ser objeto de consulta pública, as metodologias que orientarão o cálculo do valor-base das sanções de multa". Por certo, a incitação normativa à delimitação de critérios metodológicos claros quanto à imposição de multas (que são a espécie sancionatória prevista no contexto específico do artigo 53) indica a desejável vinculação do conteúdo decisório de eventual punição a parâmetros objetivos. Essa sinalização reforça a ideia de que o estabelecimento de vultoso limite máximo para tais sanções não tem o objetivo de expandir irresponsavelmente as possibilidades para a quantificação de eventual sanção pecuniária a ponto de torná-la demasiadamente abstrata/discricionária, ou simplesmente arbitrária. Bem ao contrário, reforça a preocupação do legislador com a adoção de método justo, pelo qual condutas mais danosas resultarão em sanções mais severas. Optando-se pela imposição de multa, esta poderá ser calculada em valor mais elevado, de acordo com regulamento específico e prévio (art. 53, § 1º, LGPD), que detalhe circunstâncias e condições para a adoção de multa simples ou diária (art. 53, § 2º, LGPD), e, naturalmente, que seja fruto de consulta pública.
20. A doutrina europeia enumera algumas medidas que, exemplificativamente, podem vir a compor um programa de integridade voltado à proteção de dados pessoais: minimização do processamento de dados pessoais; anonimização; permissibilidade ao monitoramento do tratamento pelo titular; implemento ou incremento de medidas de segurança da informação; a adoção de treinamentos regulares de equipes etc. VOIGT, Paul; VON DEM BUSSCHE, Axel. *The EU General Data Protection Regulation (GDPR)*: a practical guide. Basileia: Springer, 2017, p. 38-40.
21. ZIEGLER, Sébastien. Universal privacy risk area assessment methodology. In: ZIEGLER, Sébastien (Ed.). *Internet of Things security and data protection*. Cham: Springer, 2019, p. 107 et seq.

do caso concreto são os fatores determinantes para o valor final, que pode – em todos os casos – variar entre qualquer valor mínimo e o máximo legal.

As diretrizes destinam-se ao uso, pelas autoridades supervisoras, para a garantia de adequada aplicação e execução de sanções administrativas regularmente previstas, prevenindo-se disparidades de entendimentos e inobservância ao artigo 83.º do GDPR. É importante que se analise, de forma mais detida, cada etapa do procedimento de verificação definido pelo Comitê Europeu. Para isso, os tópicos seguintes serão dedicados à apresentação de um breve panorama procedimental e metodológico.

3. COMENTÁRIOS E ANÁLISE CRÍTICA DAS DIRETRIZES EUROPEIAS

O objetivo das diretrizes é criar pontos de partida harmonizados como uma orientação comum aos países-membros da União Europeia para o cálculo das sanções administrativas pecuniárias aplicadas por suas autoridades nacionais.[22] O intuito não é, todavia, que a orientação seja tão específica a ponto de permitir que um controlador ou operador adote tabelamentos pré-concebidos, pois, em todo o texto das diretrizes, fica evidenciado que o valor final da multa depende da ponderação sobre todas as circunstâncias do caso. O Comitê Europeu prevê, portanto, a harmonização dos pontos de partida e a metodologia usada para calcular uma multa, em vez da harmonização do resultado com tabelas prévias.

É adotada uma abordagem "passo a passo" (*step-by-step*), embora as autoridades de supervisão não sejam obrigadas a seguir todas as etapas se uma ou algumas delas não forem aplicáveis em um determinado caso, nem a fornecer argumentos sobre aspectos das diretrizes que não são aplicáveis. Não obstante, as autoridades continuam sujeitas a todas as obrigações procedimentais definidas na legislação nacional e no âmbito da UE, incluindo o dever de fundamentar as suas decisões.

Nesse contexto, embora as autoridades de supervisão sejam obrigadas a fundamentar suficientemente as suas conclusões em conformidade com a legislação nacional e da UE, as orientações contidas nas diretrizes não devem ser interpretadas como uma exigência de que a autoridade de supervisão indique o montante inicial exato ou quantifique o impacto preciso de cada agravante ou circunstância atenuante e um dos pontos

---

22. DAIGLE, Brian; KHAN, Mahnaz. The EU General Data Protection Regulation: An analysis of enforcement trends by EU Data Protection Authorities. *Journal of International Commerce and Economics*, [S.l], v. 4, p. 1-38, jun. 2020. Disponível em: https://www.usitc.gov/publications/332/journals/jice_gdpr_enforcement.pdf Acesso em: 11 out. 2022. Segundo os autores: "Recent enforcement actions by Western European DPAs suggest that they have been more active than their counterparts in Eastern European countries in issuing GDPR fines. Examples included actions by the UK's Information Commissioner's Office (UK ICO), Italy's Garante, the 16 German DPAs, and the French Data Protection Authority (Commission Nationale de L'informatique et Des Libertes or CNIL). As of March 2020, there have been over 100 fines issued by the various EU DPAs plus those of EEA member states, for a combined value of more than €480 million ($522 million). However, 5 of these fines issued collectively constituted nearly 90 percent of the total value of all EU GDPR fines from May 2018 to March 2020. The remainder was divided among dozens of other fines (for further information on the fines exceeding €10,000 or $10,848 in that period, please refer to appendix A)".

mais enfatizados no curso do texto é que as diretrizes não podem substituir o raciocínio a ser fornecido em um caso específico.

Dito isso, cumpre destacar que as orientações definidas na UE estão sujeitas continuamente a revisões, à medida que novas práticas forem sendo desenvolvidas.[23]

As orientações estabelecidas aplicam-se a todos os tipos de controladores e operadores, de acordo com o artigo 4.º, n.º 7 e n.º 8, do GDPR, sem prejuízo dos poderes das autoridades nacionais para multar pessoas naturais. De acordo com o artigo 83.º, n.º 7, do GDPR, cada Estado-Membro pode estabelecer as regras sobre se e em que medida podem ser aplicadas multas às entidades e aos órgãos públicos estabelecidos nesse Estado-Membro.[24] Desde que as autoridades de supervisão tenham esse poder com base na legislação nacional, as Orientações aplicam-se ao cálculo da multa aplicável ao Poder Público.

Também é de se ressaltar que, de acordo com o artigo 70.º, n.º 1, "e", do GDPR, o Comitê Europeu tem poderes para emitir diretrizes, recomendações e melhores práticas para incentivar a aplicação consistente do GDPR. O artigo 70.º, n.º 1, "k", do GDPR especifica que o Conselho de Administração deve assegurar a aplicação coerente do GDPR e deve, por sua própria iniciativa ou, se for caso disso, a pedido da Comissão Europeia, em particular, elaborar orientações para as autoridades de supervisão relativas à aplicação das medidas referidas no artigo 58.º e a fixação de multas administrativas, nos termos do artigo 83.º.

A fim de alcançar uma abordagem consistente para a imposição de multas, que reflita adequadamente todos os princípios do GDPR, o Comitê Europeu concordou com um entendimento comum dos critérios de avaliação no artigo 83.º do GDPR. As autoridades supervisoras individuais refletirão essa abordagem comum, de acordo com as leis locais aplicáveis a elas. Por fim, não se pode deixar de registrar a relevância dessa análise para que a experiência europeia seja considerada em todo o globo,[25] inspirando

---

23. Note-se que, com exceção da Dinamarca e da Estônia, as autoridades de supervisão estão autorizadas a aplicar multas, que são vinculativas se não forem objeto de recurso. Assim, ao longo do tempo, tanto a prática administrativa quanto a judicial se desenvolverão ainda mais. Importante mencionar, a esse respeito, o Considerando 151: "Os sistemas jurídicos da Dinamarca e da Estônia não conhecem as coimas tal como são previstas no presente regulamento. As regras relativas às coimas podem ser aplicadas de modo que a coima seja imposta, na Dinamarca, pelos tribunais nacionais competentes como sanção penal e, na Estónia, pela autoridade de controlo no âmbito de um processo por infração menor, na condição de tal aplicação das regras nestes Estados-Membros ter um efeito equivalente às coimas impostas pelas autoridades de controlo. Por esse motivo, os tribunais nacionais competentes deverão ter em conta a recomendação da autoridade de controlo que propõe a coima. Em todo o caso, as coimas impostas deverão ser efetivas, proporcionadas e dissuasivas".

24. CORDEIRO, A. Barreto Menezes. *Direito da proteção de dados*: à luz do RGPD e da Lei 58/2019. Coimbra: Almedina, 2020, p. 422.

25. CORTEZ, Elif Kiesow. Data protection around the world: an introduction. In: CORTEZ, Elif Kiesow (Ed.). *Data protection around the world*: privacy laws in action. Haia: Asser Press, 2021, p. 6. Destaca: "The worldwide impact of the GDPR will likely not be fully uniform but rather adapted to and filtered through the national legal landscape of privacy laws in occasionally unexpected ways, yielding country-specific reactions and results. The present collection of chapters aims to illustrate how this process can take place in a variety of jurisdictions and what specific commonalities and potential frictions exist between GDPR and national legal privacy regimes".

outras nações a seguirem parâmetros metodologicamente adequados para a imposição de sanções por violações às suas leis de proteção de dados pessoais.

3.1 Metodologia para o cálculo de sanções pecuniárias

Sem prejuízo dos deveres de cooperação e coerência, o cálculo do montante da multa fica ao critério da autoridade de supervisão do país onde ocorrer a violação. O GDPR exige que o valor da multa seja, em cada caso, eficaz, proporcional e dissuasor (artigo 83.º, n.º 1, do GDPR).[26] Além disso, ao fixar o montante da multa, as autoridades de supervisão devem ter em devida conta uma lista de circunstâncias que se refiram às características da infração (a sua gravidade) ou à conduta do autor (artigo 83.º, n.º 2, do GDPR). A quantificação do valor da multa é, portanto, baseada numa avaliação específica realizada casuisticamente, tendo em conta os parâmetros incluídos no Regulamento Europeu.[27]

Por conduta que infrinja as regras de proteção de dados, o GDPR não prevê uma multa mínima.[28] Em vez disso, prevê apenas valores máximos no artigo 83.º, n.º 4 a n.º 6, com vários tipos diferentes de condutas estruturalmente agrupados. Em última análise, uma multa só pode ser calculada ponderando-se todos os elementos expressamente identificados no artigo 83.º, n.º 2, *"a"* a *"j"* do GDPR, relevantes para o caso e quaisquer outros elementos relevantes, ainda que não explicitamente enumerados nas referidas disposições. Por derradeiro, o montante final da multa resultante desta avaliação deve ser eficaz, proporcional e dissuasor em cada caso individual (artigo 83.º, n.º 1, do GDPR). Qualquer multa aplicada deve levar suficientemente em conta todos esses parâmetros, sem exceder o máximo legal previsto no artigo 83.º, n.º 4 a n.º 6, do GDPR.

Tendo em conta estes parâmetros, foi elaborada uma formulação metodológica, ilustrativamente apresentada na seguinte tabela:

1	Identificar as operações de tratamento no caso concreto e avaliar a aplicação do artigo 83.º, n.º 3, do GDPR.
2	Encontrar o ponto de partida para cálculos adicionais com base em uma avaliação a partir: a)da classificação no artigo 83, n.º 4 a n.º 6 do GDPR; b)da gravidade da infração nos termos do artigo 83.º, n.º 2, *"a"*, *"b"* e *"g"* do GDPR; c)do volume de negócios do agente de tratamento como um elemento relevante a ter em consideração com vista à aplicação de uma multa efetiva, dissuasiva e proporcional, nos termos do artigo 83.º, n.º 1, do GDPR.

---

26. VAN DER SLOOT, Bart. Expectations of privacy: the three tests deployed by the European Court of Human Rights. In: HALLINAN, Dara; LEENES, Ronald; DE HERT, Paul (Ed.). *Data protection and privacy*: enforcing rights in a changing world. Oxford: Hart, 2022, p. 71.

27. VOIGT, Paul; VON DEM BUSSCHE, Axel. *The EU General Data Protection Regulation (GDPR)*: a practical guide. Basileia: Springer, 2017, p. 202.

28. É sempre de bom alvitre lembrar que os Estados-Membros da UE podem introduzir outras sanções – criminais ou administrativas – por infrações ao GDPR em sua legislação nacional, conforme prevê o artigo 84.º do Regulamento: "Os Estados-Membros estabelecem as regras relativas às outras sanções aplicáveis em caso de violação do disposto no presente regulamento, nomeadamente às violações que não são sujeitas a coimas nos termos do artigo 83.º, e tomam todas as medidas necessárias para garantir a sua aplicação. As sanções previstas devem ser efetivas, proporcionadas e dissuasivas".

3	Avaliar as circunstâncias agravantes e atenuantes relacionadas ao comportamento passado ou presente do controlador/operador e aumentar ou diminuir a multa de acordo.
4	Identificar os máximos legais relevantes para as diferentes operações de tratamento. Os aumentos aplicados nas etapas anteriores ou seguintes não podem exceder esse valor.
5	Analisar se o valor final da multa calculada atende aos requisitos de eficácia, dissuasão e proporcionalidade, conforme exigido pelo artigo 83.º, n.º 1, do GDPR, e aumentar ou diminuir a multa em conformidade.

3.2 Sanções pecuniárias de valores predeterminados

Em determinadas circunstâncias, a autoridade de supervisão pode considerar que certas infrações podem ser punidas com multa de valor predeterminado. Segundo as diretrizes, em casos assim, fica a critério da autoridade estabelecer quais tipos de infrações se qualificam como tal, com base em sua natureza, gravidade e duração. A autoridade supervisora não pode fazer tal determinação se isso for proibido ou entrar em conflito com a legislação nacional do Estado-Membro e a aplicação de um montante fixo a determinados tipos de infrações não pode prejudicar a aplicação do GDPR, nomeadamente o artigo 83.º do mesmo. Além disso, a aplicação de montantes fixos não isenta as autoridades de supervisão do cumprimento das exigências de cooperação.

Os montantes fixos podem ser estabelecidos à discrição da autoridade de supervisão, tendo em conta as circunstâncias sociais e econômicas internas, em relação à gravidade da infração, na acepção do artigo 83.º, n.º 2, "*a*", "*b*" e "*g*", do GDPR.

3.3 Cumulação de infrações

Um dos principais aspectos a se considerar na análise metodológica de aplicação de multa com base nas diretrizes europeias é em que conduta e em qual infração a multa se baseia. Quanto à conduta, deve-se ter em conta as circunstâncias factuais relativas ao comportamento analisado, e, com relação às infrações, as descrições legais abstratas do que é sancionável.

De fato, um caso particular pode incluir circunstâncias que podem ser consideradas em conjunto ou separadamente.[29] Também é possível que um mesmo comportamento possa dar origem a várias infrações diferentes, quando a atribuição de uma infração impede a atribuição de outra infração ou quando pode ser atribuída em conjunto. Em outras palavras, pode haver casos de infrações concomitantes a serem analisadas

---

29. É o que comenta A. Barreto Menezes Cordeiro: "Na determinação da coima [multa] a aplicar, as autoridades de controlo devem considerar uma multiplicidade de elementos, referidos no artigo 83.º/2. A saber: (i) a natureza, gravidade e a duração da infração; (ii) o caráter intencional ou negligente da infração; (iii) a eventual procura por uma atenuação dos danos produzidos; (iv) o grau de responsabilidade à luz das medidas técnicas e organizativas implementadas; (v) a reincidência do infrator; (vi) a cooperação prestada pelo infrator; (vii) a forma como a autoridade de controlo tomou conhecimento da infração; (viii) o cumprimento de medidas de correção impostas; (ix) o cumprimento de código de condutas ou de procedimentos de certificação; e (x) demais fatores relevantes". CORDEIRO, A. Barreto Menezes. *Direito da proteção de dados*: à luz do RGPD e da Lei 58/2019. Coimbra: Almedina, 2020, p. 423.

conjuntamente. Dependendo das regras de concorrência infracional, isso pode levar a diferentes cálculos de multas, e as diretrizes europeias tratam disso.

Inicialmente, é indispensável que se estabeleça se existe uma conduta sancionável ou se existem várias, a fim de identificar o comportamento sancionável relevante a ser multado, se singular ou de múltiplos reflexos. Portanto, é importante entender quais são as circunstâncias consideradas a partir da análise de determinada conduta, em oposição a múltiplas condutas, uma vez que o comportamento passível de sanção relevante deve ser avaliado e identificado caso a caso.

Dito isso, é conveniente lembrar que a nomenclatura "operação de tratamento", que consta do artigo 4.º, n.º 2, do GDPR, indica ser relevante a consideração do termo "tratamento", definido como "uma operação ou um conjunto de operações efetuadas sobre dados pessoais ou sobre conjuntos de dados pessoais, por meios automatizados ou não automatizados, tais como a recolha, o registo, a organização, a estruturação, a con-servação, a adaptação ou alteração, a recuperação, a consulta, a utilização, a divulgação por transmissão, difusão ou qualquer outra forma de disponibilização, a comparação ou interconexão, a limitação, o apagamento ou a destruição".

Ao avaliar "as mesmas operações de tratamento ou operações vinculadas", deve-se ter em mente que todas as obrigações legalmente necessárias para que as operações de tratamento sejam realizadas de forma lícita podem ser consideradas pela autoridade supervisora para sua avaliação de infrações, incluindo, por exemplo, a transparência obrigacional. Vale dizer, para as mesmas operações de tratamento ou operações vin-culadas, estas últimas concernentes a qualquer infração relacionada e que possa ter impacto nas mesmas operações, se sobressai o princípio de que uma conduta unitária pode consistir em várias partes que são realizadas por uma vontade unitária e estão contextualmente conectadas, em particular no que diz respeito à identidade em termos de titular, finalidade e natureza, espacialidade e temporalidade

Assim, não se deve presumir facilmente uma ligação suficiente para que a autoridade de controle evite a violação dos princípios da dissuasão e da aplicação efetiva do direito europeu. Sempre que se verifique que as circunstâncias do caso constituem um mesmo comportamento e dão origem a uma única infração, a multa pode ser calculada com base nessa infração e no seu máximo legal. No entanto, se as circunstâncias do caso formarem uma única conduta, mas essa conduta originar não apenas uma, mas múltiplas infrações, deve-se estabelecer se a atribuição de uma infração impede a atribuição de outra infração ou se podem ser atribuídas em conjunto. Quando as circunstâncias do caso formam con-dutas múltiplas, elas devem ser consideradas como uma pluralidade de ações.

A isso se dá o nome de "concorrência de ofensas", aplicando-se sempre que uma disposição exclua ou subsuma a aplicabilidade da outra. Em outras palavras, a concor-rência ocorre já no nível abstrato das disposições estatutárias. Isso pode ocorrer com base nos princípios da especialidade, da subsidiariedade ou do consumo, que muitas vezes se aplicam quando as disposições protegem o mesmo bem jurídico, tornando ilegal a punição do infrator, pelo mesmo delito, duas vezes (*ne bis in idem*).

3.3.1 Princípio da especialidade

O princípio da especialidade (*specialia generalibus derogant*) é um princípio jurídico que significa que uma disposição mais específica (derivada do mesmo ato jurídico ou de diferentes atos jurídicos da mesma força) substitui uma disposição mais geral, embora ambas persigam o mesmo objetivo. A infração mais específica às vezes é considerada um tipo qualificado em comparação com a menos específica. Tal tipo qualificado de infração pode estar sujeito a um patamar mais elevado de cálculo de multa, máximo legal mais alto ou período de limitação mais extenso. No entanto, por vezes, a título de interpretação também pode ser aplicada a especialidade, em situações nas quais, por razões de natureza e reiteração sistemática, uma infração é considerada espécie qualificada de outra aparentemente mais específica, embora a sua redação, por si só, não nomeie explicitamente um elemento adicional de consideração para fins de sancionamento.[30]

O princípio da especialidade só pode ser aplicado se e na medida em que os objetivos perseguidos pelas infracções em causa forem efetivamente congruentes às circunstâncias do caso concreto. Uma vez que os princípios de proteção de dados constantes do artigo 5º do GDPR são consagrados como conceitos abrangentes, podem ocorrer situações em que outras disposições representem a concretização desse princípio, mas não o circunscrevam na sua totalidade. Em outras palavras, uma disposição nem sempre define o alcance total do princípio e, dependendo das circunstâncias, em alguns casos, uma infração pode substituir a outra, enquanto, em outros casos, a sobreposição é apenas parcial e, portanto, não totalmente congruente. Na medida em que não sejam congruentes, não há concorrência de ofensas e, em vez disso, podem ser todas elas consideradas no cálculo da multa, não preponderando a especialidade como fator distintivo.

3.3.2 Princípio da subsidiariedade

Outra forma de concorrência de infrações é muitas vezes referida como o princípio da subsidiariedade. Sua aplicação se dá quando uma infração é considerada subsidiária de outra infração. Isso pode ser porque a lei declara formalmente a subsidiariedade ou porque a subsidiariedade é dada por razões materiais. Este último pode ser o caso quando as infrações têm o mesmo objetivo, mas uma delas contém uma acusação menor de irregularidade (por exemplo, uma infração administrativa pode ser subsidiária de infração penal etc.).

3.3.3 Princípio do consumo

O princípio do consumo aplica-se nos casos em que a violação de uma disposição conduz regularmente à violação da outra, muitas vezes porque uma violação é um passo preliminar para a outra.

---

30. Quando, pelo contrário, duas disposições perseguem objetivos autônomos, constitui-se um fator diferenciador que justifica a aplicação de multas distintas. Por exemplo, se a violação de uma disposição resulta automaticamente na violação da outra, mas o inverso não é verdadeiro, essas violações perseguem objetivos autônomos.

3.4 Múltiplas condutas sancionáveis

O princípio da pluralidade de ações (também referido como *"Realkonkurrenz"*, "concorrência factual" ou "concorrência coincidente") descreve todos os casos não abrangidos pelos princípios de concorrência, no contexto do artigo 83.º, n.º 3, do GDPR, segundo o qual, "se o responsável pelo tratamento ou o subcontratante violar, intencionalmente ou por negligência, no âmbito das mesmas operações de tratamento ou de operações ligadas entre si, várias disposições do presente regulamento, o montante total da coima [multa] não pode exceder o montante especificado para a violação mais grave".

A única razão pela qual essas infrações são tratadas em uma decisão é por terem, por coincidência, chegado ao conhecimento da autoridade supervisora ao mesmo tempo, sem serem as mesmas operações de tratamento vinculadas na acepção do dispositivo acima transcrito. Nesses casos, o infrator que infringir várias disposições legais será sancionado com multas separadas, impostas de acordo com o procedimento nacional, seja na mesma decisão definidora da multa ou em decisões separadas.

Além disso, uma vez que o artigo 83.º, n.º 3, do GDPR não seja aplicável, o montante total da multa poderá exceder o montante especificado para a infração mais grave, pois os casos de pluralidade de ações não constituem motivo para privilegiar o infrator no cálculo da multa.

3.5 Critérios para a individualização da conduta sancionada e para o cômputo da sanção

Quase todas as obrigações dos controladores e operadores, de acordo com o GDPR, são categorizadas de acordo com sua natureza nas disposições do artigo 83.º, n.º 4 a n.º 6, com previsão de duas categorias de infrações: (i) por um lado, aquelas puníveis nos termos do artigo 83.º, n.º 4; (ii) de outro lado, aquelas puníveis nos termos do artigo 83.º, n.º 5 e n.º 6. A primeira categoria de infrações é punível com uma multa máxima de 10 milhões de euros ou 2% do volume de negócios anual da empresa, consoante o que for mais elevado, enquanto a segunda é punível com uma multa máxima de 20 milhões de euros ou 4% do volume de negócios anual da empresa, o que for mais alto.[31]

---

31. Paul Voigt e Axel von dem Bussche destacam: "(...) fines under the GDPR have been considerably increased to a maximum amount of EUR 20,000,000.00 or 4% of the total annual worldwide turnover. At the same time, the tasks and investigative powers of the Supervisory Authorities have been extended. The EU legislator deemed it necessary to strengthen the Supervisory Authorities' powers for monitoring and ensuring compliance with the GDPR, as well as to introduce more significant sanctions for infringements in order to achieve an effective protection of personal data throughout the EU". VOIGT, Paul; VON DEM BUSSCHE, Axel. *The EU General Data Protection Regulation (GDPR)*: a practical guide. Basileia: Springer, 2017, p. 201. Ainda a esse respeito, destaca Aurelia Tamò-Larrieux: "The GDPR establishes general conditions for imposing fines and infringements of the principles elaborated in this chapter. These administrative fines can cost data controllers up to 10 million Euros or "up to 2% of the total worldwide annual turnover of the preceding financial year" (e.g., for infringements of the requirement of privacy by design and default under Article 25 of the GDPR); and up to 20 million Euros or "4% of the total worldwide annual turnover of the preceding financial year" (e.g., for infringements of any of the basic processing principles discussed above)". TAMÒ-LARRIEUX, Aurelia. *Designing for privacy and its legal framework*: Data protection by design and default for the Internet of Things. Cham: Springer, 2018, p. 98.

Com esta distinção, o legislador forneceu uma primeira indicação da gravidade da infração em sentido abstrato. Quanto mais grave for a infração, maior será a multa. Além disso, o GDPR prevê que a devida consideração deve ser dada às circunstâncias que qualificam a gravidade da infração em um caso individual. Mais especificamente, o GDPR exige que a autoridade dê a devida atenção à natureza, à gravidade e à duração da infração, tendo em conta a natureza, o âmbito ou a finalidade do tratamento em causa, bem como: o número de titulares de dados afetados e o nível de danos sofridos por eles (artigo 83.º, n.º 2, "a", GDPR);[32] o caráter intencional ou negligente da infração (artigo 83.º, n.º 2, "b", GDPR); e as categorias de dados pessoais afetados pela violação (artigo 83.º, n.º 2, "g", GDPR).

A autoridade supervisora deve rever esses elementos à luz das circunstâncias do caso específico e deve concluir – com base nesta análise – sobre a gravidade da infração. O artigo 83.º, n.º 2, "a", do GDPR é amplo e exige que a autoridade de controle efetue um exame completo de todos os elementos que constituem a infração e que sejam adequados para a diferenciar de outras infrações do mesmo tipo. Esta avaliação deve, portanto, considerar os seguintes elementos específicos:

a) Natureza: A natureza da infração, avaliada pelas circunstâncias concretas do caso. Nesse sentido, esta análise é mais específica do que a classificação abstrata do artigo 83.º, n.º 4 a n.º 6, do GDPR. A autoridade supervisora pode rever o interesse que a disposição infringida procura proteger e o lugar desta disposição no quadro de proteção de dados. Além disso, a autoridade supervisora pode considerar o grau em que a infração impediu a aplicação efetiva da disposição e o cumprimento do objetivo que pretendia proteger.

b) Gravidade: A gravidade da infração, avaliada em função das circunstâncias específicas, que, na forma do artigo 83.º, n.º 2, "a", do GDPR, diz respeito à natureza do tratamento, mas também ao âmbito, à finalidade do tratamento em causa, bem como ao número de titulares de dados afetados e ao nível de danos sofridos por eles.[33] Este elemento, se identificado, será indicativo da gravidade da infração. Assim, a natureza do tratamento de dados, incluindo o contexto em que se baseou funcionalmente (por exemplo, atividade comercial, sem fins lucrativos, por partido político etc.) e todas as características do tratamento, quando a natureza do processamento implicar riscos mais elevados, demandará análise específica do contexto do tratamento e da função do responsável pelo tratamento. Além disso, uma autoridade supervisora pode atribuir mais peso a esse fator quando houver

---

32. Em relação a tal conceito, convém registrar: "'Damage' under Art. 82 Sec. 1 GDPR explicitly includes material and non-material damages as the consequences of data breaches can vary widely and are often of intangible nature, such as social discrimination, psychological stress or barriers to the free personality development. Individuals should receive full and effective compensation for the damage they have suffered. Moreover, the concept of damage should be broadly interpreted in the light of the case-law of the European Court of Justice. In line with its established jurisprudence, the ECJ is likely to keep up a generous quantification of damages as they shall have a 'genuine deterrent effect' on the liable party. Thus, claims for damages might play a more prominent role in data protection law in the future. For a claim to arise, there must be a causal link between the infringement of the GDPR and the damage ('as a result of')". VOIGT, Paul; VON DEM BUSSCHE, Axel. *The EU General Data Protection Regulation (GDPR)*: a practical guide. Basileia: Springer, 2017, p. 205-206.

33. VOIGT, Paul; VON DEM BUSSCHE, Axel. *The EU General Data Protection Regulation (GDPR)*: a practical guide. Basileia: Springer, 2017, p. 204-205.

um claro desequilíbrio entre os titulares dos dados e o controlador (por exemplo, quando os titulares dos dados forem empregados, alunos ou pacientes) ou quando o tratamento envolver titulares de dados vulneráveis, em particular crianças.

Ainda em relação à gravidade da infração, deve-se considerar o escopo do tratamento, com referência ao escopo local, nacional ou transfronteiriço em que é realizado e à relação entre essas informações e a extensão real do tratamento em termos de alocação de recursos pelo controlador de dados. Este elemento evidencia um fator de risco real, ligado à maior dificuldade do titular dos dados e da autoridade em coibir condutas ilícitas à medida que o âmbito do tratamento aumenta. Quanto maior o escopo do tratamento, mais peso a autoridade supervisora pode atribuir a esse fator.

Na sequência, deve-se avaliar a finalidade do tratamento para que se possa aferir a atribuição de mais "peso" a este fator. A autoridade supervisora também pode considerar se o objetivo se enquadra nas chamadas atividades principais do controlador, uma vez que, quanto mais relevante o tratamento for para as atividades principais do controlador ou operador, mais graves serão consideradas as infrações. A autoridade supervisora pode atribuir mais peso a este fator nestas circunstâncias. No entanto, pode haver conjecturas em que o tratamento de dados pessoais seja ainda mais afastado da atividade principal do controlador ou operador, embora impacte significativamente a avaliação.[34]

O número de titulares de dados concreta ou potencialmente afetados é outro aspecto relevante no contexto da gravidade da infração. Quanto maior for o número de titulares de dados envolvidos, mais "peso" a autoridade poderá atribuir a este fator. Em muitos casos, também é possível considerar que a infração assume conotações "sistêmicas" e pode, portanto, afetar, mesmo em momentos diferentes, titulares de dados adicionais, que não tenham apresentado reclamações ou relatórios à autoridade. Nesses casos, dependendo das circunstâncias identificadas, é possível considerar a relação entre o número de titulares de dados que, de fato, foram afetados e o número total de titulares de dados que potencialmente poderiam ser afetados (por exemplo, o número de cidadãos, clientes ou funcionários) para avaliar se a violação é de natureza sistêmica.

Enfim, tem-se o nível de dano sofrido e a extensão em que a conduta pode afetar os direitos e liberdades individuais. A referência ao "nível" dos danos sofridos destina-se, portanto, a chamar a atenção das autoridades de controle para os danos sofridos, ou susceptíveis de terem sido sofridos, como outro parâmetro autônomo relativamente ao número de titulares de dados envolvidos (por exemplo, nos casos em que o número de indivíduos afetados pelo tratamento ilícito é elevado, mas os danos sofridos por eles são marginais). Na sequência do Considerando 75 do GDPR, o nível de danos sofridos refere-se a danos físicos, materiais ou não materiais.[35] A avaliação do dano, em qualquer

---

34. Este é o caso, por exemplo, do processamento de dados pessoais de trabalhadores, em que a infração afeta significativamente a dignidade desses titulares de dados.

35. Considerando 75: "O risco para os direitos e liberdades das pessoas singulares, cuja probabilidade e gravidade podem ser variáveis, poderá resultar de operações de tratamento de dados pessoais suscetíveis de causar danos físicos, materiais ou imateriais, em especial quando o tratamento possa dar origem à discriminação, à usurpação ou roubo da identidade, a perdas financeiras, prejuízos para a reputação, perdas de confidencialidade de dados

caso, limitar-se-á ao que é funcionalmente necessário para obter uma avaliação correta da gravidade da infração, sem sobreposição com as atividades das autoridades judiciárias encarregadas de apurar as diferentes formas de dano individual.

c) Duração: A duração da infração, o que significa que uma autoridade de controle pode atribuir mais "peso" a uma infração com maior duração temporal, observando que uma determinada conduta pode ter sido ilícita, também, no quadro regulamentar anterior, acrescentando, assim, um elemento adicional para a avaliação da gravidade da infração. Em síntese, quanto maior for a duração da infração, mais "peso" a autoridade poderá atribuir a este fator. Se permitido pela legislação nacional, tanto o período posterior à data de vigência do GDPR como o período anterior podem ser tidos em conta na quantificação da multa, tendo em conta as condições desse enquadramento.

A autoridade supervisora pode atribuir peso aos fatores acima mencionados, dependendo das circunstâncias do caso. Se não forem de particular relevância, também podem ser considerados neutros.

Já no que diz respeito ao requisito de ter em conta as categorias de dados pessoais afetados (artigo 83.º, n.º 2, "g", do GDPR), destaca-se a necessidade de aferição dos tipos de dados que merecem proteção especial e, portanto, uma resposta mais rigorosa em termos de multas. Trata-se, no mínimo, dos tipos de dados abrangidos pelos artigos 9.º e 10.º do GDPR, e dados fora do âmbito destes artigos cuja divulgação cause danos imediatos ao titular de dados.[36] É o caso, por exemplo, dos dados de localização georreferencial, dos dados sobre comunicações privadas, dos números de identificação nacional ou dos dados financeiros, como resumos de transações ou números de cartão de crédito. Em geral, quanto mais dessas categorias de dados estiverem envolvidas ou mais relevantes forem os dados, mais peso a autoridade supervisora poderá atribuir a esse fator.

Além disso, a quantidade de dados relativos a cada titular de dados é relevante, considerando que a violação do direito à privacidade e proteção de dados pessoais aumenta com a quantidade de dados relativos a cada titular de dados. Com base na avaliação dos fatores descritos, a autoridade pode considerar a infração de gravidade baixa, média ou elevada. Estas categorias não prejudicam a questão de saber se é possível ou não a aplicação de uma multa.

---

pessoais protegidos por sigilo profissional, à inversão não autorizada da pseudonimização, ou a quaisquer outros prejuízos importantes de natureza económica ou social; quando os titulares dos dados possam ficar privados dos seus direitos e liberdades ou impedidos do exercício do controlo sobre os respetivos dados pessoais; quando forem tratados dados pessoais que revelem a origem racial ou étnica, as opiniões políticas, as convicções religiosas ou filosóficas e a filiação sindical, bem como dados genéticos ou dados relativos à saúde ou à vida sexual ou a condenações penais e infrações ou medidas de segurança conexas; quando forem avaliados aspetos de natureza pessoal, em particular análises ou previsões de aspetos que digam respeito ao desempenho no trabalho, à situação económica, à saúde, às preferências ou interesses pessoais, à fiabilidade ou comportamento e à localização ou às deslocações das pessoas, a fim de definir ou fazer uso de perfis; quando forem tratados dados relativos a pessoas singulares vulneráveis, em particular crianças; ou quando o tratamento incidir sobre uma grande quantidade de dados pessoais e afetar um grande número de titulares de dados".

36. Em matéria de responsabilidade civil, conferir, por todos, ANTUNES, Henrique Sousa. A responsabilidade civil extracontratual do 'data controller' por facto do 'data processor'. *Revista de Direito da Responsabilidade*, ano 3, p. 124-156, Coimbra, 2021.

A esse respeito, as diretrizes estão estruturadas nos seguintes parâmetros: (i) no cálculo da multa por infrações de baixa gravidade, a autoridade determinará o montante inicial para posterior cálculo em um ponto compreendido entre 0 e 10% do máximo legal aplicável; (ii) no cálculo da multa por infrações de média gravidade, a autoridade determinará o valor inicial para posterior cálculo em um ponto entre 10 e 20% do máximo legal aplicável; (iii) no cálculo das multas de elevada gravidade, a autoridade determinará o valor inicial para posterior cálculo em um ponto compreendido entre 20 e 100% do máximo legal aplicável.

3.6   Atenuantes e agravantes: medidas corretivas e regulação responsiva

Segundo o sistema de *enforcement* presente no GDPR, após realizar a análise da natureza, gravidade e duração da infração e culpabilidade do infrator, bem como das categorias de dados pessoais afetados, a Autoridade de Proteção de Dados passará a avaliação das circunstâncias agravantes e atenuantes contidas no art. 83.º, n.º 2.[37] Deve--se notar que cada uma das circunstâncias contidas nas onze alíneas do artigo deve ser levada em consideração apenas uma vez na dosimetria da sanção.

Como ponto inicial para verificação da existência de agravantes ou atenuantes, as diretrizes orientam as Autoridades de Proteção de Dados a realizar a revisão das medidas técnicas e organizacionais adotadas pelos agentes de tratamento,[38] como preceituado no art. 83.º, n.º 2, "c", do GDPR.

Mesmo ponderando acerca da obrigação legal dos agentes de tratamento de implementar medidas técnicas e organizacionais aptas a garantir um nível de segurança adequado, realizar avaliações de impacto na proteção de dados e mitigar os riscos decorrentes das atividades de tratamento de dados pessoais aos direitos e liberdades dos titulares, o Comitê ressalta que a adoção de medidas capazes de reduzir os impactos da infração pode consistir num fator atenuante, diminuindo o valor da sanção.[39]

No que tange ao grau de responsabilidade dos agentes de tratamento, o ponto a ser avaliado diz respeito ao nível de robustez das medidas técnicas e organizacionais implementadas, em observância à proteção de dados desde a concepção e por padrão[40] e à adoção de medidas de segurança adequadas a atividade de tratamento desenvolvida.[41] Como forma de mensurar a conformidade das medidas com o regulamento, a Autoridade de Proteção de Dados deve avaliar a documentação fornecida pelo agente

---

37. As circunstâncias agravantes e atenuantes não devem ser previamente determinadas por tabelas ou percentuais fixos, de modo que o diagnóstico de tal aferição estará consubstanciado a todos elementos probatórios perquiridos no decurso da investigação e à atividade sancionatória anteriormente desenvolvida pela Autoridade de Proteção de Dados.

38. A expressão "agentes de tratamento" refere-se a orientações que dizem respeito, conjuntamente, ao responsável pelo tratamento (art. 4.º, n.º 7, GDPR) e subcontratante (art. 37.º, n.º 8, GDPR).

39. Medidas implementadas espontaneamente antes do início das investigações por parte da Autoridade de Proteção de Dados são mais suscetíveis de serem consideradas como um fator atenuante.

40. Artigo 25.º do GDPR.

41. Artigo 32.º do GDPR.

de tratamento,[42] por exemplo, no âmbito do exercício do seu direito de defesa. Em particular, essa documentação pode fornecer evidências de quando as medidas foram tomadas e como foram implementadas, se houve compartilhamento de informações entre os agentes de tratamento, ou mesmo se o encarregado da proteção de dados foi acionado ou os titulares de dados devidamente notificados.

Dado o aumento dos níveis de responsabilidade dos agentes de tratamento[43] em comparação a Diretiva 95/46/EC,[44] no âmbito de aplicação do GDPR somente em circunstâncias excepcionais, em que o agente de tratamento tenha suplantado as obrigações previstas no regulamento por meio da adoção de medidas aditivas, ter-se-á um fator atenuante.

De acordo com o considerando n.º 148 e o artigo 83.º, n.º 2, *"e"*, quaisquer infrações anteriores consideradas relevantes pela Autoridade de Proteção de Dados devem estar presentes na aplicação da sanção administrativa e no arbitramento do montante pecuniário. Nesse sentido, as orientações ponderam que o lapso temporal entre a ocorrência da infração e o início das investigações deve ser levado em conta na aplicação da sanção, pois quanto maior o lapso menos relevância será dada pela Autoridade.[45] Por tal razão, nota-se que as infrações ao GDPR ganham preponderância sobre as cometidas durante a vigência da Diretiva 95/46/CE. Ademais, as infrações acerca do mesmo objeto devem ser consideradas mais relevantes do que as infrações anteriores relativas a tema diverso.[46]

É necessário compreender que a reincidência pode ser considerada um fator agravante na determinação do valor da sanção. O peso atribuído a este fator deve ser determinado em função da natureza e frequência das infrações anteriores. A ausência de infrações anteriores, no entanto, não pode ser considerada um fator atenuante, pois o cumprimento do GDPR é a norma.

Quanto aos deveres de boa-fé[47] e cooperação dos agentes de tratamento com a Autoridade de Proteção de Dados, em especial, num contexto de redução das consequências

---

42. Neste sentido, tem-se o princípio da responsabilidade (*'accountability'*), artigo 5.º, n.º 2 do GDPR.
43. RUARO, Regina Linden. Algumas reflexões em torno do RGPD com alusões a LGPD: Um exercício Interpretativo. *Revista Brasileira de Direitos Fundamentais & Justiça*, v. 14, n. 42, p. 219-249, Belo Horizonte, 2020.
44. Considerando n.º 9 do GDPR.
45. Em publicação sobre a entrada em vigor das sanções previstas na LGPD, a Autoridade Nacional de Proteção de Dados do Brasil (ANPD) esclareceu ser possível a aplicação de sanções administrativas que digam respeito a fatos ocorridos em período anterior a 1º de agosto de 2021 quando diante de delitos de natureza continuada. Além disso, em minuta do Regulamento de Dosimetria e Aplicação de Sanções Administrativas, define-se infração permanente como aquela na qual o infrator, mediante ação ou omissão, pratica a infração ao mesmo dispositivo normativo, prolongando a conduta no tempo (Art. 2º, II).
46. Excetua-se do referido comando as infrações relativas a diferentes objetos cometidos do mesmo *modus operandi*, vez que representam uma violação de natureza continuada. Por exemplo, este seria o caso de infrações decorrentes da inobservância a diretrizes fornecidas pelo Encarregado de Proteção de Dados.
47. De acordo com Eduardo Tomasevicius: "A boa-fé é um dos princípios fundamentais de todo o direito, não se limitando mais ao direito privado. Consiste na adoção da conduta correta e adequada no agir em sociedade. (...) De modo simplificado, age-se em conformidade com a boa-fé mediante o cumprimento de três deveres: coerência, informação e cooperação". TOMASEVICIUS FILHO, Eduardo. O princípio da boa-fé na Lei Geral de Proteção de Dados. *Revista Consultor Jurídico*, São Paulo, 9 mar. 2020. Disponível em: https://www.conjur.com.br/2020-mar-09/direito-civil-atual-principio-boa-fe-lgpd#:~:text=46%20e%2047%20da%20LGPD,plataformas%20e%20bancos%20de%20dados. Acesso em: 11 out. 2022.

da infração, o entendimento é o de que em razão da obrigação geral de cooperar contida no GDPR,[48] tais obrigações devem ser consideradas quando não adimplidas, ou seja, como fator agravante.[49] Exceção à regra se dá nas hipóteses em que a cooperação teve o efeito de limitar ou evitar consequências negativas aos direitos dos titulares, sendo possível, assim, a Autoridade arbitrar diminuição do valor da sanção.

Levando-se isso em consideração, ao avaliar a forma como tomou ciência do ato infrator,[50] a Autoridade de Proteção de Dados pode conferir peso especial à questão de saber se, e em caso afirmativo, em que medida, o agente de tratamento notificou-a antes do recebimento de uma reclamação, do início das atividades de investigações *ex officio*, entre outras.[51] Consequentemente, quando o agente de tratamento notificar a Autoridade antes que a mesma tenha conhecimento do incidente de segurança, pode-se considerar a boa-fé do infrator uma circunstância atenuante.

O GDPR, estabelece, em seu 83.º, n.º 2, "j", elementos do modelo regulatório responsivo, enunciando a importância da adesão a códigos de conduta e mecanismos de certificação pelos agentes de tratamento, tanto como medida apta a conferir conformidade às atividades de tratamento quanto como fator relevante na imposição e quantificação da sanção administrativa.[52]

Tendo em vista o caráter exemplificativo do Artigo 83.º, n.º 2, as orientações ressaltam a possibilidade da Autoridade de Proteção de Dados levar em consideração quaisquer outros fatores agravantes ou atenuantes aplicáveis às circunstâncias do caso concreto, desde que a sanção aplicada demonstre-se eficaz, proporcionada e dissuasiva. O efeito principal do referido artigo consiste em possibilitar que a atuação e fiscalização das Autoridades dos Estados-Membros estejam alicerçadas nos princípios da equidade e justiça.

3.7 Quantificação da sanção administrativa

O GDPR não estabelece valores fixos para infrações específicas. Em vez disso, o regulamento prevê montantes máximos globais, no mesmo sentido da tradição legislativa da UE sobre direito sancionatório administrativo.[53] Desse modo, as diretrizes orientam as Autoridades de Proteção de Dados a realizar a análise individualizada de cada caso, levando em conta as circunstâncias, a natureza, gravidade e duração da infração, bem

---

48. Artigo 31.º.
49. Em sentido diverso, tem-se o art. 15, IV, da minuta de Regulamento de Dosimetria e Aplicação de Sanções Administrativas (ANPD) onde entende-se como circunstância atenuante a cooperação ou boa-fé por parte do infrator.
50. Esta circunstância não é relevante quando o responsável pelo tratamento está sujeito a obrigações de notificação específicas, *e.g.*, nos termos do artigo 33.º do GDPR.
51. Artigos 58.º, n.º 1, "a", "b" e "c" e 83.º, n.º 2, "h" do GDPR.
52. O art. 50 da LGPD, ao tratar sobre os regulamentos atinentes a boas práticas e governança de dados, faculta aos agentes de tratamento a formulação de procedimentos internos de supervisão e de mitigação de riscos. Com isso, busca-se potencializar a adoção de medidas de prevenção e segurança, além de fomentar a implementação da cultura de proteção de dados pessoais e da privacidade em variados setores da economia.
53. Nesse sentido, é possível destacar o artigo 23 do Regulamento (CE) 1/2003 do Conselho de 16 de Dezembro de 2002 relativo à execução das regras de concorrência estabelecidas nos artigos 81.º e 82.º do Tratado sobre o Funcionamento da União Europeia (TFUE).

como as consequências dela advindas, além do exame das medidas adotadas para o cumprimento das obrigações decorrentes do regulamento.[54]

No artigo 83.º, 4 a 6, os valores de € 10.000.000,00 e € 20.000.000,00 correspondem ao máximo legal e vedam as Autoridades de Proteção de Dados de impor multas a empresas[55] que, em seu resultado final, excedam os valores máximos aplicáveis.[56] Tais quantias, segundo as diretrizes, dizem respeito ao valor máximo estático que, como regra, diferenciam-se entre as violações de categorias de obrigações previstas no GDPR.

Ao passo que os percentuais de 2% e 4% do volume de negócios[57] anual a nível mundial correspondente ao exercício financeiro anterior da empresa,[58] igualmente previstos no referido artigo, dizem respeito aos valores dinâmicos máximos. Os valores máximos baseados no volume de negócios só se aplicam quando superiores ao estático máximo,[59] como na hipótese de o volume de negócios anual total da empresa no exercício anterior suplantar € 500.000.000,00 milhões de euros.

Valores máximos: estáticos e dinâmicos			
	Violação aos artigos	Valor máximo estático	Valor máximo dinâmico
Artigo 83.º, n.º 4	8.º, 11.º, 25.º a 39.º, 41.º, n.º 4, 42.º e 43.º	até 10 000 000 EUR	até 2 % do v.n.a[60]
Artigo 83.º, n.º 5	5.º, 6.º, 7.º, 9.º, 12.º a 22.º, 44.º a 49.º, 58.º ns. 1 e 2 e 85.º a 91.º	até 20 000 000 EUR	até 4 % do v.n.a
Artigo 83.º, n.º 6	58.º, n.º 2	até 20 000 000 EUR	até 4 % do v.n.a

---

54. No mesmo sentido, a LGPD, em seu art. 54, estabelece que "o valor da sanção de multa diária aplicável às infrações a esta Lei deve observar a gravidade da falta e a extensão do dano ou prejuízo causado".

55. As definições de empresa e grupo empresarial previstas no GDPR, considerando n.º 150 e artigo 4.º, ns. 18 e 19, pautam-se na noção de unidade econômica, tendo sido desenvolvidas à luz do que dispõem os artigos 101.º e 102.º do Tratado sobre o Funcionamento da União Europeia (TFUE). No âmbito da jurisprudência do Tribunal de Justiça da União Europeia, conceitua-se empresa como qualquer entidade que exerça uma atividade econômica, independentemente do seu estatuto jurídico e modo de funcionamento. Höfner e Elser (C-41/90, parágrafo 21, EU:C:1991:161), Confederación Española de Empresarios de Estaciones de Servicio (C-217/05, parágrafo 40, EU:C:2006:784) e Akzo Nobel e Outros (C-516/15, parágrafo 48, EU:C:2006:784).

56. Deve-se ponderar que nos termos do artigo 83.º, n.º 3, do GDPR, no caso de múltiplas violações ao regulamento no espectro das mesmas operações de tratamento ou operações conexas, o valor da sanção não poderá ultrapassar o determinado para a violação mais grave.

57. Nos termos do artigo 2.º, n.º 5, da Diretiva 2013/34/UE, entende-se por volume de negócios os montantes resultantes da venda de produtos e da prestação de serviços após dedução dos descontos sobre vendas e do imposto sobre o valor acrescentado e outros impostos diretamente relacionados com a atividade empresarial.

58. Segundo jurisprudência dominante do Tribunal de Justiça da União Europeia no âmbito do direito concorrencial, o evento a ser utilizado como referência para aferição do período concernente ao ano financeiro anterior é a prolação da decisão sancionatória pela Autoridade de Proteção de Dados. Nesse sentido, Tribunal Distrital de Bonn, 29 OWi 1/20, parágrafo 102. No caso de transferência internacional de dados, frente ao mecanismo de balcão único (one-stop-shop), leva-se em consideração a decisão final emitida pela Autoridades de Proteção de Dados Principal. Nesse sentido, Decisão vinculativa 1/2021 sobre o litígio decorrente do projeto de decisão da autoridade de controlo irlandesa relativo à WhatsApp Ireland, nos termos do artigo 65.º, n.º 1, alínea a), do RGPD.

59. A redação do artigo 83.º, ns. 4, 5 e 6 do GDPR exige a análise do "montante que for mais elevado". Consequentemente, os valores máximos baseados no volume de negócios, valores dinâmicos máximos, só se aplicam quando excederem o máximo estático.

60. v.n.a: volume de negócios anual a nível mundial correspondente ao exercício financeiro anterior.

Para ilustrar o exposto, apresentamos o seguinte caso. Uma empresa de score de crédito realiza atividades de tratamento que envolvem a coleta de informações de crédito de todos os cidadãos da UE. Dentre as atividades de tratamento realizadas, encontra-se a comercialização dos dados pessoais a empresas de publicidade. Após investigações, constata-se que as atividades de mercantilização de dados pessoais não estão lastreadas por uma base legal legitimadora. No caso em tela, a empresa de score de crédito violou, entre outros, o artigo 6.º do GDPR, estando sujeita às sanções previstas no artigo 83.º, n.º 5, conforme tabela acima. Como o volume de negócios anual a nível mundial da empresa de Score de crédito no ano anterior foi de € 3 bilhões, o máximo estático seria de € 20.000.000,00. Enquanto que o máximo dinâmico seria de € 120.000.000,00 (4% de € 3 bilhões). Na hipótese, a sanção pecuniária pode atingir € 120.000.000,00, uma vez que este máximo dinâmico é superior ao máximo estático de € 20.000.000,00.[61]

3.8 Sanções efetivas, proporcionais e dissuasivas em harmonia com o direito interno

As diretrizes buscam dar luz a elementos capazes de possibilitar que a individualização da sanção por atos e omissões violadores do GDPR ocorra em harmonia com os requisitos da eficácia, proporcionalidade e dissuasão.[62] A orientação segue em consonância com ditames introdutórios do GDPR que enfatizam a importância desses requisitos na aplicação de sanções pecuniárias por parte dos Estados-Membros, em especial, nas hipóteses de graves infrações ao regulamento.[63]

Nesse sentido, a avaliação da Autoridade de Proteção de Dados na dosimetria da sanção deve ser parametrizada por todas as circunstâncias ligadas ao caso, incluindo, por exemplo, a existência de múltiplas infrações, aumentos e diminuições por circunstâncias agravantes e atenuantes, bem como as condições sociais e econômicas do agente infrator.[64]

No intuito de fortalecer a aplicação das regras do GDPR,[65] a sanção caracteriza-se como eficaz quando capaz de atingir objetivos destinados a recompor obrigações e

---

61. Nesse ponto, importante mencionar que o artigo 7º, inciso X da LGPD, dispõe que as atividades de tratamento de dados pessoais para a proteção do crédito enquadram-se no exercício regular de direito dos agentes de tratamento.

62. A dissuasão pode ser compreendida como um gênero que comporta duas espécies: a dissuasão de caráter geral, objetivando desencorajar a coletividade de realizar a conduta infratora, e a dissuasão específica, que se volta puramente ao infrator da conduta indesejada. Nesse sentido, tem-se na jurisprudência do Tribunal de Justiça da União Europeia Versalis Spa/Comissão (C-511/11, parágrafo 94, ECLI:EU:C:2013:386).

63. Considerando n.º 152: "Sempre que o presente regulamento não harmonize sanções administrativas, ou se necessário noutros casos, por exemplo, em caso de infrações graves às disposições do presente regulamento, os Estados-Membros deverão criar um sistema que preveja sanções efetivas, proporcionadas e dissuasivas. A natureza das sanções, penal ou administrativa, deverá ser determinada pelo direito do Estado-Membro."

64. Em capítulo destinado às regras de fiscalização e aplicação de sanções, as disposições do art. 52, § 1º e incisos da LGPD vão ao encontro do GDPR, preceituando acerca do necessário exame das singularidades do evento causador da infração.

65. MARTINS, Guilherme Magalhães; FALEIROS JÚNIOR, José Luiz de Moura. Segurança da informação e governança como parâmetros para a efetiva proteção de dados pessoais. *Revista do Ministério Público do Estado do Rio de Janeiro*, n. 78, p. 161, Rio de Janeiro, out./dez. 2020.

deveres tocantes ao cumprimento do regulamento, garantir um nível consistente de proteção de dados em todos os Estados-Membros,[66] bem como quando viabiliza a punição de atos ilegais e ilegítimos violadores dos princípios básicos em matéria de proteção de dados pessoais[67] e das regras relativas ao livre fluxo de dados no Espaço Econômico Europeu. Assim, o artigo 57.º, n.º 1, *"a"*, estabelece que cada Autoridade de Proteção de Dados deve conferir aplicação ao regulamento dentro de seus domínios territoriais.[68]

Com efeito, no intuito de conferir um elevado e harmonizado nível de proteção dos dados pessoais na UE, o GDPR prevê que a atuação das Autoridades de Proteção de Dados será pautada por poderes corretivos e efetivos, exigindo-se delas uma sólida e homogênea tutela dos direitos e liberdades fundamentais das pessoas naturais em um contexto econômico digital.

O princípio da proporcionalidade exige que as medidas adotadas não ultrapassem os limites do que é adequado e necessário para atingir os objetivos estatuídos pelo GDPR,[69] não perdendo de vista que na adoção de medidas corretivas a Autoridade de Proteção de Dados, além de verificar se o montante da sanção é proporcional à gravidade da infração e à dimensão da empresa infratora, deve recorrer a medida menos onerosa à manutenção das atividades desenvolvidas pelo agente de tratamento.

O que se busca, em última análise, é compatibilizar a implantação de mecanismos sancionatórios norteados por controles de adequação, necessidade e proporcionalidade em sentido estrito com o sustento da atividade empresarial, de modo a equilibrar[70] o direito à proteção de dados[71] com direitos fundamentais, como a função social e preservação da empresa, a capacidade financeira do infrator,[72] e até mesmo o interesse social no resguardo de certas atividades econômicas.

---

66. KUNER, Christopher et al. *The EU General Data Protection Regulation: A Commentary/Update of Selected Articles.* Oxford: Oxford University Press, 2021, p. 259.

67. De forma explícita, o GDPR elenca dez princípios relativos ao tratamento de dados pessoais, quais sejam: licitude, lealdade, transparência, limitação das finalidades, minimização dos dados, exatidão, limitação da conservação, integridade, confidencialidade e responsabilidade (artigo 5.º, ns. 1 e 2).

68. Dispõe o artigo 4.º, n.º 22 do GDPR que Autoridade de controle interessada consiste na autoridade afetada pelo tratamento de dados pessoais em razão de critérios geográficos referentes ao estabelecimento dos agentes de tratamento e residência dos titulares, e processuais, no que tange ao efetivo recebimento da reclamação por parte da instância administrativa.

69. Dentre os quais destaca-se o de contribuir para a realização de um espaço de liberdade, segurança e justiça e união econômica, voltado ao progresso econômico e social, à consolidação e convergência das economias a nível do mercado interno e ao bem-estar das pessoas naturais (Considerando n.º 2).

70. FLORIDI, Luciano. Soft Ethics: Its Application to the General Data Protection Regulation and Its Dual Advantage. *Philosophy of Technology,* Oxford, v. 31, 2018, p. 165.

71. Os artigos 8.º, n.º 1, da Carta dos Direitos Fundamentais da União Europeia e 16.º, n.º 1 do Tratado sobre o Funcionamento da União Europeia reconhecem a proteção dos dados pessoais como direito fundamental.

72. A minuta das diretrizes 04/2022, páginas 38 a 39, propõem que a análise da capacidade financeira do infrator e da lesividade da sanção tome por base (i) a viabilidade econômica da empresa (solvência, liquidez e rentabilidade); (ii) o potencial de redução do patrimônio em razão da sanção e (iii) o contexto socioeconômico específico do setor em que se desenvolve a atividade empresarial.

4. CONCLUSÃO

As orientações definidas nas *Guidelines 04/2022 on the calculation of administrative fines under the GDPR*, com efeito a partir de 12 de maio de 2022, são de suma relevância para a experiência brasileira em matéria de proteção de dados pessoais. O propósito sistematizador das diretrizes não suplanta a autonomia dos Estados-Membros da União Europeia quanto à aplicação das sanções administrativas pecuniárias por violações ao GDPR em seus âmbitos, mas garantia harmonização e ordenação padronizada, do ponto de vista metodológico, das multas aplicadas.

Neste ensaio, elaborado a título de introito para as pesquisas ulteriores, foram analisadas as principais circunstâncias relevantes definidas pelo Comitê Europeu para a Proteção de Dados (*European Data Protection Board*) em sua metodologia para o cálculo de sanções pecuniárias. Os seguintes temas foram apresentados: sanções pecuniárias de valores pré-determinados, cumulação de infrações, os princípios da especialidade, da subsidiariedade e do consumo, as múltiplas condutas sancionáveis, os critérios para a individualização da conduta sancionada e para o cômputo da sanção, as atenuantes e agravantes, a quantificação da sanção administrativa e a harmonização das sanções efetivas, proporcionais e dissuasivas em relação ao direito interno.

Espera-se que, a partir da perspectiva panorâmica deste capítulo se torne mais fácil a assimilação das inúmeras particularidades que permeiam os textos seguintes, nos quais serão analisados, do ponto de vista casuístico, episódios geradores de sanções no âmbito da União Europeia.

REFERÊNCIAS

1. Citação de livro

BELL, Daniel. *O advento da sociedade pós-industrial*: uma tentativa de previsão social. Trad. Heloysa de Lima Dantas. São Paulo: Cultrix, 1973.

CASTELLS, Manuel. *The rise of the network society*. The information age: economy, society, and culture2. ed. Oxford: Blackwell, 2010. , v. 1.

CORDEIRO, A. Barreto Menezes. *Direito da proteção de dados*: à luz do RGPD e da Lei 58/2019. Coimbra: Almedina, 2020.

GONZÁLEZ FUSTER, Gloria. *The emergence of personal data protection as a fundamental right of the EU*. Cham: Springer, 2014.

LYNSKEY, Orla. *The foundations of EU Data Protection Law*. Oxford: Oxford University Press, 2015.

PÉREZ LUÑO, Antonio-Enrique. *Manual de informática e derecho*. Barcelona: Ariel, 1996.

RODOTÀ, Stefano. *Elaboratori elettronici e controllo sociale*. Bologna: II Mulino, 1973.

TAMÒ-LARRIEUX, Aurelia. *Designing for privacy and its legal framework*: Data protection by design and default for the Internet of Things. Cham: Springer, 2018.

TOMASEVICIUS FILHO, Eduardo. *O princípio da boa-fé no Direito Civil*. São Paulo: Almedina, 2020.

VAN DIJK, Jan. *The network society*. 3. ed. Londres: Sage Publications, 2012.

VOIGT, Paul; VON DEM BUSSCHE, Axel. *The EU General Data Protection Regulation (GDPR):* a practical guide. Basileia: Springer, 2017.

WESTIN, Alan. *Privacy and freedom.* New York: IG, 2015.

WESTIN, Alan; BAKER, Michael. *Databanks in a free society.* Nova York: Quadrangle Books, 1972.

2. Artigo em revista

ANTUNES, Henrique Sousa. A responsabilidade civil extracontratual do 'data controller' por facto do 'data processor'. *Revista de Direito da Responsabilidade,* ano 3, p. 124-156, Coimbra, 2021.

DONEDA, Danilo. A proteção dos dados pessoais como um direito fundamental. *Espaço Jurídico,* v. 12, n. 2, p. 91-108, Joaçaba, jul./dez. 2011.

FLORIDI, Luciano. Soft Ethics: Its Application to the General Data Protection Regulation and Its Dual Advantage. *Philosophy of Technology,* Oxford, v. 31, 163-167, 2018.

LYNSKEY, Orla. Deconstructing data protection: The "Added-Value" of a right to data protection in the EU Legal Order. *International and Comparative Law Quarterly,* Cambridge, n. 63, p. 569-597, jul. 2014.

MARTINS, Guilherme Magalhães; FALEIROS JÚNIOR, José Luiz de Moura. Segurança da informação e governança como parâmetros para a efetiva proteção de dados pessoais. *Revista do Ministério Público do Estado do Rio de Janeiro,* n. 78, p. 161, Rio de Janeiro, out./dez. 2020.

MENDES, Laura Schertel. Autodeterminação informativa: a história de um conceito. *Pensar: Revista de Ciências Jurídicas,* v. 25, n. 4, p. 1-18, Fortaleza, out./dez. 2020.

RUARO, Regina Linden. Algumas reflexões em torno do RGPD com alusões a LGPD: Um exercício Interpretativo. *Revista Brasileira de Direitos Fundamentais & Justiça,* v. 14, n. 42, p. 219-249, Belo Horizonte, 2020.

SARLET, Ingo Wolfgang. Proteção de dados pessoais como direito fundamental na Constituição Federal brasileira de 1988: contributo para a construção de uma dogmática constitucionalmente adequada. *Direitos Fundamentais & Justiça,* ano 14, n. 42, p. 179-218, Belo Horizonte, jan./jun. 2020.

TIKKINEN-PIRI, Christina; ROHUNEN, Anna; MARKKULA, Jouni. EU General Data Protection Regulation: Changes and implications for personal data collecting companies. *Computer Law & Security Review.* v. 34, p. 134-153, 2018.

3. Capítulo em obra coletiva

CORTEZ, Elif Kiesow. Data protection around the world: an introduction. In: CORTEZ, Elif Kiesow (Ed.). *Data protection around the world:* privacy laws in action. Haia: Asser Press, 2021.

LOPES, Isabel Maria; GUARDA, Teresa; OLIVEIRA, Pedro. EU general data protection regulation Implementation: an institutional theory view. In: ROCHA, Álvaro (Ed.). *New Knowledge in Information Systems and Technologies.* WorldCIST'19. Advances in Intelligent Systems and Computing. Springer, Cham. 1: 930, mar. 2019.

ROUVROY, Antoinette; POULLET, Yves. The right to informational self-determination and the value of self-development: reassessing the importance of privacy for democracy. In: GUTWIRTH, Serge; POULLET, Yves; DE HERT, Paul; DE TERWANGNE, Cécile; NOUWT, Sjaak (Ed.). *Reinventing data protection?* Cham: Springer, 2009.

VAN DER SLOOT, Bart. Expectations of privacy: the three tests deployed by the European Court of Human Rights. In: HALLINAN, Dara; LEENES, Ronald; DE HERT, Paul (Ed.). *Data protection and privacy:* enforcing rights in a changing world. Oxford: Hart, 2022.

ZIEGLER, Sébastien. Universal privacy risk area assessment methodology. In: ZIEGLER, Sébastien (Ed.). *Internet of Things security and data protection.* Cham: Springer, 2019.

4. Artigo web

DAIGLE, Brian; KHAN, Mahnaz. The EU General Data Protection Regulation: An analysis of enforcement trends by EU Data Protection Authorities. *Journal of International Commerce and Economics*, [S.l], v. 4, p. 1-38, jun. 2020. Disponível em: https://www.usitc.gov/publications/332/journals/jice_gdpr_enforcement.pdf Acesso em: 11 out. 2022.

KUNER, Christopher et al. *The EU General Data Protection Regulation: A Commentary/Update of Selected Articles*. Oxford: Oxford University Press, 2021. Disponível em: https://papers.ssrn.com/sol3/papers.cfm?abstract_id=3839645. Acesso em: 11 out. 2022.

REPÚBLICA FEDERATIVA DO BRASIL. Autoridade Nacional de Proteção de Dados (ANPD). *Sanções Administrativas*: o que muda após 1º de agosto de 2021? 30 jul. 2021. Disponível em: http://www.planalto.gov.br/ccivil_03/_ato2015-2018/2018/lei/l13709.htm. Acesso em: 11 out. 2022.

TOMASEVICIUS FILHO, Eduardo. Finalmente entrou em vigor a LGPD! *Consultor Jurídico*, 3 ago. 2021. Disponível em: https://www.conjur.com.br/2021-ago-03/tomasevicius-filho-finalmente-entrou-vigor-lgpd Acesso em: 11 out. 2022.

TOMASEVICIUS FILHO, Eduardo. O princípio da boa-fé na Lei Geral de Proteção de Dados. *Revista Consultor Jurídico*, São Paulo, 9 mar. 2020. Disponível em: https://www.conjur.com.br/2020-mar-09/direito-civil-atual-principio-boa-fe-lgpd. Acesso em: 11 out. 2022.

5. Ementas de julgados e legislação

REPÚBLICA FEDERATIVA DO BRASIL. Autoridade Nacional de Proteção de Dados (ANPD). *Regulamento de Dosimetria e Aplicação de Sanções Administrativas (minuta)*. Diário Oficial da União, 15 ago. 2022, p. 13. Disponível em: https://www.gov.br/participamaisbrasil/regulamento-de-dosimetria-e-aplicacao--de-sancoes-administrativas. Acesso em: 11 out. 2022.

REPÚBLICA FEDERATIVA DO BRASIL. Lei 13.709, de 14 de agosto de 2018. *Lei Geral de Proteção de Dados Pessoais (LGPD)*. Diário Oficial da União, 15 ago. 2018, p. 59. Disponível em: http://www.planalto.gov.br/ccivil_03/_ato2015-2018/2018/lei/l13709.htm. Acesso em: 11 out. 2022.

REPÚBLICA FEDERAL DA ALEMANHA. Tribunal Distrital de Bonn. *29 OWi 1/20*. ECLI:DE:LGBN:2020:1111.29OWI1.20.00. 11 nov. 2020. Disponível em: https://www.justiz.nrw.de/nrwe/lgs/bonn/lg_bonn/j2020/29_OWi_1_20_Urteil_20201111.html. Acesso em: 11 out. 2022.

UNIÃO EUROPEIA. Carta dos Direitos Fundamentais da União Europeia. *Jornal Oficial das Comunidades Europeias*, C 364/1, 18 dez. 2000, p. 1–22. Disponível em: https://www.europarl.europa.eu/charter/pdf/text_pt.pdf. Acesso em: 11 out. 2022.

UNIÃO EUROPEIA. Diretiva 2013/34/UE do Parlamento Europeu e do Conselho, de 26 de junho de 2013, relativa às demonstrações financeiras anuais, às demonstrações financeiras consolidadas e aos relatórios conexos de certas formas de empresas, que altera a Diretiva 2006/43/CE do Parlamento Europeu e do Conselho e revoga as Diretivas 78/660/CEE e 83/349/CEE do Conselho Texto relevante para efeitos do EEE. *Jornal Oficial da União Europeia*, L 182/19, 29 jun. 2013, p. 19–76. Disponível em: https://eur-lex.europa.eu/legal-content/PT/TXT/PDF/?uri=CELEX:32013L0034&from=PT. Acesso em: 11 out. 2022.

UNIÃO EUROPEIA. *European Data Protection Board* (EDPB). *Guidelines 04/2022 on the calculation of administrative fines under the GDPR*. Public consultation. 12 mai. 2022. Disponível em: https://edpb.europa.eu/system/files/2022-05/edpb_guidelines_042022_calculationofadministrativefines_en.pdf. Acesso em: 11 out. 2022.

UNIÃO EUROPEIA. Comité Europeu para a Proteção de Dados (CEPD). *Decisão vinculativa 1/2021 sobre o litígio decorrente do projeto de decisão da autoridade de controlo irlandesa relativo à WhatsApp Ireland, nos termos do artigo 65.º, n.º 1, alínea a), do RGPD*. 28 jul. 2021. Disponível em: https://edpb.europa.

eu/system/files/2022-03/edpb_bindingdecision_202101_ie_sa_whatsapp_redacted_pt.pdf. Acesso em: 11 out. 2022.

UNIÃO EUROPEIA. Regulamento (CE) n.º 1/2003 do Conselho, de 16 de Dezembro de 2002, relativo à execução das regras de concorrência estabelecidas nos artigos 81.º e 82.º do Tratado. *Jornal Oficial das Comunidades Europeias*, L 1, 04 jan. 2003, p. 1–25. Disponível em: https://eur-lex.europa.eu/legal-content/PT/TXT/PDF/?uri=CELEX:32003R0001&from=PT. Acesso em: 11 out. 2022.

UNIÃO EUROPEIA. Directiva 95/46/CE do Parlamento Europeu e do Conselho, de 24 de outubro de 1995, relativa à protecção das pessoas singulares no que diz respeito ao tratamento de dados pessoais e à livre circulação desses dados. *Jornal Oficial das Comunidades Europeias*, L 281/31, 23 nov. 1995, p. 31–50. Disponível em: https://eur-lex.europa.eu/legal-content/PT/TXT/PDF/?uri=CELEX:31995L0046&-from=PT Acesso em: 11 out. 2022.

UNIÃO EUROPEIA. Regulamento (UE) 2016/679 do Parlamento Europeu e do Conselho de 27 de abril de 2016 relativo à proteção das pessoas singulares no que diz respeito ao tratamento de dados pessoais e à livre circulação desses dados e que revoga a Diretiva 95/46/CE (Regulamento Geral sobre a Proteção de Dados). *Jornal Oficial da União Europeia*, L 119, 04 mai. 2016, p. 1–88. Disponível em: https://eur-lex.europa.eu/legal-content/PT/TXT/PDF/?uri=CELEX:32016R0679&from=PT. Acesso em: 11 out. 2022.

UNIÃO EUROPEIA. Tratado sobre o Funcionamento da União Europeia. *Jornal Oficial da União Europeia*, C 326/47, 26 out. 2012, p. 47–390. Disponível em: https://eur-lex.europa.eu/legal-content/PT/TXT/PDF/?uri=CELEX:12012E/TXT&from=PT Acesso em: 11 out. 2022.

UNIÃO EUROPEIA. Tribunal de Justiça da União Europeia (TJUE). *Acórdão de 23 de abril de 1991, processo C-41/90*. Disponível em: https://curia.europa.eu/juris/showPdf.jsf?text=&docid=97109&pageIndex=0&doclang=PT&mode=lst&dir=&occ=first&part=1&cid=4161662. Acesso em: 11 out. 2022.

UNIÃO EUROPEIA. Tribunal de Justiça da União Europeia (TJUE). *Acórdão de 14 de dezembro de 2006, processo C-217/05*. Disponível em: https://curia.europa.eu/juris/showPdf.jsf?text=&docid=66539&pageIndex=0&doclang=PT&mode=lst&dir=&occ=first&part=1&cid=4167102. Acesso em: 11 out. 2022.

UNIÃO EUROPEIA. Tribunal de Justiça da União Europeia (TJUE). *Acórdão de 13 de junho de 2013, processo C-511/11*. Disponível em: https://curia.europa.eu/juris/document/document.jsf?text=&docid=138383&pageIndex=0&doclang=PT&mode=req&dir=&occ=first&part=1&cid=4172883. Acesso em: 11 out. 2022.

UNIÃO EUROPEIA. Tribunal de Justiça da União Europeia (TJUE). *Acórdão de 27 de abril de 2017, processo C-516/15*. Disponível em: https://curia.europa.eu/juris/document/document.jsf?text=&docid=190169&pageIndex=0&doclang=PT&mode=lst&dir=&occ=first&part=1&cid=4168762. Acesso em: 11 out. 2022.

II
ENCARREGADO DE DADOS /
DATA PROTECTION OFFICER

2
AZAR NO JOGO, SORTE COM DPO: O 'CASO ACONCAGUA JUEGOS S.A.' E A ATUAÇÃO DA AUTORIDADE ESPANHOLA DE PROTEÇÃO DE DADOS

Pietra Vaz Diógenes da Silva

Mestranda em Direito na Universidade Federal de Minas Gerais (UFMG). Pós-graduanda em Direito Digital na Universidade do Estado do Rio de Janeiro em parceria com o Instituto de Tecnologia e Sociedade do Rio. Bacharela em Direito com formação transversal em Direitos Humanos pela UFMG. Pesquisadora do Observatório para a Qualidade da Lei. Contato: pietartar@gmail.com

Caroline Stéphanie Francis dos Santos Maciel

Doutoranda em Direito na Universidade Federal de Minas Gerais (UFMG), com doutorado sanduíche na University of Michigan (US). Mestra e Bacharela em Direito na UFMG, com formação complementar na *University of Leeds* (UK). Regulatório e Relações Governamentais na Stone Co. Autora de "Instituições e Políticas Públicas" (Arraes, 2020). Pesquisadora do Observatório para a Qualidade da Lei. Contato: csfmaciel@gmail.com

Resumo: A DPA espanhola multou a ACONCAGUA JUEGOS SA. em 10.000 euros por não ter designado um responsável pela proteção de dados.

Fundamento: Art. 37, GDPR.

Decisão completa:

https://www.aepd.es/es/documento/ps-00231-2021.pdf

Sumário: 1. Descrição do caso – 2. Fundamentação legal para a imposição da sanção – 3. Comentários e análise crítica – 4. Conclusão – Referências.

1. DESCRIÇÃO DO CASO

O país que atualmente denomina-se Espanha é o resultado de séculos de tensões, navegações, colonialismo, rupturas, unificações, encontros e desencontros. Organizado constitucionalmente como monarquia parlamentar, consiste em dezessete comunidades autônomas e duas cidades autônomas. Trata-se, portanto, de um país plural, com pouco mais de 500 km² e pouco menos de 50 milhões de habitantes,[1] que se dividem em falantes não apenas de espanhol, mas também de galego, catalão, valenciano, aranês e basco,[2] além de euskera e arturiano, sendo aberto o leque de línguas elencadas como oficiais pelas comunidades autônomas.[3]

Pouco tempo após o fim da ditadura franquista, que perdurou de 1939 a 1975,[4] foi publicado o Real Decreto-Lei 16/1977, de 25 de fevereiro,[5] que regulamentou jogos de azar e apostas no país. Anos depois, foi sancionada a Lei 13/2011, de 27 de maio,[6] de regulamentação do jogo na Espanha, motivada pelo advento dos jogos – inclusive de azar – online e a ausência de fronteiras que eles carregam consigo.

Além disso, em 2016, foi aprovado o Regulamento UE 2016/679, conhecido como Regulamento Geral de Proteção de Dados (GDPR) e aplicável aos Estados-membro da União Europeia, tal qual a Espanha. O GDPR tornou-se um marco sólido e revolucionário, servindo como inspiração para regulações sobre o tema por todo o mundo. Surge para assegurar o respeito aos direitos fundamentais dos titulares de dados nas atividades de tratamento, em um contexto crescente de economia digital e fluxo contínuo de dados pessoais.[7]

Na sequência, a Espanha aprovou a Lei Orgânica 3/2018 com a finalidade de adequar o ordenamento jurídico espanhol ao GDPR e dar efetividade ao direito fundamental

---

1. Área total de 504.030 km² e população estimada em 47.450.795, de acordo com dados publicados em 2020 pelo Instituto Nacional de Estatística da Espanha. INE. Instituto Nacional de Estadística. *INEbase*. Disponível em: https://www.ine.es/dyngs/INEbase/es/categoria.htm?c=Estadistica_P&cid=1254734710984. Acesso em: 11 out. 2022.
2. RAMALLO, Fernando. Lenguas de España: Territorios, educación, políticas e ideologías. In: MORENO FERNÁNDEZ, Francisco; RAMALLO, Fernando. *Las lenguas de España a debate*. Valencia: Uno y Cero, 2013. p. 12-45.
3. CASTILLO LLUCH, Mónica; KABATEK, Johannes (Ed.). *Las lenguas de España*: Política lingüística, sociología del lenguaje e ideología desde la transición hasta la actualidad. Madrid: Iberoamericana, 2006.
4. JULIÁ, Santos. A longa ditadura do general Franco (1939-1975). VALDEÓN, Julio; PÉREZ, Joseph; JULIÁ, Santos. *História de Espanha*. Lisboa: Edições 70, 2014. p. 436-461.
5. ESPANHA. Real Decreto-ley 16/1977, de 25 de febrero, por el que se regulan los aspectos penales, administrativos y fiscales de los juegos de suerte, envite o azar y apuestas. *Boletín Oficial del Estado*, n. 56, 7 mar. 1977. Disponível em: https://www.boe.es/eli/es/rdl/1977/02/25/16. Acesso em: 11 out. 2022.
6. ESPANHA. Ley 13/2011, de 27 de mayo, de regulación del juego. *Boletín Oficial del Estado*, n. 127, 28 maio 2011. Disponível em: https://www.boe.es/eli/es/l/2011/05/27/13/con. Acesso em: 11 out. 2022.
7. UNIÃO EUROPEIA. Regulamento (UE) 2016/679 do Parlamento Europeu e do Conselho de 27 de abril de 2016 relativo à proteção das pessoas singulares no que diz respeito ao tratamento de dados pessoais e à livre circulação desses dados e que revoga a Diretiva 95/46/CE (Regulamento Geral sobre a Proteção de Dados). *Jornal Oficial da União Europeia*, Bruxelas, 119/1, 04 maio 2016. Disponível em: https://eur-lex.europa.eu/legal-content/PT/TXT/HTML/?uri=CELEX:32016R0679. Acesso em: 11 out. 2022.

de proteção de dados pessoais, previsto no art. 18 da Constituição espanhola.[8] Por fim, a Espanha estruturou a Agência Espanhola de Proteção de Dados (AEPD), com o Real Decreto 389/2021.[9] Com isso, buscou assegurar a aplicabilidade do GDPR e da referida Lei no país, independentemente das competências supranacionais da Autoridade Europeia de Proteção de Dados, estabelecida pelo Regulamento UE 2018/1725.[10]

Diante desse contexto, a Aconcagua Juegos S.A. é uma sociedade espanhola fundada em 2014, que oferece serviços online de jogos como pôquer, blackjack, roletas e caça-níqueis. Suas atividades estão de acordo com as diretrizes da Direção Geral de Regulação de Jogos, um órgão do Ministério do Consumidor da Espanha que regula, autoriza, fiscaliza, coordena, controla e aplica sanções em casos envolvendo o exercício dos jogos e apostas no país.[11]

Embora suas licenças estivessem adequadas para a realização das atividades de cassino online, a sociedade não se encontrava em conformidade com a legislação de proteção de dados incidente. Por essa razão, em janeiro de 2021 a AEPD recebeu uma reclamação contra a Aconcagua Juegos S.A. Tratava-se da demanda de um usuário que, após solicitar seu direito à eliminação de dados junto à empresa, não teve seu pedido atendido no prazo legal estabelecido e notou a ausência de um encarregado de proteção de dados – cargo conhecido como *Data Protection Officer* (DPO) – com quem poderia reclamar diretamente.

A reclamação foi recebida pela autoridade espanhola e, em fevereiro de 2021, a subdireção geral de inspeção de dados da AEPD verificou que a Aconcagua Juegos S.A. de fato não havia indicado um DPO, embora a política de privacidade exibida em seu site mencionasse a figura do encarregado. No mês de março do mesmo ano, a AEPD realizou duas tentativas – uma por comunicação eletrônica e outra via postal – de notificação à empresa para que a situação do DPO fosse esclarecida. Contudo, nenhuma tentativa obteve êxito.

O procedimento de número PS/00231/2021[12] teve início, embora a empresa não tenha apresentado provas a seu favor ou sequer se manifestado. Na verdade, permaneceu inerte, tendo sua citação ocorrido nos termos da Lei 39/2015 que estabelece o Procedi-

---

8. ESPANHA. Ley Orgánica 3/2018, de 5 de diciembre, de Protección de Datos Personales y garantía de los derechos digitales. *Boletín Oficial del Estado*, n. 294, 06 dez. 2018. Disponível em: https://www.boe.es/eli/es/lo/2018/12/05/3/con. Acesso em: 11 out. 2022.

9. ESPANHA. Real Decreto 389/2021, de 1 de junio, por el que se aprueba el Estatuto de la Agencia Española de Protección de Datos. *Boletín Oficial del Estado*, n. 131, 02 jun. 2021. Disponível em: https://www.boe.es/eli/es/rd/2021/06/01/389/con. Acesso em: 11 out. 2022.

10. UNIÃO EUROPEIA. Regulamento (UE) 2018/1725 do Parlamento Europeu e do Conselho de 23 de outubro de 2018 relativo à proteção das pessoas singulares no que diz respeito ao tratamento de dados pessoais pelas instituições e pelos órgãos e organismos da União e à livre circulação desses dados, e que revoga o Regulamento (CE) 45/2001 e a Decisão 1247/2002/CE. *Jornal Oficial da União Europeia*, L 295/39, 21 nov. 2018. Disponível em: https://eur-lex.europa.eu/eli/reg/2018/1725/oj. Acesso em: 11 out. 2022.

11. ESPANHA. Ley 13/2011, de 27 de mayo, de regulación del juego. *Boletín Oficial del Estado*, n. 127, 28 maio 2011. Disponível em: https://www.boe.es/eli/es/l/2011/05/27/13/con. Acesso em: 11 out. 2022.

12. AEPD. Procedimiento PS/00231/2021, Resolución de Procedimiento Sancionador, j. 27/09/2021. Disponível em: https://www.aepd.es/es/documento/ps-00231-2021.pdf. Acesso em: 11 out. 2022.

mento Administrativo Comum das Administrações Públicas (LPACAP),[13] que dispõe em seu artigo 43.2 que quando a notificação por meio eletrônica for obrigatória, será considerada desacolhida após dez dias corridos, a partir de sua disponibilização, sem que haja acesso ao seu conteúdo. O artigo 41.5 da mesma lei, ainda, estabelece que, em caso de notificação não acolhida, a tentativa deve ser descrita nos autos e o procedimento será considerado concluído, dando seguimento ao procedimento.

A revelia da Aconcagua Juegos S.A., no caso, deu ensejo à aplicação do art. 64.2, f, da LPACAP, que dispõe que, caso as alegações acerca dos fatos não sejam apresentadas pela parte requerida no prazo estipulado, o conteúdo da carta de acordo que dá início ao procedimento pode ser considerado uma proposta de resolução, se dispor sobre a responsabilidade imputada ao requerido. Nesse sentido, a decisão da AEPD no caso em questão considerou os fatos, a infração atribuída e a possível sanção que estavam indicados na carta inicial.

A carta ainda dizia sobre a possibilidade de incorporar no processo sancionatório a reclamação do usuário que entrou em contato com a AEPD e as informações obtidas pela subdireção geral de inspeção de dados ao averiguar a reclamação. Assim, a autoridade espanhola observou que, quanto ao não cumprimento do direito de eliminação (*supresión*) de dados pessoais requerido pelo reclamante, não foi juntado material comprobatório do pedido que havia sido feito à parte ré, de modo que a omissão desta não pode ser entendida como violação às normas de proteção de dados pessoais. Tal ponto, portanto, não foi apreciado.

Em setembro de 2021, AEPD constatou a ausência de nomeação de DPO por parte da Aconcagua Juegos S.A., condenando-a ao final do processo PS/00231/2021 a uma multa no valor de dez mil euros por ter violado o GDPR e sua Lei Orgânica 3/2018, de Proteção de Dados de caráter pessoal e garantia de Direitos Digitais; e ordenando que a empresa nomeasse um encarregado no prazo de um mês a partir de sua notificação.

2. FUNDAMENTAÇÃO LEGAL PARA A IMPOSIÇÃO DA SANÇÃO

Para compreender adequadamente o caso cabe, antes de mais nada, observar brevemente a longa trajetória da proteção de dados pessoais na Espanha. Em sua Constituição atual, que entrou em vigor em 1978, o artigo 18 indica, de forma embrionária, não apenas a garantia ao direito à intimidade e ao segredo de comunicações, mas também que "a lei limitará o uso da informática para garantir a honra e a intimidade pessoal e familiar dos cidadãos e o pleno exercício dos seus direitos".[14]

---

13. ESPANHA. Ley 39/2015, de 1 de octubre, del Procedimiento Administrativo Común de las Administraciones Públicas. *Boletín Oficial del Estado*, n. 236, 02 out. 2015. Disponível em: https://www.boe.es/eli/es/l/2015/10/01/39/con. Acesso em: 11 out. 2022.

14. ESPANHA. Constitución Española. *Boletín Oficial del Estado*, n. 311, 29 dez. 1978. Tradução para o português de Don Afonso d´Oliveira Martins e Doña Margarida Salema d´Oliveira Martins Gagliardini Graça. Disponível em: https://boe.es/biblioteca_juridica/codigos/abrir_pdf.php?fich=387_Constitucion_Espanola_____Constituicao_Espanhola.pdf. Acesso em: 11 out. 2022.

Cronologicamente, marco seguinte é a Convenção 108 do Conselho da Europa.[15] Ratificada na Espanha em 1984, a Convenção teve o objetivo de garantir, a qualquer indivíduo, o respeito à sua privacidade, com foco no tratamento automatizado de dados pessoais a seu respeito; e já indicava preocupação com a qualidade, a finalidade e a segurança dos dados. A norma teve relevante impacto, tendo sido "fruto direto do estado da arte das reflexões e debates sobre os rumos da matéria no espaço europeu".[16] Atualmente, a Convenção é ratificada por 55 países e não se restringe à Europa, sendo Uruguai[17] e Argentina[18] os únicos países da América Latina a participar.

Em sequência, destaca-se a Lei Orgânica 5/1992, de 29 de outubro,[19] sobre a Regulação do Tratamento Automatizado de Dados Pessoais. A norma espanhola, motivada pelo progressivo desenvolvimento de novas técnicas de coleta, armazenamento e acesso de dados, buscava reforçar a proteção da privacidade às novas tecnologias. Tal lei foi logo revogada e substituída pela Lei Orgânica 15/1999, de 13 de dezembro.[20]

A nova lei buscou atualizar, ampliar e aprofundar os dispositivos presentes na anterior, uma vez que sete anos de desenvolvimento tecnológico nos anos 1990 representavam muitos avanços. Foram abordados mais detalhadamente os direitos das pessoas titulares dos dados e das obrigações de quem realiza o tratamento, como controladores ou processadores. O quadro regulamentar ganhou nova tônica a partir da aprovação do Real Decreto 1720/2007, de 21 de dezembro,[21] que aprova o seu regulamento.

É importante destacar que a Lei Orgânica 15/1999 foi resultante do artigo 32 da Diretiva 95/46/CE do Parlamento Europeu e do Conselho, de 24 de Outubro de 1995,[22] relativa à proteção de dados pessoais. O artigo em questão estabelecia o prazo de três anos para os Estados participantes introduzirem seu conteúdo em suas ordens jurídicas internas. Foi à

---

15. ESPANHA. Convenio para la protección de las personas con respecto al tratamiento automatizado de datos de carácter personal, hecho en Estrasburgo el 28 de enero de 1981. *Boletín Oficial del Estado*, n. 274, 15 nov. 1985. Disponível em: https://www.boe.es/buscar/doc.php?id=BOE-A-1985-23447. Acesso em: 11 out. 2022.

16. DONEDA, Danilo. *Da privacidade à proteção de dados pessoais*: fundamentos da Lei Geral de Proteção de Dados. 2. ed. São Paulo: Thomson Reuters Brasil, 2020. *E-book*.

17. URUGUAY ratifies Convention 108+. *Council of Europe*. Strasbourg, 09 aug. 2021. Newsroom. Disponível em: https://www.coe.int/en/web/data-protection/-/uruguay-ratfies-convention-108-. Acesso em: 04 mar 2022.

18. ARGENTINA, 54th Party to Convention 108. *Council of Europe*. Strasbourg, 28 fev. 2019. Newsroom. Disponível em: https://www.coe.int/en/web/data-protection/-/argentina-54th-party-to-convention-108. Acesso em: 11 out. 2022.

19. ESPANHA. Ley Orgánica 5/1992, de 29 de octubre, de regulación del tratamiento automatizado de los datos de carácter personal [Disposición derogada]. *Boletín Oficial del Estado*, n. 262, 31 out. 1992. Disponível em: https://www.boe.es/eli/es/lo/1992/10/29/5. Acesso em: 11 out. 2022.

20. ESPANHA. Ley Orgánica 15/1999, de 13 de diciembre, de Protección de Datos de Carácter Personal. *Boletín Oficial del Estado*, n. 298, 14 dez. 1999. Disponível em: https://www.boe.es/eli/es/lo/1999/12/13/15. Acesso em: 11 out. 2022.

21. ESPANHA. Real Decreto 1720/2007, de 21 de diciembre, por el que se aprueba el Reglamento de desarrollo de la Ley Orgánica 15/1999, de 13 de diciembre. *Boletín Oficial del Estado*, n. 17, 19 jan. 2008. Disponível em: https://www.boe.es/eli/es/rd/2007/12/21/1720/con. Acesso em: 11 out. 2022.

22. UNIÃO EUROPEIA. Directiva 95/46/CE do Parlamento Eueopeu e do Conselho de 24 de outubro de 1995 relativa à proteção das pessoas singulares no que diz respeito ao tratamento de dados pessoais e à livre circulação de dados. *Jornal Oficial das Comunidades Europeias*, L 281/31, 23 nov. 1995. isponível em: https://www.ipvc.pt/wp-content/uploads/2021/01/Directiva-n.%C2%BA-95_46_CE-do-Parlamento-Europeu-e-do-Conselho-de--24-de-outubro-de-1995.pdf. Acesso em: 11 out. 2022.

luz da Diretiva que o Tribunal Constitucional da Espanha publicou o Acórdão 94/1998, de 4 de maio.[23] A decisão reforça que a proteção de dados pessoais é um direito fundamental, devendo ser garantido ao indivíduo o controle sobre os próprios dados, bem como sobre a utilização e o destino destes – indicando a relevância da finalidade do tratamento.

O assunto foi ganhando espaço nos anos seguintes e então, em 2016, surgiu o Regulamento 2016/679 do Parlamento Europeu e do Conselho, o GDPR.[24] Como já mencionado, tal norma, que entrou em vigor com cumprimento obrigatório em maio de 2018, estabelece as regras relativas ao tratamento, feito por pessoas, empresas ou organizações, de dados pessoais relativos a pessoas na União Europeia. Mesmo antes de entrar em vigor, o GDPR reverberou nas discussões sobre proteção de dados dentro e fora da Europa – tendo inclusive impulsionado a Lei Geral de Proteção de Dados (LGPD) no Brasil. Na Espanha, o ordenamento jurídico adaptou-se às disposições do Regulamento com a também mencionada Lei Orgânica 3/2018, de Proteção de Dados Pessoais e Garantia de Direitos Digitais.[25]

O marco regulatório espanhol é fortalecido com disposições regionais, aplicáveis em seus respectivos territórios. Como exemplos notáveis, tem-se: na Catalunha, a Lei 32/2010, da Autoridade Catalã para a Proteção de Dados;[26] no País Basco, a Lei 2/2004, sobre Arquivos de Dados Pessoais de Propriedade Pública e a Criação da Agência Basca de Proteção de Dados;[27] e, na Andaluzia, a Lei 1/2014, sobre a Transparência Pública Andaluza, que criou o Conselho Andaluz de Transparência e Proteção de Dados.[28]

Feito esse breve aparato da legislação de proteção de dados na Espanha, passa-se à análise dos dispositivos legais violados pela empresa no caso analisado. Pontua-se, primeiramente, que o artigo 58.º, n.º 2 do GDPR reconhece a autoridade da AEPD e confere a ela, na alínea "i", o poder de aplicar sanções administrativas. Os artigos 47 e 48 da Lei Orgânica 3/2018 confirmam a competência do Diretor da AEPD para solucionar o caso em questão.

---

23. TCE. Sala Segunda, Sentencia 94/1998, de 4 de mayo. *Boletín Oficial del Estado*, n. 137, 09 jun. 1998. Disponível em: http://hj.tribunalconstitucional.es/es-ES/Resolucion/Show/3596. Acesso em: 11 out. 2022.

24. UNIÃO EUROPEIA. Regulamento (UE) 2016/679 do Parlamento Europeu e do Conselho de 27 de abril de 2016 relativo à proteção das pessoas singulares no que diz respeito ao tratamento de dados pessoais e à livre circulação desses dados e que revoga a Diretiva 95/46/CE (Regulamento Geral sobre a Proteção de Dados). *Jornal Oficial da União Europeia*, Bruxelas, 119/1, 04 maio 2016. Disponível em: https://eur-lex.europa.eu/legal-content/PT/TXT/HTML/?uri=CELEX:32016R0679. Acesso em: 11 out. 2022.

25. ESPANHA. Ley Orgánica 3/2018, de 5 de diciembre, de Protección de Datos Personales y garantía de los derechos digitales. *Boletín Oficial del Estado*, n. 294, 06 dez. 2018. Disponível em: https://www.boe.es/eli/es/lo/2018/12/05/3/con. Acesso em: 11 out. 2022.

26. CATALUNHA. Ley 32/2010, de 1 de octubre, de la Autoridad Catalana de Protección de Datos. *Diari Oficial de la Generalitat de Catalunya*, n. 5731, 08 out. 2010. Disponível em: https://www.boe.es/eli/es-ct/l/2010/10/01/32/con. Acesso em: 11 out. 2022.

27. PAÍS BASCO. Ley 2/2004, de 25 de febrero, de Ficheros de Datos de Carácter Personal de Titularidad Pública y de Creación de la Agencia Vasca de Protección de Datos. *Boletín Oficial del País Vasco*, n. 44, 04 mar. 2004. Disponível em: https://www.boe.es/buscar/pdf/2011/BOE-A-2011-18151-consolidado.pdf. Acesso em: 11 out. 2022.

28. ANDALUZIA. Ley 1/2014, de 24 de junio, de Transparencia Pública de Andalucía. Boletín Oficial Andalucía, n. 124, 30 jun. 2014. Disponível em: https://www.boe.es/buscar/pdf/2014/BOE-A-2014-7534-consolidado.pdf. Acesso em: 11 out. 2022.

O procedimento de número PS/00231/2021, iniciado em julho de 2021 contra a Aconcagua Juegos S.A., deu-se em razão da suposta violação do artigo 37.º do GDPR por parte da ré. A norma trata da designação do encarregado da proteção de dados e indica o seguinte:

> 1. O responsável pelo tratamento e o subcontratante designam um encarregado da proteção de dados sempre que: [...] b) As atividades principais do responsável pelo tratamento ou do subcontratante consistam em operações de tratamento que, devido à sua natureza, âmbito e/ou finalidade, exijam um controlo regular e sistemático dos titulares dos dados em grande escala [...].[29]

A hipótese da alínea *"b"* é condizente com o caso da Aconcagua Juegos S.A. Ainda, é importante notar que não apenas o GDPR trata da figura do encarregado, mas também a lei de proteção de dados espanhola. Esta, inclusive, indica o prazo de dois anos para a prescrição desse tipo de infração, classificada como grave em seu artigo 73.º, e trata especificamente da obrigação de nomear um DPO por parte das empresas atuantes no ramo de jogos:

> Artigo 34. Nomeação de um encarregado de proteção de dados. 1. Os responsáveis e encarregados do tratamento devem designar um delegado de proteção de dados nos casos previstos no artigo 37.º, n.º 1 do Regulamento (UE) 2016/679 e, em qualquer caso, no caso das seguintes entidades: [...] n) *Os operadores que efetuam atividades de jogo através de canais eletrônicos, informáticos, telemáticos e interativos, nos termos da regulamentação do jogo.* [...] 3. *Os responsáveis e encarregados do tratamento devem notificar a Agência Espanhola de Proteção de Dados* ou, conforme o caso, as autoridades regionais de proteção de dados, *das nomeações, nomeações e demissões dos delegados de proteção de dados* tanto nos casos em que sejam obrigados a nomeá-los e no caso em que for voluntária.[30]

Na legislação europeia, o Regulamento 45/2001,[31] que também versava sobre a proteção de dados pessoais, já previa a figura de um encarregado,[32] ainda que não

---

29. UNIÃO EUROPEIA. Regulamento (UE) 2016/679 do Parlamento Europeu e do Conselho de 27 de abril de 2016 relativo à proteção das pessoas singulares no que diz respeito ao tratamento de dados pessoais e à livre circulação desses dados e que revoga a Diretiva 95/46/CE (Regulamento Geral sobre a Proteção de Dados). *Jornal Oficial da União Europeia*, Bruxelas, 119/1, 04 maio 2016. Disponível em: https://eur-lex.europa.eu/legal-content/PT/TXT/HTML/?uri=CELEX:32016R0679. Acesso em: 11 out. 2022.

30. Destaque nosso. Tradução livre. No original: "Artículo 34. Designación de un delegado de protección de datos. 1. Los responsables y encargados del tratamiento deberán designar un delegado de protección de datos en los supuestos previstos en el artículo 37.1 del Reglamento (UE) 2016/679 y, en todo caso, cuando se trate de las siguientes entidades: [...] n) Los operadores que desarrollen la actividad de juego a través de canales electrónicos, informáticos, telemáticos e interactivos, conforme a la normativa de regulación del juego. [...] 3. Los responsables y encargados del tratamiento comunicarán en el plazo de diez días a la Agencia Española de Protección de Datos o, en su caso, a las autoridades autonómicas de protección de datos, las designaciones, nombramientos y ceses de los delegados de protección de datos tanto en los supuestos en que se encuentren obligadas a su designación como en el caso en que sea voluntaria". ESPANHA. Ley Orgánica 3/2018, de 5 de diciembre, de Protección de Datos Personales y garantía de los derechos digitales. *Boletín Oficial del Estado*, n. 294, 06 dez. 2018. Disponível em: https://www.boe.es/eli/es/lo/2018/12/05/3/con. Acesso em: 11 out. 2022.

31. UNIÃO EUROPEIA. Regulamento (CE) 45/2001 do Parlamento Europeu e do Conselho, de 18 de Dezembro de 2000, relativo à protecção das pessoas singulares no que diz respeito ao tratamento de dados pessoais pelas instituições e pelos órgãos comunitários e à livre circulação desses dados. *Official Journal*, L 8, 1-22. Disponível em: https://eur-lex.europa.eu/legal-content/EN/TXT/?uri=CELEX:32001R0045. Acesso em: 11 out. 2022.

32. É interessante notar que o Regulamento 45/2001 indicava em seu artigo 24.4 que o encarregado deveria ser nomeado para um prazo de dois a cinco anos, com a possibilidade de renovação que não poderia ultrapassar

estabelecesse sua obrigatoriedade. Nos anos que se seguiram até o GDPR, os países introduziram o DPO em seus ordenamentos internos de maneiras diversas. No caso da Espanha, apenas com a entrada em vigor do GDPR a nomeação do DPO foi considerada obrigatória, mas já existia previsão similar desde o Real Decreto 1720/2007, que regulamentou a Lei Orgânica 15/1999. Em seu artigo 5.2, l, o decreto apresentou a definição do *responsable de seguridad* – que pode ser traduzido como responsável de segurança ou gerente de segurança – e indica a pessoa ou as pessoas a quem o responsável pelos dados – compreendido como o controlador – tenha formalmente atribuído a função de coordenar e controlar as medidas de segurança aplicáveis.

O artigo 83.º, n.º 1 do GDPR indica que as sanções devem ser aplicadas de modo eficaz, proporcional e dissuasivo, respeitando as circunstâncias de cada caso. Na disposição 83.º, n.º 2 há a indicação de critérios para cálculo do valor de multas, assim destrinchados pela AEPD em sua decisão: quanto à natureza, à gravidade e à duração da infração, a Aconcagua Juegos S.A. continuava sem informar a autoridade acerca da nomeação de um DPO; quanto à intenção ou negligência, não foi possível afirmar que a empresa teve a intenção de não nomear um encarregado, mas que a ausência de nomeação indica displicência.

Com relação à forma como a AEPD tomou conhecimento da infração, foi por meio de protocolo de reclamação feito por um titular de dados; quanto ao número de interessados afetados, foi constatado que a empresa realiza o tratamento de um grande volume de dados pessoais, considerando a quantidade de indivíduos que podem acessar seus produtos. Fazendo o balanço das circunstâncias apresentadas, a autoridade concluiu pela violação do artigo 37.º, n.º 1, "b", do GDPR e do artigo 34 da Lei Orgânica 3/2018.

A decisão impôs uma multa no valor de dez mil euros à Aconcagua Juegos S.A, conforme artigo 83.º do GDPR, que estabelece que as multas podem ser de até dez milhões de euros ou, em caso de empresas, de valor equivalente a até 2% do volume de negócios do ano financeiro anterior – sendo o limite calculado de acordo com o que for mais alto nos casos concretos. E, com base no artigo 58.º, n.º 2, "d", do GDPR, foi estipulado o prazo de um mês para que a Aconcagua Juegos S.A. nomeasse um DPO e comprovasse a nomeação.

Pontua-se também que, para agir de acordo com a legislação vigente sobre proteção de dados, não apenas a Aconcagua Juegos S.A. deveria ter nomeado um DPO, como deveria ter atendido à solicitação do usuário reclamante que buscou exercer seu direito de eliminação de dados junto à empresa. Quanto a isso, os considerandos 59 e 65 do GDPR são inequívocos:

---

dez anos, e só poderia ser demitido se deixasse de satisfazer as condições exigidas para o desempenho de suas atividades. Entende-se que o abandono dessa exigência é resultado do amadurecimento da preocupação com a proteção de dados, compreendendo que a rotatividade não é uma característica necessária – talvez nem mesmo desejável – para um cargo que, como o GDPR prudentemente estipula, demanda sigilo a respeito das informações com as quais o DPO lida no exercício de suas atividades de trabalho, além de envolvimento com os demais trabalhadores e agentes envolvidos no tratamento dos dados.

O responsável pelo tratamento deverá fornecer os meios necessários para que os pedidos possam ser apresentados por via eletrónica, em especial quando os dados sejam também tratados por essa via. O responsável pelo tratamento deverá ser obrigado a responder aos pedidos do titular dos dados sem demora injustificada e o mais tardar no prazo de um mês e expor as suas razões quando tiver intenção de recusar o pedido. [...] Em especial, os titulares de dados deverão ter direito a que os seus dados pessoais sejam apagados e deixem de ser objeto de tratamento se deixarem de ser necessários para a finalidade para a qual foram recolhidos ou tratados, se os titulares dos dados retirarem o seu consentimento ou se opuserem ao tratamento de dados pessoais que lhes digam respeito ou se o tratamento dos seus dados pessoais não respeitar o disposto no presente regulamento.[33]

O direito ao apagamento ainda está amparado no artigo 17.º do GDPR, que apresenta hipóteses em que o titular tem o direito de obter o apagamento de seus dados pessoais por parte do responsável pelo tratamento, incluindo em suas alíneas *"a"* e *"b"* as situações mais cotidianas: quando os dados deixam de ser necessários para a finalidade que levou ao seu tratamento, e quando o titular revoga o consentimento dado para basear o tratamento.

É pertinente notar, por fim, que existe um código de conduta de proteção de dados voltado para agentes licenciados na União Europeia que operam jogos e apostas online. Trata-se do *Code of Conduct on Data Protection in Online Gambling*,[34] aprovado e supervisionado nos termos dos artigos 40.º e 41.º do GDPR, elaborado em 2020 pela *European Gaming and Betting Association*. O material consolida as mais importantes orientações conforme o GDPR, focando no tratamento de dados pessoais dos jogadores e abordando aspectos específicos do setor de jogos de azar online, para auxiliar a implementar o GDPR e solucionar dúvidas dos agentes de modo mais específico.

3. COMENTÁRIOS E ANÁLISE CRÍTICA

A figura do encarregado de dados pessoais, ou DPO, protagoniza a Seção 4 do GDPR e também está presente na LGPD brasileira, fortemente inspirada na lei europeia. O artigo 5º, VIII, da lei brasileira conceitua o encarregado como "pessoa indicada pelo controlador e operador para atuar como canal de comunicação entre o controlador, os titulares dos dados e a Autoridade Nacional de Proteção de Dados (ANPD)".[35] A princípio, a indicação de um encarregado de dados é obrigação aplicável a todos os controladores de dados – empresas ou órgãos que tomam decisões relativas às finalidades do tratamento de dados pessoais, independentemente do ramo de atuação ou da natureza pública ou

---

33. UNIÃO EUROPEIA. Regulamento (UE) 2016/679 do Parlamento Europeu e do Conselho de 27 de abril de 2016 relativo à proteção das pessoas singulares no que diz respeito ao tratamento de dados pessoais e à livre circulação desses dados e que revoga a Diretiva 95/46/CE (Regulamento Geral sobre a Proteção de Dados). *Jornal Oficial da União Europeia*, Bruxelas, 119/1, 04 maio 2016. Disponível em: https://eur-lex.europa.eu/legal-content/PT/TXT/HTML/?uri=CELEX:32016R0679. Acesso em: 11 out. 2022.

34. EGBA. *Code of Conduct on Data Protection in Online Gambling*. Brussels, jun. 2020. Disponível em: https://www.egba.eu/uploads/2020/06/200610-Code-of-Data-Protection-in-Online-Gambling.pdf. Acesso em: 11 out. 2022.

35. BRASIL. Lei 13.709, de 14 de agosto de 2018. Lei Geral de Proteção de Dados Pessoais (LGPD). *Diário Oficial da União*, 15 ago. 2018, p. 59. Disponível em: http://www.planalto.gov.br/ccivil_03/_ato2015-2018/2018/lei/L13709compilado.htm. Acesso em: 11 out. 2022.

privada. É uma boa prática que o operador de dados também indique o encarregado, embora não seja exigido.

Ademais, exige-se que identidade e contato do encarregado sejam disponibilizados publicamente no site do controlador, assegurando que os titulares e a ANPD terão acesso facilitado a ele, nos termos do artigo 41, § 1º da LGPD. Similarmente à lei espanhola, a LGPD estabelece um rol de funções do encarregado, relacionadas ao recebimento de comunicações e reclamações de titulares e da ANPD e à conformidade com a legislação de proteção de dados.

Existem, porém, peculiaridades quanto à previsão do DPO na legislação europeia que não estão presentes na previsão brasileira. A análise dos dispositivos pertinentes do GDPR[36] – com destaque para artigos 30.º, 35.º, n.º 2, 37.º, 38.º, 39.º e considerandos 77 e 97 – leva à observação de que, no panorama europeu, o DPO deve, por exemplo, fornecer parecer nas avaliações de impacto previstas no artigo 35.º do GDPR – notadamente a avaliação sistemática de aspectos pessoais relacionados com pessoas singulares, como a definição de perfis; operações de tratamentos em grande escala de dados sensíveis ou relacionados a condenações penais; e controle sistemático de zonas acessíveis ao público em grande escala.

Ainda, o DPO europeu deve promover a sensibilização dos funcionários que atuam nas operações e em suas auditorias, bem como controlar a conformidade das políticas internas da entidade com tais normas. Também é seu dever atuar como correspondente entre a entidade e a autoridade de proteção de dados competente em consultas, oferecendo cooperação e mantendo sigilo a respeito das informações com as quais lida no exercício de suas funções.

Sob o GDPR, tanto controladores quanto operadores devem nomear um DPO em determinadas situações; à luz da LGPD, ao menos até o momento, isso se restringe apenas aos controladores. Outra diferença é que a lei brasileira não exige independência técnica e organizacional, nem conhecimento prévio acerca de proteção de dados pessoais – condição vetada pela lei que alterou a LGPD e criou a ANPD.[37] Entendeu-se que a exigência de conhecimento prévio consistia em rigor excessivo, contrariando o art. 5º, XIII, da Constituição de 1988, "por restringir o livre exercício profissional a ponto de atingir o seu núcleo essencial"[38] e interferindo na discricionariedade para a seleção

---

36. UNIÃO EUROPEIA. Regulamento (UE) 2016/679 do Parlamento Europeu e do Conselho de 27 de abril de 2016 relativo à proteção das pessoas singulares no que diz respeito ao tratamento de dados pessoais e à livre circulação desses dados e que revoga a Diretiva 95/46/CE (Regulamento Geral sobre a Proteção de Dados). *Jornal Oficial da União Europeia*, Bruxelas, 119/1, 04 maio 2016. Disponível em: https://eur-lex.europa.eu/legal-content/PT/TXT/HTML/?uri=CELEX:32016R0679. Acesso em: 11 out. 2022.

37. BRASIL. Lei 13.853, de 08 de julho de 2019. Altera a Lei 13.709, de 14 de agosto de 2018, para dispor sobre a proteção de dados pessoais e para criar a Autoridade Nacional de Proteção de Dados; e dá outras providências. *Diário Oficial da União*, 09 jul. 2019, p. 1. Disponível em: http://www.planalto.gov.br/ccivil_03/_ato2019-2022/2019/lei/l13853.htm. Acesso em: 11 out. 2022.

38. VAINZOF, Rony. Conceito, perfil, papéis e responsabilidades do encarregado. In: BLUM, Renato Opice; VAINZOF, Rony; MORAES, Henrique Fabretti (Coord.). *Data Protection Officer (Encarregado)*: Teoria e prática de acordo com a LGPD e o GDPR. São Paulo: Thomson Reuters, 2020. p. 29.

de funcionários. É possível observar que, em geral, as disposições das leis são similares, sendo que o artigo 41 da LGPD é mais amplo e, ao mesmo tempo, menos rigoroso. Em verdade, a lei brasileira não estabelece critérios objetivos como faz o GDPR;[39] o estabelecimento de tais critérios está a cargo da ANPD.

No caso envolvendo a Aconcagua Juegos S.A., o motivo que levou um usuário a reclamar junto à AEPD foi a dificuldade em exercer seu direito enquanto titular de dados pessoais, qual seja o direito de eliminar seus dados. Quanto a esse exemplo, o GDPR prevê no artigo 38.º, n.º 4 que o encarregado deve receber e responder dúvidas e reclamações dos titulares dos dados, bem como gerenciar o exercício de seus direitos; a LGPD, por sua vez, é de fato mais genérica ao apresentar, no artigo 41, § 2º, I, que faz parte de suas atividades aceitar reclamações e comunicações dos titulares, prestar esclarecimentos e adotar providências.

Outra observação relevante acerca do DPO na LGPD é que, com base em seu artigo 41, § 3º, a ANPD dispensou a indicação de encarregado apenas para os chamados "agentes de tratamento de pequeno porte",[40] nos termos do artigo 11 da Resolução 2/2022 da ANPD, ainda que sua nomeação seja considerada uma boa prática. Nesse sentido, considerou que o porte do agente de tratamento e o fato de não realizar tratamento em larga escala e de alto risco são critérios válidos para dispensá-lo de designar um encarregado de dados. Isso não significa que não será disponibilizado um canal de comunicação com o agente de tratamento, o que é explicitamente exigido.[41]

A Resolução 2/2022 da ANPD foi bem recebida pelos afetados, ao indicar que a autoridade brasileira irá seguir a linha de outras autoridades e prezar pela eficiência administrativa e proporcionalidade regulatória. Isso significa, de um lado, imputar obrigações regulatórias mais robustas aos controladores de dados que tratam volume significativo e realizam tratamentos de alto risco, como as chamadas *Big Techs*, e, de outro, adotar um regime simplificado para os demais agentes de tratamento.

Nesse contexto, há uma expectativa de que a ANPD priorize sua atividade fiscalizatória e adote medidas regulatórias *ex ante* para assegurar o cumprimento da legislação de proteção de dados pelas empresas internacionais de tecnologia, das quais milhões de brasileiros dependem exclusivamente para terem acesso a serviços digitais essenciais, como redes sociais, busca online, ferramentas de trabalho e estudo, mensageria privada, shoppings virtuais, entre outros.

---

39. BRUNO, Marcos Gomes da Silva. Art. 41. In: MALDONADO, Viviane Nóbrega; BLUM, Renato Opice (Coord.). *LGPD*: Lei Geral de Proteção de Dados comentada. 2. ed. São Paulo: Thomson Reuters Brasil, 2020. *E-book*.

40. São exemplos: microempresas, empresas de pequeno porte, *startups*, pessoas jurídicas de direito privado sem fins lucrativos, pessoas naturais e entes despersonalizados, desde que essas instituições preencham os requisitos estabelecidos nas respectivas legislações aplicáveis.

41. BRASIL. ANPD. Resolução CD/ANPD 2, de 27 de janeiro de 2022. Aprova o Regulamento de aplicação da Lei 13.709, de 14 de agosto de 2018, Lei Geral de Proteção de Dados Pessoais (LGPD), para agentes de tratamento de pequeno porte. *Diário Oficial da União*, 28 jan. 2022, p. 6. Disponível em: https://in.gov.br/en/web/dou/-/resolucao-cd/anpd-n-2-de-27-de-janeiro-de-2022-376562019 . Acesso em: 11 out. 2022.

Analisando o papel de *gatekeepers* dessas plataformas digitais estratégicas,[42] tal qual faz a empresa do caso analisado em sua própria plataforma, a discussão internacional tem girado em torno da necessidade de novas obrigações regulatórias a esses provedores de aplicações de internet. É o que ocorre na União Europeia com a tramitação do *Digital Markets Act* (DMA).[43]

Por detrás do DMA, há uma preocupação com a necessidade de os usuários finais e profissionais terem assegurado o seu direito de acesso não discriminatório a essas plataformas essenciais. Esse direito abarca a garantia de condições isonômicas de acesso a serviços digitais por diferentes usuários, sem discriminar por questões pessoais (como gênero, orientação sexual, raça) ou concorrenciais (relacionadas a distorções de mercado artificialmente causadas para prejudicar concorrentes diretos ou beneficiar parceiros exclusivos). Envolve, ainda, a existência de um procedimento de revisão de decisões, automatizadas ou não, de exclusão de contas ou conteúdos de usuários e outras aplicações dos termos de uso, garantindo que não sejam arbitrariamente utilizados pelas plataformas. Além desse devido processo legal, essas plataformas devem produzir relatórios de transparência, para que a autoridade de dados consiga analisar, de forma sistemática, as negativas de acesso ou outras violações aos direitos dos usuários.

Esse debate está intimamente relacionado à nomeação do encarregado de dados e às suas incumbências enquanto responsável pela proteção de dados e pela conformidade com as normas pertinentes. Nesse sentido, é razoável defender que em empresas de grande porte, que realizam tratamento de alto risco e possuem uma enorme base de usuários, o DPO assuma também a função de conferir acesso não discriminatório a usuários finais e profissionais a infraestruturas digitais essenciais proprietárias. Quanto a isso, o atual texto do DMA estabelece que essa função será aplicável a plataformas digitais que possuam volume de usuários finais mensalmente ativos superior a 45 milhões e de usuários profissionais mensalmente ativos superior a 10 mil.[44] Esse critério ilustra uma regulação assimétrica que beneficia a inovação e promove a concorrência nos mercados digitais, que experimentam elevada concentração em poucos provedores.

Ao funcionar como canal de comunicação com os titulares, o encarregado atuaria como instância revisora de decisões arbitrárias de negativa de acesso ou discriminação de rede. Além disso, demonstraria a sistematização das ocorrências no tema para a autoridade de dados por meio de relatórios de transparência. No panorama brasileiro, a neutralidade de rede aplicável aos provedores de rede de internet, conforme artigo 9º

---

42. GERARDIN, Damien. What Is a Digital Gatekeeper? Which Platforms Should Be Captured by the EC Proposal for a Digital Market Act?. SSRN, [S.l.], 18 fev. 2021. Disponível em: https://ssrn.com/abstract=3788152. Acesso em: 11 out. 2022.

43. COMISSÃO EUROPEIA. The Digital Markets Act: ensuring fair and open digital markets. [S.l], dez. 2020. Disponível em: https://ec.europa.eu/info/strategy/priorities-2019-2024/europe-fit-digital-age/digital-markets-act-ensuring-fair-and-open-digital-markets_en. Acesso em: 11 out. 2022.

44. COMISSÃO EUROPEIA. The Digital Markets Act: ensuring fair and open digital markets. [S.l], dez. 2020. Disponível em: https://ec.europa.eu/info/strategy/priorities-2019-2024/europe-fit-digital-age/digital-markets-act-ensuring-fair-and-open-digital-markets_en. Acesso em: 11 out. 2022.

do Marco Civil da Internet,[45] poderia ser expandida para abarcar também essas plataformas digitais estratégicas.

O ramo de atuação da Aconcagua Juegos S.A., a propósito, exige também especial cuidado com o acesso não discriminatório, a não discriminação abusiva de preços e a não manipulação dos jogos de usuários para atender aos interesses da plataforma. Nesse sentido, a neutralidade nessas plataformas é essencial para que os usuários possam desfrutar dos serviços de jogos online sem sofrerem limitações ao exercício de sua personalidade digital, aptas a interferirem na sua performance e a gerar danos relevantes aos titulares.

Por fim, ressalta-se a importância de, no Brasil, acompanhar a atividade normativa da ANPD. Conforme divulgado pela autoridade em sua agenda regulatória de 2021/2022, na Portaria n. 11/2021,[46] há uma expectativa de edição de resolução específica sobre o encarregado de dados, trazendo as exigências, funções e, inclusive, uma oportunidade de exigir essa função especial relacionada ao direito de acesso não discriminatório de plataformas digitais dominantes.

4. CONCLUSÃO

O caso da Aconcagua Juegos S.A ilustra muito bem como a efetividade da proteção de dados não só no Brasil, mas também em países europeus, é um trabalho em curso. Apesar de os titulares, cada vez mais, dependerem diariamente de serviços digitais essenciais para a vida contemporânea, geralmente prestados por poucas plataformas digitais dominantes, ainda se está muito distante de um cenário legislativo-regulatório que assegure o respeito dos seus direitos na internet. Nesse contexto, obrigações regulatórias basilares, que configuram o mínimo necessário para exercício da proteção de dados e respeito pelos direitos dos titulares – como a indicação de um DPO – ainda são desrespeitadas frequentemente por corporações, impactando diretamente milhões de usuários.

Considerando a essencialidade do encarregado de dados, a condenação e a sanção da empresa no caso analisado pode ser considerada adequada. É preciso que as multas aplicadas sejam elevadas o suficiente para que, no cálculo de custo-benefício de empresas, a violação não seja mais lucrativa do que o cumprimento do arcabouço jurídico. No entanto, em regra, as autoridades de proteção de dados têm adotado multas que, proporcionalmente ao porte dos conglomerados e dano ocorrido, podem ser consideradas insuficientes. Sem dúvidas, esse segue sendo um ponto de atenção.

No Brasil, ainda faltam subsídios suficientes para se avaliar se a condenação seria parecida, tendo em vista que a regulação específica de DPO ainda não ocorreu e que a

---

45. BRASIL. Lei 12.965, de 23 de abril de 2014. Estabelece princípios, garantias, direitos e deveres para o uso da Internet no Brasil. *Diário Oficial da União*, 24 abr. 2014, p. 1. Disponível em: http://www.planalto.gov.br/ccivil_03/_ato2011-2014/2014/lei/l12965.htm. Acesso em: 11 out. 2022.

46. BRASIL. ANPD. Portaria 11, de 27 de janeiro de 2021. Torna pública a agenda regulatória para o biênio 2021-2022. *Diário Oficial da União, 28* jan. 2021, p. 3. Disponível em: https://www.in.gov.br/en/web/dou/-/portaria--n-11-de-27-de-janeiro-de-2021-301143313. Acesso em: 11 out. 2022.

ANPD ainda não aplicou nenhuma multa por violação à LGPD. É possível, contudo, vislumbrar como seriam os moldes da sanção por meio da leitura dos artigos 52, 53 e 54 da LGPD. Além disso, pode-se inferir que no Brasil a medida seria ainda menos rigorosa, tendo em vista o formato atual da ANPD de adotar uma postura inicial mais educativa e pela organização institucional ainda enfraquecida, vinculada à Presidência e sem plena autonomia técnica.

Comparando os cenários brasileiro e espanhol, a figura do DPO pode ser considerada, em certa medida, similar, especialmente considerando a atual importância que o GDPR tem na interpretação da LGPD e observando as boas práticas que têm sido consolidadas. Ainda que existam diferenças percebidas a partir da comparação das normas, referem-se mais à forma como o encarregado é nomeado ou aos requisitos para a nomeação. A finalidade do DPO e o papel de ser responsável pela proteção de dados em sua respectiva entidade é, essencialmente, o mesmo.

A lição mais evidente que se retira da análise do caso é que, para diminuir o azar no jogo – isto é, os abusos e manipulações de plataformas digitais estratégicas, é preciso que os titulares tenham sorte. Esta não surge de roletas e números premiados, mas sim de um arcabouço regulatório sólido, voltado à promoção da proteção de dados, inovação e competitividade de mercados digitais. A existência de uma estrutura sólida de DPO é um exemplo que leva a esse caminho.

REFERÊNCIAS

1. Citação de livro

CASTILLO LLUCH, Mónica; KABATEK, Johannes (Ed.). *Las lenguas de España*: Política lingüística, sociología del lenguaje e ideología desde la transición hasta la actualidad. Madrid: Iberoamericana, 2006.

JULIÁ, Santos. A longa ditadura do general Franco (1939-1975). VALDEÓN, Julio; PÉREZ, Joseph; JULIÁ, Santos. *História de Espanha*. Lisboa: Edições 70, 2014.

2. Artigo em revista

GERARDIN, Damien. What Is a Digital Gatekeeper? Which Platforms Should Be Captured by the EC Proposal for a Digital Market Act?. SSRN, [S.l.], 18 fev. 2021. Disponível em: https://ssrn.com/abstract=3788152. Acesso em: 11 out. 2022.

3. Capítulo em obra coletiva

BRUNO, Marcos Gomes da Silva. Art. 41. In: MALDONADO, Viviane Nóbrega; BLUM, Renato Opice (Coord.). *LGPD*: Lei Geral de Proteção de Dados comentada. 2. ed. São Paulo: Thomson Reuters Brasil, 2020. *E-book*.

RAMALLO, Fernando. Lenguas de España: Territorios, educación, políticas e ideologías. In: MORENO FERNÁNDEZ, Francisco; RAMALLO, Fernando. *Las lenguas de España a debate*. Valencia: Uno y Cero, 2013.

VAINZOF, Rony. Conceito, perfil, papéis e responsabilidades do encarregado. In: BLUM, Renato Opice; VAINZOF, Rony; MORAES, Henrique Fabretti (Coord.). *Data Protection Officer (Encarregado)*: Teoria e prática de acordo com a LGPD e o GDPR. São Paulo: Thomson Reuters, 2020.

4. Ementas de julgados e legislação

AEPD. Procedimiento PS/00231/2021, Resolución de Procedimiento Sancionador, j. 27/09/2021. Disponível em: https://www.aepd.es/es/documento/ps-00231-2021.pdf. Acesso em: 11 out. 2022.

ANDALUZIA. Ley 1/2014, de 24 de junio, de Transparencia Pública de Andalucía. Boletín Oficial Andalucía, n. 124, 30 jun. 2014. Disponível em: https://www.boe.es/buscar/pdf/2014/BOE-A-2014-7534-consolidado.pdf. Acesso em: 11 out. 2022.

ARGENTINA, 54th Party to Convention 108. *Council of Europe*. Strasbourg, 28 fev. 2019. Newsroom. Disponível em: https://www.coe.int/en/web/data-protection/-/argentina-54th-party-to-convention-108. Acesso em: 11 out. 2022.

BRASIL. ANPD. Portaria 11, de 27 de janeiro de 2021. Torna pública a agenda regulatória para o biênio 2021-2022. *Diário Oficial da União, 28* jan. 2021, p. 3. Disponível em: https://www.in.gov.br/en/web/dou/-/portaria-n-11-de-27-de-janeiro-de-2021-301143313. Acesso em: 11 out. 2022.

BRASIL. ANPD. Resolução CD/ANPD 2, de 27 de janeiro de 2022. Aprova o Regulamento de aplicação da Lei 13.709, de 14 de agosto de 2018, Lei Geral de Proteção de Dados Pessoais (LGPD), para agentes de tratamento de pequeno porte. *Diário Oficial da União*, 28 jan. 2022, p. 6. Disponível em: https://in.gov.br/en/web/dou/-/resolucao-cd-anpd-n-2-de-27-de-janeiro-de-2022-376562019. Acesso em: 11 out. 2022.

BRASIL. Lei 12.965, de 23 de abril de 2014. Estabelece princípios, garantias, direitos e deveres para o uso da Internet no Brasil. *Diário Oficial da União*, 24 abr. 2014, p. 1. Disponível em: http://www.planalto.gov.br/ccivil_03/_ato2011-2014/2014/lei/l12965.htm. Acesso em: 11 out. 2022.

BRASIL. Lei 13.709, de 14 de agosto de 2018. Lei Geral de Proteção de Dados Pessoais (LGPD). *Diário Oficial da União*, 15 ago. 2018, p. 59. Disponível em: http://www.planalto.gov.br/ccivil_03/_ato2015-2018/2018/lei/L13709compilado.htm. Acesso em: 11 out. 2022.

BRASIL. Lei 13.853, de 08 de julho de 2019. Altera a Lei 13.709, de 14 de agosto de 2018, para dispor sobre a proteção de dados pessoais e para criar a Autoridade Nacional de Proteção de Dados; e dá outras providências. *Diário Oficial da União*, 09 jul. 2019, p. 1. Disponível em: http://www.planalto.gov.br/ccivil_03/_ato2019-2022/2019/lei/l13853.htm. Acesso em: 11 out. 2022.

CATALUNHA. Ley 32/2010, de 1 de octubre, de la Autoridad Catalana de Protección de Datos. *Diari Oficial de la Generalitat de Catalunya*, n. 5731, 08 out. 2010. Disponível em: https://www.boe.es/eli/es-ct/l/2010/10/01/32/con. Acesso em: 11 out. 2022.

COMISSÃO EUROPEIA. The Digital Markets Act: ensuring fair and open digital markets. [S.l], dez. 2020. Disponível em: https://ec.europa.eu/info/strategy/priorities-2019-2024/europe-fit-digital-age/digital-markets- act-ensuring-fair-and-open-digital-markets_en. Acesso em: 11 out. 2022.

EGBA. *Code of Conduct on Data Protection in Online Gambling*. Brussels, jun. 2020. Disponível em: https://www.egba.eu/uploads/2020/06/200610-Code-of-Conduct-on-Data-Protection-in-Online-Gambling.pdf. Acesso em: 11 out. 2022.

ESPANHA. Constitución Española. *Boletín Oficial del Estado*, n. 311, 29 dez. 1978. Tradução para o português de Don Afonso d´Oliveira Martins e Doña Margarida Salema d´Oliveira Martins Gagliardini Graça. Disponível em: https://boe.es/biblioteca_juridica/codigos/abrir_pdf.php?fich=387_Constitucion_Espanola___ _____Constituicao_Espanhola.pdf. Acesso em: 11 out. 2022.

ESPANHA. Convenio para la protección de las personas con respecto al tratamiento automatizado de datos de carácter personal, hecho en Estrasburgo el 28 de enero de 1981. *Boletín Oficial del Estado*, n. 274, 15 nov. 1985. Disponível em: https://www.boe.es/buscar/doc.php?id=BOE-A-1985-23447. Acesso em: 11 out. 2022.

ESPANHA. Ley 13/2011, de 27 de mayo, de regulación del juego. *Boletín Oficial del Estado*, n. 127, 28 maio 2011. Disponível em: https://www.boe.es/eli/es/l/2011/05/27/13/con. Acesso em: 11 out. 2022.

ESPANHA. Ley 39/2015, de 1 de octubre, del Procedimiento Administrativo Común de las Administraciones Públicas. *Boletín Oficial del Estado*, n. 236, 02 out. 2015. Disponível em: https://www.boe.es/eli/es/l/2015/10/01/39/con. Acesso em: 11 out. 2022.

ESPANHA. Ley Orgánica 15/1999, de 13 de diciembre, de Protección de Datos de Carácter Personal. *Boletín Oficial del Estado*, n. 298, 14 dez. 1999. Disponível em: https://www.boe.es/eli/es/lo/1999/12/13/15. Acesso em: 11 out. 2022.

ESPANHA. Ley Orgánica 3/2018, de 5 de diciembre, de Protección de Datos Personales y garantía de los derechos digitales. *Boletín Oficial del Estado*, n. 294, 06 dez. 2018. Disponível em: https://www.boe.es/eli/es/lo/2018/12/05/3/con. Acesso em: 11 out. 2022.

ESPANHA. Ley Orgánica 5/1992, de 29 de octubre, de regulación del tratamiento automatizado de los datos de carácter personal [Disposición derogada]. *Boletín Oficial del Estado*, n. 262, 31 out. 1992. Disponível em: https://www.boe.es/eli/es/lo/1992/10/29/5. Acesso em: 11 out. 2022.

ESPANHA. Real Decreto 1720/2007, de 21 de diciembre, por el que se aprueba el Reglamento de desarrollo de la Ley Orgánica 15/1999, de 13 de diciembre. *Boletín Oficial del Estado*, n. 17, 19 jan. 2008. Disponível em: https://www.boe.es/eli/es/rd/2007/12/21/1720/con. Acesso em: 11 out. 2022.

ESPANHA. Real Decreto 389/2021, de 1 de junio, por el que se aprueba el Estatuto de la Agencia Española de Protección de Datos. *Boletín Oficial del Estado*, n. 131, 02 jun. 2021. Disponível em: https://www.boe.es/eli/es/rd/2021/06/01/389/con. Acesso em: 11 out. 2022.

ESPANHA. Real Decreto-ley 16/1977, de 25 de febrero, por el que se regulan los aspectos penales, administrativos y fiscales de los juegos de suerte, envite o azar y apuestas. *Boletín Oficial del Estado*, n. 56, 7 mar. 1977. Disponível em: https://www.boe.es/eli/es/rdl/1977/02/25/16. Acesso em: 11 out. 2022.

INE. Instituto Nacional de Estadística. INEbase. Disponível em: https://www.ine.es/dyngs/INEbase/es/categoria.htm?c=Estadistica_P&cid=1254734710984. Acesso em: 11 out. 2022.

PAÍS BASCO. Ley 2/2004, de 25 de febrero, de Ficheros de Datos de Carácter Personal de Titularidad Pública y de Creación de la Agencia Vasca de Protección de Datos. *Boletín Oficial del País Vasco*, n. 44, 04 mar. 2004. Disponível em: https://www.boe.es/buscar/pdf/2011/BOE-A-2011-18151-consolidado.pdf. Acesso em: 11 out. 2022.

TCE. Sala Segunda, Sentencia 94/1998, de 4 de mayo. *Boletín Oficial del Estado*, n. 137, 09 jun. 1998. Disponível em: http://hj.tribunalconstitucional.es/es-ES/Resolucion/Show/3596. Acesso em: 11 out. 2022.

UNIÃO EUROPEIA. Directiva 95/46/CE do Parlamento Europeu e do Conselho de 24 de outubro de 1995 relativa à proteção das pessoas singulares no que diz respeito ao tratamento de dados pessoais e à livre circulação de dados. *Jornal Oficial das Comunidades Europeias*, L 281/31, 23 nov. 1995. Disponível em: https://www.ipvc.pt/wp-content/uploads/2021/01/Directiva-n.%C2%BA-95_46_CE-do-Parlamento--Europeu-e-do-Conselho-de-24-de-outubro-de-1995.pdf. Acesso em: 11 out. 2022.

UNIÃO EUROPEIA. Regulamento (CE) 45/2001 do Parlamento Europeu e do Conselho, de 18 de Dezembro de 2000, relativo à protecção das pessoas singulares no que diz respeito ao tratamento de dados pessoais pelas instituições e pelos órgãos comunitários e à livre circulação desses dados. Official Journal, L 8, 1-22. Disponível em: https://eur-lex.europa.eu/legal-content/EN/TXT/?uri=CELEX:32001R0045. Acesso em: 11 out. 2022.

UNIÃO EUROPEIA. Regulamento (UE) 2016/679 do Parlamento Europeu e do Conselho de 27 de abril de 2016 relativo à proteção das pessoas singulares no que diz respeito ao tratamento de dados pessoais e à livre circulação desses dados e que revoga a Diretiva 95/46/CE (Regulamento Geral sobre a Proteção de Dados). *Jornal Oficial da União Europeia*, Bruxelas, 119/1, 04 maio 2016. Disponível em: https://eur-lex.europa.eu/legal-content/PT/TXT/HTML/?uri=CELEX:32016R0679. Acesso em: 11 out. 2022.

UNIÃO EUROPEIA. Regulamento (UE) 2018/1725 do Parlamento Europeu e do Conselho de 23 de outubro de 2018 relativo à proteção das pessoas singulares no que diz respeito ao tratamento de dados pessoais pelas instituições e pelos órgãos e organismos da União e à livre circulação desses dados, e que revoga o Regulamento (CE) 45/2001 e a Decisão 1247/2002/CE. *Jornal Oficial da União Europeia*, L 295/39, 21 nov. 2018. Disponível em: https://eur-lex.europa.eu/eli/reg/2018/1725/oj. Acesso em: 11 out. 2022.

URUGUAY ratifies Convention 108+. Council of Europe. Strasbourg, 09 aug. 2021. Newsroom. Disponível em: https://www.coe.int/en/web/data-protection/-/uruguay-ratfies-convention-108-. Acesso em: 04 mar 2022.

5. E-books

DONEDA, Danilo. *Da privacidade à proteção de dados pessoais*: fundamentos da Lei Geral de Proteção de Dados. 2. ed. São Paulo: Thomson Reuters Brasil, 2020. E-*book*.

3
O CASO DO MINISTÉRIO DO DESENVOLVIMENTO ECONÔMICO DA ITÁLIA E A PROTEÇÃO DE DADOS NO ÂMBITO DA ADMINISTRAÇÃO PÚBLICA

Gabriel Oliveira de Aguiar Borges

Doutorando em Direito Político e Econômico pela Universidade Presbiteriana Mackenzie (UPM). Mestre em Direito pela Universidade Federal de Uberlândia (UFU). Especialista em Direito Digital e Compliance pelo Instituto Brasileiro de Mercado de Capitais (IBMEC). Especialista em Direito Processual Civil pela Faculdade Damásio. Bacharel em Direito pela UFU. Professor de Direito Civil do Centro Universitário do Triângulo (Unitri), onde foi membro do Comitê de Ética em Pesquisa, de 2020 a 2021. Professor-Tutor do Programa de Pós-Graduação Lato Sensu em Direito Civil da UPM. Presidente da Comissão de Integridade e Compliance da 13ª Subseção da OAB/MG. Julgador da 4ª Turma do Tribunal de Ética e Disciplina da OAB/MG. Advogado. gabrieloab@outlook.com.

Resumo: A DPA italiana multou o Ministério do Desenvolvimento Econômico em 75.000 euros por não nomear um encarregado e por publicar dados pessoais de mais de cinco mil gestores em seu site.

Fundamentos: Art. 5 (1) a), b), c) GDPR / Art. 6 (1) c), e) GDPR / Art. 6 (2) GDPR, / Art. 6 (3) b) GDPR / Art. 37 (1), (7) GDPR.

Decisão completa:

https://www.garanteprivacy.it/web/guest/home/docweb/-/docweb-display/docweb/9556625

Sumário: 1. Descrição do caso – 2. Fundamentação legal para a imposição da sanção – 3. Comentários e análise crítica – 4. Conclusão – Referências.

1. DESCRIÇÃO DO CASO

A autoridade de proteção de dados italiana (*"Garante"*), em 11 de março de 2021, anunciou em sua *newsletter* que multou o Ministério do Desenvolvimento Econômico (*MISE*) em 75.000 euros por não ter indicado um *data protection officer* – DPO, conforme imposto pelo GDPR europeu, bem como pela publicação ilegal dos currículos de mais de 5000 funcionários.[1]

A *Garante* notou que o *MISE* publicou uma lista com vários dados pessoais dos seus funcionários, como nomes, números de telefone e cadastros tributários.

Foi observado, ali, que não havia base legal adequada para a publicação de tais dados na internet, bem como que havia métodos menos invasivos para garantir que as empresas teriam acesso aos serviços de consultoria dos funcionários, como fornecer acesso restrito a tais informações por meio de credenciais (nomes de usuário e senhas). Assim, a *Garante* entendeu que a disseminação dos currículos era uma maneira despropositada de processamento de dados.[2]

Nesse contexto, importante ter em mente que a Itália é um país com pouco mais de 60 milhões de habitantes, dos quais cerca de 70% (setenta por cento) vivem nas cidades, possuindo, pois, amplo acesso à internet. Destaca-se, também, que a economia italiana é fortemente centrada em serviços, bem como na indústria automobilística.[3]

Foi um caso interessante de violação do direito fundamental à proteção de dados por parte da administração pública, que, aparentemente, não estava buscando uma vantagem, mas cometeu um desvio de legalidade e finalidade. Ainda assim, foi aplicada a multa, nos termos do GDPR.

2. FUNDAMENTAÇÃO LEGAL PARA A IMPOSIÇÃO DA SANÇÃO

A razão da aplicação da sanção é a violação do art. 6.º, n.º 1, alíneas *"c"* e *"e"*, bem como o n.º 2 e a alínea *"b"* do n.º 3, do GDPR,[4] em razão da publicação ilícita dos dados

---

1. DATA GUIDANCE. *Italy*: Garante fines Ministry €75,000 for failure to appoint DPO and for unlawful publication of data. Disponível em: https://www.dataguidance.com/news/italy-garante-fines-ministry-%E2%82%AC-75000-failure-appoint-dpo. Acesso em: 22 ago. 2022.
2. ITALIA. Garante per la protezione dei dati personali. *Newsletter dell'11/03/2021* – Il Garante privacy sanziona il Ministero dello sviluppo economico – Garante privacy, sì alla nuova funzionalità dell'app Immuni – Sanzione del Garante privacy alla Regione Lazio. Disponível em: https://www.garanteprivacy.it/home/docweb/-/docweb-display/docweb/9556705 (acesso em: 22 ago. 2022).
3. BRASIL ESCOLA. *Itália*. Disponível em: https://brasilescola.uol.com.br/geografia/italia-1.htm (acesso em: 22 ago. 2022).
4. O tratamento só é lícito se e na medida em que se verifique pelo menos uma das seguintes situações: [...] c) O tratamento for necessário para o cumprimento de uma obrigação jurídica a que o responsável pelo tratamento esteja sujeito; [...] e) O tratamento for necessário ao exercício de funções de interesse público ou ao exercício da autoridade pública de que está investido o responsável pelo tratamento; [...] Os Estados-Membros podem manter ou aprovar disposições mais específicas com o objetivo de adaptar a aplicação das regras do presente regulamento no que diz respeito ao tratamento de dados para o cumprimento do n.º 1, alíneas c) e e), determinando, de forma mais precisa, requisitos específicos para o tratamento e outras medidas destinadas a garantir a licitude e lealdade do tratamento, inclusive para outras situações específicas de tratamento em conformidade com o capítulo IX. O

dos funcionários, fora a violação aos princípios presentes no art. 5.º, n.º 1, alíneas *"a"*, *"b"* e *"c"*, do GDPR,[5] e a violação ao art. 37.º, n.º 1 e 7, do GDPR, em razão da não nomeação do encarregado de dados (o DPO).[6]

3. COMENTÁRIOS E ANÁLISE CRÍTICA

Compreender o potencial da gestão de dados partindo de *standards* de governança digital que se aplicam ao Poder Público vai além das fronteiras tecnocráticas, desaguando em um clamor popular por um Estado que tenha o condão de dar concretude normativa para os deveres de proteção que se lhe impõem, bem como à própria razão de ser do Estado, qual seja, a pacificação social.[7]

Impõe-se, assim, uma remodelagem da utilidade da administração pública, que não ficou de fora da inserção digital, tornando-se usuária de produtos *online* e, também, exploradora de atividades que envolvem o uso de dados. Significa dizer que o Estado também sofre as consequências da Quarta Revolução Industrial em um contexto no qual "a escala do impacto e a velocidade das mudanças fazem que a transformação seja diferente de qualquer outra revolução industrial da história da humanidade".[8]

---

fundamento jurídico para o tratamento referido no n.º 1, alíneas c) e e), é definido: [...] b) Pelo direito do Estado-Membro ao qual o responsável pelo tratamento está sujeito. A finalidade do tratamento é determinada com esse fundamento jurídico ou, no que respeita ao tratamento referido no n.º 1, alínea e), deve ser necessária ao exercício de funções de interesse público ou ao exercício da autoridade pública de que está investido o responsável pelo tratamento. Esse fundamento jurídico pode prever disposições específicas para adaptar a aplicação das regras do presente regulamento, nomeadamente: as condições gerais de licitude do tratamento pelo responsável pelo seu tratamento; os tipos de dados objeto de tratamento; os titulares dos dados em questão; as entidades a que os dados pessoais poderão ser comunicados e para que efeitos; os limites a que as finalidades do tratamento devem obedecer; os prazos de conservação; e as operações e procedimentos de tratamento, incluindo as medidas destinadas a garantir a legalidade e lealdade do tratamento, como as medidas relativas a outras situações específicas de tratamento em conformidade com o capítulo IX. O direito da União ou do Estado-Membro deve responder a um objetivo de interesse público e ser proporcional ao objetivo legítimo prosseguido.

5. Os dados pessoais são: a) Objeto de um tratamento lícito, leal e transparente em relação ao titular dos dados («licitude, lealdade e transparência»); b) Recolhidos para finalidades determinadas, explícitas e legítimas e não podendo ser tratados posteriormente de uma forma incompatível com essas finalidades; o tratamento posterior para fins de arquivo de interesse público, ou para fins de investigação científica ou histórica ou para fins estatísticos, não é considerado incompatível com as finalidades iniciais, em conformidade com o artigo 89.º, n.º 1 («limitação das finalidades»); c) Adequados, pertinentes e limitados ao que é necessário relativamente às finalidades para as quais são tratados («minimização dos dados»).

6. O responsável pelo tratamento e o subcontratante designam um encarregado da proteção de dados sempre que: a) O tratamento for efetuado por uma autoridade ou um organismo público, excetuando os tribunais no exercício da sua função jurisdicional; b) As atividades principais do responsável pelo tratamento ou do subcontratante consistam em operações de tratamento que, devido à sua natureza, âmbito e/ou finalidade, exijam um controlo regular e sistemático dos titulares dos dados em grande escala; ou c) As atividades principais do responsável pelo tratamento ou do subcontratante consistam em operações de tratamento em grande escala de categorias especiais de dados nos termos do artigo 9.º e de dados pessoais relacionados com condenações penais e infrações a que se refere o artigo 10.º. [...] O responsável pelo tratamento ou o subcontratante publica os contactos do encarregado da proteção de dados e comunica-os à autoridade de controlo.

7. FALEIROS JÚNIOR, José Luiz de Moura. O Estado entre dados e danos: uma releitura da teoria do risco administrativo na sociedade da informação. In: LONGHI, João Victor Rozatti; FALEIROS JUNIOR, José Luiz de Moura; GUGLIARA, Rodrigo. *Proteção de dados pessoais na sociedade da informação*: entre dados e danos. Indaiatuba: Foco, 2021, p. 21.

8. SCHWAB, Klaus. *A quarta revolução industrial*. Trad. Daniel Moreira Miranda. São Paulo: Edipro, 2016, p. 115.

Assim, as estruturas estatais mais tradicionais começaram a clamar por reformulações, já que tudo, em uma medida ou em outra, sofre os impactos da inovação e de novas tecnologias, o que não afeta somente o desempenho prestacional da administração no que diz respeito a políticas públicas, mas afeta, também, sua capacidade de se inserir no contexto contemporâneo. Ou seja, esses impactos também atingem o Direito Administrativo como um todo.[9]

Nesse contexto, é a lição de Faleiros Júnior:[10]

O chamado "direito digital" reúne uma série de temas dos mais diversos ramos do direito, sendo desafiado à resolução de inúmeros problemas contemporâneos – e muitos deles guardam pertinência com o direito administrativo – advindos das novas tecnologias. Em leitura conectada a alguns aspectos extraídos do direito privado, percebe-se que isso se dá por um motivo bem simples: a Internet é explorada essencialmente por participantes privados! Meia dúzia de grandes corporações fornecem a grande gama de ferramentas comunicacionais que não apenas moldam uma nova cultura digital (eminentemente líquida) ou trazem impactos deletérios ao convívio interpessoal, mas que, pelo poder da arquitetura da rede, têm o condão de se sobrepujar ao Estado.

No caso em comento, o primeiro artigo do GDPR a ser citado é o art. 5.º, que traz os princípios da legislação. Cécile de Tarwagne, comentando o dispositivo, afirma que

Qualquer tratamento de dados pessoais deve ser legal e justo. Deve ser evidenciado para as pessoas naturais que os dados pessoais que lhes dizem respeito são coletados, utilizados, consultados ou processados e em que medida os dados pessoais são ou serão tratados. O princípio da transparência exige que todas as informações e comunicações relativas ao tratamento desses dados pessoais sejam facilmente acessíveis e compreensíveis, e que seja utilizada uma linguagem clara e simples. Este princípio diz respeito, em particular, à informação aos titulares dos dados sobre a identidade do responsável pelo tratamento e as finalidades do tratamento e outras informações para assegurar tratamento justo e transparente em relação às pessoas naturais em causa e o seu direito de obter confirmação e comunicação de dados pessoais relativos a elas que estão sendo processados. As pessoas naturais devem ser informadas dos riscos, regras, garantias e direitos em relação ao tratamento de dados pessoais e como exercer os seus direitos em relação a esse tratamento. Em particular, os propósitos específicos para os quais os dados pessoais são processados devem ser explícitos, legítimos e determinados no momento da coleta dos dados pessoais. Além disso, os dados pessoais devem ser adequados, relevantes e limitados ao necessário para as finalidades para as quais são tratados. Isso requer, em particular, que se garanta que o período de armazenamento dos dados pessoais seja limitado a um mínimo estrito. Os dados pessoais devem ser processados apenas se a finalidade do processamento não puder ser razoavelmente cumprida por outros meios.[11]

---

9. MEDAUAR, Odete. *O direito administrativo em evolução*. 3. ed. Brasília: Gazeta Jurídica, 2017, p. 362.
10. Op. cit., p. 28-29.
11. DE TARWAGNE, Cécile. Article 5. In: KUNER, Christopher; BYGRAVE, Lee A.; DOCKSEY, Christopher. *The EU General Data Protection Regulation (GDPR)*: a commentary. Oxford: Oxford University Press, 2020, p. 309-310, tradução livre. No original: "Any processing of personal data should be lawful and fair. It should be transparent to natural persons that personal data concerning them are collected, used, consulted or otherwise processed and to what extent the personal data are or will be processed. The principle of transparency requires that any information and communication relating to the processing of those personal data be easily accessible and easy to understand, and that clear and plain language be used. That principle concerns, in particular, information to the data subjects on the identity of the controller and the purposes of the processing and further information to ensure fair and transparent processing in respect of the natural persons concerned and their right to obtain confirmation and communication of personal data concerning them which are being processed. Natural persons

Sendo assim, por exemplo, no caso *Bara*,[12] a Cúria Europeia entendeu que o requisito de processamento de dados pessoais determina que determinado órgão ou entidade da administração pública informe os titulares dos dados quando transferir seus dados pessoais para outro órgão ou entidade.

No caso *Schecke*,[13] a Corte entendeu que uma obrigação legal de tratar dados processuais (no caso, a publicação de dados pessoais de todos os beneficiários do fundo agrário europeu) deve respeitar o princípio da proporcionalidade (que faz parte dos requisitos para um tratamento com base no legítimo interesse).

Aliás, a Corte teve a oportunidade de examinar o respeito a esse princípio em uma série de casos, sendo o caso da *Digital Rights Ireland Ltd.* um dos mais conhecidos. Naquele caso, a Corte entendeu que o princípio não foi respeitado, estatuindo que deveria

---

should be made aware of risks, rules, safeguards and rights in relation to the processing of personal data and how to exercise their rights in relation to such processing. In particular, the specific purposes for which personal data are processed should be explicit and legitimate and determined at the time of the collection of the personal data. The personal data should be adequate, relevant and limited to what is necessary for the purposes for which they are processed. This requires, in particular, ensuring that the period for which the personal data are stored is limited to a strict minimum. Personal data should be processed only if the purpose of the processing could not reasonably be fulfilled by other means".

12. "32 Em primeiro lugar, o artigo 10.º da referida diretiva prevê que o responsável pelo tratamento deve fornecer à pessoa junto da qual recolhe dados que lhe digam respeito as informações enumeradas nas alíneas a) a c) deste artigo, salvo se a pessoa disso estiver informada. Essas informações dizem respeito à identidade do responsável pelo tratamento desses dados, às finalidades do referido tratamento, bem como a qualquer informação adicional necessária para garantir um tratamento leal dos dados. Entre as outras informações necessárias para garantir um tratamento leal dos dados, o artigo 10.º, alínea c), da diretiva em causa menciona expressamente «os destinatários ou categorias de destinatários dos dados» assim como «a existência do direito de acesso aos dados que [...] digam respeito [à pessoa em causa] e do direito de os retificar». 42 Em segundo lugar, o artigo 11.º, n.º 1, da referida diretiva prevê que o responsável pelo tratamento de dados que não foram recolhidos junto da pessoa em causa lhe deve fornecer as informações enumeradas nas alíneas a) a c). Essas informações dizem respeito à identidade do responsável pelo tratamento, às finalidades do tratamento, bem como a todas as outras informações necessárias para garantir um tratamento leal dos dados. Entre essas outras informações, o artigo 11.º, alínea c), da mesma diretiva menciona expressamente «as categorias de dados envolvidos» e «a existência do direito de acesso aos dados que lhe digam respeito e do direito de os retificar»." UNIÃO EUROPEIA. InfoCuria. *Processo C-201/14*. Disponível em: https://curia.europa.eu/juris/document/document.jsf;jsessionid=B0F157B18224CDE76A3784456BB5253A?text=&docid=168943&pageIndex=0&doclang=pt&mode=lst&dir=&occ=first&part=1&cid=2060154 (acesso em: 15 out. 2022).

13. "49 Assim, o artigo 8.º, n.º 2, da Carta autoriza o tratamento de dados pessoais desde que estejam preenchidas determinadas condições. A esse respeito, a dita disposição determina que os dados pessoais «devem ser objecto de um tratamento leal, para fins específicos e com o consentimento da pessoa interessada ou com outro fundamento legítimo previsto por lei». 50 Além disso, o artigo 52.º, n.º 1, da Carta admite a introdução de restrições ao exercício de direitos como os consagrados nos seus artigos 7.º e 8.º, desde que essas restrições sejam previstas por lei, respeitem o conteúdo essencial desses direitos e liberdades e, na observância do princípio da proporcionalidade, sejam necessárias e correspondam efectivamente a objectivos de interesse geral reconhecidos pela União, ou à necessidade de protecção dos direitos e liberdades de terceiros. 77 Importa pois verificar se o Conselho da União Europeia e a Comissão procederam a uma ponderação equilibrada entre o interesse da União em garantir a transparência das suas acções e uma utilização óptima dos fundos públicos, por um lado, e a restrição ao direito dos beneficiários em causa ao respeito da sua vida privada, em geral, e à protecção dos seus dados pessoais, em particular, por outro. A este respeito, o Tribunal de Justiça já declarou que as derrogações à protecção dos dados pessoais e as suas limitações devem ocorrer na estrita medida do necessário." UNIÃO EUROPEIA. *European Court Reports 2010 I-11063. Joined cases C-92/09 and C-93/09*. Disponível em: https://eur-lex.europa.eu/legal-content/EN/TXT/?uri=CELEX%3A62009CJ0092 (acesso em: 15 out. 2022).

haver critérios para determinar quais dados são relevantes para cada propósito, bem como para determinar o tempo-limite para a retenção desses dados.[14]

Aquele tribunal foi ainda mais longe no caso *Tele2,* no qual se determinou que a legislação que prescrevia a retenção geral e indiscriminada de dados pessoais excedia os limites do que era estritamente necessário, não podendo ser consideradas justa.[15]

O primeiro princípio a ser mencionado nesse art. 5.º é o da legalidade. Essa obrigatoriedade de o tratamento de dados ser lícito significa, essencialmente, que se deve respeitar todos os requisitos legais aplicáveis.[16]

O segundo princípio é o da lealdade, que implica que os dados não tenham sido obtidos ou tratados por meios ilegais, dolosamente ou sem o conhecimento do titular dos dados.[17]

O terceiro princípio é o da transparência, com o requisito de que o titular deve ser informado acerca da coleta, uso ou tratamento de seus dados, bem como em que medida e até quando seus dados serão tratados.

O princípio da finalidade, também violado no caso em comento, foi, por muito tempo, visto como a pedra de toque da proteção de dados, e um pré-requisito para a maioria dos outros requisitos fundamentais. Esse princípio tem duas dimensões: a

---

14. "46 A este propósito, cabe recordar que o princípio da proporcionalidade exige, segundo jurisprudência constante do Tribunal de Justiça, que os atos das instituições da União sejam adequados à realização dos objetivos legítimos prosseguidos pela regulamentação em causa e não excedam os limites do que é adequado e necessário à realização desses objetivos. 66 Acresce que, no que respeita às regras relativas à segurança e à proteção dos dados conservados pelos fornecedores de serviços de comunicações letrônicas publicamente disponíveis ou de redes públicas de comunicações, há que concluir que a Diretiva 2006/24 não prevê garantias suficientes, como exige o artigo 8.º da Carta, que permitam assegurar uma proteção eficaz dos dados conservados contra os riscos de abuso e contra qualquer acesso e utilização ilícita dos mesmos. Com efeito, em primeiro lugar, o artigo 7.º da Diretiva 2006/24 não estabelece regras específicas e adaptadas à grande quantidade de dados cuja conservação é imposta por esta diretiva, ao caráter sensível destes dados e ao risco de acesso ilícito aos mesmos, regras que se destinariam, designadamente, a regular de maneira clara e estrita a proteção e a segurança dos dados em causa, a fim de garantir a sua plena integridade e confidencialidade. Além disso, também não foi prevista uma obrigação precisa de os Estados-Membros estabelecerem tais regras.". UNIÃO EUROPEIA. *Court Reports – Court of Justice. Joined Cases C-293/12 and C-594/12.* Disponível em: https://eur-lex.europa.eu/legal-content/EN/TXT/?uri=CELEX%3A62012CJ0293 (acesso em: 15 out. 2022).

15. "116 No que se refere ao respeito pelo princípio da proporcionalidade, uma regulamentação nacional que estipule as condições em que os prestadores de serviços de comunicações eletrónicas devem conceder às autoridades nacionais competentes o acesso aos dados conservados deve assegurar, em conformidade com o que foi constatado nos ns. 95 e 96 do presente acórdão, que esse acesso ocorra apenas dentro dos limites do estritamente necessário. 118 Para garantir que o acesso das autoridades nacionais competentes aos dados conservados seja limitado ao estritamente necessário, é certo que compete ao direito nacional determinar as condições em que os fornecedores de serviços de comunicações letrônicas devem conceder esse acesso. Todavia, a regulamentação nacional em causa não se pode limitar a exigir que o acesso responda a um dos objetivos referidos no artigo 15.º, n.º 1, da Diretiva 2002/58, ainda que esteja em causa a luta contra a criminalidade grave. Com efeito, tal regulamentação nacional deve também prever as condições materiais e processuais que regulam o acesso das autoridades nacionais competentes aos dados conservados (v., por analogia, no que se refere à Diretiva 2006/24, acórdão Digital Rights, n.º 61)". UNIÃO EUROPEIA. InfoCuria. *Processos apensos C-203/15 e C-698/15.* Disponível em: https://curia.europa.eu/juris/document/document.jsf?text=&docid=186492&pageIndex=0&doclang=pt&mode=lst&dir=&occ=first&part=1&cid=2067382 (acesso em: 15 out. 2022).

16. DE TERWAGNE, Cécile. Op. cit., p. 314.

17. DE TERWAGNE, Cécile. Op. cit., p. 314.

dimensão da especificidade impõe que os dados sejam coletados para propósitos específicos, explicitados e legítimos e a dimensão do uso compatível proíbe seu tratamento de maneira incongruente com esses propósitos.[18]

Os fins de determinado tratamento de dados pessoais devem ser indicados desde o início, no momento da coleta dos dados. O tratamento de dados para fins indefinidos ou ilimitados é ilegal, pois não permite uma delimitação precisa do escopo do tratamento de dados. Os fins do tratamento de dados também devem ser exatos e claramente expressos, não podendo ser escondidos do titular. Por fim, essas finalidades precisam ser legítimas, ou seja, não podem trazer uma interferência desproporcional nos direitos, liberdades e interesses do titular em favor dos interesses do controlador.

Outro princípio violado é o que aparece na alínea *"c"* do art. 5.º, qual seja, o da adequação, ou "minimização dos dados". Sobre ele, leciona Cécile de Terwagne:

> Tal como acontecia ao tempo da DPD [*Data Protection Directive*, de 1995], os dados pessoais tratados devem ser adequados, relevantes e limitados ao necessário em relação às finalidades para as quais são tratados. No entanto, de acordo com o GDPR, os dados pessoais devem ser "limitados ao necessário" em vez de "não excessivos" como no DPD. O LED [*Law Enforcement Directive*], no entanto, manteve a redação do DPD; assim, o artigo 4.º, n.º 1, alínea c), estabelece que os dados não devem ser "excessivos". Essa diferença de termos não deve ter um efeito substancial no escopo do princípio de minimização de dados. O considerando 39 do GDPR especifica que se exige, em particular, que os dados pessoais sejam processados apenas se as finalidades não puderem ser razoavelmente cumpridas por outros meios. Além disso, este requisito de necessidade não se refere apenas à quantidade, mas também à qualidade dos dados pessoais. É, portanto, claro que não se pode tratar uma quantidade excessivamente grande de dados pessoais (pedir a um funcionário o seu prontuário médico completo para avaliar sua capacidade de trabalho, por exemplo). Mas também não se pode processar um único dado se isso implicar uma interferência desproporcional nos direitos e interesses do titular dos dados (por exemplo, coletar informações sobre o consumo privado de drogas de um candidato a emprego). O critério 'limitado ao necessário' também exige 'garantir que o período de armazenamento dos dados pessoais seja limitado a um mínimo estrito'.[19]

Assim, o *Garante* entendeu que o tratamento de dados feito pelo Ministério foi excessivo e inadequado.

---

18. DE TERWAGNE, Cécile. Op. cit., p. 315.

19. DE TERWAGNE, Cécile. Op. cit., p. 317, tradução livre. No original: "As was the case under the DPD, processed personal data must be adequate, relevant and limited to what is necessary in relation to the purposes for which they are processed. However, under the GDPR personal data must be 'limited to what is necessary' instead of being 'not excessive' as in the DPD. The LED, though, has kept the wording of the DPD; thus, Article 4(1)(c) LED states that data must be 'not excessive'. This difference of terms should not have a substantial effect on the scope of the data minimization principle. Recital 39 GDPR specifies that it requires, in particular, that personal data should only be processed if the purposes cannot reasonably be fulfilled by other means. Furthermore, this necessity requirement not only refers to the quantity, but also to the quality of personal data. It is accordingly clear that one may not process an excessively large amount of personal data (asking an employee for her complete medical file to assess her capacity to work, for example). But one may not process a single datum either if this would entail a disproportionate interference in the data subject's rights and interests (for example, collecting information about private drug consumption from a job applicant). The 'limited to what is necessary' criterion also requires 'ensuring that the period for which the personal data are stored is limited to a strict minimum'".

O art. 6.º, n.º 1, do GDPR, que o *Garante* também entendeu violado, estipula as bases legais de tratamento de dados naquela legislação:

> O princípio do "processamento legal", que é um dos vários princípios de proteção de dados sob o artigo 5º do GDPR, exige que todas as operações de processamento que envolvam dados pessoais tenham uma base legal. O artigo 6.º, n.º 1, estipula exaustivamente o que pode constituir essa base legal. Ao mesmo tempo, deve-se ter em mente que o processamento legalmente correto de dados pessoais também exigirá o cumprimento de todos os outros princípios fundamentais para o processamento de dados pessoais estabelecidos no artigo 5.º, n.º 1.[20]

Já o n.º 2 representa um compromisso entre o objetivo de harmonizar o direito à proteção de dados ao longo de toda a União Europeia, o que excluiria qualquer legislação local, e o fato de que legislações regionais mais específicas de aplicação da proteção de dados são vantajosas para os titulares e não podem ser atingidas apenas pela legislação da União Europeia. Como essa harmonização parecia particularmente importante no setor privado, o empoderamento dos legisladores dos Estados-Membros se limita a legislações para o setor público. Para o processamento nos termos da alínea *"f"* desse parágrafo, que é central para o tratamento de dados no setor privado, não há empoderamento dos Estados-Membros para criar normas de proteção de dados. Somente nas áreas específicas de tratamento de dados listadas no Capítulo IX do GDPR é que se mantém a legislação regional. Nos demais casos cobertos pelo parágrafo segundo do art. 6.º, as legislações específicas devem estar em total acordo com as normas do GDPR.[21]

Já o n.º 3, que também se entendeu violado, tem duas funções: a primeira é a de deixar claro que apenas as determinações legais baseadas na legislação da União Europeia ou do Estado-Membro podem trazer a base legal para tratamento de dados; a segunda é a de indicar o conteúdo apropriado de tais determinações legais.

Ademais, esse parágrafo se digladia sobre tópicos especiais com os quais se deve lidar a partir das determinações da legislação regional de processamento de dados embasada no art. 6.º, n.º 1, alíneas *"c"* ou *"e"*. Ele admoesta os legisladores a incluir determinações especialmente claras acerca da finalidade concreta do processamento, dos tipos de dados que podem ser processados para esses fins, dos direitos do titular envolvidos na atividade, e traz medidas gerais de garantia de que o tratamento é legal e leal.

No Brasil, aliás, recente julgamento foi levado a efeito pelo Supremo Tribunal Federal, que analisou os limites da política de governança de dados da União (Decreto 10.046/2019) na apreciação conjunta da Ação Direta de Inconstitucionalidade 6649 e da Arguição de Descumprimento de Preceito Fundamental 695, sob relatoria do Min. Gilmar Mendes.

---

20. KOTSCHY, Waltraut. Article 6. In: KUNER, Christopher; BYGRAVE, Lee A.; DOCKSEY, Christopher. *The EU General Data Protection Regulation (GDPR)*: a commentary. Oxford: Oxford University Press, 2020, p. 325, tradução livre. No original: "The principle of 'lawful processing', which is one of several data protection principles under Article 5 GDPR, requires that every processing operation involving personal data has a legal basis. Article 6(1) exhaustively stipulates what may constitute such a legal basis. At the same time, it must be kept in mind that legally sound processing of personal data will necessitate fulfilling also all other of the core principles for processing personal data set out by Article 5(1)".

21. KOTSCHY, Waltraut. Op. cit., p. 326.

No voto do relator foi destacado o seguinte:

> A complexidade do assunto é evidenciada pela existência de conflitos aparentes entre normas que impõem transparência absoluta na condução dos negócios públicos, de um lado, e aquelas que estabelecem limites rigorosos para o fluxo de dados pessoais coletados ou produzidos pelo Estado, de outro. Se é certo que informações gerais relacionadas à atividade administrativa devem, em regra, se submeter ao princípio da ampla publicidade, não é menos exato que o tratamento de dados pessoais segue lógica diversa, focada na salvaguarda da privacidade dos cidadãos.

> Essa distinção impõe regime jurídico híbrido para o tratamento das informações coletadas ou produzidas pela Administração Pública, a depender do maior ou menor vínculo que elas guardem com atributos da personalidade ou qualidades próprias do cidadão.[22]

Por fim, destaca-se que o art. 37.° é o que determina a designação do *data protection officer* (DPO), que, no Brasil, é conhecido como Encarregado.[23] Nem mesmo autoridades públicas podem se furtar a essa obrigação, à exceção de tribunais e autoridades judiciais independentes exercendo jurisdição.[24]

A visibilidade aumentada do DPO é um elemento a mais que demonstram a relação de confiança que os DPOs devem ter com o controlador e com o operador, para organizar como ocorrerão as operações de tratamento de dados pessoais. Compara-se a figura do DPO à de figuras de "intermediários regulatórios" em outras legislações setoriais,[25] como as pessoas qualificadas para vigilância farmacêutica que, na Europa, devem aparecer em farmácias conforme a regulação desse setor.[26]

---

22. BRASIL. Supremo Tribunal Federal. *ADI 6649 e ADPF 695*. Relator Min. Gilmar Mendes, j. 14.09.2022. Disponível em: https://images.jota.info/wp-content/uploads/2022/09/voto-adi-6649-e-adpf-695-1.pdf Acesso em: 12 out. 2022.
23. LGPD. Art. 5º Para os fins desta Lei, considera-se: (...) VIII – encarregado: pessoa indicada pelo controlador e operador para atuar como canal de comunicação entre o controlador, os titulares dos dados e a Autoridade Nacional de Proteção de Dados (ANPD).
24. RIGAUDIAS, Cecília Alvarez; SPINA, Alessandro. Article 37. In: KUNER, Christopher; BYGRAVE, Lee A.; DOCKSEY, Christopher. *The EU General Data Protection Regulation (GDPR)*: a commentary. Oxford: Oxford University Press, 2020, p. 689. Os autores, inclusive, recordam outra situação ocorrida na Itália: "During the first months of application of the GDPR, a first instance Italian administrative tribunal handed down a ruling on the professional qualification of DPOs under the GDPR. The tribunal annulled the tender notice of a public authority concerning the provision of professional assistance for the function of DPO. The tender notice had included, as mandatory professional requirements for tenderers, both the possession of a university degree in the relevant fields (IT, law or similar academic degrees) and the possession of a certification ISO/ IEC/ 27001 Auditor/ Lead Auditor for IT management and security. In its decision, the administrative tribunal noted that the ISO/ IEC 27001 certification cannot be considered a degree qualifying per se the holder for the functions of DPO. Regardless of the possession of such professional certification, the essential re quirement for the role of DPO is the specific expertise and legal knowledge necessary to exercise the safeguard function with regard to the fundamental right to the protection of personal data; it is not the establishment of efficient procedures for the management and security of IT systems". Ibidem, p. 692.
25. A esse respeito, merece menção o "Código de Conducta regulador del tratamiento de datos personales en el ámbito de los ensayos clínicos y otras investigaciones clínicas y de la farmacovigilancia" aprovado pela AEPD em 25 de fevereiro de 2022", que foi o primeiro a ser aprovado por uma Autoridade na vigência do GDPR. Cf. ESPANHA. Agencia Española de Protección de Datos. *La AEPD aprueba el primer código de conducta sectorial desde la entrada en vigor del Reglamento de Protección de Datos*, 25 fev. 2022. Disponível em: https://www.aepd.es/es/prensa-y-comunicacion/notas-de-prensa/aepd-aprueba-primer-codigo-conducta-sectorial-desde-entrada-vigor-rgpd Acesso em: 12 out. 2022.
26. RIGAUDIAS, Cecília Alvarez; SPINA, Alessandro. Op. cit., p. 698.

No GDPR, o DPO tem uma função estratégica de garantir que os controladores cumprirão as normas de proteção de dados, trazendo práticas culturais e regulatórias, bem como mecanismos de proteção de dados para dentro da organização.[27]

Sendo assim, a não nomeação do DPO, no caso em comento, também contribuiu, acertadamente, ao nosso ver, para se entender pela aplicação da multa.

4. CONCLUSÃO

Em arremate conclusivo, pode-se dizer que é necessária a reestruturação das bases fundamentais da administração pública, eis que a legalidade hermética deve ser acoplada à governança pública, de forma a se atenuar a desproporção entre a inovação tecnológica e a regulação, evitando-se, assim, o aparecimento de *gaps* perigosos. Assim, o Estado, enquanto agente de tratamento de dados, deve se adequar à legislação, sempre.

REFERÊNCIAS

1. Citação de livro

MEDAUAR, Odete. *O direito administrativo em evolução*. 3. ed. Brasília: Gazeta Jurídica, 2017.

2. Capítulo em obra coletiva

DE TARWAGNE, Cécile. Article 5. In: KUNER, Christopher; BYGRAVE, Lee A.; DOCKSEY, Christopher. *The EU General Data Protection Regulation (GDPR)*: a commentary. Oxford: Oxford University Press, 2020.

FALEIROS JÚNIOR, José Luiz de Moura. O Estado entre dados e danos: uma releitura da teoria do risco administrativo na sociedade da informação. In: LONGHI, João Victor Rozatti; FALEIROS JUNIOR, José Luiz de Moura; GUGLIARA, Rodrigo. *Proteção de dados pessoais na sociedade da informação*: entre dados e danos. Indaiatuba: Foco, 2021.

KOTSCHY, Waltraut. Article 6. In: KUNER, Christopher; BYGRAVE, Lee A.; DOCKSEY, Christopher. *The EU General Data Protection Regulation (GDPR)*: a commentary. Oxford: Oxford University Press, 2020.

RIGAUDIAS, Cecília Alvarez; SPINA, Alessandro. Article 37. In: KUNER, Christopher; BYGRAVE, Lee A.; DOCKSEY, Christopher. *The EU General Data Protection Regulation (GDPR)*: a commentary. Oxford: Oxford University Press, 2020.

SCHWAB, Klaus. *A quarta revolução industrial*. Trad. Daniel Moreira Miranda. São Paulo: Edipro, 2016.

3. Artigo web

BRASIL ESCOLA. *Itália*. Disponível em: https://brasilescola.uol.com.br/geografia/italia-1.htm Acesso em: 12 out. 2022.

DATA GUIDANCE. *Italy: Garante fines Ministry €75,000 for failure to appoint DPO and for unlawful publication of data*. Disponível em: https://www.dataguidance.com/news/italy-garante-fines-ministry--%E2%82%AC75000-failure-appoint-dpo. Acesso em: 22 ago. 2022.

---

27. RIGAUDIAS, Cecília Alvarez; SPINA, Alessandro. Op. cit., p. 698.

ESPANHA. Agencia Española de Protección de Datos. *La AEPD aprueba el primer código de conducta sectorial desde la entrada en vigor del Reglamento de Protección de Datos*, 25 fev. 2022. Disponível em: https://www.aepd.es/es/prensa-y-comunicacion/notas-de-prensa/aepd-aprueba-primer-codigo-conducta--sectorial-desde-entrada-vigor-rgpd Acesso em: 12 out. 2022.

4. Ementas de julgados e legislação

BRASIL. Decreto 10.046, de 9 de outubro de 2019. *Dispõe sobre a governança no compartilhamento de dados no âmbito da administração pública federal e institui o Cadastro Base do Cidadão e o Comitê Central de Governança de Dados.* Disponível em: http://www.planalto.gov.br/ccivil_03/_ato2019-2022/2019/decreto/D10046.htm Acesso em: 12 out. 2022.

BRASIL. Lei 13.709, de 14 de agosto de 2018. *Lei Geral de Proteção de Dados Pessoais (LGPD).* Diário Oficial da União: seção 1, Brasília, DF, seção 1, n. 157, p. 59. 15 ago. 2018. Disponível em: http://www.planalto.gov.br/ccivil_03/_ato2015-2018/2018/lei/l13709.htm Acesso em: 12 out. 2022.

BRASIL. Supremo Tribunal Federal. ADI 6649 e ADPF 695. Relator Min. Gilmar Mendes, j. 14/09/2022. Disponível em: https://images.jota.info/wp-content/uploads/2022/09/voto-adi-6649-e-adpf-695-1.pdf Acesso em: 12 out. 2022.

ITÁLIA. Garante per la protezione dei dati personali. *Newsletter dell'11/03/2021 – Il Garante privacy sanziona il Ministero dello sviluppo economico – Garante privacy, sì alla nuova funzionalità dell'app Immuni – Sanzione del Garante privacy alla Regione Lazio.* Disponível em: https://www.garanteprivacy.it/home/docweb/-/docweb-display/docweb/9556705 Acesso em: 12 out. 2022.

UNIÃO EUROPEIA. *Court Reports – Court of Justice. Joined Cases C-293/12 and C-594/12.* Disponível em: https://eur-lex.europa.eu/legal-content/EN/TXT/?uri=CELEX%3A62012CJ0293 Acesso em: 12 out. 2022.

UNIÃO EUROPEIA. *European Court Reports 2010 I-11063. Joined cases C-92/09 and C-93/09.* Disponível em: https://eur-lex.europa.eu/legal-content/EN/TXT/?uri=CELEX%3A62009CJ0092 Acesso em: 12 out. 2022.

UNIÃO EUROPEIA. InfoCuria. *Processo C-201/14.* Disponível em: https://curia.europa.eu/juris/document/document.jsf;jsessionid=B0F157B18224CDE76A3784456BB5253A?text=&docid=168943&pageIndex=0&doclang=pt&mode=lst&dir=&occ=first&part=1&cid=2060154 Acesso em: 12 out. 2022.

UNIÃO EUROPEIA. InfoCuria. *Processos apensos C-203/15 e C-698/15.* Disponível em: https://curia.europa.eu/juris/document/document.jsf?text=&docid=186492&pageIndex=0&doclang=pt&mode=lst&dir=&occ=first&part=1&cid=2067382 Acesso em: 12 out. 2022.

4
CHIEN QUI ABOIE NE MORD PAS?
A "MORDIDA" DA AUTORIDADE DE PROTEÇÃO DE DADOS BELGA POR DESCUMPRIMENTO DE PRINCÍPIOS GERAIS DO GDPR

Rafael Medeiros Popini Vaz

Doutorando e Mestre em Direito pela Universidade Federal de Santa Catarina (UFSC). Especialista em Direito do Trabalho e Processo do Trabalho pelo Complexo de Ensino Superior de Santa Catarina (CESUSC). Especialista em Direito Aduaneiro e Comércio Exterior pela Universidade do Vale do Itajaí (UNIVALI). Membro da Comissão de Direito Digital e da Comissão de Privacidade e Proteção de Dados da Ordem dos Advogados do Brasil Secção Santa Catarina (OAB/SC). Autor de artigos e obras. Advogado e professor. E-mail: rafael@loboevaz.com.br.

Resumo: A DPA belga multou uma empresa de habitação social em 1.500 euros por violar princípios do GDPR e não fornecer informações adequadas sobre o Encarregado.

Fundamentos: Art. 5.º GDPR / Art. 6.º GDPR / Art. 12.º GDPR / Art. 13.º GDPR / Art. 30.º GDPR / Art. 37.º, n.º 5 GDPR / Art. 37.º, n.º 7 GDPR.

Decisão completa:

https://gegevensbeschermingsautoriteit.be/publications/beslissing-ten-gronde-nr.-73-2020.pdf

Sumário: 1. Contexto e descrição do caso; 1.1 *Les chiens aboient, la caravane passe*: panorama belga e os dentes da APD; 1.2 Ao caso: *Société de longement social Y vs. Monsieur X* – 2. Fundamentação legal para a imposição da sanção; 2.1 Dos procedimentos da investigação e da deliberação pela Câmara de Contencioso; 2.2 A declaração de privacidade, o direito de acesso e a política de *cookies*: "estamos tomando nota"; 2.3 O encarregado de brinde; 2.4 Para a Câmara, as câmeras não servem – 3. Análise da atuação da APD e breves reflexões sobre o caso; 3.1 Mordida de leve: por que a APD aplicou uma multa tão baixa?; 3.2 Dentes de leite? Propedêutica comparação com outros casos – 4. Conclusão – Referências.

1. CONTEXTO E DESCRIÇÃO DO CASO

1.1 *Les chiens aboient, la caravane passe*: panorama belga e os dentes da APD

Um dos menores Estados-Membros da União Europeia (UE) e, atualmente, com uma complexa estrutura de privacidade e de proteção de dados,[1] pode-se afirmar que o Reino da Bélgica não é considerado um pioneiro no desenvolvimento de normas infraconstitucionais ou na constitucionalização da temática, especificamente se proceder a um cotejo entre os demais membros do bloco europeu.

A Constituição belga somente ganhou um dispositivo em 1994, véspera da Diretiva 95/46/CE[2] e mais de uma década após duas iniciativas supranacionais[3] precursoras, as *Guidelines on the Protection of Privacy and Transborder Flows of Personal Data*,[4] de 1980, e a integradora Convenção de Strasbourg (Convenção 108) de 1981.[5]

O quase limítrofe estado (*Land*) de Hesse, em 1970, à época na Alemanha Ocidental, aprovou a primeira lei formal de proteção de dados no mundo, a Lei de Proteção de Dados Pessoais de Hesse – *Hessische Datenschutzgesetz* – apesar de bastante sumariada e focada no tratamento estatal, ou seja, quase duas décadas antes das iniciativas belgas.[6] O ato hessiano não passou despercebido, sucedendo-se um movimento de produção de diplomas nacionais naquela década, começando com a Suécia em 1973, seguida pela República Federativa da Alemanha em 1977, pela Áustria em 1978, pela

---

1. O presente artigo não visa exaurir o tema e não visa problematizar as profícuas discussões a respeito da evolução normativa da proteção de dados. Ver: DONEDA, Danilo. *Da Privacidade à Proteção de Dados Pessoais*. Fundamentos da Lei Geral de Proteção de Dados. 2. ed. São Paulo: Ed. RT, 2019. Tampouco se comenta o desenvolvimento do direito à privacidade. Sugere-se a pesquisa de doutorado transformada em livro: CANCELIER DE OLIVO, Mikhail Vieira. *Infinito particular*: privacidade no século XXI e a manutenção do direito de estar só. Rio de Janeiro: Lumen Juris, 2017.

2. Vale observar que no ano de estreia da Diretiva, menos de 1% da população do continente europeu fazia uso da internet. JAY, Rosemary et al. *Guide to the General Data Protection Regulation: A Companion to Data Protection Law and Practice*. London: Sweet & Maxwell, 2017.

3. A respeito do processo de integração e transferência de parcelas de competências dos Estados-membros, do poder normativo da ordem comunitária e da dimensão teleológica de integração da UE, ver: STELZER, Joana. *União Europeia e supranacionalidade: desafio ou realidade?* Curitiba: Juruá Editora, 2005.

4. ORGANISATION FOR ECONOMIC CO-OPERATION AND DEVELOPMENT. *OECD Guidelines on the Protection of Privacy and Transborder Flows of Personal Data*. Disponível em: https://www.oecd.org/sti/ieconomy/oecdguidelinesontheprotectionofprivacyandtransborderflowsofpersonaldata.htm. Acesso em: 11 out. 2022.

5. CONSEIL DE L'EUROPE. *Convention pour la protection des personnes à l'égard du traitement automatisé des données à caractère personnel*. Strasbourg, 1981. Disponível: https://www.coe.int/fr/web/conventions/full-list/-/conventions/treaty/108. Acesso em: 11 out. 2022.

6. A notória lei estadual alemã vindicada em razão da coleta e processamento iniciada pelo Estado Federal de Hesse em meados da década de 1960 foi aprovada de forma célere. O objetivo da coleta de dados era possibilitar políticas públicas de longo prazo. Porém, em 1968, as preocupações com o manuseio de dados pessoais começaram a surgir. O envolvimento de todos os habitantes da região de Hesse, além do tratamento de dados pessoais sensíveis, provocou apelos para que o governo estadual estudasse as implicações do monitoramento contínuo. A pressão do tecido social resultou na aprovação da lei em comento em 10 de outubro de 1970. SIMITIS, Spiros. Privacy—An Endless Debate? *California Law Review*, 2010, p. 1995. Disponível em: http://www.californialawreview.org/wp-content/uploads/2014/10/Simitis.FINAL_.pdf. Acesso em: 11 out. 2022.

Dinamarca em 1978, pela França em 1978 e pela Noruega em 1978.[7] Nesse toar ainda, dois exemplos eloquentes de constitucionalização, os ibéricos Portugal[8] e Espanha[9] que, respectivamente, em 1976 e 1978, exibiram em suas noveis cartas magnas cláusulas específicas.[10]

A Bélgica só se apressaria em adequar o seu quadro legislativo nacional a partir da década de 1990,[11] mercê da pressão ocasionada pelo debate e pela criação de um mercado unificado[12] caracterizado pela alta circulação de dados e pela busca da harmonização normativa.[13] A *Loi relative à la protection de la vie privée à l'égard des traitements de données à caractère personnel*,[14] aprovada em 1992 e vigorada até 2004, veio bem a roborar essa transição suscitada pela oitentista Convenção 108, porém um século após os enfáticos apelos de Warren e Brandeis.[15]

O papel que as instituições belgas desempenharam nos últimos anos contrasta fortemente com o seu tardio despertar para o tema.[16] Em abono, a Bélgica foi a primeira

---

7. BENNETT, Colin J.; RAAB, Charles D. *The governance of privacy: Policy instruments in global perspective.* Routledge, 2017. p. 148.

8. PÉREZ LUÑO, Antonio Enrique. La protección de la intimidad frente a la informática en la Constitución Española de 1978. *Revista de Estudios Políticos*, n. 9, 1979. p. 61-62.

9. PINHEIRO, Alexandre Sousa. Data Protection in the Internet: The Portuguese Case. *Data Protection in the Internet.* Springer, Cham, 2020. p. 271.

10. O direito à privacidade de forma expressa não foi incluído originalmente na Constituição belga de 1831. No documento inaugural somente se previa o direito à defesa do domicílio contra buscas e apreensões realizadas por autoridades policiais, bem como o sigilo de cartas, conforme o Artigo 226. Somente em 1994, o direito a uma vida privada foi garantido. Tal inclusão também se deu pela adoção da Bélgica à Convenção Europeia dos Direitos Humanos que prevê em seu Artigo 8 o direito ao respeito pela vida privada e familiar. O termo 'proteção de dados' só foi incluído no ordenamento jurídico belga no ano de 1992, com exceção de algumas leis específicas. ROYAUME DE BELGIQUE. *Constitution de la Belgique*. [1994]. Disponível em: https://www.senate.be/doc/20190719_CONSTITUTION.pdf. Acesso em: 11 out. 2022.

11. BANISAR, David; DAVIES, Simon. Global trends in privacy protection: An international survey of privacy, data protection, and surveillance laws and developments. *J. Marshall J. Computer & Info. L.*, v. 18, 1999. p. 22

12. SIMITIS, Spiros. From the market to the polis: The EU directive on the protection of personal data. *Iowa L. Rev.*, v. 80, 1994.

13. SLAUGHTER, Anne-Marie; BURKE-WHITE, William. *The future of international law is domestic (or, the European way of law).* Harv. Int'l LJ, v. 47, 2006. p. 327-328.

14. ROYAUME DE BELGIQUE. *Loi relative à la protection de la vie privée à l'égard des traitements de données à caractère personnel*. [1992]. Disponível em: https://www.ejustice.just.fgov.be/mopdf/2018/09/05_1.pdf#Page10. Acesso em: 11 out. 2022.

15. WARREN, Samuel; BRANDEIS, Louis. The right to privacy. *Harvard Law Review*, v. 4, n. 193, 1890. É impreciso afirmar que Samuel Warren e Louis Brandeis, com o ecoado *right to be left alone*, foram os responsáveis pela criação de um direito à privacidade. Como recorda o professor Ricardo Campos, o debate surge em torno do encontro do ser humano com as novas tecnologias e modelos de negócios inovadores, sendo preciso "refletir a respeito das pré-condições da própria privacidade". CAMPOS, Ricardo. Prefácio. *In:* VÉLIZ, Carissa. *Privacidade é poder.* Editora Contracorrente, 2021. p. 14.

16. A primeira autoridade pública de proteção de dados belga – *Comission de la Protection de la vié privée* (CPVP) – foi estabelecida em 1983 para regular o uso do Registro Nacional – o primeiro banco de dados computadorizado do Estado belga. Sua atuação e regulação se modificaram ao longo do tempo, tendo um estatuto estabelecido em 1992 e, em decorrência do uso de tecnologias da informação, seu mandato foi significativamente ampliado, especialmente em razão da regulamentação para a proteção de dados pessoais a nível supranacional, como a Convenção n.º 108 do Conselho da Europa, a Diretiva Europeia 95/46 e o atual Regulamento Geral de Proteção de Dados (RGPD)/*General Data Protection Regulation (GDPR).*

nação a alocar uma posição governamental separada para privacidade e foi a principal nação a multar o Facebook por violações de privacidade.[17]

Graças à *Commission consultative de protection de la vie privée*[18] – convertida na *Autorité de protection des donnée*s (APD)[19] em 2017 – e ao estabelecimento de uma posição governamental separada para privacidade,[20] os belgas rapidamente passaram para uma posição de liderança ao adotar a estrutura de proteção de dados da UE como resultado dessa transição. A conversão não se limitou ao nome, pois a APD ganhou, de fato, a roupagem de um órgão de supervisão e ganhou os "dentes" para aplicar sanções, em vez de apenas um conselho.[21]

A bilingue[22] APD é um órgão de controle independente e dotado de personalidade jurídica própria instituída pela *Chambre des Représentants*.[23] A instituição é composta pelo Comitê de Direção e outros cinco órgãos, dentre eles a Secretaria Geral responsável pela gestão rotineira, o Serviço de Linha de Frente, o Centro de Conhecimento com poderes consultivos, o Serviço de Inspeção e a Câmara Contenciosa com poder sancionador.[24] Segundo o último relatório disponível no site institucional, a APD, em 2020, contava com 67 colaboradores e dispunha de um orçamento na casa de 8.947.430,92 EUR.[25]

---

17. HOUSER, Kimberly A.; VOSS, W. Gregory. GDPR: The end of Google and Facebook or a new paradigm in data privacy. *Rich. JL & Tech.*, v. 25, 2018. p. 39. Disponível em: https://jolt.richmond.edu/files/2018/11/Houser_Voss-FE.pdf. Acesso em: 11 out. 2022.

18. ROYAUME DE BELGIQUE. *Arrêté royal n° 141 créant une banque de données relatives aux membres du personnel du secteur* public. [1982]. Disponível em: https://www.ejustice.just.fgov.be/eli/arrete/1982/12/30/1983021322/justel. Acesso em: 11 out. 2022.

19. ROYAUME DE BELGIQUE. *Loi portant création de l'Autorité de protection des données*. [2017]. Disponível em: http://www.ejustice.just.fgov.be/eli/loi/2017/12/03/2017031916/justel. Acesso em: 11 out. 2022.

20. Em 2014, o governo belga foi o primeiro na Europa a introduzir uma função especial dentro do governo federal com funções ministeriais dedicado, dentre outros temas, à política de proteção de dados e privacidade: *Ministre de l'Agenda numérique, des Télécommunications et de la Poste, chargé de la Simplification administrative, de la Lutte contre la fraude sociale, de la Protection de la vie privée et de la Mer du Nord*. ASPESLAGH, F. VERLEDEN, N. MATHEVE, C. HEYNEMAN, E. GERARD, *Belelite. Base de données des gouvernements belges depuis 1831*. Comission Royale d'Histoire: 2022. Disponível em: http://www.commissionroyalehistoire.be/belelite/fr/min/minid/0/731. Acesso em: 11 out. 2022.

21. Oportuna a categorização sintética de Bennett e Rabb. Ambos elencaram as funções das autoridades supervisoras. Essa iniciativa permitiu uma investigação do que as autoridades supervisoras fazem e como o fazem. Para conhecimento: ombudsman, auditor, consultor, educador, regulamentador, conselheiro de políticas, negociador e executor. Não se furta de dizer que as autoridades supervisoras nacionais no contexto europeu se diferem consideravelmente, pois algumas tendem a enfatizar a fiscalização, enquanto outras se concentram em educar o público ou focam no aconselhamento a respeito de políticas públicas. Com fulcro em tais considerações, pode-se dizer que as estratégias das autoridades e suas funções não são uniformes. BENNETT, Colin J.; RAAB, Charles D. Revisiting the governance of privacy: Contemporary policy instruments in global perspective. *Regulation & Governance*, v. 14, n. 3, 2020. p. 6.

22. A APD é constituída por membros francófonos e neerlandófonos, nos termos do artigo 40 da LCA. O site está disponível em inglês, francês e holandês.

23. Câmara Federal dos Representantes da Bélgica. Ela é uma das duas câmaras do Parlamento Federal bicameral da Bélgica, sendo a outra o Senado. LA CHAMBRE DES REPRÉSENTANTS. Disponível em: https://www.lachambre.be/kvvcr/index.cfm?language=fr. Acesso em: 11 out. 2022.

24. AUTORITÉ DE PROTECTION DES DONNÉS. *Organisation*. Disponível em: https://www.autoriteprotectiondonnees.be/citoyen/l-autorite/organisation. Acesso em: 11 out. 2022.

25. AUTORITÉ DE PROTECTION DES DONNÉS. *Raport annuel 2020*. Disponível em: https://www.autoriteprotectiondonnees.be/publications/rapport-annuel-2020.pdf. Acesso em: 28 ago. 2022.

O processamento feito por cortes, tribunais e promotores públicos no exercício de suas funções judiciárias não é contemplado pelo monitoramento da DPA, aliás, a instituição não pode supervisionar como as forças policiais lidam com dados pessoais.[26] A APD e a sua antecessora desempenharam um papel significativo em questões de proteção de dados que atraíram a atenção global, incluindo as transferências de dados de mensagens financeiras de 2007 entre a SWIFT[27] e as autoridades dos EUA e o processo judicial contra o Facebook.[28]

Desde 25 de maio de 2018, o Regulamento Geral de Proteção de Dados (EU) 2016/679[29] é a principal norma de proteção de dados na União Europeia. No entanto, dado que o RGPD/GDPR não funciona como um regulamento no sentido convencional, algumas de suas disposições foram interpretadas e implementadas em nível nacional, pois fornecem aos legisladores nacionais liberdade na forma como interpretam o regulamento.[30]

A relação integrada entre as autoridades supervisoras no contexto comunitário sob o RGPD/GDPR é norteada pelo mecanismo de coerência – *one-stop-shop* – injetado pelo regulamento e corporificado com a criação do Comitê Europeu de Proteção de Dados

---

26. ROYAUME DE BELGIQUE. *Loi portant création de l'Autorité de protection des données*. [2017]. Disponível em: http://www.ejustice.just.fgov.be/eli/loi/2017/12/03/2017031916/justel. Acesso em: 11 out. 2022.

27. O conflito transatlântico sobre dados de transações financeiras armazenados pela *Society for Worldwide Interbank Financial Transactions* (SWIFT), semelhante aos debates sobre registros de nomes de passageiros (PNRs), foi desencadeado pela reação do governo dos Estados Unidos da América aos ataques terroristas ocorridas em 11 de setembro de 2001. O argumento utilizado era de vigiar e impedir o financiamento do terrorismo, com esforço global para que terroristas não tivessem acesso aos fluxos de dinheiro transfronteiriços e, dessa forma, impossibilitar o financiamento de suas atividades. No entanto, o amplo monitoramento dos fluxos internacionais de dinheiro pelas autoridades norte-americanas – que estiveram envolvidas na coleta de dados dentro e fora dos EUA – trouxe à baila preocupações sobre a privacidade de cidadãos europeus, resultando em tensões com a União Europeia. Em vez de lidar com transferências de dinheiro reais, a corporação SWIFT, com sede em Bruxelas, realiza mais de 90% das transações globais de dinheiro, transferindo os chamados dados de mensagens financeiras entre instituições financeiras. As bancárias da qual os fundos são movidos, a dona da conta receptora, a data e hora da transferência estão entre os detalhes que não são criptografados e, portanto, estão disponíveis para a SWIFT. SUDA, Yu. *The Politics of Data Transfer*: Transatlantic Conflict and Cooperation over Data Privacy.-Routledge. 2019.

28. A ADP ganhou os holofotes mundiais quando foi autora de uma ação contra o Facebook em 2015. Argumentou-se que a empresa violou a privacidade dos cidadãos belgas, em especial a implantação automatizada de certos cookies "datr" nos computadores dos usuários quando eles acessavam sites com o domínio do Facebook ou plug-ins de mídia social específicos que não estavam em nenhum domínio do Facebook. Os cookies "datr", que eram utilizados independentemente de a pessoa usar ou não os serviços do Facebook e permaneceram no dispositivo por dois anos, permitiram ao Facebook registrar os sites que a pessoa visitava, bem como acessar outros tipos de dados. Em arremate, a ADP denunciou a falta de consentimento válido, informações insuficientes aos titulares, processamento ilícito e coleta excessiva de dados pessoais. AUTORITÉ DE PROTECTION DES DONNÉS. Affaire Facebook: la CJUE a pris sa décision. *Comuniqués de presse*. 15 jul. 2022. Disponível em: https://www.autoriteprotectiondonnees.be/citoyen/affaire-facebook-la-cjue-a-pris-sa-decision. Acesso em: 11 out. 2022.

29. PARLAMENTO EUROPEU; CONSELHO EUROPEU. *Regulamento (UE) 2016/679 de 27 de abril de 2016 relativo à proteção das pessoas singulares no que diz respeito ao tratamento de dados pessoais e à livre circulação desses dados e que revoga a Diretiva 95/46/CE*. Bruxelas: Jornal Oficial da União Europeia, 2016. Disponível em: https://eur-lex.europa.eu/legal-content/PT/TXT/PDF/?uri=CELEX:32016R0679&from=PT. Acesso em: 11 out. 2022.

30. CORTEZ, Elif Kiesow (Ed.). *Data Protection Around the World*: Privacy Laws in Action. Springer Nature, 2020.

(CEPD) que é composto por um diretor de uma autoridade supervisora. O representante tem direito a voto sob a premissa *one-agency-one-vote*.[31]

Um segundo ato da integração que afasta qualquer posição insulada dos belgas foi a *Loi relative à la protection des personnes physiques à l'égard des traitements de données à caractère personnel*,[32] de 30 de julho de 2018, que substituiu o diploma de 1992. A novel aborda os aspectos substantivos nacionais do RGPD/GDPR e introduz várias especificações, sem a perda do conteúdo normativo supraordenado. Além dos pontos mencionados no parágrafo anterior, a *loi-cadre* inclui a imposição de medidas de segurança adicionais em relação a dados sensíveis, a definição da idade mínima para consentimento de crianças,[33] flexibiliza algumas condições para a transferência internacional, cria procedimentos céleres para a obtenção de liminar judicial e a obrigatoriedade da designação do encarregado de dados para casos específicos.

O quadro jurídico belga para a proteção de dados ainda conta com outros instrumentos normativos, a exemplo da *Loi réglant l'installation et l'utilisation de caméras de surveillance* (LCS),[34] de 21 de março de 2018, sobre a instalação e utilização de câmeras de monitoramento.

Ademais, as prescrições do RGPD/GDPR[35] em relação à criação de autoridades de supervisão foram implementadas pela *Loi portant création de l'Autorité de protection des données*[36] (LCA), lei orgânica, que entrou em vigor em 3 de dezembro de 2017. Assim, desde 25 de maio de 2018, a autoridade de controle belga tem os recursos que o RGPD/GDPR exige, apesar das recentes denúncias de falta de independência e da ausência de "dentes" ou, como declarou uma das diretoras: "*L'APD est un chien de garde qui ne mord pas* !"[37] Recentemente, em meio à crise institucional,

---

31. GENANNT DÖHMANN, Indra Spiecker. A proteção de dados pessoais sob o Regulamento Geral de Proteção de Dados da União Europeia. *In*: BIONI, Bruno et al. *Tratado de proteção de dados pessoais*. Rio de Janeiro, 2021. p. 111.

32. ROYAUME DE BELGIQUE. *Loi relative à la protection des personnes physiques à l'égard des traitements de données à caractère personnel*. [2018]. Disponível em: http://www.ejustice.just.fgov.be/eli/loi/2018/07/30/2018040581/justel. Acesso em: 11 out. 2022.

33. Vale um parêntese, a idade de consentimento na Bélgica é a mais baixa até então na UE: 13 anos. Outro destaque é acerca do tratamento de dados genéticos, relacionados à saúde e biométricos, pois a legislação belga impõe requisitos adicionais para o processamento dessas categorias.

34. ROYAUME DE BELGIQUE. *Loi réglant l'installation et l'utilisation de caméras de surveillance*. [2007]. Disponível em: http://www.ejustice.just.fgov.be/eli/loi/2007/03/21/2007000528/justel. Acesso em: 11 out. 2022.

35. O quadro europeu para a proteção de dados pessoais inclui órgãos de supervisão especializados com poderes para receber reclamações, investigar e aplicar sanções, atendendo o artigo 57.º do RGPD/GDPR. Essas autoridades devem ser independentes, conforme o artigo 52.º do RGPD/GDPR. Tais autoridades nacionais de supervisão são responsáveis por garantir que as normas de proteção de dados sejam seguidas e que haja diálogo, cooperação e assistência mútua. GIURGIU, Andra; LARSEN, Tine A. Roles and powers of national data protection authorities. *Eur. Data Prot. L. Rev.*, v. 2, p. 342, 2016. p. 351. Disponível em: https://orbilu.uni.lu/bitstream/10993/29819/1/Roles%20and%20Powers%20of%20National%20Data%20Protection%20Authorities_EDPL%203_2016.pdf. Acesso em: 11 out. 2022. Para um panorama geral sobre a atuação das autoridades: LIMA, Cíntia Rosa Pereira de (Coord.). *ANPD e LGPD: Desafios e perspectivas*. São Paulo, Almedina, 2021.

36. ROYAUME DE BELGIQUE. *Loi portant création de l'Autorité de protection des données*. [2017]. Disponível em: http://www.ejustice.just.fgov.be/eli/loi/2017/12/03/2017031916/justel. Acesso em: 11 out. 2022.

37. "Um cão de guarda que não morde" (tradução livre). NOULET, Jean-François. Alexandra Jaspar, l'une des directrices de l'Autorité de Protection des données démissione : "L'APD est un chien de garde qui ne mord

dois diretores da instituição foram exonerados pela *Chambre des Représentants*[38] e substituídos.[39]

Em linhas gerais, a APD desempenhou um papel ativo nos últimos anos, dada a postura hesitante e insulada do governo belga que permaneceu inerte até as iniciativas legislativas do final do século passado. Prospera, mesmo que maculada, a reputação da APD enquanto uma autoridade supervisora aguerrida, em particular, pela sua atuação no caso do Facebook e na aplicação de sanções.[40] Para mais, a APD adotou uma abordagem proativa à luz da implementação do RGPD/GDPR com a publicação de notícias, relatórios, decisões da Câmara de Contencioso, diretrizes, guias para leigos e especialistas, além das orientações divididas por temas e etapas para a adequação, todos publicados em seu site institucional.[41]

1.2 Ao caso: *Société de longemente social Y vs. Monsieur X*

O caso em apreço envolve 6 reclamações[42] por descumprimento de vários princípios do RGPD/GDPR, incluindo a violação dos princípios da licitude e da transparência, além da ausência de informações adequadas sobre o encarregado de dados. Não foram divulgados os nomes das partes, constando no relatório o reclamante como "Monsieur X" e a reclamada como "Société de longemente social Y".[43] O denunciante apresentou à APD um total de seis queixas contra a empresa durante o ano de 2018 e 2019.

As reclamações foram tratadas em conjunto na Decisão de mérito 73/2020, de 13 de novembro de 2020 e o relatório está disponível no site da APD.[44] A primeira

---

pas!". *RTBF*, 08 dez. 2021. Disponível em: https://www.rtbf.be/article/alexandra-jaspar-lune-des-directrices-de--lautorite-de-protection-des-donnees-demissionne-lapd-est-un-chien-de-garde-qui-ne-mord-pas-10893477. Acesso em: 11 out. 2022.

38. ROBERFROID, Anthony. Vie privée sous tension : l'APD a appris "avec regret" la levée de mandat de deux directeurs. *RTBF*, 21 jul. 2022. Disponível em: https://www.lecho.be/economie-politique/belgique/federal/l--apd-a-appris-avec-regret-la-levee-de-mandat-de-deux-directeurs/10402891.html. Acesso em: 11 out. 2022.

39. LA CHAMBRE a a nommé les remplaçants de Frank Robben et Alexandra Jaspar à l'APD. *RTBF*, 07 jul. 2022. Disponível em: https://www.rtbf.be/article/la-chambre-a-nomme-les-remplacants-de-frank-robben-et-ale-xandra-jaspar-a-l-apd-11027149. Acesso em: 11 out. 2022.

40. DAIGLE, Brian; KHAN, Mahnaz. The EU general data protection regulation: an analysis of enforcement trends by eu data protection authorities. *J. Int'l Com. & Econ.*, p. 1, 2020.

41. A propósito, a APD publicou algumas diretrizes importantes: i) *Recommandation relative aux traitements de données à caractère personnel à des fins de marketing direct*; ii) *Recommandation relative au traitement de données biométriques*; e iii) *Recommandation relative aux techniques de nettoyage de données et de destruction de supports de données*. AUTORITÉ DE PROTECTION DES DONNÉS. *Publications*. Disponível em: https://www.autoriteprotectiondonnees.be. Acesso em: 11 out. 2022.

42. As 6 reclamações foram transformadas nos *dossiers*: DOS-2018-04368, DOS-2018-06611, DOS-2019-02464, DOS-2019- 04329, DOS-2020-00543 e DOS 2020-00574. Importa salientar que se pretende analisar somente as reclamações que foram exitosas.

43. A reclamada é uma empresa de habitação social. A APD frequentemente não divulga o nome das partes envolvidas. No caso, o nome do reclamante e da empresa reclamada não foram revelados em nenhum documento disponível ao público.

44. AUTORITÉ DE PROTECTION DES DONNÉS. Chambre Contencieuse. *Décision quant au fond 73/2020 du 13 novembre 2020*. Numéros de dossier: DOS-2018-04368, DOS-2018-06611, DOS-2019-02464, DOS-2019- 04329, DOS-2020-00543 et DOS 2020-00574 Objet : Plaintes contre une société de logement social pour non-respect de plusieurs principes du traitement de données, dont ceux de licéité et de transparence. p. 1-32. 13 nov. 2020.

reclamação foi apresentada em 19 de novembro de 2018 e o Serviço de Linha de Frente a considerou aceitável em 14 de janeiro de 2019. O motivo se deu em razão do 'Monsieur X' buscar informações a respeito dos objetivos do tratamento, dos tipos de dados pessoais processados, se ocorria compartilhamento com outras entidades, inclusive transferência internacional de dados, bem como quanto aos prazos de conservação, à existência do direito à retificação e exclusão, a origem dos dados no caso de coleta indireta de dados e, finalmente, se a Société de longemente social Y havia tomado decisões automatizadas.

À época, o reclamante recebeu em resposta apenas um documento intitulado *Extrait des données à caractère personnel du Candidat-locataire de la Société de logement social Y*. Trata-se de um extrato limitado à transcrição do nome, do endereço, do número do Registro nacional e da conta bancária, do endereço de e-mail, além de informações da renda e do número de telefone do reclamante. No referido documento não estavam presentes informações sobre o compartilhamento e tampouco a finalidade e a base legal dos processamentos. A reclamada também não deixou claro como o reclamante poderia exercer os direitos de correção e de exclusão de dados.

A segunda reclamação foi apresentada em 20 de novembro de 2018 e direcionada ao site institucional que não estaria em conformidade com o RGPD/GDPR. O site empregava uma conexão 'http' no processamento de dados pessoais. Para o reclamante, a reclamada não dispunha de um site seguro. Alegou-se que, ao deixar de utilizar uma conexão 'https', os dados seriam criptografados e estariam vulneráveis a possíveis ataques externos.[45]

Constou na denúncia que o site não mencionava a utilização do serviço Google Analytics.[46] De acordo com o reclamante, a reclamada utiliza cookies, porém não há informações sobre quais cookies são utilizados, se existe compartilhamento e por quais motivos são usados. Outrossim, não há opção de recusar cookies e a declaração de privacidade do site é vaga e faz referências a dispositivos legais, porém sem especificar a localização e a disponibilidade.[47]

Disponível em: https://www.autoriteprotectiondonnees.be/publications/decision-quant-au-fond-n-73-2020. pdf. Acesso em: 11 out. 2022.

45. Ausência do mecanismo de segurança no protocolo de transferência de hipertexto (HTTP – *HyperText Transfer Protocol*). Sites que não possuem canais de comunicação seguros correm o risco de serem punidos por não garantirem a necessidade legal de segurança de dados. As políticas que promovem a privacidade desde a concepção não podem ser adotadas e integradas com sucesso, a menos que sejam acompanhadas por medidas de segurança técnica adequadas. Algumas corporações como Apple, Google e Facebook estão concentrando seus esforços na implementação da criptografia de dispositivos e na incorporação de criptografia de ponta a ponta. O Google agora mede os esforços de criptografia rastreando o progresso em direção ao HTTPS por implementação-padrão. RACHOVITSA, Adamantia. Engineering and lawyering privacy by design: understanding online privacy both as a technical and an international human rights issue. *International journal of law and information technology*, v. 24, n. 4, 2016. p. 388.

46. Serviço de monitoramento e análise de sites oferecido pelo Google.

47. Conforme o relato do reclamante, a reclamada fez uma tentativa de limitar a sua responsabilidade enquanto responsável pelo tratamento, incluindo um aviso em seu site que aconselha os usuários a não visitarem se não concordarem com os termos e condições. Trata-se de uma espécie de barreira que impõe ao usuário uma situação de "pegar ou largar". Ademais, os avisos e políticas não eram suficientemente claros, brandindo o reclamante para

A reclamada, conforme reportado pelo Serviço de Inspeção, não publicou as informações de contato do encarregado de dados e tampouco as comunicou à APD. Além do mais, no decorrer do procedimento, nenhuma resposta ou documento encaminhado comprovou a participação do encarregado de dados.

Por fim, o reclamante se insurgiu contra a utilização de câmeras fixas em vários estabelecimentos de hospedagem sob responsabilidade da reclamada em 30 de janeiro de 2020.[48] Na denúncia consta que a política de privacidade é omissa quanto ao uso da tecnologia de monitoramento. O único instrumento que menciona brevemente referida tecnologia é o contrato celebrado entre as partes.

2. FUNDAMENTAÇÃO LEGAL PARA A IMPOSIÇÃO DA SANÇÃO

2.1 Dos procedimentos da investigação e da deliberação pela Câmara de Contencioso

A fim de investigar possíveis violações dos artigos 5.º, 6.º, 12.º, 13.º, 15.º, 24.º, 37.º, 38.º e 39.º do RGPD/GDPR e obter uma compreensão das reclamações, o Serviço de Inspeção enviou cartas e e-mails com solicitações de cópias de documentos e perguntas para a atenção da reclamada. No decorrer do procedimento de investigação instaurado, a reclamada apresentou diversas respostas, com considerações e documentos que as instruíam, sob o crivo do contraditório e das garantias procedimentais.[49]

A Câmara de Contencioso reuniu as 6 reclamações que foram apresentadas separadamente e resolveu processá-las em conjunto para fins de organização e eficiência, conforme o artigo 95, § 1º combinado com o artigo 98 da LCA.

2.2 A declaração de privacidade, o direito de acesso e a política de *cookies*: "estamos tomando nota"

Vale lembrar que, de acordo com o documento Orientações relativas à transparência na acepção do Regulamento 2016/679 do Grupo de Trabalho do Artigo 29 (GT29) para a Proteção de Dados,[50] a transparência é um princípio destacado em que o titular dos dados

---

o fato de que a maioria dos usuários do site (inquilinos de uma organização de habitação social) são membros de grupos marginalizados para os quais é difícil entender as informações postas.

48. Foram instaladas quatro câmeras de vigilância, duas nos halls de entrada comum e uma na entrada do porão comum, de acordo com a denúncia.

49. O procedimento de investigação durou de julho a setembro de 2019, mês em que o Serviço de Inspeção transmitiu o seu relatório à Câmara de Contencioso, procedimento regimental padrão, para intervir e tomar uma decisão sobre o mérito, aplicando ao caso concreto as medidas corretivas e sanções, tudo à luz da LCA. O relatório de inspeção registrou potenciais violações aos dispositivos supramencionados e considerou que a reclamada descumpriu as obrigações previstas no RGPD/GDPR.

50. A referida orientação do Grupo de Trabalho do Artigo 29.º (GT29) ajuda a interpretar as obrigações que dizem respeito à transparência previstas no RGPD/GDPR. WORKING PARTY 29. *Guidelines on transparency under Regulation 2016/67*. Bruxelas: WP29, 2018. Disponível em: https://ec.europa.eu/newsroom/article29/redirection/document/51025. Acesso em: 11 out. 2022.

deve tomar conhecimento antecipadamente sobre qual o âmbito e as consequências do processamento de maneira simples, acessível e compreensível.[51]

A declaração de privacidade da reclamada não incluiu informações obrigatórias, como as informações de contato do encarregado de dados,[52] restando, assim, em desconformidade com o RGPD/GDPR e as diretrizes do GT29.[53] Para a Câmara Contenciosa, a declaração de privacidade, mesmo após atualizações (ocorridas durante o procedimento investigatório), permaneceu confusa, genérica e imprecisa.[54]

O endereço de e-mail listado na página de informações de privacidade está vinculado à caixa de entrada do gerente de TI da reclamada. O encarregado da proteção de dados é terceirizado e o endereço deste não está disponível ao público. Como resultado, os titulares dos dados tiveram acesso a informações imprecisas da reclamada. Esse conjunto de constatações leva à conclusão de que o artigo 13.º, n.º 1, "b", do RGPD/GDPR foi violado. A reclamada chegou a designar um novo encarregado em setembro de 2020, porém, constatou-se que a violação persistiu até aquele momento, e a nova nomeação não desfez o dano já causado aos titulares de dados.

Todo o arcabouço de documentos apresentado pela reclamada não demonstrou o cumprimento aos deveres no que dizem respeito à transparência, conforme o artigo 12. Tampouco foi diligente em fornecer as informações aos titulares, em atenção ao artigo 13.º do RGPD/GDPR. Em suas alegações, a reclamada reconheceu esses fatos, o que se leva a concluir que houve negligência culposa, em violação aos artigos 5.º, n.º 2, e 24.º do RGPD/GDPR.

Vários pontos do artigo 15.º, n.º 1, do RGPD/GDPR estão ausentes na declaração de privacidade da reclamada, pois foram ignoradas as finalidades do tratamento de dados, sendo primordial especificar cuidadosamente as razões pelas quais cada coleta de dados é utilizada. Também não foi especificado quem são os destinatários e os tipos de

---

51. Recentemente, o CEPD emitiu uma diretriz sobre como o direito de acesso deve ser implementado em diferentes situações. Ver: EUROPEAN DATA PROTECTION BOARD. *Guidelines 01/2022 on data subject rights - Right of access*. 18 jan. 2022. Disponível em: https://edpb.europa.eu/system/files/2022-01/edpb_guidelines_012022_right-of-access_0.pdf. Acesso em: 11 out. 2022.

52. Segundo o GT29, o requisito de publicação das informações de contato do encarregado visa garantir que as autoridades e as pessoas interessadas possam entrar em contato diretamente, sem a necessidade de contatar qualquer outro departamento do responsável pelo tratamento, com o encarregado de dados. Porém, ao caso, o ponto de contato oferecido era o do gestor de TI, o que contraria o objetivo do RGPD/GDPR e não garante a confidencialidade almejada. WORKING PARTY 29. Orientações sobre os encarregados da proteção de dados (EPD). Bruxelas: WP29, 2017. Disponível em: https://ec.europa.eu/newsroom/just/document.cfm?doc_id=48137. Acesso em: 11 out. 2022.

53. Segundo o GT29, o requisito de publicação das informações de contato do encarregado visa garantir que as autoridades e as pessoas interessadas possam entrar em contato diretamente, sem a necessidade de contatar qualquer outro departamento do responsável pelo tratamento, com o encarregado de dados. Porém, ao caso, o ponto de contato oferecido era o do gestor de TI, o que contraria o objetivo do RGPD/GDPR e não garante a confidencialidade almejada. WORKING PARTY 29. Orientações sobre os encarregados da proteção de dados (EPD). Bruxelas: WP29, 2017. Disponível em: https://ec.europa.eu/newsroom/just/document.cfm?doc_id=48137. Acesso em: 11 out. 2022.

54. De fato, a reclamada deixou de apresentar informações essenciais, tais quais as categorias de dados pessoais que são processados, como ocorre o processamento e quais são os motivos do processamento.

destinatários. O direito do titular dos dados de solicitar que os seus dados sejam retificados ou apagados, conforme estabelecido no artigo 15.º, n.º 1, "e" do RGPD, também não foi abordado na declaração.

A reclamada deixou de informar o titular acerca do uso de cookies e não obteve o consentimento válido para fins de marketing, conforme o laudo técnico que foi exigido pela fiscalização.[55] De acordo com a recente decisão do Tribunal de Justiça da União Europeia (TJUE) no caso Planet49,[56] o responsável pelo tratamento deve fornecer informações ao titular de dados, bem como se outras partes podem acessar os cookies e por quanto tempo eles estarão ativos, além da coleta do consentimento válido. Adicionalmente, a empresa reconheceu nas suas alegações que carecia de autorização e que estava "tomando notas".

Portanto, ficou flagrante o processamento de dados pessoais sem uma base legal legítima de acordo com o artigo 6.º, n.º 1, do RGPD/GDPR. O responsável pelo tratamento deveria ter tomado as medidas organizacionais e tecnológicas necessárias para garantir e poder provar que o processamento com a utilização de cookies fora efetuado em conformidade com os artigos 12.º e 13.º, consoante a exigência prevista nos artigos 5.º, n.º 2, e 24.º do RGPD/GDPR.

2.3   O encarregado de brinde

O encarregado de dados da proteção de dados deve ser escolhido especificamente com base em sua compreensão profissional da legislação e da prática de proteção de dados, de acordo com o artigo 37.º, n.º 5, do RGPD/GDPR.

A Câmara de Contencioso concluiu que a empresa não explicou adequadamente a escolha do encarregado. Além disso, a reclamada afirmou repetidamente que o encarregado designado é terceirizado em razão de um contrato-quadro,[57] o que desvelou que a iniciativa de designar um encarregado fora por motivo exclusivamente contratual.[58] Portanto, ignorou-se as qualificações do profissional envolvido em contraste com citado artigo.

---

55. O Serviço de Inspeção relatou que o site foi criado em 2010 e que não possuía um pop-up que permitisse ao titular escolher quais cookies não necessários poderiam ser consentidos.

56. Tanto a proteção de dados quanto o funcionamento da Internet foram significativamente impactados pela decisão no caso Planet49. O TJUE é o mais alto tribunal da UE e interpreta a legislação europeia, e sua decisão, que serve como importante precedente para a proteção de dados na EU, serve de fio-condutor às autoridades supervisoras. Além disso, o CEPD emitiu as diretrizes sobre consentimento válido, o que reforça o entendimento exposto no julgamento do caso Planet49. EUROPEAN COURT OF JUSTICE. Bundesverband der Verbraucherzentralen und Verbraucherverbände — Verbraucherzentrale Bundesverband eV vPlanet49 GmbH. Case C-673/17. 01 out. 2019. Disponível em: https://eur-lex.europa.eu/legal-content/EN/TXT/PDF/?uri=CELEX:62017CJ0673&-from=EN. Acesso em: 11 out. 2022. Além disso, o consentimento deve ser específico, conforme as Diretrizes de Consentimento ratificadas pelo CEPD.

57. As orientações do GT29 apontam para que os encarregado externos devem prever no contrato de serviço uma divisão clara de tarefas dentro da equipe externa responsável pela função e designar um único ponto de contato. WORKING PARTY 29. Orientações sobre os encarregados da proteção de dados (EPD). Bruxelas: WP29, 2017. Disponível em: https://ec.europa.eu/newsroom/just/document.cfm?doc_id=48137. Acesso em: 11 out. 2022.

58. A reclamada apresentou uma série de mensagens da *Vlaamse Maatschappij voor Sociaal Wonen* (VMSW). Como comentado, a reclamada celebrou o contrato-quadro com a VMSW e, devido ao referido instrumento contratual, fora designado um encarregado de dados que seria compartilhado entre as duas instituições. Em

O responsável pelo tratamento deve se certificar de que o encarregado está envolvido em todas as decisões relativas à proteção de dados pessoais, de acordo com o artigo 38.º, n.º 1, do RGPD/GDPR. No entanto, o Serviço de Inspeção constatou que o encarregado da proteção de dados da reclamada não participou de nenhuma questão relacionada à proteção de dados.

Já a Câmara de Contencioso observou que o encarregado não emitiu seu parecer em relação à declaração de privacidade do site. No decorrer do procedimento, a reclamada admitiu que não solicitou nenhuma orientação ao encarregado, o que viola o supramencionado dispositivo legal e as diretrizes cabíveis.

2.4 Para a Câmara, as câmeras não servem

Extrai-se do caso que não há menção à vigilância por câmeras na política de privacidade, deixando os titulares de dados sem saber a justificativa legal e os objetivos por trás desse processamento. O único documento que faz menção, *en passant*, ao uso de câmeras de segurança é o contrato de locação entre as partes.

Ficou constatado que a reclamada é a responsável pelo tratamento, tendo ela acesso exclusivo às gravações. Por ser uma responsável pelo tratamento, neste especial, a reclamada deveria obediência à LCS e ao RGPD/GDPR.

A reclamada não manteve um registro detalhando as ações envolvidas no processamento de dados captados pelas câmeras e acessível à APD, o que contraria o artigo 6, §2, da LCS.

A Câmara de Contencioso desacreditou os argumentos no que se refere às finalidades do processamento a ponto de insinuar: "*le défendeur ne sait pas très clairement à quoi servent réellement les caméras*".[59] Um registro detalhado das atividades envolvidas no processamento não foi apresentado.[60] O artigo 5.º, n.º 1, "*e*" (limitação da conservação) e o artigo 30.º do RGPD/GDPR (exigência da manutenção de um registro das atividades de processamento) foram violados.

3. ANÁLISE DA ATUAÇÃO DA APD E BREVES REFLEXÕES SOBRE O CASO

3.1 Mordida de leve: por que a APD aplicou uma multa tão baixa?

A APD aplicou duas sanções à reclamada, sendo que a decisão não foi recorrida no prazo regimental.[61] A primeira medida foi obrigar a empresa a tomar as providências para

---

outras palavras, a iniciativa da designação fora da VMSW, por já possuir um encarregado e por se tratar de uma política dessa última. A reclamada apresentou um e-mail endereçado aos clientes da reclamada que possui mensagens sobre as quais a VMSW deu publicidade às informações sobre o encarregado de dados juntamente com novas declarações de confidencialidade.

59. "A reclamada não sabe claramente a que serve as câmeras" (tradução livre).

60. De acordo com a seção 2 do artigo 6 da LCS, o responsável pelo tratamento deve manter um registro detalhando as ações envolvidas no processamento de imagens obtidas de câmeras de segurança e torná-lo acessível à APD mediante solicitação.

61. Das decisões da Câmara de Contencioso cabe recurso no prazo de 30 dias a contar da notificação da decisão. Quem recebe os apelos é a *Cour des marches* (instância superior revisora responsável pela reanálise dos processos).

que o processamento de dados seja corrigido e norteado pelas normas de proteção de dados, nos termos do artigo 100, §1º, 9º, da LCA.[62] A conformidade almejada diz respeito aos seguintes dispositivos do RGPD/GDPR: artigo 5.º, n.º 1, "a" e "b", artigo 5.º, n.º 2, artigo 6.º, n.º 1, artigo 12.º, n.º 1, artigo 13.º, n.º 1, "b" e "c", artigo 13.º, n.º 2, "b", artigo 15.º, n.º 1, artigo 25.º, n.º 2, artigo 37.º, n.º 5, artigo 37.º, n.º 7, artigo 38.º, n.º 1, artigo 38.º, n.º 3 e artigo 39.º.

A segunda sanção aplicada foi uma multa administrativa, nos termos do art. 100, § 1º, 13º, da LCA. Vale frisar que a aplicação está fundamentada no artigo 83.º do RGPD/GDPR. O valor da multa ficou nos módicos 1.500,00 €.

A Câmara de Contencioso levou em consideração um conjunto de fatores: a gravidade da infração, a duração da violação e, para a pena pecuniária, o impacto dissuasória que a multa provocaria, aspectos que influem na dosimetria das penas, em sintonia com a jurisprudência da *Cour des marchés* e com o artigo 83.º do RGPD/GDPR. Nessa esteira, reconheceu-se que durante o procedimento investigatório a reclamada demonstrou esforços com vistas a corrigir as violações.[63]

Nesse toar, incluiu-se na discussão o papel desenvolvido pela reclamada em prol do interesse público, instituição sem fins lucrativos e com comprovada condição financeira em fragilidade.[64] Tais pontos foram critérios atenuantes registrados no relatório camaral, demonstrando, por parte da APD, proporcionalidade à aplicação das sanções.[65]

Ocorre que a reclamada descumpriu, além de outros, o princípio da licitude, previsto no artigo 5.º combinado com o artigo 6.º do RGPD/GDPR. Infração a um princípio basilar é bastante significativa e tal preocupação não foi solapado do relatório da decisão camaral. Aliás, durante a investigação, descobriu-se um número considerável de violações que não estavam nas denúncias.

Em sua fundamentação, a Câmara de Contencioso alegou que as infrações apuradas justificariam a imposição de uma multa elevada, porém os efeitos seriam pouco profícuos. A alta soma poderia desestimular a reclamada a continuar o direcionamento dos seus parcos recursos em *compliance*.

3.2   Dentes de leite? Propedêutica comparação com outros casos

Trazendo a conhecimento a abordagem da APD, verifica-se que a autoridade aplicou sanções em 38 casos desde 2019, segundo o site *GDPR Enforcement Tracker*.[66] A maioria

---

62. KUNER, Christopher et al. *The EU General Data Protection Regulation*: A Commentary. Oxford University Press: 2020. Disponível em: https://global.oup.com/academic/product/the-eu-general-data-protection-regulation-gdpr-9780198826491. Acesso em: 11 out. 2022. p. 1187.

63. Como relatado alhures, a reclamada designou um novo encarregado, atualizou o site e apresentou uma nova declaração de privacidade.

64. Extrai-se do relatório os dizeres da reclamada enquanto pequena instituição social em busca de melhorias: "*En tant que petite PME, c'est la première fois que la société de logement social Y a été confrontée à une telle demande. L'organisation reconnaît que des points à améliorer et des gains d'efficacité sont possibles si une telle demande se représente.*".

65. Os princípios da eficiência e da proporcionalidade são reconhecidos como básicos pelo direito da EU. Ambos impõem restrições à autonomia processual nacional. Ver:

66. O GDPR Enforcement Tracker fornece um resumo das multas e demais penalidades que as autoridades supervisoras de proteção de dados da UE aplicaram. Disponível em: https://www.enforcementtracker.com.

das penalidades belgas foram aplicadas como resultado de base legal inadequada para o processamento de dados (artigos 5.º e 6.º do RGPD/GDPR), falta de transparência (artigo 12.º do RGPD/GDPR) ou falha em prover os direitos dos titulares dos dados (artigos 15.º, 16.º e 17.º do RGPD/GDPR).

Em boa medida, a APD aplica multas bem acima, o que revela o caráter excepcional do caso específico. A maior sanção imposta até agora foi uma multa de 600.000,00 € contra a empresa Google Belgium SA. A mais baixa foi de 1.000,00 €, em dois casos: contra uma escola e contra outra instituição cujo nome não foi revelado.[67] Vale observar, numa simples conta, que a média da APD é de 47.881,58 €, e observa-se que as maiores multas impostas foram por ausência de base legal, falta de transparência e violação do direito ao esquecimento.

A divulgação das penalidades é geralmente transparente, porém as partes envolvidas são, em alguns casos, anonimizadas. O produto da arrecadação das multas é destinado ao *Trésor public*[68] e não há uma metodologia de cálculo oficial, tão somente um formulário que é entregue às partes após uma audiência na Câmara de Contencioso. O pagamento deverá ocorrer em até 30 dias da notificação, conforme a LCA.

4. CONCLUSÃO

Não se pode ignorar que a jovem APD parece confiante em ir à caça de grandes corporações, tais como Facebook e Google, por descumprimento das normas de proteção de dados. No entanto, a *Autorité* usa do seu poder fiscalizatório e sancionatório sobre uma gama variada de segmentos econômicos, inclusive sobre o setor da reclamada – instituição social sem fins lucrativos.

Os órgãos da APD de inspeção, fiscalização e julgamento – *Service d'Inspection* e a *Chambre Contentieuse* – participaram ativamente de dezenas de casos, impondo multas e penalidades, determinando medidas provisórias e, até mesmo, realizando inspeções por iniciativa própria. Além disso, o *Service de Première Ligne* e o *Centre de Connaissances*, pontes diretas com o cidadão, têm focado na produção de materiais para responsáveis pelo tratamento e subcontratantes com orientações e dicas de como implementar as normas aplicáveis. Dito isso, denota-se da APD inflexibilidade quanto ao descumprimento e proporcionalidade ao aplicar sanções, como revela o caso apreciado, apesar de não haver uma metodologia clara na dosimetria.

É provável que a APD comece a se pronunciar sobre questões tecnológicas complexas e continue direcionando seus esforços em uma política de investigação mais proativa, o que provocará um aumento substancial de sanções. Apesar das imputações de falta de independência, a APD, acompanhando a metáfora, é um cão de guarda que não fica no morde e assopra.

---

67. AUTORITÉ DE PROTECTION DES DONNÉS. 600.000 euros d'amende : l'APD sanctionne Google Belgium pour non-respect du droit à l'oubli. *Comuniqués de presse*. 14 jul. 2020. Disponível em: https://www.autorite-protectiondonnees.be/citoyen/600.000-euros-damende-lapd-sanctionne-google-belgium-pour-non-respect-du-droit-a-loubli. Acesso em: 11 out. 2022.

68. Tesouro público belga. Artigo 107, da LCA.

REFERÊNCIAS

1. Citação de livro

BANISAR, David; DAVIES, Simon. *Global trends in privacy protection*: An international survey of privacy, data protection, and surveillance laws and developments. J. Marshall J. Computer & Info. L., v. 18, 1999.

BENNETT, Colin J.; RAAB, Charles D. *The governance of privacy*: Policy instruments in global perspective. Routledge, 2017.

CAMPOS, Ricardo. Prefácio. In: VÉLIZ, Carissa. *Privacidade é poder*. Editora Contracorrente, 2021.

CANCELIER DE OLIVO, Mikhail Vieira. *Infinito particular*: privacidade no século XXI e a manutenção do direito de estar só. Rio de Janeiro: Lumen Juris, 2017.

CORTEZ, Elif Kiesow (Ed.). *Data Protection Around the World*: Privacy Laws in Action. Springer Nature, 2020.

DAIGLE, Brian; KHAN, Mahnaz. *The EU general data protection regulation*: an analysis of enforcement trends by eu data protection authorities. J. Int'l Com. & Econ., p. 1, 2020.

DONEDA, Danilo. *Da Privacidade à Proteção de Dados Pessoais. Fundamentos da Lei Geral de Proteção de Dados*. 2. ed. São Paulo: Ed. RT, 2019.

JAY, Rosemary et al. *Guide to the General Data Protection Regulation*: A Companion to Data Protection Law and Practice. London: Sweet & Maxwell, 2017.

KUNER, Christopher et al. *The EU General Data Protection Regulation*: A Commentary. Oxford University Press: 2020.

LIMA, Cíntia Rosa Pereira de (Coord.). *ANPD e LGPD*: Desafios e perspectivas. 1. ed. São Paulo, Almedina, 2021.

PÉREZ LUÑO, Antonio Enrique. La protección de la intimidad frente a la informática en la Constitución Española de 1978. *Revista de Estudios Políticos*, n. 9, 1979.

PINHEIRO, Alexandre Sousa. Data Protection in the Internet: The Portuguese Case. *Data Protection in the Internet*. Springer, Cham, 2020.

STELZER, Joana. *União Europeia e supranacionalidade*: desafio ou realidade? Curitiba: Juruá Editora, 2005.

SUDA, Yu. The *Politics of Data Transfer*: Transatlantic Conflict and Cooperation over Data Privacy. Routledge. 2019.

VÉLIZ, Carissa. *Privacidade é poder*. Editora Contracorrente, 2021.

2. Artigo em revista

BENNETT, Colin J.; RAAB, Charles D. Revisiting the governance of privacy: Contemporary policy instruments in global perspective. *Regulation & Governance*, v. 14, n. 3, 2020.

GIURGIU, Andra; LARSEN, Tine A. Roles and powers of national data protection authorities. Eur. *Data Prot. L. Rev.*, v. 2, p. 342, 2016.

HOUSER, Kimberly A.; VOSS, W. Gregory. GDPR: The end of Google and Facebook or a new paradigm in data privacy. *Rich. JL & Tech.*, v. 25, 2018.

RACHOVITSA, Adamantia. Engineering and lawyering privacy by design: understanding online privacy both as a technical and an international human rights issue. *International journal of law and information technology*, v. 24, n. 4, 2016.

SIMITIS, Spiros. From the market to the polis: The EU directive on the protection of personal data. *Iowa L. Rev.*, v. 80, 1994.

SIMITIS, Spiros. Privacy – An Endless Debate? *California Law Review*, 2010, p. 1995.

SLAUGHTER, Anne-Marie; BURKE-WHITE, William. The future of international law is domestic (or, the European way of law). *Harv. Int'l LJ*, v. 47, 2006.

WARREN, Samuel; BRANDEIS, Louis. The right to privacy. *Harvard Law Review*, v. 4, n. 193, 1890.

3. Capítulo em obra coletiva

GENANNT DÖHMANN, Indra Spiecker. A proteção de dados pessoais sob o Regulamento Geral de Proteção de Dados da União Europeia. In: BIONI, Bruno et al. *Tratado de proteção de dados pessoais*. Rio de Janeiro, 2021.

4. Artigo web

LA CHAMBRE a nommé les remplaçants de Frank Robben et Alexandra Jaspar à l'APD. *RTBF*, 07 jul. 2022. Disponível em: https://www.rtbf.be/article/la-chambre-a-nomme-les-remplacants-de-frank-robben-et-alexandra-jaspar-a-l-apd-11027149. Acesso em: 11 out. 2022.

NOULET, Jean-François. Alexandra Jaspar, l'une des directrices de l'Autorité de Protection des données démissionne : "L'APD est un chien de garde qui ne mord pas !". *RTBF*, 08 dez. 2021. Disponível em: https://www.rtbf.be/article/alexandra-jaspar-lune-des-directrices-de-lautorite-de-protection-des-donnees-demissionne-lapd-est-un-chien-de-garde-qui-ne-mord-pas-10893477. Acesso em: 11 out. 2022.

ROBERFROID, Anthony. Vie privée sous tension : l'APD a appris "avec regret" la levée de mandat de deux directeurs. *RTBF*, 21 jul. 2022. Disponível em: https://www.lecho.be/economie-politique/belgique/federal/l-apd-a-appris-avec-regret-la-levee-de-mandat-de-deux-directeurs/10402891.html. Acesso em: 11 out. 2022.

5. Ementas de julgados e legislação

AUTORITÉ DE PROTECTION DES DONNÉS. 600.000 euros d'amende : l'APD sanctionne Google Belgium pour non-respect du droit à l'oubli. Comuniqués de presse. 14 jul. 2020. Disponível em: https://www.autoriteprotectiondonnees.be/citoyen/600.000-euros-damende-lapd-sanctionne-google-belgium-pou-r-non-respect-du-droit-a-loubli. Acesso em: 11 out. 2022.

AUTORITÉ DE PROTECTION DES DONNÉS. Affaire Facebook: la CJUE a pris sa décision. Comuniqués de presse. 15 jul. 2022. Disponível em: https://www.autoriteprotectiondonnees.be/citoyen/affaire-facebook-la-cjue-a-pris-sa-decision. Acesso em: 11 out. 2022.

AUTORITÉ DE PROTECTION DES DONNÉS. Chambre Contencieuse. Décision quant au fond 73/2020 du 13 novembre 2020. Numéros de dossier: DOS-2018-04368, DOS-2018-06611, DOS-2019-02464, DOS-2019- 04329, DOS-2020-00543 et DOS 2020-00574 Objet : Plaintes contre une société de logement social pour non-respect de plusieurs principes du traitement de données, dont ceux de licéité et de transparence. p. 1-32. 13 nov. 2020. Disponível em: https://www.autoriteprotectiondonnees.be/publications/decision-quant-au-fond-n-73-2020.pdf. Acesso em: 11 out. 2022.

AUTORITÉ DE PROTECTION DES DONNÉS. Organisation. Disponível em: https://www.autoriteprotectiondonnees.be/citoyen/l-autorite/organisation. Acesso em: 11 out. 2022.

AUTORITÉ DE PROTECTION DES DONNÉS. Publications. Disponível em: https://www.autoriteprotectiondonnees.be. Acesso em: 11 out. 2022.

AUTORITÉ DE PROTECTION DES DONNÉS. Raport annuel 2020. Disponível em: https://www.autoriteprotectiondonnees.be/publications/rapport-annuel-2020.pdf. Acesso em: 28 ago. 2022.

BELELITE. Ministre de l'Agenda numérique, des Télécommunications et de la Poste, chargé de la Simplification administrative, de la Lutte contre la fraude sociale, de la Protection de la vie privée et de la Mer du Nord. ASPESLAGH, F. VERLEDEN, N. MATHEVE, C. HEYNEMAN, E. GERARD, Belelite. Base de données des gouvernements belges depuis 1831. Comission Royale d'Histoire: 2022. Disponível em: http://www.commissionroyalehistoire.be/belelite/fr/min/minid/0/731. Acesso em: 11 out. 2022.

CONSEIL DE L'EUROPE. Convention pour la protection des personnes à l'égard du traitement automatisé des données à caractère personnel. Strasbourg, 1981. Disponível: https://www.coe.int/fr/web/conventions/full-list/-/conventions/treaty/108. Acesso em: 11 out. 2022.

EUROPEAN COURT OF JUSTICE. Bundesverband der Verbraucherzentralen und Verbraucherverbände — Verbraucherzentrale Bundesverband e V vPlanet49 GmbH. Case C-673/17. 01 out. 2019. Disponível em: https://eur-lex.europa.eu/legal-content/EN/TXT/PDF/?uri=CELEX:62017CJ0673&from=EN. Acesso em: 11 out. 2022.

EUROPEAN DATA PROTECTION BOARD. Guidelines 01/2022on data subject rights - Right of access. 18 jan. 2022. Disponível em: https://edpb.europa.eu/system/files/2022-01/edpb_guidelines_012022_right-of-access_0.pdf. Acesso em: 11 out. 2022.

LA CHAMBRE DES REPRÉSENTANTS. Disponível em: https://www.lachambre.be/kvvcr/index.cfm?language=fr. Acesso em: 11 out. 2022.

ORGANISATION FOR ECONOMIC CO-OPERATION AND DEVELOPMENT. OECD Guidelines on the Protection of Privacy and Transborder Flows of Personal Data. Disponível em: https://www.oecd.org/sti/ieconomy/oecdguidelinesontheprotectionofprivacyandtransborderflowsofpersonaldata.htm. Acesso em: 11 out. 2022.

PARLAMENTO EUROPEU; CONSELHO EUROPEU. Regulamento (UE) 2016/679 de 27 de abril de 2016 relativo à proteção das pessoas singulares no que diz respeito ao tratamento de dados pessoais e à livre circulação desses dados e que revoga a Diretiva 95/46/CE. Bruxelas: Jornal Oficial da União Europeia, 2016. Disponível em: https://eur-lex.europa.eu/legal-content/PT/TXT/PDF/?uri=CELEX:32016R0679&from=PT. Acesso em 11 out. 2022.

ROYAUME DE BELGIQUE. Arrêté royal n° 141 créant une banque de données relatives aux membres du personnel du secteur public. [1982]. Disponível em: https://www.ejustice.just.fgov.be/eli/arrete/1982/12/30/1983021322/justel. Acesso em: 11 out. 2022.

ROYAUME DE BELGIQUE. Constitution de la Belgique. [1994]. Disponível em: https://www.senate.be/doc/20190719_CONSTITUTION.pdf. Acesso em: 11 out. 2022.

ROYAUME DE BELGIQUE. Loi portant création de l'Autorité de protection des données. [2017]. Disponível em: http://www.ejustice.just.fgov.be/eli/loi/2017/12/03/2017031916/justel. Acesso em: 11 out. 2022.

ROYAUME DE BELGIQUE. Loi réglant l'installation et l'utilisation de caméras de surveillance. [2007]. Disponível em: http://www.ejustice.just.fgov.be/eli/loi/2007/03/21/2007000528/justel. Acesso em: 11 out. 2022.

ROYAUME DE BELGIQUE. Loi relative à la protection de la vie privée à l'égard des traitements de données à caractère personnel. [1992]. Disponível em: https://www.ejustice.just.fgov.be/mopdf/2018/09/05_1.pdf#Page10. Acesso em: 30 ago. 2022.

ROYAUME DE BELGIQUE. Loi relative à la protection des personnes physiques à l'égard des traitements de données à caractère personnel. [2018]. Disponível em: http://www.ejustice.just.fgov.be/eli/loi/2018/07/30/2018040581/justel. Acesso em: 11 out. 2022.

WORKING PARTY 29. Guidelines on transparency under Regulation 2016/67. Bruxelas: WP29, 2018. Disponível em: https://ec.europa.eu/newsroom/article29/redirection/document/51025. Acesso em: 11 out. 2022.

WORKING PARTY 29. Orientações sobre os encarregados da proteção de dados (EPD). Bruxelas: WP29, 2017. Disponível em: https://ec.europa.eu/newsroom/just/document.cfm?doc_id=48137. Acesso em: 11 out. 2022.

III
PROTEÇÃO DE DADOS
DE PESSOA JURÍDICA

5
DIREITO DE PROTEÇÃO DE DADOS DA PESSOA JURÍDICA NA ÁUSTRIA: ESTUDO DE CASO

Mariana A. Sousa Schedeloski

Doutoranda em Direito Comercial pela Universidade de São Paulo. Graduada em Direito pelo Instituto Presbiteriano Mackenzie. Inscrita na Ordem dos Advogados do Brasil, na Subseção de São Paulo. Especialista em Direito Constitucional pelo Instituto Damásio de Jesus. Especialista em Direito Civil pelo Instituto Presbiteriano Mackenzie. Mestre em Direito Político e Econômico pelo Instituto Presbiteriano Mackenzie. Membro dos grupos de pesquisa Direito Civil na Sociedade em Rede e da Cátedra José Bonifácio, ambos vinculados à Universidade de São Paulo. Encarregada de Proteção de Dados. Professora da Universidade Campos Salles. Professora Convidada da Escola Superior de Advocacia e da Universidade Federal do Mato Grosso do Sul (2021). Colunista do Portal Magis.

Resumo: Em 2020, A DPA austríaca considerou (pela segunda vez) que uma pessoa jurídica tem o direito constitucional à proteção de dados nos termos do § 1 DSG (Lei Austríaca de Proteção de Dados) e tem o direito de apresentar uma reclamação perante à DPA.

Fundamentos: Art. 4 (1) GDPR / Art. 9 (1) GDPR / Art. 9 (1) GDPR / Art. 16 (2) TFUE.

Decisão completa:

https://www.ris.bka.gv.at/Dokument.wxe?ResultFunctionToken=2ac5c7e2-ca90-4e69-9e0a-471d86c11c57&Position=1&Abfrage=Dsk&Entscheidungsart=Undefined&Organ=Undefined&SucheNachRechtssatz=True&SucheNachText=True&GZ=&VonDatum=01.01.1990&BisDatum=&Norm=&ImRisSeitVonDatum=&ImRisSeitBisDatum=&ImRisSeit=Undefined&ResultPageSize=100&Suchworte=&Dokumentnummer=DSBT_20200525_2020_0_191_240_00

Sumário: 1. Descrição do caso – 2. Fundamentação legal para a imposição da sanção – 3. Comentários e análise crítica – 4. Conclusão – Referências.

1. DESCRIÇÃO DO CASO

A tutela da proteção de dados, do modo que é aplicada hodiernamente, advém de uma construção ocidental sobre a guarida da privacidade, discutida desde o final do século XIX e resguardada por normas positivadas a partir da década de setenta. Resta claro que houve um caminhar evolutivo durante esse século no intuito de adequar as normas ao desenvolvimento tanto da sociedade, como das tecnologias.

Na Áustria não foi diferente, por ser um dos primeiros países a ter uma Lei de Proteção de Dados e uma autoridade nacional independente é certo que modificações interpretativas ocorreram durante o processo. Tendo a discussão a respeito da guarida da pessoa jurídica como um caso a ser analisado.

A primeira norma de proteção de dados austríaca data de 18 de outubro de 1978, o *Datenschutzgesetz* (*DSG*), o qual foi substituído pelo *Datenschutzgesetz* 2000 (*DSG 2000*) que, por sua vez, implementou a Diretiva Europeia 95/46/EC. Foi através dessa alteração que foi reconhecido o direito fundamental de proteção de dados a todos, tanto para pessoas naturais, como jurídicas. Aqui há que se fazer a menção que a referida Diretiva não concedia tal amplitude, no entanto, ao internalizar a norma os congressistas austríacos decidiram extender a proteção e considerá-la um direito fundamental.

Como as Diretivas permitiam que legislações internas dispusessem de outros assuntos, países como a Áustria, Dinamarca e Luxemburgo implementaram normas locais para proteção de pessoas jurídicas.

O *DSG* foi alterado mais uma vez em 2016 para a inclusão das normas da Diretiva 2016/680 da União Europeia.

Como forma de adequação ao *General Data Protection Regulation (GDPR)*, em 31 de julho de 2017 houve um processo de alteração no *DSG 2000* pelo *Datenschutz--Anpassungsgesetz 2018,* bem como a implementação de outros atos como o *Datenschutz-Deregulierungs-Gesetz 2018,* o qual também alterou as normas de proteção de dados e a regulamentação específica sobre ciência e pesquisa (*Datenschutz- Anpassungsgesetz 2018 – Wissenschaft und Forschung – WFDSAG 2018*).

Houve uma intenção expressa na Proposta 322/ME (XXV GP),[1] para ao fazer a revogação do *DSG* 2000 abolir o direito fundamental de proteção de dados austríaco. Mesmo assim por manobras legislativas não houve quórum necessário de 2/3 do Congresso Nacional para a revogação do direito fundamental de proteção de dados a todos, o qual tem *status* constitucional, encontrando quórum apenas para alteração de normas federais. Dessa maneira, segundo o *DSG* atual somente é possível se socorrer da Autoridade Nacional, caso seja uma pessoa natural e o nome da norma foi alterado para Lei Federal de Proteção de Dados das Pessoas Naturais.

Sendo expresso no Considerando 14 do *GDPR* que:

---

1. ÁUSTRIA. Datenschutz-Anpassungsgesetz 2018. Disponível em: https://www.parlament.gv.at/PAKT/VHG/ XXV/ME/ME_00322/index.shtml#. Acesso em: 11 out. 2022.

> A proteção conferida pelo presente regulamento deverá aplicar-se às pessoas naturais, independentemente da sua nacionalidade ou do seu local de residência, relativamente ao tratamento dos seus dados pessoais. O presente regulamento não abrange o tratamento de dados pessoais relativos a pessoas jurídicas, em especial a empresas estabelecidas enquanto pessoas coletivas, incluindo a denominação, a forma jurídica e os contatos da pessoa jurídica.[2]

Mesmo o *GDPR* e o *DSG* atual atual sendo expressos em dizer que somente são aplicados para pessoas naturais, ainda existe uma norma constitucional austríaca vigente que extende a proteção da privacidade e de dados a todos, incluindo aqui as pessoas jurídicas.

A Áustria não é o único país europeu a entender dessa maneira. A Alemanha, na decisão 10 ME 385/08 de 15.05.2009[3] assegurou que pessoas jurídicas também possam ter direito à proteção de seus dados pessoais, a qual advém do direito de personalidade da pessoa jurídica. O Estado germânico é mais rigoroso para a extensão da norma, necessitando que a informação seja vinculada a uma pessoa natural, como a hipótese do endereço ou do telefone da pessoa jurídica serem os mesmos de uma pessoa natural, fazer referência a micro empresários individuais ou dados de empregados e acionistas.

Dessa maneira, é necessário que haja uma indistinguibilidade real entre as informações sobre os ativos da pessoa jurídica e um pessoa natural ou um desequilíbrio de poder entre os envolvidos na relação que pode ocasionar uma coleta de dados desproporcional.

Assim sendo, com o advento do *GDPR* o qual protege apenas pessoas naturais, o Estado austríaco entrou em um impasse, por um lado havia uma norma internacional mais restritiva, por outro, um histórico protetivo que o impedia de discriminar pessoas jurídicas de pessoas naturais.

Na demanda DSB-D216.713/0006-DSB/2018, de 13.09.2018 a Autoridade austríaca já havia aplicado a extensão protetiva a pessoa jurídica, no entanto, como o réu da ação não contestou o acolhimento a Autoridade não discorreu sobre a proteção.

Ocorre que na seguinte demanda movida por uma rede de farmácias a qual teve seu nome protegido e a Autoridade Federal de Proteção da Saúde Austríaca (*Bundesamt für Sicherheit im Gesundheitswesen – BASG*), no caso 2020-0.191.240 de 25.5.2020, com número identificador europeu ECLI:AT:DSB:2020:2020.0.191.240, houve a discussão sobre a legitimidade para ingressar com a demanda.

A empresa a qual foi auditada pela autoridade de saúde, tendo seus dados tratados no curso da investigação alegou como base jurídica os artigos 51(1), 57 (1)(f) e 77(1)

---

2. UNIÃO EUROPEIA. *General Data Protection Regulation*. Recital 14. The protections afforded by this Regulation should apply to the processing of personal data of natural persons, regardless of their nationality or place of residence. 2 This Regulation does not apply to the processing of personal data of legal persons and in particular companies incorporated as a legal person, including the name, legal form or contact details of the legal person. Disponível em: https://ico.org.uk/media/about-the-ico/disclosure-log/2014536/irq0680151-disclosure.pdf. Acesso em: 11 out. 2022.

3. ALEMANHA. *Rechtsprechung der niedersächsischen Justiz Dokumentansicht Kommunale Öffentlichkeitsarbeit; informationelle Selbstbestimmung im Fall juristischer Personen*. Decisão 10 ME 385/08, Código Internacional Europeu ECLI:DE:OVGNI:2009:0515.10ME385.08.0A, de 15 de maio de 2009. Disponível em: http://www.dbovg.niedersachsen.de/jportal/portal/page/bsndprod.psml?printview=true&doc.id=MWRE090001614&st=null&showdoccase=1&paramfromHL=true. Acesso em: 11 out. 2022.

do *GDPR*, artigo 16 do Tratado sobre o Funcionamento da União Europeia,[4] Carta dos Direitos Fundamentais da União Europeia,[5] seções 1, 18(1), 24(1) e (5) do *DSG* atual.[6]

A rede de farmácias entendeu que em 14 de março de 2019 seu direito de confidencialidade foi violado pela coleta, processamento e divulgação indevida de seus dados pessoais. Bem como teve negado seu direito de deletar seus dados pessoais através dos canais oficiais.

Ao relatar o ocorrido, a empresa que possui autorização para comercializar produtos medicinais, conta que sofreu uma auditoria fiscal inesperada em seu espaço físico, sob a justificativa de fiscalizar os fornecedores, clientes e medicamentos comercializados. Durante o ato os inspetores também circularam pelo local, tiraram fotografias de produtos e ameaçaram fechar o depósito da empresa. Segundo a empresa, cinco caixas de documentos compostas, principalmente, de faturas foram retiradas, tanto as referentes ao ano de 2019, como ao de 2018, as quais não possuíam ligação com a auditoria.

Conforme o alegado, a retirada de documentos empresariais e o ato de fotografar instalações não estaria contemplado na competência da auditoria, configurando um abuso no direito de fiscalização. Mesmo pedindo maiores informações a respeito do motivo da auditoria por escrito, essa solicitação não foi atendida.

De acordo com a ofendida, fiscalizações surpresas devem ter o objetivo restrito de verificar as instalações, formas de transporte e modos de armazenamento. Por não ser um investigação criminal não haveria competência para coleta de documentos, os quais eram inatingíveis por outros meios. Além disso, no que diz respeito à fotografia e outras coletas de provas era necessário um teste de necessidade e o princípio do meio menos invasivos teria que ser aplicado em decorrência do *DSG* atual.

Com base nas disposições de leis farmacêuticas austríacas, haveria a possibilidade de coleta com relação a quem foram os clientes, fornecedores e lista de medicamentos comercializados. Contudo, sob nenhuma circunstância haveria qualquer direito de retirar informações que fossem além disso. Assim, o volume de transações, o modelo de negócio e outras informações internas da empresa, os quais são abrangidos e protegidos pelo direito fundamental à proteção de dados não poderiam ter sido coletados.

Além do recolhimento indevido às informações foram, posteriormente, compartilhadas com terceiros, como a Câmara Austríaca de Farmacêuticos sem autorização legal para tanto, demonstrando que o Poder Público, em um ato naturalmente verticalizado tratou dados pessoais ilicitamente. De acordo com artigo 80(1) da Lei de Medicamentos,[7] uma comunicação para outros órgãos somente seria feita para garantir a segurança de

---

4. UNIÃO EUROPEIA. Tratado sobre o Funcionamento da União Europeia. Disponível em:https://eur-lex.europa.eu/resource.html?uri=cellar:9e8d52e1-2c70-11e6-b497-01aa75ed71a1.0019.01/DOC_3&format=PDF. Acesso em: 11 out. 2022.

5. UNIÃO EUROPEIA. Carta dos Direitos Fundamentais da União Europeia. Disponível em: https://eur-lex.europa.eu/legal-content/EN/TXT/PDF/?uri=OJ:C:2016:202:FULL. Acesso em: 11 out. 2022.

6. ÁUSTRIA. *Datenschutzgesetz*. Disponível em: https://www.ris.bka.gv.at/GeltendeFassung.wxe?Abfrage=Bundesnormen&Gesetzesnummer=10001597&FassungVom=2018-05-25. Acesso em: 11 out. 2022.

7. ÁUSTRIA. *Arzneimittelgesetz*. Disponível em: https://www.ris.bka.gv.at/GeltendeFassung.wxe?Abfrage=Bundesnormen&Gesetzesnummer=10010441. Acesso em: 11 out. 2022.

medicamentos, fato que não era objeto de análise. Mesmo assim, no rol de autoridades que deveriam ser informadas não está a Câmara Austríaca de Farmacêuticos, comprovando a arbitrariedade na comunicação.

Após a fiscalização, os inspetores continuaram a contatar os parceiros de negócios da empresa com intuito de avisar sobre a possibilidade de que caso contratassem com ela poderiam ter problemas com o Poder Público, compartilhando informações sigilosas sobre a pessoa jurídica. Sob o ponto de vista jurídico, o direito ao sigilo de acordo com o Artigo 1.1 do *DSG* atual também protegeria o titular contra a transmissão oral de seus dados. Por esta razão, haveria a necessidade de uma base legal para o compartilhamento de informações através de conversas entre inspetores e terceiros.

Quanto a defesa de que pessoas jurídica possuem direito a proteção de dados na Áustria. A empresa continua explicando que mesmo o *GDPR* tendo resguardado pessoas naturais, na Áustria ainda há a proteção de status constitucional a pessoas jurídicas. Como após a revogação do *DSG 2000* não existem normas procedimentais para proteger pessoas jurídicas, seria necessário aplicar por analogia as normas existentes as pessoas naturais, uma vez que um direito constitucional não pode permanecer sem a possibilidade de *enforcement.*

A companhia afirmou que seus dados pessoais foram coletados, processados, compartilhados sem autorização legal para tanto. Cujas informações faziam referência a faturas, imagens, dados cadastrais, produtos comercializados, clientes e parceiros comerciais, os quais por fazerem parte do sigilo comercial merecem guarida.

As imagens, mesmo que não sejam atreladas a uma pessoa natural, fariam referência e identificariam uma pessoa jurídica, fazendo parte do arcabouço protetivo austríaco.

Por fim, pede a condenação em razão da violação do direito à proteção de dados nos termos da Seção 1 do *DSG* atual, pedindo a declaração de ilicitude do tratamento dos dados pessoais, nomeadamente a ilicitude de coleta dos documentos comerciais e seu, posterior, processamento, como também coleta de fotografias e seu, posterior, tratamento, divulgação de dados pessoais sem conexão com o ato oficial, como, em particular, por notificação verbal ou retenção de documentos comerciais ou insinuação de fatos administrativos criminosos aos parceiros comerciais da empresa, divulgação de dados pessoais, nomeadamente por alegação ou insinuação de fatos administrativos e/ou de direito penal, nomeando o nome da empresa do denunciante ou do seu órgão de representação autorizado, a terceiros destinatários de dados, como, em particular, os parceiros de negócios existentes do reclamante. Além disso, a empresa sugeriu que o demandado fosse proibido de realizar o tratamento de seus dados, em particular a transmissão de documentos comerciais, fotografias e transmissões orais de dados por analogia nos termos do artigo 25.1 em conjunto com o artigo 22.4 do *DSG* atual.

Ao se defender dos fatos narrados pela empresa, a autoridade pública contestou a admissibilidade da demanda, primeiramente por não se tratar de pessoa natural. Com relação aos documentos comerciais e fotografias os quais pudessem constituir dados pessoais, afirmou que o seu tratamento foi lícito.

Alegou ser a entidade responsável pelo licenciamento, melhoria da segurança dos medicamentos, avaliação dos seus riscos e monitorização da sua circulação. No intuito de cumprir seu escopo, pode e, também, deve tratar dados pessoais para verificar se as empresas farmacêuticas estão cumprindo as disposições legais que lhes são aplicáveis.

Seu objetivo seria barrar a comercialização de medicamentos falsificados, os quais conteriam ingredientes inferiores, com dosagens incorretas ou inexistentes de princípios ativos, de modo que representariam uma ameaça significativa à saúde pública. Segundo eles, sua experiência mostrou que esses medicamentos falsificados chegariam aos pacientes não apenas por canais ilegais, mas também por meio da cadeia de suprimentos legal.

Nos termos do artigo 9.2(i) do *DSG* atual, o Poder Público teria o direito de tratar licitamente dados pessoais de pessoas naturais, uma vez que o tratamento era necessário por razões de interesse público no domínio da saúde pública, nomeadamente para assegurar elevados padrões de qualidade e segurança dos medicamentos, com base na legislação da União Europeia ou na legislação de um Estado-Membro. O mesmo deve aplicar-se aos dados de uma pessoa jurídica, por razões de igualdade e também por analogia.

De acordo com legislações farmacológicas, o réu teria o direito e o dever de inspecionar periodicamente os estabelecimentos antes de conceder uma licença e, posteriormente, com base numa avaliação de risco, para verificar se os regulamentos emitidos são cumpridos e se a qualidade dos medicamentos ou substâncias ativas necessárias à saúde e à vida humana ou animal está garantida. Todos os dados tratados pela recorrida foram necessários para avaliar se os elevados padrões de qualidade e segurança dos medicamentos foram cumpridos e se a segurança dos medicamentos foi garantida, os quais foram licitamente tratados à luz do interesse público para esses objetivos.

Alegou que a empresa não comprovou quaisquer violações de proteção de dados, mas somente reclamou sobre supostas violações de regras processuais e deveres de cuidado do demandado.

Ressaltou que não merece prosperar a alegação sobre infundada ameaça de encerramento das atividades empresariais. Também alegou que os serviços de segurança pública foram alertados sobre a possibilidade de falsificação de medicamentos, por ser competência deles avaliar se houve o ilícito.

Quanto a coleta de documentos, assegurou que tem autoridade para retirar àqueles que devem ser mantidos por força de obrigações legais decorrentes da esfera de execução do requerido, sendo que a entrega foi voluntária pela empresa. Além disso, negou que os documentos comerciais e os dados neles contidos tenham sido copiados, retirados e tratados sem qualquer exame quanto ao objeto do processo. A investigação e o processamento posterior pelo demandado foram inicialmente realizados com o consentimento da empresa, mas de qualquer forma seriam cobertos por autorizações legais pelo interesse público, no exercício legal de autoridade oficial.

Com relação a alegação de que não havia examinado os documentos tão logo que os recebeu para confirmar que havia autorização para o tratamento de todos, rebateu dizendo que houve o exame e que teria autoridade para o processamento da totalidade do que foi retirado da empresa, bem como que a maioria dos dados e documentos identificados eram necessários para efeitos fiscalizatórios. No tocante aos demais, foi realizada a exclusão.

Quanto a coleta dos documentos do ano de 2018 justificou que essa se deu em decorrência da ausência de resposta concreta para a indagação se os medicamentos de dezembro eram provenientes de farmácias diferentes das de 2019, mesmo assim, o Poder Público admitiu que a coleta adicional não foi incluída na ata da fiscalização.

A afirmação da recorrente de que os documentos comerciais também foram divulgados ou transmitidos a terceiros, incluindo a Câmara Austríaca dos Farmacêuticos (*Österreichische Apothekerkammer*), sem justificação, é contestada na íntegra. As alegações da empresa a este respeito não foram suficientemente fundamentadas, uma vez que, nomeadamente, não foi indicado quais os dados que foram transmitidos em termos concretos, quando e a quem, nem foram apresentados quaisquer elementos de prova, o que impediu que fosse possível defender-se do alegado.

A alegação de que o réu esteve em contato com potenciais parceiros de negócios da empresa seria incorreta e, também, logicamente impossível, por não ter conhecimento sobre os potenciais parceiros.

Em uma réplica a contestação, a rede de farmácias respondeu que o escopo dos dados coletados não seria coberto juridicamente, não tendo o referido órgão competência para conduzir processo administrativo-crime, mesmo assim, ele próprio admitiu ter recolhido dados para efeitos de processo administrativo-criminal. Isso constituiu uma violação da lei porque os dados foram tratados sem base legal para tanto.

2. FUNDAMENTAÇÃO LEGAL PARA A IMPOSIÇÃO DA SANÇÃO

Ao analisar o caso, a Autoridade Nacional de Proteção de Dados confirmou que o objeto da reclamação restava na questão de saber se o demandado violou o direito do reclamante à confidencialidade ao inspecionar e copiar documentos durante uma auditoria no local em 14 de março de 2019 sem qualquer base legal para fazê-lo e continuando a processar partes desses documentos. Como também analisar a questão de se o direito da empresa à confidencialidade foi violado pela divulgação dos dados pessoais a terceiros.

Como verdade processual, a autoridade atesta no relatório que no dia 14 de março de 2019, entre as 11h30 e as 18h45, foi feita uma auditoria fiscal na sede da rede de farmácia por órgão público responsável pela segurança de medicamentos. O objeto da auditoria foi o exame da qualificação do fornecedor e do cliente, bem como a lista atual de medicamentos com destaque para insumos de um medicamento específico. No decurso do ato, após análise de documentos, o órgão salientou que existia a suspeita de que os medicamentos foram comercializados por fornecedores não autorizados (farmácias sem licença de comércio varejista). Além disso, esses medicamentos que se destinavam ao fornecimento a particulares mediante receita médica foram redesignados para o comércio de atacado. Assinalou-se que a posterior comercialização de medicamentos em desacordo com as disposições legais constitui infração administrativa.

Após o ato oficial de 14 de março de 2019, os dados pessoais do denunciante, foram compartilhados para algumas farmácias parceiras de negócio, confirmando que havia uma investigação em andamento e a indicação de que o denunciante agiria de forma ilícita.

Não foi possível comprovar que os dados tenham sido transmitidos pelo recorrido a outros terceiros, nomeadamente à Câmara dos Farmacêuticos.

Com relação a análise sobre a legitimidade para apresentar um pedido como pessoa jurídica, essa é decorrente do artigo 1º do *DSG* atual, que continua a proteger as pessoa jurídicas.

Quanto a isso, a Autoridade já havia se pronunciado sobre seu entendimento na decisão DSBD216.713/0006-DSB/2018, de 13 de setembro de 2018. Na qual a autoridade de proteção de dados afirmou a legitimidade de uma pessoa jurídica para fazer uma solicitação em caso de suposta quebra de confidencialidade. Devido ao fato de a elegibilidade para apresentar um pedido ser agora – ao contrário dos fatos em que se baseou a referida decisão – expressamente contestada, a autoridade de proteção de dados sentiu-se obrigada a apresentar o seu ponto de vista jurídico de forma mais detalhada.

Em primeiro lugar, deve-se notar que a afirmação de que o *GDPR* e o *DSG* atual não protegem pessoas jurídicas não se aplica neste contexto geral. A Corte Europeia de Justiça, já afirmou que o âmbito de proteção inclui pessoas jurídicas, mas apenas de forma muito limitada. Em seu acórdão de 9 de novembro de 2010, nas ações conjuntas C-92/09 e C-93/09, 9, *Schecke and Eifert v. Land Hessendecidiu,* que o âmbito de proteção é em todo caso aberto se o nome de uma pessoa física for usado em nome da pessoa jurídica. Esta visão jurídica foi confirmada na decisão de 22 de novembro de 2017, T-670/16, número internacional europeu ECLI:EU:T:2017:838.

3. COMENTÁRIOS E ANÁLISE CRÍTICA

No caso em apreço, a rede de farmácias não contém o nome de uma pessoa física, pelo que a jurisprudência do Tribunal Europeu não é pertinente.

A respeito da proteção do Artigo 1º do *DSG* atual, essa vai além das leis federais. É questionável, no entanto, se essa "lacuna" se aplica em vista da plena harmonização da proteção de dados pessoais que ocorreu. Além disso, é questionável se pessoas jurídicas forem tuteladas se essas podem ingressar com uma reclamação perante a autoridade de proteção de dados.

Sobre a possibilidade de inclusão de direito fundamental de proteção de dados de pessoas, nos termos do artigo 16.º, n.º 2, do Tratado sobre o Funcionamento da União Europeia a União Europeia tem competência para estabelecer as regras relativas à proteção das pessoas naturais no que diz respeito ao tratamento de dados pessoais pelos Estados-Membros no exercício de atividades abrangidas pelo direito da União.

O fato de ser possível uma proteção por direitos constitucionalmente garantidos dos Estados Membros além das disposições da Carta dos Direitos Fundamentais da União Europeia também resulta do art. 53 da Carta segundo o qual nenhuma disposição deve ser interpretada como uma restrição ou violação dos direitos humanos e liberdades fundamentais que – na medida do relevante aqui – são reconhecidos pelas constituições dos Estados-Membros.

No entanto, de acordo com a jurisprudência europeia, qualquer proteção mais ampla garantida pela constituição de um Estado-Membro não pode reduzir o nível de proteção do dos Direitos Fundamentais da União Europeia, tal como interpretado pela Corte Europeia de Justiça, ou o primado, unidade e eficácia do direito da União.

No caso em apreço, isto levou às seguintes conclusões:

A rede de farmácias como pessoa jurídica pode invocar o âmbito de protecção da Seção 1 do *DSG* na sua totalidade porque, por um lado, existe a competência dos Estados-Membros para garantir uma proteção que se estenda para além da Carta dos Direitos Fundamentais da União Europeia, por outro, nem o o nível de proteção primado pela União Europeia são afetados pela inclusão da proteção das pessoas jurídicas no direito fundamental à proteção de dados ao abrigo da Seção 1 do *DSG*, nem o nível de proteção do Carta dos Direitos Fundamentais da União Europeia nem o primado, a unidade e a eficácia do direito da União são afetados pela inclusão da proteção das pessoas coletivas no direito fundamental à proteção de dados ao abrigo da secção 1 DSG.

Sobre a questão de saber se as pessoas colectivas podem invocar as disposições de aplicação simples do *DSG*.

De acordo com a Seção 4 (1) do *DSG*, as disposições austríacas se aplicam ao processamento total ou parcialmente automatizado de dados pessoais de pessoas físicas e ao processamento não automatizado de dados pessoais de pessoas físicas que são armazenados ou devem ser armazenado em um sistema de arquivos.

De acordo com a vontade do legislador, as disposições do *DSG* de direito comum, incluindo a reclamação ao abrigo do artigo 24.º do *DSG*, limitam-se, portanto, à proteção das pessoas naturais.

No entanto, a Seção 1 do *DSG* também protege as pessoas jurídicas, conforme explicado acima. No contexto do § 1 *DSG*, uma interpretação das disposições de lei simples, em particular dos §§ 4º e 24 *DSG*, no sentido de que apenas as pessoas naturais têm o direito de apresentar uma reclamação à autoridade de proteção de dados, enquanto as pessoas coletivas são não, suporia que essas disposições contêm um conteúdo contrário à igualdade e, portanto, inconstitucional. O legislador não pode ser acusado de querer tratar as pessoas jurídicas de forma muito desvantajosa das pessoas físicas na busca de seus direitos constitucionalmente garantidos sem razão compreensível.

Em conclusão, houve, portanto, que declarar que o denunciante, como pessoa jurídica, estava ativamente legitimado para apresentar uma reclamação ao abrigo do artigo 24.º do *DSG* junto da autoridade de proteção de dados, por alegar uma violação dos direitos garantidos pelo artigo 1.º do DSG .

O recurso, embora admissível, foi improcedente.

A Autoridade então se posicionou sobre os tópicos alegados. Primeiramente quanto aos documentos tratados. A este respeito, importa referir, em primeiro lugar, que os documentos comerciais e afins podem ser qualificados como dados pessoais na medida em que digam respeito a uma pessoa identificada ou identificável – neste caso o denunciante (por analogia ao artigo 4º n.º 1 do *DSG*, em que os subsídios a pessoas jurídicas foram qualificados como dados pessoais). No entanto, ao contrário do que alegou a empresa, não se trata de dados sensíveis, porque nenhum dos fatos mencionados nele se aplica a esses dados de uma pessoa jurídica.

Os documentos fiscalizados no decurso do ato oficial e, posteriormente, reproduzidos forneceram informações sobre as relações comerciais da empresa, o seu inventário e o estoque disponível. Constituem assim dados pessoais no sentido acima referido.

Conforme aduzido, os dados como fotografias e outras faturas, que foram recolhidos foram após um exame mais detalhado pelo demandado identificadas como não relevantes para o processo e excluídas.

Neste contexto, coloca-se, portanto, a questão de saber se o tratamento de dados ocorrido em 14 de março de 2019 foi proporcional e, portanto, lícito. Em primeiro lugar, a ilicitude dos atos oficiais praticados no exercício do comando oficial direto e do poder de polícia – como buscas e afins – pode ser impugnado junto do tribunal administrativo competente no âmbito de um processo reclamação nos termos do artigo 130, § 1º, § 2º, da Constituição Federal austríaca. No entanto, isso não se aplica se for reivindicada uma violação dos direitos de proteção de dados. Nesse caso, a autoridade de proteção de dados tem jurisdição exclusiva. A autoridade de proteção de dados é, portanto responsável por lidar com a violação legal que foi levantada.

No entanto, existem limites ao poder de fiscalização da autoridade de proteção de dados, que são determinados pela chamada 'proibição de poderes excessivos'.

Uma intromissão por uma autoridade no direito básico à proteção de dados só é permitida com base em uma base legal qualificada.

Quanto a possibilidade de fiscalização, cabe aos Poder Público notificar os estabelecimentos antes de conceder uma licença, se necessário, e posteriormente periodicamente com base em uma avaliação de risco para verificar se as disposições desta seção ou as portarias emitidas com base nesta seção são cumpridas e se a qualidade dos medicamentos ou substâncias ativas necessárias para a saúde e a vida das pessoas ou animais é garantida. Para este efeito, os órgãos públicos têm o direito de inspecionar estabelecimentos, instalações e meios de transporte de tais estabelecimentos que são operados por estabelecimentos, desde que possam ser utilizados para o armazenamento ou transporte de medicamentos ou substâncias ativas e para colher amostras na quantidade necessária para exame e para inspecionar os registros do estabelecimento. Além de fazer cópias da mesma, bem como fotografias e gravações de vídeo no estabelecimento, na medida do necessário para a preservação de provas. Ao mesmo tempo, também é possível inspecionar o certificado de qualquer licença comercial exigida. Esses atos oficiais devem ser realizados durante o horário comercial, exceto em casos de perigo iminente.

Como visto, existe base legal para o processamento de determinados dados, de modo que nenhum consentimento do titular dos dados é necessário para isso.

Ademais, empresas farmacêuticas possuem requisito específicos para o seu funcionamento, como a exigência de que os medicamentos só podem ser adquiridos de determinados fabricantes ou importadores, nomeadamente aqueles que tenham uma licença ou uma autorização correspondente de uma autoridade competente de outra parte contratante. Durante a revisão de 14 de março de 2019, surgiu a suspeita de que a autora da demanda tinha, nomeadamente, infringido a disposição ao obter medicamentos nas farmácias públicas.

Com base nas declarações sobre a proibição de uso excessivo de dados, os dados processados elo demandado no decurso do ato oficial de 14 de março de 2019 não podem, portanto, ser considerados contraditórios ao artigo 1.º da Lei de Proteção de Dados. Em sua declaração de 30 de agosto de 2019, o demandado demonstrou claramente que esses documentos poderiam, pelo menos, ser relevantes no contexto de um exame da Lei de Medicamentos. Isso ocorre especialmente no contexto de que o réu não é apenas responsável pela autorização das atividades de empresas farmacêuticas, mas também pela imposição subsequente de condições, pela retirada de uma autorização ou também a imposição de medidas provisórias em caso de perigo iminente para a saúde humana ou animal. Para todos esses procedimentos, os dados coletados no curso de uma auditoria da empresa podem ser relevantes para a tomada de decisões.

O fato de vários conjuntos de dados terem sido posteriormente eliminados pelas autoridades porque não foram relevantes para o processo após uma análise aprofundada não altera este fato: deve ter-se em conta que, no contexto de um ato oficial não anunciado, como o de 14 de março de 2019, há apenas um tempo limitado para revisar documentos e obter quaisquer provas relevantes para o processo. À semelhança de uma busca domiciliar, é portanto característico da natureza de tal ato oficial que sejam procurados objetos para os quais se desconhece onde estão localizados. Isso significa que sob certas circunstâncias – pelo menos inicialmente – os dados podem ser processados de forma excessiva. No entanto, isso não levanta preocupações se uma revisão for realizada prontamente e dados irrelevantes forem excluídos.

A reclamação revela-se, portanto, improcedente neste ponto. Sobre os dados enviados a recorrente considera ainda que o seu direito à confidencialidade foi violado pelo fato de a arguida ter divulgado a terceiros dados pessoais provenientes do ato oficial de 14 de março de 2019. Conforme observado, apenas parte das transmissões de dados denunciadas puderam ser identificadas. Na medida dessas constatações, no entanto, a reclamação mostra-se parcialmente justificada. Em primeiro lugar, deve-se notar que certas formas de transmissão não são relevantes para uma violação do direito à confidencialidade.

Foi estabelecido que os dados da empresa foram comprovadamente divulgados aos representantes de farmácias. O demandado também não nega e argumenta que lhe compete verificar se os fornecedores dos parceiros contratuais da empresa são empresas na acepção do artigo 62.º da Lei de Medicamentos, se são parceiros contratuais da empresa e cumprem as disposições legais. Em particular, existe a suspeita de que os medicamentos foram ilegalmente fornecidos ao comércio atacadista por farmácias não autorizadas (sem licença para o comércio atacadista farmacêutico).

Na medida em que o demandado alega ter realizado também investigações sobre um possível autor principal e contribuinte, o seguinte deve ser respondido:

A investigação de um processo na perspetiva do direito penal administrativo não é tarefa do arguido, mas sim das autoridades administrativas distritais competentes, uma vez que a condução de tais processos e a imposição de sanções administrativas, neste contexto, não se enquadra competência do órgão público demandado.

Não obstante o acima exposto, as transmissões consideradas lícitas são.

Conforme já referido acima, havia suspeita de compra ilícita de medicamentos nas farmácias públicas. Assim, para efeitos de apuramento dos fatos relevantes a que o requerido está obrigado, não pode ser reconhecido como ilícito se os inquéritos forem realizados nessas farmácias ou estabelecimentos comerciais parceiros de quem se suspeita que as drogas foram compradas em desacordo. Tais etapas de investigação podem fornecer resultados de investigação úteis que podem ser relevantes nos processos do réu. Se foi ameaçado ou outras declarações não objetivas foram feitas no curso da investigação não é objeto de procedimentos de reclamação perante a Autoridade de Proteção de Dados.

Assim, a reclamação também se revela improcedente neste ponto. Sobre o período de armazenamento dos dados determinados e a falha em excluí-los

Por último, a empresa queixa-se de que a não eliminação de todos os dados pessoais que embora tenham sido tratados de forma ilícita constitui uma violação do direito à confidencialidade. Esta objeção não se justifica: em primeiro lugar, apresentou um pedido de eliminação em 8 de julho de 2019, no qual solicitava a eliminação dos dados. No entanto, na reclamação que deu início ao processo, apenas foi expressamente infringido o direito ao sigilo previsto no § 1.1 da Lei de Proteção de Dados.

Além disso, um direito subjetivo à eliminação só existe com base num pedido do interessado ao responsável. No entanto, a obrigação do responsável de eliminar os dados dos seus próprios dados não constitui um direito subjetivo do titular dos dados e uma eventual violação desta obrigação não pode, portanto, ser invocada nessa reclamação.

No entanto, a não exclusão ou destruição dos dados pode resultar em violação do direito ao sigilo se os dados forem mantidos por mais tempo do que o necessário. Porém não há determinação legal sobre quanto tempo o respondente poderá armazenar os dados identificados. Na ausência de um prazo explícito, a jurisprudência da autoridade de proteção de dados permite a retenção de dados pelo período limitado de tempo necessário para verificar a legalidade das ações da autoridade. No entanto, a manutenção continuada de dados deve ser justificada por um procedimento concretamente emergente. A mera possibilidade de instauração de um processo (em algum momento) não é suficiente.

No caso em apreço, os dados foram apurados pelo arguido em 14 de março de 2019. O queixoso apresentou posteriormente vários pedidos ao arguido. A presente reclamação foi apresentada em 1º de agosto de 2019.

Com base no considerando anterior, o prazo decorrido até agora – também tendo em conta os pedidos apresentados ou o processo instaurado junto da autoridade de protecção de dados – não parece ser tão longo que a violação do direito ao sigilo existiria se a exclusão não fosse realizada. Isto é particularmente verdade porque os dados recolhidos desempenham um papel no contexto dos pedidos formulados ou dos processos instaurados.

A denúncia teve, portanto, de ser rejeitada neste ponto. A reclamação revela-se, portanto, globalmente improcedente.

4. CONCLUSÃO

Pode-se concluir que apesar do *GDPR* fazer referência apenas as pessoas naturais a referida norma não exclui a possibilidade de outras legislações ou interpretações judiciárias também protegerem pessoas jurídicas.

No caso austríaco, existe um regramento com *status* constitucional vigente que faz essa proteção e deverá ser exercido enquanto não houver a revogação da norma pelo quórum adequado. Nesse sentido, não só haverá a proteção constitucional, como também haverá a aplicação do *DSG* por analogia.

Dar apenas a pessoas físicas a possibilidade de apresentar uma reclamação perante a autoridade de proteção de dados, mas não pessoas jurídicas, tornaria essas disposições inconstitucionais de acordo com o conteúdo do § 1º *DSG*, o que não estaria de acordo com a intenção do legislador.

Pelo analisado, é possível esclarecer que na Áustria ainda existe o direito fundamental a proteção de dados, tanto para pessoas naturais, como para pessoas jurídicas.

A partir desta visão legal da autoridade de proteção de dados, conclui-se que as pessoas jurídicas podem alegar violações do seu direito à informação, correção, exclusão ou determinação da violação do direito ao sigilo de acordo com o § 1 DSG, bem como pessoas físicas no contexto de uma reclamação à autoridade de proteção de dados. No entanto, as pessoas jurídicas ainda não têm direitos que vão além disso, como o direito à transferibilidade de dados ou o direito de restringir o processamento, que estão ancorados apenas no *GDPR*.

REFERÊNCIAS

1. Ementas de julgados e legislação

ALEMANHA. *Rechtsprechung der niedersächsischen Justiz Dokumentansicht Kommunale Öffentlichkeitsarbeit; informationelle Selbstbestimmung im Fall juristischer Personen.* Decisão 10 ME 385/08, Código Internacional Europeu ECLI:DE:OVGNI:2009:0515.10ME385.08.0A, de 15 de maio de 2009. Disponível em: http://www.dbovg.niedersachsen.de/jportal/portal/page/bsndprod.psml?printview=true&doc.id=MWRE090001614&st=null&showdoccase=1&paramfromHL=true. Acesso em: 11 out. 2022.

ÁUSTRIA. *Arzneimittelgesetz.* Disponível em: https://www.ris.bka.gv.at/GeltendeFassung.wxe?Abfrage=Bundesnormen&Gesetzesnummer=10010441. Acesso em: 11 out. 2022.

ÁUSTRIA. Datenschutz-Anpassungsgesetz 2018. Disponível em: https://www.parlament.gv.at/PAKT/VHG/XXV/ME/ME_00322/index.shtml#. Acesso em: 11 out. 2022.

ÁUSTRIA. *Datenschutzgesetz.* Disponível em: https://www.ris.bka.gv.at/GeltendeFassung.wxe?Abfrage=Bundesnormen&Gesetzesnummer=10001597&FassungVom=2018-05-25. Acesso em: 11 out. 2022.

UNIÃO EUROPEIA. Carta dos Direitos Fundamentais da União Europeia. Disponível em: https://eur-lex.europa.eu/legal-content/EN/TXT/PDF/?uri=OJ:C:2016:202:FULL. Acesso em: 11 out. 2022.

UNIÃO EUROPEIA. *General Data Protection Regulation.* Recital 14. The protections afforded by this Regulation should apply to the processing of personal data of natural persons, regardless of their nationality or place of residence. 2 This Regulation does not apply to the processing of personal data of legal persons and in particular companies incorporated as a legal person, including the name, legal form or contact details of the legal person.. Disponível em: https://ico.org.uk/media/about-the-ico/disclosure-log/2014536/irq0680151-disclosure.pdf. Acesso em: 11 out. 2022.

UNIÃO EUROPEIA. Tratado sobre o Funcionamento da União Europeia. Disponível em: https://eur-lex.europa.eu/resource.html?uri=cellar:9e8d52e1-2c70-11e6-b497-01aa75ed71a1.0019.01/DOC_3&format=PDF. Acesso em: 11 out. 2022.

IV
PROTEÇÃO DE DADOS
POR PADRÃO (*BY DEFAULT*)

IV
PROTEÇÃO DE DADOS
POR PADRÃO (BY DEFAULT)

6
SANÇÕES À EXPOSIÇÃO DE DADOS PESSOAIS PELA CONFEDERAÇÃO DE ESPORTES DA NORUEGA E AS CONTRIBUIÇÕES PARA O SISTEMA DE PROTEÇÃO DE DADOS NO BRASIL

Ana Marília Dutra Ferreira da Silva

Mestre em Direito pela UFRN, professor de direito constitucional e administrativo, advogada e pesquisadora do Grupo de Estudos de Direito Público da Internet e das Inovações Tecnológicas (GEDI).

Mariana de Siqueira

Doutora em Direito pela UFPE, professora adjunta do curso de Direito da UFRN, advogado e coordenadora do Grupo de Estudos de Direito Público da Internet e das Inovações Tecnológicas (GEDI).

Rodrigo Cavalcanti

Mestre em Direito pela UFRN, professor de processo penal e advogado criminalista e pesquisador do Grupo de Estudos de Direito Público da Internet e das Inovações Tecnológicas (GEDI).

Resumo: A DPA norueguesa multou o Comitê Olímpico e Paraolímpico e a Confederação de Esportes do país em NOK 2,5 milhões pela exposição irregular em espaço online dos dados pessoais de 3,2 milhões titulares.

Fundamentos: Art. 5 (1) a) c) f) GDPR / Art. 6 GDPR / Art. 32 GDPR

Decisão completa:

https://www.datatilsynet.no/contentassets/9682160e01d440ab847de2f98e218786/varsel-om-overtredelsesgebyr-til-nif.pdf

Sumário: 1. Aspectos introdutórios – 2. Descrição do caso – 3. Fundamentação legal para a imposição da sanção – 4. Comentários e análise crítica – 5. Conclusão – Referências.

1. ASPECTOS INTRODUTÓRIOS

No Brasil, mais recentemente, a proteção de dados pessoais foi expressamente elevada à categoria de direito fundamental, através da Emenda Constitucional n.º 115 de 2022. Com esta previsão explícita, toda a disputa de narrativa referente à fundamentalidade da tutela dos dados pessoais se abranda, pois o art. 5º, inciso LXXIX expõe que "é assegurado, nos termos da lei, o direito à proteção dos dados pessoais, inclusive nos meios digitais". A lei de que trata a Constituição Federal de 1988 é a Lei 13. 709, de 2018, mais conhecida como LGPD.

Reconhecer a essencialidade da proteção dos dados pessoais não era medida indispensável à sua tutela jurídica, fato que não anula a enorme importância da Emenda Constitucional 115, de 2022. Em um país historicamente marcado pela força do *civil law*, há enorme simbologia em tal previsão e não apenas isso, pois também existe potencial de efeitos práticos diversos.

A proteção de dados está, portanto, no centro do debate jurídico atual, não só no contexto brasileiro, mas notadamente no contexto europeu, onde aprovou-se a *General Data Protection Regulation* (GDPR), em 2016, a qual entrou em vigor a partir de 2018. Assim, alguns precedentes administrativos e judiciais têm surgido no continente, os quais podem contribuir para o aprofundamento da aplicação da LGPD no Brasil.

Este artigo possui como objetivo analisar os principais fundamentos jurídicos e fáticos que lastrearam a decisão proferida pela Autoridade de Proteção de Dados da Noruega (*Datatilsynet*) contra o Comitê Olímpico e Paraolímpico e a Confederação de Esportes do país (NIF) no caso em que os dados de 3,2 milhões de pessoas foram expostos na internet. Pretende-se, ainda, fazer um exercício de comparação entre o caso europeu e o previsto na legislação de proteção de dados brasileira.

O método utilizado foi o dedutivo, partindo-se de uma descrição do caso, seguida de uma avaliação dos fundamentos jurídicos que acarretaram a fixação da sanção imposta e, com isso, procedeu-se à comparação do caso norueguês com o sistema brasileiro de proteção de dados brasileiro.

2. DESCRIÇÃO DO CASO

A *Datatilsynet* multou o NIF em € 123.656 – o equivalente a cerca de NOK 1,2 milhão (* NOK 1.250.000) à época – pela exposição irregular dos dados pessoais de 3,2 milhões de pessoas. A primeira é uma entidade independente, criada por lei em 1978, já com a finalidade de resguardar a proteção dos dados pessoais. Atualmente, é a responsável por fiscalizar o cumprimento da legislação de proteção de dados, notadamente o GDPR, possuindo competência sancionatória. Suas decisões podem ser reformadas pela *Personvernnemda*, uma espécie de Conselho de Apelação. Do mesmo modo, uma decisão final deste conselho pode ser impugnada judicialmente (GDPRHUB). No caso em comento, não houve recurso para outra instância, apenas um pedido do NIF para que a *Datatilsynet* revisasse o valor da multa que, inicialmente, havia sido fixada no valor de NOK 2,5 milhões.

A população da Noruega é de cerca de 5.400.000 pessoas, ou seja, quase 60% da população teve seus dados envolvidos no incidente (BRITANNICA, 2022). Ademais, o NIF é responsável por organizar toda a estrutura desportiva norueguesa. A entidade possui aproximadamente 1.900.000 de filiações, sendo constituída por 55 federações, 11 confederações regionais, 328 conselhos desportivos e 9454 clubes, o que demonstra sua ampla presença e influência na sociedade daquele país (IDRETTSFORBUN-DET). Ressalte-se que a finalidade institucional da entidade contribui na melhoria do bem-estar dos da população, já que a prática desportiva melhora a integração da comunidade, a socialização e a saúde física e mental dos indivíduos. Para ser filiado à NIF e gozar dos respectivos benefícios, o membro deve necessariamente registrar seus dados pessoais.

Os dados envolvidos na violação examinada neste artigo eram nome, sexo, data de nascimento, endereço, e-mail, número de telefone e filiação ao NIF. Trata-se de dados de membros, voluntários e outras pessoas que possuem conexão com o esporte norueguês. Das pessoas afetadas, 486.447 possuíam entre 3 e 17 anos de idade. Aquelas que faziam parte da categoria de endereço estritamente confidencial ou endereço confidencial não foram expostas.

A irregularidade foi descoberta pelo Centro de Cibersegurança da Irlanda - Irish National Cyber Security Centre (CSIRT-IE) – após a realização de uma varredura de rotina de endereços IP irlandeses. No dia 20 de dezembro de 2019, o CSIRT-IE alertou o Centro de Cibersegurança norueguês (NCSC) o qual, por sua vez, notificou o NIF.

O erro sobreveio enquanto a NIF testava uma nova solução de computação em nuvem, o *Azure*, para criação de uma nova plataforma digital, mais precisamente durante o teste do serviço *Elasticsearch*. Para realizar o teste, decidiu-se que era necessária uma quantidade significativa de dados pessoais reais e que este deveria ser realizado o mais brevemente possível. Desta feita, o NIF extraiu as informações do banco central de dados relativo ao desporto. Os dados pessoais das vítimas ficaram expostos durante 87 dias e não se sabe se alguém os explorou. A investigação promovida pela *Orange Cyberdefense* – empresa especializada em cibersegurança contratada pelo NIF – também não encontrou indícios de que os dados tenham sido utilizados de forma criminosa.

Apesar de existir um plano de transição gradual para os serviços do *Microsoft Azure*, não foi realizada a avaliação de impacto prevista no art. 35.º, do GDPR, a *Data Protection Impact Assessment (DPIA)*.

O NIF reconheceu que a decisão pelo procedimento adotado foi equivocada e que não houve avaliações de risco suficientes, bem como não se avaliou a possibilidade de utilizar dados anonimizados ou uma quantidade mais limitada de dados pessoais. Ademais, no momento do incidente, não havia nenhuma rotina operacional ou solução técnica de segurança relativa ao novo ambiente em nuvem.

A multa estabelecida pela *Datatilsynet* foi precedida de investigação e processo administrativo levado a cabo pela entidade, no qual foi oportunizado o contraditório e a ampla defesa. Ademais, observou os critérios previstos no art. 83.º, n.º 2, do GDPR, o qual prevê critérios de gradação da sanção, tais quais a natureza, a gravidade e a duração da infração; a culpa ou o dolo da conduta; os mecanismos adotados de atenuação de danos; o grau de cooperação com a Autoridade de Proteção de Dados; a existência de episódios anteriores de violação de dados, dentre outros.

Apesar de os dados expostos não serem sensíveis, a Autoridade norueguesa destacou o grande número de pessoas afetadas pelo incidente, especialmente crianças, para fixar uma multa cujo valor seja proporcional e dissuasório.

3. FUNDAMENTAÇÃO LEGAL PARA A IMPOSIÇÃO DA SANÇÃO

O art. 5.º, n.º 1, do GDPR prevê uma série de princípios básicos que devem ser observados quando do processamento de dados pessoais. Os preceitos insertos nas alíneas "*a*", "*b*", "*c*" e "*f*" foram fortemente violados no incidente em comento, quais sejam:

Art. 5.º Os dados pessoais são:

1. a) Objeto de um tratamento lícito, leal e transparente em relação ao titular dos dados («licitude, lealdade e transparência»);

b) Recolhidos para finalidades determinadas, explícitas e legítimas e não podendo ser tratados posteriormente de uma forma incompatível com essas finalidades; o tratamento posterior para fins de arquivo de interesse público, ou para fins de investigação científica ou histórica ou para fins estatísticos, não é considerado incompatível com as finalidades iniciais, em conformidade com o artigo 89.º, n.º 1 («limitação das finalidades»);

c) Adequados, pertinentes e limitados ao que é necessário relativamente às finalidades para as quais são tratados («minimização dos dados»);

f) Tratados de uma forma que garanta a sua segurança, incluindo a proteção contra o seu tratamento não autorizado ou ilícito e contra a sua perda, destruição ou danificação acidental, adotando as medidas técnicas ou organizativas adequadas («integridade e confidencialidade»).

O art. 5.º, n.º 2, do GDPR, ainda, determina que o responsável pelo tratamento de dados pessoais, além de observar os princípios supra, deve ser capaz de comprovar o respectivo cumprimento.

A licitude do tratamento de dados é abordada no art. 6.º, n.º 1, do regulamento, o qual informa que:

O tratamento só é lícito se e na medida em que se verifique pelo menos uma das seguintes situações:

a) O titular dos dados tiver dado o seu consentimento para o tratamento dos seus dados pessoais para uma ou mais finalidades específicas;

b) O tratamento for necessário para a execução de um contrato no qual o titular dos dados é parte, ou para diligências pré-contratuais a pedido do titular dos dados;

c) O tratamento for necessário para o cumprimento de uma obrigação jurídica a que o responsável pelo tratamento esteja sujeito;

d) O tratamento for necessário para a defesa de interesses vitais do titular dos dados ou de outra pessoa singular;

e) O tratamento for necessário ao exercício de funções de interesse público ou ao exercício da autoridade pública de que está investido o responsável pelo tratamento;

f) O tratamento for necessário para efeito dos interesses legítimos prosseguidos pelo responsável pelo tratamento ou por terceiros, exceto se prevalecerem os interesses ou direitos e liberdades fundamentais do titular que exijam a proteção dos dados pessoais, em especial se o titular for uma criança.

Um dos requisitos para se tornar membro do NIF e gozar dos seus benefícios é fazer o respectivo cadastro, fornecendo uma série de dados pessoais, sendo que o objetivo primordial do tratamento desses dados, segundo o termo de declaração de privacidade assinado pelos membros, é promover a adequada organização e gestão administrativa dos associados, facilitando o acesso destes aos serviços e benefícios que o NIF possa oferecer.

Como visto acima, o art. 5.º, n.º 1, "*b*", aduz que a coleta dos dados deve atender a finalidades específicas, expressamente indicadas e justificadas, as quais devem preceder qualquer tratamento de dados. No caso concreto, os dados foram utilizados precisamente para testar novas soluções possíveis para a melhor gestão organizacional e administração dos membros, fugindo do escopo expresso no termo assinado pelos associados, pois o teste de uma nova solução em nuvem não tem como finalidade última permitir o acesso destes às prerrogativas disponibilizadas pelo NIF. Isso é verdade, mesmo que se considere que há uma relação entre o teste e a gestão dos membros filiados.

Analisando as disposições do art. 6.º, n.º 1, notadamente das alíneas "*b*" e "*f*", deve-se avaliar o critério da necessidade do tratamento, ou seja, se o tratamento era necessário para o cumprimento de um acordo do qual o titular faz parte. O *European Data Protection Board* (EDPB) – Conselho Europeu de Proteção de Dados – estabeleceu algumas orientações para análise deste critério no *Guidelines* 2/2019. Deve-se avaliar tanto se o tratamento atende ao objetivo perseguido e se há outras alternativas factíveis e menos invasivas à privacidade. O dispositivo não protege, segundo o Conselho, tratamentos úteis ao controlador, mas que não sejam objetivos e genuinamente necessários para execução do contrato específico ou realização de diligências pré-contratuais relevantes a pedido do titular dos dados (EDPB, 2019).

Além disso, há que se notar que o controlador dos dados, no caso em comento, poderia atingir a finalidade do tratamento a partir de uma menor interferência na privacidade dos titulares, seja utilizando dados anônimos, sintéticos ou uma menor quantidade de dados para a realização dos testes. Ou seja, de nenhuma maneira, segundo a *Datatilsynet*, o tratamento efetuado pela entidade observa o critério da "necessidade". Pelos mesmos fundamentos, o caso também não se enquadraria na exceção do art. 6.º, n.º 1, "*f*", mesmo porque há que se considerar que, entre o risco de expor os dados pessoais de 3,2 milhões de pessoas e realizar um teste de uma nova solução em nuvem, o que poderia ter sido executado de outra maneira, deve prevalecer os direitos e liberdades fundamentais dos titulares.

Verifica-se, portanto, que o NIF violou os princípios da licitude e da minimização dos dados, constantes do art. 5.º, n.º 1, do regulamento, já que não possuía respaldo legal para realizar o tratamento da maneira escolhida e não o fez de maneira adequada, limitada e pertinente.

Por sua vez, o art. 6.º, n.º 4, do GDPR, traz os requisitos que devem ser observados pelo controlador dos dados quando o tratamento não cumprir a finalidade que justificou seu recolhimento e não for realizado com base no consentimento dos respectivos titulares ou em disposições do direito da União ou dos Estados-Membros que constituam uma medida necessária e proporcionada numa sociedade democrática para salvaguardar os objetivos inscritos no art. 23.º, n.º 1. São eles:

> a) Qualquer ligação entre a finalidade para a qual os dados pessoais foram recolhidos e a finalidade do tratamento posterior;
>
> b) O contexto em que os dados pessoais foram recolhidos, em particular no que respeita à relação entre os titulares dos dados e o responsável pelo seu tratamento;
>
> c) A natureza dos dados pessoais, em especial se as categorias especiais de dados pessoais forem tratadas nos termos do artigo 9.º, ou se os dados pessoais relacionados com condenações penais e infrações forem tratados nos termos do artigo 10.º;
>
> d) As eventuais consequências do tratamento posterior pretendido para os titulares dos dados;
>
> e) A existência de salvaguardas adequadas, que podem ser a cifragem ou a pseudonimização.

Os princípios da integridade e da confidencialidade, previstos no art. 5.º, n.º 1, "*f*", também restam afetados pelo incidente, segundo a Autoridade norueguesa. De acordo com o dispositivo, os dados devem ser "tratados de uma forma que garanta a sua segurança, incluindo a proteção contra o seu tratamento não autorizado ou ilícito e contra a sua perda, destruição ou danificação acidental, adotando as medidas técnicas ou organizativas adequadas". Quanto à segurança do tratamento, o art. 32.º, do regulamento, determina que:

> 1. Tendo em conta as técnicas mais avançadas, os custos de aplicação e a natureza, o âmbito, o contexto e as finalidades do tratamento, bem como os riscos, de probabilidade e gravidade variável, para os direitos e liberdades das pessoas singulares, o responsável pelo tratamento e o subcontratante aplicam as medidas técnicas e organizativas adequadas para assegurar um nível de segurança adequado ao risco, incluindo, consoante o que for adequado:
>
> a) A pseudonimização e a cifragem dos dados pessoais;
>
> b) A capacidade de assegurar a confidencialidade, integridade, disponibilidade e resiliência permanentes dos sistemas e dos serviços de tratamento;
>
> (...)
>
> d) Um processo para testar, apreciar e avaliar regularmente a eficácia das medidas técnicas e organizativas para garantir a segurança do tratamento.
>
> 2. Ao avaliar o nível de segurança adequado, devem ser tidos em conta, designadamente, os riscos apresentados pelo tratamento, em particular devido à destruição, perda e alteração acidentais ou ilícitas, e à divulgação ou ao acesso não autorizados, de dados pessoais transmitidos, conservados ou sujeitos a qualquer outro tipo de tratamento.

É sabido que não existe nenhum sistema cem por cento seguro e que é necessário conviver com os riscos atrelados à própria natureza da tecnologia. Diante disso, cabe ao controlador, nos termos da lei, adotar as medidas técnicas e organizativas possíveis e necessárias para atingir um nível de segurança correspondente aos riscos associados ao tratamento. Considerando o caso aqui analisado, verifica-se que o respectivo tratamento envolvia dados pessoais de 3,2 milhões de titulares, sendo cerca de 500.000 destes, menores. Pelas informações prestadas pela própria entidade, percebe-se que as medidas de segurança adotadas para a realização do teste não acompanharam o elevado risco que envolvia o tratamento.

Constatou-se nas investigações promovidas pela *Datatilsynet*, que o NIF não avaliou suficientemente os riscos específicos envolvidos no teste. Por conseguinte, não se adotou o nível de segurança compatível com o perigo. Percebe-se que, sequer as medidas sugeridas pelo art. 32.º, n.º 1, do GDPR, foram observadas. As investigações concluíram também que o Comitê não havia estabelecido rotinas operacionais ou soluções técnicas de segurança relacionadas ao novo ambiente baseado em nuvem, nem rotinas concernentes aos dados utilizados em testes no ambiente de nuvem. Ademais, o NIF não seguiu as próprias normas gerais sobre avaliação de risco e medidas para garantir a confidencialidade e integridade no tratamento de dados pessoais.

Assim, verifica-se a violação do disposto nos arts. 5.º, n.º 1, "*f*" e 32.º, do GDPR, já que o NIF não garantiu a segurança adequada dos dados pessoais, nem adotou medidas técnicas ou organizacionais apropriadas à proteção contra contra processamento não autorizado ou ilegal.

Por fim, quanto à delimitação do valor da multa imposta, verifica-se que a Autoridade Norueguesa observou os critérios inscritos no art. 83.º, n.º 2, do GDPR, quais sejam:

2. Consoante as circunstâncias de cada caso, as coimas são aplicadas para além ou em vez das medidas referidas no artigo 58.º, n.º 2, alíneas a) h) e j). Ao decidir sobre a aplicação de uma coima e sobre o montante da coima em cada caso individual, é tido em devida consideração o seguinte:

a) A natureza, a gravidade e a duração da infração tendo em conta a natureza, o âmbito ou o objetivo do tratamento de dados em causa, bem como o número de titulares de dados afetados e o nível de danos por eles sofridos;

b) O caráter intencional ou negligente da infração;

c) A iniciativa tomada pelo responsável pelo tratamento ou pelo subcontratante para atenuar os danos sofridos pelos titulares;

d) O grau de responsabilidade do responsável pelo tratamento ou do subcontratante tendo em conta as medidas técnicas ou organizativas por eles implementadas nos termos dos artigos 25.º e 32.º;

e) Quaisquer infrações pertinentes anteriormente cometidas pelo responsável pelo tratamento ou pelo subcontratante;

f) O grau de cooperação com a autoridade de controlo, a fim de sanar a infração e atenuar os seus eventuais efeitos negativos;

g) As categorias específicas de dados pessoais afetadas pela infração;

h) A forma como a autoridade de controlo tomou conhecimento da infração, em especial se o responsável pelo tratamento ou o subcontratante a notificaram, e em caso afirmativo, em que medida o fizeram;

i) O cumprimento das medidas a que se refere o artigo 58.º, n.º 2, caso as mesmas tenham sido previamente impostas ao responsável pelo tratamento ou ao subcontratante em causa relativamente à mesma matéria;

j) O cumprimento de códigos de conduta aprovados nos termos do artigo 40.º ou de procedimento de certificação aprovados nos termos do artigo 42.º; e

k) Qualquer outro fator agravante ou atenuante aplicável às circunstâncias do caso, como os benefícios financeiros obtidos ou as perdas evitadas, direta ou indiretamente, por intermédio da infração.

A *Datatilsynet* avaliou que a conduta do controlador dos dados foi negligente e, na quantificação da sanção, concluiu que uma série de princípios básicos e determinações do GDPR foram violados. A Autoridade considerou como circunstâncias agravantes: i) a quantidade de pessoas que tiveram seus dados expostos em razão de um tratamento que não possuía base legal, sendo um quantitativo muito além do necessário para que a entidade ré atingisse seus objetivos; ii) a não realização de avaliações de risco adequadas, nem adoção de mecanismos de segurança no tratamento, o que demonstra também deficiência no sistema de gestão interna, já que as próprias orientações de segurança interna não foram observadas; iii) a exposição de dados pessoais de meio milhão de crianças e adolescentes, um grupo considerado vulnerável pelo próprio GDPR, no qual é conferida a este grupo uma proteção especial; iv) o período de exposição, qual seja, 87 dias; v) o fato do NIF não ter adotado medidas que permitissem a identificação do problema pelo próprio controlador; vi) a relação entre a finalidade institucional da NIF e a promoção do bem-estar dos indivíduos, já que o esporte é elemento importante na melhoria da saúde física e mental dos indivíduos e na sua socialização.

Como fator mitigante da condenação, a Autoridade norueguesa apontou a impossibilidade de se concluir de forma clara se os dados foram acessados e usados por terceiros. Concluiu-se que há uma baixa probabilidade de que isso tenha ocorrido, de maneira que não foi possível a aferição da existência de danos materiais e morais, além dos danos relativos à perda de controle de seus dados pessoais pelos respectivos titulares.

Além disso, para diminuir a sanção levou-se em consideração o fato de o controlador ter imediatamente bloqueado o acesso às informações pessoais e ter usado os serviços da *Orange Cyberdefense* para investigar se os dados pessoais expostos foram utilizados de forma criminosa.

O fato de a NIF ter respondido todas as questões feitas pela *Datatilsynet* não foi considerado como elemento para mitigar ou agravar a sanção, assim como a existência de códigos de conduta institucionais ou certificação, nos termos do arts. 40.º e 42.º, do GDPR, não foram considerados como critérios relevantes para contribuir na mensuração da multa.

Ainda para valorar a sanção, verificou-se a capacidade financeira do NIF, cujas receitas vêm, em sua maior parte, do setor público. Segundo a *Datatilsynet*, em 2019, o NIF obteve um lucro de NOK 7.607.000 e receitas operacionais no montante de NOK 1.948.935.000. Sendo assim, considerando a função dissuasória e preventiva da sanção, a Datatilsynet fixou uma multa no valor de NOK 2.500.000, a qual foi reduzida posteriormente para NOK 1.200.000.

4. COMENTÁRIOS E ANÁLISE CRÍTICA

A decisão adotada no caso concreto tem um forte caráter principiológico, possuindo como enfoque principal a violação dos princípios da licitude, lealdade, transparência, finalidade, integridade, confidencialidade e minimização dos dados, os quais encontram equivalentes no art. 6º, I, II, III, VI, VII, VIII, da LGPD.

> Art. 6º As atividades de tratamento de dados pessoais deverão observar a boa-fé e os seguintes princípios:
>
> I – finalidade: realização do tratamento para propósitos legítimos, específicos, explícitos e informados ao titular, sem possibilidade de tratamento posterior de forma incompatível com essas finalidades;
>
> II – adequação: compatibilidade do tratamento com as finalidades informadas ao titular, de acordo com o contexto do tratamento;
>
> III – necessidade: limitação do tratamento ao mínimo necessário para a realização de suas finalidades, com abrangência dos dados pertinentes, proporcionais e não excessivos em relação às finalidades do tratamento de dados;
>
> VI – transparência: garantia, aos titulares, de informações claras, precisas e facilmente acessíveis sobre a realização do tratamento e os respectivos agentes de tratamento, observados os segredos comercial e industrial;
>
> VII – segurança: utilização de medidas técnicas e administrativas aptas a proteger os dados pessoais de acessos não autorizados e de situações acidentais ou ilícitas de destruição, perda, alteração, comunicação ou difusão;
>
> VIII – prevenção: adoção de medidas para prevenir a ocorrência de danos em virtude do tratamento de dados pessoais.

A licitude do tratamento também é baseada em hipóteses muito parecidas com as do GDPR, como o consentimento do titular; a existência de obrigação contratual, legal ou regulatória ou atendimento dos "interesses legítimos do controlador ou de terceiro, exceto no caso de prevalecerem direitos e liberdades fundamentais do titular que exijam a proteção dos dados pessoais", nos termos dos incisos do art. 7º, da LGPD.

Da mesma forma, ao tratamento realizado pela NIF seria igualmente considerado ilegal segundo a LGPD, a qual prevê nos seus arts. 44 e 46 que:

> Art. 44. O tratamento de dados pessoais será irregular quando deixar de observar a legislação ou quando não fornecer a segurança que o titular dele pode esperar, consideradas as circunstâncias relevantes, entre as quais:
>
> I – o modo pelo qual é realizado;
>
> II – o resultado e os riscos que razoavelmente dele se esperam;
>
> III – as técnicas de tratamento de dados pessoais disponíveis à época em que foi realizado.
>
> Parágrafo único. Responde pelos danos decorrentes da violação da segurança dos dados o controlador ou o operador que, ao deixar de adotar as medidas de segurança previstas no art. 46 desta Lei, der causa ao dano.
>
> Art. 46. Os agentes de tratamento devem adotar medidas de segurança, técnicas e administrativas aptas a proteger os dados pessoais de acessos não autorizados e de situações acidentais ou ilícitas de destruição, perda, alteração, comunicação ou qualquer forma de tratamento inadequado ou ilícito.

Não há, mesmo de acordo com a legislação brasileira, nada que isente a responsabilidade do controlador pelo desrespeito dos princípios fundamentais da proteção de dados e das regras de segurança.

Percebe-se, do caso analisado, que o tratamento de dados pessoais feito de modo incompatível com tal sistema jurídico exige do Estado atuação enfática, tendo um caráter pedagógico a fim de promover uma conscientização geral quanto à sua observância e cumprimento. Possui, ainda, caráter sancionatório e de prevenção geral, como ocorre no princípio básico da pena no direito penal.

O tratamento dos dados, no caso em análise, foi feito por uma pessoa jurídica, cuja sanção possível e atribuível nos critérios existentes, tanto na LGPD quanto no GDPR, refletem questões inerentes à análise econômica do direito, uma vez que é possível notar claramente a utilização da ciência econômica como meio de estabelecer punições que visam tanto a retribuição pelos danos causados quanto a prevenção de novos descumprimentos por parte da própria pessoa punida ou das demais que percebem na realidade a existência prática de tais sanções.

Tais fatores exigem que a Ciência Econômica, responsável pelo estudo da relação entre a escassez dos recursos versus as necessidades humanas ilimitadas, passe a se relacionar com o sistema jurídico, cujo objetivo primordial é a aplicação da norma e a pacificação social, atribuindo e concretizando direitos fundamentais.

Estando então interligados, Direito e Ciência Econômica passam a tratar de aspectos comuns e objetivos complexos de nossa sociedade, tentando compreender o comportamento humano, prevê-lo e regulamentá-lo de modo tal que atinjam seus objetivos.

A partir destas explanações, Mercado (1994) define a Análise Econômica do Direito (AED) nos seguintes termos:

> El AED se define por la aplicación de la teoría económica, más precisamente, de la microeconómica del bienestar em el análisis y explicación del sistema jurídico[...] El AED nos aporta um nuevo instrumental, nuevas técnicas argumentativa y nuevas categorias que, extraídas de los desarrollos de la ciência económica, se presentam en este movimento como los pilares para la construcción de uma ciência jurídica a la altura de los tempos. La renovación de la ciencia jurídica como el análisis coste-benefício en la elaboración de las políticas jurídicas y en la.

O caso em apreciação reflete que a punição imposta ao NIF se consubstancia na aplicação de uma multa em valores consideráveis, tomando como paradigma, para sua dosimetria, os requisitos estabelecidos no art. 83.º do GDPR, de modo a individualizar a pena e torná-la dissuasiva e proporcional.

Os principais aspectos tomados em consideração para a aplicação da referida punição refletiu o quantitativo de dados pessoais expostos, de pessoas envolvidas e ainda as suas idades sem, contudo, conseguir comprovar o tratamento desses dados por terceiros ou em outros países, muito menos alguma utilização ilícita ou direta na prática de crimes, o que poderia ensejar a aplicação de multa de até 10.000.000,00 EUR (dez milhões de euros), demonstrando, de certo modo, a existência de uma análise quanto à proporcionalidade e extensão do dano causado para a dosimetria de tais punições.

A LGPD buscou de alguma forma, e claramente com influência do GDPR, estabelecer critérios que indicassem aspectos de proporcionalidade e extensão das punições de acordo com critérios semelhantes, especialmente em seu art. 52, §1º no qual há a determinação não só dos limites das sanções a serem impostas, mas dos critérios de sua aplicação, tais como: a) a gravidade e a natureza das infrações e dos direitos pessoais afetados; b) a boa-fé do infrator; c) a vantagem auferida ou pretendida pelo infrator; d) a condição econômica do infrator; e) a reincidência; f) o grau do dano; g) a cooperação do infrator; h) a adoção reiterada e demonstrada de mecanismos e procedimentos internos capazes de minimizar o dano, voltados ao tratamento seguro e adequado de dados, em consonância com o disposto no inciso II do § 2º do art. 48 desta Lei; i) a adoção de política de boas práticas e governança; j) a pronta adoção de medidas corretivas; e k) a proporcionalidade entre a gravidade da falta e a intensidade da sanção.

Se observa que as legislações em comparação tentam buscar estabelecer critérios prévios para a aplicação das sanções administrativas previstas, tendo o GDPR demonstrado mais especificações e delimitações para a caracterização de cada um dos critérios, enquanto a LGPD demonstra uma previsão mais objetiva destes, contudo permitindo maior subjetividade no processo de interpretação de suas aplicações mais, o que pode trazer resultados desproporcionais de penas ou ainda incongruências entre penas aplicadas a entidades diferentes em casos similares.

Por óbvio que o sistema de punição aplicado não tem por base princípios normativos do Direito Penal, o qual pressupõe limitações mais profundas para a aplicação de punições, especialmente em questões referentes à privação da liberdade individual, esbarrando em aspectos ligados ao Estado Democrático de Direito e ao sistema penal acusatório que exigem a observância de princípios, como a presunção da inocência e a culpabilidade. Tais preceitos, no caso do Direito Administrativo sancionador, restam mitigados, como ocorreu na situação em análise, cuja responsabilidade do NIF fora estabelecida de forma objetiva, sem a necessidade de comprovação de culpa e com danos presumidos exclusivamente pelo fato da disponibilidade indevida dos dados pessoais.

A economia, através da sanção aplicada ao fato em estudo, busca racionalizar seus intuitos, objetivando maximizar o resultado almejado com o menor custo possível, tentando estabelecer a padronização de comportamentos em situações análogas e passando a atribuir uma punição de modo a causar o desestímulo à prática da ilicitude e, por conseguinte, alcançando a proteção dos dados pessoais.

Em um viés mais pragmático, dentro de critérios ligados à funcionalidade, torna-se possível importar o código binário do sistema da economia (lucro/prejuízo) e critérios de eficiência parametrizados como ferramentas advindas da ciência econômica para que o Direito analise e verifique as possibilidades e faça previsões de custo-benefício de seus atos.

Importante ressaltar que, quando a eficiência é trabalhada no âmbito jurídico, não se pode perder de vista os critérios de justiça ou de delineamentos já estipulados na Constituição e na legislação. Isso representa a possibilidade da decisão mais eficiente economicamente possa não ser a melhor decisão de justiça, ou seja, não basta que haja um evidente aumento na aplicação de sanções pecuniárias e aumento de arrecadação em multas, se não houver outros meios de demonstração da importância da observância da proteção aos dados.

No caso em exame, a sanção aplicada em um procedimento administrativo da Autoridade norueguesa decorreu da verificação do vazamento ou disponibilidade indevida dos dados pessoais e que a entidade investigada não havia realizado a avaliação de impacto de proteção dos dados no momento do tratamento de dados na mudança de sistema de informática. Os dados disponibilizados não seriam, necessariamente, considerados sensíveis também pela LGPD e, portanto, passíveis em tese, de tratamento, desde que atendidos requisitos legais como o consentimento inequívoco do titular dos dados.

Em comparação com a LGPD, verifica-se que no, caso em comento, houve uma diferenciação ou análise qualitativa dos dados, na qual, apesar de não exigida a comprovação da má-utilização ou tratamento indevido dos dados disponibilizados, buscou utilizar os critérios de proporcionalidade, extensão do dano e capacidade financeira da entidade para aplicar a sanção no valor estabelecido, concretizando o objetivo de impor sanções com o intuito repressivo e preventivo, mas ao mesmo tempo proporcional e dissuasivo.

Observa-se que a LGPD, assim como o GDPR, propõe bases de aplicação de sanções de modo a utilizar os critérios de ordem econômica para a punição, visando a eficiência a partir dos critérios de dissuasão, mediante requisitos baseados na análise econômica do direito; porém, a sua aplicação decorre não apenas de uma questão de punição em si mesma, mas de uma análise mais individualizada do caso, levando em consideração inúmeros critérios para a aplicação de uma sanção proporcional e razoável, de modo a ocasionar os efeitos de ordem retributiva e preventiva.

Em ambas as legislações existe a previsão de procedimentos prévios de fiscalização e processamento com respeito a princípios basilares do Estado Democrático de Direito, tais como a ampla defesa, o contraditório e a possibilidade de produção de provas, o que contribui para a busca de um resultado mais próximo do senso de justiça, evitando punições desnecessárias e aplicadas contra quem não cometeu atos ilícitos. Evita-se, assim, que a lei sirva apenas como meio de aumento de arrecadação com aplicação de penalidades de ordem econômica.

A busca por mais punição e arrecadação não pode ser maior que o objetivo central das normas estudadas que é o de concretizar o direito fundamental de proteção aos dados pessoais. O combate aos atos ilícitos não pode se limitar a meios de incentivo e educação, sendo necessárias a fiscalização e a punição como meios de dissuasão, especialmente nos critérios da análise econômica do direito, mas sempre a partir de aspectos fundamentados no Estado Democrático de Direito, bem como com respeito à razoabilidade e proporcionalidade das sanções, ainda que de ordem administrativa.

5. CONCLUSÃO

A LGPD foi aprovada no ano de 2018, entrando em vigor em sua maior parte apenas em 2020, quatro anos após a primeira publicação do GDPR. O sistema europeu de proteção de dados, ao largar na frente neste sentido, já possui interessantes precedentes administrativos e judiciais, a exemplo do objeto do presente artigo, os quais podem servir à análise dos aplicadores brasileiros, pois em muitos aspectos a legislação brasileira se assemelha à europeia.

Ressalte-se, ainda, que mesmo que o GDPR tenha sido aprovada há poucos anos, alguns países europeus, como a Noruega, já possuíam legislações internas que versavam sobre o tratamento de dados pessoais. Este país, por exemplo, já possuía uma entidade responsável pela fiscalização do uso de dados pessoais desde a década de 70. Isso não significa que se deva realizar uma importação acrítica de precedentes estrangeiros, mas que relevantes contribuições podem ser aportadas para o país, seja a título de alerta, seja a título de reflexão sobre as possíveis soluções jurídicas.

O fato de a proteção aos dados pessoais ter passado a uma conotação de direito fundamental aqui no Brasil mostra por si só uma nova perspectiva de atuação mais proativa do Estado no afã de concretizar direitos humanos diversos de forma mais efetiva, isso porque proteger dados pessoais é proteger direitos humanos. A própria LGPD, em seu art. 2º, expõe que a proteção de dados pessoais vai além da tutela da privacidade e que também se fundamenta no respeito à autodeterminação informativa; à liberdade de expressão, de informação, de comunicação e de opinião; à inviolabilidade da intimidade, da honra e da imagem; ao desenvolvimento econômico e tecnológico e a inovação; à livre iniciativa, livre concorrência e defesa do consumidor; e aos direitos humanos, ao livre desenvolvimento da personalidade, à dignidade e ao exercício da cidadania pelas pessoas naturais.

A proteção de dados pessoais no Brasil, conforme expõe a LGPD, abarca o tratamento dados pessoais realizado no mundo tangível e no ciberespaço, feito pelo Poder Público e também pela iniciativa privada, sejam esses dados pessoais de brasileiros ou estrangeiros, bastando que a operação de tratamento seja realizada no território nacional, que a atividade de tratamento tenha por objetivo a oferta ou o fornecimento de bens ou serviços ou o tratamento de dados de indivíduos localizados no território nacional ou que os dados pessoais objeto do tratamento tenham sido coletados no território nacional.

Guiando a moldura normativa do tratamento de dados feito de forma legítima, a LGPD apresenta alguns princípios, como é o caso da finalidade, da necessidade, da adequação, do livre acesso, da qualidade dos dados, da transparência, da segurança, prevenção, não discriminação, responsabilização e prestação de contas. Percebe-se, assim, que os fundamentos principiológicos do sistema brasileiro de proteção de dados coincidem com aquelas do sistema europeu, o que facilita o exercício comparativo dos institutos existentes nos dois sistemas.

Seguindo o exemplo dos países europeus, como a Noruega, criou-se no Brasil a Autoridade Nacional de Proteção de Dados Pessoais (art. 55-A), órgão vinculado à

Presidência da República – carecendo, portanto, de uma natureza jurídica compatível com a independência necessária para o cumprimento de suas atribuições –, dotado de competências diversas, dentre as quais é possível destacar a competência de normatizar, de fiscalizar o respeito à LGPD, de elaborar medidas de orientação, de trabalhar a ideia de educação para a cidadania digital, de instaurar processos administrativos sancionadores e de aplicar as sanções devidas quando efetivamente apuradas irregularidades.

A partir da análise do sistema jurídico especificamente direcionado à proteção de dados pessoais no Brasil, é possível notar que o Estado possui papel estratégico dentro de tal seara, não só por normatizar a respeito da proteção dos dados pessoais, mas também pelas competências fiscalizatórias e sancionatórias atribuídas à ANPD. Deste modo, verifica-se um funcionamento muito similar dos dois sistemas de proteção de dados pessoais.

O caráter sancionatório é de extrema importância para produzir incentivos que fomentem o cumprimento da legislação. A correta aplicação dos critérios previstos para fixação das sanções administrativas produzirá o incentivo correto para fomentar o cumprimento da lei pelos controladores de dados, os quais tendem a fazer uma análise de custo-benefício quanto ao cumprimento das normas. Por isso, a importância do caráter pedagógico das sanções estabelecidas, notadamente as multas, as quais interferem diretamente no âmbito financeiro das empresas, sendo talvez a sanção mais efetiva no cumprimento da função dissuasória.

A atuação da *Datatilsynet* ao investigar o incidente de forma célere, isenta e técnica, bem como ao oportunizar o contraditório e ampla defesa ao NIF coaduna com o esperado em relação à ANPD. A decisão proferida também foi jurídica e detalhadamente fundamentada a partir da análise fática e dos artigos do regulamento europeu, o que demonstra, a princípio, a sua independência. Entretanto, percebe-se uma falha no próprio fato de a própria Autoridade não ter identificado a falha no tratamento de dados. Além disso, há que se criticar a diminuição expressiva da multa de NOK 2,5 milhões para NOK 1,2 milhões, principalmente em razão da confortável situação financeira da entidade desportiva.

No Brasil, o incidente ensejaria o ingresso de ações de reparação por danos coletivos, notadamente danos morais, nos termos dos arts. 42, § 3º e 44, § único, o que seria de extrema importância para fomentar a adoção de medidas de segurança, técnicas e administrativas aptas a proteger os dados pessoais dos titulares.

Por fim, ressalte-se que o caso chama a atenção para os problemas que podem decorrer de um tratamento que não observe as orientações e regras de cibersegurança, colocando em risco a integridade de dados de milhões de titulares.

REFERÊNCIAS

1. Citação de livro

PACHECO, Pedro Mercado. *El Análisis Económico del Derecho* – una reconstrucción teórica. Madrid: Cento de Estudios Constitucionales, 1994.

2. Artigo web

BRITANNICA. *Norway*. Disponível em: https://www.britannica.com/place/Norway/Daily-life-and-social--customs. Acesso em: 11 out. 2022.

GDPRHUB. *Datatilsynet (Norway)*. Disponível em: https://gdprhub.eu/Datatilsynet_(Norway)#Applicable_Material_Law_in_Norway. Acesso em: 11 out. 2022.

IDRETTSFORBUNDET. *Who we are*. Disponível em: https://www.idrettsforbundet.no/english/who-we-are/. Acesso em: 11 out. 2022.

3. Ementas de julgados e legislação

EDPB. *Guidelines 2/2019 on the processing of personal data under Article 6(1)(b) GDPR in the context of the provision of online services to data subjects.* Disponível em: https://edpb.europa.eu/our-work-tools/our-documents/guidelines/guidelines-22019-processing-personal-data-under-article-61b_en. Acesso em: 11 out. 2022.

NORUEGA. Datatilsynet. Vedtak om overtredelsesgebyr til Norges idrettsforbund for mangelfull testing. 11 de maio de 2021. Disponível em: https://www.datatilsynet.no/regelverk-og-verktoy/lover-og-regler/avgjorelser-fra-datatilsynet/2021/vedtak-om-overtredelsesgebyr-til-norges-idrettsforbund-for-mangelfull-testing/. Acesso em: 11 out. 2022.

NORUEGA. Datatilsynet. Vedtak om overtredelsesgebyr – Brudd på personopplysningssikkerheten – Norges Idrettsforbund og Olympiske og Paralympiske Komite. 05 de maio de 2021. Disponível em: https://www.datatilsynet.no/contentassets/27d554561ceb4e77ad22b54fad5bfe0e/vedtak-om-overtredelsesgebyr--til-norges-idrettsforbund.pdf. Acesso em: 11 out. 2022.

V
CONTROLADORIA CONJUNTA

7
SANÇÃO APLICADA PELA INSPETORIA ESTATAL DE PROTEÇÃO DE DADOS LITUANA NO 'CASO KARANTINAS': TRATAMENTO DE DADOS PESSOAIS ILÍCITO EM APLICATIVOS DE SAÚDE PÚBLICA

João Guilherme Pereira Chaves

Mestre em Ciências Sociais Aplicadas pela Universidade de Ponta Grossa e Bacharel em Direito e (UEPG). Doutorando em Direito pela Universidade de São Paulo (USP), na linha de pesquisa "Direito Civil Contemporâneo: permanência e transformações". Advogado e Encarregado de Proteção de Dados (DPO) na Associação Beneficente Síria / Hcor em São Paulo-SP.

Resumo: A DPA da Lituânia entendeu que o Centro Nacional de Saúde Pública e a Empresa responsável pelo desenvolvimento do aplicativo UAB IT Solutions Success eram controladores conjuntos no âmbito das atividades desenvolvidas pelo aplicativo Quarentena (Covid-19).

Fundamento: Violações ao Regulamento de Proteção de Dados da Lituânia (BDAR).

Decisão completa:

https://vdai.lrv.lt/lt/naujienos/skirta-bauda-del-bendrojo-duomenu-apsaugos-reglamento-pazeidimu-programeleje-karantinas

Sumário: 1. Descrição do caso; 1.1 Contexto normativo da Lituânia; 1.2 A inspetoria estatal de proteção de dados da Lituânia; 1.3 O caso e suas particularidades – 2. Fundamentação legal para a imposição da sanção – 3. Comentários e análise crítica; 3.1 Imputação de sanções para órgãos públicos; 3.2 Cocontroladoria e princípio da *accountability* e transparência; 3.3 Medidas de segurança insuficientes; 3.4 Necessidade de avaliação de impacto sobre a proteção de dados; 3.5 Omissão perante as ordens da autoridade – 4. Conclusão – Referências.

1. DESCRIÇÃO DO CASO

1.1 Contexto normativo da Lituânia

A Constituição da República da Lituânia foi adotada em 1992, por um referendo, após findar a ocupação soviética em 1990. A Constituição já previa a proteção à inviolabilidade da vida privada dos indivíduos, incluindo confidencialidade e correspondência. Cumpre ressaltar que a Corte Constitucional da Lituânia interpreta o direito à privacidade de maneira ampla, incluindo a inviolabilidade da vida pessoal, doméstica e familiar, assim como a honra e reputação da pessoa, e a proibição de tornar públicas as informações confidenciais que digam respeito a esses elementos.[1]

Na Lituânia, a primeira norma acerca da proteção de dados pessoais foi a Lei Sobre a Proteção Legal de Dados Pessoais (*Asmens duomeny teisines apsaugos jstatymas* – LSPLDP no resto do texto) de 1996, onde já se estabeleceu a figura de uma autoridade nacional de proteção de dados, a Valstybine duomeny apsaugos inspekcija (Inspetoria Estatal de Proteção de Dados – VDAI no resto do texto). A primeira grande reforma na LSPLDP ocorreu em 2001, buscando transpor a Diretiva 95/46/EC (Diretiva de Proteção de Dados Pessoais da União Europeia), visto que a Lituânia estava vias de ingressar na União Europeia, o que se concretizou em 2004. Essa atualização tornou a VDAI uma instituição independente, visto se tratar de um requerimento da Diretiva 95/46/EC.

Importante pontuar que o texto original LSPLDP não previa responsabilização criminal e sanções administrativas pela violação de direitos de proteção de dados pessoais, o que só se tornou uma realidade com o Código Sobre Violações Administrativas da Lei de 1998 e o Código Penal de 2000. Quanto as sanções administrativas, em 2015 houve reforma do Código de 1998 limitando as multas pecuniárias para um teto de 1200 euros para pessoas naturais e 3000 euros para pessoas jurídicas.[2] Nessa discussão, destaca-se que segundo Bitiukova, "compared with other EU member states, the level of fines for data protection violations in Lithuania was historically very low, and maximum fines were typically never imposed in practice".[3]

A LSPLDP sofreu sua mais considerável mudança com a promulgação do GDPR. O Parlamento Lituano aprovou o novo texto em 30 de junho de 2018, tendo sua vigência iniciado em 16 de julho de 2018. A LSPLDP não reitera as normas do GDPR, mas explicitamente aponta a necessidade da aplicação conjunta da norma nacional com a norma europeia.[4]

---

1. CONSTITUTIONAL COURT OF THE REPUBLIC OF LITHUANIA. Case no 3/01 of 24 March 2003, para 4.1. Disponível em https://www.Irkt.It/data/public/uploads/2015/02/2003-03-24n.pdf. Acesso em: 11 out. 2022.
2. REPUBLIC OF LITHUANIA. *Code of Administrative Offences (n. XII-1 869 of 26 June 2015)*. 2015. Disponível em: https://europam.eu/data/mechanisms/PF/PF%20Laws/Lithuania/Lithuania_Code%20of%20administrative%20offences_1985_amended2016_eng.pdf. Acesso em: 11 out. 2022.
3. BITIUKOVA, Natalija. *Lithuania*. European Data Protection Law Review (EDPL), v. 7, n. 1, 2021, p. 108-114. HeinOnline. Disponível em:https://heinonline.org/HOL/Print?collection=journals&handle=hein.journals/edpl7&id=114. Acesso em: 11 out. 2022, p. 109.
4. REPUBLIC OF LITHUANIA. *Law on Legal Protection of Personal Data (n. 1374 of 11 June 1996, as amended on 1 January 2001)*. 1996. Disponível em: https://vdai.lrv.lt/en/legislation. Acesso em: 11 out. 2022.

1.2 A inspetoria estatal de proteção de dados da Lituânia

Na Lituânia, a supervisão da LSPLDP é realizada de maneira conjunta pela Inspetoria Estatal de Proteção de Dados e o Escritório de Inspeção de Ética Jornalística (Zurnalistq etikos inspektoriaus tarnyba), sendo que este último tem a competência limitada para o uso de informações confidenciais na atividade jornalística e para fins acadêmicos, artísticos ou literários.[5] De qualquer maneira, a VDAI representa ambas as autoridades no Comitê de Proteção de Dados Europeu, sendo a principal autoridade no que tange proteção de dados pessoais.[6]

A VDAI possui o poder de conduzir investigações *ex officio*, sendo um dos poderes herdados da primeira versão do texto da LSPLDP. Isso significa que a autoridade possui poderes investigatórios com direito de acesso à informações de pessoas naturais (por intermédio de ordem judicial) ou de pessoas jurídicas (independente de intermédio de ordem judicial).[7] A partir da investigação, o órgão pode utilizar poderes sancionatórios por intermédio do artigo 58.º, n.º 2, do GDPR.[8]

A autoridade lituana passou a atuar com o formato do GDPR desde 2018, sendo que em 2020 teve a produtividade de 8 recomendações, 175 instruções, 94 sanções, sendo 20 delas multas pecuniárias. A maioria das multas pecuniárias ocorreram por falha do

---

5. REPUBLIC OF LITHUANIA. Op. cit., 1996.
6. REPUBLIC OF LITHUANIA, idem.
7. REPUBLIC OF LITHUANIA, idem.
8. GDPR, artigo 58 (2) Cada autoridade de controlo dispõe dos seguintes poderes de correção:

a) Fazer advertências ao responsável pelo tratamento ou ao subcontratante no sentido de que as operações de tratamento previstas são suscetíveis de violar as disposições do presente regulamento;

b) Fazer repreensões ao responsável pelo tratamento ou ao subcontratante sempre que as operações de tratamento tiverem violado as disposições do presente regulamento;

c) Ordenar ao responsável pelo tratamento ou ao subcontratante que satisfaça os pedidos de exercício de direitos apresentados pelo titular dos dados nos termos do presente regulamento;

d) Ordenar ao responsável pelo tratamento ou ao subcontratante que tome medidas para que as operações de tratamento cumpram as disposições do presente regulamento e, se necessário, de uma forma específica e dentro de um prazo determinado;

e) Ordenar ao responsável pelo tratamento que comunique ao titular dos dados uma violação de dados pessoais;

f) Impor uma limitação temporária ou definitiva ao tratamento de dados, ou mesmo a sua proibição;

g) Ordenar a retificação ou o apagamento de dados pessoais ou a limitação do tratamento nos termos dos artigos 16.º, 17.º e 18.º, bem como a notificação dessas medidas aos destinatários a quem tenham sido divulgados os dados pessoais nos termos do artigo 17.º, n.º 2, e do artigo 19.º;

h) Retirar a certificação ou ordenar ao organismo de certificação que retire uma certificação emitida nos termos dos artigos 42.º e 43.º, ou ordenar ao organismo de certificação que não emita uma certificação se os requisitos de certificação não estiverem ou deixarem de estar cumpridos;

i) Impor uma coima nos termos do artigo 83.º, para além ou em vez das medidas referidas no presente número, consoante as circunstâncias de cada caso;

j) Ordenar a suspensão do envio de dados para destinatários em países terceiros ou para organizações internacionais.

PARLAMENTO EUROPEU. *Regulamento 2016/679/UE do Parlamento e do Conselho Europeu de 27 de abril de 2016 – relativo à proteção das pessoas singulares no que diz respeito ao tratamento de dados pessoas e à livre circulação desses dados e que revoga a Diretiva 95/46/CE.* Disponível em: https://publications.europa.eu/pt/publication-detail/-/publication/3e485e15-11bd-11e6-ba9a-01aa75ed71a1. Acesso em: 11 out. 2022.

controlador em cooperar com a Inspetoria durante as investigações realizadas.[9] Como no caso apontado, vê-se que o *quantum* penal passou a ser imputado fora do teto do Código Sobre Violações Administrativas da Lei de 1998.

Bitiukova traz um interessante resumo do atual estado da eficácia do ordenamento jurídico de proteção de dados pessoais na Lituânia, apontando que

> "(...) there is a noticeable trend towards openness from the national supervisory authorities. In particular, the SDPI[10] has been more active than previously in sharing information with the public, promoting public awareness, education and cooperating in a wide range of stakeholders (...) however, the supervisory authorieties'role in shaping the public policy debate to adress the emerging privacy macro challenges within the digital technology sphere remains very limited and lacks leadership and future outlook. The GDPR, even if known, is still largely perceived more as a bureaucratic nuisance than an enabler of fundamental rights.[11]

Em conclusão, o país possui uma certa maturidade de transparência acerca das normas de proteção de dados, com mais da metade da população afirmando conhecer o GDPR e a LSPLDP, segundo levantamento da VDAI em 2020.[12] No entanto, a adequação dos agentes de tratamento tem maior foco no risco regulatório do que no risco real ao titular, o que acarreta invariavelmente ações inseguras ao titular, como a utilização de nova tecnologia (*software*) sem anterior Avaliação de Impacto à Proteção de Dados, como no caso analisado neste artigo.

1.3   O caso e suas particularidades

Em 2020, a Inspetoria Estatal de Proteção de Dados (Valstybinė duomenų apsaugos inspekcija – VDAI no resto do texto) iniciou monitorização do aplicativo *Karantinas*[13] após denúncia na mídia da possibilidade de tratamento de dados pessoais ilícito.[14] O aplicativo foi desenvolvido pelo *Nacionaliniam visuomenės sveikatos centrui* (Centro Nacional de Saúde Pública) e a empresa *IT sprendimai sėkmei* (Empresa), para permitir o rastreamento diário de sintomas de coronavírus pela população lituana, assim como incentivar ações saudáveis como dicas de autoisolamento e técnicas de lavagem de mãos. As ações no aplicativo contavam ainda com um sistema de pontuação que recompensava o usuário com descontos na loja de aplicativos do sistema operacional do seu disposi-

---

9. VALSTYBINÉ DUOMENU APSAUGOS INSPEKCIJA. Review of personal data protection supervision in Lithuania in 2020. Disponível em: https://vdai.lrv.lt/uploads/vdai/documents/files/02%20Annual%20Report%20of%20Personal%20Data%20Protection%20Supervision%20in%20Lithuania%20in%202020.pdf. Acesso em: 11 out. 2022.
10. State Data Protection Inspectorate, ou Inspetoria Estatal de Proteção de Dados (VDAI).
11. BITIUKOVA, Natalija. Op cit., p. 114.
12. STATE DATA PROTECTION INSPECTORATE, '*Survey Results* – What Lithuanians Think About Personal Data Protection?' Disponível em: https://vdai.lrv.lt/en/news/the-level-of-the-conditions-of-protection-of-personal-data-has-been-estimated-in-lithuania-for-the-first-time. Acesso em: 11 out. 2022.
13. A palavra de língua lituana *Karantinas* se traduz em "quarentena" para o português.
14. STATE DATA PROTECTION INSPECTORATE. The fine issued for infringements of the GDPR in mobile application "Karantinas". Disponível em: https://vdai.lrv.lt/uploads/vdai/documents/files/2021%20App%20Karantinas.pdf. Acesso em: 11 out. 2022, p. 1.

tivo.[15] Não se trata de aplicativo de *contact tracing*, como é o Korona Stop LT, também desenvolvido na Lituânia, mas, sim, para permitir informações ao usuário a partir dos dados pessoais de saúde que eram cedidos pelo titular por meio de questionários diários.

Em 25 de maio de 2020, a autoridade decidiu suspender temporariamente a distribuição do aplicativo por apresentar baixa transparência e auditabilidade, estando em choque com o princípio da responsabilização contido no artigo 5.º, n.º 2 do *General Data Protection Regulation* (GDPR) e, consequentemente, colocando um risco ao exercício dos direitos dos titulares.[16]

Após a suspensão temporária baseada em avaliação inicial, a VDAI abriu investigação da aplicação. O estudo revelou que foram coletados dados de 677 indivíduos desde abril de 2020 (período de pouco mais de um ano, portanto). Ainda que o aplicativo não possuísse a finalidade de fiscalização de contatos (*contact tracing*), havia concessão por parte dos titulares de dados pessoais concernentes à saúde, por meio de preenchimento diário de um questionário com sintomas. Além disso, em investigação foram identificados o uso de dados pessoais como número de identificação, geolocalização, endereço, número de telefone, além de outras informações. Os dados eram tratados não apenas na Lituânia, como em outros países, dentro e fora da Europa.[17]

Ao fim da investigação, a autoridade imputou ao Centro Nacional de Saúde Pública multa pecuniária no valor de 12.000,00 euros e à empresa multa pecuniária no valor de 3.000 euros por infringirem o GDPR no tratamento de dados pessoais realizado pelo aplicativo *Karantinas*. A VDAI concluiu que tanto o Centro Nacional de Saúde Pública quanto a empresa eram controladores de dados pessoais, ainda que ambas as entidades negassem tal responsabilização. É importante destacar que a Empresa é classificada como microempresa por recomendação da Comissão Europeia de 2003,[18] visto possuir menos de 10 pessoas empregadas e receita anual de 119.755 euros, segundo dados de 2020,[19] dado esse que foi levado em consideração pela VDAI para delimitação do *quantum*.

A autoridade ainda afirmou a necessidade de avaliação de riscos à proteção de dados pessoais (*data protection impact assessment*) seria necessária para a operação dos dados pessoais. Essa interpretação foi deduzida do artigo 35.º, n.º 1 do GDPR, que será explanado com mais detalhes no ponto 2. Em suma, a operação de dados pessoais

---

15. APPLE APP STORE. Karantinas – COVID-19 Symptoms/Information. Disponível em: https://apps.apple.com/us/app/karantinas/id1504237834. Acesso em: 11 out. 2022.
16. VALSTYBINĖ DUOMENŲ APSAUGOS INSPEKCIJA. *Nurodyta laikinai sustabdyti programėlę "Karantinas" dėl galimai netinkamo asmens duomenų tvarkymo*. Disponível em: https://vdai.lrv.lt/lt/naujienos/nurodyta-laikinai-sustabdyti-programele-karantinas-del-galimai-netinkamo-asmens-duomenu-tvarkymo. Acesso em: 11 out. 2022.
17. STATE DATA PROTECTION INSPECTORATE, op. cit., p. 1.
18. . Article 2: "Within the SME category, a microenterprise is defined as an enterprise which employs fewer than 10 persons and whose annual turnover and/or annual balance sheet total does not exceed EUR 2 million". COMISSÃO EUROPEIA. Commission Recommendation of 6 May 2003 concerning the definition of micro, small and medium-sized enterprises. 2003. Disponível em: https://eur-lex.europa.eu/legal-content/EN/TXT/?uri=CELEX:32003H0361. Acesso em: 11 out. 2022.
19. .REKVIZITAI. IT sprendimai sėkmei, UAB. Disponível em: https://rekvizitai.vz.lt/imone/it_sprendimai_sekmei/. Acesso em: 11 out. 2022.

por um aplicativo deve ser considerada "processamento por nova tecnologia", o que se somaria aos riscos inerentes do volume de dados pessoais, a sensibilidade da informação (dados pessoais concernentes à saúde) e a sensibilidade dos titulares dos dados pessoais em alguns casos (idosos, crianças, pacientes etc.).

2. FUNDAMENTAÇÃO LEGAL PARA A IMPOSIÇÃO DA SANÇÃO

Em suma, para a imposição da multa pecuniária e seu *quantum*, a autoridade levou em conta os seguintes pontos:

Fato ilícito	Norma aplicável
Controladores operaram dados de maneira sistemática sem estrutura técnica e organizacional que permita demonstrar conformidade com o GDPR;	GDPR, artigo 5.º, n.º 1, *"a"* – princípio da transparência; GDPR, artigo 5.º, n.º 2 – dever de *accountability* GDPR, artigo 13.º – dever de informação ao titular GDPR, artigo 32.º – segurança da informação
Controladores operaram dados pessoais de natureza sensível;	GDPR, artigo 32.º – segurança da informação
A empresa não seguiu as instruções da autoridade acerca de parar a operação com dados pessoais coletados via aplicativo e também deletou parte dos dados pessoais.	GDPR, artigo 58.º, n.º 2, *"f"* – controlador não cooperativo com a autoridade nacional.
Não houve avaliação de impacto à proteção de dados;	GDPR, artigo 13.º – dever de informação ao titular GDPR, artigo 35.º, n.º 1 – obrigatoriedade de avaliação de impacto à proteção de dados (DPIA) em novas tecnologias.
O Centro Nacional de Saúde Pública não seguiu os direcionamentos do artigo 24.º e 32.º para processamento de recursos informacionais do Estado.	GDPR, artigo 24.º – responsabilidades do controlador GDPR, artigo 32.º – segurança da informação

Houve violação dos artigos 5.º, ns. 1 e 2, 13.º, 24.º, 32.º, 35.º por parte de ambos os controladores conjuntos e violação do artigo 58.º, n.º 2, *"f"*, exclusivamente para a Empresa. Nota-se que a VDAI utilizou apenas a norma europeia como base para a atividade fiscalizatória e sancionatória, não apontando o texto da LSPLDP ao fundamentar a decisão.

3. COMENTÁRIOS E ANÁLISE CRÍTICA

3.1 Imputação de sanções para órgãos públicos

Pelo artigo 83.º, n.º 7 do GDPR, é possível à autoridade de proteção de dados do Estado-Membro aplicar multas para autoridades e organismos públicos estabelecidos em seu território.[20] No mesmo sentido, a LSPLDP define algumas regras para delimitação do *quantum* a ser aplicado nos órgãos públicos, sendo menores que aqueles aplicados em entes privados. No caso de infração referente ao artigo 83.º, n.º 4 do GDPR – referente às obrigações dos agentes de tratamento, do organismo de certificação e do organismo de supervisão – a multa será de até 0,5% do faturamento anual do órgão, limitada ao valor de

---

20. PARLAMENTO EUROPEU. Op cit.

30.000,00 euros. No caso de infração referente ao artigo 83.º, n.º 5 do GDPR – tratamento em inobservância dos princípios básicos de tratamento de dados, inobservância dos direitos dos titulares, transferência ilegítima para terceiros localizados no estrangeiro ou o incumprimento de uma ordem de limitação emitida por autoridade de proteção de dados – a multa será de até 1% do faturamento anual do órgão, limitada ao valor de 60.000,00 euros (LSPLDP, art. 33).[21]

O caso aponta um comparativo interessante acerca da norma lituana frente à norma brasileira, onde multas pecuniárias não são aplicadas ao órgão público como padrão. O artigo 52, § 3º da Lei Geral de Proteção de Dados Pessoais afasta a incidência de sanções pecuniárias para órgãos públicos, sendo tal previsão aplicável apenas às pessoas jurídicas de direito privado.[22] A finalidade do artigo é a não depreciação do orçamento utilizado pelo órgão público para fins de interesse público, optando a norma brasileira por uma abordagem menos punitiva e mais focada no retorno da situação ao *status quo ante* (pela suspensão do tratamento ilícito e pela eliminação e bloqueio dos dados pessoais) e educativo (pelas medidas de advertência e publicização da infração).

3.2 Cocontroladoria e princípio da *accountability* e transparência

Um dos aspectos mais importantes da decisão da VDAI foi o reconhecimento da natureza de controlador de dados pessoais para ambos os agentes envolvidos na concepção do aplicativo, em consonância com o artigo 24.º do GDPR. O GDPR define que quando dois ou mais controladores determinarem os propósitos e meios do tratamento dos dados, eles serão considerados cocontroladores (*joint controllers*). A figura de cocontrolador já era presente na Convenção 108 da União Europeia.[23]

O Grupo de Trabalho do Artigo 29 (WP29), órgão consultivo estabelecido pela Diretiva 95/46/EC e substituído em 2018 pelo Conselho Europeu de Proteção de Dados, aponta que a controladoria conjunta pode assumir diferentes formas, com diferentes graus de participação de cada controlador, levando a realidades cada vez mais complexas

---

21. LSPLDP, art. 33:

    1. A supervisory authority has the right to impose an administrative fine to a public institution or authority which has infringed the provisions of Article 83 (4) (a), (b) and (c) of Regulation (EU) 2016/679, up to 0.5 per cent of the current year's budget of a public institution or authority and in the amount of the total annual income received in previous year, but not more than thirty thousand euros.

    2. A supervisory authority has the right to impose an administrative fine on a public institution or authority which has infringed the provisions of Article 83 (5) (a) to (e) of Regulation (EU) 2016/679 and/or Article 83 (6) of Regulation (EU) 2016/679, up to 1 percent of the current year's budget of a public institution or authority and in the amount of the total annual income received in previous year, but not more than sixty thousand euros.

    In REPUBLIC OF LITHUANIA. Op. cit., 1996.

22. LGPD, art. 52: § 3º O disposto nos incisos I, IV, V, VI, X, XI e XII do caput deste artigo poderá ser aplicado às entidades e aos órgãos públicos, sem prejuízo do disposto na Lei 8.112, de 11 de dezembro de 1990, na Lei 8.429, de 2 de junho de 1992, e na Lei 12.527, de 18 de novembro de 2011.

    BRASIL. Lei 13.709 de 14 de agosto de 2018. Brasília, Disponível em: http://www.planalto.gov.br/ccivil_03/_ato2004-2006/2004/lei/l10.973.htm. Acesso em: 11 out. 2022.

23. EUROPEAN UNION AGENCY FOR FUNDAMENTAL RIGHTS. Handbook on European Data Protection Law. Luxembourg: Publications Office of the European Union, 2018.

e ambíguas.[24] No mesmo sentido, Mafalda Miranda Barbosa afirma que "(...) a noção de *controller* é uma noção dinâmica, que não se deixa aprisionar por determinações abstratas formuladas *a priori*, antes procurando espelhar o efetivo controlo de facto sobre as finalidades e os meios de tratamento de dados".[25]

A cocontroladoria, portanto, gera responsabilidade solidária, que no caso em tela não foi assumida por nenhuma das partes. Na Política de Privacidade do aplicativo é apontado o Centro Nacional de Saúde Pública como controlador dos dados pessoais transitados pelo aplicativo, e como operadora a Empresa.[26] No entanto, a VDAI entendeu que o Centro e a Empresa atuavam como cocontroladores,[27] sem maiores justificativas na documentação disponibilizada ao público.

Na ausência de justificativas pelo órgão, pode-se analisar a decisão sobre a base construída pelo WP29. De acordo com parecer do grupo, o controle sobre dados pessoais pode resultar de três vias: a) de uma competência legal expressa; b) de uma competência tácita, no âmbito de uma relação contratual; c) no âmbito de uma influência de fato.[28] O Centro e a Empresa desenvolvedora do *software*, definiram suas responsabilidades por meio de contrato. No entanto, entendeu a VDAI que existe influência de fato da Empresa na tomada de decisões acerca da transferência de dados pessoais e na utilização desses dados para a plena utilização das funções do *software*.

Pelo fato de as partes não assumirem a controladoria em investigação da VDAI – necessário pontuar que na Política de Privacidade atual disponibilizada ao público o Centro assume a função de Controlador –, foram ambos imputados em inobservância do princípio da *accountability* do GDPR, contido no artigo 5.º, n.º 2: "O responsável pelo tratamento é responsável pelo cumprimento do disposto no n.º 1 e tem de poder comprová-lo («responsabilidade»)".[29] No caso, tendo em vista que as partes não assumiram a posição de controlador, há uma dissonância acerca de qual parte seria responsável por definir a base legal do tratamento, assim como exercer os direitos dos titulares, na forma da lei.

---

24. Article 29 Working Party (2010), Opinion 1/2010 on the concepts of "controller" and "processor", WP 169, Brussels, 16 February 2010, p. 19.
25. BARBOSA, Mafalda Miranda. Data controllers e data processors: da responsabilidade pelo tratamento de dados à responsabilidade civil. Revista de Direito Comercial. Disponível em: https://static1.squarespace.com/static/58596f8a29687fe710cf45cd/t/5b2b4f0b575d1f53ad7ad45e/1529564942011/2018-10.pdf. Acesso em: 11 out. 2022.
26. NACIONALINIAM VISUOMENĖS SVEIKATOS CENTRUI. Privacy Police of the National Public Health Center Under the Ministry of Health of the Republico of Lithuania – Karantinas. Disponível em: https://cdn.lympo.io/karantinas-privacy-policy-en-20200407.html. Acesso em: 11 out. 2022.
27. VALSTYBINĖ DUOMENŲ APSAUGOS INSPEKCIJA. Skirta bauda dėl Bendrojo duomenų apsaugos reglamento pažeidimų programėlėje „Karantinas". 2021. Disponível em: https://vdai.lrv.lt/lt/naujienos/skirta-bauda-del-bendrojo-duomenu-apsaugos-reglamento-pazeidimu-programeleje-karantinas Acesso em: 11 out. 2022.
28. GRUPO DE TRABALHO DO ARTIGO 29º. Parecer 1/2010 sobre os conceitos de responsável pelo tratamento e subcontratante. Disponível em: https://www.uc.pt/protecao-de-dados/suporte/20100216_parecer_1_2010_wp169_pt. Acesso em: 11 out. 2022.
29. PARLAMENTO EUROPEU. Regulamento 2016/679/UE do Parlamento e do Conselho Europeu de 27 de abril de 2016 – relativo à proteção das pessoas singulares no que diz respeito ao tratamento de dados pessoas e à livre circulação desses dados e que revoga a Diretiva 95/46/CE. Disponível em: https://publications.europa.eu/pt/publication-detail/-/publication/3e485e15-11bd-11e6-ba9a-01aa75ed71a1. Acesso em: 11 out. 2022.

SANÇÃO APLICADA PELA INSPETORIA ESTATAL DE PROTEÇÃO DE DADOS LITUANA NO 'CASO KARANTINAS' **123**

A não definição do controlador fere diretamente a *accontability*, visto que ele é responsável em demonstrar a adequação do tratamento ao GDPR, incluindo os princípios contidos no artigo 5.º da norma (transparência, legalidade, minimização, entre outros). O papel do controlador é, além de definir medidas para garantir a proteção de dados, possuir documentação pronta para demonstrar para os titulares e autoridades de que possui adequação ao ordenamento vigente.[30] Assim, pela não definição correta dos controladores, existe um choque direto ao princípio da transparência e *accontability*, o que se agrava no caso, visto que os controladores eliminaram dados após o início da investigação pela VDAI.

3.3   Medidas de segurança insuficientes

A VDAI denunciou uma quebra do artigo 32.º do GDPR, referente à segurança do tratamento de dados pessoais, mais especificamente sobre a alínea *"b"*:

GDPR, art. 32, n.º 1. Tendo em conta as técnicas mais avançadas, os custos de aplicação e a natureza, o âmbito, o contexto e as finalidades do tratamento, bem como os riscos, de probabilidade e gravidade variável, para os direitos e liberdades das pessoas singulares, o responsável pelo tratamento e o subcontratante aplicam as medidas técnicas e organizativas adequadas para assegurar um nível de segurança adequado ao risco, incluindo, consoante o que for adequado:

(...)

b) A capacidade de assegurar a confidencialidade, integridade, disponibilidade e resiliência permanentes dos sistemas e dos serviços de tratamento.

A autoridade entendeu que não houveram adequadas medidas organizacionais para garantir a integridade e confidencialidade dos dados pessoais, sendo essas medidas não descritas nas regulações dos sistemas para informações estatais. Assim, vê-se simultaneamente uma quebra das medidas de segurança legais e das definidas em regulação de aplicativos desenvolvidos com informações de interesse público:

Among other things, according to the DPA, the NHPC also managed state information resources by performing the function of prevention and control of communicable diseases and processing personal data collected by the app, whereas the development and management of state information resources not described in the regulations of the state information system breached the requirements of Article 24 and 32 of the GDPR on the implementation of appropriate organisational measures and the principle of integrity and confidentiality provided for in Article 5(1)(f) of the GDPR (personal data shall be processed in a manner that ensures appropriate security of the personal data, including protection against unauthorized or unlawful processing and against accidental loss, destruction or damage, using appropriate technical or organisational measures).[31]

---

30. EUROPEAN UNION AGENCY FOR FUNDAMENTAL RIGHTS. Op cit., p. 137.
31. STATE DATA PROTECTION INSPECTORATE. The fine issued for infringements of the GDPR in mobile application "Karantinas". Disponível em: https://vdai.lrv.lt/uploads/vdai/documents/files/2021%20App%20Karantinas.pdf. Acesso em: 11 out. 2022.

3.4 Necessidade de avaliação de impacto sobre a proteção de dados

Nos termos do GDPR, tratamentos que se utilizam de novas tecnologias e que sejam suscetíveis de implicar risco à direitos e liberdades das pessoas singulares exigem preventiva Avaliação de Impacto sobre a Proteção de Dados (*Data Protection Impact Assessment*, ou DPIA).[32] A VDAI interpretou que novos *softwares* (no caso o aplicativo Karantinas) configuram "nova tecnologia" nos termos do GDPR. Essa interpretação do órgão se soma ao claro risco aos direitos e liberdades individuais dos titulares, visto que há tratamento de dados sensíveis concernentes à saúde e de geolocalização.

A obrigação de realizar um DPIA foi recomendada para aplicativos de saúde pública pelo Conselho da Europa, de acordo com o relatório "Digital Solutions to Fight Covid-19", onde se prescreveu:

> Countries should pay particular attention to the following aspects when using technological tools which process personal data to combat the pandemic: (...) accountability of data controllers, integration of privacy by design, realisation of data protection impact assessments of the processing and relevant security measures.[33]

Assim, é inerente aos aplicativos de autodiagnose como o Karantinas a suscetibilidade ao risco por conta do tratamento de dados pessoais sensíveis. A necessidade de DPIA no caso em tela fica clara. Em suma, trata-se de um elemento preventivo necessário tendo em vista a quantidade de dados pessoais tratados e a sua natureza. Risco, de um ponto de vista técnico, possui dois elementos: previsão do futuro e tomada de decisões com base nisso.[34] A existência do risco em segurança de dados pessoais é inevitável, visto a quantidade de variáveis existentes, desde a incapacidade do controlador de se adequar às melhores práticas de mercado por questões orçamentárias até pela existência de práticas de engenharia social praticada por agentes externos mal intencionados que pode criar um incidente de segurança até nas bases de dados mais bem protegidas pelo atual estado da arte da tecnologia.

Gomes aponta que o maior problema na tomada decisão pelo agente de tratamento de dados frente ao risco é quando o embasamento dessa atitude é orientado por conclusões subjetivas, e não por embasamento técnico-científico adequado.[35] Outro problema

---

32. GDPR, art. 35(1): Quando um certo tipo de tratamento, em particular que utilize novas tecnologias e tendo em conta a sua natureza, âmbito, contexto e finalidades, for suscetível de implicar um elevado risco para os direitos e liberdades das pessoas singulares, o responsável pelo tratamento procede, antes de iniciar o tratamento, a uma avaliação de impacto das operações de tratamento previstas sobre a proteção de dados pessoais. Se um conjunto de operações de tratamento que apresentar riscos elevados semelhantes, pode ser analisado numa única avaliação.

33. COUNCIL OF EUROPE. 2020 Data Protection Report: Digital Solutions to Fight COVID-19. Disponível em: https://rm.coe.int/report-dp-2020-en/16809fe49c. Acesso em: 11 out. 2022.

34. GELLERT, R. Understanding the notion of risk in the General Data Protection Regulation. *Computer Law & Security Review*, v. 34, Issue 2, April 2018, Pages 279-288. Disponível em https://www.sciencedirect.com/science/article/abs/pii/S0267364917302698#:~:text=The%20goal%20of%20this%20contribution%20is%20to%20understand,key%20elements%20in%20order%20to%20grasp%20the%20notion. Acesso em: 11 out. 2022.

35. GOMES, Maria Cecília O. Entre o método e a complexidade: compreendendo a noção de risco na LGPD. In: PALHARES, Felipe (Coord.). *Temas atuais de proteção de dados*. São Paulo: Thomson Reuters Brasil, 2020, p 245-271.

levantado pela autora é derivado do modelo "colaborativo" que foi construído em normas como o GDPR, onde é desenvolvido o dever do agente de tratamento de dados (mais especificamente o controlador) de avaliar riscos de suas atividades de tratamento o que torna a análise de riscos uma ação de checar a conformidade da lei:

> Avaliar riscos se tornou numa tarefa pura e simples de checar conformidade com a Lei, avaliando se operações de tratamento de dados possuem uma base legal, se elas atendem aos princípios, se os dados estão sendo eliminados ao final do tratamento, tudo isso, para mitigar o risco das sanções e para demonstrar *accountability*. Ou seja, uma empreitada muito mais voltada ao risco (regulatório) da organização que trata dados pessoais, do que ao exercício de mensuração dos possíveis efeitos adversos para o titular dos dados.[36]

O controlador não poderá tomar decisões meramente baseado no risco regulatório, mas, sim, no risco de danos ao titular. Para tanto, institui-se a ferramenta do DPIA como um guia ao controlador, e transparência ao titular. Na União Europeia, da qual a Lituânia faz parte, o relatório já é praticado desde a Diretiva 95/46/EC, pela interpretação das boas práticas contidas no Considerando 46 da norma: "que essas medidas devem garantir um nível de segurança adequado, tendo em vista o estado da técnica e os custos de sua aplicação em relação aos riscos inerentes ao tratamento e à natureza dos dados a proteger". No entanto, o relatório se tornou obrigatório apenas com o GDPR (artigo 35.º) e reforçada sua necessidade pela revisão do texto da Convenção 108 em 2018.[37]

Como comparativo, a Lei Geral de Proteção de Dados Pessoais brasileira não delimita a obrigatoriedade do DPIA para "novas tecnologias", dando como pressuposto dessa obrigação ao controlador o impulso pela própria autoridade nacional,[38] ou pela observação de um procedimento que gere riscos às liberdades civis e aos direitos fundamentais do titular.[39]

3.5 Omissão perante as ordens da autoridade

Durante a verificação dos dados pessoais tratados pelo aplicativo, a VDAI instruiu a Empresa a suspender toda e qualquer forma de tratamento de dados pessoais pelo aplicativo, para que se fossem analisados o escopo e natureza do tratamento. No entanto, a Empresa excluiu os dados em desconformidade com as diretrizes da autoridade nacional. Ao excluir os dados pessoais operados pelo aplicativo, a Empresa não implementou adequadamente as instruções dadas a ela pela autoridade (eliminação é

---

36. GOMES, Maria Cecília O. Op. cit., p. 13.
37. COUNCIL OF EUROPE. *Modernised Convention for the Protection of Individuals with Regard to the Processing of Personal Data* – Convention 108+. 2018. Disponível em: https://www.coe.int/en/web/data-protection/convention108/modernised. Acesso em: 11 out. 2022.
38. LGPD, Art. 38. A autoridade nacional poderá determinar ao controlador que elabore relatório de impacto à proteção de dados pessoais, inclusive de dados sensíveis, referente a suas operações de tratamento de dados, nos termos de regulamento, observados os segredos comercial e industrial.
39. LGPD, art. 5º, XVII – relatório de impacto à proteção de dados pessoais: documentação do controlador que contém a descrição dos processos de tratamento de dados pessoais que podem gerar riscos às liberdades civis e aos direitos fundamentais, bem como medidas, salvaguardas e mecanismos de mitigação de risco.

uma forma de tratamento de dados pessoais) e violou o artigo 58.º, n.º 2, "*f*" do GDPR: "Cada autoridade de controlo dispõe dos seguintes poderes de correção: f) Impor uma limitação temporária ou definitiva ao tratamento de dados, ou mesmo a sua proibição".[40]

Deve-se notar que tal descumprimento das instruções do DPA implica a responsabilidade para a Empresa prevista no artigo 83.º, n.º 5, "*e*", GDPR.

> 5.º A violação das disposições a seguir enumeradas está sujeita, em conformidade com o n.º 2, a coimas até 20 000 000 EUR ou, no caso de uma empresa, até 4 % do seu volume de negócios anual a nível mundial correspondente ao exercício financeiro anterior, consoante o montante que for mais elevado:
>
> (...)
>
> e) O incumprimento de uma ordem de limitação, temporária ou definitiva, relativa ao tratamento ou à suspensão de fluxos de dados, emitida pela autoridade de controlo nos termos do artigo 58.º, n.º 2, ou o facto de não facultar acesso, em violação do artigo 58.º, n.º 1.[41]

4. CONCLUSÃO

A sanção aplicada pela VDAI trouxe para discussão a responsabilização dos agentes de tratamento de dados pessoais em aplicativos para fins de interesse público. Enquanto as partes definiram uma relação de controlador-operador, onde o agente estatal é controlador e a empresa privada desenvolvedora do software é operadora. No entanto, viu-se que as duas partes tomavam decisões acerca do tratamento de dados pessoais, ainda que a definição da finalidade partisse especificamente do órgão público.

Essa conjuntura demonstra a liquidez da natureza dos agentes de tratamento de dados pessoais. O desenvolvedor de um *software*, enquanto participante ativo nas decisões sobre as operações com os dados pode ser considerado controlador conjunto ao cliente solicitante da solução tecnológica, por uma controladoria de fato sobre os dados – por exemplo, pela decisão da maneira em que serão arquivados ou disponibilizados. A fragilidade da relação entre os sujeitos traz riscos imediatos ao titular dos dados pessoais, visto que não há transparência e quebra do dever de informação por parte dos controladores conjuntos.

Houve ponderação da autoridade na imputação das sanções, levando em consideração a condição da Empresa como empresa de pequeno porte no momento de solidificar o *quantum* da indenização, o que levou a Empresa a ser condenada a uma multa de valor menor comparado ao outro controlador, ainda que tenha agido de maneira mais grave (pelo não reconhecimento da sua condição como controlador e pela não obediência da suspensão do tratamento de dados pessoais conforme diretriz da VDAI).

Por fim, o caso cria precedente acerca da delimitação de *software* (na figura de um aplicativo) como uma "nova tecnologia", ainda que seja construído sobre padrões já co-

---

40. PARLAMENTO EUROPEU. *Regulamento 2016/679/UE do Parlamento e do Conselho Europeu de 27 de abril de 2016 – relativo à proteção das pessoas singulares no que diz respeito ao tratamento de dados pessoas e à livre circulação desses dados e que revoga a Diretiva 95/46/CE.* Disponível em: https://publications.europa.eu/pt/publication-detail/-/publication/3e485e15-11bd-11e6-ba9a-01aa75ed71a1. Acesso em: 11 out. 2022.
41. PARLAMENTO EUROPEU. Idem.

nhecidos pelo mercado. Tal situação obriga os controladores a confeccionar avaliação de impacto à proteção de dados pessoais no desenvolvimento de um aplicativo com fins de interesse público onde houver riscos aos direitos do titular. No caso em tela, a captação de dados sensíveis já cria riscos ao titular, caso não haja medidas de segurança necessárias. A publicação do DPIA também deve ser incentivada à Administração Pública em casos de saúde pública, visto que tem efeitos direitos no dever de informação contido em normas de proteção de dados pessoais como a brasileira e a europeia.

Até a data da confecção deste estudo, não houve conclusão do processo administrativo, visto que as partes estavam em fase de recurso sobre a decisão da autoridade nacional.

REFERÊNCIAS

1. Artigo em revista

BARBOSA, Mafalda Miranda. Data controllers e data processors: da responsabilidade pelo tratamento de dados à responsabilidade civil. *Revista de Direito Comercial*. Disponível em: https://static1.squarespace. com/static/58596f8a29687fe710cf45cd/t/5b2b4f0b575d1f53ad7ad45e/1529564942011/2018-10.pdf. Acesso em: 11 out. 2022.

BITIUKOVA, Natalija. Lithuania. *European Data Protection Law Review (EDPL)*, v. 7, n. 1, 2021, p. 108-114. HeinOnline. Disponível em:https://heinonline.org/HOL/Print?collection=journals&handle=hein. journals/edpl7&id=114. Acesso em: 11 out. 2022.

GELLERT, R. Understanding the notion of risk in the General Data Protection Regulation. *Computer Law & Security Review*, v. 34, Issue 2, April 2018, Pages 279-288. Disponível em: https://www.sciencedirect. com/science/article/abs/pii/S0267364917302698#:~:text=The%20goal%20of%20this

2. Capítulo em obra coletiva

GOMES, Maria Cecília O. Entre o método e a complexidade: compreendendo a noção de risco na LGPD. In *Temas atuais de proteção de dados*. PALHARES, Felipe (Coord.). São Paulo: Thomson Reuters Brasil, 2020.

3. Artigo web

APPLE APP STORE. *Karantinas – COVID-19 Symptoms/Information*. Disponível em: https://apps.apple. com/us/app/karantinas/id1504237834. Acesso em: 11 out. 2022.

COUNCIL OF EUROPE. *Modernised Convention for the Protection of Individuals with Regard to the Processing of Personal Data* – Convention 108+. 2018. Disponível em: https://www.coe.int/en/web/data-protection/ convention108/modernised. Acesso em: 11 out. 2022.

COUNCIL OF EUROPE. *2020 Data Protection Report: Digital Solutions to Fight COVID-19*. 2020 Disponível em: https://rm.coe.int/report-dp-2020-en/16809fe49c. Acesso em: 11 out. 2022.

GRUPO DE TRABALHO DO ARTIGO 29º. *Parecer 1/2010 sobre os conceitos de responsável pelo tratamento e subcontratante*. Disponível em: https://www.uc.pt/protecao-de-dados/suporte/20100216_parecer_1_2010_wp169_pt. Acesso em: 11 out. 2022.

NACIONALINIAM VISUOMENĖS SVEIKATOS CENTRUI. *Privacy Police of the National Public Health Center Under the Ministry of Health of the Republico of Lithuania – Karantinas*. Disponível em: https:// cdn.lympo.io/karantinas-privacy-policy-en-20200407.html. Acesso em: 11 out. 2022.

REKVIZITAI. *IT sprendimai sėkmei, UAB*. Disponível em: https://rekvizitai.vz.lt/imone/it_sprendimai_sek-mei/. Acesso em: 11 out. 2022.

STATE DATA PROTECTION INSPECTORATE. *The fine issued for infringements of the GDPR in mobile application "Karantinas"*. 2021. Disponível em: https://vdai.lrv.lt/uploads/vdai/documents/files/2021%20 App%20Karantinas.pdf. Acesso em: 11 out. 2022.

STATE DATA PROTECTION INSPECTORATE, *'Survey Results – What Lithuanians Think About Personal Data Protection?'* Disponível em: https://vdai.lrv.lt/en/news/the-level-of-the-conditions-of-protec-tion-of-personal-data-has-been-estimated-in-lithuania-for-the-first-time. Acesso em: 11 out. 2022.

VALSTYBINĖ DUOMENŲ APSAUGOS INSPEKCIJA. *Nurodyta laikinai sustabdyti programėlę "Karantinas" dėl galimai netinkamo asmens duomenų tvarkymo*. 2021. Disponível em: https://vdai.lrv.lt/lt/naujienos/ nurodyta-laikinai-sustabdyti-programele-karantinas-del-galimai-netinkamo-asmens-duomenu-t-varkymo. Acesso em: 11 out. 2022.

VALSTYBINĖ DUOMENŲ APSAUGOS INSPEKCIJA. *Skirta bauda dėl Bendrojo duomenų apsaugos reglamento pažeidimų programėlėje „Karantinas"*. 2021. Disponível em: https://vdai.lrv.lt/lt/naujienos/ skirta-bauda-del-bendrojo-duomenu-apsaugos-reglamento-pazeidimu-programeleje-karantinas Acesso em: 11 out. 2022.

VALSTYBINĖ DUOMENU APSAUGOS INSPEKCIJA. *Review of personal data protection supervision in Lithuania in 2020*. Disponível em: https://vdai.lrv.lt/uploads/vdai/documents/files/02%20Annual%20 Report%20of%20Personal%20Data%20Protection%20Supervision%20in%20Lithuania%20in%20 2020.pdf. Acesso em: 11 out. 2022.

4. Ementas de julgados e legislação

BRASIL. Lei 13.709 de 14 de agosto de 2018. Brasília, Disponível em: http://www.planalto.gov.br/ccivil_03/_ ato2004-2006/2004/lei/l10.973.htm. Acesso em: 11 out. 2022.

CONSTITUTIONAL COURT OF THE REPUBLIC OF LITHUANIA. Case 3/01 of 24 March 2003, para 4.1. Disponível em https://www.lrkt.lt/data/public/uploads/2015/02/2003-03-24n.pdf. Acesso em: 11 out. 2022.

PARLAMENTO EUROPEU. Regulamento 2016/679/UE do Parlamento e do Conselho Europeu de 27 de abril de 2016 – relativo à proteção das pessoas singulares no que diz respeito ao tratamento de dados pessoas e à livre circulação desses dados e que revoga a Diretiva 95/46/CE. Disponível em: https://pu-blications.europa.eu/pt/publication-detail/-/publication/3e485e15-11bd-11e6-ba9a-01aa75ed71a1. Acesso em: 11 out. 2022.

REPUBLIC OF LITHUANIA. *Law on Legal Protection of Personal Data (No -1374 of 11 June 1996, as amended on 1 January 2001)*. 1996. Disponível em: https://vdai.lrv.lt/en/legislation. Acesso em: 11 out. 2022.

REPUBLIC OF LITHUANIA. *Code of Administrative Offences (No XII-1 869 of 26 June 2015)*. Disponível em: https://europam.eu/data/mechanisms/PF/PF%20Laws/Lithuania/Lithuania_Code%20of%20 administrative%20offences_1985_amended2016_eng.pdf. Acesso em: 11 out. 2022.

5. E-books

COMISSÃO EUROPEIA. *Commission Recommendation of 6 May 2003 concerning the definition of micro, small and medium-sized enterprises*. 2003. *E-book*.

EUROPEAN UNION AGENCY FOR FUNDAMENTAL RIGHTS. *Handbook on European Data Protection Law*. Luxembourg: Publications Office of the European Union, 2018. *E-book*.

VI
TRANSFERÊNCIA
INTERNACIONAL DE DADOS

8
'CASO UNIVERSIDADE LUIGI BOCCONI': RISCOS NA CONTRATAÇÃO DE *SOFTWARE* ESTRANGEIRO PARA O TRATAMENTO DE DADOS NA EDUCAÇÃO

Leticia Becker Tavares

Pós-Graduada em Direito dos Contratos e especializada em Direito Digital aplicado pela FGV-SP. Mestranda em Direito Civil e pesquisadora da USP. Graduada em Direito pela UFRJ. *Data Protection Officer* (DPO). Professora Convidada da FGV-RJ; certificada pela IAPP como *Privacy Professional Europe* (CIPP/E). Membro da IAPP; Advogada inscrita na OAB-RJ.

Resumo: A DPA italiana multou a Universidade "Luigi Bocconi" em 200.000,00 euros pela transferência ilegal de dados para um servidor nos EUA.

Fundamentos: Art. 5 (1) a), c) e) GDPR / Art. 6 GDPR /Art. 9 GDPR / Art. 13 GDPR / Art. 25 GDPR / Art. 35 GDPR / Art. 44 GDPR / Art. 46 GDPR.

Decisão completa:

https://www.garanteprivacy.it/web/guest/home/docweb/-/docweb-display/docweb/9703988

Sumário: 1. Descrição do caso – 2. Fundamentação legal para a imposição da sanção – 3. Comentários e análise crítica; 3.1 Notas preliminares; 3.2 Contextualização do GDPR; 3.3 Transferência internacional de dados; 3.4 Competência das autoridades de proteção de dados; 3.5 Análise de equivalência do caso europeu ao contexto brasileiro – 4. Conclusão – Referências.

1. DESCRIÇÃO DO CASO

Em 16 de setembro de 2021, a DPA italiana publicou uma decisão contra a Universidade Luigi Bocconi, localizada em Milão, a respeito de uma reclamação feita por um titular de dados, estudante da Universidade, no âmbito do tratamento de seus dados pessoais.

O estudante prestou uma denúncia argumentando que havia violação aos regulamentos de proteção de dados em relação à ferramenta utilizada para supervisão das provas escritas por alunos, que teria o objetivo de identificar e/ou verificar o seu comportamento durante a prova de exame, de modo a evitar "colas" – por meio de vídeos, imagens e dados biométricos. De acordo com a denúncia, a Universidade teria solicitado o consentimento dos alunos para tratar dados biométricos. Caso o aluno não estivesse de acordo, não seria possível realizar o exame online.

Em resposta, a Universidade esclareceu que, diante da emergência causada pela COVID-19 (SARS-CoV-2), foi necessário recorrer a métodos alternativos para a realização dos exames universitários a distância. O objetivo seria manter as garantias dos exames presenciais por meio do tratamento de dados pessoais necessários para esta finalidade. Para tanto, a Universidade contratou a empresa americana "Respondus Inc.". Para dados pessoais, a instituição aplicou a base legal "execução de contrato",[1] enquanto para os dados biométricos, considerados sensíveis, aplicou "consentimento explícito".[2]

A DPA italiana enfatizou a aplicação do GDPR na Universidade conforme sua natureza jurídica, destacando que deve perquirir o interesse público, sendo ela privada ou pública. Sendo assim, o tratamento de dados pessoais somente seria lícito se necessário para "cumprir uma obrigação legal a que o responsável pelo tratamento esteja sujeito", ou, então, para a "execução de uma tarefa de interesse público ou relacionada com o exercício dos poderes públicos".[3] Assim, as bases utilizadas de execução contratual e consentimento não deveriam ser usadas.

Ainda, a Garante analisou o *software* da "Respondus", que permitia a realização dos exames universitários. O *software* capturava imagens de vídeos e a tela do aluno para identificar e sinalizar os momentos em que o comportamento do aluno seria incomum e/ou suspeito: não olhar para o monitor, rosto parcialmente ausente ou totalmente ausente da tela. Ao final da prova, o sistema processa o vídeo e informa ao professor (usuário supervisor) sobre a ação não permitida para que fosse confirmada. Para a DPA,

---

1. Art. 6.º, n.º 1, "*b*", do GDPR.
2. Art. 9.º, n.º 2, "*a*", do GDPR.
3. Tradução livre do italiano: "In tale quadro, il titolare del trattamento è comunque tenuto a rispettare i principi in materia di protezione dei dati (art. 5 del Regolamento) e, nell'ambito della necessaria individuazione delle misure tecniche e organizzative per garantire ed essere in grado di dimostrare che il trattamento è effettuato conformemente al Regolamento, tenuto altresì conto degli specifici rischi derivanti dal trattamento e in conformità ai principi della "protezione dei dati fin dalla progettazione" e della "protezione per impostazione predefinita" (artt. 24 e 25 del Regolamento), può ricorrere a un responsabile per lo svolgimento di alcune attività di trattamento cui impartisce specifiche istruzioni (cons. 81, artt. 4, punto 8), e 28 del Regolamento)", p. 15 da Decisão.

'CASO UNIVERSIDADE LUIGI BOCCONI' **133**

na contratação, embora em caso de emergência, a Universidade deveria avaliar riscos sobre categoria de dados, criação de perfis e transferência internacional de dados.

Em resumo, a Garante analisou detalhadamente o funcionamento do sistema e identificou diversas violações devido (a) ao tratamento de dados biométricos e à realização de atividades de *profiling* sem base legal adequada; (b) falta de informações na política de privacidade; (c) descumprimento dos princípios de minimização, retenção de dados e *privacy by design* e *by default*; (d) falta de garantias adequadas para a transferência de dados pessoais para os Estados Unidos; e (e) inadequação da avaliação do impacto na proteção de dados.

Assim, no âmbito de suas competências e atribuições pelo GDPR, a autoridade constatou a ilicitude do tratamento de dados pessoais efetuado pela Universidade, ordenando (i) limitação do tratamento e proibição de outra operação de tratamento com o sistema "Respondus", bem como proibição da transferência dos dados para os Estados Unidos, em razão de ausência de garantia adequada; (ii) sanção pecuniária de 200.000,00 euros; (iii) publicação no website sobre a decisão.

2. FUNDAMENTAÇÃO LEGAL PARA A IMPOSIÇÃO DA SANÇÃO

A Garante dividiu as infrações identificadas como resultado da investigação (*esito dell`attività istruttoria*). No primeiro ponto (*presupposti di liceità di dati personali in ambito universitario*), a respeito da licitude do tratamento, a autoridade destacou que a Universidade, além de não ter utilizado as bases legais adequadas considerando suas atividades enquanto instituição de ensino, deveria ter considerado os princípios do *privacy by design* e *privacy by default*, bem como assumiu os riscos do tratamento feito pelo terceiro.

Nesse primeiro ponto, é interessante destacar a análise a respeito do tratamento de dados no setor da educação – a interseção entre normas setoriais com a leis de proteção de dados. Assim, apresenta a legislação educacional para definir a natureza jurídica e os princípios que podem receber pesos e sentidos diferentes, conforme observado o setor público ou privado, e sendo a educação superior. Ao definir, a autoridade conseguiu identificar a atividade fim e, portanto, bases legais aplicáveis ao tratamento dos dados dos estudantes.

No segundo ponto, a DPA italiana fez considerações gerais a respeito do sistema "Respondus" (*I trattamenti dei dati degli studenti mediante "Respondus" per la regolarità delle prove d`esame a distanza. Considerazioni generali*). Na análise, destacou-se que, embora se verifique a correta realização e desempenho dos exames, não se pode deixar de observar a proteção de dados e as condições de licitude quanto a tratamentos específicos e obrigações de transparência.

Em destaque, também trouxe a respeito do princípio da "licitude, correção e transparência" da informação (*La correttezza e la transparenza del trattamento: l`informativa*). Nesse sentido, a Universidade não demonstrou que informou aos alunos exaustivamente os tratamentos específicos dos dados em sua política de privacidade. A Universidade não mencionou, por exemplo, o rastreamento do comportamento dos alunos durante a prova, a gravação de vídeo, o tratamento posterior para fins de *profiling*. Além disso, o texto não mencionava tempos específicos de conservação dos dados pessoais, mas deveria estabelecer diferentes períodos de retenção para diferentes categorias. Dessa forma, a autoridade destacou a importância da transparência no tratamento.

Um dos pontos mais importantes merece destaque sobre a escolha da base legal no tratamento dos dados. Assim, destacou as Diretrizes 5/202 (*Diretrizes 05/2020) sobre consentimento nos termos do Regulamento (UE) 2016/679, adotado pelo Comitê Europeu em 4 de maio de 2020:[4]

> Geralmente, o consentimento só pode constituir fundamento jurídico adequado se, ao titular dos dados, for oferecido controlo e uma verdadeira opção de aceitar ou recusar os termos propostos ou recusá-los sem ser prejudicado. Ao solicitar o consentimento, os responsáveis pelo tratamento têm o dever de avaliar se irão cumprir todos os requisitos para obter um consentimento válido. Caso seja obtido em conformidade com o RGPD, o consentimento é um instrumento que permite aos titulares dos dados controlarem se os dados pessoais que lhes dizem respeito vão ou não ser tratados. Caso não o seja, o controlo do titular dos dados torna-se ilusório e o consentimento será um fundamento inválido para o tratamento, tornando essa atividade de tratamento ilícita.

Dessa forma, para os dados biométricos tratados legalmente (*L'assenza di base giuridica per il trattamento di dati biometrici degli studenti*), a DPA destacou que seria necessário que se baseasse em uma disposição legislativa que tivesse as características exigidas pelas normas de proteção de dados, porém, nas leis emergenciais publicadas no contexto da COVID-19, nenhuma teria justificado o tratamento. Isso foi definido com base na finalidade de interesse público que não justificaria o tratamento.

Quanto à análise do comportamento dos alunos durante o exame (*L'analisi del comportamento degli studenti nel corso della prova d'esame*), a Garante.concluiu que haveria tratamento parcialmente automatizado para a análise do comportamento dos alunos, que daria origem à definição de *profiling*/perfil do aluno. No âmbito das funções de interesse público da Universidade, seria necessário considerar riscos específicos, devendo ser previsto em Lei esta possibilidade, além de informar o usuário.

A DPA, ainda, fez uma análise sobre princípios que foram incluídos no GDPR, o *privacy by design* e *by default*, minimização dos dados e os limites da retenção (*Protezione dei dati fin dalla progettazione e per impostazione predefinita, minimizzazione e limitazione della conservazione*), destacando que não foram observados pela Universidade.

Por fim, o destaque deve ser feito à análise sobre a transferência internacional de dados, uma vez que no contexto da transferência de dados entre União Europeia e Estados Unidos da América, há um extenso histórico de decisões e interpretações

---

4. A Diretriz dispõe sobre formatos de consentimento válido. Disponível em: https://edpb.europa.eu/sites/default/files/files/file1/edpb_guidelines_202005_consent_pt.pdf. Acesso: 11 out. 2022.

sobre acordos prévios.[5] Em síntese, a conclusão é de que o sistema jurídico americano não fornece um nível adequado de proteção de dados equivalente ao reconhecido pelo GDPR, bem como não confere aos interessados direitos que possam ser invocados contra autoridades dos Estados Unidos.

Nesse sentido, embora exista ainda uma insegurança jurídica, bem como argumentos de que o rigor europeu pode apresentar barreiras para empresas e organizações da União Europeia que contam com serviços online difundidos nos Estados Unidos, na forma acima destacada, devem ser observadas as salvaguardas para a transferência internacional de dados.

Portanto, a decisão seguiu o pedido da Corte de Justiça da União Europeia (CJEU), na decisão do caso "Schrems II", emitida em 16 de julho de 2020, que invalidou o acordo entre Estados Unidos e União Europeia para a transferência internacional de dados, de que autoridades nacionais observassem, caso necessário, interrompesse as transferências de dados em países que não oferecessem a estrutura jurídica necessária para que cláusulas contratuais fornecessem salvaguardas adequados.

3. COMENTÁRIOS E ANÁLISE CRÍTICA

3.1 Notas preliminares

O *General Data Protection Regulation* ("GDPR"), a lei de proteção de dados europeia, estabeleceu balizas fundamentais, inclusive em âmbito mundial, para o desenvolvimento da economia baseada em dados pessoais e na ênfase da proteção de dados como um direito fundamental dos cidadãos.

A lei europeia tem um escopo de aplicabilidade amplo, uma vez que se aplica ao tratamento de dados pessoais[6] realizados por "instituições, órgãos, organismos ou agências da União (...) independentemente de o tratamento ocorrer dentro ou fora da União (...)[7] quando as atividades de tratamento estão relacionadas com (i) a oferta de

---

5. "(...) em razão do grande volume de transferência de dados entre o bloco europeu e os US, o Departamento de Comércio dos US (...) e a Comissão Europeia desenvolveram um mecanismo de autorregulação que permitiria às empresas e organizações cumprirem os requisitos da (...) Directive 95/46/EC (...) o chamado Safe Harbor. (...) declarou que a decisão com base na Safe Harbor seria inválida (...). emitiram um novo acordo: o Privacy Shield. (...) Em 16 de julho de 2020, a CJEU emitiu a decisão que resultou na invalidação (...) [do] Privacy Shield." In: TAVARES, Leticia Becker. A derrubada do EU-US Privacy Shield e as Standard Contractual Clauses. In: PALHARES, Felipe (Org.). *Estudos sobre privacidade e proteção de dados*. São Paulo: Thomson Reuters Brasil, 2021. p. 416-417.
6. Nos termos do GDPR, "tratamento" significa "uma operação ou um conjunto de operações efetuadas sobre dados pessoais ou sobre conjuntos de dados pessoais, por meios automatizados ou não automatizados, tais como a recolha, o registo, a organização, a estruturação, a conservação, a adaptação ou alteração, a recuperação, a consulta, a utilização, a divulgação por transmissão, difusão ou qualquer outra forma de disponibilização, a comparação ou interconexão, a limitação, o apagamento ou a destruição", conforme art. 4.º. Disponível em: https://eur-lex.europa.eu/legal-content/PT/TXT/PDF/?uri=CELEX:02016R0679-20160504&from=EN. Acesso: 11 out. 2022.
7. Artigo 3.º do GDPR.

bens ou serviços a titulares localizados na União Europeia ("UE"); (ii) o controle de comportamento do titular, desde que ocorra na "UE".

No setor da educação, os principais dados tratados são de estudantes, professores e funcionários. No âmbito do tratamento de dados, as instituições de ensino devem aplicar as disposições das leis de proteção de dados aplicáveis, seja no setor público ou privado. O setor vem passando por profundas transformações tecnológicas, principalmente no que diz respeito ao acompanhamento de exercícios de testes de aprendizagem, com definição de *profiling* de estudantes, bem como disponibilização de conteúdos *online* e educação a distância.

Em especial, em 2020, o mundo foi surpreendido pela pandemia COVID-19, que obrigou todos os setores econômicos a se adaptarem às decisões estatais para a manutenção do isolamento social. Sendo assim, principalmente no setor educacional, as escolas e as Universidades tiveram que adotar medidas técnicas e organizacionais com celeridade para garantir a continuidade do ensino de maneira remota.

Acontece que a celeridade para escolher uma plataforma e/ou ferramenta de educação a distância mais adequada às necessidades da instituição de ensino, em alguns casos, não observou aspectos relacionados à privacidade e proteção de dados dos titulares. Os dados tratados no âmbito de tais plataformas podem englobar imagens, sons, manifestações, opiniões e preferências dos estudantes, além da coleta, em alguns casos, de biometria e reconhecimento facial.[8]

Nesse sentido, um caso bastante emblemático e que merece atenção é a decisão administrativa da autoridade de proteção de dados italiana – Garante – que, em setembro de 2021, multou a Universidade Luigi Bocconi em 200.000,00 (duzentos mil) euros.[9] A instituição de ensino contratou e implementou uma plataforma que permitia a manutenção do ensino remoto sem fornecer garantias adequadas aos titulares[10] sobre a transferência de dados para servidor localizado nos Estados Unidos da América.

Além disso, a autoridade italiana examinou a validade do consentimento como base legal para o tratamento dos dados. Em especial, fez uma verificação sobre o equilíbrio de poderes entre os estudantes e a Universidade para a tomada de decisão. O referido caso traz importantes aspectos sobre a coleta de dados no âmbito do setor de educação, bem como definições sobre consentimento e a validade da transferência internacional de dados em servidores localizados em outro país.

O presente artigo faz uma análise de normas e decisões estrangeiras e, portanto, não deve ser considerada a interpretação definitiva e esgotada do assunto. Recomenda-se uma leitura aprofundada de artigos e estudos de profissionais jurídicos estrangeiros da jurisdição italiana.

---

8. Para fins do artigo 9.º do GDPR, dados biométricos são considerados dados de categoria especiais.

9. Art. 5.º, n.º 1, "*a*", "*c*" e "*e*"; Art. 6.º, Art. 9.º, Art. 13.º, Art. 25.º, Art. 35.º, Art. 44.º e Art. 46.º do GDPR. Disponível em: https://eur-lex.europa.eu/legal-content/EN/TXT/?uri=CELEX%3A02016R0679-20160504&qid=1532348683434. Acesso: 11 out. 2022.

10. Garante Decision of September 16, 2021, n. 317, doc web No. 9703988. Disponível em: https://www.garante-privacy.it/web/guest/home/docweb/-/docweb-display/docweb/9703988. Acesso: 11 out. 2022.

Assim, levantado o contexto e a importância do tema, propõe-se discorrer sobre a decisão que levou à sanção administrativa pela autoridade italiana, seus impactos na transferência internacional de dados e de que maneira isso pode ser visto do ponto de vista da legislação brasileira. Para facilitar a compreensão, este artigo foi dividido nos seguintes tópicos (i) esta introdução; (ii) contextualização sobre principais aspectos do GDPR; (iii) Análise do caso Universidade Luigi Bocconi; (iv) Lições e aprendizados no contexto do Brasil e ANPD; e (v) Conclusão.

3.2   Contextualização do GDPR

Em 25 de maio de 2018, entrou em vigor o GDPR, que inspirou uma série de novas legislações de proteção de dados no mundo inteiro, como é o caso brasileiro. A importância do GDPR se dá, principalmente, em um contexto de maciças transferências e tratamento de grandes volumes de dados na economia global. Para compreendê-la, traremos, abaixo, um breve histórico das legislações que culminaram no maduro GDPR.

A Europa é uma das pioneiras a tratar legalmente sobre a matéria de proteção de dados. A primeira norma apareceu nos anos de 1970, por meio da Lei de Hesse, na Alemanha, seguida pela lei sueca, a Data Legen 289, em 1973,[11] em razão de avanços tecnológicos da entrada dos computadores e a preocupação com as novas tecnologias no âmbito da privacidade dos cidadãos e coleta pelos Estados.

No âmbito da União Europeia, o Conselho da Europa (*Council of Europe*) estabeleceu uma estrutura de princípios e padrões para mitigar riscos sobre a coleta e tratamento de dados indevidos, que entendia que algumas legislações não protegiam o direito à privacidade, nos termos do artigo 8º da Carta dos Direitos Fundamentais da União Europeia:[12]

Artigo 8º.

Direito ao respeito pela vida privada e familiar.

1. Qualquer pessoa tem direito ao respeito da sua vida privada e familiar, do seu domicílio e da sua correspondência.

2. Não pode haver ingerência da autoridade pública no exercício deste direito senão quando esta ingerência estiver prevista na lei e constituir uma providência que, numa sociedade democrática, seja necessária para a segurança nacional, para a segurança pública, para o bem-estar econômico do país, a defesa da ordem e a prevenção das infracções penais, a proteccção da saúde ou da moral, ou a protecção dos direitos e das liberdades de terceiros.[13]

---

11.   DONEDA, Danilo. Da privacidade à proteção de dados pessoais: elementos de formação da Lei geral de proteção de dados. 2 ed. São Paulo: Thomson Reuters Brasil, 2019. p. 174-175.

12.   A Convenção Europeia de Direitos Humanos (da sigla em inglês, ECHR), baseada nas Declarações de Direitos Humanos, foi um tratado internacional para proteger os direitos humanos e liberdades fundamentais, estabelecido em 1950 em Roma.

13.   Versão portuguesa da Convenção Europeia dos Direitos do Homem. Disponível em: https://www.echr.coe.int/documents/convention_por.pdf. Acesso em: 11 out. 2022.

A preocupação do Conselho levou à publicação da Recomendação 509 em direitos humanos e desenvolvimento das ciências modernas e de tecnologia, em 1968,[14] resultando na recomendação do estudo do artigo 8º para proteger adequadamente o direito à privacidade contra violações cometidas pelo uso de métodos científicos e técnicos modernos. Caso fosse constatada a impossibilidade, o estudo traria a proposição de soluções que pudessem melhor proteger o direito à privacidade.

Assim, em 1973 e 1974, com o objetivo de iniciar o desenvolvimento de uma legislação nacional de maneira mais uniformizada, o Conselho da Europa, por meio das Resoluções 73/22 e 74/29, estabeleceu princípios para a proteção de dados pessoais em bancos de dados automatizados nos setores privado e público.[15] A pauta passou a ser urgente porque já havia leis nacionais divergentes em Estados-Membros da União.

Uma outra iniciativa significativa veio do Conselho da Europa junto com a Organização para a Cooperação e Desenvolvimento Econômico (OECD, na sigla em inglês) que, nos anos de 1980, publicaram as Diretrizes da OECD para a Proteção da Privacidade e dos Fluxos Transfronteiriços de Dados Pessoais[16] e a Convenção 108 para a Proteção das Pessoas Singulares no que diz respeito ao Tratamento Automatizado de Dados Pessoais, que foi o primeiro instrumento internacional juridicamente vinculativo.

Acontece que, embora a tentativa tenha sido harmonizar as normas, ficou evidente que a implementação dos princípios nas legislações nacionais estava, na verdade, resultando no desenvolvimento de um conjunto diversificado de regimes de proteção de dados com diferentes interpretações. Assim, a falta de uma abordagem coesa dentro dos Estados-Membros da UE poderia resultar em implicações negativas para os direitos fundamentais.

Em seguida, a Comissão Europeia (*European Commission*) chamou o Parlamento Europeu com proposta de uma diretiva que harmonizasse as leis de proteção de dados. Na Europa, diretivas são uma forma de legislação vinculativa para os Estados-Membros, mas que deixam às autoridades nacionais a escolha da forma e métodos de implementação. Na proposta, a Comissão Europeia argumentou que:

> A diversidade das abordagens nacionais e a falta de um sistema de protecção a nível Comunitário constituem um obstáculo à realização do mercado interno. Se os direitos fundamentais dos titulares dos dados, em particular o direito à privacidade, não forem salvaguardados a nível comunitário, o fluxo transfronteiriço de dados poderá ser impedido.[17] [tradução livre]

---

14. Disponível, na versão em inglês, em: https://assembly.coe.int/nw/xml/XRef/Xref-XML2HTML-en.asp?fileid=14546&lang=en. Acesso em: 11 out. 2022.
15. RUDGARD, Sian. Origins and Historical Context of Data Protection Law. *In*: USTARAN, Eduardo. (org.). European Data Protection: Law and Practice. Estados Unidos: IAPP Publication, 2018. p. 7.
16. Versão resumida em português disponível em: https://www.oecd.org/sti/ieconomy/15590254.pdf. Acesso em: 11 out. 2022.
17. Relatório da Comissão Europeia – Primeiro Relatório na implementação de uma Diretiva de Proteção de Dados (95/46/EC). Disponível em: https://eur-lex.europa.eu/legal-content/EN/TXT/?uri=celex:52003DC0265. Acesso em: 11 out. 2022.

Assim, a Comissão utilizou os princípios contidos na Convenção 108 como parâmetro para elaborar uma Diretiva. A *Directiva* 95/46/EC[18] complementava esses princípios gerais para fornecer alto nível de proteção equivalente e, para isso, as propostas foram amplas em seu escopo, estendendo as proteções a dados pessoais automatizados e não automatizados e abrangendo os setores público e privado.

Contudo, em 2003, a Comissão Europeia publicou relatório em que ressaltou que as interpretações foram diversas e a uniformização seria necessária para possibilitar a transferência internacional, como também diante da preocupação em termos de segurança dos dados pessoais em razão ao desenvolvimento da tecnologia. No período, havia o crescimento exponencial do número de empresas e pessoas ligadas à internet.

A solução para a mudança da legislação que deixasse de ser meramente uma diretiva veio por meio do Tratado de Lisboa, assinado pelos Estados-Membros da UE, entrando em vigor em 1 de dezembro de 2009. O Tratado garantiu que todas as instituições da União devessem proteger os indivíduos no tratamento de dados pessoais.[19]

Assim, para além da falta de harmonização da abordagem de proteção de dados entre os Estados-Membros, passou a ser evidente que a *Directiva* 95 não acompanhou o desenvolvimento rápido tecnológico e a globalização que alterou a forma como os dados pessoais são coletados, acessados e tratados. Em resposta a isso, a Comissão propôs reformar a Diretiva na forma de um regulamento geral de proteção de dados, impondo um conjunto único de regras em toda a União Europeia. Assim, em vigor desde maio de 2016, e obrigatória desde 2018, surgiu o GDPR.

No contexto da União Europeia, os regulamentos são obrigatórios em sua totalidade e se aplicam diretamente a todos os Estados-Membros após a entrada em vigor, sem a necessidade de serem transpostos para a lei nacional. O objetivo seria justamente garantir a consistência da abordagem entre os Estados-Membros da eu.[20]

O GDPR possui 99 artigos organizados em 11 capítulos.[21] As diferenças em relação à *Directiva* 95 se dão na (i) aplicação da Lei – todos os Estados-Membro; (ii) aplicação a negócios não estabelecidos na União; (iii) indivíduos no controle de seus dados; (iv) novos

---

18. Disponível em: https://eur-lex.europa.eu/legal-content/PT/TXT/?uri=celex%3A31995L0046. Acesso em: 11 out. 2022.

19. Veja-se o disposto no artigo 16 do Tratado de Lisboa: "Artigo 16.º, 1. Todas as pessoas têm direito à proteção dos dados de caráter pessoal que lhes digam respeito. 2. O Parlamento Europeu e o Conselho, deliberando de acordo com o processo legislativo ordinário, estabelecem as normas relativas à proteção das pessoas singulares no que diz respeito ao tratamento de dados pessoais pelas instituições, órgãos e organismos da União, bem como pelos Estados-Membros no exercício de atividades relativas à aplicação do direito da União, e à livre circulação desses dados. A observância dessas normas fica sujeita ao controlo de autoridades independentes.". Disponível em: https://eur-lex.europa.eu/legal-content/PT/TXT/PDF/?uri=CELEX:12012E/TXT&from=EN. Acesso em: 11 out. 2022.

20. RUDGARD, Sian. Origins and Historical Context of Data Protection Law. In: USTARAN, Eduardo. (Org.). European Data Protection: Law and Practice. Estados Unidos: IAPP Publication, 2018. p. 16-17.

21. São eles: 1. Disposições gerais; 2. Princípios; 3. Direitos do titular; 4. Responsável pelo tratamento e subcontratante; 5. Transferências de dados pessoais para países terceiros ou organizações internacionais; 6. Autoridades de controle independentes; 7. Cooperação e coerência; 8. Vias de recurso, responsabilidade e sanções; 9. Disposições relativas a situações específicas de tratamento; 10. Atos delegados e atos de execução; 11. Disposições finais.

e mais fortes direitos dos titulares; (v) demonstração de adequação mais rígido; (vi) novas obrigações para agentes de tratamento; (vii) regras em transferência internacional; (viii) regras em segurança da informação; (ix) riscos de não adequação e maiores sanções.[22]

O objetivo principal do GDPR é garantir a proteção de dados dos titulares de modo a permitir a livre circulação desses dados.[23] Principalmente na era digital, em que a circulação de informações pessoais é necessária para o desenvolvimento de novas tecnologias e fornecimento de produtos e serviços, é imperioso que as soluções regulatórias busquem a proteção da privacidade dos indivíduos e garanta a circulação dos dados para fins de inovação.

Como recorte deste artigo, que se propõe a analisar a decisão da autoridade italiana de proteção de dados, daremos maior ênfase de análise ao tratamento do GDPR para a transferência internacional de dados e o papel das autoridades europeias.

3.3 Transferência internacional de dados

O GDPR não define um conceito para a transferência internacional de dados, mas é possível defender que não pode ser considerada transferência o mero trânsito de dados. Em outras palavras, é necessário um substantivo tratamento de dados em um país fora da UE. O GDPR traz a matéria de transferência internacional de dados com bastante detalhamento em seu Capítulo 5, entre os artigos 44.º e 50.º.

O conceito principal que é necessário mencionar é o "nível adequado de proteção". O artigo 44.º do GDPR dispõe, expressamente, como princípio geral das transferências a garantia de segurança de proteção dos titulares, nos seguintes termos: "Todas as disposições do presente capítulo são aplicadas de forma a assegurar que não é comprometido o nível de proteção das pessoas singulares [titulares] garantido pelo presente regulamento".

Atualmente, existem quatro principais mecanismos de permissão de transferência de dados pessoais para países localizados fora do bloco europeu. Caso a empresa, seja ela classificada controladora ou operadora, não siga uma dessas permissões, é considerada violadora da lei, sujeitando-se às sanções administrativas previstas no GDPR.[24]

Exploraremos tais mecanismos em linhas gerais, apenas para contextualizar o presente artigo e compreender de que maneira a autoridade italiana tomou sua decisão a

---

22. MCMULLAN, Katie. Legislative framework. *In*: USTARAN, Eduardo. (Org.). *European Data Protection: Law and Practice*. Estados Unidos: IAPP Publication, 2018. p. 50-51.

23. Art. 1.º do GDPR.

24. O artigo 83.º do GDPR traz as condições e detalhamento sobre a imposição de multas administrativas pelo descumprimento do GDPR. As penas se subdividem em valores, a depender do descumprimento de determinados artigos. Para o descumprimento ao artigo 44.º, que trata da transferência internacional de dados, a penalidade é encontrada no artigo 83.º, n.º, 5, "c": "5. A violação das disposições a seguir enumeradas está sujeita, em conformidade com o n.º 2, a coimas até 20.000.000 EUR ou, no caso de uma empresa, até 4% do seu volume de negócios anual a nível mundial correspondente ao exercício financeiro anterior, consoante o montante que for mais elevado: (...) c) As transferências de dados pessoais para um destinatário num país terceiro ou uma organização internacional nos termos dos artigos 44.º a 49.º (...)". Disponível em: https://eur-lex.europa.eu/legal-content/PT/TXT/PDF/?uri=CELEX:32016R0679&from=PT. Acesso em: 11 out. 2022.

respeito da transferência de dados pessoais de uma Universidade italiana. Nesse sentido, são mecanismos para a transferência: (i) decisão de adequação; (ii) *Standard Contractual Clauses*; (iii) *Binding Corporate Rules*; e (iv) derrogações para situações específicas.

Primeiramente, a Comissão Europeia verifica o nível de proteção à privacidade de um país fora da União Europeia. Assim, passa a decidir por meio de um ato de execução (*implementing act*) que um país terceiro, um território ou um ou mais setores específicos de um país terceiro, ou uma organização internacional, garanta o nível adequado de proteção, nos termos do artigo 45.º, n.º 2 do GDPR.[25] Este ato deve prever (i) avaliação periódica de, no mínimo, quatro anos; (ii) âmbito territorial e setorial; e, se for o caso, (iii) a autoridade de proteção de dados.

Como existem poucos países que podem fornecer o mesmo nível de proteção que o GDPR traz, os controladores e operadores devem implementar mecanismos que forneçam salvaguardas adequadas para os dados. O GDPR traz uma lista de possíveis mecanismos.[26]

Na prática, o mecanismo principal utilizado em países que não são considerados com nível adequado de proteção para legitimar as transferências internacionais são as chamadas SCCs – as cláusulas-padrão. As BCRs, ou simplesmente normas corporativas globais, são utilizadas no contexto de um grupo econômico. Nos termos do GDPR,[27] uma empresa do grupo econômico submete a sua política interna de privacidade para avaliação pela autoridade nacional competente na localização da empresa. Caso a BCR venha a ser aprovada, as transferências internacionais de dados intragrupo passam, então, a ser consideradas em conformidade com o GDPR. Dessa maneira, não é necessário que seja continuamente solicitada a aprovação para cada transferência de dados e o grupo pode se utilizar do mecanismo.

---

25. O artigo 45.º, n.º 2 do GDPR traz os elementos em que é possível avaliar o nível de proteção, são eles: "a) O primado do Estado de direito, o respeito pelos direitos humanos e liberdades fundamentais, a legislação pertinente em vigor, tanto a geral como a setorial, nomeadamente em matéria de segurança pública, defesa, segurança nacional e direito penal, e respeitante ao acesso das autoridades públicas a dados pessoais, bem como a aplicação dessa legislação e das regras de proteção de dados, das regras profissionais e das medidas de segurança, incluindo as regras para a transferência ulterior de dados pessoais para outro país terceiro ou organização internacional, que são cumpridas nesse país ou por essa organização internacional, e a jurisprudência, bem como os direitos dos titulares dos dados efetivos e oponíveis, e vias de recurso administrativo e judicial para os titulares de dados cujos dados pessoais sejam objeto de transferência; b) A existência e o efetivo funcionamento de uma ou mais autoridades de controlo independentes no país terceiro ou às quais esteja sujeita uma organização internacional, responsáveis por assegurar e impor o cumprimento das regras de proteção de dados, e dotadas de poderes coercitivos adequados para assistir e aconselhar os titulares dos dados no exercício dos seus direitos, e cooperar com as autoridades de controlo dos Estados-Membros; e c) Os compromissos internacionais assumidos pelo país terceiro ou pela organização internacional em causa, ou outras obrigações decorrentes de convenções ou instrumentos juridicamente vinculativos, bem como da sua participação em sistemas multilaterais ou regionais, em especial em relação à proteção de dados pessoais".

26. O artigo 46.º, n.º 2 do GDPR lista as garantias adequadas que não requerem autorização específica por nenhuma autoridade.

27. O artigo 47.º do GDPR define os BCRs como um "(...) procedimento de controlo da coerência previsto no artigo 63.º, a autoridade de controlo competente aprova regras vinculativas aplicáveis às empresas, que devem: a) Ser juridicamente vinculativas e aplicáveis a todas as entidades em causa do grupo empresarial ou do grupo de empresas envolvidas numa atividade económica conjunta, incluindo os seus funcionários, as quais deverão assegurar o seu cumprimento (...). Ainda, o referido artigo traz todos os requisitos de conteúdo das BCRs, que não se restringem somente às regras relativas à transferência internacional de dados" (...).

Por fim, quando não há uma decisão de adequação e, tampouco, uma das salvaguardas ou garantias adequadas, uma transferência de dados pessoais pode ocorrer se ela se enquadrar em uma das derrogações para situações específicas definidas no GDPR. São elas: (i) consentimento; (ii) execução de um contrato; (iii) interesse público; (iv) exercício ou defesa de um direito em processo judicial; (v) interesse vital; (vi) registro público; e (vi) não é uma transferência repetitiva e tem legítimo interesse do controlador.[28]

3.4   Competência das autoridades de proteção de dados

De modo a garantir o cumprimento da legislação de proteção de dados, é necessário que os indivíduos e organizações sejam responsabilizados por sua adequação, uma vez que a regulação, para ser efetiva, precisa de supervisão e obrigação. Contudo, muitas vezes, se o próprio regulador é quem supervisiona, pode haver situações de excessos.

No GDPR, há um modelo que contempla a autorregulação, uma vez que seria uma ferramenta eficaz de supervisão e fiscalização. A Lei europeia introduz o conceito de responsabilização (*accountability*) que impõe ao controlador[29] uma obrigação positiva de poder demonstrar o cumprimento dos princípios de proteção de dados.

Embora exista uma supervisão e funções regulatórias dos controladores e operadores[30] de dados pessoais, certificações, encarregado de proteção de dados (*Data Protection Officer* – DPO, em inglês), existem as autoridades nacionais de proteção de dados ("DPA", da sigla em inglês). As DPAs seriam os únicos órgãos dotados de poderes administrativos de supervisão e sancionatórios, com detalhes no Capítulo 6 do GDPR.

Na Europa, os Estados-Membros devem designar autoridades públicas independentes para monitorar e implementar o GDPR, devendo agir em completa independência para executar suas atividades e exercer seus poderes.[31] As obrigações de uma DPA estão estabelecidas no seu artigo 57.º, das quais destacamos algumas abaixo:

a) Controla e executa a aplicação do presente regulamento;

(...)

f) Trata as reclamações apresentadas por qualquer titular de dados, ou organismo, organização ou associação nos termos do artigo 80.º, e investigar, na medida do necessário, o conteúdo da reclamação

---

28. O detalhamento sobre as derrogações para situações específicas pode ser encontrado no artigo 49.º, n.º 1 do GDPR.

29. Nos termos do GDPR, controlador significa o "responsável pelo tratamento", que seria "a pessoa singular ou coletiva, a autoridade pública, a agência ou outro organismo que, individualmente ou em conjunto com outras, determina as finalidades e os meios de tratamento de dados pessoais; sempre que as finalidades e os meios desse tratamento sejam determinados pelo direito da União ou de um Estado-Membro, o responsável pelo tratamento ou os critérios específicos aplicáveis à sua nomeação podem ser previstos pelo direito da União ou de um Estado-Membro". Disponível em: https://eur-lex.europa.eu/legal-content/PT/TXT/PDF/?uri=CELEX:02016R0679-20160504&from=EN. Acesso em: 11 out. 2022.

30. Nos termos do GDPR, operador significa "subcontratante", que seria "uma pessoa singular ou coletiva, a autoridade pública, agência ou outro organismo que trate os dados pessoais por conta do responsável pelo tratamento destes.". Disponível em: https://eur-lex.europa.eu/legal-content/PT/TXT/PDF/?uri=CELEX:02016R0679-20160504&from=EN. Acesso em: 11 out. 2022.

31. Conforme artigos 51.º e 52.º do GDPR.

e informar o autor da reclamação do andamento e do resultado da investigação num prazo razoável, em especial se forem necessárias operações de investigação ou de coordenação complementares com outra autoridade de controlo;

(...)

h) Conduz investigações sobre a aplicação do presente regulamento, incluindo com base em informações recebidas de outra autoridade de controlo ou outra autoridade pública (...).

Conforme destacado acima, as DPAs têm a obrigação de receber e ouvir reclamações de titulares de dados e devem disponibilizar formulários[32] para que possam ser preenchidos eletronicamente, sem excluir outros meios de comunicação.

Os três poderes das DPAs são elencados no artigo 58.º do GDPR, são eles (i) investigação; (ii) correção; e (iii) consultivo. No âmbito da investigação, as DPAs devem ter acesso a todas as provas e materiais necessários para que possam cumprir suas tarefas, bem como mecanismos para iniciar suas investigações, com o poder de notificar os agentes de tratamento de dados sobre as alegadas infrações ao GDPR.

Em relação ao poder de correção, a DPA tanto pode alertar os agentes de tratamento de dados pessoais sobre atividades de tratamento duvidosas, como tem poder de interromper as atividades comerciais do agente investigado. Por fim, o poder consultivo seria nas áreas relacionadas aos códigos de conduta, certificações e tratados internacionais para a transferência de dados pessoais.

Cumpre esclarecer, ainda, de que maneira as DPAs podem aplicar sanções e penalidades administrativas, uma das maiores inovações do GDPR em relação à *Directiva 95*, que se encontram no artigo 83.º do GDPR. A depender da natureza da contravenção, as multas podem ser impostas até um limite financeiro (até 10 milhões de euros, em alguns casos, ou 20 milhões em outros), ou até uma porcentagem do faturamento anual mundial (2 por cento ou 4 por cento).

O GDPR ainda estabelece que todas as multas têm de ser eficazes, proporcionais e dissuasivas, podendo ser aplicadas em conjunto com o exercício dos poderes de investigação e correção da DPA. Contudo, antes da aplicação das sanções, a DPA deve considerar fatores que podem reduzir valores, nos termos do artigo 83.º, n.º 3. Conforme será detalhado a seguir, a autoridade italiana aplicou alguns elementos para reduzir a multa e sanções impostas à Universidade Luigi Bocconi.

Na Itália, a autoridade nacional de proteção de dados, chamada *Garante per la protezione dei dati personali* ("Garante"),[33] tem sede em Roma. A Garante é um órgão

---

32. É possível identificar que no caso da autoridade italiana, a Garante, há disponível no website serviços online e de reclamação em formulário. Disponível em: https://www.garanteprivacy.it/home. Acesso em: 11 out. 2022.

33. "O Regulamento n. 1/2019 ("Regolamento concernente le procedure interne aventi rilevanza esterna, finalizzate allo svolgimento dei compiti e all'esercizio dei poteri demandati al Garante per la protezione dei dati personali") regula o procedimento perante o Garante. Por exemplo, o Artigo 3.º reitera os princípios gerais de justiça e transparência do processo perante o DPA. O artigo 12.º assegura às partes o direito de acesso aos documentos e arquivamento de petições. O Regolamento n. 2/2019 ("Regolamento n. 2/2019, concernente l'individuazione dei termini e delle unità organizzative responsabili dei procedimenti amministrativi presso il Garante per la protezione dei dati personali") prevê prazos específicos no que diz respeito aos diferentes tipos de processos

colegiado de quatro membros eleitos pelo Parlamento com um mandato de sete anos. A autoridade é responsável tanto pela aplicação do GDPR, quanto da Lei Nacional de Proteção de Dados (*Codice per la protezione dei dati personali*). A autoridade tem a obrigação de decidir reclamações de titulares em 9 meses, podendo se estender a 12 meses, a depender do nível de complexidade.[34]

Considerados os contextos acima que são relevantes para melhor acompanhamento da análise da decisão da DPA italiana a respeito da Universidade Luigi Bocconi, passamos efetivamente à análise do caso, sanções e consequências.

3.5 Análise de equivalência do caso europeu ao contexto brasileiro

A Lei 13.709, de 14 de agosto de 2018, a Lei Geral de Proteção de Dados ("LGPD"), baseia-se, em grande medida, no GDPR. Diferente do GDPR, traz uma definição para "transferência internacional de dados", que seria "transferência de dados pessoais para país estrangeiro ou organismo internacional do qual o país seja membro".[35] O conceito pode englobar não apenas a transferência, como também o armazenamento dos dados em nuvem fora do Brasil, assim como acesso remoto.

Na LGPD, os principais mecanismos que permitem a transferência internacional de dados pelos controladores estão descritos no artigo 33, sem qualquer relação de preferência entre um método em detrimento de outro. Assim como o GDPR, as cláusulas-padrão são consideradas como uma das garantias de cumprimento dos princípios, dos direitos do titular e do regime de proteção de dados previstos na LGPD. As cláusulas precisam ser modelos elaborados pela Autoridade Nacional de Proteção de Dados ("ANPD"), nos termos do seu artigo 35.[36]

Quanto à transparência, a LGPD tem como fundamento norteador a autodeterminação informativa. Ou seja, o titular dos dados deve ser informado a respeito do tratamento dos seus dados pessoais para a tomada de sua decisão. Além disso, a atividade deve garantir aos titulares "informações claras, precisas e facilmente acessíveis sobre a realização do tratamento e os respectivos agentes de tratamento",[37] o que não ocorreu por completo na Política de Privacidade da Universidade.

No entanto, levando em consideração todos os questionamentos que já foram feitos em decisões como no caso da Universidade, a ANPD precisará fazer uma reflexão prática e flexível, considerando o contexto da economia digital e da posição do Brasil diante

---

para os quais a DPA é competente. Particularmente importantes são as Tabela A e B anexas ao Regulamento." [tradução livre]. Texto disponível em: https://gdprhub.eu/index.php?title=Garante_per_la_protezione_dei_dati_personali_(Italy). Acesso em: 11 out. 2022.

34. Informações sobre prazos e procedimentos disponíveis em: https://www.garanteprivacy.it/web/guest/home/docweb/-/docweb-display/docweb/9107640. Acesso em: 11 out. 2022.

35. Conforme artigo 5º, inciso XV, da LGPD.

36. Veja-se o disposto no *caput* do artigo 35 da LGPD: "Art. 35. *A definição do conteúdo de cláusulas-padrão contratuais*, bem como a verificação de cláusulas contratuais específicas para uma determinada transferência, normas corporativas globais ou selos, certificados e códigos de conduta, a que se refere o inciso II do *caput* do art. 33 desta Lei, *será realizada pela autoridade nacional*" (destaques próprios).

37. Conforme artigo 6º, VI, da LGPD.

dela. Qualquer limitação excessiva poderá criar efeitos severos na entrada do Brasil no contexto digital – isso gera impactos também sobre a sua soberania, interesses políticos e econômicos do país. Até o momento, não há definição de cláusulas padrão em caso de transferência internacional e armazenamento em nuvem.

Ainda, cumpre destacar que, no setor da educação, deve ser separado o tratamento de dados no setor público e no setor privado. No caso do setor público, como é similar ao caso italiano, é necessário seguir à risca a aplicação da LGPD no setor público, regramentos a partir do artigo 23. Nesse caso, os dados devem se limitar ao estritamente necessário para o cumprimento da função pública da instituição de ensino.

No caso da base legal utilizada, da mesma forma que o caso europeu, os dados biométricos são considerados dados pessoais sensíveis. O regramento sobre as bases legais está no artigo 11. Paralelamente ao caso europeu, a princípio, o consentimento não poderia ser considerado válido porque a LGPD define como uma "manifestação livre, informada e inequívoca pela qual o titular concorda com o tratamento de seus dados pessoais para uma finalidade determinada".[38] No caso em destaque, embora ainda não existam definições e regulamentação aprofundada, o consentimento na relação entre Universidade e o aluno em que ele poderia perder o exame caso não consentisse com o tratamento dos dados, não há equilíbrio de poderes, tampouco pode ser considerada livre escolha.

No Brasil, as sanções administrativas podem ser aplicadas pela ANPD, que é um órgão da administração pública federal, integrante da Presidência da República, que tem autonomia técnica e decisória. Dentre as suas atribuições descritas no artigo 55-J da LGPD, cabe à ANPD "fiscalizar e aplicar sanções em caso de tratamento de dados realizado em descumprimento à legislação, mediante processo administrativo que assegure o contraditório, a ampla defesa e o direito de recurso".[39]

As sanções administrativas[40] estão previstas em seus artigos 52, 53 e 54, que entraram em vigor apenas em 1º de agosto de 2021, que requerem ponderação de circunstâncias, como a gravidade, natureza das informações, categoria dos dados pessoais afetados, condição econômica do infrator, o grau do dano, a cooperação do infrator, a adoção de política de boas práticas, governança e a pronta adoção de medidas corretivas.[41] Após consulta pública,[42] em

---

38. Artigo 5º, XII, da LGPD.
39. Art. 55-J, IV, da LGPD.
40. Cabe destacar que, no caso da LGPD, são sanções administrativas aplicáveis: (i) advertência; (ii) multa de até 2% do faturamento da pessoa jurídica, grupo ou conglomerado no Brasil no último exercício, limitada a R$ 50 milhões de reais por infrações; (iii) multa diária; (iv) publicização da infração; (v) bloqueio dos dados pessoais a que se refere a infração; (vi) eliminação dos dados pessoais a que se refere a infração; (vii) suspensão parcial do funcionamento do banco de dados; (viii) proibição parcial ou total da atividade relacionada a tratamento de dados.
41. Art. 52, parágrafo 1º, da LGPD.
42. Nos termos do artigo 53 da LGPD: "Art. 53. A autoridade nacional definirá, por meio de regulamento próprio sobre sanções administrativas a infrações a esta Lei, que deverá ser objeto de consulta pública, as metodologias que orientarão o cálculo do valor-base das sanções de multa. § 1º As metodologias a que se refere o caput deste artigo devem ser previamente publicadas, para ciência dos agentes de tratamento, e devem apresentar

28 de outubro de 2021, a ANPD publicou a Resolução CD/ANPD 1, que aprovou o Regulamento do Processo de Fiscalização e do Processo Administrativo Sancionador.

No Regulamento, é possível verificar que as atenuantes escolhidas pela autoridade italiana poderiam ser definidas pela ANPD. Porém, de modo diverso, a ANPD prevê etapas de monitoramento, orientação, prevenção e repressão das infrações, com objetivo mais didático. Porém, o Regulamento ainda não trata sobre a metodologia de cálculo de multa, tampouco sobre requisição de direito individuais à ANPD pelos titulares, como ocorreu no caso da Universidade. Embora ainda devam ser estabelecidas posteriores regulamentações, seria possível defender que a ANPD não traria uma multa sem possibilitar correções pela Universidade.

4. CONCLUSÃO

Para o tratamento de dados no setor da educação, da mesma forma do GDPR, embora com legislações infralegais diversas, o princípio do interesse público recebe destaque quando se trata de Universidades. A tecnologia poderá mitigar questões de desigualdade social, porém, a depender, poderá aumentar e não considerar o direito fundamental à privacidade.

As consequências da invalidade dos acordos entre Estados Unidos e Europa nas decisões dos casos "Schrems I" e "Schrem II" para a transferência de dados pessoais refletiram na decisão da autoridade italiana na contratação de *software* de empresa americana que também utilizava nuvem com servidor localizado nos Estados Unidos. Pelas alegações da Universidade, ainda é possível verificar que existe uma insegurança jurídica quanto a aplicação das cláusulas padrão.

Em uma lógica de fluxo contínuo de informações e tratamento em escalas globais, espera-se que sejam consideradas na interpretação pela ANPD das dinâmicas, também sejam considerados, no âmbito do Brasil, as deficiências e desafios enfrentados na educação, em que, em muitos casos, os estudantes não têm, sequer, acesso à internet.

Nessa mesma linha, espera-se que a ANPD, no âmbito da LGPD e regulação da transferência internacional de dados, possa trazer segurança jurídica e orientações quanto ao tratamento de dados no setor da educação, considerando as novas tecnologias e a necessidade de cumprir a proteção de dados, ainda permitindo a livre circulação para inserção do país na economia global.

Por fim, o presente artigo não teve a pretensão de exaurir as discussões que cercam a incerteza jurídica mundial sobre a transferência internacional de dados, principalmente entre os territórios com a maior circulação de informações no mundo.

---

objetivamente as formas e dosimetrias para o cálculo do valor-base das sanções de multa, que deverão conter fundamentação detalhada de todos os seus elementos, demonstrando a observância dos critérios previstos nesta Lei. § 2º O regulamento de sanções e metodologias correspondentes deve estabelecer as circunstâncias e as condições para a adoção de multa simples ou diária".

REFERÊNCIAS

1. Citação de livro

DONEDA, Danilo. *Da privacidade à proteção de dados pessoais*: elementos de formação da Lei geral de proteção de dados. 2 ed. São Paulo: Thomson Reuters Brasil, 2019.

2. Capítulo em obra coletiva

DÖHMANN, Índra Spiecker Gen. A proteção de dados pessoais sob o Regulamento Geral de Proteção de Dados da União Europeia. In: DONEDA, Danilo... [et al.]. (Org.). *Tratado de Proteção de Dados Pessoais*. Rio de Janeiro: Forense, 2021.

RUDGARD, Sian. Origins and Historical Context of Data Protection Law. In: USTARAN, Eduardo. (org.). *European Data Protection*: Law and Practice. Estados Unidos: IAPP Publication, 2018.

TAVARES, Leticia Becker. A derrubada do EU-US Privacy Shield e as Standard Contractual Clauses. In: PALHARES, Felipe (Org.). *Estudos sobre privacidade e proteção de dados*. São Paulo: Thomson Reuters Brasil, 2021.

TAVARES, Leticia Becker et al. Transferência internacional de dados: compliance de acordo com a LGPD e desafios atuais. In: TOMASEVICIUS FILHO, Eduardo (Org.). *A Lei Geral de Proteção de Dados Brasileira: análise setorial*. São Paulo: Almedina, 2021. v. 2.

USTARAN, Eduardo. International Data Transfers. In: USTARAN, Eduardo (Org.). *European Data Protection*: Law and Practice. Estados Unidos: IAPP Publication, 2018.

3. Ementas de julgados e legislação

BRASIL. Lei 13.709, de 14 de agosto de 2018. *Lei Geral de Proteção de Dados Pessoais (LGPD)*. Diário Oficial da União: seção 1, Brasília, DF, seção 1, n. 157, p. 59. 15 ago. 2018. Disponível em: http://www.planalto.gov.br/ccivil_03/_ato2015-2018/2018/lei/l13709.htm. Acesso em: 11 out. 2022.

BRASIL. Resolução CD/ANPD1, de 28 de outubro de 2021. Aprova o Regulamento do Processo de Fiscalização e do Processo Administrativo Sancionador (...). Diário Oficial da União: Seção 1, ed. 205, p. 6. 29 out. 2021. Disponível em: https://www.in.gov.br/en/web/dou/-/resolucao-cd/anpd-n-1-de-28-de-outubro-de-2021-355817513. Acesso em: 11 out. 2022.

EUROPEAN DATA PROTECTION BOARD. "International transfers". Data Protection. Bruxelas, BE. Disponível em: https://edps.europa.eu/data-protection/data-protection/reference-library/international-transfers_en. Acesso em: 11 out. 2022.

EUROPEAN DATA PROTECTION SUPERVISOR. About. Europa. Disponível em: https://edps.europa.eu/about-edps_en. Acesso em: 11 out. 2022.

ITÁLIA. GARANTE PER LA PROTEZIONE DEI DATI PERSONALI (GPDP). Ordinanza ingiunzione nei confronti di Università Commerciale "Luigi Bocconi" di Milano – 16 settembre 2021. Disponível em: https://www.garanteprivacy.it/web/guest/home/docweb/-/docweb-display/docweb/9703988. Acesso em: 11 out. 2022.

MCMULLAN, Katie. Legislative framework. In: USTARAN, Eduardo. (Org.). European Data Protection: Law and Practice. Estados Unidos: IAPP Publication, 2018.

PARLAMENTO EUROPEU. Carta dos Direitos Fundamentais da União Europeia. Bruxelas, BE: PE 2000.C 364/01. Disponível em: https://www.europarl.europa.eu/charter/pdf/text_pt.pdf. Acesso em: 11 out. 2022.

PARLAMENTO EUROPEU. "European Parliament resolution of 5 July 2018 on the adequacy of the protection afforded by the EU-US Privacy Shield". Bruxelas, BE: PE (2018/2645(RSP). Disponível em: https://www.europarl.europa.eu/doceo/document/TA-8-2018-0315_EN.html. Acesso em: 11 out. 2022.

VII
DADOS BIOMÉTRICOS E RECONHECIMENTO FACIAL

VII

DADOS BIOMÉTRICOS E
RECONHECIMENTO FACIAL

9
'CASO MERCADONA': OS LIMITES DO INTERESSE PÚBLICO (ESSENCIAL) E DA PROPORCIONALIDADE NO ÂMBITO DE ATIVIDADES DE TRATAMENTO ENVOLVENDO CATEGORIAS ESPECIAIS DE DADOS BIOMÉTRICOS PARA FINS DE SEGURANÇA PRIVADA

Pedro Dalese

Especializado em Direito Digital e Proteção de Dados pela Escola Superior de Advocacia (ESA/OABRJ). Bacharel em Direito pela Universidade Federal Fluminense (UFF). Advogado do Escritório Luciano Tolla Advogados (Niterói/RJ). Contato: pedrodalesejur@gmail.com.

Leonardo Perez Diefenthäler

Mestrando em Direito pela Universidade de São Paulo (USP). Graduado em Direito pela Faculdade de Direito da Universidade de São Paulo (USP). Contato: leonardo.diefenthaler@usp.br.

Resumo: A DPA espanhola multou a Mercadona SA em 2.520.000 euros por instalar sistemas de reconhecimento facial com o objetivo de rastrear indivíduos com condenações criminais.

Fundamentos: Art. 5 (1) c) GDPR / Art. 6 GDPR / Art. 9 GDPR / Art. 12 GDPR / Art. 13 GDPR / Art. 25 (1) GDPR / Art. 35 GDPR.

Decisão completa:

https://www.aepd.es/es/documento/ps-00120-2021.pdf

"I have endeavoured to show in considerable detail that all the chief expressions exhibited by man are the same throughout the world".

Charles Robert Darwin
The Expression of Man and Animals (1897).

Sumário: 1. Descrição do caso – 2. Fundamentação legal para a imposição da sanção – 3. Comentários e análise crítica; 3.1 O interesse público "essencial" sob à égide do GDPR; 3.2 Exame da proporcionalidade; 3.3 O *profiling* de dados pessoais biométricos de vulneráveis; 3.4 O direito à desconexão digital e à informação em ambientes laborais – 4. Conclusão – Referências – Anexos.

1. DESCRIÇÃO DO CASO

O caso Mercadona[1] (*Procedimiento* PS/00120/2021) diz respeito às questões éticas e jurídicas atinentes à implantação de um sistema de reconhecimento facial em supermercados das cidades espanholas de Valência, Saragoça e Maiorca, com especial enfoque às relacionadas aos direitos da personalidade e proteção de dados pessoais.

A Espanha encontra-se localizada na Península Ibérica, sudoeste da Europa. O país detém extensão territorial de 505.940 km²[2] e, atualmente, possui cerca de 47.326.687 (quarenta e sete milhões e trezentos e vinte e seis mil e seiscentos e oitenta e sete) habitantes.[3]

O país, que possui o castelhano como língua oficial, constitui-se num Estado de Direito social e democrático que detém como forma política a monarquia parlamentar.[4]

Quanto ao exercício das atividades regulatórias no âmbito da proteção de dados pessoais e garantia de direitos digitais, destaca-se a Agência Espanhola de Proteção de Dados (AEPD), criada pela Lei Orgânica 5/1992, de 29 de outubro, relativa ao tratamento automatizado de dados pessoais.[5] A AEPD é uma autoridade administrativa independente, nos termos da Lei 40/2015, de 1 de outubro, sobre o regime jurídico do setor público espanhol, bem como dotada de personalidade jurídica e independência funcional no exercício de suas funções.[6] A Agência constitui uma "Autoridade de controle independente" que o Regulamento (UE) 2016/679 do parlamento europeu e do conselho de 27 de abril de 2016, doravante GDPR, em seus arts. 4.º, n.º 22 e 51.º a 59.º, determina como sendo de necessário estabelecimento por parte dos Estados-Membros para fins de fiscalização e aplicação de princípios e regras em matéria de proteção de dados pessoais.

---

1. A Mercadona é uma empresa global que se dedica ao gerenciamento de uma rede de supermercados de alimentos. Em 2019, detinha 1.636 lojas e cerca de 95.000 trabalhadores em território espanhol, com mais de 25 bilhões de euros em volume de negócios.
2. STATISTA. Ranking de los países de la Unión Europea por su superficie en kilómetros cuadrados. 23 mar. 2022. Disponível em: https://es.statista.com/estadisticas/539263/superficie-de-los-paises-de-la-union-europea/. Acesso em: 11 out. 2022.
3. INSTITUTO NACIONAL DE ESTADÍSTICA. Cifras de Población (CP) a 1 de julio de 2021. 16 dez. de 2021. Disponível em: https://www.ine.es/prensa/cp_j2021_p.pdf. Acesso em: 11 out. 2022.
4. ESPANHA. Constitución Española. 29 de dez. de 1978. *Boletín Oficial del Estado*, n. 311, de 29 dez. 1978. Disponível em: https://www.boe.es/buscar/act.php?id=BOE-A-1978-31229. Acesso em: 11 out. 2022.
5. A Agência Espanhola de Proteção de Dados (AEPD), mesmo criada em 1992, apenas a partir de 1994 efetivamente iniciou suas atividades regulatórias. ESPANHA. Agencia Española de Protección de Datos (AEPD). Historia. 21 set. 2021. Disponível em: https://www.aepd.es/es/la-agencia/transparencia/informacion-de-caracter-institucional-organizativa-y-de-planificacion/historia. Acesso em: 11 out. 2022.
6. Art. 44 da Lei Orgânica 3/2018, de 5 de dezembro, sobre Proteção de Dados Pessoais e garantia de direitos digitais (LOPDGDD).

Sendo assim, no exercício de suas funções fiscalizatórias, a AEPD tomou ciência que durante o mês de julho de 2020 os meios de comunicação espanhóis passaram a noticiar sobre a implementação de um sistema de detecção de pessoas realizado por meio de técnicas biométricas[7] por parte da rede de supermercados Mercadona, S.A.

Segundo as informações divulgadas, o sistema objetivava a detecção de pessoas condenadas criminalmente por crimes de roubo ou furto realizados contra a Mercadona, com ordens judiciais de restrição de acesso aos estabelecimentos da rede ou medidas cautelares por crimes cometidos contra trabalhadores do grupo (*e.g.* violência de gênero). O sistema, denominado de Sistema de Detecção Antecipada (SDA), desenvolvia suas atividades por meio da captura e processamento de dados pessoais biométricos através de câmeras com sistemas de reconhecimento facial.

Após tomar ciência dos fatos, o Diretor da Agência Espanhola de Proteção de Dados (AEPD) se comprometeu em iniciar ações investigativas.

No mês subsequente, mais especificamente nos dias 15 e 27 de julho, a Associação de Consumidores e Usuários em Ação (FACUA) e a Associação para a Prevenção e Estudos do Crime, Abuso e Negligência em Tecnologia da Informação e Comunicações Avançadas (APEDANICA) apresentaram reclamações sobre os fatos noticiados pela imprensa.

Mediante os fatos relatados na reclamação e os documentos apresentados, a Subdireção-Geral de Inspeção de Dados da AEPD procedeu à realização de ações preliminares de investigação.[8] Como resultado, instaurou-se procedimento administrativo em que a responsável pelo tratamento, Mercadona, respondeu na qualidade de reclamada.

Os trabalhos investigativos da AEPD pautaram-se na análise da arquitetura do sistema de reconhecimento facial e seus possíveis impactos sociais, com especial atenção ao contexto de implantação das atividades de tratamento[9] de dados pessoais, seus objetivos, legalidade, proporcionalidade e legitimidade.

Sobre a implementação do sistema, verificou-se que em 1º.07.2020 teve início o projeto piloto do SDA nos supermercados da rede.

---

7. Entende-se por "técnicas biométricas" qualquer tecnologia ou operação que baseie-se no processamento técnico específico de dados relativos a aspectos físicos, fisiológicos ou comportamentais do corpo humano (incluindo quando em movimento) ou destine-se à autenticação, identificação ou categorização de humanos de acordo com suas características permanentes ou de longo prazo (inclusive com o objetivo de prever comportamento futuro), bem como à detecção de condições humanas temporárias ou permanentes (como medo, fadiga ou doença, ou intenções). European Parliament. Directorate-General for Internal Policies of the Union, Wendehorst, C., Duller, Y., Biometric recognition and behavioural detection : assessing the ethical aspects of biometric recognition and behavioural detection techniques with a focus on their current and future use in public spaces, 2021, p. 8. Disponível em: https://data.europa.eu/doi/10.2861/65868. Acesso em: 11 out. 2022.

8. Art. 57.º, n.º 1, GDPR e art. 51.º, ns. 1 e 2 da LOPDGDD.

9. Art. 4.º, n.º 2, GDPR, define tratamento como "uma operação ou um conjunto de operações efetuadas sobre dados pessoais ou sobre conjuntos de dados pessoais, por meios automatizados ou não automatizados, tais como a recolha, o registo, a organização, a estruturação, a conservação, a adaptação ou alteração, a recuperação, a consulta, a utilização, a divulgação por transmissão, difusão ou qualquer outra forma de disponibilização, a comparação ou interconexão, a limitação, o apagamento ou a destruição". No mesmo sentido, tem-se o art. 5º, X, LGPD.

Segundo Mercadona, a implantação do SDA se deve, em muito, ao grande número de crimes que são cometidos contra seus funcionários e patrimônio nos seus mais de 1.600 supermercados localizados na Espanha. Neste particular, a rede de supermercados destacou que antes da implementação do sistema, foram realizados inúmeros testes para verificar seu bom funcionamento e principais funcionalidades. Os testes também buscavam otimizar a relação entre detecções e falsos positivos. Conforme manifestação da Mercadona, o SDA não teria apresentado falsos positivos.[10]

Os critérios utilizados na implantação do SDA, que tomou por base a quantidade de processos judiciais nos quais Mercadona era parte, levaram em consideração as áreas que apresentavam maiores riscos para clientes e trabalhadores da rede de supermercados. Nesse sentido, Mercadona informou que as atividades de processamento e armazenamento de dados realizadas pelo SDA teriam duração compatível com o tempo necessário para o cumprimento das medidas judiciais.[11]

O SDA realizava a captura de imagens através das câmeras de reconhecimento facial. Posteriormente, as imagens capturadas eram confrontadas, em tempo real, com as imagens constantes do banco de dados. Em caso de detecção de um suspeito, o sistema emitia um alerta que era analisado por uma equipe especial de segurança. Caso a ameaça fosse confirmada, a equipe fazia contato com as Forças e Corpos de Segurança do Estado ou poder judiciário, objetivando a proteção, segurança e integridade dos clientes e trabalhadores da Mercadona.

Segundo a Mercadona, o SDA estrutura-se em procedimento octafásico que opera da seguinte maneira: (i) Extração da imagem do condenado dos autos do processo judicial;[12] (ii) Inclusão da imagem no Sistema de Detecção Antecipada; (iii) Ativação do Sistema de Detecção Antecipada; (iv) Detecção do Sistema; (vi) Alerta de detecção; (vii) Recebimento e validação do alerta e, por fim, (viii) Comunicação às Forças e Órgãos de Segurança do Estado Espanhol (FCSE).[13]

---

10. Os erros manifestados por sistemas de reconhecimento facial podem assumir a forma de um "falso negativo", onde o algoritmo não consegue combinar duas imagens da mesma pessoa, ou um "falso positivo", onde o sistema indica incorretamente a correspondência entre imagens de duas pessoas distintas. NIST. NIST Launches Studies into Masks'Effect on Face Recognition Software. 27 jul. 2020. Disponível em: https://www.nist.gov/news-events/news/2020/07/nist-launches-studies-masks-effect-face-recognition-software. Acesso em: 11 out. 2022.

11. Em sua manifestação, a Mercadona pontuou que o SDA e o sistema videovigilância seriam atividades autônomas de tratamento. Nas hipóteses de tratamento relacionadas à atividade de videovigilância, o período de conservação seria de trinta dias.

12. "[U]na vez que MERCADONA cuenta con una resolución judicial firme que determine la imposición de una orden de alejamiento o medida judicial análoga respecto a una o varias tiendas MERCADONA, el abogado responsable del expediente, envía un correo electrónico al CAS" en el que se indica el número de sentencia, los centros a los que afecta, y el período de vigencia, y se adjunta el "documento pdf. con liquidación de condena/medida cautelar". Así, detalla Mercadona que "la imagen se incorpora al sistema con la limitación territorial del área o tiendas determinadas en la resolución judicial, indicando la limitación temporal del plazo o caducidad de la orden de alejamiento, el cual viene determinado en la resolución judicial". Procedimiento PS/00120/2021, p. 13.

13. Segundo Mercadona, as informações referentes ao processo de confirmação e notificação às Forças e Órgãos de Segurança do Estado estariam restritas a profissionais específicos como o gerente de projetos e integrantes do Centro de Atenção de Segurança (CAS).

Sobre o SDA e o seu funcionamento, a Mercadona explanou tratar-se de um sistema de reconhecimento facial que se desenvolve por meio da comparação da amostra biométrica duvidosa, obtida através de uma ou mais imagens da pessoa, com uma base de dados previamente registrada através de uma ou mais imagens. As amostras biométricas duvidosas eram transformadas em padrões. Posteriormente, através do reconhecimento facial, as amostras biométricas são comparadas e avaliadas por cálculos algorítmicos com base em limites de correspondência previamente estabelecidos.

O processo de identificação (um-para-muitos) levava cerca de 0,3 segundos entre o momento da captura da imagem e a detecção do Sistema.

Sobre a distinção entre os processos de tratamento de dados biométricos realizados por sistemas de reconhecimento facial, o grupo de proteção de dados do artigo 29 no Parecer 3/2012 sobre a evolução das tecnologias biométricas assim preceitua:[14]

> Identificação biométrica: A identificação de uma pessoa por um sistema biométrico consiste, em regra, no processo de comparação de dados biométricos dessa pessoa (obtidos no momento da identificação) com um determinado número de modelos biométricos armazenados numa base de dados (ou seja, um processo de correspondência «um-para-muitos»).

> Verificação/autenticação biométrica: A verificação de uma pessoa por parte de um sistema biométrico consiste, em regra, no processo de comparação de dados biométricos dessa pessoa (obtidos no momento da verificação) com um único modelo biométrico armazenado num dispositivo (ou seja, um processo de correspondência « um-para-um»).

Os serviços de coleta, armazenamento e eliminação dos dados pessoais, bem como do provedor de segurança privada e manutenção do SDA foram realizados por empresas terceiras.[15] As categorias de dados processadas nessas atividades diziam respeito aos dados pessoais dos clientes Mercadona, das pessoas com condenação judicial e empregados.

Quanto à transferência internacional de dados pessoais, o contrato de prestação de serviço proibia o processamento de dados pessoais fora da União Europeia ou em país que não detivesse nível de proteção adequado ao regulamento europeu.[16]

Por fim, com relação aos seus deveres de informação, Mercadona afirmou ter cumprido suas obrigações legais mediante a afixação de cartazes informativos sobre o SDA nas entradas de cada um de seus supermercados, bem como prestado esclarecimentos sobre o sistema aos empregados.

---

14. Grupo de proteção de dados do artigo 29. Parecer 3/2012 sobre a evolução das tecnologias biométricas. 27 de abr. de 2012. p. 6. Disponível em: https://ec.europa.eu/justice/article-29/documentation/opinion-recommendation/files/2012/wp193_pt.pdf. Acesso em: 11 out. 2022.

15. No presente caso, a empresa terceira realiza atividades típicas da figura do *"encargado del tratamiento"* ou Subcontratante que está definida no art. 4.º, n.º 8, GDPR, como a pessoa singular ou coletiva, a autoridade pública, agência ou outro organismo que trate os dados pessoais por conta do responsável pelo tratamento destes. Na Lei 13.709, de 14 de agosto de 2018, Lei Geral de Proteção de Dados Pessoais do Brasil (LGPD), é possível traçar paralelo dessas atividades com a figura do operador, que nos termos do art. 5, VII, seria a pessoa natural ou jurídica, de direito público ou privado, que realiza o tratamento de dados pessoais em nome do controlador.

16. Reiterando o disposto contratualmente, a Mercadona alegou que não se realizam transferências internacionais de dados pessoais no âmbito do SDA. As únicas comunicações previstas no SDA diziam respeito ao descumprimento de ordem judicial e se destinariam às Forças e Órgãos de Segurança do Estado ou ao poder judiciário.

2. FUNDAMENTAÇÃO LEGAL PARA A IMPOSIÇÃO DA SANÇÃO

Em 5 de maio de 2021, o Diretor da AEPD decidiu instaurar procedimento sancionatório[17] em razão de supostas violações ao GDPR, à Lei Orgânica 3/2018, de 5 de dezembro, de Proteção de Dados Pessoais e garantia de direitos digitais (LOPDGDD),[18] bem como para análise de imposição de medida cautelar de suspensão das atividades de tratamento de dados pessoais realizadas pelo SDA.

Ao ser notificada da instauração do procedimento, Mercadona solicitou cópia do processo e prorrogação do prazo para a apresentação de alegações, o que foi concedido. Em momento subsequente, com a imposição da medida cautelar em 06 de maio de 2021, Mercadona desativou o SDA e apresentou documentação apta a comprovar o cumprimento da ordem.

Na apresentação de suas alegações por escrito afirmou, em síntese, que:

I. O SDA visava assegurar o cumprimento de decisões judiciais, com sua legitimidade residindo na base legal do interesse público prevista no art. 6.º, n.º 1, "e", GDPR.[19]

II. O GDPR autoriza atividades de tratamento realizadas com categorias especiais de dados pessoais desde que adotadas medidas de segurança adequadas;

III. O tratamento ora analisado é necessário, adequado, eficaz e proporcional, surgindo como a principal medida na busca pela solução dos problemas de segurança da rede de supermercados.

IV. Os direitos dos clientes e demais pessoas que adentravam seus supermercados não eram violados, uma vez que durante o lapso temporal de 0,3 segundos não havia atividade de tratamento das pessoas que não constavam da base de dados.

V. A implementação do SDA estava lastreada por diversas decisões judiciais.

VI. A AEPD não procedeu a uma análise pormenorizada do SDA, violando princípios como da tipicidade e legalidade.

VII. Os procedimentos informativos referentes à implementação do SDA e suas implicações sociais observavam as disposições do GDPR.

VIII. Desde a concepção do projeto, o SDA levou em consideração os potenciais impactos de suas atividades nos direitos à privacidade e à proteção de dados pessoais.

Quanto aos aspectos formais e legalidade do processo, fez as seguintes alegações:

---

17. O procedimento sancionatório foi instaurado de ofício de acordo com o disposto nos arts. 63.º e 64.º da Lei 39/2015, de 1 de outubro, do Procedimento Administrativo Comum das Administrações Públicas (LPACAP).

18. ESPANHA. Ley Orgánica 3/2018, de 5 de diciembre, de Protección de Datos Personales y garantía de los derechos digitales. *Boletín Oficial del Estado*, n. 294, 6 dez. 2018. Disponível em: https://www.boe.es/buscar/doc.php?id=BOE-A-2018-16673. Acesso em: 11 out. 2022.

19. Art. 6.º, n.º 1, "e": O tratamento só é lícito se e na medida em que se verifique pelo menos uma das seguintes situações: (...) O tratamento for necessário ao exercício de funções de interesse público ou ao exercício da autoridade pública de que está investido o responsável pelo tratamento.

a) Desconhecimento das duas reclamações apresentadas pela Facua e Apedanica; b) O padrão de uma pessoa não constituiria um dado pessoal, por conseguinte, nenhuma base legal seria necessária no tratamento; c) O sistema implementado não coleta informações adicionais sobre a condição do condenado; d) A proposta de regulamento do Parlamento Europeu e do Conselho sobre Inteligência Artificial COM (2021) 206, publicada em 21/04/2021, viabilizava a implantação do SDA;[20] e) A inexistência de um elemento subjetivo de culpa que pudesse fundamentar a sanção; f) A atividade principal da Mercadona não está ligada ao tratamento de dados, mas sim à gestão de uma rede de supermercados; e g) O SDA estava adequado aos padrões e requisitos regulatórios adotados pela AEPD.

Ao final das alegações, a Mercadona requereu o arquivamento do processo sancionatório.

Em sua decisão, a AEPD ressaltou que:

– As atividades de tratamento implementadas pelo SDA, por constituírem riscos extremamente elevados e inaceitáveis para os direitos e liberdades dos clientes e empregados da Mercadona, constam na lista da AEPD sobre atividades de tratamento que requerem avaliação de impacto.[21] Nesse sentido, destacou-se que em violação ao art. 36.º do GDPR, o desenvolvimento e implementação do SDA ocorreu sem que houvesse a realização de consulta prévia à AEPD;

– A Agência teve conhecimento da implantação do SDA por meio de fontes jornalísticas e das atividades políticas desempenhadas por associações da sociedade civil espanhola.

– O SDA realizava atividades de tratamento caracterizadas como "vigilância biométrica indiscriminada" que afetavam três categorias de indivíduos. Por um lado, o tratamento de dados biométricos do condenado por decisão judicial; de outro, o proces-

---

20. Em seu título II, ao tratar sobre as práticas de inteligência artificial proibidas, a proposta de regulamento traz como regra geral a proibição da utilização de sistemas de identificação biométrica à distância em «tempo real» em espaços públicos, salvo quando para fins de investigação criminal, prevenção de ameaças à vida ou de ataques terroristas, e na detecção e identificação de suspeitos ou acusados de terem cometido uma infração penal do art. 2º, n. 2, da Decisão-quadro 2002/584/JAI do Conselho, de 13 de junho de 2002, relativa ao mandado de detenção europeu e aos processos de entrega entre os Estados-Membros.

21. *Esta lista se basa en los criterios establecidas por el Grupo de Trabajo del Artículo 29 en la guía WP248, "Directrices sobre la evaluación de impacto relativa a la protección de datos (EIPD) y para determinar si el tratamiento «entraña probablemente un alto riesgo» a efectos del RGPD", los complementa y debe entenderse como una lista no exhaustiva: (...) 4. Tratamientos que impliquen el uso de categorías especiales de datos a las que se refiere el artículo 9.1 del RGPD, datos relativos a condenas o infracciones penales a los que se refiere el artículo 10 del RGPD o datos que permitan determinar la situación financiera o de solvencia patrimonial o deducir información sobre las personas relacionada con categorías especiales de datos. 5. Tratamientos que impliquen el uso de datos biométricos con el propósito de identificar de manera única a una persona física. (...) 9. Tratamientos de datos de sujetos vulnerables o en riesgo de exclusión social, incluyendo datos de menores de 14 años, mayores con algún grado de discapacidad, discapacitados, personas que acceden a servicios sociales y víctimas de violencia de género, así como sus descendientes y personas que estén bajo su guardia y custodia".* ESPANHA. Agencia Española de Protección de Datos (AEPD). Listas de tipos de tratamientos de datos que requieren evaluación de impacto relativa a protección de datos (art 35.4). 9 set. 2019. Disponível em: https://www.aepd.es/sites/default/files/2019-09/listas-dpia-es-35-4.pdf. Acesso em: 11 out. 2022.

samento de dados biométricos dos clientes da Mercadona; e, por fim, o processamento de dados biométricos dos próprios empregados da Mercadona;

– Havia legitimidade quanto ao tratamento de dados biométricos de condenados, pois tais atividades de tratamento estariam lastreadas por medidas de segurança oriundas de decisões judiciais.

– Nos termos do art. 8°, 1 e 2, da LOPDGDD, para que as atividades de tratamento de dados pessoais do SDA pudessem conferir maior proteção jurídica aos titulares dos dados, seria necessário a existência de norma específica com força de lei tratando do assunto, o que não se verifica no ordenamento jurídico espanhol.[22]

– Os dados processados pelo SDA são dados sensíveis, dentre os quais, incluem-se dados pessoais de vulneráveis, além de representarem um grande volume de exames faciais;

– As atividades de tratamento foram caracterizadas como remotas, massivas e indiscriminadas; e

– A responsabilidade pelas deficiências e incompatibilidades do SDA decorreram das decisões tomadas pela Mercadona, nomeadamente, as finalidades do tratamento de dados e os meios utilizados para o atingimento dos propósitos do sistema.

Como fatores agravantes da sanção, a AEPD destacou que as violações do SDA ao GDPR possuem natureza contínua por terem sido perpetradas de 1°.07.2020 a 06.05.2021 e o processamento de dados do SDA afetou menores e pessoas vulneráveis que acessaram aos estabelecimentos da rede de supermercados. Ao passo que como fator atenuante, de especial relevância para a fixação do valor da sanção pecuniária, destacou-se o fato de inexistir reincidência da violação pela rede de supermercados.

Em sua decisão, a AEPD entendeu que o tratamento de dados pessoais com base no reconhecimento facial para fins de identificação implementado pela Mercadona é vedado pelo que dispõe o art. 9.°, n.° 1, GDPR, pois não se verificou a existência de qualquer base legal como exceção da referida proibição, nos termos do art. 9.°, n.° 2, GDPR.[23] Ademais, ressaltou que tal proibição não pode ser justificada em razão da adoção

---

22. "Artículo 8. Tratamiento de datos por obligación legal, interés público o ejercicio de poderes públicos. 1. El tratamiento de datos personales solo podrá considerarse fundado en el cumplimiento de una obligación legal exigible al responsable, en los términos previstos en el artículo 6.1.c) del Reglamento (UE) 2016/679, cuando así lo prevea una norma de Derecho de la Unión Europea o una norma con rango de ley, que podrá determinar las condiciones generales del tratamiento y los tipos de datos objeto del mismo así como las cesiones que procedan como consecuencia del cumplimiento de la obligación legal. Dicha norma podrá igualmente imponer condiciones especiales al tratamiento, tales como la adopción de medidas adicionales de seguridad u otras establecidas en el capítulo IV del Reglamento (UE) 2016/679. 2. El tratamiento de datos personales solo podrá considerarse fundado en el cumplimiento de una misión realizada en interés público o en el ejercicio de poderes públicos conferidos al responsable, en los términos previstos en el artículo 6.1 e) del Reglamento (UE) 2016/679, cuando derive de una competencia atribuida por una norma con rango de ley".

23. No caso, alegou-se principalmente as exceções estampadas nas alíneas "f" e "g" do art. 9.°, n.° 2 que dizem, respectivamente: "Se o tratamento for necessário à declaração, ao exercício ou à defesa de um direito num processo judicial ou sempre que os tribunais atuem no exercício da suas função jurisdicional" e "Se o tratamento for necessário por motivos de interesse público essencial, com base no direito da União ou de um Estado-Membro,

de medidas proativas voltadas à segurança, não cabendo, por conseguinte, recorrer a base legal do art. 6.º, n.º 1, "e", GDPR, como legitimadora das atividades de tratamento.

No caso em análise, em resumo, a Mercadona realizou o processamento de vastas quantidades de categorias especiais de dados pessoais sem solicitar o consentimento dos titulares ou valer-se de alguma das nove hipóteses legitimadoras restantes, o que, segundo a AEPD eivou as atividades de ilegalidade e ilegitimidade.

Assim, a AEPD igualmente destacou que o SDA fundado em atividades de tratamento de dados pessoais biométricos destinado ao reconhecimento facial para fins de identificação implantado pela rede de supermercados Mercadona violou diversos dispositivos do GDPR, em especial quanto: ao princípio da minimização dos dados (art. 5.º, n.º 1, "c"), à licitude e legitimidade das atividades de tratamento (art. 6.º), à proibição do tratamento de categorias especiais de dados pessoais (art. 9.º), à transparência das informações e ao regramento legal para o exercício dos direitos dos titulares dos dados (arts. 12.º e 13.º),[24] à proteção de dados desde a concepção e por padrão (art. 25.º, n.º 1) e às obrigações de avaliação de impacto sobre a proteção de dados (AIPD) e consulta prévia à AEPD (arts. 35.º e 36.º).

A fixação individualizada, efetiva, proporcional e dissuasiva da sanção se deu graduada de acordo com critérios indicados no art. 83.º, n.º 1, GDPR. Para tanto, a AEPD ponderou que a Mercadona se tratava de uma grande empresa de comércio do setor atacadista, código CNAE 4711,[25] que em 2019 apresentava um volume de negócios de mais de 25 bilhões de euros, possuindo 90.000 empregados e 1.636 supermercados em funcionamento.

Sendo assim, em 29 de junho de 2021 a AEPD emitiu proposta de resolução na qual arbitrou sanção pecuniária de 3.150.000,00 (três milhões e cento e cinquenta mil euros)[26]

---

que deve ser proporcional ao objetivo visado, respeitar a essência do direito à proteção dos dados pessoais e prever medidas adequadas e específicas que salvaguardem os direitos fundamentais e os interesses do titular dos dados".

24. Em 14.08.2020, a Cia Hering foi sancionada em R$ 58.767,00 (cinquenta e oito mil setecentos e sessenta e sete reais) por violações ao dever de informação de consumidores e por práticas ilegítimas e ilegais no uso de recursos tecnológicos de reconhecimento facial nas instalações de sua loja Hering Experience, localizada no Morumbi Shopping em SP. Dentre as ilegalidades, verificou-se que a tecnologia havia sido utilizada sem conhecimento prévio e consentimento do consumidor, resultando em ofensa a direitos da personalidade e da imagem dos consumidores. O processo administrativo que deu origem à sanção foi instaurado, *ex officio*, pelo Departamento de Proteção e Defesa do Consumidor (DPDC), da Secretaria Nacional do Consumidor (Senacon), do Ministério da Justiça e Segurança Pública (MJSP). BRASIL. MINISTÉRIO DA JUSTIÇA E SEGURANÇA PÚBLICA. Secretaria Nacional do Consumidor aplica multa a empresa por reconhecimento facial. 14 ago. 2020. Disponível em: https://www.gov.br/mj/pt-br/assuntos/noticias/secretaria-nacional-do-consumidor-aplica-multa-a-empresa-por-reconhecimento-facial. Acesso em: 11 out. 2022.

25. O Real Decreto 475/2007, de 13 de abril, ao tratar sobre a Classificação Nacional de Atividades Econômicas na Espanha, estabelece códigos de 4 dígitos voltados a identificar uma determinada atividade econômica. O código CNAE 4711 refere-se a comércios varejistas em estabelecimentos não especializados, com predominância de produtos alimentícios, bebidas e fumo. ESPANHA. Real Decreto 475/2007, de 13 de abril, por el que se aprueba la Clasificación Nacional de Actividades Económicas 2009 (CNAE-2009). *Boletín Oficial del Estado*, n. 102, de 28 abr. 2007. Disponível em: https://www.boe.es/buscar/pdf/2007/BOE-A-2007-8824-consolidado.pdf. Acesso em: 11 out. 2022.

26. Em seu relatório "MEMORIA ANUAL 2021", a AEPD destacou que do ano de 2020 para 2021 ocorreu o aumento em 54% do número de multas aplicadas e em 337% no valor total das sanções pecuniárias. Além disso, fez menção

à Mercadona, posteriormente reduzida em 20%, restando fixada em 2.520.000,00 (dois milhões e quinhentos e vinte mil euros).[27]

Na dosimetria da sanção administrativa, o Diretor da AEPD fundamentou sua decisão tomando por base a inobservância dos seguintes critérios legais:

– Art. 5.º, n.º 1, *"c"* (minimização dos dados), tipificado no art. 83.º, n.º 5, *"a"*, GDPR, considerada gravíssima nos termos do art. 72, 1, *"a"*, LOPDGDD, sanção de 500.000 (quinhentos mil euros).

– Arts. 6.º (licitude do tratamento) e 9.º (tratamento de categorias especiais de dados pessoais), tipificados no art. 83.º, n.º 5, *"a"*, GDPR, considerada gravíssima nos termos do art. 72, 1, *"a"* e *"e"*, LOPDGDD, sanção de 2.000.000 (dois milhões de euros).

– Arts. 12.º (transparência das informações) e 13.º (informação e acesso aos dados pessoais), tipificados no art. 83.º, n.º 5, *"b"*, GDPR, considerada gravíssima nos termos do art. 72, 1, *"h"*, LOPDGDD, sanção de 100.000 (cem mil euros).

– Art. 25.º, n.º 1 (proteção de dados desde a concepção – *by design*), tipificado no art. 83.º, n.º 4, *"a"*, GDPR, considerada grave nos termos do art. 73, *"d"*, LOPDGDD, sanção de 500.000 (quinhentos mil euros).

– Art. 35.º (Avaliação de impacto sobre a proteção de dados), tipificado no art. 83.º, n.º 4, *"a"*, GDPR, considerada grave nos termos do art. 73.º, *"t"*, LOPDGDD, sanção de 50.000 (cinquenta mil euros).

Ademais, determinou-se a suspensão de todas as atividades de tratamento com dados pessoais relativas ao SDA por incompatibilidade do referido sistema de reconhecimento facial com os princípios e regras estabelecidos no GDPR.

3. COMENTÁRIOS E ANÁLISE CRÍTICA

3.1 O interesse público "essencial" sob à égide do GDPR

Com relação à legitimidade para a realização das atividades de tratamento, a Mercadona fundamentou a implantação do SDA com base num interesse público voltado à preservação da segurança dos seus clientes e suas instalações, além de fazer referência à autorização para o tratamento de dados biométricos quando necessário para o exercício ou defesa de direito em processo judicial.

---

ao fato de terem sido aplicadas variadas sanções em valor superior a um milhão de euros, das quais cinco já se encontram em fase executiva, como é o caso da sanção imposta no caso Mercadona. AEPD. MEMORIA ANUAL 2021. 18 de mar. 2022. p. 142-143. Disponível em: https://www.aepd.es/es/documento/memoria-aepd-2021.pdf.

27. Valendo-se do que prevê o art. 85 da Lei 39/2015, de 1 de outubro, sobre o Procedimento Administrativo Comum das Administrações Públicas (LPACAP), a Mercadona realizou o pagamento voluntário da sanção pecuniária em momento anterior a resolução do processo administrativo, 19 de julho de 2021. Desse modo, beneficiou-se da redução prevista na proposta de resolução que reduziu a sanção para o valor de € 2.520.000,00 (dois milhões e quinhentos e vinte mil euros).

A excepcionalidade para a legitimação de uma atividade de tratamento com base no interesse público, no sentido de transpor o ordinário, demonstra-se de particular importância para a compreensão da decisão da AEPD.

Segundo entendimento do Comitê Europeu de Proteção de Dados (CEPD), os dados pessoais podem ser tratados por sistemas de videovigilância nos termos do art. 6º, n.º 1, *"e"*, quando necessários para o desempenho de função de interesse público ou no exercício de atividades de autoridade pública.[28]

Contudo, no caso em apreço, a AEPD ressaltou que em razão do tratamento de dados pessoais realizado pelo SDA abarcar categorias especiais de dados pessoais, para estar legitimado pela base legal do interesse público, a Mercadona deveria ter observado que a alínea *"g"* do art. 9.º, n.º 2, GDPR, não alude somente ao interesse público, como o regulamento faz em muitos de seus dispositivos,[29] nesse ponto, trata-se do único dispositivo que versa sobre um *interesse público essencial*.

O interesse público para ser qualificado como essencial deve ser interpretado à luz da jurisprudência do Tribunal Europeu de Direitos Humanos (TEDH),[30] além de congregar cinco atributos voltados à proteção jurídica da pessoa natural em atividades de tratamento de dados sensíveis, a saber: (i) estar fundamentado no direito da União ou

---

28. COMITÉ EUROPEU PARA A PROTEÇÃO DE DADOS. Diretrizes 3/2019 sobre tratamento de dados pessoais através de dispositivos de vídeo. 26 fev. 2020, p. 13. Disponível em:https://edpb.europa.eu/sites/default/files/files/file1/edpb_guidelines_201903_video_devices_pt.pdf. Acesso em: 11 out. 2022.

29. O GDPR refere-se especificamente à expressão "interesse público" sem o adjetivo essencial em 40 dispositivos legais. Nesse sentido, veja-se: Considerandos 10, 45, 46, 50, 51, 52, 53, 54, 55, 56, 62, 65, 68, 69, 73, 111, 112, 115, 122, 128, 142, 154, 156, 158 e 159, bem como nos seguintes artigos: art. 5.º, n.º 1, *"b"* e *"e"*; art. 6.º, n.º 1, *"e"* e n.º 3; art. 9.º, n.º 2, *"i"* e *"j"*; art. 14.º, n.º 5, *"b"*; art. 17.º, n.º 3, *"b"*, *"c"* e *"d"*; art. 18.º, n.º 2; art. 20.º, n.º 3; art. 21.º, n.º 6; art. 23.º, n.º 1, *"e"*; art. 28.º, n.º 3, *"a"*; art. 36.º, n.º 5; art. 49.º, n.º 1, *"d"*, ns. 4 e 5; art. 80.º, n.º 1; art. 86.º e art. 89.º, ns. 1 e 3.

30. TEDH, D.L. v. BULGARIA, n. 7472/14 (2016), "101. Such interference will contravene Article 8 § 2 of the Convention unless it is "in accordance with the law", pursues one or more legitimate aims and is "necessary in a democratic society" in order to achieve them. 109. The Court would also emphasise how important it is that the authorities ensure that any measures restricting private and family life are as mild as possible where they are implemented in the context of deprivation of liberty for educational purposes alone". TEDH, DRAGOJEVIĆ v. CROATIA, n. 68955/11 (2015), "78. The Court reiterates that telephone conversations are covered by the notions of "private life" and "correspondence" within the meaning of Article 8. Their monitoring amounts to an interference with the exercise of one's rights under Article 8 (see Malone v. the United Kingdom, 2 August 1984, § 64, Series A n. 82). 79. Such an interference is justified by the terms of paragraph 2 of Article 8 only if it is "in accordance with the law", pursues one or more of the legitimate aims referred to in paragraph 2 and is "necessary in a democratic society" in order to achieve the aim or aims (see, amongst many others, Kvasnica v. Slovakia, no. 72094/01, § 77, 9 June 2009)". TEDH, PECK v. THE UNITED KINGDOM, n. 44647/98 (2003), "87. Accordingly, the Court considers that the disclosures by the Council of the CCTV material in the CCTV News and to the Yellow Advertiser, Anglia Television and the BBC were not accompanied by sufficient safeguards to prevent disclosure inconsistent with the guarantees of respect for the applicant' private life contained in Article 8. As such, the disclosure constituted a disproportionate and therefore unjustified interference with his private life and a violation of Article 8 of the Convention. 105. The Court has found that the applicant's right to respect for his private life (see paragraph 87 above) was violated by the disclosure by the Council of the relevant footage. 119. The Court has noted above the reasons why it considered the interference with the applicant's private life to be a serious one and the personal consequences for the applicant of the wide dissemination of the footage, together with the absence of any effective remedy in these respects (on this latter point, see D.P. and J.C. v. the United Kingdom, no. 38719/97, § 142, 10 October 2002)."

do Estado-Membro; (ii) ser proporcional ao objetivo almejado; (iii) respeitar a essência do direito fundamental à proteção de dados, (iv) estar consubstanciado por medidas adequadas e específicas que protejam os direitos fundamentais e os interesses do titular dos dados e (v) ser utilizado para fins e propósitos destinados a beneficiar a humanidade (*pro homine*).[31] O princípio *pro homine*, no âmbito das leis e regulamentos de privacidade e proteção de dados, destina-se a ampliar a proteção dos direitos humanos frente a novas tecnologias, objetivando, em última instância, a centralidade e a preservação da dignidade da pessoa humana.

A noção de interesse público essencial presente no GDPR encontra precedente na revogada Diretiva 95/46/CE do parlamento europeu e do conselho de 24 de Outubro de 1995 (Diretiva)[32] relativa à proteção das pessoas naturais no que diz respeito ao tratamento de dados pessoais e à livre circulação desses dados que em seu art. 8.º, n.º 4 versava da seguinte maneira: "Sob reserva de serem prestadas as garantias adequadas, os Estados-membros poderão estabelecer, por motivos de interesse público importante, outras derrogações para além das previstas no n.º 2, quer através de disposições legislativas nacionais, quer por decisão da autoridade de controle". No entanto, com a entrada em vigor do GDPR em 25 de maio de 2018 o tratamento legislativo conferido ao interesse público resultou em maior rigor na interpretação e aplicação do referido preceito no plano das atividades de tratamento de categorias especiais de dados pessoais, tendo em vista que o preceito se tornou adjetivado por "essencial" e as autoridades de proteção de dados passaram a não mais dispor sobre a matéria.

Nesse sentido, verificou-se que a expressão interesse público essencial surgiu como uma das inovações trazidas pelo GDPR frente à Diretiva 95/46 que, ao tratar do assunto em seu art. 8.º, n.º 4, versava sobre um interesse público importante. Todavia, o presente estudo constatou que, como fator apto a ensejar certa margem de insegurança jurídica na harmonização da defesa dos direitos e liberdades fundamentais das pessoas naturais em relação às atividades de tratamento de dados e na livre circulação de dados pessoais entre os Estados-Membros da União Europeia, tal inovação legislativa somente está presente ante a comparação da Diretiva 95/46 com o GDPR nas publicações nos idiomas espanhol, alemão, búlgaro, dinamarquês, estoniano, grego, letão, húngaro,

---

31. Esses parâmetros emanam da leitura conjunta do art. 9.º, n.º 2, "g" e do Considerando 4, GDPR.

32. "The Directive is based on the premise that certain categories of personal data, as distinct from all other personal data, require extra protection and may be processed by private and public bodies only for specific purposes and under special conditions. Therefore, the Directive prohibits, as a general rule, the processing of exhaustively listed special categories of data, the so-called 'sensitive data', i.e. data revealing racial or ethnic origin, political opinions, religious or philosophical beliefs, trade-union membership, and the processing of data concerning health or sex life, unless under certain conditions and safeguards". EUROPEAN COMMISSION. COMMISSION STAFF WORKING PAPER. Impact Assessment. 25 jan. 2012, p. 28. Disponível em: https://eur-lex.europa.eu/legal-content/EN/TXT/PDF/?uri=CELEX:52012SC0072&from=EN. Acesso em: 11 out. 2022. Tradução Livre: "A Diretiva baseia-se na premissa de que certas categorias de dados pessoais, distintamente de todos os outros dados pessoais, requerem proteção extra e podem ser processados por órgãos públicos e privados apenas para fins específicos e sob condições especiais. Portanto, a Diretiva, como regra geral, proíbe exaustivamente o tratamento de categorias especiais de dados, também denominados de «dados sensíveis», i.e., dados que revelem a origem racial ou étnica, opiniões políticas, convicções religiosas ou filosóficas, filiação sindical e o tratamento de dados relativos à saúde ou à vida sexual, salvo sob certas condições e salvaguardas".

polonês, romeno e eslovaco. A referida variação semântica não foi encontrada quando da comparação nos idiomas português, inglês, francês, italiano, tcheco, croata, lituano, maltês, holandês, esloveno, finlandês e sueco.[33]

É inequívoco que o GDPR introduziu requisitos adicionais de segurança e cautela no que tange à identificação das finalidades e fundamentos nas hipóteses em que as atividades de tratamento se voltam para dados biométricos,[34] compreendidos como dados pessoais resultantes de um tratamento técnico específico relativo às características físicas, fisiológicas ou comportamentais de uma pessoa natural que permitam ou confirmem a identificação única dessa pessoa, nomeadamente imagens faciais ou dados dactiloscópicos (Art. 4.º, n.º 14, GDPR).[35]

Com efeito, percebe-se que o princípio sob análise mesmo guardando estreita aproximação finalística com o interesse público (art. 6.º, n.º 1, "e", GDPR), ou até mesmo importante (art. 8.º, n.º 4, Diretiva 95/46), tendo em vista que objetivam tutelar a coletividade de eventuais danos de interesses particulares, diferencia-se no que tange ao bem jurídico tutelado e aos riscos e ameaças decorrentes de possíveis violações ao GDPR.[36]

Sob o manto do regulamento europeu o axioma ganha sobrelevo na busca pela tutela de um interesse público agora compreendido como essencial, considerando-se que, se uma atividade de tratamento ameaça direitos e liberdades da coletividade deve-se implementar medidas ainda mais restritas para afastar a materialização de danos ou interferências ilegítimas em tais valores.

Além disso, durante processo sancionatório a AEPD constatou que não estavam fundamentadas em medidas técnicas e administrativas comprovadas por AIPD, art. 35.º, GDPR. Não se verificou a existência de um interesse público essencial capaz de restringir o direito fundamental à proteção de dados pessoais previsto tanto no art. 8.º, 1, da Carta dos Direitos Fundamentais da União Europeia, bem como no art. 16.º, 1, do Tratado sobre o Funcionamento da União Europeia.

Por tais motivos, a AEPD entendeu que não seria aplicável ao SDA as disposições do art. 9.º, n.º 2, GDPR, principalmente por serem atividades de tratamento desacom-

---

33. Para maiores detalhes, tabela em anexo.
34. A LGPD não trouxe a definição de dados biométricos. Todavia, ao conceituar dado pessoal sensível (Art. 5º, II) e suas hipóteses exemplificativas, o diploma faz menção à dado biométrico. Buscando suprir tal omissão legislativa é possível citar no ordenamento jurídico brasileiro o Decreto 10.046, de 9 de outubro de 2019 que, ao dispor sobre a governança no compartilhamento de dados no âmbito da administração pública federal, em seu art. 2º, II, define atributos biométricos como sendo as "características biológicas e comportamentais mensuráveis da pessoa natural que podem ser coletadas para reconhecimento automatizado, tais como a palma da mão, as digitais dos dedos, a retina ou a íris dos olhos, o formato da face, a voz e a maneira de andar".
35. Na elaboração do GDPR, o legislador europeu demonstrou maior preocupação com o tratamento conferido às definições e medidas protetivas referentes aos dados pessoais sensíveis. Parte desse zelo está manifestado nas inovações jurídicas trazidas pelo art. 4.º quanto às definições de dados genéticos (n.º 13), dados biométricos (n.º 14) e dados relativos à saúde (n.º 15).
36. A LGPD, em linhas gerais, não se aplica ao tratamento de dados pessoais desenvolvidos para objetivos específicos de segurança pública ou segurança do Estado (art. 4º, II, alíneas "a" e "c"). Nesse sentido, a lei estabelece que as atividades de tratamento realizadas para os referidos fins serão objeto de legislação específica que verse sobre as medidas proporcionais e estritamente necessárias ao atendimento do interesse público (art. 4º, § 1º).

panhadas do consentimento de potenciais clientes. Nesse sentido, importante trazer o entendimento manifestado pelo Comité Europeu de Proteção de Dados em suas Diretrizes 05/2020, sobre consentimento (art. 4.º, n.º 11, GDPR), no sentido de referida base legal deve estar fundada numa manifestação de vontade: (a) livre, que resulta de escolhas verdadeiras e do controle do titular dos dados; (b) específica, direcionada a uma ou mais finalidades tipificadas; (c) informada, apresentada por meio de informações transparentes sobre os elementos essenciais para a tomada de decisão e (d) explícita, exigindo do titular dos dados uma declaração ou um ato positivo inequívoco.[37]

Quanto à alegação da Mercadona de que o referido sistema de reconhecimento facial teria fins de segurança, e, desse modo, destinado ao interesse público essencial, a AEPD ao demonstrar contrariedade sobre o alegado fez referência à decisão adotada pela Autoridade de Controle dos Países baixos, que, em situação bastante similar, entendeu ser somente possível e legítimo a implantação de um sistema dessa natureza no caso de medidas de segurança e prevenção de usinas nucleares.[38]

3.2   Exame da proporcionalidade

O exame da proporcionalidade é uma técnica de decisão quando envolvidos direitos fundamentais. Está em jogo a proteção dos dados pessoais que dizem respeito à imagem, intimidade, privacidade, direito à proteção do trabalhador no ambiente de trabalho frente ao poder do empregador e, por fim, das crianças e vulneráveis os quais não possuem discernimento completo para dar consentimento a coleta de seus dados pessoais sensíveis. Tais direitos passam por um processo de decisão no qual há uma verificação de sopesamento entre a restrição e a otimização dos direitos, por exemplo, uma restrição do direito fundamental da imagem das pessoas por estar exposta ao SDA versus um direito da empresa Mercadona em garantir a segurança de seu estabelecimento (direito de propriedade) e de dar efetividade às decisões judiciais. A resposta final a qual deverá ser respondida é se há um maior benefício em detrimento da restrição de um direito fundamental em nome da proteção de outro direito fundamental.[39]

---

37. COMITÉ EUROPEU DE PROTEÇÃO DE DADOS. Diretrizes 05/2020 relativas ao consentimento na aceção do Regulamento 2016/679. 4 maio 2020. p. 7-20.

38. "The other exception is if facial recognition technology is necessary for authentication or security purposes, but only in so far as substantial public interest is concerned. The supermarket claims that this is the case. The DPA considers that it is not. 'The only example that the law gives is for the security of a nuclear power plant,' explains Verdier. 'The bar is therefore very high. Preventing shoplifting is of a completely different magnitude than preventing a nuclear disaster". EDPB. Dutch DPA issues Formal Warning to a Supermarket for its use of Facial Recognition Technology. https://edpb.europa.eu/news/national-news/2021/dutch-dpa-issues-formal-warning-supermarket-its-use-facial-recognition_en. Acesso em: 11 out. 2022.

39. Essa visão é a exposta por Robert Alexy que vê a proporcionalidade como um mandamento de otimização de princípios, na sua linguagem, traduzidos em direitos fundamentais do caso concreto os quais possuem uma natureza axiológica: "By contrast, principles are *optimization requirements*. As such, they demand that something be realized 'to the greatest extent possible given the legal and factual possibilities'. Rules aside, the legal possibilities are determined essentially by opposing principles. For this reason, principles, each taken alone, always comprise a merely *prima facie* requirement. The determination of the appropriate degree of satisfaction of one principle relative to the requirements of other principles is brought about by balancing. Thus, balancing is the specific form of application of principles" (ALEXY, Robert, Constitutional Rights and Proportionality.

O processo de decisão pelo exame da proporcionalidade consiste em três etapas para se chegar a uma resposta final consistente. É bastante comum e muito utilizado pelos tribunais, sendo inclusive princípios do exame de proporcionalidade previstos na lei de proteção de dados brasileira[40] e o mesmo adotado nas decisões da AEPD[41] e do CEDH, as etapas da adequação,[42] necessidade e, por fim, proporcionalidade em sentido estrito. Será, por meio dessas três etapas, que se desenvolverá uma resposta final, entre a restrição e otimização de dois ou mais direitos.[43]

No caso, a AEPD julgou ser desproporcional, não passando pelo exame da necessidade porque entendeu a autoridade que haveria outros meios menos invasivos ou restritivos os quais poderiam, ainda e mesmo em menor eficácia (no sentido de utilidade), serem implantados para fazer valer as decisões judiciais e a segurança do supermercado e suas lojas.[44]

Contudo, o que queremos pontuar do exame de proporcionalidade efetuado pela AEPD, além da sua fundamentação teórica, é que a ela se valeu de outros princípios para ter mais clareza quanto à proporcionalidade da restrição de direitos em relação ao benefício pelo meio adotado, ou seja, o sopesamento, longe de ser algo arbitrário, se valeu de outros princípios previstos em lei para dar maior direção no resultado de vetores da colisão de direitos fundamentais. O desenho que se tem é um que, para solucionar conflitos de direitos de algo grau valorativo (honra, imagem, intimidade, proteção de dados, segurança etc.), vai muito além das técnicas usuais de interpretação e aplicação da norma jurídica ao caso concreto, portanto, sendo necessário um pós-positivismo pela técnica da ponderação.[45]

Journal for Constitutional Theory and Philosophy of Law /Revija za ustavno teorijo in filozofijo prava, n. 22, 2014, p. 51-65).

40. A partir da leitura conjunta dos princípios da finalidade, adequação e necessidade (Art. 6º, incisos I, II e III, LGPD).

41. Art. 5.º, n.º 1, "*c*", GDPR.

42. A AEPD adota a terminologia "idoneidade" no lugar de "adequação". Ou seja, o meio escolhido é idôneo no sentido de atingir o fim pretendido, portanto, o SDA atinge o fim de garantir a segurança do estabelecimento?

43. Aqui, importante pontuar a visão que a AEPD estabelece de proporcionalidade, que é de otimização dos princípios, a qual consiste em, ao final, fazer um sopesamento, na parte de proporcionalidade em sentido estrito, entre as restrições e preenchimento do direito pretendido. É a visão de Robert Alexy que foi muito claramente explicada por Virgílio Afonso da Silva em artigo já bastante conhecido sobre sua teoria: SILVA, Luís Virgílio Afonso da. *O proporcional e o razoável*. Revista dos Tribunais, São Paulo, v.91, n.798, p. 23-50, abr. 2002. Para uma outra visão e discussão mais aprofundada, há a obra "Proportionality and the rule of law", especificamente, a visão de proporcionalidade entre meios e fins na teoria do 'duplo-efeito' que traz Martin Luterán (LUTERAN, Martin, *The Lost Meaning of Proportionality*, in HUSCROFT, Grant; MILLER, Bradley W.; WEBBER, Grégoire (Ed.), *Proportionality and the Rule of Law* – Rights, Justification, Reasoning. Cambridge University Press, New York, 2014, p. 21-42).

44. "Terceiro, e já entrando no exame do juízo de proporcionalidade, quanto à idoneidade, o sistema de reconhecimento facial pode ser adequado para cumprir a pena restritiva de direitos do condenado, mas não é necessária, pois existem medidas alternativas menos invasivas, nem é estritamente proporcional, na medida em que se derivam mais benefícios para o interesse público do que danos a outros bens ou valores em conflito, tendo em vista que a sua aplicação massiva e indiscriminada afeta a todos os potenciais clientes, independentemente do nível de risco que represente e convertendo-se a exceção da possibilidade de processamento de dados biométricos na regra geral, ao contrário do que objetiva o GDPR." (em tradução livre, *Procedimiento PS/00120/2021*, p. 80).

45. Recomendamos a leitura do livro *Introdução ao Estudo do Direito* de Eduardo C. B. Bittar onde desenvolve a *Teoria do Humanismo Realista* que se caracteriza por enxergar o direito como uma construção social baseada no conceito

Assim, por esses motivos, muito interessante foi, na nossa visão, a aplicação do princípio do interesse público essencial e do princípio da intervenção mínima. Muito além do raciocínio positivista clássico, e já dentro de uma visão de inovação de raciocínio jurídico, o uso desses dois princípios aplicados pela AEPD trouxe uma novidade ao trazer uma visão externa e transversal à comum linha reta entre meios e fins no exame de proporcionalidade, fugindo do tradicional método de raciocínio jurídico. O que queremos dizer é que há 'efeitos colaterais' que, numa decisão judicial, geralmente, não são levados em conta, ficando como papel da própria AEPD a sua competência de decidir sobre a legitimação para tratamento de dados pessoais ou não. Assim, os princípios do interesse público essencial e da intervenção mínima ou mínima coleta[46] são colocados no exame de proporcionalidade no sentido de expandir a relação, usualmente, direta entre dois direitos no exame da proporcionalidade. No caso, alega Mercadona que o SDA cai na exceção da alínea *"f"* do art. 9.º, n.º 2 porque dará efetividade à decisão penal e, portanto, teria legitimidade. Isso está correto, afirma a AEPD, entretanto, essa mesma tecnologia acaba por armazenar e analisar dados sensíveis dos demais clientes, dos empregados e de crianças e pessoas vulneráveis. Aí, nesse último ponto, está o *"efeito colateral"* decorrente da tecnologia de reconhecimento facial e está a desproporcionalidade do ato.

Quanto aos efeitos concretos da decisão, ficou entendido que por ser 'essencial' a interpretação deve ser mais restritiva dos direitos possivelmente restringidos e, se não fosse essa leitura, poderia ocorrer um maior interesse público em fazer valer a decisão judicial – que há de fato – em detrimento do interesse público em garantir a proteção de dados de cada indivíduo, mas não a qualquer custo. Essa leitura contribuiu para a visão de que há outros meios que podem ser necessários e menos restritivos aos dados pessoais de terceiros sem qualquer relação com as decisões penais. O SDA é adequado e não único meio necessário ou mais benéfico para a efetivação das decisões, e não chega a passar pelo exame da adequação em relação aos demais atingidos pelos seus "efeitos decorrentes" da implantação da tecnologia de reconhecimento facial.[47]

---

de pessoa humana enquanto ser que se relaciona e se identifica com seus iguais, portanto, ligando o direito não à norma numa visão positivista, mas ligando-o à pessoa humana enquanto ser de relação, consubstanciando isso na dignidade humana que, juridicamente, dá fundamento aos direitos humanos. Essa visão de Eduardo Bittar nos auxilia nas decisões devido à crescente complexidade do ordenamento jurídico de suas normas, resumido no processo de reaproximação do direito à moral: "... a resposta não pode ser outra, senão pelo fato de lidar com conflitos sociais, temas morais e situações casuísticas provenientes do mundo social de forma que os regula, de modo que para lidar com a contradições entre teoria e a prática, a cultura do Direito e a realidade da sociedade (...) se faz necessário um aparato conceitual mais amplo do que aquele tradicionalmente encontrado no âmbito do paradigma positivista (...) para que a cultura do Direito não se estagne no culto fetichizado da forma jurídica e da legalidade estática, e, por último, para que a cultura do Direito seja capaz de acompanhar as mudanças sociais, e lidar com os desafios daí provenientes" (BITTAR, Eduardo C. B. *Introdução ao estudo do direito*: humanismo, democracia e justiça. São Paulo: Saraiva, 2018, p. 48).

46. O princípio da intervenção mínima decorre da leitura conjunta dos arts. 5.º, n.º 1, *"c"* e 25.º, GDPR. Ao passo que na LGPD, o referido princípio encontra-se na interseção dos arts. 6º, III e 46, *caput* e § 2º.

47. Por este motivo, o processamento de reconhecimento facial como um todo, integrando ao processamento de dados biométricos de potenciais clientes e empregados da Mercadona, não é idóneo. Poderia-se estabelecer outros sistemas ou formas de realizá-los de forma a não afetar direitos e liberdades públicas.

'CASO MERCADONA' **167**

Junto a ele, o princípio da intervenção mínima chama a atenção para que a medida adotada interfira o mínimo possível nos direitos das pessoas diretamente envolvidas e de terceiros não envolvidos. O objetivo desse princípio é direcionar a AEPD para que haja o mínimo de coleta e tratamento de dados necessários para a realização de outro direito. Como ficou descrito acima sobre o funcionamento do SDA, a tecnologia realizou uma identificação num procedimento de um-a-vários dados biométricos o que amplia, em muito, a coleta de dados sensíveis. Isso pode ser bom para a finalidade de garantir a segurança do local privado, mas, ao mesmo tempo, não é bom porque atinge muitas outras pessoas alheias à finalidade e justificativa de legitimidade para tratar de dados sensíveis. Entendeu a AEPD que houve violação desse princípio o que contribuiu para, novamente, a reprovação quanto à necessidade.

Por essas razões de inovação na decisão, é importante, por fim, trazermos a seguir como restou os direitos de proteção aos dados pessoais dos grupos atingidos como 'efeito colateral' por transbordamento do interesse público – não sendo essencial – e por excesso de coleta de dados de modo desnecessário e indiscriminado.

3.3   O *profiling*[48] de dados pessoais biométricos de vulneráveis

A implementação do SDA pela rede de supermercados espanhola não contemplou as ameaças existentes em atividades de tratamento que, muitas vezes excessivas e desproporcionais, abrangiam todas as pessoas naturais que acessavam as dependências do estabelecimento comercial, sem dispensar medidas de cautela e prevenção quanto aos dados biométricos de grupos de vulneráveis. No que tange à coleta e processamento de dados biométricos de crianças e adolescentes,[49] tais atividades sequer estavam lastreadas pelo consentimento do responsável do menor ou por qualquer base jurídica legitimadora de ações ligadas ao gerenciamento de categorias especiais de dados pessoais, em clara ofensa aos ditames estabelecidos pelo GDPR para a oferta direta de serviços realizada na sociedade da informação.[50]

Por oportuno, mister destacar que o GDPR, já em suas disposições iniciais, menciona a necessidade de se dispensar maior cautela e acurácia no tratamento de dados

---

48. *Profiling* origina-se do verbo anglo-saxão *"to profile"*, no sentido de perfilar. Segundo Eduardo Tomasevicius Filho, por meio da técnica, cria-se "um perfil de cada pessoa ou de um grupo a partir de informações obtidas" que aliada a atividades de tratamento realizadas por algoritmos possibilitam a previsão de comportamentos futuros e o estabelecimento de controles e monitoramento do indivíduo. TOMASEVICIUS FILHO, Eduardo. Em direção a um novo 1984? A tutela da vida privada entre a invasão de privacidade e a privacidade renunciada. *Revista da Faculdade de Direito da Universidade de São Paulo*, São Paulo, n. 109, 2014, p. 140. Disponível em: https://www.revistas.usp.br/rfdusp/article/view/89230. Acesso em: 11 out. 2022.

49. "O artigo 8.º, n.º 1, refere que quando for aplicável o consentimento, no que respeita à oferta direta de serviços da sociedade da informação às crianças, o tratamento dos dados pessoais é lícito se elas tiverem pelo menos 16 anos. Se a criança tiver menos de 16 anos, o tratamento só é lícito se e na medida em que o consentimento seja dado ou autorizado pelos titulares das responsabilidades parentais". Comité Europeu de Proteção de Dados. COMITÉ EUROPEU PARA A PROTEÇÃO DE DADOS. Diretrizes 05/2020 relativas ao consentimento na aceção do Regulamento 2016/679. 4 mai. de 2020. p. 30. Disponível em: https://edpb.europa.eu/sites/default/files/files/file1/edpb_guidelines_202005_consent_pt.pdf. Acesso em: 11 out. 2022.

50. Art. 8.º, GDPR.

pessoais de crianças em razão do menor desenvolvimento de suas capacidades cognitivas, bem como por serem dotadas de baixo nível de consciência quanto aos riscos envolvidos na comercialização e criação de perfis nas atividades envolvendo seus dados pessoais, a exemplo, a exibição de informativos nos estabelecimentos da Mercadona aos clientes sobre o SDA não constitui meio de consentimento válido porque os menores e vulneráveis não têm o discernimento cognitivo completo.[51] Parte dessa proteção, já obrigatória em momento anterior ao efetivo deslinde da atividade de tratamento, relaciona-se com a disponibilização de informações claras e facilmente compreensíveis, em linguagem direcionada à faixa etária dos titulares objeto da atividade.

Sobre os riscos apresentados por atividades de tratamento de sistemas de reconhecimento facial a direitos como privacidade, proteção dos dados pessoais e às liberdades de expressão e informação, também é válido destacar estudo da Agência dos Direitos Fundamentais da União Europeia (FRA) sobre as particularidades que envolvem determinados grupos de vulneráveis, menores, idosos ou pessoas com deficiência. No que tange aos menores, a Agência evidencia que "os sistemas de reconhecimento facial afetam os direitos das crianças de diferentes maneiras. (...) Devido à particular vulnerabilidade das crianças, o processamento de seus dados biométricos, incluindo imagens faciais, deve ser submetido a um teste de necessidade e proporcionalidade mais rígido, em comparação com os adultos. [...] Os testes de software indicam claramente que as imagens de pessoas mais jovens resultam em consideravelmente mais falsos negativos (falhas) em comparação com outras faixas etárias, provavelmente devido ao rápido crescimento e mudança na aparência facial".[52]

O ordenamento jurídico espanhol igualmente confere especial atenção aos direitos ligados à proteção de dados de crianças e grupos de pessoas vulneráveis. Seu microssistema de proteção jurídica de crianças e adolescentes abarca o texto constitucional, leis especiais, o Código Civil e de Processo Civil.[53] Desse modo, como importante marco regulatório espanhol sobre o tema, a Lei Orgânica 1/1996, de 15 de janeiro[54] versa em

---

51. Considerandos 38 e 58, GDPR. No mesmo sentido, art. 14, § 6º, LGPD.
52. EUROPEAN AGENCY FOR FUNDAMENTAL RIGHTS (FRA). Facial recognition technology: Fundamental rights considerations in the context of law enforcement. 21 nov. 2019. Disponível em: https://fra.europa.eu/en/publication/2019/facial-recognition-technology-fundamental-rights-considerations-context-law. Acesso em: 11 out. 2022.
53. No Brasil, a Constituição Federal (1988) demonstrou a opção da sociedade pela proteção integral dos direitos de crianças e adolescentes. O texto constitucional estabelece a crianças e adolescentes, enquanto sujeitos de direitos dotados de condição especial de desenvolvimento, a proteção do seu melhor interesse como decorrente lógico da prioridade absoluta preconizada em seu art. 227. Neste mesmo trilhar, ao dispor sobre a proteção integral da criança e do adolescente, a Lei 8.069 de 13 de julho de 1990 (Estatuto da Criança e do Adolescente) estabelece que a criança e o adolescente gozam de todos os direitos fundamentais inerentes à pessoa humana, bem como de proteção especial quanto à inviolabilidade de sua integridade física, psíquica e moral, abrangendo a preservação da imagem, da identidade, da autonomia, dos valores, ideias e crenças, dos espaços e objetos pessoais (Arts. 3º e 17). Não por outra razão, a LGPD, ao tratar sobre a proteção dos direitos dos infantes, acentua a necessidade de observância do melhor interesse de crianças e de adolescentes nas atividades de tratamento de dados pessoais e de um consentimento ainda mais qualificado para que se confira legitimidade a tais atividades (Art. 14, *caput* e § 1º).
54. ESPANHA. Ley Orgánica 1/1996, de 15 de enero, de Protección Jurídica del Menor, de modificación parcial del Código Civil y de la Ley de Enjuiciamiento Civil. Boletín Oficial del Estado, n. 15, de 17 jan. 1996. Disponível

seu art. 2º que "Todo menor tem direito a que seu interesse superior seja valorizado e considerado primordial em todas as ações e decisões que lhe digam respeito, tanto na esfera pública como na privada", enquanto que o art. 4º volta-se a tutela dos direitos à honra, à privacidade e à imagem do menor, com o art. 22 enfatizando os deveres de proteção no processamento dessa categoria especial de dados pessoais.

Já na lei orgânica 3/2018 de 5 de dezembro de proteção de dados pessoais e garantia de direitos digitais (LOPDGDD), em capítulo destinado à responsabilidade ativa dos agentes de tratamento, tanto na qualidade de controladores como de operadores, adverte-se que dentre as atividades de tratamento que oferecem maiores riscos aos direitos e liberdades dos titulares estão as que envolvem os dados de grupos em situação de vulnerabilidade, como crianças e pessoas com deficiências física e mental.[55]

Por conseguinte, dado ao rigor e especialidade conferido pelo ordenamento espanhol à proteção de dados pessoais de crianças e vulneráveis, a Agência espanhola entendeu que o sistema de reconhecimento facial implementado pela Mercadona estaria apto a afetar os direitos de vulneráveis de múltiplas formas, sendo desproporcional quanto a coleta e processamento de dados biométricos desses grupos e desprovido de uma avaliação de impacto da proteção de dados (AIPD) que conferisse segurança aos titulares e de estudos técnicos[56] relativos aos riscos oferecidos por tais atividades de tratamento.

A AEPD ressaltou que dada a proteção especial que o ordenamento jurídico confere às crianças, a avaliação quanto à proporcionalidade do tratamento de dados pessoais de menores por sistemas biométricos deve estar sujeita a um juízo de proporcionalidade de necessidade muito mais rigoroso do que o conferido a adultos. Desse modo, a partir da constatação de que a avaliação de impacto da proteção de dados (AIPD) realizada pela Mercadona demonstrava-se generalista e não tratava de grupos considerados de alto risco, resultando em altíssimo risco aos titulares, circunstâncias tidas como inaceitáveis, e, portanto, proibidas.[57]

---

em: https://www.boe.es/buscar/act.php?id=BOE-A-1996-1069. Acesso em: 11 out. 2022.

55. Nesse sentido, é importante recordar que uma das modernizações jurídicas estabelecidas pela convenção 108+, aprovada pelo Comitê de Ministros em sua 128ª sessão em *Elsinore* em 18 de maio de 2018, diz respeito aos novos deveres e obrigações das Autoridades de supervisão com os agentes de tratamento, como quanto à necessidade de promoção de valores atinentes à proteção específica de dados pessoais de crianças e vulneráveis (art. 15.º, n.º 2). No mesmo sentido, art. 57.º, n.º 1, *"b"*, GDPR.

56. Em sua decisão, a Agência Espanhola colaciona estudos que demonstram as imprecisões dos sistemas de reconhecimento facial na identificação de pessoas idosas e crianças, a existência do que vem se convencionando chamar de viés algorítmico.

57. Em 21 de junho de 2021, o Comitê Europeu para a Proteção de Dados (CEPD) e a Autoridade Europeia para a Proteção de Dados (AEPD) em parecer conjunto sobre a Proposta de Regulamento da Comissão Europeia sobre regras harmonizadas sobre inteligência artificial defenderam a proibição geral de qualquer utilização de IA para o reconhecimento automatizado de características humanas em espaços acessíveis ao público, como o reconhecimento de rostos , marcha, impressões digitais, DNA, voz e outros sinais biométricos ou comportamentais, em qualquer contexto. O CEPD e a AEPD apelam à proibição da utilização da inteligência artificial (IA) para o reconhecimento automático de características humanas em espaços acessíveis ao público e de outras utilizações da IA que possam conduzir a uma discriminação injusta. 21. jun. 2021. Disponível em: https://edpb.europa.eu/news/news/2021/edpb-edps-call-ban-use-ai-automated-recognition-human-features-publicly-accessible_pt. Acesso em: 11 out. 2022.

3.4   O direito à desconexão digital e à informação em ambientes laborais

A busca pela efetividade de uma medida de segurança destinada a um único infrator não possui o condão de ensejar a utilização ampla e, em alguns casos, irrestrita de tecnologias de vigilância voltadas ao tratamento de dados biométricos e ao monitoramento de comportamentos, tanto no que diz respeito aos empregados como a qualquer outro cidadão.

Os empregados da Mercadona eram constantemente detectados e monitorados pelo SDA, seja para acesso ao trabalho ou cumprimento de demais funções. Para o desenvolvimento de suas atividades laborais no interior dos estabelecimentos da empresa, seus dados biométricos eram coletados e processados diuturnamente pelo SDA, com referido tratamento demonstrando-se excessivo e desproporcional.

A situação torna-se ainda mais delicada quando se verifica que as especificidades do grupo não foram satisfatoriamente analisadas quando da elaboração da AIPD.

Ademais, como os trabalhadores e seus representantes não foram informados previamente, de forma expressa, clara e concisa sobre o SDA, os deveres de transparência[58] acerca das atividades de tratamento restaram subjugados.[59]

As exigências trazidas pelo ordenamento espanhol e GDPR mediante as atividades de tratamento desempenhadas pelo SDA exigiam a adoção de medidas adicionais tanto técnicas como organizacionais durante a utilização do sistema de reconhecimento facial. Um sistema que se demonstrou diferenciado, invasivo, trazendo riscos e ameaças mais elevados a liberdades civis e aos direitos fundamentais do lado mais vulnerável da relação contratual, o trabalhador.

A Mercadona, buscando legitimar o SDA, argumentou tratar-se de atividades de tratamento baseadas no interesse público,[60] que, no caso em apreço, voltava-se tanto à segurança privada das lojas como dos funcionários.

Todavia, a AEPD consignou ser ilegítimo a utilização da mencionada base legal sem que se cumpra o estabelecido no art. 9.º, GDPR. Pois, dessa forma o sistema de reconhecimento facial implantado estaria colocando em risco direitos e liberdades do grupo de trabalhadores, fato esse que não havia sido ponderado na avaliação e seleção da forma da atividade de tratamento constituída.[61] A AEPD, ao ponderar as atividades de tratamento

---

58. Art. 89, da LOPDGDD e art. 13.º, GDPR.
59. Nesse mesmo sentido foi a decisão da AEPD no processo PS/00145/2019, oportunidade na qual questionou-se a legitimidade das atividades de tratamento realizadas pelo sistema de controle de ponto biométrico, baseado na coleta e armazenamento das impressões digitais dos trabalhadores, do Departamento de educação e esportes da Andaluzia. Na ocasião, a AEPD assentou que: "En relación con las demás cuestiones planteadas en el caso presente, habría que considerar que la implantación y integración de sistema de control horario basado en la huella dactilar por parte del empleador, ha de ser informado a los empleados de manera completa, clara, concisa y, además, la citada información debe ser completada con referencia tanto a las bases legales que den cobertura a dicho tipo de control de acceso, así como la información básica a la que hace referencia el artículo 13 del RGPD". Agencia Española de Protección de Datos (AEPD). Procedimiento PS/00145/2019. p. 9.
60. Art. 6.º, n.º 1, "e", GDPR.
61. Durante o processo administrativo, a Agência Espanhola constatou que na Avaliação de impacto sobre a proteção de dados realizada pela Mercadona somente se considerou como titulares afetados pelo SDA pessoas que acessavam aos estabelecimentos do grupo e pessoas com condenação judicial.

realizadas pelo SDA com os requisitos legitimadores para o processamento de categorias especiais de dados pessoais, foi taxativa ao preceituar que o sistema de reconhecimento facial analisado não estava abarcado por quaisquer das condicionantes previstas no art. 9.º, n.º 2, GDPR, não constituindo, assim, uma exceção legal ao comando geral de proibição de tratamento de dados biométricos prevista pelo regulamento europeu.

E nesse sentido, também é preciso considerar que o Estatuto do Trabalhador espanhol ao tratar sobre a gestão e controle da atividade laboral e os direitos dos trabalhadores em ambientes digitais estabelece que adoções de medidas de vigilância e monitoramento em ambientes de trabalho devem estrita observância ao princípio da dignidade humana,[62] valor esse que emana reflexos na consecução dos direitos à privacidade e à desconexão digital[63] dos trabalhadores.[64]

No Parecer 2/2017[65] emitido pelo Grupo de Trabalho do Artigo 29[66] sobre o tratamento de dados no local de trabalho, alertou-se para intensificação dos deveres e obrigações dos responsáveis pelo tratamento frente ao surgimento de significativos desafios em termos de privacidade e proteção de dados proporcionados pelo uso de novas tecnologias de detecção e prevenção de danos à empresa. De acordo com o parecer, nesse cenário, uma nova avaliação do equilíbrio entre o legítimo interesse do empregador em proteger sua empresa e a expectativa razoável de privacidade dos trabalhadores fazia-se necessária.

No mesmo documento, o grupo de trabalho aconselha aos empregadores a evitarem o uso de tecnologias de reconhecimento facial em espaços laborais. O principal motivo

---

62. Nesse sentido, o art. 20.3 do Real Decreto 2/2015, de 23 de outubro, ao tratar sobre a Lei do Estatuto do Trabalhador Espanhol, estabelece que o empregador pode adotar as medidas que julgar mais adequadas para fiscalização e controle do cumprimento das obrigações e deveres do trabalhador, mantendo na sua adoção a devida consideração à sua dignidade e tendo em conta, se for caso, a capacidade real dos trabalhadores com deficiência.

63. Sobre o tema, no sentido das novas dimensões do direito ao sossego no âmbito das relações de consumo: BASAN, Arthur Pinheiro; FALEIROS JÚNIOR, José Luiz de Moura. A proteção de dados pessoais e a concreção do direito ao sossego no mercado de consumo. *Civilistica.com*, Rio de Janeiro, v. 9, n. 3, p. 1-27, 22 dez. 2020.

64. Artigo 20 bis. Direitos dos trabalhadores à privacidade em relação ao ambiente digital e à desconexão.
Os trabalhadores têm direito à privacidade na utilização dos dispositivos digitais disponibilizados pelo empregador, à desconexão digital e à privacidade contra a utilização de dispositivos de videovigilância e geolocalização nos termos estabelecidos na legislação em vigor sobre proteção de dados pessoais e garantia de direitos digitais. Tradução livre de: "*Artículo 20 bis. Derechos de los trabajadores a la intimidad en relación con el entorno digital y a la* desconexión. Los trabajadores tienen derecho a la intimidad en el uso de los dispositivos digitales puestos a su disposición por el empleador, a la desconexión digital y a la intimidad frente al uso de dispositivos de videovigilancia y geolocalización en los términos establecidos en la legislación vigente en materia de protección de datos personales y garantía de los derechos digitales". ESPANHA. Real Decreto Legislativo 2/2015, de 23 de octubre, por el que se aprueba el texto refundido de la Ley del Estatuto de los Trabajadores. *Boletín Oficial del Estado*, n. 255, de 24 out. 2015. Disponível em: https://www.boe.es/buscar/act.php?id=BOE-A-2015-11430. Acesso em: 11 out. 2022.

65. UNIÃO EUROPEIA. ARTICLE 29 data protection working party. Opinion 2/2017 on data processing at work. 23 jun. 2017. pp. 3, 10 e 18. Disponível em: https://ec.europa.eu/newsroom/article29/items/610169. Acesso em: 11 out. 2022.

66. O "Grupo de Trabalho do Artigo 29" refere-se ao grupo de trabalho de proteção de dados constituído pelo art. 29.º da revogada Diretiva 95/46/CE. Os trabalhos do grupo forneceram à Comissão Europeia aconselhamento sobre questões de proteção de dados e ajudou na implementação harmonizada das regras de proteção de dados nos Estados-Membros da UE. Desde 25 de maio de 2018, o Grupo de Trabalho do Artigo 29 foi substituído pelo Conselho Europeu de Proteção de Dados (EDPB).

para o aconselhamento diz respeito às possibilidades de controle e monitoramento que surgem por meio da análise e das inferências extraídas das expressões faciais do trabalhador por sistemas como o SDA, que, para além de servir a fins de segurança, podem voltar-se a identificação de desvios e padrões comportamentais, que, muitas das vezes são objeto de tomada de decisões automatizada.

4. CONCLUSÃO

A implementação de sistemas de reconhecimento facial em desconformidade com as regras e princípios do GDPR e do ordenamento jurídico espanhol, como se deu no caso Mercadona, além de causar graves impactos no pleno desenvolvimento da personalidade de condenados, clientes, empregados e vulneráveis ofende frontalmente direitos fundamentais de proteção à intimidade, à privacidade, à imagem, à honra, à autodeterminação informacional, à liberdade, e, de forma mais acentuada, à proteção de dados pessoais.[67]

As preocupações concernentes ao uso de sistemas de reconhecimento facial dizem respeito às possibilidades de criação de modelos e padrões fundados na transformação de características físicas exclusivas de um ser humano em dados digitais, a datificação dos humanos. Dados e informações esses que muitas vezes não se quer compartilhar, disponibilizar, mas mesmo assim são objeto de coleta. As repercussões do uso de tecnologias dessa natureza aliadas a refinados sistemas de Inteligência Artificial podem levar não somente a detecção de pessoas, como também a decodificação de emoções e pensamentos específicos. Pois, como explica Charles Darwin, "Os movimentos de expressão facial e corporal, seja qual for a sua origem, são em si de grande importância para o nosso bem-estar. (...) Os movimentos de expressão dão vivacidade e energia às nossas palavras faladas. Eles revelam os pensamentos e intenções dos outros mais verdadeiramente do que as palavras, que podem ser falseadas."[68-69]

Em síntese, a multiplicidade de direitos e garantias fundamentais que podem ser cerceados mediante a indevida utilização dessas tecnologias evidenciam de maneira clara como a proteção de dados pessoais se manifesta como um grande "direito guarda-chuva", sendo a sua tutela de vital importância para a estabilidade de ordens constitucionais em

---

67. Em 10 de fevereiro de 2022, A emenda à Constituição Federal brasileira de n. 115 foi promulgada. Com ela, incluiu-se a proteção de dados pessoais entre os direitos e garantias fundamentais e fixou-se a competência exclusiva da União para organizar e fiscalizar a proteção e o tratamento de dados pessoais, bem como para, de forma privativa, legislar sobre o assunto.

68. DARWIN, Charles Robert. The Expression of Man and Animals, 1897, New York: D. APPLETON AND COMPANY, p. 364. No original: "The movements of expression in the face and body, whatever their origin may have been, are in themselves of much importance for our welfare. (...) The movements of expression give vividness and energy to our spoken words. They reveal the thoughts and intentions of others more truly than do words, which may be falsified."

69. Em sentido contrário, Lisa Barrett argumenta que evidências científicas indicam que uma mesma emoção pode ser manifestada por diferentes movimentos faciais e os mesmos movimentos faciais podem ter significados emocionais diferentes. Para a autora, na obra *The Expression of the Emotions in Man and Animals*, Darwin foi vítima do essencialismo, ignorando sua descoberta mais importante: o pensamento populacional. BARRETT, Lisa Feldman. Darwin Was Wrong: Your Facial Expressions Do Not Reveal Your Emotions. *Scientific American*. 27 abr. 2022. Disponível em: https://www.scientificamerican.com/article/darwin-was-wrong-your-facial-expressions-do-not-reveal-your-emotions/. Acesso em: 11 out. 2022.

Estados Democráticos de Direito. Isso porque o tratamento irregular dos dados pessoais permite que uma vasta gama de direitos constitucionais possa ser vulnerada, dentro daquilo que é chamado pela doutrina de *chilling effect*.[70]

Afinal, as atividades de tratamento resultantes da utilização de dados pessoais para fins de identificação (um-para-muitos) realizadas por sistemas de segurança de técnicas biométricas de forma massiva e remota levantam questões éticas em relação à categorização e perfilamento desses dados e à legitimidade dos pressupostos e consequências decorrentes dos mesmos, pois, tais atividades, possibilitam, em grande medida, o surgimento de ações discriminatórias, estigmatizantes, bem como de inferências ilegítimas ou inadequadas.

Nesse sentido, no que tange à aplicação de técnicas decisórias de conflitos envolvendo dados pessoais sensíveis no âmbito de atividades de segurança privada, é possível afirmar que o caso Mercadona dá luz a pontos inovadores acerca da concepção de interesse público, que, no plano de atividades de tratamento de categorias especiais de dados pessoais, caracteriza-se como essencial, reverberando também no exame da proporcionalidade em sentido estrito, ou seja, na principiologia atinente aos seus subprincípios parametrizados pelo princípio da intervenção mínima.

REFERÊNCIAS

ALEXY, Robert, *Constitutional Rights and Proportionality*, in *Journal for Constitutional Theory and Philosophy of Law /Revija za ustavno teorijo in filozofijo prava*, n. 22, p. 51-65, 2014.

BARRETT, Lisa Feldman. Darwin Was Wrong: Your Facial Expressions Do Not Reveal Your Emotions. Scientific American. 27 abr. 2022. Disponível em: https://www.scientificamerican.com/article/darwin--was-wrong-your-facial-expressions-do-not-reveal-your-emotions/. Acesso em: 11 out. 2022.

BASAN, Arthur Pinheiro; FALEIROS JÚNIOR, José Luiz de Moura. A proteção de dados pessoais e a concreção do direito ao sossego no mercado de consumo. *Civilistica.com*, v. 9, n. 3, p. 1-27, Rio de Janeiro, 22 dez. 2020.

BITTAR, Eduardo C. B. *Introdução ao estudo do direito*: humanismo, democracia e justiça. São Paulo, Saraiva, 2018.

BRASIL. Constituição da República Federativa do Brasil de 1988. Publicada no D.O.U. de 05 out. 1988. Disponível em: http://www.planalto.gov.br/ccivil_03/constituicao/constituicao.htm. Acesso em: 11 out. 2022.

BRASIL. Lei 8.069 de 13 de julho de 1990. Dispõe sobre o Estatuto da Criança e do Adolescente e dá outras providências. Publicada no D.O.U. de 16 jul. 1990. Disponível em: http://www.planalto.gov.br/ccivil_03/leis/l8069.htm. Acesso em: 11 out. 2022.

BRASIL. Lei 13.709, de 14 de agosto de 2018. Lei Geral de Proteção de Dados Pessoais (LGPD). Publicada no D.O.U. de 15 ago. 2018. Disponível em: http://www.planalto.gov.br/ccivil_03/_ato2015-2018/2018/lei/l13709.htm. Acesso em: 11 out. 2022.

BRASIL. MINISTÉRIO DA JUSTIÇA E SEGURANÇA PÚBLICA. Secretaria Nacional do Consumidor aplica multa a empresa por reconhecimento facial. 14 ago. 2020. Disponível em: https://www.gov.br/mj/pt-br/assuntos/noticias/secretaria-nacional-do-consumidor-aplica-multa-a-empresa-por-reconhecimento-facial. Acesso em: 11 out. 2022.

---

70. ROCHA, Felippe Borring; DALESE, Pedro. PEC 17/2019: a importância da consagração constitucional da proteção de dados pessoais como direito fundamental. *Revista Magister de direito civil e processual civil*, Porto Alegre, v. 18, n. 103, p. 96-97, jul./ago. 2021.

COMITÉ EUROPEU PARA A PROTEÇÃO DE DADOS. Diretrizes 3/2019 sobre tratamento de dados pessoais através de dispositivos de vídeo. 26 fev. 2020. Disponível em: https://edpb.europa.eu/sites/default/files/files/file1/edpb_guidelines_201903_video_devices_pt.pdf. Acesso em: 11 out. 2022.

COMITÉ EUROPEU PARA A PROTEÇÃO DE DADOS. Diretrizes 05/2020 relativas ao consentimento na aceção do Regulamento 2016/679. 4 mai. de 2020. Disponível em: https://edpb.europa.eu/sites/default/files/files/file1/edpb_guidelines_202005_consent_pt.pdf. Acesso em: 11 out. 2022.

COMITÉ EUROPEU PARA A PROTEÇÃO DE DADOS. O CEPD e a AEPD apelam à proibição da utilização da inteligência artificial (IA) para o reconhecimento automático de características humanas em espaços acessíveis ao público e de outras utilizações da IA que possam conduzir a uma discriminação injusta. 21. jun. 2021. Disponível em: https://edpb.europa.eu/news/news/2021/edpb-edps-call-ban-use-ai-automated-recognition-human-features-publicly-accessible_pt. Acesso em: 11 out. 2022.

CONSELHO DA EUROPA. Convention 108+. Convention for the protection of individuals with regard to the processing of personal data. Disponível em: https://www.europarl.europa.eu/meetdocs/2014_2019/plmrep/COMMITTEES/LIBE/DV/2018/09-10/Convention_108_EN.pdf. Acesso em: 11 out. 2022.

DALESE, Pedro. A dignidade da pessoa humana, a quarta revolução e o inciso VII, do art. 2º da Lei 13.709/18 (LGPD). Portal Migalhas. 03 set. 2020. Disponível em: https://www.migalhas.com.br/depeso/332831/a--dignidade-da-pessoa-humana--a-quarta-revolucao-e-o-inciso-vii--do-art--2--da-lei-13-709-18--lgpd. Acesso em: 11 out. 2022.

DARWIN, Charles Robert. *The Expression of Man and Animals*. New York: D. Appleton and Company. 1897.

ESPANHA. Constitución Española. 29 de dez. de 1978. Boletín Oficial del Estado, n. 311, de 29 dez. 1978. Disponível em: https://www.boe.es/buscar/act.php?id=BOE-A-1978-31229. Acesso em: 11 out. 2022.

ESPANHA. Ley Orgánica 3/2018, de 5 de diciembre, de Protección de Datos Personales y garantía de los derechos digitales. Boletín Oficial del Estado, n. 294, 6 dez. 2018. Disponível em: https://www.boe.es/buscar/doc.php?id=BOE-A-2018-16673. Acesso em: 11 out. 2022.

ESPANHA. Ley Orgánica 1/1996, de 15 de enero, de Protección Jurídica del Menor, de modificación parcial del Código Civil y de la Ley de Enjuiciamiento Civil. Boletín Oficial del Estado, n. 15, de 17 jan. 1996. Disponível em: https://www.boe.es/buscar/act.php?id=BOE-A-1996-1069. Acesso em: 11 out. 2022.

ESPANHA. Ley 39/2015, de 1 de octubre, del Procedimiento Administrativo Común de las Administraciones Públicas. Boletín Oficial del Estado, n. 236, 02 de out. 2015. Disponível em: https://www.boe.es/buscar/act.php?id=BOE-A-2015-10565. Acesso em: 11 out. 2022.

ESPANHA. Real Decreto Legislativo 2/2015, de 23 de octubre, por el que se aprueba el texto refundido de la Ley del Estatuto de los Trabajadores. Boletín Oficial del Estado, n. 255, de 24 out. 2015. Disponível em: https://www.boe.es/buscar/act.php?id=BOE-A-2015-11430. Acesso em: 11 out. 2022.

ESPANHA. Real Decreto 475/2007, de 13 de abril, por el que se aprueba la Clasificación Nacional de Actividades Económicas 2009 (CNAE-2009). Boletín Oficial del Estado, n. 102, de 28 abr. 2007. Disponível em: https://www.boe.es/buscar/pdf/2007/BOE-A-2007-8824-consolidado.pdf. Acesso em: 11 out. 2022.

ESPANHA. Agencia Española de Protección de Datos (AEPD). Procedimiento PS/00120/2021. 27 jul. 2021. Disponível em: https://www.aepd.es/es/documento/ps-00120-2021.pdf. Acesso em: 11 out. 2022.

ESPANHA. Agencia Española de Protección de Datos (AEPD). Procedimiento PS/00145/2019. 29 jul. 2020. Disponível em: https://www.aepd.es/documento/ps-00145-2019.pdf. Acesso em: 11 out. 2022.

ESPANHA. Agencia Española de Protección de Datos (AEPD). Historia. 21 set. 2021. Disponível em: https://www.aepd.es/es/la-agencia/transparencia/informacion-de-caracter-institucional-organizativa-y-de--planificacion/historia. Acesso em: 11 out. 2022.

ESPANHA. Agencia Española de Protección de Datos (AEPD). MEMORIA ANUAL 2021. 18 mar. 2022. Disponível em: https://www.aepd.es/es/documento/memoria-aepd-2021.pdf. Acesso em: 11 out. 2022.

ESPANHA. Agencia Española de Protección de Datos (AEPD). Listas de tipos de tratamientos de datos que requieren evaluación de impacto relativa a protección de datos (art 35.4). 9 set. 2019. Disponível em: https://www.aepd.es/sites/default/files/2019-09/listas-dpia-es-35-4.pdf. Acesso em: 11 out. 2022.

EUROPEAN AGENCY FOR FUNDAMENTAL RIGHTS (FRA). Facial recognition technology: Fundamental rights considerations in the context of law enforcement. 21 nov. 2019. Disponível em: https://fra.europa.eu/en/publication/2019/facial-recognition-technology-fundamental-rights-considerations-context--law. Acesso em: 11 out. 2022.

EUROPEAN COMMISSION. COMMISSION STAFF WORKING PAPER. Impact Assessment. 25 jan. 2012, p. 28. Disponível em: https://eur-lex.europa.eu/legal-content/EN/TXT/PDF/?uri=CELEX:52012S-C0072&from=EN. Acesso em: 11 out. 2022.

EUROPEAN PARLIAMENT. Biometric recognition and behavioural detection: assessing the ethical aspects of biometric recognition and behavioural detection techniques with a focus on their current and future use in public spaces. 06 ago. 2021. Disponível em: https://data.europa.eu/doi/10.2861/65868. Acesso em: 11 out. 2022.

INSTITUTO NACIONAL DE ESTADÍSTICA. Cifras de Población (CP) a 1 de julio de 2021. 16 dez. 2021. Disponível em: https://www.ine.es/prensa/cp_j2021_p.pdf. Acesso em: 11 out. 2022.

LUTERAN, Martin, *The Lost Meaning of Proportionality*, in HUSCROFT, Grant; MILLER, Bradley W.; WEBBER, Grégoire (Ed.). *Proportionality and the Rule of Law* – Rights, Justification, Reasoning. Cambridge University Press, New York, 2014.

NATIONAL INSTITUTE OF STANDARDS AND TECHNOLOGY (NIST). NIST Launches Studies into Masks'Effect on Face Recognition Software. 27 de jul. de 2020. Disponível em: https://www.nist.gov/news-events/news/2020/07/nist-launches-studies-masks-effect-face-recognition-software. Acesso em: 11 out. 2022.

ROCHA, Felippe Borring; DALESE, Pedro. PEC 17/2019: a importância da consagração constitucional da proteção de dados pessoais como direito fundamental. *Revista Magister de direito civil e processual civil*, v. 18, n. 103, p. 91-112, Porto Alegre, jul./ago. 2021.

SILVA, Luís Virgílio Afonso da. O proporcional e o razoável. *Revista dos Tribunais*, São Paulo, v. 91, n. 798, p. 23-50, abr. 2002.

STATISTA. Ranking de los países de la Unión Europea por su superficie en kilómetros cuadrados. 23 mar. 2022. Disponível em: https://es.statista.com/estadisticas/539263/superficie-de-los-paises-de-la-union--europea/. Acesso em: 11 out. 2022.

TOMASEVICIUS FILHO, Eduardo. Em direção a um novo 1984? A tutela da vida privada entre a invasão de privacidade e a privacidade renunciada. *Revista da Faculdade de Direito da Universidade De São Paulo*, n. 109, p. 129-169, São Paulo, 2014. Disponível em: https://www.revistas.usp.br/rfdusp/article/view/89230. Acesso em: 11 out. 2022.

UNIÃO EUROPEIA. Parlamento Europeu. DIRECTIVA 95/46/CE DO PARLAMENTO EUROPEU E DO CONSELHO de 24 de Outubro de 1995. Official Journal L 281, 23 nov. 1995, p. 31–50 Disponível em: https://eur-lex.europa.eu/legal-content/PT/TXT/?uri=celex%3A31995L0046. Acesso em: 11 out. 2022.

UNIÃO EUROPEIA. Parlamento Europeu. Regulamento (UE) 2016/679 do parlamento europeu e do conselho de 27 de abril de 2016. *Official Journal L* 119, 04 mai. 2016, p. 1-88. Disponível em: ttps://eur-lex.europa.eu/legal-content/PT/TXT/PDF/?uri=CELEX:32016R0679&from=PT. Acesso em: 11 out. 2022.

UNIÃO EUROPEIA. European Data Protection Supervisor. Article 29 Working Party (predecessor of the EDPB). Disponível em: https://edps.europa.eu/data-protection/data-protection/glossary/a_en#articlewp. Acesso em: 11 out. 2022.

UNIÃO EUROPEIA. ARTICLE 29 data protection working party. Opinion 2/2017 on data processing at work. 23 jun. 2017. Disponível em: https://ec.europa.eu/newsroom/article29/items/610169. Acesso em: 11 out. 2022.

UNIÃO EUROPEIA. Grupo de proteção de dados do artigo 29.º. Parecer 3/2012 sobre a evolução das tecnologias biométricas. 27 de abr. de 2012. p. 6. Disponível em: https://ec.europa.eu/justice/article-29/documentation/opinion-recommendation/files/2012/wp193_pt.pdf. Acesso em: 11 out. 2022.

ANEXOS

INTERESSE PÚBLICO

COM MODIFICAÇÃO SEMÂNTICA

ES	
DIRECTIVA 95/46/CE DEL PARLAMENTO EUROPEO Y DEL CONSEJO de 24 de octubre de 1995	REGLAMENTO (UE) 2016/679 DEL PARLAMENTO EUROPEO Y DEL CONSEJO de 27 de abril de 2016
Artículo 8 Tratamiento de categorías especiales de datos	Artículo 9 Tratamiento de categorías especiales de datos personales
4 . Siempre que dispongan las garantías adecuadas, los Estados miembros podrán, por motivos de **interés público importantes**, establecer otras excepciones, además de las previstas en el apartado 2, bien mediante su legislación nacional, bien por decisión de la autoridad de control.	2. g) el tratamiento es necesario por razones de un **interés público esencial**, sobre la base del Derecho de la Unión o de los Estados miembros, que debe ser proporcional al objetivo perseguido, respetar en lo esencial el derecho a la protección de datos y establecer medidas adecuadas y específicas para proteger los intereses y derechos fundamentales del interesado;

DE	
RICHTLINIE 95/46/EG DES EUROPAISCHEN PARLAMENTS UND DES RATES vom 24. Oktober 1995	VERORDNUNG (EU) 2016/679 DES EUROPÄISCHEN PARLAMENTS UND DES RATES vom 27. April 2016
Artikel 8 Verarbeitung besonderer Kategorien personenbezogener Daten	Artikel 9 Verarbeitung besonderer Kategorien personenbezogener Daten
4 Die Mitgliedstaaten können vorbehaltlich angemessener Garantien aus Gründen eines **wichtigen öffentlichen Interesses** entweder im Wege einer nationalen Rechtsvorschrift oder im Wege einer Entscheidung der Kontrollstelle andere als die in Absatz 2 genannten Ausnahmen vorsehen.	2. g) die Verarbeitung ist auf der Grundlage des Unionsrechts oder des Rechts eines Mitgliedstaats, das in angemessenem Verhältnis zu dem verfolgten Ziel steht, den Wesensgehalt des Rechts auf Datenschutz wahrt und angemessene und spezifische Maßnahmen zur Wahrung der Grundrechte und Interessen der betroffenen Person vorsieht, aus Gründen eines **erheblichen öffentlichen Interesses** erforderlich,

BG	
ДИРЕКТИВА 95/46/ЕО НА ЕВРОПЕЙСКИЯ ПАРЛАМЕНТ И НА СЪВЕТА от 24 октомври 1995 година	Регламент (ЕС) 2016/679 на Европейския парламент и на Съвета от 27 април 2016
Член 8 Обработване на специални категории от данни	Член 9 Обработване на специални категории лични данни
4. При условие, че съществуват подходящи гаранции, държаветечленки могат по съображения, свързани със **значим обществен интерес**, да определят други изключения, в допълнение към тези, посочени в параграф 2, или в националното законодателство, или с решение на надзорния орган.	2. ж) обработването е необходимо по причини от **важен обществен интерес** на основание правото на Съюза или правото на държава членка, което е пропорционално на преследваната цел, зачита същността на правото на защита на данните и предвижда подходящи и конкретни мерки за защита на основните права и интересите на субекта на данните;

'CASO MERCADONA' 177

PL	
DYREKTYWA 95/46/WE PARLAMENTU EUROPEJSKIEGO I RADY z dnia 24 października 1995 r.	ROZPORZĄDZENIE PARLAMENTU EUROPEJSKIEGO I RADY (UE) 2016/679 z dnia 27 kwietnia 2016 r.
Artykuł 8 Przetwarzanie szczególnych kategorii danych	Artykuł 9 Przetwarzanie szczególnych kategorii danych osobowych
4. Pod warunkiem ustanowienia odpowiednich środków zabezpieczających, Państwa Członkowskie mogą, ze względu na **istotny interes publiczny**, ustalić dodatkowe wyłączenia, poza tymi, które zostały przewidziane w ust. 2, na mocy ustawy krajowej lub decyzji organu nadzorczego.	2. g) przetwarzanie jest niezbędne ze względów związanych z **ważnym interesem publicznym**, na podstawie prawa Unii lub prawa państwa członkowskiego, które są proporcjonalne do wyznaczonego celu, nie naruszają istoty prawa do ochrony danych i przewidują odpowiednie i konkretne środki ochrony praw podstawowych i interesów osoby, której dane dotyczą;

SEM MODIFICAÇÃO SEMÂNTICA

PT	
DIRECTIVA 95/46/CE DO PARLAMENTO EUROPEU E DO CONSELHO de 24 de Outubro de 1995	REGULAMENTO (UE) 2016/679 DO PARLAMENTO EUROPEU E DO CONSELHO de 27 de abril de 2016
Artigo 8º Tratamento de certas categorias específicas de dados	Artigo 9º Tratamento de categorias especiais de dados pessoais
4 . Sob reserva de serem prestadas as garantias adequadas, os Estados-membros poderão estabelecer, por motivos de **interesse público importante**, outras derrogações para além das previstas no n 2, quer através de disposições legislativas nacionais, quer por decisão da autoridade de controlo referida no artigo 28".	2. g) Se o tratamento for necessário por motivos de **interesse público importante**, com base no direito da União ou de um Estado-Membro, que deve ser proporcional ao objetivo visado, respeitar a essência do direito à proteção dos dados pessoais e prever medidas adequadas e específicas que salvaguardem os direitos fundamentais e os interesses do titular dos dados;

IN	
DIRECTIVE 95/46/EC OF THE EUROPEAN PARLIAMENT AND OF THE COUNCIL of 24 October 1995	REGULATION (EU) 2016/679 OF THE EUROPEAN PARLIAMENT AND OF THE COUNCIL of 27 April 2016
Article 8 The processing of special categories of data	Article 9 Processing of special categories of personal data
4 . Subject to the provision of suitable safeguards, Member States may, for reasons of **substantial public interest**, lay down exemptions in addition to those laid down in paragraph 2 either by national law or by decision of the supervisory authority.	2. g) processing is necessary for reasons of **substantial public interest**, on the basis of Union or Member State law which shall be proportionate to the aim pursued, respect the essence of the right to data protection and provide for suitable and specific measures to safeguard the fundamental rights and the interests of the data subject;

FR	
DIRECTIVE 95/46/CE DU PARLEMENT EUROPEEN ET DU CONSEIL du 24 octobre 1995	RÈGLEMENT (UE) 2016/679 DU PARLEMENT EUROPÉEN ET DU CONSEIL du 27 avril 2016
Article 8 Traitements portant sur des catégories particulières de données	Article 9 Traitement portant sur des catégories particulières de données à caractère personnel
4. Sous réserve de garanties appropriées, les États membres peuvent prévoir, pour un motif **d'intérêt public important**, des dérogations autres que celles prévues au paragraphe 2, soit par leur législation nationale, soit sur décision de l'autorité de contrôle.	2. g) le traitement est nécessaire pour des motifs **d'intérêt public important**, sur la base du droit de l'Union ou du droit d'un État membre qui doit être proportionné à l'objectif poursuivi, respecter l'essence du droit à la protection des données et prévoir des mesures appropriées et spécifiques pour la sauvegarde des droits fondamentaux et des intérêts de la personne concernée;

IT	
DIRETTIVA 95/46/CE DEL PARLAMENTO EUROPEO E DEL CONSIGLIO del 24 ottobre 1995	REGOLAMENTO (UE) 2016/679 DEL PARLAMENTO EUROPEO E DEL CONSIGLIO del 27 aprile 2016
Articolo 8 Trattamenti riguardanti categorie particolari di dati	Articolo 9 Trattamento di categorie particolari di dati personali
4 . Purché siano previste le opportune garanzie , gli Stati membri possono, per motivi di **interesse pubblico rilevante**, stabilire ulteriori deroghe oltre a quelle previste dal paragrafo 2 sulla base della legislazione nazionale o di una decisione dell'autorità di controllo.	2. g) il trattamento è necessario per motivi di **interesse pubblico rilevante** sulla base del diritto dell'Unione o degli Stati membri, che deve essere proporzionato alla finalità perseguita, rispettare l'essenza del diritto alla protezione dei dati e prevedere misure appropriate e specifiche per tutelare i diritti fondamentali e gli interessi dell'interessato;

NL	
RICHTLIJN 95/46/EG VAN HET EUROPEES PARLEMENT EN DE RAAD van 24 oktober 1995	VERORDENING (EU) 2016/679 VAN HET EUROPEES PARLEMENT EN DE RAAD van 27 april 2016
Artikel 8 Verwerkingen die bijzondere categorieën gegevens betreffen	Artikel 9 Verwerking van bijzondere categorieën van persoonsgegevens
4 . Mits passende waarborgen worden geboden, mogen de Lid-Staten om redenen van **zwaarwegend algemeen belang** bij nationale wet of bij een besluit van de toezichthoudende autoriteit nog andere afwijkingen naast die bedoeld in lid 2 vaststellen.	2. g) de verwerking is noodzakelijk om redenen van **zwaarwegend algemeen belang**, op grond van Unierecht of lidstatelijk recht, waarbij de evenredigheid met het nagestreefde doel wordt gewaarborgd, de wezenlijke inhoud van het recht op bescherming van persoonsgegevens wordt geëerbiedigd en passende en specifieke maatregelen worden getroffen ter bescherming van de grondrechten en de fundamentele belangen van de betrokkene;

10
'CASO CLEARVIEW AI': A APLICAÇÃO DE SANÇÃO POR USO ILEGAL DE SOFTWARE DE RECONHECIMENTO FACIAL PELA POLÍCIA FINLANDESA

Amanda Thereza Lenci Paccola

Mestranda em Ciências pela Universidade de São Paulo. Pós-graduada em Direito Digital e Proteção de Dados. Pós-graduada em Processo Civil. Advogada e Sócia do escritório Paccola & Pelegrini Advogados Associados, endereço eletrônico amanda-paccola@usp.br.

Emília Garbuio Pelegrini

Pós-graduada em Direito do Trabalho. Pós-graduanda em Direito da Proteção e Uso de Dados. Advogada e Sócia do escritório Paccola & Pelegrini Advogados Associados, endereço eletrônico emilia.pelegrini@hotmail.com.

Resumo: A DPA finlandesa concluiu que a polícia finlandesa havia utilizado de forma ilegal o software de reconhecimento facial Clearview AI

Fundamento: Lei de Proteção de Dados Criminais da Finlândia

Decisão completa:

https://finlex.fi/fi/viranomaiset/tsv/2021/20211023

Sumário: 1. Descrição do caso – 2. Fundamentação legal para a imposição da sanção – 3. Comentários e análise crítica – 4. Conclusão – Referências.

1. DESCRIÇÃO DO CASO

A Finlândia é um país com população estimada, em julho de 2021, de 5.587.442 milhões de habitantes.[1] O país se destaca na área de tecnologia, na promoção de startups nos setores de tecnologia da informação e comunicação, jogos, tecnologia limpa e biotecnologia.[2]

A Finlândia é bem desenvolvida na área de privacidade e proteção de dados tendo, atualmente, o Provedor de Proteção de Dados como uma autoridade nacional que supervisiona o cumprimento da legislação de proteção de dados, sendo que com o Provedor de Proteção de Dados e dois Provedores Adjuntos trabalham no gabinete cerca de 40 especialistas.[3]

Entretanto, apesar do cenário positivo com relação à proteção de dados, a Finlândia foi um dos países que testou o software da empresa Clearview AI, restando envolvida no escândalo que será narrado a seguir.

A empresa Clearview AI é uma startup estadunidense responsável por um software de reconhecimento facial utilizado principalmente pela polícia e órgãos governamentais.[4] Referida empresa está enfrentando uma onda de reclamações legais na Europa em decorrência da reputação controversa de seu software.[5] O mencionado software permite que seus utilizadores estabeleçam correspondência entre os rostos contidos nas imagens por eles carregadas com um banco de dados que contém mais de 3 (três) bilhões de imagens indexadas da internet, incluindo aplicativos de mídia social.

Uma investigação promovida pelo BuzzFeed News,[6] com base nos próprios dados internos da Clearview AI, mostrou que a startup, sediada em Nova York, distribuiu sua ferramenta de reconhecimento facial, comercializando testes gratuitos, para mais 26 países fora dos EUA, incluindo Portugal, Espanha, Bélgica, Dinamarca, Finlândia, França, Irlanda, Itália, Letónia, Lituânia, Malta, Holanda, Noruega, Eslovénia, Suécia, Suíça e Reino Unido.[7]

---

1. CIA. People and Society. *Cia gov*. Washington. Disponível em: https://www.cia.gov/the-world-factbook/countries/finland/#people-and-society. Acesso em: 11 out. 2022.
2. CIA. Economy. *Cia gov*. Washington. Disponível em: https://www.cia.gov/the-world-factbook/countries/finland/#economy. Acesso em: 11 out. 2022.
3. DATA PROTECTION OMBUDSMAN. The Office of the Data Protection Ombudsman safeguards your data protection rights. Office of the Data Protection Ombudsman, Helsinki. Disponível em: https://tietosuoja.fi/en/office-of-the-data-protection-ombudsman. Acesso em: 11 out. 2022.
4. We Are Clearview AI. *Clearview.ai*, Nova York. Disponível em: https://www.clearview.ai/overview. Acesso em: 11 out. 2022.
5. CAMERON, Dell. Clearview AI é alvo de novas queixas legais na Europa por abuso de reconhecimento facial. *Gizmodo UOL*, 2021. Disponível em: https://gizmodo.uol.com.br/clearview-queixas-legais-europa-reconhecimento-facial/. Acesso em: 11 out. 2022.
6. MAC, Ryan; HASKINS, Caroline; PEQUEÑO IV, Antonio. Police In At Least 24 Countries Have Used Clearview AI. Find Out Which Ones Here. *BuzzFeed News*, 2021. Disponível em: https://www.buzzfeednews.com/article/ryanmac/clearview-ai-international-search-table. Acesso em: 11 out. 2022.
7. BEXIGA, Sonia. Tecnologia de reconhecimento facial da Clearview AI pode ser ilegal na Europa. Portugal está na base de dados. *Executive Digest*, 2021. Disponível em: https://executivedigest.sapo.pt/tecnologia-de-reconhecimento-facial-da-clearview-ai-pode-ser-ilegal-na-europa-portugal-esta-na-base-de-dados/. Acesso em: 11 out. 2022.

Na União Europeia, as autoridades de privacidade e proteção de dados estão avaliando se o uso do Clearview AI violou o General Data Protection Regulation (GDPR), o regulamento de proteção de dados europeu.

A Autoridade de Proteção de Dados Holandesa informou ao BuzzFeed News que é "improvável" que a utilização do software pelas agências policiais seja legal, enquanto a 'National Commission for Informatics and Freedoms' da França disse que recebeu "várias queixas" sobre o Clearview AI, que estão "sendo investigadas".[8]

Por sua vez, a Autoridade Sueca de Proteção à Privacidade (*Integritetsskydds Myndigheten, IMY*) já impôs à Autoridade Policial do país uma multa de 250 mil euros por infração ao 'Criminal Data Act', legislação do país que governa o uso de dados em processos criminais, tendo em vista a utilização do software de reconhecimento facial da empresa norte-americana Clearview AI, sem qualquer autorização prévia.[9]

Mais especificamente em relação à Finlândia, Lassila[10] ressalta que o Conselho Nacional de Polícia (*Poliisihallitus*) da Finlândia notificou a Autoridade Nacional de Proteção de Dados (*National Data Protection Authority, NDPA*) do país sobre o a utilização do programa de reconhecimento facial da Clearview AI pelo 'National Bureau of Investigation' (*Keskusrikospoliisi, KRP*).

Segundo o relatório elaborado pelo Conselho Nacional de Polícia, em conjunto com a Polícia Criminal Central, o software da Clearview AI vinha sendo utilizado pelo 'National Bureau of Investigation' desde o início de 2020, para identificar e capturar criminosos responsáveis por abuso sexual infantil por meio da comparação de certas imagens do registro do NCMEC (Centro Nacional para Crianças Desaparecidas e Exploradas) com aquelas constantes no banco de dados do software.[11]

O relatório revelou que, em uma reunião organizada pela Europol em 2019, o software da Clearview AI foi indicado para a triagem automática de material de exploração sexual, já que o sistema não registraria buscas e, portanto, seria adequado para esse uso.

Ainda segundo o relatório, o uso do Clearview AI pela polícia finlandesa estaria limitado a um experimento com dados do NCMEC para recuperar o perfil de mídia social de uma vítima em potencial, a fim de identificá-la e protegê-la, além de determinar se a ferramenta seria útil para investigações futuras.

---

8. MAC, Ryan; HASKINS, Caroline; PEQUEÑO IV, Antonio. Police In At Least 24 Countries Have Used Clearview AI. Find Out Which Ones Here. *BuzzFeed News*, 2021. Disponível em: https://www.buzzfeednews.com/article/ryanmac/clearview-ai-international-search-table. Acesso em: 11 out. 2022.

9. RIGUES, Rafael. Polícia sueca é multada por uso de sistema de reconhecimento facial. *Olhar Digital*, 2021. Disponível em: https://olhardigital.com.br/2021/02/12/noticias/policia-sueca-e-multada-por-uso-de-sistema-de-reconhecimento-facial/. Acesso em: 11 out. 2022.

10. LASSILA, Sanna. *Designing the Ethical Principles of Artificial Intelligence – Case Finnish Police*. 2021. 66f. Tese (Mestrado em Administração de Negócios) – Laurea University of Applied Sciences, Vantaa, 2021. Disponível em: https://www.theseus.fi/bitstream/handle/10024/507069/DesigningTheTrustworthyPrinciplesOfAICaseFinnishPolice.pdf?sequence=2&isAllowed=y. Acesso em: 11 out. 2022.

11. Henkilötietojen käsittely kasvojentunnistusohjelmalla. *Finlex*, 2021. Disponível em: https://finlex.fi/fi/viranomaiset/tsv/2021/20211023. Acesso em: 11 out. 2022.

O software teria sido utilizado por dois integrantes do 'National Bureau of Investigation' (*Keskusrikospoliisi, KRP*), sendo que as datas exatas das pesquisas não são conhecidas, mas se concentraram entre 10 de fevereiro de 2020 e 3 de março de 2021. O uso do software foi encerrado durante a investigação, em 15 de abril de 2021.

O conteúdo exato das imagens utilizadas não é conhecido, sendo possível que houvesse várias pessoas nas fotos, mas também que estas não fossem identificáveis. Também não se sabe se todas as imagens carregadas pertenciam às mesmas pessoas.

Em resposta à investigação do BuzzFeed News, Mikko Rauhamaa, detetive superintendente sênior do 'National Bureau of Investigation' (*Keskusrikospoliisi, KRP*) informou:

> A unidade testou um serviço norte-americano chamado Clearview AI para a identificação de possíveis vítimas de abuso sexual a fim de controlar o aumento da carga de trabalho da unidade por meio de inteligência artificial e automação. A identificação das vítimas retratadas nas imagens e vídeos examinados pela unidade é fundamental para resguardar seus direitos, interromper qualquer crime em andamento ou detectar um crime já cometido.[12] (tradução nossa)

As queixas decorrentes da utilização do software do Clearview AI se dão por dois motivos. O primeiro deles é a vastidão sem precedentes do seu banco de dados, já que esta ferramenta utiliza um algoritmo de raspagem que coleta e armazena cada imagem acessível na internet a partir de milhões de sites, incluindo Google e YouTube, e redes sociais como Facebook, Twitter e LinkedIn. Algumas destas empresas, inclusive, já teriam notificado a Clearview AI, rotulando seus métodos como inconsistentes com seus Termos e Condições de Uso, mas a empresa ressalta que essas imagens são acessíveis abertamente na internet.[13]

O segundo deles consiste no fato de que a coleta indiscriminada, a retenção e o uso comercial dos dados pessoais dos cidadãos europeus violariam o 'General Data Protection Regulation' (GDPR), lei de proteção de dados vigente na União Europeia, que estabelece regras relativas ao tratamento de dados pessoais e à livre circulação destes; a 'Law Enforcement Directive' (LED), a qual trata da proteção das pessoas naturais no que diz respeito ao tratamento de dados pessoais pelas autoridades competentes para efeitos de prevenção, investigação, deteção ou repressão de infrações penais ou execução de sanções penais, e à livre circulação desses dados; e a Lei de Proteção de Dados em

---

12. MAC, Ryan; HASKINS, Caroline; PEQUEÑO IV, Antonio. Police In At Least 24 Countries Have Used Clearview AI. Find Out Which Ones Here. *BuzzFeed News*, 2021. Disponível em: https://www.buzzfeednews.com/article/ryanmac/clearview-ai-international-search-table. Acesso em: 11 out. 2022. No original: The unit tested a US service called Clearview AI for the identification of possible victims of sexual abuse to control the increased workload of the unit by means of artificial intelligence and automation. The identification of the victims depicted in the images and videos examined by the unit is crucial to safeguarding the victims' rights, and to interrupting any crime in progress or detecting an offence already committed".

13. LEVANTINO, Francesco Paolo. Framing the picture: *A human rights-based study on AI, the case of Facial Recognition Technology*. 2020. 115 f. Tese (Mestrado em Direitos Humanos e Democratização) – KU Leuven, Leuven, 2020. Disponível em: https://vps5.cloudfarm.it/bitstream/handle/20.500.11825/1794/Levantino%20Francesco.pdf?sequence=1&isAllowed=y. Acesso em: 11 out. 2022.

Matéria Criminal da Finlândia (*laki henkilötietojen käsittelystä rikosasioissa ja kansallisen turvallisuuden ylläpitämisen yhteydessä*).[14]

2. FUNDAMENTAÇÃO LEGAL PARA A IMPOSIÇÃO DA SANÇÃO

Os softwares de reconhecimento facial, tal como o da Clearview AI, podem representar perigos para os direitos e liberdades individuais. A problemática, segundo dos Abreu,[15] se refere aos bancos de dados desses softwares, cujos dados são obtidos independentemente de considerações éticas ou legais, sem levar em consideração a privacidade e proteção de dados como um direito fundamental do indivíduo, tal como consignado no artigo 8.°, n.° 1, da Carta dos Direitos Fundamentais da União Europeia e no artigo 16.°, n.° 1, do Tratado sobre o Funcionamento da União Europeia (TFUE), os quais preveem que todas as pessoas têm direito à proteção de dados pessoais que lhe digam respeito, o que é confirmado, ainda, pelo Considerando 1 do GDPR.[16]

Conforme Barbosa e Lopes,[17] o RGPD, também conhecido como GDPR, se aplica ao tratamento de dados pessoais, que se trata de informação relativa a uma pessoa identificada ou identificável, direta ou indiretamente. Em especial, por referência a um identificador, que pode ser físico ou eletrônico, por meios totais ou parcialmente automatizados, incluindo nesse escopo imagens e reconhecimento facial biométrico.

Neste contexto, convém ressaltar que não há um rol taxativo, nem na LGPD nem no GDPR, do que poderia constituir um dado pessoal, sendo necessária a realização de avaliação de maneira contextual. Se uma determinada informação, em uma situação específica, tem potencial de tornar uma pessoa identificável, então ela poderá ser considerada como dado pessoal naquele contexto.[18]

---

14. LEVANTINO, Francesco Paolo. Framing the picture: *A human rights-based study on AI, the case of Facial Recognition Technology*. 2020. 115 f. Tese (Mestrado em Direitos Humanos e Democratização) – KU Leuven, Leuven, 2020. Disponível em: https://vps5.cloudfarm.it/bitstream/handle/20.500.11825/1794/Levantino%20Francesco.pdf?sequence=1&isAllowed=y. Acesso em: 11 out. 2022.

15. ABREU, Sérgio Miguel Ferreira dos Santos. *Live Facial Recognition Technologies in European Law – A Data Protection and Privacy Rights Assessment*. 2020. 101 f. Tese (Mestrado em Legislação Internacional e Europeia) – Nova School of Law, Lisboa, 2020. Disponível em: https://run.unl.pt/bitstream/10362/132170/1/SantosAbreu_2020.pdf. Acesso em: 11 out. 2022.

16. "1. The protection of natural persons in relation to the processing of personal data is a fundamental right. Article 8 of the Charter of Fundamental Rights of the European Union (the 'Charter') and Article 16 of the Treaty on the Functioning of the European Union (TFEU) provide that everyone has the right to the protection of personal data concerning him or her."

17. BARBOSA, Carla; LOPES, Dulce. RGPD: Compartilhamento e Tratamento de Dados Sensíveis na União Europeia – O caso particular da saúde. In: DALLARI, Analluza Bolívar; MONACO, Gustavo Ferraz de Campos (Coord.). *LGPD na saúde*. São Paulo: Thomson Reuters, 2021, p. 37.

18. MALDONADO, Viviane Nóbrega. A Lei Geral de Proteção de Dados: objeto, âmbito de aplicação, requisitos, segurança e a necessidade de sua correta implementação. A Lei Geral de Proteção de Dados: objeto, âmbito de aplicação, requisitos, segurança e a necessidade de sua correta implementação. In: MALDONADO, Viviane Nóbrega (Coord.). *LGPD Lei Geral de Proteção de Dados pessoais: manual de implementação*. São Paulo: Thomson Reuters Brasil, 2019. *E-book*.

Sob a ética legal, Levantino[19] destaca que o artigo 5.º, n.º 1 do GDPR[20] colaciona os princípios relativos ao tratamento de dados pessoais, destacando que estes devem ser: (a) tratados de forma lícita, justa e transparente em relação ao titular dos dados; (b) coletados para fins específicos, explícitos e legítimos, não podendo ser tratados de maneira incompatível com esses fins; (c) adequados, relevantes e limitados ao necessário em relação às finalidades para as quais são coletados; (d) precisos e, se necessário, atualizados; (e) mantidos de uma forma que permita a identificação dos titulares dos dados por não mais do que o necessário para as finalidades para as quais foram coletados; (f) tratados de maneira a garantir sua adequada segurança, incluindo a proteção contra tratamento não autorizado ou ilegal e contra perda, destruição ou dano acidental, por intermédio da utilização de medidas técnicas ou administrativas apropriadas.

Nesta perspectiva, o tratamento indiscriminado de dados pessoais por softwares de reconhecimento facial, tal como o da Clearview AI, não se dá de maneira "lícita, justa e transparente" (a), já que, muitas vezes, os titulares não têm sequer conhecimento que seus dados constam na base desses softwares.

Isso implica em dizer, ainda, que os dados pessoais não são coletados para "fins específicos, explícitos e legítimos" (b), porque, ao indexar dados da internet, estar-se-á utilizando-os para finalidade distinta daquela para a qual foi coletado (c), visto que, precipuamente, o titular não disponibiliza seus dados em suas redes sociais, por exemplo, para fins de reconhecimento facial.

Ademais, Levantino[21] ressalta que o consentimento dos usuários com os Termos e Condições de Uso de determinada rede social não pode ser entendido como uma

---

19. LEVANTINO, Francesco Paolo. Framing the picture: *A human rights-based study on AI, the case of Facial Recognition Technology*. 2020. 115 f. Tese (Mestrado em Direitos Humanos e Democratização) – KU Leuven, Leuven, 2020. Disponível em: https://vps5.cloudfarm.it/bitstream/handle/20.500.11825/1794/Levantino%20 Francesco.pdf?sequence=1&isAllowed=y. Acesso em: 11 out. 2022.

20. "5.1. Personal data shall be: processed lawfully, fairly and in a transparent manner in relation to the data subject ('lawfulness, fairness and transparency'); collected for specified, explicit and legitimate purposes and not further processed in a manner that is incompatible with those purposes; further processing for archiving purposes in the public interest, scientific or historical research purposes or statistical purposes shall, in accordance with Article 89, not be considered to be incompatible with the initial purposes ('purpose limitation'); adequate, relevant and limited to what is necessary in relation to the purposes for which they are processed ('data minimisation'); accurate and, where necessary, kept up to date; every reasonable step must be taken to ensure that personal data that are inaccurate, having regard to the purposes for which they are processed, are erased or rectified without delay ('accuracy'); kept in a form which permits identification of data subjects for no longer than is necessary for the purposes for which the personal data are processed; personal data may be stored for longer periods insofar as the personal data will be processed solely for archiving purposes in the public interest, scientific or historical research purposes or statistical purposes in accordance with Article 89 subject to implementation of the appropriate technical and organisational measures required by this Regulation in order to safeguard the rights and freedoms of the data subject ('storage limitation'); processed in a manner that ensures appropriate security of the personal data, including protection against unauthorised or unlawful processing and against accidental loss, destruction or damage, using appropriate technical or organisational measures ('integrity and confidentiality')."

21. LEVANTINO, Francesco Paolo. Framing the picture: *A human rights-based study on AI, the case of Facial Recognition Technology*. 2020. 115 f. Tese (Mestrado em Direitos Humanos e Democratização) – KU Leuven,

anuência para que seus dados sejam posteriormente utilizados para outra finalidade não intencional ou não autorizada. Isso porque, para a legalidade do tratamento dos dados pessoais, o artigo 6.º, n.º 1, *"a"* do GDPR[22] exige o consentimento do titular para as finalidades específicas de cada tratamento, inviabilizando a raspagem massiva e não autorizada de dados pessoais, tal como a operada pelas tecnologias de reconhecimento facial (*facial recognition technologies, FRT*).

Ainda, o artigo 9.º, n.º 1 do GDPR,[23] que dispõe sobre o tratamento de categorias especiais de dados pessoais, proíbe o tratamento de dados biométricos com o propósito específico de identificação de uma pessoa natural. Uma exceção a essa regra está elencada na alínea *"e"* do artigo 9.º, n.º 2,[24] qual seja, quando os dados forem tornados manifestamente públicos pelo titular dos dados.

Em que pese o fundador da Clearview AI invocar a exceção de dados públicos para justificar o tratamento dos dados biométricos constantes no banco de dados de seu software, a verdade é que, como bem salienta Levantino, de acordo com o Considerando 51 do GDPR, o processamento, por si só, de fotografias, como aquelas carregadas voluntariamente pelos usuários nas redes sociais, não implica o tratamento de dados biométricos:

> O tratamento de fotografias não deve ser sistematicamente considerado como tratamento de categorias especiais de dados pessoais, uma vez que são abrangidas pela definição de dados biométricos apenas quando tratadas através de um meio técnico específico que permita a identificação ou autenticação única de uma pessoa singular. Esses dados pessoais não devem ser tratados, a menos que o tratamento seja permitido em casos específicos estabelecidos no presente regulamento, tendo em conta que a legislação dos Estados-Membros pode estabelecer disposições específicas em matéria de proteção de dados a fim de adaptar a aplicação das regras do presente regulamento ao cumprimento de uma obrigação legal ou para o desempenho de uma tarefa realizada no interesse público ou no exercício de autoridade oficial investida no controlador. Para além dos requisitos específicos para esse tratamento, devem aplicar-se os princípios gerais e outras regras do presente regulamento, nomeadamente no que diz respeito às condições de tratamento legal. Devem ser expressamente previstas derrogações à proibição geral de tratamento dessas categorias especiais de dados pessoais, nomeadamente quando o titular dos dados der o seu consentimento explícito ou no que diz respeito a necessidades específicas, em especial quando o tratamento for efetuado por associações ou fundações que tenham por objetivo permitir o exercício das liberdades fundamentais.[25] (tradução nossa)

Leuven, 2020. Disponível em: https://vps5.cloudfarm.it/bitstream/handle/20.500.11825/1794/Levantino%20 Francesco.pdf?sequence=1&isAllowed=y. Acesso em: 11 out. 2022.

22. "6.1. Processing shall be lawful only if and to the extent that at least one of the following applies: (a) the data subject has given consent to the processing of his or her personal data for one or more specific purposes; (...)."

23. "9.1. Processing of personal data revealing racial or ethnic origin, political opinions, religious or philosophical beliefs, or trade union membership, and the processing of genetic data, biometric data for the purpose of uniquely identifying a natural person, data concerning health or data concerning a natural person's sex life or sexual orientation shall be prohibited."

24. "9.2. Paragraph 1 shall not apply if one of the following applies: (...) (e) processing relates to personal data which are manifestly made public by the data subject; (...)."

25. LEVANTINO, Francesco Paolo. Framing the picture: *A human rights-based study on AI, the case of Facial Recognition Technology*. 2020. 115 f. Tese (Mestrado em Direitos Humanos e Democratização) – KU Leuven, Leuven, 2020. Disponível em: https://vps5.cloudfarm.it/bitstream/handle/20.500.11825/1794/Levantino%20

Em outras palavras, apenas quando essas fotografias forem processadas através de meios técnicos que permitem a identificação ou autenticação única de uma pessoa, como no caso do software da Clearview AI, os dados contidos na imagem se qualificam como biométricos. Consequentemente, a mera disponibilidade de uma fotografia na internet ou o seu carregamento voluntário nas redes sociais não lhe atribuem a qualidade de dados biométricos, afastando, portanto, a exceção suscitada.[26]

Para corroborar as normativas do GDPR, a Seção 4 (2) da Lei de Proteção de Dados Criminais da Finlândia dispõe que os dados pessoais devem ser processados de forma adequada e cuidadosa.[27] A exigência de diligência é enfatizada no tratamento de categorias específicas de dados pessoais.[28] Nos termos do artigo 11 da referida lei, o tratamento de dados biométricos destinados à identificação inequívoca de uma pessoa só é permitido se for necessário e tiverem sido tomadas as garantias necessárias para salvaguardar os direitos do titular dos dados e quando: o tratamento estiver previsto em lei; tratar-se de processo criminal no Ministério Público ou Tribunal; a proteção dos interesses vitais de uma pessoa natural o exigir; ou o tratamento disser respeito a informações expressamente tornadas públicas pelo titular dos dados.[29]

Francesco.pdf?sequence=1&isAllowed=y. Acesso em: 11 out. 2022. No original: "(...) The processing of photographs should not systematically be considered to be processing of special categories of personal data as they are covered by the definition of biometric data only when processed through a specific technical means allowing the unique identification or authentication of a natural person. Such personal data should not be processed, unless processing is allowed in specific cases set out in this Regulation, taking into account that Member States law may lay down specific provisions on data protection in order to adapt the application of the rules of this Regulation for compliance with a legal obligation or for the performance of a task carried out in the public interest or in the exercise of official authority vested in the controller. In addition to the specific requirements for such processing, the general principles and other rules of this Regulation should apply, in particular as regards the conditions for lawful processing. Derogations from the general prohibition for processing such special categories of personal data should be explicitly provided, inter alia, where the data subject gives his or her explicit consent or in respect of specific needs in particular where the processing is carried out in the course of legitimate activities by certain associations or foundations the purpose of which is to permit the exercise of fundamental freedoms.

26. LEVANTINO, Francesco Paolo. Framing the picture: *A human rights-based study on AI, the case of Facial Recognition Technology*. 2020. 115 f. Tese (Mestrado em Direitos Humanos e Democratização) – KU Leuven, Leuven, 2020. Disponível em: https://vps5.cloudfarm.it/bitstream/handle/20.500.11825/1794/Levantino%20 Francesco.pdf?sequence=1&isAllowed=y. Acesso em: 11 out. 2022.

27. No original: "Henkilötietoja on käsiteltävä asianmukaisesti ja huolellisesti."

28. Henkilötietojen käsittely kasvojentunnistusohjelmalla. Finlex, 2021. Disponível em: https://finlex.fi/fi/viranomaiset/tsv/2021/20211023. Acesso em: 11 out. 2022.

29. No original: "Erityisiä henkilötietoryhmiä koskeva käsittely. Erityisiin henkilötietoryhmiin kuuluvia tietoja ovat henkilötiedot, joista ilmenee etninen alkuperä, poliittisia mielipiteitä, uskonnollinen tai filosofinen vakaumus taikka ammattiliiton jäsenyys, sekä geneettiset tiedot, luonnollisen henkilön yksiselitteiseen tunnistamiseen tarkoitetut biometriset tiedot sekä terveyttä taikka luonnollisen henkilön seksuaalista käyttäytymistä ja seksuaalista suuntautumista koskevat tiedot. Edellä 1 momentissa tarkoitettujen henkilötietojen käsittely on sallittu vain, jos se on välttämätöntä, rekisteröidyn oikeuksien turvaamisen edellyttämät suojatoimet on toteutettu ja jos: 1) käsittelystä säädetään laissa; 2) kyse on rikosasian käsittelystä syyttäjäntoimessa tai tuomioistuimessa; 3) rekisteröidyn tai toisen luonnollisen henkilön elintärkeän edun suojaaminen edellyttää sitä; tai 4) käsittely koskee tietoja, jotka rekisteröity on nimenomaisesti saattanut julkisiksi. Sellainen profilointi, joka johtaa erityisiin henkilötietoryhmiin perustuvaan luonnollisten henkilöiden syrjintään, on kielletty."

Além disso, Levantino[30] destaca que preocupações adicionais surgem quando, em alguns testes demonstrativos, o software de reconhecimento facial da Clearview AI foi capaz de recuperar instantaneamente dezenas de fotos das mais diversas fontes, incluindo uma imagem representando o "indivíduo procurado" posando para uma foto de grupo tirada "mais de uma década antes",[31] o que significa que esta ferramenta é capaz de detectar com sucesso um alvo entre uma multidão e apesar de seu envelhecimento.

Levantino[32] prossegue afirmando que, durante outro teste, os resultados da pesquisa incluíram fotos de uma conta privada do Instagram, teoricamente acessível apenas a seguidores autorizados, evidenciando que o algoritmo é capaz de contornar ilegalmente as restrições de privacidade adotadas pelos usuários. No entanto, o CEO da empresa afirma que tais resultados decorrem de um *scraping* ocorrido no passado, quando a conta foi tornada publicamente acessível.

Mesmo que isso se confirme, o episódio mostra que o algoritmo não apenas armazena dados pessoais sem qualquer base legal, mas que também não leva em consideração a eliminação desses dados pelo próprio usuário ou suas alterações nas configurações de privacidade de uma rede social. Mais uma vez, isso vai contra o princípio básico de proteção de dados, que coloca o titular "no controle" de seus dados pessoais.[33]

Faz-se mister salientar que o GDPR exigiu a implementação de sistemas onde a "privacidade por design" (*privacy by design*) e a "privacidade por padrão" (*privacy by default*) são incorporados a qualquer tratamento de dados pessoais, o que, contudo, não impede sua coleta, mas exige processos cuidadosamente documentados e seu gerenciamento ativo ao longo do tempo, de forma que os dados não sejam mantidos por mais tempo do que o necessário para o cumprimento da finalidade para a qual foi coletado,[34] o que não é verificado no caso supra narrado envolvendo a FRT da Clearview AI.

---

30. LEVANTINO, Francesco Paolo. Framing the picture: *A human rights-based study on AI, the case of Facial Recognition Technology*. 2020. 115 f. Tese (Mestrado em Direitos Humanos e Democratização) – KU Leuven, Leuven, 2020. Disponível em: https://vps5.cloudfarm.it/bitstream/handle/20.500.11825/1794/Levantino%20Francesco.pdf?sequence=1&isAllowed=y. Acesso em: 11 out. 2022.
31. O'SULLIVAN, Donie. This man says he's stockpiling billions of our photos. *CNN Business*, Chicago, 2020. Disponível em: https://edition.cnn.com/2020/02/10/tech/clearview-ai-ceo-hoan-ton-that/index.html. Acesso em: 11 out. 2022.
32. LEVANTINO, Francesco Paolo. Framing the picture: *A human rights-based study on AI, the case of Facial Recognition Technology*. 2020. 115 f. Tese (Mestrado em Direitos Humanos e Democratização) – KU Leuven, Leuven, 2020. Disponível em: https://vps5.cloudfarm.it/bitstream/handle/20.500.11825/1794/Levantino%20Francesco.pdf?sequence=1&isAllowed=y. Acesso em: 11 out. 2022.
33. LEVANTINO, Francesco Paolo. Framing the picture: *A human rights-based study on AI, the case of Facial Recognition Technology*. 2020. 115 f. Tese (Mestrado em Direitos Humanos e Democratização) – KU Leuven, Leuven, 2020. Disponível em: https://vps5.cloudfarm.it/bitstream/handle/20.500.11825/1794/Levantino%20Francesco.pdf?sequence=1&isAllowed=y. Acesso em: 11 out. 2022.
34. ALMEIDA, Denise; SHMARKO, Konstantin; LOMAS, Elizabeth. The ethics of facial recognition technologies, surveillance, and accountability in an age of artificial intelligence: a comparative analysis of US, EU, and UK regulatory frameworks. *AI Ethics*, Jul 2021. DOI 10.1007/s43681-021-00077-w. Disponível em: https://link.springer.com/article/10.1007/s43681-021-00077-w. Acesso em: 11 out. 2022.

Além disso, ainda de acordo com Levantino,[35] os artigos 14,[36] 24[37] e 25[38] da 'Law Enforcement Directive' (LED) fornecem salvaguardas para proteger os dados pessoais contra a divulgação arbitrária a terceiros, incluindo: o direito do titular dos dados de obter informações sobre terceiros a quem os dados pessoais foram divulgados; a obrigação de manter um registro das atividades de tratamento, incluindo o seu compartilhamento com terceiros; e a obrigação de manter registros de consulta e divulgação que tornarão possível estabelecer a justificação, a data e hora do tratamento, para fins de verificação de sua legalidade, garantindo a integridade e a segurança dos dados pessoais.

Decorre daí a necessidade, estampada no Artigo 35.º do GDPR, de elaboração do 'Data Protection Impact Assessment' (DPIA):

> (1) Sempre que um tipo de tratamento, em especial que utiliza novas tecnologias, e tendo em conta a natureza, o âmbito, o contexto e as finalidades do tratamento, possa resultar num elevado risco para os direitos e liberdades das pessoas naturais, o controlador deve, antes de proceder ao tratamento, realizar uma avaliação do impacto das operações na proteção dos dados pessoais. Uma única avaliação pode abordar um conjunto de operações de tratamento semelhantes que apresentam riscos elevados análogos.[39] (tradução nossa)

---

35. LEVANTINO, Francesco Paolo. Framing the picture: *A human rights-based study on AI, the case of Facial Recognition Technology*. 2020. 115 f. Tese (Mestrado em Direitos Humanos e Democratização) – KU Leuven, Leuven, 2020. Disponível em: https://vps5.cloudfarm.it/bitstream/handle/20.500.11825/1794/Levantino%20Francesco.pdf?sequence=1&isAllowed=y. Acesso em: 11 out. 2022.

36. "14. Right of access by the data subject Subject to Article 15, Member States shall provide for the right of the data subject to obtain from the controller confirmation as to whether or not personal data concerning him or her are being processed, and, where that is the case, access to the personal data and the following information: (a) the purposes of and legal basis for the processing; (b) the categories of personal data concerned; (c) the recipients or categories of recipients to whom the personal data have been disclosed, in particular recipients in third countries or international organisations; (d) where possible, the envisaged period for which the personal data will be stored, or, if not possible, the criteria used to determine that period; (e) the existence of the right to request from the controller rectification or erasure of personal data or restriction of processing of personal data concerning the data subject; (f) the right to lodge a complaint with the supervisory authority and the contact details of the supervisory authority; (g) communication of the personal data undergoing processing and of any available information as to their origin."

37. "24.1. Right of access by the data subject Subject to Article 15, Member States shall provide for the right of the data subject to obtain from the controller confirmation as to whether or not personal data concerning him or her are being processed, and, where that is the case, access to the personal data and the following information: (a) the purposes of and legal basis for the processing; (b) the categories of personal data concerned; (c) the recipients or categories of recipients to whom the personal data have been disclosed, in particular recipients in third countries or international organisations; (d) where possible, the envisaged period for which the personal data will be stored, or, if not possible, the criteria used to determine that period; (e) the existence of the right to request from the controller rectification or erasure of personal data or restriction of processing of personal data concerning the data subject; (f) the right to lodge a complaint with the supervisory authority and the contact details of the supervisory authority; (g) communication of the personal data undergoing processing and of any available information as to their origin."

38. "25.1. Member States shall provide for logs to be kept for at least the following processing operations in automated processing systems: collection, alteration, consultation, disclosure including transfers, combination and erasure. The logs of consultation and disclosure shall make it possible to establish the justification, date and time of such operations and, as far as possible, the identification of the person who consulted or disclosed personal data, and the identity of the recipients of such personal data."

39. No original: "(1) Where a type of processing in particular using new technologies, and taking into account the nature, scope, context and purposes of the processing, is likely to result in a high risk to the rights and freedoms of natural persons, the controller shall, prior to the processing, carry out an assessment of the impact of the

Nesse sentido, o DPIA é um processo de identificação dos riscos que surgem do tratamento de dados e é obrigatório para tecnologias de alto risco, como as de reconhecimento facial, conforme dita o artigo 35.º, n.º 3 do GDPR[40], já que consiste no tratamento em grande escala de categorias especiais de dados referidas no n.º 1 do artigo 9.º (artigo 35.º, n.º 3, "b").

Isso requer que todos os aspectos do tratamento sejam revisados e considerados para garantir que haja justificativas para o tratamento, garantindo que seja "justo e lícito", bem como que seja adequadamente direcionado, implementado e gerenciado ao longo do tempo,[41] o que, mais uma vez, não se vislumbra no caso da utilização do programa de reconhecimento facial da Clearview AI pelo 'National Bureau of Investigation' (*Keskusrikospoliisi, KRP*), da Finlândia.

Em suma, os softwares de reconhecimento facial, com destaque ao da Clearview AI, não respeitam as legislações pertinentes à privacidade e proteção de dados pessoais adotadas tanto na União Europeia (GDPR) como na Finlândia, especificamente, ao: (i) não realizar o tratamento dos dados da maneira como os titulares esperam ou que seja justa; (ii) não possuir um procedimento em vigor para impedir que os dados pessoais sejam retidos indefinidamente; (iii) não ter um motivo legal para tratar os dados pessoais indexados da internet; (iv) não cumprir os padrões mais elevados de proteção exigidos para dados biométricos (classificados como dados de categoria especial no GDPR); e (v) não informar os titulares sobre o que está acontecendo com seus dados.[42]

3. COMENTÁRIOS E ANÁLISE CRÍTICA

No caso da utilização do programa de reconhecimento facial da Clearview AI pelo 'National Bureau of Investigation' (*Keskusrikospoliisi, KRP*), da Finlândia, é possível concluir que seu teste foi iniciado sem que os responsáveis obtivessem informações mais detalhadas sobre como o software em questão realiza o tratamento de dados pessoais, não tendo, consequentemente, avaliado ou implementado as medidas técnicas ou administrativas necessárias para garantir a segurança dos dados envolvidos, o que seria ainda mais imprescindível por se tratar de dados biométricos, pertencentes a categorias especiais de dados pessoais, como já elucidado.

---

envisaged processing operations on the protection of personal data. 2A single assessment may address a set of similar processing operations that present similar high risks."

40. "35.3. A data protection impact assessment referred to in paragraph 1 shall in particular be required in the case of: (a) a systematic and extensive evaluation of personal aspects relating to natural persons which is based on automated processing, including profiling, and on which decisions are based that produce legal effects concerning the natural person or similarly significantly affect the natural person; (b) processing on a large scale of special categories of data referred to in Article 9(1), or of personal data relating to criminal convictions and offences referred to in Article 10; or a systematic monitoring of a publicly accessible area on a large scale."

41. ALMEIDA, Denise; SHMARKO, Konstantin; LOMAS, Elizabeth. The ethics of facial recognition technologies, surveillance, and accountability in an age of artificial intelligence: a comparative analysis of US, EU, and UK regulatory frameworks. *AI Ethics*, Jul 2021. DOI 10.1007/s43681-021-00077-w. Disponível em: https://link. springer.com/article/10.1007/s43681-021-00077-w. Acesso em: 11 out. 2022.

42. JOVELINO, Luiz. ICO emite análise provisória para multar aplicativo de reconhecimento facial em £ 17 milhões. *BL Consultoria Digital*, São Paulo. Disponível em: https://blconsultoriadigital.com.br/multa-app-reconhecimento-facial/. Acesso em: 11 out. 2022.

Ao notificar a 'National Data Protection Authority' (NDPA) da Finlândia sobre a utilização da FRT da Clearview AI, deu-se cumprimento ao disposto no artigo 55[43] da Lei de Proteção de Dados em Matéria Criminal vigente no país, tendo a Autoridade determinado aos administradores da Clearview AI que excluísse os dados pessoais fornecidos pela polícia finlandesa ao provedor de serviços até 29 de outubro de 2021.

Ainda, de acordo com o artigo 51 (6) da Lei de Proteção de Dados em Matéria Criminal da Finlândia, uma das medidas a serem adotadas pelo Encarregado de Dados Pessoais seria ordenar ao controlador de dados que notificasse o titular dos dados sobre a violação de seus dados pessoais.[44]

De acordo com a lei, a notificação deveria ser feita aos titulares de dados cujas identidades são conhecidas pelo controlador. No entanto, no caso em comento, o responsável pelo tratamento não conseguiu identificar todas as pessoas de quem os dados pessoais foram tratados pelo software da Clearview AI, o que não significa que a obrigação de notificar não se aplique às pessoas cujas identidades sejam conhecidas pelo controlador, o que, segundo notificado, foi feito pela Polícia responsável.

Ao avaliar o risco representado por uma violação de segurança, a gravidade e a probabilidade das possíveis consequências da violação de segurança devem ser consideradas. Quanto mais graves forem as consequências para os titulares envolvidos e quanto mais provável for a sua concretização, maior será o risco.

No caso do processamento de dados pessoais biométricos na FRT da Clearview AI pela polícia finlandesa, pode-se, em princípio, avaliar que os titulares dos dados foram expostos a um alto risco de violação de dados. Isso porque o responsável pelo tratamento não tem informações sobre como os dados pessoais biométricos foram tratados pelo software em questão ou durante quanto tempo podem ser armazenados ou tratados posteriormente. Contudo, com base nas informações disponíveis, o risco de violação de segurança dos dados pessoais não se concretizou.

No entanto, é necessário avaliar, ainda, o grande número de "falsos positivos" registrados nos testes realizados com aplicações de reconhecimento facial, sendo certo que a taxa de erro tende a ser maior quando as pessoas envolvidas pertencem a certas categorias, como no caso das mulheres ou certos grupos étnicos.[45]

---

43. Tradução nossa: "55. A autoridade competente deve ter procedimentos em vigor para relatar suspeitas de violação desta Lei a ela em sigilo. O procedimento de notificação deve incluir medidas adequadas e suficientes para assegurar o tratamento adequado das notificações. O procedimento de notificação também deve incluir instruções para garantir a proteção da identidade do notificador.". No original: "55. Toimivaltaisella viranomaisella on oltava menettelytavat, joita noudattamalla sille voidaan luottamuksellisesti ilmoittaa tämän lain epäillystä rikkomisesta. Ilmoitusmenettelyn tulee sisältää asianmukaiset ja riittävät toimenpiteet, joilla järjestetään ilmoitusten asianmukainen käsittely. Ilmoitusmenettelyn tulee lisäksi sisältää ohjeet, joilla turvataan ilmoituksen tekijän henkilöllisyyden suoja."

44. No original: "51. Tietosuojavaltuutettu voi tämän lain soveltamisalaan kuuluvassa asiassa: (...) 6) määrätä rekisterinpitäjä ilmoittamaan henkilötietojen tietoturvaloukkauksesta rekisteröidylle; (...)."

45. LEVANTINO, Francesco Paolo. Framing the picture: A human rights-based study on AI, the case of Facial Recognition Technology. 2020. 115 f. Tese (Mestrado em Direitos Humanos e Democratização) – KU Leuven, Leuven, 2020. Disponível em: https://vps5.cloudfarm.it/bitstream/handle/20.500.11825/1794/Levantino%20 Francesco.pdf?sequence=1&isAllowed=y. Acesso em: 11 out. 2022.

Para trazer um exemplo paradigmático, Levantino[46] cita um episódio de falso positivo ocorrido em um aeroporto internacional dos EUA, envolvendo uma pessoa aparentemente de origem do Oriente Médio, que terminou com sua detenção pelo FBI. O homem perdeu o voo e foi liberado para continuar sua jornada somente no dia seguinte.

Ainda, é necessário destacar os aspectos advindos da potencial discriminação decorrentes do uso da FRT, que é vedada pelo Considerando 71 do GDPR,[47] que preconiza assegurar um tratamento justo e transparente em relação ao titular dos dados, sendo que o controlador deve implementar medidas técnicas e administrativas apropriadas para garantir a proteção e a mitigação dos riscos, evitando efeitos discriminatórios, além da tomada de decisão automatizada e a criação de perfis com base em categorias especiais de dados pessoais a serem permitidas apenas sob condições específicas.

Tal disposição deve ser interpretada em paralelo com o Artigo 22.º, n.º 1 do GDPR, o qual prevê que o titular dos dados tem o direito de não ficar sujeito a uma decisão baseada exclusivamente no tratamento automatizado de dados pessoais, incluindo a definição de perfis, que produza efeitos jurídicos sobre ele ou o afete de forma significativa.[48]

É cediço que os sistemas de reconhecimento facial utilizam decisões automatizadas realizados por mecanismos de *machine-learning system*, que não necessitam de uma interpretação humana para sua execução, ou seja, o próprio programa é apto a realizar sua função, detectando, agindo e eventualmente replicando padrões da sociedade. A problemática surge quando diversos padrões sociais são discriminatórios e podem ser internalizados por instrumentos tecnológicos.[49]

Aplicar algoritmos de reconhecimento facial, às vezes falhos, sem assumir a responsabilidade pelas consequências desse uso, pode não apenas levar a mais discriminação e vitimização de comunidades específicas, mas também a uma perda ainda maior de confiança entre a população em geral e as autoridades legais de proteção de dados. Nos

---

46. LEVANTINO, Francesco Paolo. Framing the picture: *A human rights-based study on AI, the case of Facial Recognition Technology*. 2020. 115 f. Tese (Mestrado em Direitos Humanos e Democratização) – KU Leuven, Leuven, 2020. Disponível em: https://vps5.cloudfarm.it/bitstream/handle/20.500.11825/1794/Levantino%20Francesco.pdf?sequence=1&isAllowed=y. Acesso em: 11 out. 2022.

47. Recital 71: "In order to ensure fair and transparent processing in respect of the data subject, taking into account the specific circumstances and context in which the personal data are processed, the controller should use appropriate mathematical or statistical procedures for the profiling, implement technical and organisational measures appropriate to ensure, in particular, that factors which result in inaccuracies in personal data are corrected and the risk of errors is minimised, secure personal data in a manner that takes account of the potential risks involved for the interests and rights of the data subject and that prevents, inter alia, discriminatory effects on natural persons on the basis of racial or ethnic origin, political opinion, religion or beliefs, trade union membership, genetic or health status or sexual orientation, or that result in measures having such an effect. Automated decision-making and profiling based on special categories of personal data should be allowed only under specific conditions."

48. Do original: "The data subject shall have the right not to be subject to a decision based solely on automated processing, including profiling, which produces legal effects concerning him or her or similarly significantly affects him or her."

49. MONTEIRO, Guilherme Ornelas. Instrumentos de reconhecimento facial e os contornos da Lei Geral de Proteção de Dados ante a privacidade nas cidades (in)inteligentes. *Revista de Direito e Atualidades*, [S. l.], v. 1, n. 1, 2021. Disponível em: https://portal.idp.emnuvens.com.br/rda/article/view/5220. Acesso em: 11 out. 2022.

últimos anos, temos visto um aumento exponencial de pesquisas focadas em questões de responsabilidade algorítmica, levando à conclusão que os algoritmos tendem a refletir os preconceitos daqueles que os constroem e os dados usados para treiná-los. A extensão em que eles podem ser confiáveis sem verificações humanas é uma preocupação constante, particularmente porque o uso dessas tecnologias, bem como a identificação de indivíduos, está ampliando seu alcance para fazer julgamentos adicionais sobre estes, seus comportamentos, motivações, emoções e características protegidas, como gênero ou sexualidade.[50]

Ainda, convém ressaltar que a Autoridade de Proteção de Dados Finlandesa, após a conclusão do seu relatório, não condenou a empresa Clearview AI em multa pecuniária, como poderia ter feito em observância à sua própria legislação (artigo 52 da Lei de Proteção de Dados em Matéria Criminal) e ao GDPR (artigo 84.°), tendo sido sua punição limitada à interrupção dos serviços e determinação de exclusão dos dados, muito mais branda se comparada às sanções aplicadas em outros países, como por exemplo a Itália, que, em 10 de fevereiro deste ano, entre outras condenações, fixou multa de 20 milhões de euros em face da empresa, pelas violações cometidas na raspagem massiva e não autorizada de dados pessoais pela mesma empresa.[51]

Sob a ótica da legislação brasileira de proteção de dados – a Lei Geral de Proteção de Dados (Lei 13.709/2018), assim como ocorre na legislação europeia (*General Data Protection Regulation, GDPR*), os dados biométricos são tidos como dados pessoais sensíveis pelo artigo 5º, inciso II,[52] condicionando seu tratamento ao consentimento específico e destacado do titular dos dados (artigo 11,[53] inciso I), ou, sem fornecimento de consentimento do titular, nas hipóteses listadas no inciso II.

---

50. WANG, Y; KOSINSKI, M, 2020 *apud* ALMEIDA, Denise; SHMARKO, Konstantin; LOMAS, Elizabeth. The ethics of facial recognition technologies, surveillance, and accountability in an age of artificial intelligence: a comparative analysis of US, EU, and UK regulatory frameworks. *AI Ethics*, Jul 2021. DOI 10.1007/s43681-021-00077-w. Disponível em: https://link.springer.com/article/10.1007/s43681-021-00077-w. Acesso em: 11 out. 2022.

51. European Data Protection Board. Facial recognition: Italian SA fines Clearview AI EUR 20 million. *European Data Protection Board – EDPB*, Brussels, 2022. Disponível em: https://edpb.europa.eu/news/national-news/2022/facial-recognition-italian-sa-fines-clearview-ai-eur-20-million_en. Acesso em: 11 out. 2022.

52. "Art. 5º. Para os fins desta Lei, considera-se: (...) II – dado pessoal sensível: dado pessoal sobre origem racial ou étnica, convicção religiosa, opinião política, filiação a sindicato ou a organização de caráter religioso, filosófico ou político, dado referente à saúde ou à vida sexual, dado genético ou biométrico, quando vinculado a uma pessoa natural; (...)."

53. "Art. 11. O tratamento de dados pessoais sensíveis somente poderá ocorrer nas seguintes hipóteses: I – quando o titular ou seu responsável legal consentir, de forma específica e destacada, para finalidades específicas; II – sem fornecimento de consentimento do titular, nas hipóteses em que for indispensável para: a) cumprimento de obrigação legal ou regulatória pelo controlador; b) tratamento compartilhado de dados necessários à execução, pela administração pública, de políticas públicas previstas em leis ou regulamentos; c) realização de estudos por órgão de pesquisa, garantida, sempre que possível, a anonimização dos dados pessoais sensíveis; d) exercício regular de direitos, inclusive em contrato e em processo judicial, administrativo e arbitral, este último nos termos da Lei 9.307, de 23 de setembro de 1996 (Lei de Arbitragem); e) proteção da vida ou da incolumidade física do titular ou de terceiro; f) tutela da saúde, exclusivamente, em procedimento realizado por profissionais de saúde, serviços de saúde ou autoridade sanitária; ou g) garantia da prevenção à fraude e à segurança do titular, nos processos de identificação e autenticação de cadastro em sistemas eletrônicos, resguardados os direitos mencionados no art. 9º desta Lei e exceto no caso de prevalecerem direitos e liberdades fundamentais do titular que exijam a proteção dos dados pessoais."

Por sua vez, a não discriminação constitui um dos princípios elencados no artigo 6º, sob a definição de "impossibilidade de realização do tratamento para fins discriminatórios ilícitos ou abusivos". Sobre o princípio da não discriminação, convém fazer a correlação com o Considerando 75 do GDPR, que é claro ao dispor que o tratamento de dados pessoais que possa dar origem à discriminação tem potencial para causar danos físicos, materiais ou imateriais.[54]

Ademais, o artigo 20 prevê o direito do titular dos dados de solicitar a revisão de decisões tomadas unicamente com base em tratamento automatizado de dados pessoais que afetem seus interesses, incluídas as decisões destinadas a definir o seu perfil pessoal, profissional, de consumo e de crédito ou os aspectos de sua personalidade.

Acrescenta o § 1º que o controlador deverá fornecer, sempre que solicitadas, informações claras e adequadas a respeito dos critérios e dos procedimentos utilizados para a decisão automatizada, observados os segredos comercial e industrial, hipóteses em que a Autoridade Nacional de Proteção de Dados poderá realizar auditoria para verificação de aspectos discriminatórios em tratamento automatizado de dados pessoais (§ 2º).

Para ilustrar, no Brasil, uma Ação Civil Pública ajuizada pela Defensoria Pública do Estado de São Paulo, em conjunto com outras Defensorias e Organizações da sociedade civil, questiona o uso de reconhecimento facial pela Companhia Metropolitana de São Paulo, responsável pela operação do metrô da cidade.[55]

Parte central da ação aponta que as tecnologias de reconhecimento facial elevam o risco de discriminação de pessoas negras, não binárias e trans, já que esse tipo de tecnologia é reconhecidamente falho em sua acurácia e imerso em ambiente de racismo estrutural. O documento sustenta que mesmo os melhores algoritmos dispõem de pouca precisão ao realizar o reconhecimento de pessoas negras e transgênero, que são mais afetadas por falsos positivos e falsos negativos e ficam mais expostas a constrangimentos e violações de direitos.

A ação também questiona o uso de imagem e a coleta e tratamento de dados pessoais sensíveis de crianças e adolescentes, sem que haja o consentimento dos pais ou responsáveis, em frontal violação ao que determina a Lei Geral de Proteção de Dados (Lei 13.709/2018), o Estatuto da Criança e do Adolescente (Lei 8.069/1190) e a proteção constitucional.[56]

---

54. VANIZOF, Rony. Capítulo I. Disposições preliminares. In: MALDONADO, Viviane Nóbrega; BLUM, Renato Ópice (Coord.). *Lei Geral de Proteção de Dados Comentada*. 2. ed. São Paulo: Thomson Reuters Brasil, 2019. *E-book*.

55. Trata-se da Ação Civil Pública n. 1010667-97.2022.8.26.0053. O principal pedido foi de condenação da empresa ao pagamento de indenização a título de danos morais coletivos por se valer de tecnologia oculta de reconhecimento facial de pessoas que paravam diante de um telão com conteúdo publicitário. Eram analisadas feições e reações com o intuito de parametrizar o comportamento dessas pessoas quando lhes era exibido determinado anúncio. Tudo ocorria de forma velada, sem consentimento, sem clareza sobre a finalidade da medida e sem técnicas de segurança adequadas. Para maiores detalhes, conferir MIGALHAS. Ação questiona uso de reconhecimento facial no metrô de SP. Migalhas, 2022. Disponível em: https://www.migalhas.com.br/quentes/360681/acao-questiona-uso-de-reconhecimento-facial-no-metro-de-sp. Acesso em: 11 out. 2022.

56. MIGALHAS. Ação questiona uso de reconhecimento facial no metrô de SP. Migalhas, 2022. Disponível em: https://www.migalhas.com.br/quentes/360681/acao-questiona-uso-de-reconhecimento-facial-no-metro-de-sp. Acesso em 11 out. 2022.

Resultando, assim, em sérias implicações no que diz respeito aos princípios fundamentais do Estado, como responsabilidade, inclusão, participação e transparência. Tais repercussões podem exacerbar várias fraquezas que afetam nossa sociedade em termos de igualdade, justiça social e discriminação de gênero ou raça.

Neste sentido, a implantação de tecnologias de reconhecimento facial (FRT) deve buscar níveis aprimorados de segurança, pois os riscos conectados à sua implantação podem ser muito maiores do que os correspondentes benefícios alcançáveis.[57]

4. CONCLUSÃO

A Clearview AI, ao oferecer testes gratuitos, para diversos países fora dos EUA acabou impactando a segurança e, consequentemente, infringindo legislações de proteção de dados pessoais por todo o mundo.

A preocupação com referido software tem fundamento na alta tecnologia utilizada, com capacidade de recuperar instantaneamente dezenas de fotos das mais diversas fontes, incluindo uma imagem representando o "indivíduo procurado" posando para uma foto de grupo tirada "mais de uma década antes",[58] o que significa que esta ferramenta é capaz de detectar com sucesso um alvo entre uma multidão e apesar de seu envelhecimento.

Mais especificamente com relação ao caso em tela envolvendo a Finlândia, sobre a utilização da FRT da Clearview AI, foi interrompida a utilização de referido programa e deu-se cumprimento ao disposto no Artigo 55[59] da Lei de Proteção de Dados em Matéria Criminal vigente no país, tendo a Autoridade determinado aos administradores da Clearview AI que excluísse os dados pessoais fornecidos pela polícia finlandesa ao provedor de serviços até 29 de outubro de 2021.

Desta forma, o caso finlandês, similar ao ocorrido em outros países europeus que também testaram o software da Clearview AI, traz grande alerta para serviços que, em um primeiro momento se mostram como avanços tecnológicos, experimentos seguros e "benéficos" para a evolução, sendo necessária investigação e conhecimento sobre referidos softwares para que então possa ser implementado, seja em órgãos da Administração Pública ou no setor privado, a fim de evitar infrações às legislações específicas e risco de danos aos titulares envolvidos nas atividades de determinada organização.

---

57. LEVANTINO, Francesco Paolo. Framing the picture: *A human rights-based study on AI, the case of Facial Recognition Technology*. 2020. 115 f. Tese (Mestrado em Direitos Humanos e Democratização) - KU Leuven, Leuven, 2020. Disponível em: https://vps5.cloudfarm.it/bitstream/handle/20.500.11825/1794/Levantino%20Francesco.pdf?sequence=1&isAllowed=y. Acesso em: 11 out. 2022.

58. O'SULLIVAN, Donie. This man says he's stockpiling billions of our photos. *CNN Business*, Chicago, 2020. Disponível em: https://edition.cnn.com/2020/02/10/tech/clearview-ai-ceo-hoan-ton-that/index.html. Acesso em: 11 out. 2022.

59. Tradução nossa: "55. A autoridade competente deve ter procedimentos em vigor para relatar suspeitas de violação desta Lei a ela em sigilo. O procedimento de notificação deve incluir medidas adequadas e suficientes para assegurar o tratamento adequado das notificações. O procedimento de notificação também deve incluir instruções para garantir a proteção da identidade do notificador.". No original: "55. Toimivaltaisella viranomaisella on oltava menettelytavat, joita noudattamalla sille voidaan luottamuksellisesti ilmoittaa tämän lain epäillystä rikkomisesta. Ilmoitusmenettelyn tulee sisältää asianmukaiset ja riittävät toimenpiteet, joilla järjestetään ilmoitusten asianmukainen käsittely. Ilmoitusmenettelyn tulee lisäksi sisältää ohjeet, joilla turvataan ilmoituksen tekijän henkilöllisyyden suoja."

REFERÊNCIAS

1. Artigo em revista

ALMEIDA, Denise; SHMARKO, Konstantin; LOMAS, Elizabeth. The ethics of facial recognition technologies, surveillance, and accountability in an age of artificial intelligence: a comparative analysis of US, EU, and UK regulatory frameworks. *AI Ethics*, Jul 2021. DOI 10.1007/s43681-021-00077-w. Disponível em: https://link.springer.com/article/10.1007/s43681-021-00077-w. Acesso em: 11 out. 2022.

MONTEIRO, Guilherme Ornelas. Instrumentos de reconhecimento facial e os contornos da Lei Geral de Proteção de Dados ante a privacidade nas cidades (in)inteligentes. *Revista de Direito e Atualidades*, [S. l.], v. 1, n. 1, 2021. Disponível em: https://portal.idp.emnuvens.com.br/rda/article/view/5220. Acesso em: 11 out. 2022.

2. Capítulo em obra coletiva

BARBOSA, Carla; LOPES, Dulce. RGPD: Compartilhamento e Tratamento de Dados Sensíveis na União Europeia – O caso particular da saúde. In: DALLARI, Analluza Bolívar; MONACO, Gustavo Ferraz de Campos (Coord.). *LGPD na saúde*. São Paulo: Thomson Reuters, 2021.

3. Artigo web

BEXIGA, Sonia. Tecnologia de reconhecimento facial da Clearview AI pode ser ilegal na Europa. Portugal está na base de dados. *Executive Digest*, 2021. Disponível em: https://executivedigest.sapo.pt/tecnologia-de-reconhecimento-facial-da-clearview-ai-pode-ser-ilegal-na-europa-portugal-esta-na-base-de-dados/. Acesso em: 11 out. 2022.

CAMERON, Dell. Clearview AI é alvo de novas queixas legais na Europa por abuso de reconhecimento facial. *Gizmodo UOL*, 2021. Disponível em: https://gizmodo.uol.com.br/clearview-queixas-legais-europa-reconhecimento-facial/. Acesso em: 11 out. 2022.

Henkilötietojen käsittely kasvojentunnistusohjelmalla. Finlex, 2021. Disponível em: https://finlex.fi/fi/viranomaiset/tsv/2021/20211023. Acesso em: 11 out. 2022.

JOVELINO, Luiz. ICO emite análise provisória para multar aplicativo de reconhecimento facial em £ 17 milhões. *BL Consultoria Digital*, São Paulo. Disponível em: https://blconsultoriadigital.com.br/multa-app-reconhecimento-facial/. Acesso em: 11 out. 2022.

MAC, Ryan; HASKINS, Caroline; PEQUEÑO IV, Antonio. Police In At Least 24 Countries Have Used Clearview AI. Find Out Which Ones Here. *BuzzFeed News*, 2021. Disponível em: https://www.buzzfeednews.com/article/ryanmac/clearview-ai-international-search-table. Acesso em: 11 out. 2022.

MIGALHAS. Ação questiona uso de reconhecimento facial no metrô de SP. *Migalhas*, 2022. Disponível em: https://www.migalhas.com.br/quentes/360681/acao-questiona-uso-de-reconhecimento-facial-no-metro-de-sp. Acesso em: 11 out. 2022.

NATIONAL Data Protection Authority. *DLA Piper*, Helsinki, 2022. Disponível em: https://www.dlapiperdataprotection.com/index.html?t=authority&c=FI. Acesso em: 11 out. 2022.

O'SULLIVAN, Donie. This man says he's stockpiling billions of our photos. *CNN Business*, Chicago, 2020. Disponível em: https://edition.cnn.com/2020/02/10/tech/clearview-ai-ceo-hoan-ton-that/index.html. Acesso em: 11 out. 2022.

RECONHECIMENTO Facial é polêmica e contrária à Privacidade. *In*: Mindsec Blog. *Minuto da Segurança*. São Paulo, 30 abr. 2021. Disponível em: https://minutodaseguranca.blog.br/reconhecimento-facial-e-polemica-e-contraria-a-privacidade/. Acesso em: 11 out. 2022.

RIGUES, Rafael. Polícia sueca é multada por uso de sistema de reconhecimento facial. *Olhar Digital*, 2021. Disponível em: https://olhardigital.com.br/2021/02/12/noticias/policia-sueca-e-multada-por-uso-de-sistema-de-reconhecimento-facial/. Acesso em: 11 out. 2022.

WE Are Clearview AI. *Clearview.ai*, Nova York. Disponível em: https://www.clearview.ai/overview. Acesso em: 11 out. 2022.

4. Dissertação ou tese

ABREU, Sérgio Miguel Ferreira dos Santos. *Live Facial Recognition Technologies in European Law – A Data Protection and Privacy Rights Assessment.* 2020. 101 f. Tese (Mestrado em Legislação Internacional e Europeia) – Nova School of Law, Lisboa, 2020. Disponível em: https://run.unl.pt/bitstream/10362/132170/1/SantosAbreu_2020.pdf. Acesso em: 12 out. 2022.

LASSILA, Sanna. *Designing the Ethical Principles of Artificial Intelligence – Case Finnish Police.* 2021. 66 f. Tese (Mestrado em Administração de Negócios) – Laurea University of Applied Sciences, Vantaa, 2021. Disponível em: https://www.theseus.fi/bitstream/handle/10024/507069/DesigningTheTrustworthyPrinciplesOfAICaseFinnishPolice.pdf?sequence=2&isAllowed=y. Acesso em: 11 out. 2022.

LEVANTINO, Francesco Paolo. Framing the picture: *A human rights-based study on AI, the case of Facial Recognition Technology.* 2020. 115 f. Tese (Mestrado em Direitos Humanos e Democratização) – KU Leuven, Leuven, 2020. Disponível em: https://vps5.cloudfarm.it/bitstream/handle/20.500.11825/1794/Levantino%20Francesco.pdf?sequence=1&isAllowed=y. Acesso em: 11 out. 2022.

5. Ementas de julgados e legislação

EUROPA. *Regulation (EU) 2016/679 of the European Parliament and of the Council.* On the protection of natural persons with regard to the processing of personal data and on the free movement of such data, and repealing Directive 95/46/EC (General Data Protection Regulation). OJ L 119, 4.5.2016, p. 1–88. Disponível em: https://eur-lex.europa.eu/legal-content/PT/TXT/?uri=celex%3A32016R0679. Acesso em: 11 out. 2022.

EUROPEAN DATA PROTECTION BOARD. Facial recognition: Italian SA fines Clearview AI EUR 20 million. *European Data Protection Board – EDPB*, Brussels, 2022. Disponível em: https://edpb.europa.eu/news/national-news/2022/facial-recognition-italian-sa-fines-clearview-ai-eur-20-million_en. Acesso em: 11 out. 2022.

6. E-books

MALDONADO, Viviane Nóbrega. A Lei Geral de Proteção de Dados: objeto, âmbito de aplicação, requisitos, segurança e a necessidade de sua correta implementação. A Lei Geral de Proteção de Dados: objeto, âmbito de aplicação, requisitos, segurança e a necessidade de sua correta implementação. In: MALDONADO, Viviane Nóbrega (Coord.). *LGPD Lei Geral de Proteção de Dados pessoais*: manual de implementação. São Paulo: Thomson Reuters Brasil, 2019. *E-book.*

VANIZOF, Rony. Capítulo I. Disposições preliminares. In: MALDONADO, Viviane Nóbrega; BLUM, Renato Ópice (Coord.). *Lei Geral de Proteção de Dados Comentada.* 2. ed. São Paulo: Thomson Reuters Brasil, 2019. *E-book.*

VIII
PERFILIZAÇÃO (*PROFILING*)

11
'CASO DISQUS': *COOKIES*, PUBLICIDADE COMPORTAMENTAL E LEGÍTIMO INTERESSE

Marcela Joelsons

Doutoranda em Direito do Consumidor (UFRGS). Mestre em Direito Europeu e Alemão (UFRGS/CDEA). Especialista em Direito do Consumidor (Coimbra), Direito Processual Civil (PUCRS) e Direito Civil Aplicado (UFRGS). Advogada sócia das áreas de Consumidor, *Product Liability* e Proteção de Dados do Souto Correa Advogados. marcela.joelsons@soutocorrea.com.br.

Victoria Paganella

Mestre em Direito Europeu e Alemão (UFRGS/CDEA). Especialização em Direito do Consumidor (Coimbra). Bacharela em Ciências Jurídicas e Sociais, com láurea acadêmica (UFRGS). Advogada. paganellavictoria@gmail.com.

Resumo: A DPA norueguesa multou a empresa Disqus em 2,5 milhões de euros pelo processamento ilegal de dados pessoais para fins de publicidade.

Fundamentos: Art. 5(2) GDPR / Art. 5(2) GDPR / Art. 6(1) GDPR / Art. 12(1) GDPR / Art. 13 GDPR.

Decisão completa:

https://www.datatilsynet.no/contentassets/8311c84c085b424d8d5c55dd4c9e2a4a/advance-notification-of-an-administrative-fine--disqus-inc.pdf

Sumário: 1. Descrição do caso – 2. Fundamentação legal para a imposição da sanção – 3. Comentários e análise crítica – 4. Conclusão – Referências.

1. DESCRIÇÃO DO CASO

O caso analisado, conhecido como "Disqus", é oriundo da Noruega e envolve a Disqus Inc., empresa americana que oferece uma plataforma centralizada de discussões e postagem de comentários públicos online para *sites*, na qual os usuários podem fazer *login* e criar perfis para participar de conversas, tendo integração com o Facebook, o Twitter e outras redes sociais. A Disqus Inc. foi fundada por Daniel Ha e Jason Yan em 2007 e, em 2010, já havia ultrapassado 13 milhões de usuários registrados em mais de 500 mil comunidades, sendo atualmente de propriedade da Zeta Global. De acordo com a política de privacidade da companhia, a publicidade constitui seu modelo de negócio predominante.[1]

Para uma breve contextualização, cumpre referir que a Noruega possui uma população de pouco mais de cinco milhões de pessoas e possibilita aos seus cidadãos uma excelente qualidade de vida. Nesse sentido, a nação já foi classificada como o melhor país para se viver, pelo Índice de Desenvolvimento Humano da ONU, e, segundo o Banco Mundial e o FMI, possui um dos maiores níveis de rendimento per capita do mundo. Na sociedade norueguesa existe uma estreita cooperação entre as autoridades e a sociedade civil, o que é muitas vezes referido como o "modelo nórdico".[2]

Veja-se que a Noruega, apesar de estar situada no continente europeu, não é um estado membro da União Europeia (UE).[3] Todavia, por força do acordo sobre o Espaço Econômico Europeu (EEA),[4] faz parte do mercado interno da UE, que garante à Islândia, à Liechtenstein e à Noruega a liberdade de circulação de bens, serviços, pessoas e capitais por todo o território do bloco, por meio de políticas conexas unificadas.[5]

Nesse contexto, a Noruega incorporou o *General Data Protection Regulation 2016/679* (GDPR), principal instrumento normativo que disciplina a proteção das pessoas singulares no que diz respeito ao tratamento de dados pessoais e à livre circulação desses dados na UE, com *a Decision 154/2018 of the EEA Joint Committee of*

---

1. DISQUS. *Disqus Privacy Policy*, 2021. Disponível em: https://help.disqus.com/en/articles/1717103-disqus-privacy-policy. Acesso em: 11 out. 2022.
2. MINISTÉRIO DAS RELAÇÕES EXTERIORES DA NORUEGA. *Sociedade norueguesa*. Embaixada da Noruega em Brasília, 2022. Disponível em: https://www.norway.no/pt/brasil/valores-prioridades/noruega-atualidade/. Acesso em: 11 out. 2022.
3. A adesão da Noruega ao bloco da União Europeia não se concretizou em razão dos resultados negativos de dois referendos: um primeiro em 1972 com 53,5% da população contrária à adesão, e o segundo em 1994 com 52,4% dos votos contrários à integração. (BORCHARDT, Klaus-Dieter. *O ABC do direito da União Europeia*. Bruxelas, 2016. *E-book*. Disponível em: http://publications.europa.eu/resource/cellar/5d4f8cde-de25-11e7-a-506-01aa75ed71a1.0015.01/DOC_1. Acesso em: 11 out. 2022).
4. EUROPEAN UNION. *Agreement on the European Economic Area*, 1994 Disponível em: https://eur-lex.europa.eu/legal-content/EN/TXT/?uri=CELEX%3A21994A0103%2801%29. Acesso em: 11 out. 2022.
5. BORCHARDT, Klaus-Dieter. *O ABC do direito da União Europeia*. Bruxelas, 2016. *E-book*. Disponível em: http://publications.europa.eu/resource/cellar/5d4f8cde-de25-11e7-a506-01aa75ed71a1.0015.01/DOC_1. Acesso em: 11 out. 2022

6 July 2018,[6] implementada através do *Norwegian Personal Data Act* (NPDA), em 20 de julho de 2018.[7]

A Autoridade de Proteção de Dados norueguesa (Datatilsynet) foi concebida em 1980 como um órgão independente para proteger o direito individual à privacidade, sendo financiada pelo governo norueguês e administrativamente subordinada ao Ministério do Governo Local e da Modernização. A Datatilsynet atua como um órgão supervisor, assegurando o cumprimento das normas de privacidade. Além disso, como a Autoridade do país, é responsável por interpretar as disposições dos regulamentos de privacidade, além de participar dos debates públicos e fornecer orientação e aconselhamento às empresas, organizações e indivíduos sobre proteção de dados. A competência da Datatilsynet, como autoridade fiscalizadora, é regulada pelo art. 55.º, n.º 1 do GDPR.[8]

O caso Disqus, objeto de análise do presente estudo, tramita sob o n. 20/01801-5 e iniciou quando a Datatilsynet, por meio de artigos e notícias publicados pelo jornalismo investigativo da NRK, uma emissora pública de televisão e rádio da Noruega, tomou conhecimento de que a Disqus Inc. estaria coletando e compartilhando dados pessoais de titulares situados no país com seus parceiros publicitários, através do *widget* "Disqus", um *plug-in* de comentários para *sites*. Os dados seriam coletados através de *cookies* que eram instalados na visita dos usuários ao *site* executor do *widget*, sem o conhecimento ou o consentimento dos titulares de dados, acarretando um extenso rastreamento das atividades online dessas pessoas para fins de publicidade. Desta forma, de acordo com a NRK, a Disqus Inc. estaria conduzindo o tratamento ilegal de dados de noruegueses, pois desconhecia que o GDPR seria aplicável na Noruega.[9]

Aqui abre-se um parêntese para trazer a conceituação de *cookies*: pequenos arquivos que são armazenados no terminal do usuário deixados pelo servidor web antes que o ciclo de comunicação por meio do protocolo HTTP se encerre. Na prática, *cookies* são utilizados para armazenar diversas informações sobre os hábitos de navegação do usuário na internet, como a sua geolocalização, termos pesquisados, *links* acessados, produtos comprados etc. Assim, salvo nos casos em que essas informações são anonimizadas, devem ser consideradas dados pessoais, na medida em que identificam ou podem identificar uma pessoa natural.[10]

---

6. EUROPEAN UNION. *Decision of the EEA Joint Committee n. 154/2018, amending Annex XI (Electronic communication, audiovisual services and information society) and Protocol 37 (containing the list provided for in Article 101) to the EEA Agreement.* Jul. 2018. Disponível em: https://eur-lex.europa.eu/eli/dec/2018/1022/oj. Acesso em: 11 out. 2022.

7. NORGE. Lovdata. *Lov om behandling av personopplysninger (personopplysningsloven).* [S. l]: 2022. Disponível em: https://lovdata.no/dokument/NL/lov/2018-06-15-38. Acesso em: 11 out. 2022.

8. DATATILSYNET. *About us.* [S. l]. Disponível em: https://www.datatilsynet.no/en/about-us/. Acesso em: 11 out. 2022.

9. GUNDERSEN, Martin. *Disqus delte persondata om titalls millioner internettbrukere uten at nettsiden visste om det.* NRKBeta, dez. 2019. Disponível em: https://nrkbeta.no/2019/12/18/disqus-delte-persondata-om-titalls--millioner-internettbrukere-uten-at-nettsiden-visste-om-det/. Acesso em: 11 out. 2022.

10. PALHARES, Felipe. Cookies: contornos atuais. In: PALHARES, Felipe (coord.). *Temas atuais de proteção de dados.* São Paulo: Revista dos Tribunais, 2020. *E-book.*

Fechado o parêntese, em 8 de maio de 2020, a Datatilsynet, de ofício, enviou à Disqus Inc. uma notificação para que fossem respondidas dez perguntas e fornecidas mais informações sobre o processamento de dados pessoais retratado nas notícias divulgadas pela NRK.

Uma vez notificada, a Disqus Inc. informou que no período entre 25 de maio de 2018 e 12 de dezembro de 2019, de fato, instalou *cookies* nos navegadores da *web* de todas as pessoas naturais da Noruega que visitaram os *sites* noruegueses *NRK.no/ytring*, *P3.no*, *tv.2.no/broom*, *khrono.no*, *address.no*, *rights.no* e *document.no*, os quais continham o *widget* Disqus, tendo realizado o tratamento de dados de 10.377 titulares. Essas atividades de rastreamento teriam como objetivo, segundo a Disqus Inc., criar grupos de interesse segmentados, para utilização em publicidade comportamental *online*.[11] Os dados coletados consistiam principalmente em URLs e protocolos de hora e data de quando esses URLs foram acessados, incluíam dados enviados automaticamente por navegadores, como o endereço IP, e eram coletados e disponibilizados em tempo real para a Zeta Global e para parceiros publicitários da Disqus Inc. e da Zeta Global, como a LiveRamp e o Viglink. A Disqus Inc. argumentou que não atingia intencionalmente os titulares de dados noruegueses para coleta de dados, uma vez que não anunciava na Noruega, não lucrava com o uso dos dados dos cidadãos do país, e tampouco vendia ou transferia os dados para terceiros com atividades no país. Referiu que suas práticas poderiam ser autorizadas pela base legal do legítimo interesse, apesar de a empresa não ter conhecimento de que o GDPR se aplicava aos titulares de dados da Noruega.[12]

As informações fornecidas pela Disqus Inc. não atenuaram as preocupações da Datatilsynet quanto à inadequação dos tratamentos de dados realizados e descumprimento ao GDPR, tendo em vista a violação dos requisitos de legalidade, transparência e dever de informações aos titulares de dados. Assim, em 5 de maio de 2021, foi emitida notificação prévia pela Autoridade, nos termos da Seção 16 da Lei da Administração Pública norueguesa,[13] oficializando sua intenção de tomar a seguinte decisão:[14]

---

11. "A publicidade comportamental tem por base a observação do comportamento das pessoas ao longo do tempo, procurando estudar as características deste comportamento através das suas ações (várias visitas ao mesmo sítio Web, interações, palavras-chave, produção de conteúdo em linha etc.), com vista a criar um perfil específico e, deste modo, apresentar-lhes anúncios que correspondem aos interesses implícitos no seu comportamento." (Grupo de Trabalho do Artigo 29 para a Proteção de Dados. *Parecer 2/2010 sobre publicidade comportamental*. Jun. 2010. Disponível em: https://ec.europa.eu/justice/article-29/documentation/opinion-recommendation/files/2010/wp171_pt.pdf. Acesso em: 11 out. 2022).

12. DATATILSYNET. Advance notification of an administrative fine 20/01801-5, j. 02.05.2021. Disponível em: https://www.datatilsynet.no/contentassets/8311c84c085b424d8d5c55dd4c9e2a4a/advance-notification-of--an-administrative-fine--disqus-inc.pdf. Acesso em: 11 out. 2022.

13. "Pursuant to Norwegian administrative law, we have to notify any decision before adopting it, which in essence means that we need to provide a draft decision to the controller. Under the GDPR, we are required to prepare a draft decision for CSAs as well. Therefore, we may end up creating two draft decisions. If feedback on one of the draft decisions lead to substantial changes in our conclusions, we may need to resubmit a draft decision to either the controller or the CSAs, which again may invite new feedback. We would consider the national procedure to be compatible with the OSS." (EUROPEAN DATA PROTECTION BOARD (EDPB). *Evaluation of the GDPR under article 97*: questions to data protection authorities: answers from the Norwegian Supervisory Authority. Disponível em: https://edpb.europa.eu/sites/default/files/no_sa_gdpr_art_97questionnaire.pdf. Acesso em: 11 out. 2022.).

14. DATATILSYNET. Advance notification of an administrative fine n. 20/01801-5, j. 02.05.2021. Disponível em: https://www.datatilsynet.no/contentassets/8311c84c085b424d8d5c55dd4c9e2a4a/advance-notification-of--an-administrative-fine--disqus-inc.pdf. Acesso em: 11 out. 2022.

Pursuant to article 58(2)(i) GDPR, we impose an administrative fine against Disqus Inc. Of 25 000 000 – twenty five million – NOK, for: a. having processed the personal data of data subjects in Norway, collected from the websites NRK.no/ytring, P3.no, tv.2.no/broom, khrono.no, adressa.no, rights.no and document. no, through tracking, analysing and profiling, and disclosing personal data to third party advertisers, without a legal basis pursuant to Articles 5(1)(a) and 6(1) GDPR; b. failure to provide the data subjects with information in accordance with Articles 5(1)(a), 12(1) and 13 GDPR, and c. failure to identify GDPR as the applicable legal framework for processing the personal data of data subjects in Norway pursuant to Article 5(2) GDPR.

Em outras palavras, a Autoridade norueguesa notificou preliminarmente a Disqus Inc. sobre a pretensão de impor uma multa administrativa no valor de 25 milhões de coroas norueguesas, equivalente a 2,5 milhões de euros, pelo não cumprimento das regras do GDPR.

Cumpre salientar que até a conclusão deste artigo, não havia sido proferida a decisão final pela Datatilsynet, que deverá levar em conta eventuais comentários da Disqus Inc. nos autos do procedimento administrativo n. 20/01801-5, viabilizando assim o exercício do contraditório pela companhia autuada. Ademais, a multa, se confirmada, será a segunda maior já emitida pelo órgão regulador de dados do país, ficando atrás apenas da multa aplicada à plataforma de dados online Grindr, que foi multada em 100 milhões de coroas norueguesas em janeiro de 2021.[15]

Uma vez compreendida a contextualização fática do caso Disqus, passa-se a analisar a fundamentação legal adotada pela Autoridade para embasar a decisão, para que assim, ao final do trabalho, seja possível colher impressões e substratos úteis para ampliar as possibilidades de interpretação da Lei Geral de Proteção de Dados brasileira (LGPD).

2. FUNDAMENTAÇÃO LEGAL PARA A IMPOSIÇÃO DA SANÇÃO

A decisão analisada, inicialmente, chama atenção por sua extensão: são 51 páginas que contêm nove tópicos detalhados de avaliação do caso pela Datatilsynet, enfrentando as informações e justificativas fornecidas pela Disqus Inc.

Como visto na primeira parte do estudo, a empresa Disqus Inc. disponibilizava *plug-in* de comentários em diversos *sites* de terceiros. Para facilitar a realização de comentários, os usuários poderiam optar por realizar um cadastro diretamente na plataforma. Independentemente de estar cadastrado ou não, o *widget* da Disqus Inc. coletava dados dos usuários por meio de *cookies*, que eram instalados a partir da visita aos *sites* que utilizavam o serviço de comentários. Essa coleta, contudo, somente era informada ao final de cada página dos *sites*, e não quando eram acessadas, isto é, previamente à realização da coleta. Os dados pessoais coletados eram compartilhados com a Zeta Global, bem como com parceiros comerciais de ambas as companhias, tendo como finalidade a publicidade comportamental *online* por meio da realização de *profiling* pelo rastreamento do usuário

---

15. HOY, Marcus. *Disqus Faces $3 Million Sanction Over Alleged GDPR Breaches*. Bloomberg Law, mai. 2021. Disponível em: https://news.bloomberglaw.com/privacy-and-data-security/disqus-faces-3-million-sanction--over-alleged-gdpr-breaches. Acesso em: 11 out. 2022.

por meio de *cookies*. A partir deste contexto, a Autoridade Norueguesa, passou a enfrentar as seguintes questões: o processamento de dados realizado pela Disqus Inc. observou o princípio da *accountability*? A companhia forneceu, de forma transparente e de fácil acesso, informações adequadas sobre o processamento de dados pessoais aos titulares? O processamento de dados realizado pela Disqus Inc. adotou uma base legal válida?

Para uma melhor didática, serão apontadas as violações ao GDPR que foram identificadas na decisão, a fundamentação adotada para cada uma delas pela Autoridade norueguesa, bem como os critérios utilizados para gradação da multa a ser aplicada à empresa Disqus Inc.

Conforme entendimento da Datatilsynet, a Disqus Inc., ao determinar meios e propósitos de coleta, rastreamento, análise, *profiling* e divulgação de dados pessoais coletados por *cookies*, incorreu em violação aos seguintes dispositivos do GDPR: art. 5.º, n.º 2; art. 5.º, n.º 1, "*a*"; art. 12.º, n.º 1; art. 13.º e art. 6.º, n.º 1.

A primeira violação identificada diz respeito ao art. 5.º, n.º 2 do GDPR, que trata do princípio da *accountability*, também conhecido como princípio da responsabilidade, segundo o qual os controladores têm o dever de implementar medidas adequadas e eficazes para cumprimento do GDPR, estando aptos a demonstrar a conformidade com a legislação. Assim, de acordo a Autoridade, como a Disqus Inc. afirmou que não tinha conhecimento de que o GDPR era aplicável à Noruega, evidenciou-se a ausência de avaliação prévia acerca da licitude do tratamento de dados pessoais por ela realizado e, consequentemente, não houve qualquer implementação das salvaguardas previstas pelo GDPR. A Datatilsynet argumentou que, ao não identificar que o GDPR e suas salvaguardas lhe eram aplicáveis de forma prévia ao início do tratamento de dados pessoais, a Disqus Inc. violou o princípio em questão.

No que se refere à violação dos arts. 5.º, n.º 1, "*a*", e 12.º, n.º 1, GDPR, que abordam o princípio da licitude, transparência e lealdade e o direito à informação transparente dos titulares, respectivamente, a Autoridade norueguesa ponderou que a informação acerca do tratamento de dados pessoais pela Disqus Inc. não foi realizada de forma transparente aos titulares. De acordo com a avaliação, a coleta de dados pessoais era operada por meio de *cookies*, que eram atribuídos a cada usuário, para fins de publicidade *online* (*profiling* e divulgação dos dados pessoais a terceiros), iniciada com o acesso aos *sites* de terceiros. No entanto, o usuário somente poderia tomar conhecimento acerca desse rastreamento ao se dirigir até o final das páginas dos *sites*, visto que não era implementada qualquer medida positiva ou inequívoca para dar ciência ao titular do dado, como por exemplo, um *banner* de *cookies*.

Ocorre que, nos termos do art. 12.º, n.º 1, GDPR, a informação quanto à coleta de dados junto ao titular deve ser feita de forma "concisa, transparente, inteligível e de fácil acesso, utilizando uma linguagem clara e simples". Sob a ótica da Datatilsynet, a Disqus Inc. não atendeu a dois desses requisitos, isto é, (i.) não informou de forma transparente, nem (ii.) garantiu o fácil acesso às informações por ela coletadas.

A Autoridade explicou que a Disqus Inc. não informou quanto à coleta de dados junto ao titular de forma transparente, porque a maioria dos titulares sequer interagiu com a empresa, não apresentando expectativas razoáveis quanto à realização desse tratamento de dados pela empresa. Ao disponibilizar ferramenta para comentários em *sites* de terceiros, a coleta de dados pessoais por *cookies* ocorria imediatamente sem diferenciação entre usuários cadastrados e não cadastrados na plataforma da Disqus. De acordo com a decisão, informar de forma transparente acerca do tratamento realizado é extremamente relevante para evitar surpreender o titular quanto à utilização dos dados pessoais a ele relacionados, sobretudo diante da publicidade *online*. Assim, não houve transparência nem quanto à divulgação dos dados pessoais coletados no *site* para terceiros, nem quanto à realização de *profiling*.

Ademais, o fácil acesso às informações relativas ao tratamento dos dados pessoais também não foi garantido pela Disqus Inc., uma vez que constavam apenas no final da página do *site*, de modo que o local e a forma como poderiam ser acessadas não era algo imediatamente aparente para o titular. Por isso, a Datatilsynet considerou que as informações acerca do tratamento de dados pessoais não estavam facilmente acessíveis aos titulares, os quais precisavam buscá-las na página da *web*.

Quanto ao art. 13.º, GDPR, veja-se que este enumera as informações específicas que o agente de tratamento deve fornecer aos titulares, como a identidade e os dados de contato do controlador, as finalidades de processamento, a base jurídica, os destinatários dos dados pessoais, a existência dos direitos de acesso, apagamento, e de oposição ao seu tratamento, bem como dispõe sobre o momento em que esta informação é disponibilizada. Autoridade norueguesa entendeu que houve violação ao dispositivo uma vez que a Disqus Inc. não fazia qualquer diferenciação no processamento dos dados pessoais dos titulares cadastrados e daqueles não cadastrados na plataforma, ignorando a necessidade de prestar as informações previstas no referido artigo no momento exato em que o tratamento se iniciava, ou seja, imediatamente ao acesso do *site* pelo usuário. Sem essa notificação imediata, os titulares não teriam como estar cientes da utilização de *cookies* e do rastreamento, *profiling* e compartilhamento para publicidade *online* decorrentes.

Por fim, a violação ao art. 6.º, n.º 1, do GDPR, diz respeito à ausência de hipótese autorizativa para o tratamento de dados pessoais. Considerando que a Disqus Inc. declarou que não tinha conhecimento da aplicabilidade do GDPR na Noruega, restou evidente para a Autoridade a falha da companhia no dever de identificar previamente uma base legal para somente após realizar o processamento de dados pessoais, o que, por si só, representou violação ao princípio da licitude em sentido estrito, previsto no art. 5.º, n.º 1, "*a*", do GDPR.

Contudo, restava ainda analisar a argumentação da Disqus Inc. de que os tratamentos de dados realizados preencheriam os critérios do art. 6.º, n.º 1, "*f*", do GDPR, sendo possível legitimar suas operações pelo legítimo interesse do controlador. No que se refere a esse fundamento de licitude, cumpre elucidar que o legítimo interesse pode ser entendido como uma vantagem legal ou fática, obtida pelo responsável pelo tratamento ou por um terceiro, decorrente, direta ou indiretamente, do tratamento de dados pessoais. Como bem explica Antonio Barreto Menezes Cordeiro,[16] a concretização desse interesse depende de uma avaliação casuística que considere as especificidades contextuais do caso concreto, sendo assim indispensável a realização de um teste de ponderação, que consiste no instrumento de avaliação entre os interesses legítimos do responsável pelo tratamento e os interesses ou direitos e liberdades fundamentais dos titulares dos dados.

Assim, a Datatilsynet entendeu, acertadamente, por seguir as orientações estabelecidas no Parecer 06/2014 do Grupo de Trabalho do Artigo 29 (GTA29),[17] e realizou um teste de ponderação, ainda que simplificado, em três etapas distintas e subsequentes, para verificar se Disqus Inc. preencheria os requisitos cumulativos indispensáveis para um tratamento de dados pessoais fundado no art. 6.º, n.º 1, *"f"*.

Neste sentido, a Autoridade considerou que o tratamento era realizado em razão de interesse econômico da Disqus Inc., que lucrava com venda de anúncios e *marketing online*, sendo este considerado um interesse legítimo do controlador. Verificado o primeiro requisito, foi enfrentado o segundo requisito referente à necessidade do tratamento de dados para alcançar o interesse econômico perseguido pela Disqus Inc. Contudo, diante da afirmação da própria companhia de que o tratamento em questão teria sido resultado de um "erro de boa-fé" – tendo em vista que não teria intenção de realizar o tratamento –, a Autoridade norueguesa concluiu que o rastreamento por *cookies* não era necessário ao interesse econômico perseguido pela controladora. Dessa forma, o requisito da necessidade não foi identificado. Por fim, quanto ao terceiro requisito, quanto a ausência de prevalência dos direitos e liberdades fundamentais dos titulares sobre o legítimo interesse do controlador, melhor sorte não foi alcançada. A Datatilsynet sopesou que o interesse econômico para propaganda comportamental *online* seria menos relevante do que os impactos negativos aos direitos fundamentais e liberdades dos titulares, uma vez que (i.) o *profiling* é, normalmente, invisível aos olhos do titular, além de provocar grave efeito inibidor de condutas socialmente desejáveis, como a liberdade de expressão; (ii.) o amplo rastreamento do comportamento online de usuários não registrados frustra as expectativas legítimas dos titulares, que sequer estão cientes do tratamento invasivo; (iii.) o compartilhamento dos dados pessoais com outras empresas poderia levar ao alcance de corretores de dados e a outras companhias de leilão de anúncios em tempo real a partir de direcionamento comportamental (*behavioral targeting*). Por essas razões, a Datatilsynet considerou que a Disqus Inc. realizou tratamento de dados pessoais sem uma hipótese autorizativa para tanto.

Por fim, após detalhada fundamentação das violações dos arts. 5.º, n.º 2; 6.º, n.º 1 e 13.º, todos do GDPR, a notificação da Autoridade norueguesa examinou ainda diversos elementos do art. 83.º, n.º 2, do GDPR, como critérios para a gradação da

---

16. CORDEIRO, Antonio Barreto Menezes. *Direito da proteção de dados*: à luz do RGPD e da Lei 58/2019. Coimbra: Almedina, 2020. p. 226.

17. GRUPO DE TRABALHO DO ARTIGO 29.º PARA A PROTEÇÃO DE DADOS. *Parecer 06/2014 sobre o conceito de interesses legítimos do responsável pelo tratamento dos dados na aceção do artigo 7.º da Diretiva 95/46/CE.* Bruxelas: UE, 2014. p. 78. Disponível em: https://bit.ly/2TDXCoI. Acesso em: 11 out. 2022.

multa administrativa estipulada em 2.490.000 euros (15% do faturamento de 2018 da empresa).[18]

Em relação aos critérios elencados pelo art. 83.º, n.º 2, *"a"*, GDPR, a Datatilsynet ponderou que (i.) a natureza do tratamento envolvia *profiling* para publicidade comportamental *online* disponível a múltiplos terceiros parceiros de publicidade, conduzindo à manipulação dos titulares noruegueses; (ii.) em razão da frustração das expectativas dos titulares quanto a ocorrência desse tratamento, houve gravidade nesta violação do GDPR; (iii.) o número de titulares afetados aproxima-se de um milhão de usuários, indicando uma violação sistemática do GDPR; (iv.) a duração da infração foi de mais de um ano (período entre a vigência do GDPR e o estudo divulgado pela NRK).

No que diz respeito aos critérios previstos no art. 83.º, n.º 2, *"b"*, *"c"*, *"g"*, *"h"*, *"k"*, GDPR, a Autoridade norueguesa fundamentou que (v.) considerando a ampla atuação da Disqus Inc. em 191 países, a falta de conformidade com o GDPR e a violação do princípio da *accountability* indicam negligência da empresa; (vi.) a eliminação dos dados pessoais coletados na Noruega poderia ser considerada uma medida de mitigação dos danos aos titulares, mas tal eliminação não é efetiva, pois não alcança os dados divulgados a terceiros sem uma hipótese autorizativa; (vii.) as categorias de dados pessoais envolvidas na infração (identificadores de *cookies*, endereços de IP, histórico de navegação e dados comportamentais *online*) representam um fator agravante, em razão de possibilitar a inferência de categorias especiais de dados pessoais, como a opinião política; (viii.) como a infração chegou à Datatilsynet por meio de artigos e notícias (NRK, Computerworld e Conzentio) e não por comunicação da Disqus Inc., a forma pela qual a Autoridade tomou conhecimento da infração foi considerada um fator agravante; (ix.) os benefícios financeiros percebidos a partir da publicidade em *websites*, que é a fonte predominante de renda da Disqus Inc., foram avaliados como fator agravante residual.

Compreendidas as razões pelas quais a Datatilsynet mostrou intenção de multar a Disqus Inc., passa-se ao exame crítico do caso.

3. COMENTÁRIOS E ANÁLISE CRÍTICA

Como se denota da segunda parte do estudo, a decisão da Autoridade norueguesa possui riqueza em sua argumentação, tendo enfrentado de forma completa diversos aspectos do GDPR que poderiam ser aprofundados para trazer importantes lições ao Direito Comparado. Contudo, estes comentários críticos serão focados ao ponto que parece ser mais relevante para a experiência brasileira: o legítimo interesse do controlador no uso de *cookies* para fins de publicidade comportamental.

---

18. Por não serem considerados relevantes ao caso, não foram considerados pela Datatilsynet os critérios previstos no art. 83.º, n.º 2, *"d"*, *"e"*, *"f"*, *"i"*, *"j"*, do GDPR.

Inicia-se a análise com constatação de que, como a Noruega não integra a UE,[19] a interpretação do GDPR e da Diretiva 2002/58/CE (*ePrivacy Directive*)[20] quanto à base legal aplicável para o tratamento de dados pessoais pela utilização de *cookies* difere-se daquela adotada nos países membros da UE.[21] No âmbito da UE, em razão do princípio da especialidade,[22] adota-se o consentimento como base legal exigível,[23] conforme aplicação do art. 5.º, n.º 3 da Diretiva,[24] reforçada no julgamento do caso Planet 49 pelo Tribunal de Justiça da União Europeia (TJUE).[25]

Assim, pode-se dizer que o ordenamento jurídico brasileiro está mais próximo do cenário analisado no caso Disqus do que do contexto normativo da UE. Isso porque, como inexiste legislação específica para o uso de *cookies* no Brasil, há incidência da

---

19. Os instrumentos normativos da UE não se aplicam, de imediato, na Noruega, sendo necessário que o *EEA Joint Committee* adote uma decisão para incorporar o ato ao *EEA Agreement*. (EUROPEAN ECONOMIC AREA (EEA). *How EU Law becomes EEA Law*. [S. l]. Disponível em: https://eealaw.efta.int/ Acesso em: 11 out. 2022.) O GDPR foi integralmente incorporado pelo *Norwegian Personal Data Act* e a Diretiva 2002/58/CE apenas parcialmente incorporadas pelo Electronic Communications Act., sendo o texto adotado ao *The Electronic Comunnications Act* no dispositivo § 2-7b é muito semelhante ao art. 5.º, n.º 3, da Diretiva 2002/58/CE. (NONE OF YOUR BUSINESS (NOYB). *Data Protection in Norway*. [S. l]. Disponível em: https://gdprhub.eu/index.php?title=Data_Protection_in_Norway. Acesso em: 11 out. 2022).
20. Quanto às diferenças entre os instrumentos jurídicos da Diretiva e do Regulamento na UE, vide BORCHARDT, Klaus-Dieter. *O ABC do direito da União Europeia*. Bruxelas, 2016. Disponível em: http://publications.europa.eu/resource/cellar/5d4f8cde-de25-11e7-a506-01aa75ed71a1.0015.01/DOC_1. Acesso em: 11 out. 2022.
21. Em que pese a semelhança entre os dispositivos que abordam o consentimento para *cookies*, a orientação da *Norwegian Communications Authority* (NKOM) admite que a predefinição de *cookies* pelo usuário em seu navegador seja considerada como consentimento válido (BYGNES, Kristian. *Nei takk, vi er forsynt med cookies*. Datatilsynet, maio 2021. Disponível em: https://www.personvernbloggen.no/2021/11/11/nei-takk-vi-er-forsynt-med-cookies/. Acesso em: 11 out. 2022; FOSS, Kristian. *Cookie ompetên*: Norway's regulator elaborates on ambiguity. Disponível em: https://www.personvernfabrikken.no/l/cookie-consent-norway-s-regulator-e-laborates-on-ambiguity/. Acesso em: 11 out. 2022).
22. EUROPEAN DATA PROTECTION BOARD (EDPB). *Parecer 05/2019 sobre a interação entre a Diretiva Privacidade Eletrónica e o RGPD, particularmente em matéria de competência, atribuições e poderes das autoridades de proteção de dados*, mar. 2019. Disponível em: https://edpb.europa.eu/sites/default/files/files/file1/201905_edpb_opinion_eprivacydir_gdpr_interplay_pt.pdf. Acesso em: 11 out. 2022.
23. As exceções à regra do consentimento para utilização de *cookies* estritamente necessários foram delineadas no art. 5.º, n.º 3, da Diretiva 2002/58/CE.
24. Artigo 5.º, n.º 3, Diretiva 2002/58/CE. "(...) Os Estados Membros asseguram que o armazenamento de informações ou a possibilidade de acesso a informações já armazenadas no equipamento terminal de um assinante ou utilizador só sejam permitidos se este tiver dado o seu consentimento prévio com base em informações claras e completas, nos termos da Diretiva 95/46/CE, nomeadamente sobre os objectivos do processamento, em conformidade com a Diretiva 95/46/CE, e de lhe ter sido dado, pelo controlador dos dados, o direito de recusar esse processamento. Tal não impedirá qualquer armazenamento técnico ou acesso que tenham como finalidade exclusiva efectuar ou facilitar a transmissão de uma comunicação através de uma rede de comunicações electrónicas, ou que sejam estritamente necessários para fornecer um serviço no âmbito da sociedade de informação que tenha sido explicitamente solicitado pelo assinante ou pelo utilizador".
25. TRIBUNAL DE JUSTIÇA DA UNIÃO EUROPEIA (TJUE), Grande Secção, C-673/17, j. 01/10/2019. No caso em questão, a empresa de jogos Planet49 promoveu um jogo *online* promocional, oportunidade em que coletava dados pessoais (nome, CEP, endereço, IP) dos participantes inscritos e compartilhava com diversos parceiros. O TJUE decidiu que, para o consentimento referente ao tratamento dos dados pessoais pela utilização de *cookies* ser válido, é preciso que (1) as caixas de seleção para concordância não estejam pré-validadas; (2) exista um "ato positivo inequívoco" com uma "manifestação de vontade livre, específica, informada e explícita" (artigo 4.º, n.º 11, GDPR). Além disso, o TJUE também reconheceu que a duração do funcionamento dos *cookies* e a possibilidade de terceiros terem acesso ou não aos *cookies* são informações que devem ser fornecidas ao titular no momento do consentimento.

LGPD, admitindo-se esse tipo de rastreamento quando amparado por, no mínimo,[26] uma das hipóteses autorizativas previstas no art. 7º, da LGPD, o que incluiria tanto o consentimento quanto o legítimo interesse.[27] Com isso, percebe-se que, ao contrário da UE – que não admite a adoção do legítimo interesse como base legal para *cookies*[28] –, os ordenamentos jurídicos da Noruega e do Brasil apresentam maior "margem de manobra" para a utilização de *cookies*.

De volta à notificação prévia norueguesa, importante destacar que a finalidade do tratamento dos dados coletados por meio de *cookies* pela Disqus Inc. era a criação de perfis comportamentais para *marketing*, e que esse tipo de rastreamento, segundo a Datatilsynet, é extremamente invasivo para o indivíduo. Sem informação acerca deste tratamento de dados pessoais, resta inviabilizado o exercício dos direitos de acesso e de oposição ao processamento pelo titular. Ademais, a divulgação de dados pessoais para publicidade comportamental acarreta um alto risco de que os indivíduos percam o controle sobre quem processa seus dados pessoais, em ofensa à autodeterminação informativa e à privacidade do indivíduo, sendo, portanto, uma circunstância agravante por restringir um direito fundamental, nos termos da Convenção Europeia de Direitos Humanos.[29]

Interessante notar que o GTA29, em 2014, já havia alertado que a atividade de elaboração de perfis é suscetível de representar uma intromissão significativa na vida privada do titular de dados, de forma que os interesses e os direitos da pessoa em causa devem prevalecer sobre o interesse do responsável pelo tratamento.[30] Segundo o Parecer 06/2014, as mensagens publicitárias são, cada vez mais, especificamente direcionadas às atividades *online* dos consumidores, que, por sua vez, são, cada vez mais, monitoradas, por meio de técnicas de rastreamento como os *cookies*. Outrossim, os dados pessoais dos titulares são tratados por métodos automatizados cada vez mais sofisticados, tudo para atender ao interesse econômico das organizações empresariais. Todavia, esse interesse não seria sustentável em ponderação aos direitos fundamentais e ao interesse dessas pessoas de não serem indevidamente monitoradas.[31]

---

26. MENKE, Fabiano. A possibilidade de cumulação de bases legais nas operações de tratamento de dados pessoais. *Migalhas*, fev. 2021. Disponível em: https://www.migalhas.com.br/coluna/migalhas-de-protecao-de-dados/340890/cumulacao-de-bases-legais-nas-operacoes-de-tratamento-de-dados. Acesso em: 11 out. 2022.

27. PALHARES, Felipe. Cookies: contornos atuais. In: PALHARES, Felipe (Coord.). *Temas atuais de proteção de dados*. São Paulo: Thomson Reuters Brasil, 2020. *E-book*.

28. PALHARES, Felipe. Cookies: contornos atuais. *In*: PALHARES, Felipe (Coord.). *Temas atuais de proteção de dados*. São Paulo: Thomson Reuters Brasil, 2020. *E-book*.

29. DATATILSYNET. *Advance notification of an administrative fine n. 20/01801-5*, j. 02/05/2021. Disponível em: https://www.datatilsynet.no/contentassets/8311c84c085b424d8d5c55dd4c9e2a4a/advance-notification-of--an-administrative-fine--disqus-inc.pdf. Acesso em: 11 out. 2022.

30. GRUPO DE TRABALHO DO ARTIGO 29.º PARA A PROTEÇÃO DE DADOS. *Parecer 06/2014 sobre o conceito de interesses legítimos do responsável pelo tratamento dos dados na aceção do artigo 7.º da Diretiva 95/46/CE*. Bruxelas: UE, 2014. p. 78. Disponível em: https://bit.ly/2TDXCoI. Acesso em: 11 out. 2022.

31. GRUPO DE TRABALHO DO ARTIGO 29.º PARA A PROTEÇÃO DE DADOS. *Parecer 06/2014 sobre o conceito de interesses legítimos do responsável pelo tratamento dos dados na aceção do artigo 7.º da Diretiva 95/46/CE*. Bruxelas: UE, 2014. p. 78. Disponível em: https://bit.ly/2TDXCoI. Acesso em: 11 out. 2022.

Nessa linha, é possível estabelecer que a decisão preliminar proferida pela Datatilsynet acertou quanto à avaliação do legítimo interesse da Disqus Inc., uma vez que um agente de tratamento não pode invocar esta base legal para monitorar indevidamente as atividades dos titulares dos dados e criar ou comercializar perfis complexos de personalidades e preferências destes sujeitos, sem o respeito aos requisitos previstos pelo GDPR. Correta também é a afirmação de que esse tipo de rastreamento, nos moldes realizados no caso específico, exigiria o consentimento, tendo em vista que os dados pessoais afetados poderiam ser relacionados a questões discriminatórias, devido à criação dos perfis comportamentais.

Trazendo o quadro apresentado no caso para o cenário brasileiro, acredita-se que a avaliação da Autoridade Nacional de Proteção de Dados (ANPD) possivelmente levaria a um resultado semelhante ao da Datatilsynet. Explica-se.

A base legal do consentimento,[32] prevista no art. 7º, I, da LGPD, exige que a manifestação de vontade do titular seja formal, livre e revogável, nos termos dos parágrafos do art. 8º, da LGPD. Além disso, as informações fornecidas ao titular devem ser prévias, de fácil acesso, transparentes, claras e inequívocas, consoante o art. 9º, da LGPD. Observa-se, desse modo, que há diversos requisitos do consentimento da LGPD que foram avaliados no caso Disqus, como a informação prévia, de fácil acesso, clara e transparente acerca do tratamento de dados pessoais pela utilização de *cookies*. Nesse ponto, considera-se que tais aspectos seriam avaliados negativamente pela ANPD de forma semelhante à Datatilsynet, configurando violações à LGPD, devido à configuração de um consentimento nulo.

A propósito, pontua-se que o entendimento norueguês de que é consentimento válido a predefinição de *cookies* no navegador pelo usuário não seria suficiente no ordenamento brasileiro.[33] Isso porque tal concepção não apenas exige conhecimento técnico do titular-consumidor vulnerável,[34] no que diz respeito às configurações de *cookies* de seu navegador, mas também é medida que retira o encargo decorrente do dever de informação e do princípio da transparência dos controladores, previstos na LGPD. Nesse sentido, em guia orientativo referente a Cookies e proteção de dados pessoais, a ANPD estabelece que "a finalidade que justifica a utilização de determinada categoria de cookies deve ser específica e informada ao titular, e a coleta de dados deve ser compatível com tal finalidade", e, como decorrente lógico, impõe-se ao agente de tratamento à "obrigação de

---

32. Sobre o consentimento na LGPD, vide: BIONI, Bruno Ricardo. *Proteção de dados pessoais*: a função e os limites do consentimento. Rio de Janeiro: Forense, 2019; MENDES, Laura Schertel; FONSECA, Gabriel Campos Soares da. Proteção de dados para além do consentimento: tendências de materialização. In: BIONI, Bruno et al. (Coord.). *Tratado de Proteção de Dados Pessoais*. Rio de Janeiro: Grupo GEN, 2020.

33. BYGNES, Kristian. *Nei takk, vi er forsynt med cookies*. Datatilsynet, maio 2021. Disponível em: https://www.personvernbloggen.no/2021/11/11/nei-takk-vi-er-forsynt-med-cookies/ Acesso em: 11 out. 2022; FOSS, Kristian. *Cookie consent*: Norway's regulator elaborates on ambiguity. Disponível em: https://www.personvernfabrikken.no/l/cookie-consent-norway-s-regulator-elaborates-on-ambiguity/ Acesso em: 11 out. 2022.

34. MENDES, Laura Schertel. A vulnerabilidade do consumidor quanto ao tratamento de dados pessoais. In: MARQUES, Claudia Lima; GSELL, Beate (Org.). *Novas tendências do Direito do Consumidor*: Rede Alemanha Brasil de Pesquisas em Direito do Consumidor. São Paulo: Ed. RT, 2015. p. 182-203.

fornecer aos titulares informações claras, precisas e facilmente acessíveis sobre a forma do tratamento, o período de retenção e as finalidades específicas que justificam a coleta de seus dados por meio de cookies".[35]

Já quanto à base legal do legítimo interesse do controlador ou de terceiros, veja--se que esta foi introduzida pela LGPD no inciso IX do art. 7º, autorizando que sejam operados dados pessoais "quando necessário para atender aos interesses legítimos do controlador ou de terceiro, exceto no caso de prevalecerem direitos e liberdades fundamentais do titular que exijam a proteção dos dados pessoais".

Com efeito, o legislador brasileiro trouxe aqui uma espécie de regra de ponderação, pois refere a "prevalência de direitos" para sindicar a aplicação do legítimo interesse, sendo possível apurar que o intérprete deverá realizar um teste de ponderação entre o legítimo interesse do controlador ou do terceiro, face às legítimas expectativas e direitos fundamentais do titular do dado, no caso concreto, em moldes semelhantes ao que foi aplicado pela Datatilsynet no caso Disqus.[36]

Contudo, no cenário brasileiro, aponta-se a inexistência, ao menos até a conclusão deste estudo, de um teste de ponderação nacional, uma vez que a ANPD ainda deverá emitir orientações aos agentes de tratamento de dados que optarem pelo legítimo interesse para lastrear suas operações.[37] Enquanto isso não ocorre, a doutrina brasileira avança no tema, apontando caminhos a serem seguidos pelos controladores para a avaliação do uso do legítimo interesse no caso concreto, conforme já contribuíram alguns autores nacionais.[38]

Nesse sentido, interessante notar a semelhança do teste de ponderação aplicado pela Datatilsynet para avaliar o legítimo interesse da Disqus Inc. com o modelo proposto por Marcel Leonardi,[39] motivo pelo qual acredita-se que o resultado alcançado

---

35. AUTORIDADE NACIONAL DE PROTEÇÃO DE DADOS (ANPD). Guia orientativo: Cookies e proteção de dados pessoais. Versão 1.0. Publicação digital. 18 out. 2022. p. 14-15. Disponível em: https://www.gov.br/anpd/pt-br/documentos-e-publicacoes/guia-orientativo-cookies-e-protecao-de-dados-pessoais.pdf. Acesso em: 28 out. 2022.

36. BUCAR, Daniel; VIOLA, Mario. Tratamento de dados pessoais pelo legítimo interesse do controlador. In: TEPEDINO, Gustavo; FRAZÃO, Ana; OLIVA, Milena Donato (Coord.). *Lei Geral de Proteção de Dados e suas repercussões no Direito Brasileiro*. São Paulo: Thomson Reuters Brasil, 2019. p. 465-484.

37. De acordo com o planejamento estratégico da ANPD para 2021/2023, as ações vinculadas ao seu primeiro objetivo estratégico, de promoção do fortalecimento da cultura de proteção de dados pessoais no país, incluem a elaboração de guias e recomendações sobre o uso das bases legais da LGPD, mas dentro de um prazo de até 2 anos. (BRASIL. Planejamento estratégico 2021-2023. Brasília, DF: ANPD, 2020. Disponível em: https://www.gov.br/anpd/pt-br/documentos-e-publicacoes/planejamento-estrategico/planejamento-estrategico-2021-2023.pdf. Acesso em: 11 out. 2022).

38. Para uma compreensão aprofundada sobre a temática do legítimo interesse, veja: JOELSONS, Marcela. Lei Geral de Proteção de Dados: fronteiras do legítimo interesse. Indaiatuba: Editora Foco, 2022. (No prelo).

39. Marcel Leonardi. sugere a aplicação de um teste com três etapas, quais sejam: (i.) teste da finalidade: identificação de qual é o interesse legítimo e se esse interesse legítimo é próprio ou de terceiros; (ii.) teste da necessidade: demonstração de que o tratamento dos dados pessoais é necessário para alcançar esse interesse legítimo; e (iii.) teste da proporcionalidade: balanceamento desse interesse legítimo com os direitos e as liberdades fundamentais do titular que exijam a proteção dos dados pessoais (LEONARDI, Marcel. Legítimo Interesse. *Revista do Advogado*, São Paulo, v. 39, p. 67-73, nov. 2019).

pela Autoridade norueguesa no Processo 20/01801-5 não seria diferente se replicado no cenário nacional, com os parâmetros da LGPD.

Ao fim do presente comentário crítico, a reflexão que pode ser feita é de que, apesar de ser possível alcançar um resultado semelhante aplicando a LGPD ao caso Disqus, não resta afastada a possibilidade de utilização do legítimo interesse do controlador para o tratamento de dados pessoais por meio de *cookies* em circunstâncias concretas distintas, pois a sua pertinência deve ser analisada caso a caso.

Outrossim, nos tratamentos de dados que tem como finalidade o *profiling* e a publicidade comportamental, essa base legal deve ser utilizada com prudência, balanceando os interesses do titular das informações e dos agentes de tratamento, com o uso de um teste de ponderação, à exemplo do que foi aplicado pela Autoridade norueguesa, para que seja assegurado o respeito às legítimas expectativas do indivíduo, bem como de seus direitos e garantias fundamentais.

4. CONCLUSÃO

Da análise do caso Disqus, é possível extrair duas lições relevantes para a prática brasileira[40]: (i.) de forma semelhante à Noruega – que admitiu a averiguação do legítimo interesse para o uso de *cookies* no caso Disqus –, o ordenamento jurídico brasileiro permite que processamentos de dados pessoais por *cookies* possam ser fundamentados no consentimento e/ou no legítimo interesse, o que deve ser verificado no caso a caso; (ii.) é essencial para a conformidade com a LGPD que, independentemente da adoção do consentimento ou do legítimo interesse pelo controlador, que o tratamento de dados pessoais por *cookies* – sobretudo para fins de publicidade comportamental por *profiling* – seja informado de forma adequada (transparente, de fácil acesso, clara, prévia) e completa (finalidade, prazo de duração, compartilhamentos) aos titulares, a fim de evitar a frustração das suas expectativas legítimas.

REFERÊNCIAS

1. Citação de livro

BIONI, Bruno Ricardo. *Proteção de dados pessoais*: a função e os limites do consentimento. Rio de Janeiro: Forense, 2019.

CORDEIRO, Antonio Barreto Menezes. *Direito da proteção de dados*: à luz do RGPD e da Lei n. 58/2019. Coimbra: Almedina, 2020.

JOELSONS, Marcela. *Lei Geral de Proteção de Dados*: fronteiras do legítimo interesse. Indaiatuba: Editora Foco, 2022. (No prelo).

---

40. Como ensina Cláudia Lima Marques, as lições do Direito Comparado devem ser consideradas para melhorar, aperfeiçoar ou interpretar o direito posto, sendo reconhecida a importância da comparação jurídica estrangeira. (MARQUES, Claudia Lima. *O legado da Lei da Boa Razão e a renovação da Teoria das Fontes*: o diálogo das fontes e seu impacto no Brasil. In: MARQUES, Claudia Lima; CERQUEIRA, Gustavo (Coord.). *A função modernizadora do direito comparado*: 250 anos da Lei da Boa Razão. São Paulo: YK Editora, 2020. p. 471-492).

2. Artigo em revista

LEONARDI, Marcel. Legítimo Interesse. *Revista do Advogado*, v. 39, p. 67-73, São Paulo, nov. 2019.

3. Capítulo em obra coletiva

BUCAR, Daniel; VIOLA, Mario. Tratamento de dados pessoais pelo legítimo interesse do controlador. In: TEPEDINO, Gustavo; FRAZÃO, Ana; OLIVA, Milena Donato (Coord.). *Lei Geral de Proteção de Dados e suas repercussões no Direito Brasileiro*. São Paulo: Thomson Reuters Brasil, 2019.

MARQUES, Claudia Lima. O legado da Lei da Boa Razão e a renovação da Teoria das Fontes: o diálogo das fontes e seu impacto no Brasil. In: MARQUES, Claudia Lima; CERQUEIRA, Gustavo (Coord.). *A função modernizadora do direito comparado*: 250 anos da Lei da Boa Razão. São Paulo: YK Editora, 2020. p. 471-492.

MENDES, Laura Schertel. A vulnerabilidade do consumidor quanto ao tratamento de dados pessoais. In: MARQUES, Claudia Lima; GSELL, Beate (Org.). *Novas tendências do Direito do Consumidor*: Rede Alemanha Brasil de Pesquisas em Direito do Consumidor. São Paulo: Ed. RT, 2015.

MENDES, Laura Schertel; FONSECA, Gabriel Campos Soares da. Proteção de dados para além do consentimento: tendências de materialização. In: BIONI, Bruno et al. (Coord). *Tratado de Proteção de Dados Pessoais*. Rio de Janeiro: Grupo GEN, 2020.

4. Artigo web

BYGNES, Kristian. Nei takk, vi er forsynt med cookies. Datatilsynet, maio 2021. Disponível em: https://www.personvernbloggen.no/2021/11/11/nei-takk-vi-er-forsynt-med-cookies/. Acesso em: 07 mar. 2022.

DISQUS. Disqus Privacy Policy, 2021. Disponível em: https://help.disqus.com/en/articles/1717103-disqus--privacy-policy. Acesso em: 28 fev. 2022.

EUROPEAN ECONOMIC AREA (EEA). How EU Law becomes EEA Law. [S. l]. Disponível em: https://eealaw.efta.int/. Acesso em: 05 mar. 2022.

FOSS, Kristian. Cookie consent: Norway's regulator elaborates on ambiguity. Disponível em: https://www.personvernfabrikken.no/l/cookie-consent-norway-s-regulator-elaborates-on-ambiguity. Acesso em: 07 mar. 2022.

GUNDERSEN, Martin. Disqus delte persondata om titalls millioner internettbrukere uten at nettsidene visste om det. NRKBeta, dez. 2019. Disponível em: https://nrkbeta.no/2019/12/18/disqus-delte-persondata-om-titalls-millioner-internettbrukere-uten-at-nettsidene-visste-om-det/. Acesso em: 28 fev. 2022.

HOY, Marcus. Disqus Faces $3 Million Sanction Over Alleged GDPR Breaches. Bloomberg Law, mai. 2021. Disponível em: https://news.bloomberglaw.com/privacy-and-data-security/disqus-faces-3-million--sanction-over-alleged-gdpr-breaches. Acesso em: 28 fev. 2022.

MENKE, Fabiano. A possibilidade de cumulação de bases legais nas operações de tratamento de dados pessoais. Migalhas, fev. 2021. Disponível em: https://www.migalhas.com.br/coluna/migalhas-de-protecao-de-dados/340890/cumulacao-de-bases-legais-nas-operacoes-de-tratamento-de-dados. Acesso em 07 mar. 2022.

NONE OF YOUR BUSINESS (NOYB). Data Protection in Norway. Disponível em: https://gdprhub.eu/index.php?title=Data_Protection_in_Norway. Acesso em: 07 mar. 2022.

NORGE. Lovdata. Lov om behandling av personopplysninger (personopplysningsloven). [S. l]: 2022. Disponível em: https://lovdata.no/dokument/NL/lov/2018-06-15-38. Acesso em: 28 fev. 2022.

5. Ementas de julgados e legislação

ARTICLE 29 DATA PROTECTION WORKING PARTY. Opinion 03/2013 on purpose limitation. Brussels, 2 April 2013. Disponível em: https://ec.europa.eu/justice/article-29/documenta tion/opinion-recommendation/files/2013/wp203_en.pdf. Acesso em: 28 fev. 2022.

AUTORIDADE NACIONAL DE PROTEÇÃO DE DADOS (ANPD). Guia orientativo: Cookies e proteção de dados pessoais. Versão 1.0. Publicação digital. 18 out. 2022. p. 14-15. Disponível em: https://www.gov.br/anpd/pt-br/documentos-e-publicacoes/guia-orientativo-cookies-e-protecao-de-dados-pessoais.pdf. Acesso em: 28 out. 2022.

DATATILSYNET. About us. [S. l]. Disponível em: https://www.datatilsynet.no/en/about-us/. Acesso em: 28 fev. 2022.

DATATILSYNET. Advance notification of an administrative fine n. 20/01801-5, j. 02/05/2021. Disponível em: https://www.datatilsynet.no/contentassets/8311c84c085b424d8d5c55dd4c9e2a4a/advance-notification-of-an-administrative-fine--disqus-inc.pdf. Acesso em: 28 fev. 2022.

EUROPEAN DATA PROTECTION BOARD (EDPB). Evaluation of the GDPR under article 97: questions to data protection authorities: answers from the Norwegian Supervisory Authority. Disponível em: https://edpb.europa.eu/sites/default/files/no_sa_gdpr_art_97questionnaire.pdf. Acesso em: 28 fev. 2022.

EUROPEAN DATA PROTECTION BOARD (EDPB). Parecer 05/2019 sobre a interação entre a Diretiva Privacidade Eletrónica e o RGPD, particularmente em matéria de competência, atribuições e poderes das autoridades de proteção de dados, mar. 2019. Disponível em: https://edpb.europa.eu/sites/default/files/files/file1/201905_edpb_opinion_eprivacydir_gdpr_interplay_pt.pdf. Acesso em: 07 mar. 2022.

EUROPEAN UNION. Decision of the EEA Joint Committee n. 154/2018, amending Annex XI (Electronic communication, audiovisual services and information society) and Protocol 37 (containing the list provided for in Article 101) to the EEA Agreement. Jul. 2018. Disponível em: https://eur-lex.europa.eu/eli/dec/2018/1022/oj. Acesso em: 28 fev. 2022.

GRUPO DE TRABALHO DO ARTIGO 29 PARA A PROTEÇÃO DE DADOS. Parecer 2/2010 sobre publicidade comportamental. Jun. 2010. Disponível em: https://ec.europa.eu/justice/article-29/documentation/opinion-recommendation/files/2010/wp171_pt.pdf. Acesso em 07 mar. 2022.

GRUPO DE TRABALHO DO ARTIGO 29 PARA A PROTEÇÃO DE DADOS. Parecer 06/2014 sobre o conceito de interesses legítimos do responsável pelo tratamento dos dados na aceção do artigo 7.º da Diretiva 95/46/CE. Bruxelas: UE, 2014. p. 78. Disponível em: https://bit.ly/2TDXCoI. Acesso em: 07 mar. 2022.

MINISTÉRIO DAS RELAÇÕES EXTERIORES DA NORUEGA. Sociedade norueguesa. Embaixada da Noruega em Brasília, 2022. Disponível em: https://www.norway.no/pt/brasil/valores-prioridades/noruega-atualidade. Acesso em: 28 fev. 2022.

TRIBUNAL DE JUSTIÇA DA UNIÃO EUROPEIA (TJUE), Grande Secção, C-673/17, j. 1º.10.2019. Disponível em: http://curia.europa.eu/juris/document/document.jsf;jsessionid=755B5529F72AD7AB36E-9F43CD81B5CB1?text=&docid=218462&pageIndex=0&doclang=EN&mode=lst&dir=&occ=first&part=1&cid=3369727. Acesso em: 06 mar. 2022.

6. E-books

BORCHARDT, Klaus-Dieter. O ABC do direito da União Europeia. Bruxelas, 2016. Ebook. Disponível em: http://publications.europa.eu/resource/cellar/5d4f8cde-de25-11e7-a506-01aa75ed71a1.0015.01/DOC_1. Acesso em: 05 mar. 2022.

PALHARES, Felipe. Cookies: contornos atuais. In: PALHARES, Felipe (Coord.). *Temas atuais de proteção de dados*. São Paulo: Thomson Reuters Brasil, 2020. E-book.

12
PERFILIZAÇÃO, DECISÕES AUTOMATIZADAS NA ÁUSTRIA: O DIREITO DE ACESSO NO CONTRAPONTO À PROTEÇÃO AOS SEGREDOS COMERCIAL E INDUSTRIAL

José Luiz de Moura Faleiros Júnior

Doutorando em Direito Civil pela Universidade de São Paulo – USP/Largo de São Francisco. Doutorando em Direito, na área de estudo 'Direito, Tecnologia e Inovação', pela Universidade Federal de Minas Gerais – UFMG. Mestre e Bacharel em Direito pela Universidade Federal de Uberlândia – UFU. Advogado e Professor. E-mail: jfaleiros@usp.br.

Stéfani Reimann Patz

Doutoranda em Direito pela Universidade de Coimbra, Portugal. Mestra e Bacharela em Direito pela Universidade Regional Integrada do Alto Uruguai e das Missões (URI), Campus Santo Ângelo/RS. Pós-graduanda em Proteção de Dados: LGPD & GDPR pela Fundação Escola Superior do Ministério Público (FMP), membra Centro de Estudos e Pesquisas em Direito e Tecnologia (CEDETEC), do Instituto Nacional de Proteção de Dados (INPD) e do Grupo de Pesquisa em Direitos e Tecnologia e Inovação (DTEC) da Universidade Federal de Minas Gerais (UFMG). E-mail: stefani.patz@hotmail.com.

Resumo: A DPA austríaca considerou que o direito de acesso se aplica a todas decisões destinadas a definir o perfil pessoal e não apenas às vinculadas à tomada de decisão automatizada. A metodologia de cálculo do algoritmo não foi divulgada em razão do segredo comercial e comercial.

Fundamentos: Art. 4(1) GDPR / Art. 4(4) GDPR / Art. 12(1) GDPR / Art. 15(1) GDPR / Art. 15(1) h) GDPR / Art. 22(1) GDPR / Art. 22(4) GDPR.

Decisão completa:

https://www.ris.bka.gv.at/Dokument.wxe?ResultFunctionToken=f2a9b55f-02bc-446d-a8fa-4fd931cb1b57&Position=1&Abfrage=Dsk&Entscheidungsart=Undefined&Organ=Undefined&SucheNachRechtssat=True&SucheNachText=True&GZ=&VonDatum=01.01.1990&BisDatum=&Norm=&ImRisSeitVonDatum=&ImRisSeitBisDatum=&ImRisSeit=Undefined&ResultPageSize=100&Suchworte=&Dokumentnummer=DSBT_20200908_2020_0_436_002_00

Sumário: 1. Descrição do caso – 2. Fundamentação legal para a imposição da sanção – 3. Comentários e análise crítica – 4. Conclusão – Referências.

1. DESCRIÇÃO DO CASO

Na Áustria, a legislação que disciplina a coleta, a guarda, o armazenamento e o tratamento de dados pessoais é conhecida como a Lei de Proteção de Dados (Em alemão: *Datenschutzgesetz* – DSG).[1-2] No país, o direito sobre a proteção de dados pessoais constitui, de acordo com a Constituição Austríaca (Em alemão: *Österreichische Bundesverfassung*), um direito fundamental.

No contexto europeu, existe ainda o Regulamento Geral sobre a Proteção de Dados (RGPD) 2016/679. Trata-se de um Regulamento sobre privacidade e proteção de dados pessoais, aplicável a todos os indivíduos na União Europeia (UE) e Espaço Económico Europeu (EEE). O Regulamento é conhecido inglês como *General Data Protection Regulation* (GDPR) e em alemão como *Datenschutz-Grundverordnung* (DSGVO).

Nessa senda, considerando o contexto austríaco de proteção de dados, o presente artigo visa analisar a decisão DSB-D124.909, da Autoridade Austríaca de Proteção de Dados (em alemão: *Datenschutzbehörde* – DSB)[3] e na sequência, observar as relações da temática com o direito brasileiro.

O caso em comento envolve uma petição datada de 7 de junho de 2019, onde o Reclamante alegou violação do direito à informação,[4] uma vez que o Requerido respondeu ao seu pedido de informação, referente ao cálculo dos chamados "*Dominanten Geo Milieus*", como sendo "cálculos de probabilidade" cuja metodologia de cálculo seria considerada um segredo de comercial/empresarial e que de acordo com o § 4º Parágrafo 6º do DSG, não seria passível de divulgação.

O Requerido calculou pontuações de marketing denominadas "*Dominanten Geo Milieus*" em relação ao Reclamante. Tais pontuações referem-se a uma segmentação das sociedades, baseada em orientações de valores e estilos de vida, que é feita atualmente em dezoito países. O objetivo é utilizar tais perfis em campanhas de marketing estratégicos, direcionados produtos e serviços a cada grupo específico.

Conforme o Requerido, a segmentação é boa o suficiente, mas não exagerada e auxilia no planejamento de marketing. Este modelo de cálculo é baseado na formação de hipóteses com base em pesquisas próprias e dados existentes, incluindo posterior

---

1. O DSG é considerado como a lei nacional adotada de acordo com o artigo 23.º, "*1*" e "*i*" do GDPR.
2. DSB. *Datenschutzgesetz*. Disponível em: https://www.ris.bka.gv.at/Dokumente/Erv/ERV_1999_1_165/ERV_1999_1_165.html. Publicado em: 25 maio 2018. Acesso em: 11 out. 2022.
3. A decisão judicial encontra-se disponível na íntegra no site eletrônico do Sistema Federal de Informações Jurídicas Austríaco (Em alemão: *Das Rechtsinformaionssystem des Bundes* – RIS). (RIS. *DSB-D124.909*. Disponível em: https://www.ris.bka.gv.at/Dokument/Dsk/DSBT_20200908_2020_0_436_002_00/DSBT_20200908_2020_0_436_002_00.pdf. Publicado em: 08 set. 2020. Acesso em: 11 out. 2022).
4. Os artigos 13º/1, f) e 14º/2, g) do GDPR impõe aos responsáveis pelo tratamento, consoante os dados tenham ou não sido recolhidos diretamente junto do titular dos lados, a obrigação de informar o titular da existência de decisões automatizada, incluindo a definição de perfis, e informações úteis relativas à lógica subjacente, bem como a importância e as consequências previstas de tal tratamento para o titular dos dados. O disposto no artigo 15º/1, h) reforça esta obrigação. (EUROPEAN UNION. *Regulation (EU) 2016/679 of the european parliament and of the council of 27 april 2016*. Disponível em: https://eur-lex.europa.eu/legal-content/EN/TXT/PDF/?uri=CELEX:32016R0679. Acesso em: 11 out. 2022).

verificação e correção da hipótese e diferenciação para determinar um mapa estratégico no qual produtos, marcas e mídias podem ser posicionados. Existem dez diferentes perfis.

O primeiro deles é o *Konservative* (Conservador), composto por formadores de tendências na esfera tradicional, com alta ética de responsabilidade – fortemente caracterizados pela ética cristã, alta estima pela educação e cultura. São céticos em relação ao desenvolvimento social atual. Na sequência, existe o grupo *Traditionelle* (Tradicional), formado por pessoas que enfatizam a segurança, a ordem e a estabilidade – enraizados no velho mundo pequeno-burguês, na cultura tradicional da classe trabalhadora ou no meio rural tradicional.

O terceiro grupo é o do *Etablierte* (Estabelecido) e caracteriza-se pela elite orientada para o desempenho com um forte senso de tradição: reivindicações claras de exclusividade e liderança, alta consciência de classe e um *ethos* pronunciado de responsabilidade. Outro grupo é o *Performer*, trata-se da elite moderna de desempenho flexível e globalmente orientada: eficiência, responsabilidade pessoal e sucesso individual têm prioridade máxima. Formada por pessoas que possuem alta competência em negócios e empregos relacionados a área da Tecnologia da Informação (TI).

Existem ainda os chamados *Postmaterielle* (Pós materialistas), que são formados por críticos sociais de mente aberta – meio intelectual, educado, interessado em aspectos variados da cultura; orientação cosmopolita, mas crítica à globalização; são socialmente engajados. Já o *Digitale individualisten* (Individualistas digitais), trata-se de um grupo caracterizado pela vanguarda do estilo de vida individualista e conectado: mental e geograficamente móvel em todo o mundo, conectado online e offline, constantemente em busca de novas experiências.

O sétimo grupo é formado pelos chamados *Buergerliche mitte* (Burguês-médio). São conhecidos como o *mainstream* adaptativo, buscam estabelecimento profissional e social, relacionamentos seguros e harmoniosos, apoio e orientação, paz e desaceleração. Já os *Adaptiv pragmatische* (Adaptativo pragmático) são considerados o novo centro flexível: possuem o pragmatismo acentuado na vida, com forte desejo de ancoragem, associação, segurança, orientação para o desempenho, mas também o desejo de diversão e entretenimento.

O nono grupo é o do *Konsumorientierte basis* (Orientados para o consumo). Trata-se da classe baixa materialista que luta pela participação. Possuem um forte senso de discriminação, ressentimentos e medos pronunciados do futuro. Esforçam-se para se manter conectado com os padrões de consumo da classe média. Por fim, o décimo grupo é do *Hedonisten* (Hedonista), são a classe média baixa moderna, vivendo para a emoção do momento, famintos por experiências. Vivem no aqui e agora, procurando diversão e entretenimento e recusam padrões e convenções tradicionais.

Em linhas gerais, essas pontuações consistiam em supostas probabilidades (expressas em um número percentual) de que o Reclamante pertencesse a determinados grupos demográficos, no caso em comento, preponderantemente como "*performer*", "pós-materialista", "estabelecido", "hedonista" e "individualista digital".

2. FUNDAMENTAÇÃO LEGAL PARA A IMPOSIÇÃO DA SANÇÃO

Em 28 de maio de 2019, o Reclamante enviou uma solicitação de acesso nos termos do artigo 15 do GDPR ao Requerido, solicitando informações com base no artigo 15.º, n.º 1, alínea h) do GDPR sobre como as pontuações de perfis foram calculadas. Em 4 de junho de 2019, o Requerido respondeu, afirmando que as informações solicitadas não seriam fornecidas porque se qualificam como um segredo comercial/empresarial na redação do § 4º, 6 da Lei de Proteção de Dados Austríaca (Em alemão: *Datenschutzgesetz* – DSG).

Na sequência, o Reclamante apresentou uma queixa junto da Autoridade Austríaca de Proteção de Dados. A disputa deu-se em torno de dois grandes questionamentos: I) O demandado tem a obrigação de fornecer informações nos termos do artigo 15.º, n.º 1, alínea h), do GDPR ("informações significativas sobre a lógica envolvida, bem como o significado e as consequências previstas de tal processamento para o titular dos dados") ao Reclamante sobre as pontuações de marketing *"Dominanten Geo Milieus"*? II) Em caso afirmativo, o demandado poderia invocar um segredo comercial/empresarial no entendimento do § 4º, 6 do DSG e recusar-se legitimamente a fornecer essas informações?

Na decisão, datada de 8 de setembro de 2020, a Autoridade Austríaca de Proteção de Dados (DBS) considerou inicialmente que as pontuações de marketing em questão constituem dados pessoais[5] nos termos do artigo 4.º, n.º 1 do GDPR, pois foram atribuídas a pessoas físicas individuais. Além disso, a DSB considerou que as atividades de processamento que levam à criação dessas pontuações de marketing constituem perfis,[6] conforme a redação do artigo 4.º, n.º 4, do GDPR. Levando em consideração o Considerando 71 do GDPR,[7] a Autoridade Austríaca enfatizou que o GDPR diferencia entre a criação de perfis nos termos do artigo 4.º, n.º 4 do GDPR e a tomada de decisão automatizada nos termos do artigo 22.º do GDPR: para uma atividade de processamento

---

5. De acordo com o artigo em comento, entende-se "Dados pessoais": informação relativa a uma pessoa singular identificada ou identificável («titular dos dados»); é considerada identificável uma pessoa singular que possa ser identificada, direta ou indiretamente, em especial por referência a um identificador, como por exemplo um nome, um número de identificação, dados de localização, identificadores por via eletrónica ou a um ou mais elementos específicos da identidade física, fisiológica, genética, mental, económica, cultural ou social dessa pessoa singular. (EUROPEAN UNION. *Regulation (EU) 2016/679 of the european parliament and of the council of 27 april 2016.* Disponível em: https://eur-lex.europa.eu/legal-content/EN/TXT/PDF/?uri=CELEX:32016R0679. Acesso em: 11 out. 2022).

6. Conforme redação do artigo em comento, compreende-se "Definição de perfis" como: qualquer forma de tratamento automatizado de dados pessoais que consista em utilizar esses dados pessoais para avaliar certos aspetos pessoais de uma pessoa singular, nomeadamente para analisar ou prever aspetos relacionados com o seu desempenho profissional, a sua situação económica, saúde, preferências pessoais, interesses, fiabilidade, comportamento, localização ou deslocações. (EUROPEAN UNION. *Regulation (EU) 2016/679 of the european parliament and of the council of 27 april 2016.* Disponível em: https://eur-lex.europa.eu/legal-content/EN/TXT/PDF/?uri=CELEX:32016R0679. Acesso em: 11 out. 2022).

7. Consoante a redação do Considerando 71: O titular dos dados deverá ter o direito de não ficar sujeito a uma decisão, que poderá incluir uma medida, que avalie aspetos pessoais que lhe digam respeito, que se baseie exclusivamente no tratamento automatizado e que produza efeitos jurídicos que lhe digam respeito ou o afetem significativamente de modo similar, como a recusa automática de um pedido de crédito por via eletrónica ou práticas de recrutamento eletrónica sem qualquer intervenção humana. (GDPR TEXT, *Considerando 71.* Disponível em: https://gdpr-text.com/pt/read/recital-71/. Acesso em: 11 out. 2022).

se qualificar como criação de perfil, não é necessário que esta atividade de processamento seja realizada exclusivamente de forma automatizada.

A DSB então avaliou se o Reclamante tinha direito à informação nos termos do artigo 15.º, n.º 1, *"h"* do GDPR sobre as pontuações de marketing e se o Demandado havia infringido esse direito, o que exigia uma interpretação da referida disposição. De acordo com a Autoridade Austríaca, o direito ao acesso, presente no artigo 15.º, n.º 1, *"h"*, do GDPR, não se limita aos casos de tomada de decisão automatizada do artigo 22.º, ns. 1 e 4 do GDPR, mas abrange também outros casos, como a definição de perfis em questão: o uso das palavras "pelo menos nesses casos" no artigo 15.º, n.º 1, *"h"*, aponta para um amplo âmbito de aplicação. Consequentemente, a DSB não viu necessidade de avaliar se a criação do marketing também se qualifica como tomada de decisão automatizada nos termos do artigo 22.º do GDPR.

Por fim, a Autoridade Austríaca rejeitou o argumento do Requerido de que ele estava isento de fornecer informações nos termos do artigo 15.º, n.º 1, *"h"* do GDPR, porque a lógica envolvida no cálculo das pontuações de marketing qualifica um segredo comercial no entendimento do § 4, 6 do DSG. A Autoridade explicou que o Requerido não é obrigado a divulgar o algoritmo, código-fonte ou código do compilador que foi usado ao criar as pontuações de marketing.

Em vez disso, ele é obrigado a fornecer as seguintes informações em conexão com o cálculo da pontuação: I) Parâmetros/variáveis de entrada e como eles surgiram (por exemplo, usando informações estatísticas); II) Efeito dos parâmetros/variáveis de entrada na pontuação; III) Explicação do motivo pelo qual o titular dos dados foi atribuído a um determinado resultado de avaliação; IV) Lista de possíveis categorias de perfil ou informações equivalentes semelhantes que permitem ao titular dos dados exercer os seus direitos de retificação e apagamento e rever a licitude do tratamento.

Portanto, em linhas gerais, extrai-se da leitura da decisão DSB-D124.909 que em setembro de 2020, a Autoridade Austríaca de Proteção de Dados considerou que o direito de acesso constante no artigo 15.º, n.º 1, alínea h), do *General Data Protection Regulation* (GDPR), aplica-se a todos os tipos de perfis e não apenas à tomada de decisão automatizada do artigo 22.º, n.º 1 e 4 do GDPR. A Autoridade Austríaca rejeitou ainda o argumento do responsável pelo tratamento de que a proteção de um segredo comercial/empresarial deveria constituir uma exceção ao direito de acesso dos reclamantes.

3. COMENTÁRIOS E ANÁLISE CRÍTICA

O precedente austríaco guarda relação direta com os desafios relativos à compreensão do complexo tema da perfilização (identificada, em inglês, pelo termo *profiling*), que possui nuances ainda nebulosas e mal compreendidas quanto à sua licitude em contextos nos quais algoritmos sejam implementados para sua realização. O direito de acesso, consagrado no GDPR e, também, na Lei Geral de Proteção de Dados Pessoais (LGPD) brasileira, é o contraponto explorado na investigação carreada pela DPA austríaca em relação ao caso narrado.

O termo "perfilização" – extraído do vocábulo inglês *profiling* – é mais complexo do que possa parecer. Em simples termos, convém lembrar que sua gênese remonta às Ciências Criminais[8] e que várias foram as tentativas anteriores de tradução: já se falou em perfilamento, perfilagem, perfilhamento, mas o termo que vem sendo acatado pela doutrina especializada é, de fato, "perfilização". Segundo Rafael Zanatta, "*profiling* (expressão inglesa de perfilização) significa 'o ato ou processo de extrapolar informação sobre uma pessoa baseado em traços ou tendências conhecidas'".[9] A intenção, em essência, é prever cenários e traçar perfis[10] que, nas relações de consumo, viabilizam predição comportamental a partir da heurística.

A doutrina já se dedica à compreensão dos desdobramentos jurídicos dessa prática, antevendo os principais impactos da discriminação algorítmica. Nesse contexto, são eloquentes os registros de William Staples quanto à violação que isso causa ao direito fundamental à privacidade,[11] e também o são as preocupações expressadas por Michael Froomkin acerca da necessidade de que sejam adotadas contramedidas urgentes a tais práticas, sob pena de estarmos todos vivendo em um cenário ilustrado pela metonímia da *goldfish bowl*,[12] citada pelo autor para se referir ao aquário esférico e transparente no qual peixes-dourados são usualmente expostos, sem qualquer privacidade.[13]

---

8. Com efeito: "O perfilamento criminal (*criminal profiling*, em inglês), também tem sido denominado de: perfilagem criminal, perfilamento comportamental, perfilhamento de cena de crime, perfilamento da personalidade criminosa, perfilamento do ofensor, perfilamento psicológico, análise investigativa criminal e psicologia investigativa. Por conta da variedade de métodos e do nível de educação dos profissionais que trabalham nessa área, existe uma grande falta de uniformidade em relação às aplicações e definições desses termos. Consequentemente, os termos são usados inconsistentemente e indistintamente". HEUSI, Tálita Rodrigues. Perfil criminal como prova pericial no Brasil. *Brazilian Journal of Forensic Sciences, Medical Law and Bioethics*, Itajaí, v. 5, n. 3, p. 232-250, 2016, p. 237.

9. ZANATTA, Rafael. Perfilização, Discriminação e Direitos: do Código de Defesa do Consumidor à Lei Geral de Proteção de Dados. *ResearchGate*. fev. 2019. Disponível em: https://bit.ly/3hQe5wM. Acesso em: 11 out. 2022.

10. Segundo Danilo Doneda, os "dados, estruturados de forma a significarem para determinado sujeito uma nossa representação virtual – ou um *avatar* – podem ser examinados no julgamento de uma linha de crédito, de um plano de saúde, a obtenção de um emprego, a passagem livre pela alfândega de um país, além de tantas outras hipóteses." DONEDA, Danilo. *Da privacidade à proteção de dados pessoais*. Rio de Janeiro: Renovar, 2006, p. 2.

11. STAPLES, William G. *Encyclopedia of privacy*. Westport: Greenwood Press, 2007, p. 93. Comenta: "Key issues in the debate over the authority to violate personal privacy concern racial or ethnic profiling, wiretapping, monitoring of personal communications via cellular telephones, access to personal records that show the reading habits of private citizens, monitoring of electronic mail and other Internet use, monitoring of personal movement via the Global Positioning System (GPS), and the use of radio frequency identification (RFID) chips to track the movement of pets, personal goods, and items shipped, among others".

12. FROOMKIN, A. Michael. The death of privacy? *Stanford Law Review*, Stanford, v. 32, p. 1461-1544, maio 2000, p. 1465. Diz: "That surveillance technologies threaten privacy may not be breaking news, but the extent to which these technologies will soon allow watchers to permeate modem life still has the power to shock. Nor is it news that the potential effect of citizen profiling is vastly increased by the power of information processing and the linking of distributed databases. We are still in the early days of data mining, consumer profiling, and DNA databasing, to name only a few. The cumulative and accelerating effect of these developments, however, has the potential to transform modem life in all industrialized countries. Unless something happens to counter these developments, it seems likely that soon all but the most radical privacy freaks may live in the informational equivalent of a goldfish bowl".

13. A definição de perfis pode, na visão de Mafalda Miranda Barbosa, "conduzir à limitação da liberdade de escolha, num fenômeno conhecido por *boxing*, que tem expressão em termos comerciais e em termos políticos e ideológicos. Podem, de facto, abrir-se portas a formas de manipulação informativa. (...) Do ponto de vista comercial, o fenômeno pode implicar que apenas seja veiculada publicidade que se adapte ao perfil do consumidor, o que

Na LGPD, dispositivo bastante tímido, inserido em um único parágrafo do artigo que cuida da anonimização de dados (artigo 12, § 2º), conceitua a referida prática: "Poderão ser igualmente considerados como dados pessoais, para os fins desta Lei, aqueles utilizados para formação do perfil comportamental de determinada pessoa natural, se identificada". Em relação às decisões automatizadas, o tema também aparece, de forma sutil, no artigo 20, § 2º, da LGPD.

Estruturas de mercado são cada vez mais dependentes da atenção,[14] dados são coletados para produzir as mais estratificadas soluções baseadas em preferências dos usuários, e o que se tem é, sem dúvidas, um ecossistema baseado em controle.[15] A propensão à reformulação de práticas mercadológicas baseadas em dados decorre da evolução da computação, alimentada e robustecida por acervos informacionais antes inimagináveis.

Os algoritmos 'mais eficazes' são aqueles que conseguem coletar mais dados, processá-los em menor tempo e oferecer as mais rápidas respostas à finalidade operacional para a qual foram desenvolvidos, impondo novos desafios ao direito, especialmente quanto à tutela das relações de consumo. A atenção, nesse contexto, é o substrato que viabiliza técnicas sofisticadas de *neuromarketing, telemarketing*[16] e *spam*,[17] agora empregadas em novas práticas comerciais que causam perturbação, importunação e violação a direitos. Tem-se, enfim, a manipulação sutil,[18] por vezes velada, usualmente não cognoscível, dos interesses e desejos da pessoa, que se torna refém de um ecossistema no qual tudo é monitorado.

O assédio de consumo passa a emanar, enfim, da malversação informacional e, no contexto da publicidade digital, passa a ocorrer a partir da exploração de vulnerabilidades, tornando-se inegavelmente ilícito quando categoriza e discrimina a pessoa,

---

envolve uma limitação da possibilidade de escolha da pessoa em concreto. Do ponto de vista político, pode configurar uma limitação ao direito ao esclarecimento, impedindo uma tomada de consciência acerca do espetro ideológico na sua completude. Conduz, portanto, a uma memorização dos cidadãos, podendo pôr em causa direitos fundamentais, entre os quais o direito ao livre desenvolvimento da personalidade." BARBOSA, Mafalda Miranda. *Inteligência Artificial*: Entre a utopia e a distopia, alguns problemas jurídicos. Coimbra: Gestlegal, 2021, p. 134-135.

14. WU, Tim. *The attention merchants*: the epic scramble to get inside our heads. Nova York: Vintage, 2016. p. 5. Comenta o autor: "Since its inception, the attention industry, in its many forms, has asked and gained more and more of our waking moments, albeit always, in exchange for new conveniences and diversions, creating a grand bargain that has transformed our lives".

15. ZUBOFF, Shoshana. *The age of surveillance capitalism*: the fight for a human future at the new frontier of power. Nova York: Public Affairs, 2019. p. 4. Diz: "Entanglements of knowledge, authority and power are no longer confined to workplaces as they were in the 1980s. Now their roots run deep through the necessities of daily life, mediating nearly every form of social participation".

16. BASAN, Arthur Pinheiro. *Publicidade digital e proteção de dados pessoais*: o direito ao sossego. Indaiatuba: Foco, 2021. p. 131 et seq.

17. Sobre a temática específica do *spam*, em contraste com as regras de proteção do CDC, conferir CASSI, Guilherme Helfenberger Galino; EFING, Antônio Carlos. Spam na internet sob a ótica do Código de Defesa do Consumidor. *Revista de Direito Civil Contemporâneo*, São Paulo, v. 15, p. 73-92, abr./jun. 2018.

18. SUNSTEIN, Cass R. *Valuing life*: humanizing the regulatory state. Chicago: The University of Chicago Press, 2014. p. 137. O autor comenta: "When people use simple heuristics, or mental shortcuts, it is generally because they work well, in the sense that they enable us to make good decisions. But even if heuristics usually work well, they can lead to big errors. When we make inaccurate assessments of probabilities, it may well be because simple heuristics are leading us astray".

tratando-a como um "perfil" com maior ou menor propensão ao consumo de determinado bem ou serviço que se lhe pretenda oferecer. Tudo ocorre de forma automatizada e, muitas das vezes, sequer é possível decifrar como dados que são inseridos em um determinado algoritmo (*inputs*) geram determinados resultados ou respostas (*outputs*). Esse cenário de opacidade algorítmica revela aquilo que Frank Pasquale nomeou de 'caixas-pretas' (*black boxes*),[19] que são algoritmos usualmente baseados em aprendizado de máquina (*machine learning*) e que se tornam tão complexos que são cada vez menos compreendidos por seus próprios criadores.[20]

Sabe-se que a vulnerabilidade do consumidor é qualidade presumida e distintiva (art. 4º, do CDC), razão pela qual deve o fornecedor valer-se de práticas comerciais que respeitem esta especial condição, deixando de levar a efeito estratégias que o manipulem ou explorem. Porém, mercados que recorrem à atenção para gerar dados que "alimentam" algoritmos complexos – e que reinventam as estratégias de *marketing* mais corriqueiras e passam a se imiscuir à racionalidade humana[21] – impõem desafio nunca vislumbrado para os tradicionais instrumentos de tutela postos à disposição do operador do Direito.

Disso se dessume um problema epistemológico concernente ao *Big Data*,[22] que decorre da formulação de pequenos padrões comportamentais com valor agregado direcionados unicamente à maximização do lucro.

Para contextualizar o tema, é importante registrar que a precificação personalizada[23] é usualmente identificada pelas expressões *geo-pricing* e *geo-blocking*.[24] Entretanto,

---

19. PASQUALE, Frank. *The black box society*: the secret algorithms that control money and information. Cambridge: Harvard University Press, 2015. p. 6-7.

20. Comentando as dificuldades práticas da dificuldade de identificação do criador desenvolvedor, conferir, por todos: ASARO, Peter. A body to kick, but still no soul to damn: legal perspectives on robotics. In: LIN, Patrick; ABNEY, Keith; BEKEY, George (Ed.). *Robot ethics*: the ethical and social implications of robotics. Cambridge: The MIT Press, 2011.

21. BORGMANN, Albert. *Holding on to reality*: the nature of information at the turn of the Millennium. Chicago: The University of Chicago Press, 1999. p. 230. O autor comenta: "While virtuality is our reply to the devastation of common meanings, hyperinformation is the huge amount of colorful information we accumulate through pictures and videos especially. But all the other records we keep and that are kept about us are part of hyperinformation. Utopian hyperinformation is the brainchild of scientists who, in the tradition of artificial intelligence, believe that the core of an individual is the information contained in the brain, and purport that software can and will be extracted from the wetware of neurons and transferred without loss to the hardware of a computer or some other medium forever and again in this way (…)".

22. FLORIDI, Luciano. Big Data and information quality. *In*: FLORIDI, Luciano; ILLARI, Phyllis (Ed.). *The philosophy of information quality*. Cham: Springer, 2014. p. 306. O autor faz o alerta: "Data remain an asset, a resource to exploit. Nobody is forcing us to digest every available byte. We are becoming data-richer by the day; this cannot be the fundamental problem. Since the problem is not the increasing wealth of data that is becoming available, clearly the solution needs to be reconsidered: it cannot be merely how many data we can technologically process. We saw that, if anything, more and better techniques and technologies are only going to generate more data. If the problem were too many data, more ICTs would only exacerbate it. Growing bigger digestive systems, as it were, is not the way forward. The real, epistemological problem with big data is small patterns".

23. A expressão é analisada com maior detalhamento em FALEIROS JÚNIOR, José Luiz de Moura; MEDON, Filipe. Discriminação algorítmica de preços, perfilização e responsabilidade civil nas relações de consumo. *Revista de Direito da Responsabilidade*, Coimbra, ano 3, p. 947-969, 2021.

24. Coloca-se em contraste a proteção conferida ao segredo industrial de um algoritmo com a desejável busca por clareza sobre seu escopo de aplicação e a proteção que se deve conferir às relações jurídicas que lhe são subjacentes. Essa temática foi enfrentada orbitalmente, no Brasil, pelo Superior Tribunal de Justiça. O tema foi objeto de

o conceito é mais abrangente e engloba essas duas práticas como espécies que, quando implementadas, levam em conta a localização geográfica para propiciar a precificação algorítmica, mas com nuances próprias.

O rastreamento georreferencial pode ser realizado de várias formas, tais como: (a) por meio dos dados da rede móvel de equipamento diretamente conectado a um provedor de conexão (*Internet Service Provider*, ou ISP), sem acurácia suficiente (a precisão é de cinquenta metros ou mais) para que se tenha a certeza de que houve interação entre duas pessoas; (b) por aplicativos instalados no dispositivo, que acessam, de forma mais precisa, dados de localização e interagem, via *Bluetooth* ou *Wi-Fi*, por exemplo, de modo que tais aplicativos possam, diretamente, ter a função de rastreamento e alerta sobre interações especificamente mapeadas, ou estar vinculados a outros aplicativos que o usuário já tenha no seu celular;[25] (c) a partir da coleta do número IP (*Internet Protocol*) e de outros dados de navegação que permitam o processamento algorítmico do histórico de interações recentes do usuário para viabilizar a estruturação de seu 'perfil'.[26]

Em sintonia com o disposto no art. 170 da Constituição da República, donde consta a disciplina jurídica sobre a ordem econômica, o direito ao segredo industrial ou comercial está preservado, nas disposições específicas da LGPD, como instrumento indispensável ao desenvolvimento tecnológico, sendo assegurado aos agentes de tratamento desenvolver e explorar economicamente ferramentas inovadoras.

Não é por outro motivo que tal debate permeou as preocupações do legislador ao elencar, em patamar equidistante, a livre iniciativa, a livre concorrência e a defesa do consumidor como fundamentos da LGPD (art. 2º, inciso VI). Da mesma forma, ao estruturar o princípio da transparência – um dos mais importantes do rol do artigo 6º da lei – definiu-se a "garantia, aos titulares, de informações claras, precisas e facilmente acessíveis sobre a realização do tratamento e os respectivos agentes de tratamento, observados os segredos comercial e industrial" (art. 6º, inciso VI).

O trecho final, que impõe a observância aos segredos comercial e industrial, é decorrência lógica dessa estruturação de valores indicados como fundamentos da lei. Tanto é que, ao longo do texto da LGPD, diversas outras regras apresentam idêntica ressalva, a saber: (i) na especificação da forma e da duração do tratamento de dados para garan-

---

decisão monocrática proferida no Recurso em Mandado de Segurança 61.306/RJ, que se originou de discussão mais ampla e complexa instaurada em ação civil pública proposta pelo Ministério Público do Estado do Rio de Janeiro contra a empresa "Decolar.com" por suposta prática de discriminação algorítmica em precificações personalizadas.

25. ISRAVEL, Deva Priya; SILAS, Salaja; RAJSINGH, Elijah. Reliable surveillance tracking system based on software defined Internet of Things. *In*: PETER, J. Dinesh; ALAVI, Amir H.; JAVADI, Bahman; FERNANDES, Steven L. *The cognitive approach in Cloud Computing and Internet of Things technologies for surveillance tracking systems.* Londres: Academic Press/Elsevier, 2020. p. 6-13.

26. Conferir, sobre o tema, a análise de Steven Englehardt e Arvind Narayanan de cerca de 1 milhão de sítios virtuais e suas práticas relacionadas à coleta de *cookies* de navegação dos usuários: ENGLEHARDT, Steven; NARAYANAN, Arvind. Online tracking: a 1-million-site measurement and analysis. *Proceedings of the 2016 ACM SIGSAC Conference on Computer and Communications*, Nova York, p. 1388-1401, out. 2016. Disponível em: https://doi.org/10.1145/2976749.2978313. Acesso em: 11 out. 2022.

tia do direito de acesso (art. 9º, inciso II); (ii) na solicitação, da autoridade nacional ao controlador, de relatório de impacto à proteção de dados pessoais quando o tratamento decorra de legítimo interesse (art. 10, § 3º); (iii) no cumprimento do direito do titular à portabilidade de dados pessoais (art. 18, inciso V); (iv) na expedição de declaração de confirmação de existência (art. 18, inciso I, c/c art. 19, § 3º); (v) no caso das decisões automatizadas, com relação ao fornecimento de informações claras e adequadas a respeito dos procedimentos adotados (art. 20, §§ 1º e 2º); (vi) na determinação de elaboração de relatórios de impacto (art. 38); (vii) na comunicação de incidentes de segurança (art. 48, inciso III); (viii) na definição das competências da Autoridade Nacional de Proteção de Dados, com expressa previsão do dever de zelar pelos segredos comercial e industrial e na disposição sobre a publicização das operações de tratamento de dados (art. 55-J, incisos II e X, e § 5º).[27]

Essa sequência de dispositivos denota uma cautela importante na estruturação de ressalvas voltadas exatamente ao objetivo de assegurar o respeito aos segredos comercial e industrial de fornecedores de produtos e serviços que, na realização de suas atividades, servem-se de algoritmos de inteligência artificial para explorar economicamente atividades lícitas. A falta de clareza sobre as atividades (e as consequências das atividades) que exploram envolve desafio diverso: como fiscalizar atividades, apurar abusos e punir infratores? Não há dúvidas de que o direito de acesso, garantido ao titular de dados, é um caminho profícuo!

Imagine-se o seguinte exemplo: tendo em vista que mudanças são introjetadas em sociedade para viabilizar novas ações e, ainda, o fato de tais mudanças serem sentidas pela necessidade de utilização de algoritmos para avaliar riscos, operações relacionadas à concessão de crédito são tipicamente arriscadas do ponto de vista do implemento de processos decisionais automatizados.

O chamado *credit scoring* é sistema que já teve sua validade chancelada pela Lei 12.414/2011 (Cadastro Positivo),[28] especialmente em seus artigos 5º, IV, e 7º-A, o que legitima sua utilização por sistemas automatizados. Em corroboração a isso, definiu-se

---

27. FALEIROS JÚNIOR, José Luiz de Moura. Comércio eletrônico e publicidade digital: desafios para a proteção dos segredos comercial e industrial de algoritmos. In: MARTINS, Guilherme Magalhães; MARTINS, Fernando Rodrigues; SANTOS, Lindojon Gerônimo Bezerra dos (Coord.). *Direito do consumidor na sociedade da informação*. Indaiatuba: Foco, 2022, p. 141-158.

28. BESSA, Leonardo Roscoe. *Nova lei do cadastro positivo*: comentários à Lei 12.414, com as alterações da Lei Complementar 166/2019 e de acordo com a LGPD. São Paulo: Thomson Reuters Brasil, 2019. p. 101-102. O autor explica: "O propósito dos bancos de dados de proteção ao crédito é oferecer informações úteis para análise de risco de concessão de crédito. A análise de risco é realizada pelo consulente, ou seja, pelo fornecedor que pretende conceder o crédito ao consumidor. Todavia, com o passar do tempo, as empresas e entidades do setor passaram a oferecer serviço que realiza avaliações quanto ao risco de determinada concessão de crédito. Por meio de pontuação (1 a 1.000) ou classificação, do tipo *situação normal, risco de atraso, risco de perda*, o banco de dados emite opinião sobre os riscos de um negócio específico. A nova Lei do Cadastro Positivo inova ao apresentar, no art. 7º-A, disciplina específica sobre elementos e critérios "para composição da nota ou pontuação de crédito de pessoa cadastrada em bancos de dados", o denominado *credit scoring*. (...) Ora, em face da atual transparência exigida pelo art. 7º-A que, em última análise, prestigia o princípio da boa-fé objetiva (lealdade e transparência), o consumidor deve ter acesso a *todos* os elementos e critérios que servem para compor sua pontuação de crédito – e não apenas os *principais*".

a possibilidade de tratamento de dados pessoais para a proteção do crédito. Trata-se de hipótese (ou "base legal") específica, prevista no artigo 7º, X, da LGPD.

O direito de acesso, a seu turno, possui salvaguarda no artigo 9º da LGPD,[29] tal como ocorre no artigo 15.º, n.º 1, *"h"*, do GDPR. Além disso, é direito em espécie, garantido ao titular de dados, no Brasil, por disposição expressa do artigo 18, inciso II, da LGPD.[30] Trata-se de dispositivo estruturado em torno da positivação da garantia de acesso facilitado do titular de dados a informações sobre as atividades de tratamento que lhe digam respeito. O intuito precípuo é garantir-lhe meios para a cognição clara, adequada e ostensiva sobre dados pessoais seus que estejam sujeitos a atividades de tratamento de determinado agente e para, estando ciente, adotar eventuais medidas de efetivação de direitos.

Para além disso, tem-se dois importantes direitos sacramentados no artigo 20 da LGPD: (i) o *caput* prevê o direito à revisão das decisões automatizadas, embora não necessariamente por um indivíduo humano;[31] (ii) o § 1º prevê uma modalidade qualificada de direito de acesso, que diz respeito às informações "claras e adequadas a respeito dos critérios e dos procedimentos utilizados para a decisão automatizada".[32]

Naturalmente, a transparência deve ser assegurada ao consumidor em todo o processo de tratamento dos seus dados, especialmente para que possa se certificar da legalidade e do atendimento à ao princípio da finalidade na atividade de tratamento de dados. Porém, não se desconsidera que, embora se deva dar acesso ao titular para que saiba quais são os dados utilizados pelo sistema, nos termos dos artigos 18 e 19 da LGPD,[33] é fundamental preservar, em sigilo, o algoritmo utilizado pela ferramenta, ou, em outras palavras, a forma pela qual os dados são combinados para geração do resultado positivo ou negativo ao crédito.[34] Mas, ainda assim, há muitas dúvidas em torno do procedimento que se deve adotar para compatibilizar tantos interesses; de um lado,

---

29. FALEIROS JÚNIOR, José Luiz de Moura. Artigo 9º. In: MARTINS, Guilherme Magalhães; LONGHI, João Victor Rozatti; FALEIROS JÚNIOR, José Luiz de Moura (Coord.). *Comentários à Lei Geral de Proteção de Dados Pessoais (Lei 13.709/2018)*. Indaiatuba: Foco, 2022, p. 110-114.

30. GOULART, Guilherme Damasio. Artigo 18, inciso II. In: MARTINS, Guilherme Magalhães; LONGHI, João Victor Rozatti; FALEIROS JÚNIOR, José Luiz de Moura (Coord.). *Comentários à Lei Geral de Proteção de Dados Pessoais (Lei 13.709/2018)*. Indaiatuba: Foco, 2022, p. 220-228.

31. MEDON, Filipe. *Inteligência artificial e responsabilidade civil*: autonomia, riscos e solidariedade. 2. ed. Salvador: Juspodivm, 2022, p. 299 et seq.

32. GOULART, Guilherme Damasio. Artigo 20. In: MARTINS, Guilherme Magalhães; LONGHI, João Victor Rozatti; FALEIROS JÚNIOR, José Luiz de Moura (Coord.). *Comentários à Lei Geral de Proteção de Dados Pessoais (Lei 13.709/2018)*. Indaiatuba: Foco, 2022, p. 268-274.

33. Neste ponto, é necessário que o controlador de dados esteja preparado para atender demandas do consumidor no prazo de 15 dias, bem como estar alinhado com a Agência Nacional de Proteção de Dados (ANPD) referente a quais dados poderão e não poderão ser fornecidos.

34. CITRON, Danielle Keats; PASQUALE, Frank. The scored society: due process for automated predictions. *Washington Law Review*, Seattle, v. 89, n. 1, p. 1-32, 2014. p. 32. Segundo os autores: "As a society, we have made commitments to protect consumers from serious harms that they have no means to prevent. We have also aspired to provide individuals with notice about important decisions made about them and a chance to challenge them. These commitments can help us develop a model of due process for scoring systems".

a preservação do sigilo – ainda que lícita e ancorada em suporte normativo – não pode desencadear espaços de risco abstrusos.

Noutros termos, embora seja desejável a *foreseeability*,[35] é preciso ir além, na busca por critérios que estabeleçam os limites da exploração algorítmica no comércio eletrônico sem que, com isso, se acarrete a 'quebra' do dever de informação, corolário do princípio da transparência[36] e da boa-fé objetiva. Pratica-se, ao fim e ao cabo, violação fatal ao princípio da neutralidade da rede (art. 9º do Marco Civil da Internet[37]), que impõe justamente a não discriminação.[38]

Ainda sobre os segredos comercial e industrial, convém lembrar que a "fórmula de cálculo", isto é, os parâmetros matemáticos que operacionalizam o algoritmo, estão protegidas por força da transcrita plêiade de previsões específicas da LGPD a esse respeito. E, tendo em vista que compete à ANPD "zelar pela observância dos segredos comercial e industrial, observada a proteção de dados pessoais e do sigilo das informações quando protegido por lei ou quando a quebra do sigilo violar os fundamentos do art. 2º" (art. 55-J, inciso II), convém lembrar que a Lei 9.279/1996, que regula direitos e obrigações relacionados à propriedade industrial, confere proteção especificamente aos segredos comercial e industrial, além da proteção que lhes é comumente conferida por contratos. Isso porque, evidentemente, o segredo, uma vez revelado, deixa de ser um diferencial competitivo e pode levar a própria atividade empresarial à falência.

Se o diferencial competitivo envolver a utilização de software desenvolvido para executar uma tarefa específica, sistemas operacionais, processadores de texto ou programas de aplicação, também se deve observar a restrição da LGPD, tendo em vista que o software é abrangido pela proteção normativa conferida aos direitos de autor, e, portanto, possui proteção legal pela sua criação, nos termos da Lei 9.610/1998 (Direitos Autorais) e da Lei 9.609/1998 (Proteção da Propriedade Intelectual de Programa de Computador).

---

35. CALO, Ryan. Robotics and the lessons of cyberlaw. *California Law Review*, Berkeley, v. 103, p. 513-563, 2015. p. 555. O autor comenta: "Foreseeability remains a necessary ingredient even where liability is otherwise "strict" (i.e., where no showing of negligence by the plaintiff is necessary to recovery). There will be situations, particularly as emergent systems interact with one another, wherein otherwise useful technology will legitimately surprise all involved. Should these systems prove deeply useful to society, as many envision, some other formulation than foreseeability may be necessary to assess liability".

36. BARROS, João Pedro Leite. Os contratos de consumo celebrados pela Internet. Um estudo de direito comparado luso-brasileiro. In: ATAÍDE, Rui Paulo Coutinho de Mascarenhas; BARATA, Carlos Lacerda (Coord.). *Estudos de direito do consumo*. Lisboa: AAFDL, 2017, v. 5, p. 509-512.

37. "Art. 9º. O responsável pela transmissão, comutação ou roteamento tem o dever de tratar de forma isonômica quaisquer pacotes de dados, sem distinção por conteúdo, origem e destino, serviço, terminal ou aplicação."

38. PARENTONI, Leonardo. Network neutrality: what is internet made of, how is it changing and how does it affect your life? *Revista da Faculdade de Direito da UFMG*, Belo Horizonte, n. Especial, 2nd Conference Brazil-Italy, p. 195-243, 2017, p. 195-243; BELLI, Luca; DE FILIPPI, Primavera. General introduction: towards a multistakeholder approach to network neutrality. *In:* BELLI, Luca; DE FILIPPI, Primavera (ed.). *Net neutrality compendium*: human rights, free competition and the future of the Internet. Cham: Springer, 2016, p. 11-12.

4. CONCLUSÃO

O precedente austríaco é absolutamente emblemático e relevante para trazer luz ao complexo problema da perfilização. A garantia do direito de acesso, na forma do artigo 15.º, n.º 1, "h" do GDPR, é importante fonte de inspiração para que se garanta efetividade ao disposto nos artigos 9º, 18, II, e 20, § 1º, da LGPD brasileira, todos relacionados ao citado direito do titular de dados e intrinsecamente conectados à necessidade de que sejam prestadas informações claras e adequadas acerca das existências de perfis estruturados a partir de dados e de eventuais decisões automatizadas.

Nas relações de consumo, a busca por instrumentos capazes de garantir o cumprimento do direito de acesso, pelo titular de dados, a informações claras e adequadas se coaduna com o princípio da confiança e reforça a necessidade de salvaguardar situações jurídicas marcadas pela vulnerabilidade, ainda que a própria legislação possua vasto repertório de normas que tratam da proteção aos segredos industrial e comercial.

Espera-se que o precedente austríaco inspire a atuação da Autoridade Nacional de Proteção de Dados brasileira na fiscalização e no combate à "perfilização" abstrusa e totalmente indesejada.

REFERÊNCIAS

1. Citação de livro

BARBOSA, Mafalda Miranda. *Inteligência Artificial*: Entre a utopia e a distopia, alguns problemas jurídicos. Coimbra: Gestlegal, 2021.

BASAN, Arthur Pinheiro. *Publicidade digital e proteção de dados pessoais*: o direito ao sossego. Indaiatuba: Foco, 2021.

BESSA, Leonardo Roscoe. *Nova lei do cadastro positivo*: comentários à Lei 12.414, com as alterações da Lei Complementar 166/2019 e de acordo com a LGPD. São Paulo: Thomson Reuters Brasil, 2019.

BORGMANN, Albert. *Holding on to reality*: the nature of information at the turn of the Millennium. Chicago: The University of Chicago Press, 1999.

DONEDA, Danilo. *Da privacidade à proteção de dados pessoais*. Rio de Janeiro: Renovar, 2006.

MEDON, Filipe. *Inteligência artificial e responsabilidade civil*: autonomia, riscos e solidariedade. 2. ed. Salvador: Juspodivm, 2022.

PASQUALE, Frank. *The black box society*: the secret algorithms that control money and information. Cambridge: Harvard University Press, 2015.

STAPLES, William G. *Encyclopedia of privacy*. Westport: Greenwood Press, 2007.

SUNSTEIN, Cass R. *Valuing life*: humanizing the regulatory state. Chicago: The University of Chicago Press, 2014.

WU, Tim. *The attention merchants*: the epic scramble to get inside our heads. Nova York: Vintage, 2016.

ZUBOFF, Shoshana. *The age of surveillance capitalism*: the fight for a human future at the new frontier of power. Nova York: Public Affairs, 2019.

2. Artigo em revista

CALO, Ryan. Robotics and the lessons of cyberlaw. *California Law Review*, v. 103, p. 513-563, Berkeley, 2015.

CASSI, Guilherme Helfenberger Galino; EFING, Antônio Carlos. Spam na internet sob a ótica do Código de Defesa do Consumidor. *Revista de Direito Civil Contemporâneo*, v. 15, p. 73-92, São Paulo, abr./jun. 2018.

CITRON, Danielle Keats; PASQUALE, Frank. The scored society: due process for automated predictions. *Washington Law Review*, Seattle, v. 89, n. 1, p. 1-32, 2014.

ENGLEHARDT, Steven; NARAYANAN, Arvind. Online tracking: a 1-million-site measurement and analysis. *Proceedings of the 2016 ACM SIGSAC Conference on Computer and Communications*, Nova York, p. 1388-1401, out. 2016. Disponível em: https://doi.org/10.1145/2976749.2978313. Acesso em: 11 out. 2022.

FROOMKIN, A. Michael. The death of privacy? *Stanford Law Review*, Stanford, v. 32, p. 1461-1544, maio 2000.

HEUSI, Tálita Rodrigues. Perfil criminal como prova pericial no Brasil. *Brazilian Journal of Forensic Sciences, Medical Law and Bioethics*, v. 5, n. 3, p. 232-250, Itajaí, 2016.

PARENTONI, Leonardo. Network neutrality: what is internet made of, how is it changing and how does it affect your life? *Revista da Faculdade de Direito da UFMG*, n. Especial, 2nd Conference Brazil-Italy, p. 195-243, Belo Horizonte, 2017.

ZANATTA, Rafael. Perfilização, Discriminação e Direitos: do Código de Defesa do Consumidor à Lei Geral de Proteção de Dados. *ResearchGate*. fev. 2019. Disponível em: https://bit.ly/3hQe5wM. Acesso em: 11 out. 2022.

3. Capítulo em obra coletiva

ASARO, Peter. A body to kick, but still no soul to damn: legal perspectives on robotics. *In:* LIN, Patrick; ABNEY, Keith; BEKEY, George (Ed.). *Robot ethics*: the ethical and social implications of robotics. Cambridge: The MIT Press, 2011.

BARROS, João Pedro Leite. Os contratos de consumo celebrados pela Internet. Um estudo de direito comparado luso-brasileiro. In: ATAÍDE, Rui Paulo Coutinho de Mascarenhas; BARATA, Carlos Lacerda (Coord.). *Estudos de direito do consumo*. Lisboa: AAFDL, 2017, v. 5.

BELLI, Luca; DE FILIPPI, Primavera. General introduction: towards a multistakeholder approach to network neutrality. In: BELLI, Luca; DE FILIPPI, Primavera (ed.). *Net neutrality compendium*: human rights, free competition and the future of the Internet. Cham: Springer, 2016.

FALEIROS JÚNIOR, José Luiz de Moura. Artigo 9º. In: MARTINS, Guilherme Magalhães; LONGHI, João Victor Rozatti; FALEIROS JÚNIOR, José Luiz de Moura (Coord.). *Comentários à Lei Geral de Proteção de Dados Pessoais (Lei 13.709/2018)*. Indaiatuba: Foco, 2022.

FALEIROS JÚNIOR, José Luiz de Moura. Comércio eletrônico e publicidade digital: desafios para a proteção dos segredos comercial e industrial de algoritmos. In: MARTINS, Guilherme Magalhães; MARTINS, Fernando Rodrigues; SANTOS, Lindojon Gerônimo Bezerra dos (Coord.). *Direito do consumidor na sociedade da informação*. Indaiatuba: Foco, 2022.

FALEIROS JÚNIOR, José Luiz de Moura; MEDON, Filipe. Discriminação algorítmica de preços, perfilização e responsabilidade civil nas relações de consumo. *Revista de Direito da Responsabilidade*, Coimbra, ano 3, p. 947-969, 2021.

FLORIDI, Luciano. Big Data and information quality. In: FLORIDI, Luciano; ILLARI, Phyllis (Ed.). *The philosophy of information quality*. Cham: Springer, 2014.

GOULART, Guilherme Damasio. Artigo 18, inciso II. In: MARTINS, Guilherme Magalhães; LONGHI, João Victor Rozatti; FALEIROS JÚNIOR, José Luiz de Moura (Coord.). *Comentários à Lei Geral de Proteção de Dados Pessoais (Lei 13.709/2018)*. Indaiatuba: Foco, 2022.

GOULART, Guilherme Damasio. Artigo 20. In: MARTINS, Guilherme Magalhães; LONGHI, João Victor Rozatti; FALEIROS JÚNIOR, José Luiz de Moura (Coord.). *Comentários à Lei Geral de Proteção de Dados Pessoais (Lei 13.709/2018)*. Indaiatuba: Foco, 2022.

ISRAVEL, Deva Priya; SILAS, Salaja; RAJSINGH, Elijah. Reliable surveillance tracking system based on software defined Internet of Things. In: PETER, J. Dinesh; ALAVI, Amir H.; JAVADI, Bahman; FERNANDES, Steven L. *The cognitive approach in Cloud Computing and Internet of Things technologies for surveillance tracking systems*. Londres: Academic Press/Elsevier, 2020.

4. Artigo web

GDPR TEXT, *Considerando 71*. Disponível em: https://gdpr-text.com/pt/read/recital-71/. Acesso em: 11 out. 2022.

5. Ementas de julgados e legislação

DSB. *Datenschutzgesetz*. Disponível em: https://www.ris.bka.gv.at/Dokumente/Erv/ERV_1999_1_165/ERV_1999_1_165.html. Publicado em: 25 mai. 2018. Acesso em: 11 out. 2022.

EUROPEAN UNION. *Regulation (EU) 2016/679 of the european parliament and of the council of 27 april 2016*. Disponível em: https://eur-lex.europa.eu/legal-content/EN/TXT/PDF/?uri=CELEX:32016R0679. Acesso em: 11 out. 2022.

RIS. *DSB-D124.909*. Disponível em: https://www.ris.bka.gv.at/Dokumente/Dsk/DSBT_20200908_2020_0_436_002_00/DSBT_20200908_2020_0_436_002_00.pdf. Publicado em: 08 set. 2020. Acesso em: 11 out. 2022.

IX
DADOS E ALGORITMOS

13
MEDIAÇÃO ALGORÍTMICA EM APLICATIVOS DE ENTREGA: REPERCUSSÕES DO 'CASO DELIVEROO'

Gabriela Buarque

Mestre em Direito pela Universidade Federal de Alagoas. Pesquisadora no Laboratório de Políticas Públicas e Internet. Advogada. E-mail: gabrielabuarqueps@gmail.com.

Resumo: A DPA italiana multou o serviço de entrega de comida Deliveroo Italy srl em 2.500.000 euros pelo processamento ilegal de dados pessoais de aproximadamente 8.000 entregadores. A investigação da DPA revelou inúmeras violações ao GDPR. As violações incluíam falta de transparência nos algoritmos usados para gerenciar os entregadores, tanto na atribuição de entregas como na distribuição de turnos de trabalho.

Fundamentos: Art. 5 (1) a), c), e) GDPR / Art. 13 GDPR / art. 22 (3) GDPR / art. 25 GDPR / art. 30 (1) c), f), g) GDPR / Art. 32 GDPR / art. 35 GDPR / art. 37 (7) GDPR.

Decisão completa:

https://www.gpdp.it/web/guest/home/docweb/-/docwebdisplay/docweb/9685994

Sumário: 1. Descrição do caso – 2. Fundamentação legal para a imposição da sanção – 3. Comentários e análise crítica – 4. Conclusão – Referências.

1. DESCRIÇÃO DO CASO

A República Italiana é um país localizado no centro-sul da Europa, com capital em Roma. Uma península que se estende ao longo do Mar Mediterrâneo, com população aproximada de 61 milhões de habitantes e economia industrial diversificada, impulsionada em grande parte pela fabricação de bens de alta qualidade de consumo.[1]

---

1. BBC. *Italy Country Profile*. Disponível em: https://www.bbc.com/news/world-europe-17433142. Acesso em: 11 out. 2022.

Nesse país está em vigor, desde 2004, o Decreto Legislativo 196/2003, conhecido como Código de Proteção de Dados Pessoais.[2] Nele estão contidas regras de coleta, guarda, armazenamento e tratamento de dados pessoais, objetivando garantir que o gerenciamento dessas informações se realize de acordo com princípios de respeito às liberdades fundamentais, à dignidade da pessoa humana, à privacidade e à identidade pessoal.[3]

O Código compreende o conteúdo da lei anterior sobre a matéria (Lei 675/96), as diversas normas integrativas e modificativas que a sucederam, a Diretiva europeia relativa ao tratamento dos dados pessoais e à tutela da vida privada no setor das comunicações eletrônicas, bem como a experiência da atividade da Autoridade Garante italiana para a proteção de dados pessoais e de suas decisões em seus 6 anos de existência.[4]

O Garantidor da Proteção de Dados Pessoais é a autoridade administrativa independente criada pela Lei da Privacidade em 1996.[5] Trata-se de órgão colegiado formado por quatro membros eleitos oriundos do Parlamento, para mandato não renovável de sete anos. Os quatro membros são: Presidente, Vice-Presidente e dois componentes. O órgão é composto por 145 funcionários, divididos entre dirigentes, funcionários operacionais e executivos.[6]

O DPA italiano, o Garante, começou o ano de 2020 impondo algumas multas relevantes. As disposições 231 e 232, emitidas em 11 de dezembro de 2019 e publicadas em 17 de janeiro de 2020, contra uma das principais empresas de petróleo do mundo. No mesmo sentido, a disposição 7 emitida em 15 de janeiro de 2020, contra uma operadora de telecomunicações. São exemplos que mostram o órgão de fiscalização italiano impondo penalidades de 11,5 e 27,8 milhões de euros, respectivamente. Essas multas administrativas estão entre as mais altas da Europa até o momento.[7]

Mas anteriormente, em 19 e 20 de junho de 2019, foi realizada uma investigação de ofício pelo órgão de fiscalização no local da empresa *Deliveroo Italy*, com sede na Itália, que realiza, por meio de plataforma digital, atividade de entrega de encomendas

---

2. DONEDA, Danilo. Um código para a proteção de dados na Itália. *Revista Trimestral de Direito Civil*. v. 4, n. 16, p. 117-133, out./dez., 2003. Disponível em: https://www.researchgate.net/publication/266036287_Um_Codigo_para_a_protecao_de_dados_pessoais_na_Italia. Acesso em: 11 out. 2022. p. 1.

3. Anexo à resposta ao Ofício 259/2015/GAB-SAL-MJ (Processo 08027.000032/2015-11). *Informações recebidas de Embaixadas do Brasil no exterior*. Disponível em: http://pensando.mj.gov.br/marcocivil/wp-content/uploads/sites/2/2015/04/21-It%C3%A1lia.pdf. Acesso em: 11 out. 2022. p. 1.

4. DONEDA, Danilo. Um código para a proteção de dados na Itália. *Revista Trimestral de Direito Civil*. v. 4, n. 16, p. 117–133, out./dez., 2003. Disponível em: https://www.researchgate.net/publication/266036287_Um_Codigo_para_a_protecao_de_dados_pessoais_na_Italia. Acesso em: 11 out. 2022. p. 2.

5. Anexo à resposta ao Ofício 259/2015/GAB-SAL-MJ (Processo 08027.000032/2015-11). *Informações recebidas de Embaixadas do Brasil no exterior*. Disponível em: http://pensando.mj.gov.br/marcocivil/wp-content/uploads/sites/2/2015/04/21-It%C3%A1lia.pdf. Acesso em: 11 out. 2022. p. 2.

6. Anexo à resposta ao Ofício 259/2015/GAB-SAL-MJ (Processo 08027.000032/2015-11). *Informações recebidas de Embaixadas do Brasil no exterior*. Disponível em: http://pensando.mj.gov.br/marcocivil/wp-content/uploads/sites/2/2015/04/21-It%C3%A1lia.pdf. Acesso em: 11 out. 2022. p. 2.

7. PRIVACY TOOLS. *Proteção de dados na Europa em 2020*. Disponível em: https://privacytools.com.br/protecao-de-dados-na-europa-em-2020/. Acesso em: 11 out. 2022.

efetuadas por clientes, de alimentos ou outros bens fornecidos por múltiplos operadores, recorrendo a pessoal especificamente dedicado à atividade, chamados de *rider*.[8]

Para realizar a atividade laboral, o motociclista deverá obrigatoriamente instalar o aplicativo *Deliveroo* em seu dispositivo pessoal (*smartphone* ou *tablet)*. Também deverá aceder à aplicação, utilizando as credenciais fornecidas pela empresa associadas ao número de telefone ou e-mail pessoal.

Por meio do aplicativo, o entregador registra a realização de sua performance em determinados horários estabelecidos pela empresa. O sistema está configurado de forma a permitir que os passageiros reservem turnos com prioridade, com base em dois fatores específicos: "confiabilidade", ou seja, participação efetiva nos turnos reservados ou cancelamento antes do início do turno; e "disponibilidade", ou seja, a participação efetiva nos turnos definidos como "superpico". A empresa, por meio de um sistema algorítmico de atribuição de pedidos chamado *Frank,* atribui os pedidos ao motociclista que definiu o modo "online" dentro de uma área predeterminada.

A autoridade italiana multou o serviço de entrega em € 2.500.000,00 (dois milhões e quinhentos mil euros) pelo processamento ilegal de dados pessoais de aproximadamente 8.000 entregadores, número expressivo que revelou inúmeras violações ao Regulamento Geral de Proteção de Dados Pessoais da Europa (GDPR). As violações incluíam, entre outras, a falta de transparência nos algoritmos utilizados para gerenciamento dos entregadores, atribuições de entregas e distribuição de turnos de trabalho.

A investigação também contou com a presença da empresa controladora, a *Roofoods LTD,* durante a qual houve acesso direto aos sistemas informáticos. Isso porque a *Deliveroo* utiliza um sistema centralizado gerido exclusivamente pela *Roofoods* localizado em um *datacenter* na Irlanda. A *Deliveroo* afirmou que teria acesso apenas aos dados alimentados no banco, sem influenciar na decisão da lógica do processamento. A *Deliveroo* é uma empresa controlada pela *holding* UK Roofoods e sua atuação na Itália visa a implementação no mercado nacional de um modelo de negócio concebido e constantemente atualizado pela própria *holding*.

Na ocasião, restou relatado que os entregadores têm um acordo de colaboração com a empresa, sem vínculo empregatício. Após a assinatura do acordo de colaboração, a empresa fornece um código para acesso ao aplicativo, que o entregador deve instalar em seu dispositivo móvel, associando-o ao seu número de telefone ou e-mail. Os dados dos entregadores são partilhados a nível de grupo e a plataforma também adquire dados pessoais, contratuais, de pagamento e relativos ao veículo utilizado para entregas.

O cancelamento do turno antes de seu início fica armazenado no sistema e não afeta o percentual do entregador. Da mesma forma, a recusa de uma entrega não gera qualquer efeito sobre o percentual, mas também fica armazenada no sistema. Em relação à remuneração, o

---

8. GARANTE PER LA PROTEZIONE DEI DATI PERSONALI. *Ordinanza Ingiunzione Nei Confronti Di Deliveroo Italy S.R.L.* 22 jul. 2021. Disponível em: https://www.gpdp.it/web/guest/home/docweb/-/docweb-display/docweb/9685994. Acesso em: 11 out. 2022.

entregador que não possuir o número mínimo de encomendas ainda recebe uma contrapartida, não sofrendo impacto na pontuação. Por outro lado, se não houver *login* e cancelamento após o início do turno no aplicativo, haverá um impacto negativo na porcentagem.

O critério de acesso aos turnos de trabalho seriam baseados na disponibilidade do entregador nas faixas horárias críticas (sexta, sábado e domingo à noite) e na confiabilidade da disponibilidade (ou seja, na participação efetiva do entregador tendo em vista os turnos reservados ou os cancelamentos antes do início do turno).

A gestão do pedido envolve várias fases, todas rastreadas: aceitação do pedido, sinalização de chegada ao restaurante, notificação de cobrança das mercadorias, notificação de chegada ao cliente e notificação de pedido entregue ao cliente. Os dados relativos ao pedido são integralmente armazenados no sistema. A posição geográfica é detectada apenas quando o entregador está online e sua posição é disponibilizada ao cliente para acompanhamento do estado da sua encomenda, a partir do momento em que o motociclista recolhe o produto.

A posição do piloto é detectada a cada 12 segundos, tendo o *Data Protection Officer* (DPO) justificado essa memorização funcional para a melhoria dos tempos das diferentes fases do serviço e também para colaboração com a polícia em caso de furto durante o percurso. A posição também seria utilizada internamente com a finalidade de evitar fraudes durante o acesso aos sistemas. Verificou-se, ainda, que a página de acesso apresenta os dados dos entregadores de qualquer empresa do grupo, mesmo que sejam de países de fora da União Europeia, sendo possível definir o filtro "país" apenas após o acesso inicial.

Sobre essa questão, o representante da empresa controladora afirmou que o "o grupo está a implementar um grande projeto de GDPR e, no âmbito do projeto, uma equipe de engenheiros dedicados está a rever todo o sistema de autorizações de acesso, que envolverá um mecanismos de segregação geográfica, em relação aos dados dos entregadores. Esta alteração presumivelmente entrará em vigor em setembro de 2019".[9] Ademais, o DPO do grupo informou que os e-mails trocados com os entregadores são guardados por seis anos, de acordo com a política de privacidade da empresa.

Em 10 de julho de 2019, a empresa enviou à autoridade a documentação exigida e uma nota complementar, onde declarou haver concluído o processo tecnológico de segregação de acessos por base territorial. Consequentemente, nenhum colaborador italiano poderia acessar dados dos colaboradores de outros países.

Destacou, ainda, que os funcionários italianos estariam obrigados a cumprir a legislação sobre proteção de dados pessoais, bem como as políticas relevantes da empresa. No que diz respeito à retenção de dados, a empresa informou que o período de retenção de 28 dias para chamadas gravadas havia sido implementado e que a *Deliveroo* e a *Roofoods* são controladores de dados independentes.

---

9. GARANTE PER LA PROTEZIONE DEI DATI PERSONALI. *Ordinanza Ingiunzione Nei Confronti Di Deliveroo Italy S.R.L.* 22 jul. 2021. Disponível em: https://www.gpdp.it/web/guest/home/docweb/-/docweb-display/docweb/9685994. Acesso em: 11 out. 2022.

Depreendeu-se, ainda, que a posição geográfica e o tipo de veículo eram fatores utilizados para avaliar a distância e a velocidade média de deslocamento do meio de transporte escolhido, de modo a propor de forma eficiente as encomendas aos clientes do aplicativo. Como controladora de dados, a empresa afirmou efetuar as operações de *onboarding*, ou seja, os procedimentos realizados no início das tratativas, como assinatura do contrato, envio dos documentos etc., incluindo a fase da contratualização, bem como a fase de apoio aos *riders e* de reporte fiscal e financeiro. Os tratamentos de perfilagem estariam sob o domínio decisório da *holding* controladora, tanto nos termos de determinar as finalidades, como sob a forma de tratamento, sendo parte integrante do modelo de negócios.

Em síntese, a empresa foi notificada por violações aos princípios da licitude, correção e transparência, minimização e limitação da conservação, informações e processos automatizados de tomada de decisão, privacidade por design e por padrão, registro de atividades de processo, segurança do tratamento e avaliação do impacto na proteção de dados.

Em sede de defesa, a empresa alegou que acataria as recomendações da autoridade e esclareceu que, relativamente à função de registro de encomendas, esta funcionalidade seria utilizada pelos operadores de atendimento para introduzir elementos de informação relativos ao serviço (por exemplo, a reclamação de um cliente sobre a qualidade da comida entregue). Adicionou que não restaria clara efetiva violação ao princípio segundo o qual os dados pessoais devam ser adequados, relevantes e limitados ao necessário em relação aos fins para os quais são processados.

Após o resultado da avaliação realizada e com base no exame da documentação, concluiu-se que a *Deliveroo* determinaria as finalidades e os meios do próprio processamento de dados relativos aos entregadores e, ainda, que por decisão autônoma da empresa, não foi realizada avaliação de impacto de proteção de dados, por não ser considerada necessária.

2. FUNDAMENTAÇÃO LEGAL PARA A IMPOSIÇÃO DA SANÇÃO

No tocante à fundamentação jurídica, alegou-se violação ao princípio da transparência e inadequação das informações prestadas aos interessados. No que se refere à obrigação de prestar informações aos interessados, apurou-se que a empresa efetuou o tratamento de dados por meio de formulações genéricas que não permitem ao titular saber qual é o tempo de armazenamento previsto, tampouco informam os critérios usados para determinar o período de retenção de dados. Nesse contexto, o ponto 6 da política de privacidade citada determinava que "não guardaremos a sua informação por um período superior ao que julgamos necessário".[10]

---

10. Garante per la Protezione dei dati Personali. *Ordinanza ingiunzione nei confronti di deliveroo Italy S.R.L.* 22 jul. 2021. Disponível em: https://www.gpdp.it/web/guest/home/docweb/-/docweb-display/docweb/9685994. Acesso em: 11 out. 2022.

Dessa forma, houve violação ao princípio de limitação de retenção de dados. Em termos práticos, apurou-se, ainda, que a empresa previa a retenção durante seis anos, após a cessação da relação laboral, de diferentes tipos de dados dos entregadores, recolhidos para diversas finalidades (celebração do contrato de trabalho, comunicações com os passageiros pelo *chat* e *e-mail*, gestão da encomenda, entre outros). A empresa também mantinha os dados relativos às faturas emitidas para pagamento dos entregadores por tempo indeterminado.

Tal conduta caracterizou violação ao art. 5.º, n.º 1, "*e*", do Regulamento, que prevê que os dados devam ser conservados de uma forma que permita a identificação dos titulares dos dados apenas durante o período necessário para as finalidades para as quais são tratados.[11] O artigo assevera, ainda, que os dados pessoais podem ser conservados durante períodos mais longos, desde que sejam tratados exclusivamente para fins de arquivo de interesse público ou para fins de investigação científica ou histórica ou para fins estatísticos, em conformidade com o Regulamento, sujeitos à aplicação das medidas técnicas e organizativas adequadas exigidas, a fim de salvaguardar os direitos e liberdades do titular dos dados. Trata-se, assim, da limitação da conservação, de modo que o controlador de dados tem a obrigação de garantir que o período de retenção seja limitado ao mínimo necessário.

A esse respeito, a Autoridade discordou do argumento defensivo da empresa, que teria alegado que a disposição de uma cláusula geral seria a melhor ferramenta para fornecer informações aos interessados face à complexidade e mutabilidade das disposições sobre retenção de dados. Nesse contexto, a Autoridade certificou que há necessidade de identificar os tempos de retenção considerados adequados em relação a cada uma das finalidades efetivamente perseguidas com o tratamento dos diferentes tipos de dados pessoais, não sendo suficiente apontar blocos temporais homogêneos.

Até 10 de julho de 2019, a empresa manteve, ainda, durante um ano, conforme declarado pelo DPO do grupo e apurado pela Autoridade no acesso aos sistemas, os dados externos (número chamador/chamado, data, hora, duração, saída/entrada, conteúdo) das gravações telefônicas realizadas com os entregadores por meio do sistema. A partir de 10 de julho de 2019, no entanto, as referidas gravações, conforme declarado pela empresa, são mantidas pela controladora por 28 dias. Tratou-se, assim, de violação ao art. 13.º, n.º 2, "*a*", do Regulamento, que dispõe que:

> Para além das informações referidas no n.º 1, aquando da recolha dos dados pessoais, o responsável pelo tratamento fornece ao titular as seguintes informações adicionais, necessárias para garantir um tratamento equitativo e transparente: a) Prazo de conservação dos dados pessoais ou, se não for possível, os critérios usados para definir esse prazo.[12]

---

11. União Europeia. *Regulation (EU) 2016/679 of the European Parliament and of the council of 27 April 2016.* Disponível em: https://eur-lex.europa.eu/legal-content/EN/TXT/?uri=CELEX%3A02016R0679-20160504&-qid=1532348683434. Acesso em: 11 out. 2022.

12. União Europeia. *Regulation (EU) 2016/679 of the European Parliament and of the council of 27 April 2016.* Disponível em: https://eur-lex.europa.eu/legal-content/EN/TXT/?uri=CELEX%3A02016R0679-20160504&-qid=1532348683434. Acesso em: 11 out. 2022.

Ademais, também houve violação ao art. 13.º, n.º 2, *"d"*, que determina o direito de apresentar reclamação a uma autoridade de controle.[13] Isso porque a política da empresa apenas sugere que seria possível contatar o Fiador (autoridade de proteção de dados italiana) ou o Gabinete do Comissário de Informação (ICO) de forma indiferente ou conjunta. No entanto, dado que o ICO não é competente para receber reclamações relativas a tratamentos realizados na Itália por um responsável de tratamento que lá tenha a sua sede social, a indicação seria enganosa e não facilitaria o exercício de direitos por parte do interessado.

No mesmo modo, a empresa omite a indicação dos métodos concretos de tratamentos dos dados relativos à posição geográfica dos entregadores, face a uma indicação completamente genérica de "quando seu *status* é definido como online (...), coletamos dados relativos à sua localização geográfica de forma descontínua".[14]

O tratamento em causa impõe a necessidade de informar o titular sobre os métodos específicos de tratamento e o momento da detecção da posição geográfica: ausente tal informação, o interessado não tem o conhecimento adequado sobre o tratamento de seus dados. Configura-se, portanto, violação ao art. 5.º, n.º 1, *"a"*, do Regulamento, no tocante ao princípio da transparência: "Os dados pessoais são: a) Objeto de um tratamento lícito, leal e transparente em relação ao titular dos dados (licitude, lealdade e transparência)[15]".

Ademais, verificou-se referência à realização de atividades de perfilagem (explicitamente com base na posição geográfica e no tipo de veículo, bem como a determinar o nível de acesso prioritário à reserva), além de processamentos automatizados, não tendo a empresa fornecido informações significativas sobre a lógica utilizada, bem como a importância e as consequências esperadas deste tratamento para o titular. A esse respeito, violou as obrigações do art. 13.º, n.º 2, *"f"*:

> 2. Para além das informações referidas no n.º 1, quando da recolha dos dados pessoais, o responsável pelo tratamento fornece ao titular as seguintes informações adicionais, necessárias para garantir um tratamento equitativo e transparente:
>
> f) A existência de decisões automatizadas, incluindo a definição de perfis, referida no artigo 22.º, ns. 1 e 4, e, pelo menos nesses casos, informações úteis relativas à lógica subjacente, bem como a importância e as consequências previstas de tal tratamento para o titular dos dados.[16]

---

13. União Europeia. *Regulation (EU) 2016/679 of the European Parliament and of the council of 27 April 2016.* Disponível em: https://eur-lex.europa.eu/legal-content/EN/TXT/?uri=CELEX%3A02016R0679-20160504&-qid=1532348683434. Acesso em: 11 out. 2022.

14. Garante per la protezione dei dati personali. *Ordinanza Ingiunzione Nei Confronti Di Deliveroo Italy S.R.L.* 22 jul. 2021. Disponível em: https://www.gpdp.it/web/guest/home/docweb/-/docweb-display/docweb/9685994. Acesso em: 11 out. 2022.

15. União Europeia. *Regulation (EU) 2016/679 of the European Parliament and of the council of 27 April 2016.* Disponível em: https://eur-lex.europa.eu/legal-content/EN/TXT/?uri=CELEX%3A02016R0679-20160504&-qid=1532348683434. Acesso em: 11 out. 2022.

16. União Europeia. *Regulation (EU) 2016/679 of the European Parliament and of the council of 27 April 2016.* Disponível em: https://eur-lex.europa.eu/legal-content/EN/TXT/?uri=CELEX%3A02016R0679-20160504&-qid=1532348683434. Acesso em: 11 out. 2022.

As infrações referidas assumem ainda mais relevância tendo em vista que, no âmbito da relação laboral, a plena informação do trabalhador sobre o tratamento de seus dados é expressão do princípio da regularidade do tratamento, nos termos do art. 5.º, n.º 1, "a", do GDPR.[17]

Também foi constatada a violação ao princípio de minimização e proteção de dados desde a concepção e por defeito. Por meio das declarações da empresa e nos resultados dos acessos aos sistemas efetuados durante a inspeção, verificou-se que os sistemas estão configurados de forma a recolher e armazenar todas as informações referentes à gestão da encomenda (dados coletados por meio do aplicativo em uso pelos passageiros, incluindo detecção via GPS a cada 12 segundos, bem como interações com o cliente, dados relativos aos prazos de entrega para cada fase do pedido, histórico de pedidos de cada passageiro, porcentagem de encomendas aceitas, ligações efetuadas, reclamações etc.). Constatou-se, também, que os sistemas estão configurados de forma a permitir aos operadores a passagem de funções simples de um sistema para outro, com consequente partilha dos dados recolhidos nos vários sistemas, relativos a todos os colaboradores.

A Autoridade pontuou, ainda, que não foram apresentados fundamentos específicos com base nos quais seria necessário, para a prestação eficiente dos serviços, o acesso simultâneo dos operadores aos diferentes sistemas. Isso considerando que os sistemas estão preordenados, respectivamente, para a gestão de encomendas em tempo real e para a visualização do histórico de encomendas, bem como para a gestão de problemas ocorridos durante a encomenda ou ao relacionamento com os entregadores.

Além disso, os sujeitos que efetuam a contabilização dos pagamentos podem acessar diretamente a todos os detalhes das encomendas efetuadas por cada passageiro, incluindo a rota e todas as outras informações processadas pelo sistema. Por essas razões, tendo em vista a quantidade e variedade de dados recolhidos e seus respectivos métodos de tratamento, verificou-se que a configuração dos sistemas, relativos à finalidade de gestão do serviço de entrega de alimentos ou outros bens, resultou na violação do arts. 5.º, n.º 1, "c"[18] e 25.º[19] do Regulamento, que se referem aos princípios de minimização de dados

---

17. Art. 5º. Os dados pessoais são: a) Objeto de um tratamento lícito, leal e transparente em relação ao titular dos dados («licitude, lealdade e transparência»). União europeia. *Regulation (EU) 2016/679 of the European Parliament and of the council of 27 April 2016*. Disponível em: https://eur-lex.europa.eu/legal-content/EN/TXT/?uri=CELEX%3A02016R0679-20160504&qid=1532348683434. Acesso em: 11 out. 2022.

18. 1. Os dados pessoais são: c) Adequados, pertinentes e limitados ao que é necessário relativamente às finalidades para as quais são tratados («minimização dos dados»); União Europeia. *Regulation (EU) 2016/679 of the European Parliament and of the council of 27 April 2016*. Disponível em: https://eur-lex.europa.eu/legal-content/EN/TXT/?uri=CELEX%3A02016R0679-20160504&qid=1532348683434. Acesso em: 11 out. 2022.

19. 1. Tendo em conta as técnicas mais avançadas, os custos da sua aplicação, e a natureza, o âmbito, o contexto e as finalidades do tratamento dos dados, bem como os riscos decorrentes do tratamento para os direitos e liberdades das pessoas singulares, cuja probabilidade e gravidade podem ser variáveis, o responsável pelo tratamento aplica, tanto no momento de definição dos meios de tratamento como no momento do próprio tratamento, as medidas técnicas e organizativas adequadas, como a pseudonimização, destinadas a aplicar com eficácia os princípios da proteção de dados, tais como a minimização, e a incluir as garantias necessárias no tratamento, de uma forma que este cumpra os requisitos do presente regulamento e proteja os direitos dos titulares dos dados. 2. O responsável pelo tratamento aplica medidas técnicas e organizativas para assegurar que, por defeito, só sejam tratados os dados pessoais que forem necessários para cada finalidade específica do tratamento. Essa obrigação

e de privacidade por design e por padrão. Essa configuração também violou o art. 32.º do Regulamento, onde se observa que:

> 1. Tendo em conta as técnicas mais avançadas, os custos de aplicação e a natureza, o âmbito, o contexto e as finalidades do tratamento, bem como os riscos, de probabilidade e gravidade variável, para os direitos e liberdades das pessoas singulares, o responsável pelo tratamento e o subcontratante aplicam as medidas técnicas e organizativas adequadas para assegurar um nível de segurança adequado ao risco (...).[20]

Com referência à alegada violação do art. 32.º do Regulamento, a empresa argumentou que a natureza indefinida, vaga e fundamentalmente programática da letra do art. 25.º[21] torna quase impossível para os responsáveis pelo tratamento identificar com certeza quais são as formas de cumprimento do princípio, com vistas a evitar a resposta sancionatória. Noutro norte, a empresa também decidiu aceitar a sinalização das anomalias reportadas durante a inspeção, explorando esse episódio como um momento de autoavaliação crítica da infraestrutura tecnológica utilizada para a proteção dos dados pessoais.

No tocante às medidas de segurança, a advertência genérica contida no contrato de trabalho com os colaboradores no que tange ao cumprimento das normas de proteção de dados e políticas da empresa, bem como a clarificação do significado do tratamento e dos princípios da proporcionalidade e minimização e a ausência de instruções específicas sobre a utilização dos sistemas, não constituem medidas organizativas adequadas à luz das circunstâncias do caso concreto para assegurar de forma permanente a confidencialidade, integridade, disponibilidade e resiliência dos sistemas, tendo em conta os riscos causados pela perda, modificação, divulgação não autorizada ou acesso acidental e ilegal a dados pessoais.

Na atividade de inspeção também restou verificado que a empresa realizou processamento automatizado, incluindo a criação de perfis. Tais processos seriam destinados a

---

aplica-se à quantidade de dados pessoais recolhidos, à extensão do seu tratamento, ao seu prazo de conservação e à sua acessibilidade. Em especial, essas medidas asseguram que, por defeito, os dados pessoais não sejam disponibilizados sem intervenção humana a um número indeterminado de pessoas singulares. União Europeia. *Regulation (EU) 2016/679 of the European Parliament and of the Council of 27 April 2016*. Disponível em: https://eur-lex.europa.eu/legal-content/EN/TXT/?uri=CELEX%3A02016R0679-20160504&qid=1532348683434. Acesso em: 11 out. 2022.

20. União Europeia. *Regulation (EU) 2016/679 of the European Parliament and of the council of 27 April 2016*. Disponível em: https://eur-lex.europa.eu/legal-content/EN/TXT/?uri=CELEX%3A02016R0679-20160504&qid=1532348683434. Acesso em: 11 out. 2022.

21. 1. Tendo em conta as técnicas mais avançadas, os custos da sua aplicação, e a natureza, o âmbito, o contexto e as finalidades do tratamento dos dados, bem como os riscos decorrentes do tratamento para os direitos e liberdades das pessoas singulares, cuja probabilidade e gravidade podem ser variáveis, o responsável pelo tratamento aplica, tanto no momento de definição dos meios de tratamento como no momento do próprio tratamento, as medidas técnicas e organizativas adequadas, como a pseudonimização, destinadas a aplicar com eficácia os princípios da proteção de dados, tais como a minimização, e a incluir as garantias necessárias no tratamento, de uma forma que este cumpra os requisitos do presente regulamento e proteja os direitos dos titulares dos dados. União Europeia. *Regulation (EU) 2016/679 of the European Parliament and of the council of 27 April 2016*. Disponível em: https://eur-lex.europa.eu/legal-content/EN/TXT/?uri=CELEX%3A02016R0679-20160504&qid=1532348683434. Acesso em: 11 out. 2022.

avaliar a confiança e disponibilidade para aceitar plantões nos dias de pico e determinar a prioridade na escolha dos turnos pelos entregadores, além de servir para a atribuição de ordens dentro dos turnos reservados.

A empresa fixa o horário dos entregadores, escolhendo um ou outro de acordo com a ordem de eleição e nível de excelência e, por vezes, não lhe atribuindo alguns dos turnos solicitados. Confirmada a aceitação pelo restaurante do pedido e notificada ao aplicativo, passa a ser selecionado o entregador considerado o melhor candidato para atendê-lo. Essa seleção é feita por meio de um algoritmo com base nos critérios que foram estabelecidos pela empresa.

A esse respeito, o Regulamento dispõe, no art. 4.º, n.º 4, que o perfilhamento significa qualquer forma de tratamento automatizado de dados pessoais que consiste na utilização desses dados para avaliar determinados aspectos pessoais relativos a uma pessoa singular, nomeadamente para analisar e ou prever aspectos relativos ao desempenho profissional, à situação econômica, saúde, preferências pessoais, interesses, fiabilidade, comportamento, localização ou deslocamentos.[22]

O perfilhamento realizado pela empresa certamente produz um efeito significativo nos interessados, consistindo na possibilidade de permitir ou negar o acesso a oportunidades de trabalho em determinados momentos. Desse modo, não prosperaria a alegação de defesa da empresa, segundo a qual o efeito da atividade de *profiling* através do sistema de marcação prioritária seria apenas limitar de forma abstrata a possibilidade de um entregador marcar as suas sessões nos horários e nas áreas preferidas, o que caracterizaria mero inconveniente.

Deve ser aplicado ao presente caso, portanto, o art. 22.º do Regulamento, que dispõe acerca do direito do titular de não ficar sujeito a nenhuma decisão tomada exclusivamente com base em tratamento automatizado, incluindo a definição de perfis, que produza efeitos na sua esfera jurídica ou que o afete significativamente de maneira similar. O n.º 2, *"a"* dispõe que tal previsão não se aplica se a decisão for necessária para a celebração ou execução de um contrato entre o titular dos dados e o responsável, bem como se for autorizada pela Administração Pública e na qual estejam previstas medidas adequadas para salvaguardar os direitos, liberdades e legítimos interesses do titular dos dados, e se for baseada no consentimento explícito do titular.

Com base na investigação, constatou-se que a empresa não adotou medidas técnicas e organizacionais para proteger os interessados visando verificar periodicamente a exatidão, relevância e adequação dos resultados dos sistemas algorítmicos e dos dados utilizados pelo sistema, com o fim de reduzir ao máximo o risco de efeitos distorcidos ou discriminatórios.

---

22. União Europeia. *Regulation (EU) 2016/679 of the European Parliament and of the council of 27 April 2016.* Disponível em: https://eur-lex.europa.eu/legal-content/EN/TXT/?uri=CELEX%3A02016R0679-20160504&-qid=1532348683434. Acesso em: 11 out. 2022.

No que diz respeito ao mecanismo de *feedback,* não parece que a empresa tenha adotado medidas adequadas para evitar o uso impróprio ou discriminatório dos mecanismos, violando, assim, o art. 22.º, n.º 3, do Regulamento, que dispõe que o responsável pelo tratamento deve aplicar medidas adequadas para salvaguardar direitos e liberdades e legítimos interesses do titular dos dados, designadamente o direito de, pelo menos, obter intervenção humana, manifestar seu ponto de vista e contestar a decisão.[23]

Em continuidade, a empresa também decidiu que não haveria obrigação de realizar a avaliação de impacto prevista no art. 35.º do Regulamento.[24] Noutro ponto, a empresa elaborou um documento denominado *"Need for a impact assessment on data protection for processing in Italy by Deliveroo Italy srl",* sem data, no qual, sem explicações detalhadas sobre a avaliação da natureza e tipo dos tratamentos realizados, ressalva-se a necessidade de realizar uma avaliação de impacto nos termos do art. 35.º do Regulamento, constituindo um documento simplificado do registro das atividades de tratamento.

No entanto, quando houver tratamento que envolva o uso de novas tecnologias, considerando o objeto, o contexto e as finalidades do tratamento, e que possa apresentar alto risco para os direitos e liberdades dos indivíduos, o art. 35.º, n.º 3, *"a",* do Regulamento, estabelece que o responsável pelo tratamento deve realizar a avaliação de impacto.

O n.º 2, *"a",* dispõe, ainda, que essa avaliação é exigida notadamente no caso de avaliação sistemática e global de aspectos pessoais relativos a pessoas singulares, com base em tratamento automatizado, incluindo a definição de perfis, e sobre as quais as decisões tenham efeitos jurídicos ou afetem de forma significativamente semelhante esses indivíduos.[25]

À luz do disposto no Regulamento, bem como da disposição do Fiador n. 467 de 11 de outubro de 2018 (Lista de tipos de tratamento sujeitos à exigência de avaliação de impacto de proteção de dados), a atividade de tratamento realizada pela *Deliveroo* está entre aquelas que apresentam um alto risco para os direitos e liberdades das pessoas, com a consequente necessidade de realizar, antes do início do tratamento, uma avaliação de impacto nos termos do art. 35.º do Regulamento.

---

23. União Europeia. *Regulation (EU) 2016/679 of the European Parliament and of the council of 27 April 2016.* Disponível em: https://eur-lex.europa.eu/legal-content/EN/TXT/?uri=CELEX%3A02016R0679-20160504&-qid=1532348683434. Acesso em: 11 out. 2022.

24. Art. 35.º, n.º 1. Quando um certo tipo de tratamento, em particular que utilize novas tecnologias e tendo em conta a sua natureza, âmbito, contexto e finalidades, for suscetível de implicar um elevado risco para os direitos e liberdades das pessoas singulares, o responsável pelo tratamento procede, antes de iniciar o tratamento, a uma avaliação de impacto das operações de tratamento previstas sobre a proteção de dados pessoais. Se um conjunto de operações de tratamento que apresentar riscos elevados semelhantes, pode ser analisado numa única avaliação. União Europeia. *Regulation (EU) 2016/679 of the European Parliament and of the council of 27 April 2016.* Disponível em: https://eur-lex.europa.eu/legal-content/EN/TXT/?uri=CELEX%3A02016R-0679-20160504&qid=1532348683434. Acesso em: 11 out. 2022.

25. União Europeia. *Regulation (EU) 2016/679 of the European Parliament and of the council of 27 April 2016.* Disponível em: https://eur-lex.europa.eu/legal-content/EN/TXT/?uri=CELEX%3A02016R0679-20160504&-qid=1532348683434. Acesso em: 11 out. 2022.

O tratamento da empresa caracteriza recolhimento e armazenamento de uma pluralidade de dados pessoais, incluindo localização geográfica e comunicações através de chamadas telefônicas, chat, e-mail, bem como todos os detalhes relativos a cada fase de gestão do pedido, incluindo o processamento automatizado para um número significativo de partes interessadas vulneráveis, como são os entregadores em uma relação de trabalho.

Considerando, portanto, que a *Deliveroo* é a controladora dos dados referentes aos entregadores e que o art. 35.º do Regulamento reconhece, por parte do controlador de dados, a obrigação de realizar uma avaliação de impacto antes do processamento, constatou-se que a empresa teria violado o referido dispositivo do GDPR.

Noutro giro, nos termos do art. 37.º, n.º 1, *"b"*,[26] do Regulamento, a empresa está obrigada a designar um DPO, tendo em vista que os tratamentos efetuados incluem o acompanhamento regular e sistemático dos titulares dos dados em grande escala, também por meio do recolhimento de dados relativos à posição geográfica. Apurou-se, contudo, que a empresa comunicou os contatos do responsável pela proteção de dados à Autoridade Garantidora Italiana apenas em 31 de maio de 2019.

Especificou-se, ainda, que as regras de proteção de dados pessoais são aplicáveis ao tratamento de dados de trabalhadores que exerçam a sua atividade por meio de plataformas digitais, nos termos do art. 47 do Decreto Legislativo n. 81/2015.[27] Tais direitos devem ser reconhecidos aos entregadores independentemente da natureza da relação laboral subjacente, uma vez que são direitos fundamentais e indisponíveis.

Concluiu-se, portanto, pela ilegalidade do tratamento no tocante aos arts. 5.º, n.º 1, *"a"*,[28] *"c"*,[29] *"e"* [30] (princípios de licitude, correção, minimização e limitação da

---

26. 1. O responsável pelo tratamento e o subcontratante designam um encarregado da proteção de dados sempre que: b) As atividades principais do responsável pelo tratamento ou do subcontratante consistam em operações de tratamento que, devido à sua natureza, âmbito e/ou finalidade, exijam um controlo regular e sistemático dos titulares dos dados em grande escala; União Europeia. *Regulation (eu) 2016/679 of the European Parliament and of the council of 27 April 2016.* Disponível em: https://eur-lex.europa.eu/legal-content/EN/TXT/?uri=CELEX%3A02016R0679-20160504&qid=1532348683434. Acesso em: 11 out. 2022.

27. Art. 47-bis. Finalidade, objeto e escopo (32) 1. A fim de promover um emprego seguro e digno e na perspectiva de aumentar e reorganizar os níveis de proteção para os credores empregados com relacionamentos de trabalho não subordinado, as disposições deste Capítulo estabelecem níveis de proteção mínima para os trabalhadores empregados na entrega de mercadorias para por conta de outrem, em meio urbano e com a ajuda de bicicletas ou veículos motorizados referido no artigo 47.º, n.º 2, alínea a), do decreto legislativo de 30 de Abril de 1992, n. 285 por meio de plataformas, inclusive digitais. Itália. *D.Lgs. 15 giugno 2015, n. 81.* Disponível em: https://www.cliclavoro.gov.it/Normative/Decreto_Legislativo_15_giugno_2015_n.81.pdf. Acesso em: 11 out. 2022.

28. 1. Os dados pessoais são: a) Objeto de um tratamento lícito, leal e transparente em relação ao titular dos dados («licitude, lealdade e transparência»); União Europeia. *Regulation (EU) 2016/679 OF the European Parliament and of the council of 27 April 2016.* Disponível em: https://eur-lex.europa.eu/legal-content/EN/TXT/?uri=CELEX%3A02016R0679-20160504&qid=1532348683434. Acesso em: 11 out. 2022.

29. c) Adequados, pertinentes e limitados ao que é necessário relativamente às finalidades para as quais são tratados («minimização dos dados»); União Europeia. *Regulation (eu) 2016/679 of the European Parliament and of the council of 27 April 2016.* Disponível em: https://eur-lex.europa.eu/legal-content/EN/TXT/?uri=CELEX%3A02016R0679-20160504&qid=1532348683434. Acesso em: 11 out. 2022.

30. e) Conservados de uma forma que permita a identificação dos titulares dos dados apenas durante o período necessário para as finalidades para as quais são tratados; os dados pessoais podem ser conservados durante

conservação); 13.º, n.º 2[31] (informações); 22.º, n.º 3[32] (medidas apropriadas para processamento automatizado, incluindo criação de perfis); 25.º[33] (proteção de dados por design e proteção de dados por padrão); 30.º, n.º 1, "*c*", "*f*", "*g*"[34] (registro de tratamento);

---

períodos mais longos, desde que sejam tratados exclusivamente para fins de arquivo de interesse público, ou para fins de investigação científica ou histórica ou para fins estatísticos, em conformidade com o artigo 89.º, n.º 1, sujeitos à aplicação das medidas técnicas e organizativas adequadas exigidas pelo presente regulamento, a fim de salvaguardar os direitos e liberdades do titular dos dados («limitação da conservação»); União Europeia. *Regulation (EU) 2016/679 of the European Parliament and of the council of 27 April 2016*. Disponível em: https://eur-lex.europa.eu/legal-content/EN/TXT/?uri=CELEX%3A02016R0679-20160504&qid=1532348683434. Acesso em: 11 out. 2022.

31. 2. Para além das informações referidas no n.º 1, aquando da recolha dos dados pessoais, o responsável pelo tratamento fornece ao titular as seguintes informações adicionais, necessárias para garantir um tratamento equitativo e transparente: a) Prazo de conservação dos dados pessoais ou, se não for possível, os critérios usados para definir esse prazo; b) A existência do direito de solicitar ao responsável pelo tratamento acesso aos dados pessoais que lhe digam respeito, bem como a sua retificação ou o seu apagamento, e a limitação do tratamento no que disser respeito ao titular dos dados, ou do direito de se opor ao tratamento, bem como do direito à portabilidade dos dados; c) Se o tratamento dos dados se basear no artigo 6.º, n.º 1, alínea a), ou no artigo 9.º, n.º 2, alínea a), a existência do direito de retirar consentimento em qualquer altura, sem comprometer a licitude do tratamento efetuado com base no consentimento previamente dado; d) O direito de apresentar reclamação a uma autoridade de controlo; e) Se a comunicação de dados pessoais constitui ou não uma obrigação legal ou contratual, ou um requisito necessário para celebrar um contrato, bem como se o titular está obrigado a fornecer os dados pessoais e as eventuais consequências de não fornecer esses dados; f) A existência de decisões automatizadas, incluindo a definição de perfis, referida no artigo 22.º, n.ºs 1 e 4, e, pelo menos nesses casos, informações úteis relativas à lógica subjacente, bem como a importância e as consequências previstas de tal tratamento para o titular dos dados. União Europeia. *Regulation (EU) 2016/679 of the European Parliament and of the Council of 27 April 2016*. Disponível em: https://eur-lex.europa.eu/legal-content/EN/TXT/?uri=CELEX%3A02016R0679-20160504&qid=1532348683434. Acesso em: 11 out. 2022.

32. 3. Nos casos a que se referem o n.º 2, alíneas a) e c), o responsável pelo tratamento aplica medidas adequadas para salvaguardar os direitos e liberdades e legítimos interesses do titular dos dados, designadamente o direito de, pelo menos, obter intervenção humana por parte do responsável, manifestar o seu ponto de vista e contestar a decisão. União Europeia. *Regulation (EU) 2016/679 of the European Parliament and of the council of 27 April 2016*. Disponível em: https://eur-lex.europa.eu/legal-content/EN/TXT/?uri=CELEX%3A02016R0679-20160504&qid=1532348683434. Acesso em: 11 out. 2022.

33. 1. Tendo em conta as técnicas mais avançadas, os custos da sua aplicação, e a natureza, o âmbito, o contexto e as finalidades do tratamento dos dados, bem como os riscos decorrentes do tratamento para os direitos e liberdades das pessoas singulares, cuja probabilidade e gravidade podem ser variáveis, o responsável pelo tratamento aplica, tanto no momento de definição dos meios de tratamento como no momento do próprio tratamento, as medidas técnicas e organizativas adequadas, como a pseudonimização, destinadas a aplicar com eficácia os princípios da proteção de dados, tais como a minimização, e a incluir as garantias necessárias no tratamento, de uma forma que este cumpra os requisitos do presente regulamento e proteja os direitos dos titulares dos dados. União Europeia. *Regulation (EU) 2016/679 of the European Parliament and of the council of 27 April 2016*. Disponível em: https://eur-lex.europa.eu/legal-content/EN/TXT/?uri=CELEX%3A02016R0679-20160504&qid=1532348683434. Acesso em: 11 out. 2022.

34. 1. Cada responsável pelo tratamento e, sendo caso disso, o seu representante conserva um registo de todas as atividades de tratamento sob a sua responsabilidade. Desse registo constam todas seguintes informações: (...) c) A descrição das categorias de titulares de dados e das categorias de dados pessoais; (...) f) Se possível, os prazos previstos para o apagamento das diferentes categorias de dados; g) Se possível, uma descrição geral das medidas técnicas e organizativas no domínio da segurança referidas no artigo 32.º, n.º 1. União Europeia. *Regulation (EU) 2016/679 of the European Parliament and of the council of 27 April 2016*. Disponível em: https://eur-lex.europa.eu/legal-content/EN/TXT/?uri=CELEX%3A02016R0679-20160504&qid=1532348683434. Acesso em: 11 out. 2022.

32.º[35] (medidas de segurança); 35.º[36] (avaliação de impacto); 37.º, n.º 7[37] (comunicação à autoridade de controle do responsável pela proteção de dados), 88.º[38] (tratamento de dados no âmbito das relações laborais) do Regulamento.

Considerando os poderes corretivos atribuídos à Autoridade pelo art. 58.º, n.º 2[39] do Regulamento e as circunstâncias do caso concreto, tornou-se necessário atribuir à

---

35. 1. Tendo em conta as técnicas mais avançadas, os custos de aplicação e a natureza, o âmbito, o contexto e as finalidades do tratamento, bem como os riscos, de probabilidade e gravidade variável, para os direitos e liberdades das pessoas singulares, o responsável pelo tratamento e o subcontratante aplicam as medidas técnicas e organizativas adequadas para assegurar um nível de segurança adequado ao risco, incluindo, consoante o que for adequado: a) A pseudonimização e a cifragem dos dados pessoais; b) A capacidade de assegurar a confidencialidade, integridade, disponibilidade e resiliência permanentes dos sistemas e dos serviços de tratamento; c) A capacidade de restabelecer a disponibilidade e o acesso aos dados pessoais de forma atempada no caso de um incidente físico ou técnico; d) Um processo para testar, apreciar e avaliar regularmente a eficácia das medidas técnicas e organizativas para garantir a segurança do tratamento. União Europeia. *Regulation (EU) 2016/679 of the european parliament and of the council of 27 April 2016.* Disponível em: https://eur-lex.europa.eu/legal--content/EN/TXT/?uri=CELEX%3A02016R0679-20160504&qid=1532348683434. Acesso em: 11 out. 2022.

36. 1. Quando um certo tipo de tratamento, em particular que utilize novas tecnologias e tendo em conta a sua natureza, âmbito, contexto e finalidades, for suscetível de implicar um elevado risco para os direitos e liberdades das pessoas singulares, o responsável pelo tratamento procede, antes de iniciar o tratamento, a uma avaliação de impacto das operações de tratamento previstas sobre a proteção de dados pessoais. Se um conjunto de operações de tratamento que apresentar riscos elevados semelhantes, pode ser analisado numa única avaliação. União Europeia. *Regulation (EU) 2016/679 of the European Parliament and of the council of 27 April 2016.* Disponível em: https://eur-lex.europa.eu/legal-content/EN/TXT/?uri=CELEX%3A02016R0679-20160504&-qid=1532348683434. Acesso em: 11 out. 2022.

37. 7. O responsável pelo tratamento ou o subcontratante publica os contactos do encarregado da proteção de dados e comunica-os à autoridade de controlo. União Europeia. *Regulation (eu) 2016/679 of the European Parliament and of the council of 27 April 2016.* Disponível em: https://eur-lex.europa.eu/legal-content/EN/TXT/?uri=CE-LEX%3A02016R0679-20160504&qid=1532348683434. Acesso em: 11 out. 2022.

38. 2. As normas referidas incluem medidas adequadas e específicas para salvaguardar a dignidade, os interesses legítimos e os direitos fundamentais do titular dos dados, com especial relevo para a transparência do tratamento de dados, a transferência de dados pessoais num grupo empresarial ou num grupo de empresas envolvidas numa atividade económica conjunta e os sistemas de controlo no local de trabalho. União Europeia. *Regulation (EU) 2016/679 of the European Parliament and of the council of 27 April 2016.* Disponível em: https://eur-lex.europa.eu/legal-content/EN/TXT/?uri=CELEX%3A02016R0679-20160504&qid=1532348683434. Acesso em: 11 out. 2022.

39. 2. Cada autoridade de controlo dispõe dos seguintes poderes de correção: a) Fazer advertências ao responsável pelo tratamento ou ao subcontratante no sentido de que as operações de tratamento previstas são suscetíveis de violar as disposições do presente regulamento; b) Fazer repreensões ao responsável pelo tratamento ou ao subcontratante sempre que as operações de tratamento tiverem violado as disposições do presente regulamento; c) Ordenar ao responsável pelo tratamento ou ao subcontratante que satisfaça os pedidos de exercício de direitos apresentados pelo titular dos dados nos termos do presente regulamento; d) Ordenar ao responsável pelo tratamento ou ao subcontratante que tome medidas para que as operações de tratamento cumpram as disposições do presente regulamento e, se necessário, de uma forma específica e dentro de um prazo determinado; e) Ordenar ao responsável pelo tratamento que comunique ao titular dos dados uma violação de dados pessoais; f) Impor uma limitação temporária ou definitiva ao tratamento de dados, ou mesmo a sua proibição; g) Ordenar a retificação ou o apagamento de dados pessoais ou a limitação do tratamento nos termos dos artigos 16.º, 17.º e 18.º, bem como a notificação dessas medidas aos destinatários a quem tenham sido divulgados os dados pessoais nos termos do artigo 17.º, n.º 2, e do artigo 19.º; h) Retirar a certificação ou ordenar ao organismo de certificação que retire uma certificação emitida nos termos dos artigos 42.º e 43.º, ou ordenar ao organismo de certificação que não emita a certificação se os requisitos de certificação não estiverem ou deixarem de estar cumpridos; i) Impor uma coima nos termos do artigo 83.º, para além ou em vez das medidas referidas no presente número, consoante as circunstâncias de cada caso; j) Ordenar a suspensão do envio de dados para destinatários em países terceiros ou para organizações internacionais. União Europeia. *Regulation (eu) 2016/679 of the European Parliament and of the council of 27 April 2016.* Disponível em: https://eur-lex.europa.eu/legal-content/EN/TXT/?uri=CELEX%3A02016R0679-20160504&qid=1532348683434. Acesso em: 11 out. 2022.

empresa um prazo para se adequar e cumprir com a legislação de proteção de dados em vigor, tendo sido prolatada decisão em 22 de julho de 2021.

Para isso, a empresa precisou preparar documentos fornecendo indicações precisas sobre o funcionamento do sistema de atribuição de encomendas, bem como preenchimento dos registros de tratamento e de avaliação de impacto, com a identificação dos tempos de conservação dos dados tratados e de medidas adequadas para proteger os direitos, liberdades e interesses legítimos do titular dos dados, no mínimo no que diz respeito ao direito de obter intervenção humana por parte do responsável pelo tratamento dos dados, de manifestação de opinião e do direito de contestar a decisão, relativamente ao tratamento automatizado, incluindo a definição de perfis, no prazo de 60 dias.

Também restou constatada a necessidade de identificação de medidas adequadas destinadas a verificar periodicamente a exatidão dos resultados dos sistemas algorítmicos para garantir que o risco de erros seja minimizado, além da identificação de medidas adequadas destinadas a introduzir ferramentas para evitar o uso impróprio e discriminatório de mecanismos reputacionais.

Restou necessário enfatizar a aplicação dos princípios de minimização e privacidade desde a concepção e por defeito e a identificação específica dos sujeitos autorizados a acessar o sistema na qualidade de supervisores, definindo hipóteses predeterminadas e finalidades específicas que tornem esse acesso necessário.

Pelas violações mencionadas, houve aplicação das sanções administrativas previstas no art. 83.º, ns. 4 e 5[40] do Regulamento, considerando, ainda, necessária a aplicação do n.º 3 do art. 83.º do mesmo diploma normativo, cuja disposição determina que se o responsável pelo tratamento ou o subcontratante violar, intencionalmente ou por negligência, no âmbito das mesmas operações de tratamento ou de operações ligadas entre si, várias disposições do presente regulamento, o montante total da penalidade não poderá exceder o montante especificado para a violação mais grave.

---

40. 4. A violação das disposições a seguir enumeradas está sujeita, em conformidade com o n.º 2, a coimas até 10 000 000 EUR ou, no caso de uma empresa, até 2 % do seu volume de negócios anual a nível mundial correspondente ao exercício financeiro anterior, consoante o montante que for mais elevado: a) As obrigações do responsável pelo tratamento e do subcontratante nos termos dos artigos 8.º, 11.º, 25.º a 39.º e 42.º e 43.º; b) As obrigações do organismo de certificação nos termos dos artigos 42.º e 43.º; c) As obrigações do organismo de supervisão nos termos do artigo 41.º, n.º 4; 5. A violação das disposições a seguir enumeradas está sujeita, em conformidade com o n.º 2, a coimas até 20 000 000 EUR ou, no caso de uma empresa, até 4 % do seu volume de negócios anual a nível mundial correspondente ao exercício financeiro anterior, consoante o montante que for mais elevado: a) Os princípios básicos do tratamento, incluindo as condições de consentimento, nos termos dos artigos 5.º, 6.º, 7.º e 9.º; b) Os direitos dos titulares dos dados nos termos dos artigos 12.º a 22.º; c) As transferências de dados pessoais para um destinatário num país terceiro ou uma organização internacional nos termos dos artigos 44.º a 49.º; d) As obrigações nos termos do direito do Estado-Membro adotado ao abrigo do capítulo IX; e) O incumprimento de uma ordem de limitação, temporária ou definitiva, relativa ao tratamento ou à suspensão de fluxos de dados, emitida pela autoridade de controlo nos termos do artigo 58.º, n.º 2, ou o facto de não facultar acesso, em violação do artigo 58.º, n.º 1. União Europeia. *Regulation (eu) 2016/679 of the European Parliament and of the council of 27 April 2016*. Disponível em: https://eur-lex.europa.eu/legal-content/EN/TXT/?uri=CE-LEX%3A02016R0679-20160504&qid=1532348683434. Acesso em: 11 out. 2022.

Nesse ponto, as infrações do art. 5.º do Regulamento foram consideradas as mais graves, por dizerem respeito ao descumprimento de uma pluralidade de princípios gerais aplicáveis ao tratamento de dados pessoais, sendo o montante total da sanção calculado de forma a não exceder o aviso legal máximo previsto para as infrações mencionadas. Assim, restou aplicável a sanção prevista no art. 83.º, n.º 5, "*a*", do Regulamento, que fixa o limite legal em 20 milhões de euros ou, para empresas, em 4% do volume de negócios anual mundial do ano anterior, o que for superior.

Para efeitos de dosimetria da sanção administrativa pecuniária, com referência aos elementos elencados no art. 83.º, n.º 2,[41] do Regulamento, ressalta-se que a sanção deve, em qualquer caso, ser eficaz, proporcional e dissuasiva.

Em relação à natureza, gravidade e duração da infração, constatou-se que diziam respeito aos princípios gerais de tratamento, incluindo o princípio da licitude, correção e transparência, à regulamentação do setor e à proteção do trabalho por meio de plataformas digitais, além de outras disposições relativas à divulgação e ao princípio da responsabilização, que é aplicado na preparação correta do registro das atividades de tratamento e na realização de avaliação de impacto.

Ademais, restou constatado dizerem respeito à aplicação do princípio da privacidade desde a concepção e também foi enfatizada a violação da obrigação de tomar medidas adequadas para proteger direitos e liberdades dos titulares face ao tratamento algorítmico automatizado, bem como medidas de segurança e comunicação à Autoridade. Considerou-se também que algumas violações apuradas ainda estavam vigorando na ocasião da aplicação da sanção e tiveram início em 2015 (ano de início das atividades da empresa) e que o tratamento se referia a um número considerável de titulares (aproximadamente 8.000).

---

41. 2. Consoante as circunstâncias de cada caso, as coimas são aplicadas para além ou em vez das medidas referidas no artigo 58.º, n.º 2, alíneas a) a h) e j). Ao decidir sobre a aplicação de uma coima e sobre o montante da coima em cada caso individual, é tido em devida consideração o seguinte: a) A natureza, a gravidade e a duração da infração tendo em conta a natureza, o âmbito ou o objetivo do tratamento de dados em causa, bem como o número de titulares de dados afetados e o nível de danos por eles sofridos; b) O caráter intencional ou negligente da infração; c) A iniciativa tomada pelo responsável pelo tratamento ou pelo subcontratante para atenuar os danos sofridos pelos titulares; d) O grau de responsabilidade do responsável pelo tratamento ou do subcontratante tendo em conta as medidas técnicas ou organizativas por eles implementadas nos termos dos artigos 25.º e 32.º; e) Quaisquer infrações pertinentes anteriormente cometidas pelo responsável pelo tratamento ou pelo subcontratante; f) O grau de cooperação com a autoridade de controlo, a fim de sanar a infração e atenuar os seus eventuais efeitos negativos; g) As categorias específicas de dados pessoais afetadas pela infração; h) A forma como a autoridade de controlo tomou conhecimento da infração, em especial se o responsável pelo tratamento ou o subcontratante a notificaram, e em caso afirmativo, em que medida o fizeram; i) O cumprimento das medidas a que se refere o artigo 58.º, n.º 2, caso as mesmas tenham sido previamente impostas ao responsável pelo tratamento ou ao subcontratante em causa relativamente à mesma matéria; j) O cumprimento de códigos de conduta aprovados nos termos do artigo 40.º ou de procedimento de certificação aprovados nos termos do artigo 42.º; e k) Qualquer outro fator agravante ou atenuante aplicável às circunstâncias do caso, como os benefícios financeiros obtidos ou as perdas evitadas, direta ou indiretamente, por intermédio da infração. União Europeia. *Regulation (eu) 2016/679 of the European Parliament and of the council of 27 April 2016*. Disponível em: https://eur-lex.europa.eu/legal-content/EN/TXT/?uri=CELEX%3A02016R0679-20160504&qid=1532348683434. Acesso em: 11 out. 2022.

Considerou-se a conduta e o grau de responsabilidade da empresa que, espontaneamente, deixou de cumprir o Regulamento sobre proteção de dados, inclusive após a Autoridade ter iniciado o procedimento, ressalvado o abandono do sistema de reservas de prioridade e a implementação de algumas diretivas internas. A favor da empresa, foi levada em consideração a ausência de precedentes específicos e a cooperação parcial com a Autoridade durante o procedimento.

Na dosimetria da sanção, tendo em vista os princípios de eficácia, proporcionalidade e dissuasão, assumem relevância as condições econômicas do infrator, apuradas com base nas receitas auferidas pela empresa no exercício de 2019, que registraram perdas operacionais. Outrossim, são consideradas a extensão das sanções impostas em casos semelhantes.

Por fim, à luz dos elementos indicados, aplicou-se à *Deliveroo* a sanção administrativa pecuniária de € 2.500.000,00 (dois milhões e quinhentos mil euros). Em face da decisão prolatada poderia ser oposto recurso para o tribunal ordinário da localidade, nos termos do art. 78.º[42] do Regulamento, no prazo de 30 dias, ou 60 dias se o requerente residir no exterior.

3. COMENTÁRIOS E ANÁLISE CRÍTICA

O caso *Deliveroo* traz reflexões sobre a compreensão do trabalho humano na era informacional que, especialmente após o advento da pandemia da COVID-19, tem sido redesenhado e protagonizado por plataformas digitais orientadas pelo tratamento de dados. Designa-se, inclusive, como capitalismo de plataforma, a forma de organização da produção e da prestação de serviços com enfoque na economia digital e no uso da tecnologia da informação, dados e internet, além das plataformas como infraestruturas que viabilizam negócios.[43]

As principais características do trabalho sob demanda por meio de aplicativos são: (i) as relações de trabalho são triangulares, em que a plataforma ocupa papel importante no desenvolvimento da atividade econômica comercializada; (ii) o algoritmo tem fun-

---

42. 1. Sem prejuízo de qualquer outra via de recurso administrativo ou extrajudicial, todas as pessoas singulares ou coletivas têm direito à ação judicial contra as decisões juridicamente vinculativas das autoridades de controlo que lhes digam respeito. 2. Sem prejuízo de qualquer outra via de recurso administrativo ou extrajudicial, os titulares dos dados têm direito à ação judicial se a autoridade de controlo competente nos termos dos artigos 55.º e 56.º não tratar a reclamação ou não informar o titular dos dados, no prazo de três meses, sobre o andamento ou o resultado da reclamação que tenha apresentado nos termos do artigo 77.º. 3. Os recursos contra as autoridades de controlo são interpostos nos tribunais do Estado-Membro em cujo território se encontrem estabelecidas. 4. Quando for interposto recurso de uma decisão de uma autoridade de controlo que tenha sido precedida de um parecer ou uma decisão do Comité no âmbito do procedimento de controlo da coerência, a autoridade de controlo transmite esse parecer ou decisão ao tribunal. União Europeia. *Regulation (EU) 2016/679 of the European Parliament and of the council of 27 April 2016*. Disponível em: https://eur-lex.europa.eu/legal-content/EN/TXT/?uri=CELEX%3A02016R0679-20160504&qid=1532348683434. Acesso em: 11 out. 2022.
43. KALIL, Renan Bernardi. *Capitalismo de plataforma e Direito do Trabalho: crowdwork e trabalho sob demanda por meio de aplicativos*. 2019. Tese (Doutorado em Direito do Trabalho) - Faculdade de Direito, Universidade de São Paulo, São Paulo, 2019. doi:10.11606/T.2.2019.tde-07082020-133545. Acesso em: 11 out. 2022, p. 21.

ção central no gerenciamento automático das tarefas executadas pelos trabalhadores, sendo que a dimensão do controle é variável entre as plataformas; (iii) os sistemas de avaliações têm atribuições distintas, desde servirem como referência para a contratação de trabalhadores pelos usuários até determinarem as suas permanências na plataforma; (iv) o trabalhador detém certo grau de liberdade para estabelecer os seus horários de trabalho; (v) em geral, há uma relação entre dependência e precariedade, em que quanto maior a primeira, maior a segunda.[44]

No caso da *Deliveroo*, constatou-se que esse tratamento vinha causando efeitos discriminatórios. Na dinâmica do índice de reputação do entregador, por exemplo, sequer havia a possibilidade de o interessado apresentar os motivos que teriam levado à sua ausência em determinado horário, ressalvadas as situações de acidente ou problemas técnicos com a plataforma.[45] Esse sistema culmina por intimidar o exercício de licenças médicas ou de maternidade/paternidade, por exemplo, uma vez que o entregador sofreria um impacto negativo em suas estatísticas ao não efetuar determinada entrega, independentemente de qualquer justificativa ou motivo válido que pudesse ter ensejado essa falta.

Sobre a atividade de perfilhamento, o art. 4.º, n.º 4, do GDPR, define-a como qualquer forma de tratamento automatizado de dados pessoais que consista em utilizar esses dados para avaliar certos aspectos pessoais de uma pessoa singular, nomeadamente para analisar ou prever aspectos relacionados ao seu desempenho profissional, situação econômica, saúde, preferências pessoais, interesses, fiabilidade, comportamento, localização ou deslocamentos.[46]

Nesse ponto, a LGPD não traz uma definição tão precisa, embora mencione a formação de perfis. Apesar de não trazer um conceito expresso, a análise também é relevante no Brasil, na medida em que o art. 20 da LGPD garante de forma expressa que o titular de dados possa solicitar a revisão das decisões tomadas unicamente com base no tratamento automatizado de seus dados e que afetem os seus interesses, fazendo referência a hipóteses de impacto na definição de perfil pessoal, profissional, de consumo e de crédito, e ainda a aspectos da personalidade do titular.[47]

Ademais, o § 1º do mesmo dispositivo legal disciplina que cabe ao controlador fornecer informações claras e adequadas a respeito dos critérios e dos procedimentos,

---

44. KALIL, Renan Bernardi. *Capitalismo de plataforma e Direito do Trabalho*: crowdwork e trabalho sob demanda por meio de aplicativos. 2019. Tese (Doutorado em Direito do Trabalho) – Faculdade de Direito, Universidade de São Paulo, São Paulo, 2019. doi:10.11606/T.2.2019.tde-07082020-133545. Acesso em: 11 out. 2022, p. 36.

45. MOSELE, Rafael; LUCENA, Cláudio. *Plataformas digitais e mediação algorítmica de oportunidades de trabalho*. Disponível em: https://www.inpd.com.br/post/plataformas-digitais-e-a-media%C3%A7%C3%A3o-algor%-C3%ADtmica-de-oportunidades-de-trabalho. Acesso em: 11 out. 2022.

46. União Europeia. *Regulation (EU) 2016/679 of the European Parliament and of the council of 27 April 2016*. Disponível em: https://eur-lex.europa.eu/legal-content/EN/TXT/?uri=CELEX%3A02016R0679-20160504&-qid=1532348683434. Acesso em: 11 out. 2022.

47. MOSELE, Rafael; LUCENA, Cláudio. *Plataformas digitais e mediação algorítmica de oportunidades de trabalho*. Disponível em: https://www.inpd.com.br/post/plataformas-digitais-e-a-media%C3%A7%C3%A3o-algor%-C3%ADtmica-de-oportunidades-de-trabalho. Acesso em: 11 out. 2022.

da engrenagem que é utilizada para a decisão automatizada, resguardados os segredos comercial e industrial.[48]

Impõem-se, então, as dificuldades da opacidade do algoritmo e da chamada *black box*[49] da inteligência artificial, somada com a incompreensão do funcionamento por parte das pessoas atingidas pela decisão. Em comento à *black box* da inteligência artificial, Will Knight argumenta que "nós podemos construir esses modelos mas nós não sabemos como eles trabalham"[50] (tradução livre).

A preocupação com a *black box* da IA é tão crescente que novas pesquisas têm sido feitas sob a denominação de *Explainable Artificial Intelligence (XAI*[51]*),* ramo que visa fazer com que a IA vá além da solução de problemas e que também seja capaz de trazer dados que possam elucidar como suas soluções são tomadas. Assumem relevância, nesse contexto, a *accountability* e as noções de *privacy by design* e *privacy by default,* além da elaboração do relatório de impacto à proteção de dados.

A configuração da *Deliveroo,* a partir da qual todos os operadores poderiam acessar os dados de todos os passageiros que operam na plataforma, dentro e fora da União Europeia, foi alterada pela empresa após a verificação da autoridade, reconfigurando o sistema de acordo com o princípio da "segregação por jurisdição única", excetuando o acesso a um número limitado de supervisores, quando necessário.

Durante o procedimento, no entanto, não parece que a empresa tenha adotado medidas técnicas e organizacionais para proteger os interessados visando verificar periodicamente a exatidão dos resultados dos sistemas algorítmicos, bem como a relevância e adequação dos dados utilizados em relação aos fins pretendidos e a redução do risco de efeitos distorcidos ou discriminatórios.

Nesse contexto, assume relevância a constatação de que o algoritmo e o aprendizado de máquina, quando não são minimamente transparentes e robustos, reproduzem ou amplificam o risco de discriminações, ainda que seus programadores não estejam cientes ou que sejam resultado de uma seleção específica de dados.

À luz da Lei Geral de Proteção de Dados, caso reconhecida uma violação aos seus preceitos, o controlador está vulnerável não somente à aplicação de sanções pecuniárias, mas também à determinação de publicizar as infrações cometidas, além de outras possibilidades expressamente elencadas no art. 52 do diploma legal.

---

48. MOSELE, Rafael; LUCENA, Cláudio. *Plataformas digitais e mediação algorítmica de oportunidades de trabalho.* Disponível em: https://www.inpd.com.br/post/plataformas-digitais-e-a-media%C3%A7%C3%A3o-algor%-C3%ADtmica-de-oportunidades-de-trabalho. Acesso em: 11 out. 2022.

49. *Black box* é um termo inglês que vem sendo utilizado para designar a opacidade e incompreensão do funcionamento dos sistemas de inteligência artificial.

50. "We can build these models but we don't know how they work". KNIGHT, Will. *The dark secret at the heart of AI.* Disponível em: https://www.technologyreview.com/s/604087/the-dark-secret-at-the-heart-of-ai/ Acesso em: 11 out. 2022.

51. DIOP, Lamine. CUPE, Jean. *Explainable AI:* The data scientist's new challenge. Disponível em: https://towardsdatascience.com/explainable-ai-the-data-scientists-new-challenge-f7cac935a5b4. Acesso em: 11 out. 2022.

Impende ressaltar que essa crítica não se dirige exclusivamente ao *Deliveroo*. Com efeito, sobre o *Ifood*, uma das maiores plataformas de entrega de alimentos, argumenta-se que "apesar de enunciar alguns fatores que podem ser levados em conta, o *iFood* não explicita de maneira clara como se dá o cálculo feito pelo algoritmo, de modo a obscurecer não apenas o pagamento, mas o próprio valor do trabalho em si",[52] acentuando a assimetria de poderes nesse tipo de relação:

> Diferentemente do modelo de avaliação da Uber, cujo parâmetro único são as notas dadas pelos usuários, o score do entregador de iFood se dá por um conjunto de fatores, além da avaliação do consumidor. O iFood não informa de que maneira é calculado esse score, porém é possível observar uma vasta gama de vídeos de entregadores dando dicas de como "driblar" o algoritmo para aumentar sua pontuação, pois quanto maior seu score, maior sua preferência nas entregas, ou seja, mais chances de receber um pedido.[53]

A precariedade das atividades realizadas pelos trabalhadores por meio de aplicativos decorre, muitas vezes, do excessivo destaque dado à tecnologia na condução das tarefas e dos termos do conteúdo laboral, tolhendo a autonomia e liberdade humana na apreciação do caso concreto. O gerenciamento da atividade, portanto, culmina por subordinar-se ao tecnocentrismo:

> Os dados fornecidos pelos passageiros são coletados e absorvidos pelo sistema algorítmico que constantemente atualiza a nota individual do motorista, alertando-o nos casos de permanência de baixo desempenho e dando "sugestões" de como melhorar sua nota. Quando o motorista não realiza os objetivos inseridos na programação do algoritmo, este é penalizado, podendo ser advertido, suspenso ou desligado do aplicativo por decisão algorítmica. Nesse contexto, enquanto as tarifas dinâmicas e os prêmios concedidos consistem em instrumentos de gerenciamento algorítmico por incentivos; as taxas de aceitação e de cancelamento, os sistemas de avaliação de desempenho, bem como as advertências, suspensões e desligamentos automáticos, expressam a faceta do gerenciamento algorítmico por penalizações. A programação e reprogramação algorítmica depende exclusivamente da vontade e dos objetivos dos provedores das plataformas, e, por exercer efetivo controle sobre o trabalho dos motoristas, expressa nova faceta da subordinação jurídica.[54]

Nesse ponto, argumenta-se que:

> Como já apontado para as tecnologias em geral, tampouco há neutralidade ou pureza no desenvolvimento dos algoritmos. Eles também são enquadrados dentro de um código técnico que representa um regime tecnológico. Dentro do contexto social atual, em específico no caso das plataformas digitais, os algoritmos carregam os valores dessas organizações e do mercado, constituindo, dessa

---

52. DESGRANGES, Nina. Os algoritmos do empreendedorismo: a plataformização do trabalho de entregadores de Ifood. *Pensata*. v. 9, n. 2, 2020. Disponível em: https://periodicos.unifesp.br/index.php/pensata/article/view/11136. Acesso em: 11 out. 2022, p. 11.

53. DESGRANGES, Nina. Os algoritmos do empreendedorismo: a plataformização do trabalho de entregadores de Ifood. *Pensata*. v. 9, n. 2, 2020. Disponível em: https://periodicos.unifesp.br/index.php/pensata/article/view/11136. Acesso em: 11 out. 2022, p. 12.

54. PIRES, Elisa Guimarães Brandão. *Aplicativos de transporte e o controle por algoritmos*: repensando o pressuposto da subordinação jurídica. 2019. Dissertação (Mestrado em Direito) – Faculdade de Direito da Universidade Federal de Minas Gerais, Minas Gerais, 2019. Disponível em: https://repositorio.ufmg.br/handle/1843/DIR-S-BCDEMA?mode=full. Acesso em: 11 out. 2022, p. 157.

forma, uma ferramenta para viabilizar a maximização dos lucros das organizações, já que é modelada de forma a executar as prescrições de acordo com essa premissa.[55]

Tem-se observado uma tendência na apuração de ilícitos praticados por meio de aplicativos de *delivery*. Isso porque a Procuradoria de Milão informou que está investigando, em dois processos, as empresas de aplicativos de entrega de comida em toda a Itália.[56] Os processos tramitam em sigilo, mas o primeiro seria sobre a exploração de entregadores pelos aplicativos *Uber Eats, Just Eat* e *Deliveroo*, e o segundo seria a *Uber* em crimes fiscais.[57]

O caso da *Deliveroo* é marcante por indicar um norte na aplicação jurídica na relação entre trabalhadores e algoritmos, conscientizando sobre como tais mecanismos podem ser potencialmente abusivos. Em julho de 2020, por exemplo, quatro motoristas do Reino Unido apoiados pelo aplicativo *Drivers and Couriers Union* processaram a *Uber* para obter acesso aos algoritmos usados e três meses depois, outro grupo de motoristas da *Uber* ajuizou uma ação em face da empresa por supostamente terem sidos excluídos da plataforma por um algoritmo automatizado sem ter a oportunidade de recorrer.[58]

Interessante notar que, no caso em apreço, a atuação sindical assumiu destaque no combate às formas de discriminação nas relações de trabalho por ter denunciado a prática, visando, inclusive, assegurar o direito de greve dos trabalhadores.[59] A nível coletivo essa atuação é ainda mais importante por dar efetividade à tutela antidiscriminatória do trabalhador. A decisão contempla uma sanção multifuncional, que não se limita no caráter punitivo mas também se preocupa em prevenir os danos.

Em síntese, a decisão foi bem acolhida pela maior parte da literatura, notadamente pelo seu carácter inédito a nível europeu e, sobretudo, pelas conclusões a que chegou e pelas razões que as conduziram.[60]

---

55. BAPTISTELLA, Camilla Voigt. *Pra quem tem fome*: vigilância e controle algorítmicos no processo de trabalho de um aplicativo de entrega em Curitiba. 2021. Dissertação (Mestrado em Tecnologia e Sociedade) – Universidade Tecnológica Federal do Paraná, Curitiba, 2021, p. 143.
56. ÉPOCA NEGÓCIOS. *Itália investiga apps de comida por exploração de entregadores*. Disponível em: https://epocanegocios.globo.com/Mundo/noticia/2021/02/italia-investiga-apps-de-comida-por-exploracao-de-entregadores.html. Acesso em: 11 out. 2022.
57. ÉPOCA NEGÓCIOS. *Itália investiga apps de comida por exploração de entregadores*. Disponível em: https://epocanegocios.globo.com/Mundo/noticia/2021/02/italia-investiga-apps-de-comida-por-exploracao-de-entregadores.html. Acesso em: 11 out. 2022.
58. VICE. *Court Rules Deliveroo Used 'Discriminatory' Algorithm*. Disponível em: https://www.vice.com/en/article/7k9e4e/court-rules-deliveroo-used-discriminatory-algorithm. Acesso em: 11 out. 2022.
59. PURIFICATO, Ilaria. Behind the scenes of Deliveroo's algorithm: the discriminatory effect of Frank's blindness. *Italian Labour Law e-Journal*. v. 14, 2021. Disponível em: https://illej.unibo.it/article/view/12990. Acesso em: 11 out. 2022.
60. PURIFICATO, Ilaria. Behind the scenes of Deliveroo's algorithm: the discriminatory effect of Frank's blindness. *Italian Labour Law e-Journal*. v. 14, 2021. Disponível em: https://illej.unibo.it/article/view/12990. Acesso em: 11 out. 2022.

4. CONCLUSÃO

Compreender o impacto da mediação algorítmica nas relações sociais nem sempre é uma constatação fácil. O caso *Deliveroo* é original pelo seu objeto e pela solução alcançada, mediante a adaptação dos institutos jurídicos clássicos ao caráter inovador da plataforma virtual. Para além disso, o caso assume ainda mais relevância quando se constata a presença massiva de aplicativos de *delivery* no mundo inteiro, ocasião em que diversas violações à legislação de proteção de dados são reiteradamente efetivadas.

A decisão enaltece os direitos fundamentais dos trabalhadores das plataformas digitais e envia uma mensagem a todos que empreendem no ramo. Por outro lado, também compete evidenciar as dificuldades na aplicação prática da legislação de proteção de dados para *startups* e empresas de pequeno porte, especialmente no Brasil, onde muitas disposições ainda carecem de uma atividade mais incisiva e uma definição mais precisa da Autoridade Nacional de Proteção de Dados.

Desse modo, muitas determinações podem parecer abstratas e as dificuldades operacionais na gestão de sistemas informáticos pode impor dificuldades àqueles que estão começando a se familiarizar com as noções de autodeterminação informativa. O fato é que a opacidade e a falta de transparência que caracterizam a atividade algorítmica não podem servir como fundamento para blindar as atividades virtuais das sanções cominadas a partir de efetivas violações aos direitos fundamentais, podendo, portanto, serem objeto de litígio.

Ademais, a decisão analisada robustece a proteção de privacidade e da isonomia na medida em que fundamenta o reconhecimento dessa proteção de forma universal, independentemente da classificação da relação laboral. É uma ponderação pertinente especialmente em um contexto de inauguração de novas tecnologias e de incorporação de sistemas de inovação digital em inúmeros setores de trabalho.

Noutro giro, também recomenda-se evitar a adoção de formulações excessivamente rigorosas, considerando o risco de que não consigam se adaptar aos fluxos dinâmicos do desenvolvimento científico e tecnológico, aos quais as plataformas digitais frequentemente recorrem para a sua organização.

A atividade de fiscalização administrativa é um componente fundamental na concretização das disposições legislativas que compõem o marco regulatório tecnológico. Nesse ponto, é necessário pensar em formas de viabilizar um debate multissetorial na regulação tecnológica, que envolva todos os setores interessados na demanda, desde academia, sociedade civil, iniciativa privada, Estado e sindicatos, com vistas a efetivar uma participação democrática no campo regulatório.

REFERÊNCIAS

1. Artigo em revista

DESGRANGES, Nina. Os algoritmos do empreendedorismo: a plataformização do trabalho de entregadores de Ifood. *Pensata*. V. 9, n. 2, 2020. Disponível em: https://periodicos.unifesp.br/index.php/pensata/article/view/11136. Acesso em: 11 out. 2022.

DONEDA, Danilo. Um código para a proteção de dados na Itália. *Revista Trimestral de Direito Civil*. V. 4, n. 16, p. 117–133, out./dez., 2003. Disponível em: https://www.researchgate.net/publication/266036287_Um_Codigo_para_a_protecao_de_dados_pessoais_na_Italia. Acesso em: 11 out. 2022.

PURIFICATO, Ilaria. Behind the scenes of Deliveroo's algorithm: the discriminatory effect of Frank's blindness. *Italian Labour Law e-Journal*. v. 14, 2021. Disponível em: https://illej.unibo.it/article/view/12990. Acesso em: 11 out. 2022.

2. Artigo web

BBC. *Italy Country Profile*. Disponível em: https://www.bbc.com/news/world-europe-17433142. Acesso em: 11 out. 2022.

DIOP, Lamine. CUPE, Jean. *Explainable AI:* The data scientist's new challenge. Disponível em: https://towardsdatascience.com/explainable-ai-the-data-scientists-new-challenge-f7cac935a5b4. Acesso em: 11 out. 2022.

ÉPOCA NEGÓCIOS. *Itália investiga apps de comida por exploração de entregadores*. Disponível em: https://epocanegocios.globo.com/Mundo/noticia/2021/02/italia-investiga-apps-de-comida-por-exploracao--de-entregadores.html. Acesso em: 11 out. 2022.

KNIGHT, Will. *The dark secret at the heart of AI*. Disponível em: https://www.technologyreview.com/s/604087/the-dark-secret-at-the-heart-of-ai/ Acesso em: 11 out. 2022.

MOSELE, Rafael; LUCENA, Cláudio. *Plataformas digitais e mediação algorítmica de oportunidades de trabalho*. Disponível em: https://www.inpd.com.br/post/plataformas-digitais-e-a-media%C3%A7%C3%A3o-algor%C3%ADtmica-de-oportunidades-de-trabalho. Acesso em: 11 out. 2022.

PRIVACY TOOLS. *Proteção de dados na Europa em 2020*. Disponível em: https://privacytools.com.br/protecao-de-dados-na-europa-em-2020/. Acesso em: 11 out. 2022.

VICE. *Court Rules Deliveroo Used 'Discriminatory' Algorithm*. Disponível em: https://www.vice.com/en/article/7k9e4e/court-rules-deliveroo-used-discriminatory-algorithm. Acesso em: 11 out. 2022.

3. Dissertação ou tese

BAPTISTELLA, Camilla Voigt. *Pra quem tem fome:* vigilância e controle algorítmicos no processo de trabalho de um aplicativo de entrega em Curitiba. 2021. Dissertação (Mestrado em Tecnologia e Sociedade) - Universidade Tecnológica Federal do Paraná, Curitiba, 2021.

KALIL, Renan Bernardi. *Capitalismo de plataforma e Direito do Trabalho: crowdwork e trabalho sob demanda por meio de aplicativos*. 2019. Tese (Doutorado em Direito do Trabalho) - Faculdade de Direito, Universidade de São Paulo, São Paulo, 2019. doi:10.11606/T.2.2019.tde-07082020-133545. Acesso em: 11 out. 2022.

PIRES, Elisa Guimarães Brandão. *Aplicativos de transporte e o controle por algoritmos:* repensando o pressuposto da subordinação jurídica. 2019. Dissertação (Mestrado em Direito) – Faculdade de Direito da Universidade Federal de Minas Gerais, Minas Gerais, 2019. Disponível em: https://repositorio.ufmg.br/handle/1843/DIRS-BCDEMA?mode=full. Acesso em: 11 out. 2022.

4. Ementas de julgados e legislação

GARANTE PER LA PROTEZIONE DEI DATI PERSONALI. *Ordinanza Ingiunzione Nei Confronti Di Deliveroo Italy S.R.L.* 22 jul. 2021. Disponível em: https://www.gpdp.it/web/guest/home/docweb/-/docweb-display/docweb/9685994. Acesso em: 11 out. 2022.

ITÁLIA. *D.Lgs. 15 giugno 2015, n. 81*. Disponível em: https://www.cliclavoro.gov.it/Normative/Decreto_Legislativo_15_giugno_2015_n.81.pdf. Acesso em: 11 out. 2022.

UNIÃO EUROPEIA. *REGULATION (EU) 2016/679 OF THE EUROPEAN PARLIAMENT AND OF THE COUNCIL of 27 April 2016*. Disponível em: https://eur-lex.europa.eu/legal-content/EN/TXT/?uri=-CELEX%3A02016R0679-20160504&qid=1532348683434. Acesso em: 11 out. 2022.

X
INSTITUIÇÕES DE ENSINO

14
SUPERVISÃO DE EXAMES UNIVERSITÁRIOS ON-LINE E A PROTEÇÃO DE DADOS PESSOAIS NO CONTEXTO DA COVID-19: UMA ANÁLISE DA DECISÃO DA DPA DINAMARQUESA À LUZ DO GDPR

Anderson Souza da Silva Lanzillo

Doutorado em Estudos da Linguagem pela Universidade Federal do Rio Grande do Norte. Mestrado em Direito pela Universidade Federal do Rio Grande do Norte. Graduação em Direito pela Universidade Federal do Rio Grande do Norte. Professor Adjunto do Departamento de Direito Privado e do Programa de Pós-Graduação em Direito da Universidade Federal do Rio Grande do Norte. Contato: adv.andersonss@gmail.com

Luana Andrade de Lemos

Mestranda em Direito pela Universidade Federal do Rio Grande do Norte. Pós-Graduação em Direito na Internet pelo Centro Universitário UNIFAEL. Graduação em Direito pela Universidade Federal do Rio Grande do Norte. Advogada. Contato: luaaalemos@gmail.com

Lukas Darien Dias Feitosa

Graduação em Direito pela Universidade Federal do Rio Grande do Norte e Mestrando em Direito pela Universidade Federal do Rio Grande do Norte. Advogado. Contato: lukasdarien@gmail.com

Resumo: A DPA dinamarquesa concluiu que o uso de um serviço de supervisão de exames online por uma universidade estava de acordo com o GDPR e a legislação nacional.

Fundamentos: Art. 5 GDPR / Art. 5(1) f) GDPR / Art. 6(1) GDPR / Art. 32 GDPR / Art. 35 GDPR.

Decisão completa:

https://www.datatilsynet.dk/afgoerelser/afgoerelser/2021/jan/universitets-brug-af-tilsynsprogram-ved-online-eksamen

Sumário: 1. Descrição do caso – 2. Fundamentação legal – 3. Comentários e análise crítica – 4. Conclusão – Referências.

1. DESCRIÇÃO DO CASO

O caso se trata de uma investigação feita pela Agência Dinamarquesa de Proteção de Dados (*Datatilsynet*, em sua língua original, ou DDPA, do inglês *Danish Data Protection Agency*) sobre o uso de um *software* de monitoramento de provas online pela *IT University of Copenhagen* (ITU) durante a pandemia de COVID-19.[1]

Especificamente, a ITU utilizou um *software* – *ProctorExam* – para realizar um acompanhamento em tempo real dos estudantes que realizaram uma prova escrita em suas residências.

Essa ferramenta de monitoramento tem a capacidade de dar acesso à câmera e ao microfone do computador dos alunos, bem como acesso aos navegadores, exclusivamente durante o período de realização da prova, disponibilizando para os avaliadores um registro em vídeo e áudio do estudante durante a aplicação da prova, bem como possibilitando a análise da tela e do histórico de navegação no mesmo período.

A situação foi denunciada para a Agência Dinamarquesa de Proteção de Dados que requereu esclarecimentos para a ITU.

A universidade esclareceu que, por conta da pandemia de COVID-19 e o consequente *lockdown* determinado pelo governo, foi necessária uma reorganização das rotinas de ensino e avaliações para o ambiente virtual. A ITU destacou ainda que, apesar das limitações da situação, o Ministério da Educação e Pesquisa estabeleceu que as universidades deveriam seguir os critérios tradicionais de integridade e qualidade durante as avaliações, ainda que elas ocorressem de forma não presencial.

Apesar dos esforços da universidade em reformular as avaliações para um formato onde o aluno fosse adequadamente avaliado sem uma supervisão presencial, a disciplina "Algoritmos e Estruturas de Dados" se mostrou um desafio mais complexo, haja vista ser uma disciplina básica onde os estudantes devem demonstrar suas habilidades fundamentais naquele contexto.

Ante as características próprias da disciplina, a Universidade alegou que não seria possível a realização de um exame em formato alternativo, assim como seria imprescindível o acompanhamento individual durante o exame, haja vista que as respostas corretas seriam sempre as mesmas, sendo o processo que o aluno utilizou para chegar nas respostas essencial para a avaliação, além da necessidade de se evitar que os alunos recebessem ajuda de terceiros ou buscassem respostas em outros canais.

O *software* de monitoramento, portanto, serviria para averiguar a identificação de cada aluno – que deveriam mostrar um documento no início da avaliação – além de garantir que ele próprio realizaria a prova inteira, sem se comunicar com outra pessoa ou ter acesso a ajudas indevidas.

O monitoramento consistiria na gravação do áudio e do vídeo, através do computador do aluno, bem como o histórico do conteúdo reproduzido em suas telas e acessado em seus navegadores, durante o período da avaliação.

---

1. A descrição do caso é baseado no relatório da *Datatilsynet*, disponibilizado no endereço: https://www.datatilsynet.dk/afgoerelser/afgoerelser/2021/jan/universitets-brug-af-tilsynsprogram-ved-online-eksamen

Todos os alunos receberam instruções sobre a instalação e desinstalação do aplicativo, cuidados durante a realização da avaliação – como estar em um local isolado, evitando assim a exposição a outras pessoas, bem como evitar que informações alheias ao exame estivessem ao alcance da câmera ou do microfone – e foi requerida a assinatura de um termo de consentimento esclarecido para o processamento dos dados coletados.

Durante a realização da avaliação, foram coletados os seguintes dados pessoais: Foto do documento pessoal; gravação em vídeo do estudante; gravação em áudio do estudante; gravação da tela do computador do estudante; histórico do navegador.

Os dados eram todos enviados, por conexão criptografada (protocolo https, TLS 1.3, X25519, AES_128_GCM na transmissão dos dados e criptografia Amazon S3 *server-side encryption* AES-256 para armazenamento dos dados pessoais), para um servidor na Alemanha onde só teriam acesso, por meio de senha, técnicos do *software*, para realização de intervenções de manutenção que se fizessem necessária, técnicos esses submetidos à obrigações de confidencialidades, além de uma equipe de técnicos de TI da universidade e a equipe de supervisão da prova.

Todos os acessos eram controlados por login e senha. A Universidade requereu à *ProctorExame* uma autenticação de 2 fatores, mas, segundo a equipe técnica do programa, não haveria tempo hábil para a implementação desse sistema.

Após a avaliação do caso, a DPA entendeu que o processamento dos dados pessoais, neste caso, ocorreu de acordo com os parâmetros estabelecidos pelo Regulamento Geral sobre a Proteção de Dados Europeu e do Ato de Proteção de Dados da Dinamarca.

2. FUNDAMENTAÇÃO LEGAL

A decisão da Agência Dinamarquesa de Proteção de Dados se baseou no entendimento de que as ações da ITU ocorreram em respeito aos artigos 5.°[2] e

---

2. GDPR (versão oficial Portuguesa), Artigo 5.° Princípios relativos ao tratamento de dados pessoais.

1. Os dados pessoais são: a) Objeto de um tratamento lícito, leal e transparente em relação ao titular dos dados («licitude, lealdade e transparência»); b) Recolhidos para finalidades determinadas, explícitas e legítimas e não podendo ser tratados posteriormente de uma forma incompatível com essas finalidades; o tratamento posterior para fins de arquivo de interesse público, ou para fins de investigação científica ou histórica ou para fins estatísticos, não é considerado incompatível com as finalidades iniciais, em conformidade com o artigo 89.°, n.° 1 («limitação das finalidades»); c) Adequados, pertinentes e limitados ao que é necessário relativamente às finalidades para as quais são tratados («minimização dos dados»); d) Exatos e atualizados sempre que necessário; devem ser adotadas todas as medidas adequadas para que os dados inexatos, tendo em conta as finalidades para que são tratados, sejam apagados ou retificados sem demora («exatidão»); e) Conservados de uma forma que permita a identificação dos titulares dos dados apenas durante o período necessário para as finalidades para as quais são tratados; os dados pessoais podem ser conservados durante períodos mais longos, desde que sejam tratados exclusivamente para fins de arquivo de interesse público, ou para fins de investigação científica ou histórica ou para fins estatísticos, em conformidade com o artigo 89.°, n.° 1, sujeitos à aplicação das medidas técnicas e organizativas adequadas exigidas pelo presente regulamento, a fim de salvaguardar os direitos e liberdades do titular dos dados («limitação da conservação»); f) Tratados de uma forma que garanta a sua segurança, incluindo a proteção contra o seu tratamento não autorizado ou ilícito e contra a sua perda, destruição ou danificação acidental, adotando as medidas técnicas ou organizativas adequadas («integridade e confidencialidade»);

2. O responsável pelo tratamento é responsável pelo cumprimento do disposto no n. 1 e tem de poder comprová-lo («responsabilidade»).

6.$^{\circ3}$ do GDPR, bem como à seção 11, subseção 1, do Ato de Proteção de Dados da Dinamarca.[4]

De forma a facilitar o entendimento da decisão da Agência Dinamarquesa, apresentaremos as bases legais de acordo com três tópicos: Processamento de dados pessoais; Processamento de dados pessoais sensíveis; e Informações sobre o processamento dos dados.

a. Processamento de dados pessoais

A Agência Dinamarquesa aponta, inicialmente, que o GDPR (Art. 2.$^{\circ}$, n.$^{\circ}$ 1) se aplica a qualquer tratamento de dados pessoais que sejam realizados por meios total ou parcialmente automatizado, bem como ao tratamento por meios não automatizados de dados pessoais contidos em arquivos ou a eles destinados.

Observa-se ainda que os princípios básicos estabelecidos no art. 5.$^{\circ}$ do GDPR devem ser sempre observados, com destaque para a necessidade de um tratamento lícito, leal e transparente dos dados, em relação ao titular (licitude, lealdade e transparência) e sempre adequados, pertinentes e limitados ao que é necessário relativamente às finalidades para as quais são tratados (minimização dos dados).

Destaca ainda que o art. 6.$^{\circ}$, n.$^{\circ}$ 1, do GDPR estabelece que o processamento de dados pessoais só poderá ser considerado legal se, e somente se, intencionar atingir uma das condições estabelecidas por este dispositivo legal. Entre estas condições, o subparágrafo "e" estabelece a possibilidade de processamento legal quando "[o] tratamento for necessário ao exercício de funções de interesse público ou ao exercício da autoridade pública de que está investido o responsável pelo tratamento".

Por fim, o Ato de Proteção de Dados da Dinamarca, seção 11, subseção 1, estabelece que as autoridades públicas poderão processar o número de identidade pessoal com o propósito de identificação pessoal ou como um número de registro.

No caso em análise, como já demonstrado, os dados coletados foram referentes ao momento da aplicação das provas – áudio e vídeo do aluno realizando a prova, bem

---

3. GDPR (versão oficial Portuguesa), Artigo 6.$^{\circ}$, Licitude do tratamento.

1. O tratamento só é lícito se e na medida em que se verifique pelo menos uma das seguintes situações: a) O titular dos dados tiver dado o seu consentimento para o tratamento dos seus dados pessoais para uma ou mais finalidades específicas; b) O tratamento for necessário para a execução de um contrato no qual o titular dos dados é parte, ou para diligências pré-contratuais a pedido do titular dos dados; c) O tratamento for necessário para o cumprimento de uma obrigação jurídica a que o responsável pelo tratamento esteja sujeito; d) O tratamento for necessário para a defesa de interesses vitais do titular dos dados ou de outra pessoa singular; e) O tratamento for necessário ao exercício de funções de interesse público ou ao exercício da autoridade pública de que está investido o responsável pelo tratamento; f) O tratamento for necessário para efeito dos interesses legítimos prosseguidos pelo responsável pelo tratamento ou por terceiros, exceto se prevalecerem os interesses ou direitos e liberdades fundamentais do titular que exijam a proteção dos dados pessoais, em especial se o titular for uma criança.

4. *Act on supplementary provisions to the regulation on the protection of natural persons with regard to the processing of personal data and on the free movement of such data (the Data Protection Act), 11. (1) Public authorities may process data concerning identification numbers with a view to unique identification or as file numbers.*

como o registro do conteúdo reproduzido na tela e o histórico do navegador de internet, durante o período de aplicação da avaliação.

Ademais, foram coletados, antes do início da avaliação, informações de identificação de passaportes, documentos estudantis ou carteiras de motorista, de cada um dos 330 alunos que realizaram a prova.

Todas essas informações foram coletadas e armazenadas com a utilização do *software ProctorExame*.

Na análise da situação, a Agência Dinamarquesa, diante de todo o contexto excepcional da pandemia de COVID-19, principalmente em sua etapa mais inicial, entendeu que a ITU respeitou os princípios básicos estabelecidos pelo GDPR, sendo objetivos e transparentes quanto ao uso dos dados, dentro dos limites estabelecidos pela lei, inclusive no que diz respeito ao esclarecimento tanto para os estudantes quanto para os órgãos fiscalizadores (princípios da lealdade, licitude e transparência).

Ainda, a ITU só teve acesso aos dados estritamente necessários para a realização da necessária monitorização dos estudantes durante a realização da prova, sem coletar diretamente dados não essenciais, mantendo o acesso aos dados apenas limitados àqueles diretamente ligados a análise das informações, com controle por senha, e o armazenamento pelo tempo suficiente para o processamento (princípio da minimização dos dados, limitação das finalidades e do armazenamento).

Sobre o controle de acesso, a DDPA chegou a observar que a implementação de um sistema de autenticação de 2 fatores seria o ideal, mas que a preocupação da ITU sobre a questão, aliada à dificuldade técnica apresentada pelo *software* nessa questão serviriam de ressalva.

Nesse contexto, e baseado nas informações apresentadas pela ITU, a Agência Dinamarquesa concluiu que a Universidade, enquanto autoridade pública no exercício de suas funções e controladora dos dados coletados, por conseguinte, responsável pelo seu processamento, agiu em acordo com o estabelecido pelo GDPR (art. 6.º, n.º 1, "*e*") no que diz respeito à monitorização dos estudantes durante a realização da prova da disciplina "Algoritmos e Estrutura de Dados", respeitando, por conseguinte, os princípios básicos da licitude, lealdade e transparência, bem como da minimização dos dados (art. 5.º).

A DDPA também entendeu que o processamento dos dados de identificação pessoal dos estudantes está de acordo com o Ato de Proteção de Dados da Dinamarca, seção 11, subseção 1, haja vista o inequívoco propósito de identificação dos estudantes de modo a evitar fraude na realização da prova.

O entendimento da Agência Dinamarquesa de Proteção de Dados é, portanto, no sentido de que o processamento dos dados diretamente coletados para fins de monitorização da realização da prova pelos alunos da ITU estão de acordo com as determinações do GDPR. Contudo, alguns dados coletados indiretamente, entre eles dados pessoais sensíveis, devem ser levados em consideração nesse cenário.

b. Processamento de dados pessoais sensíveis

O GDPR, em seu art. 9.º, n.º 1, estabelece como proibido o tratamento de categorias especiais de dados pessoais que revelem a origem racial ou étnica, as opiniões políticas, as convicções religiosas ou filosóficas, ou a filiação sindical, bem como o tratamento de dados genéticos, dados biométricos para identificar uma pessoa de forma inequívoca, dados relativos à saúde ou dados relativos à vida sexual ou orientação sexual de uma pessoa.

No mesmo artigo são previstas exceções a essa proibição, entre elas o processamento de dados pessoais sensíveis quando "o tratamento for necessário por motivos de interesse público importante, [...] [devendo ser] proporcional ao objetivo visado, respeitar a essência do direito à proteção dos dados pessoais e prever medidas adequadas e específicas que salvaguardem os direitos fundamentais e os interesses do titular dos dados" (art. 9.º, n.º 2, "g").

A mesma ressalva é prevista na seção 7, subseção 4, do Ato de Proteção de Dados da Dinamarca, garantida a possibilidade de processamento de dados pessoais sensíveis quando necessário ao interesse público.

No monitoramento realizado pela ITU, a princípio, não foram coletados dados pessoais sensíveis. Contudo, durante a realização da prova, devido ao tipo de acesso dado à universidade, é possível que algum dado pessoal sensível seja coletado de forma indireta, caso o aluno não tome as precauções cabíveis.

A ITU, como já apontado, declarou que foram feitas recomendações explícitas aos estudantes quanto aos cuidados durante a realização da prova, como estar num local isolado, sem o aparecimento de informações privadas irrelevantes à avaliação, e a recomendação aos demais moradores de suas residências a respeitar sua privacidade durante a realização do teste.

A Agência Dinamarquesa observou que o consentimento dado pelos estudantes para a utilização do sistema *ProctorExam* não serve como base legal para o processamento de dados pessoais sensíveis e, desse modo, tanto a ITU quanto o *ProctorExam* deveriam ter realizado um processo de esclarecimento mais intenso e eficiente no sentido de evitar que os estudantes, ainda que não intencionalmente, disponibilizassem dados pessoais sensíveis.

c. Informações sobre o processamento de dados

A transparência, como já mencionado, é princípio fundamental para o processamento de dados ocorrer de forma legal, de acordo com as determinações do GDPR. Nesse sentido, a disponibilização de informações claras para o titular dos dados é elemento essencial no estabelecimento dessa legalidade.

A ITU, como já relatado, disponibilizou para os alunos um informativo explicando as razões do monitoramento, o funcionamento do aplicativo, quais dados seriam coletados e as precauções que os estudantes deveriam tomar para que as informações disponibilizadas fossem, exclusivamente, referentes à realização da prova.

A Agência Dinamarquesa entendeu que o esclarecimento ocorreu de forma clara, concisa, facilmente acessível e com linguagem simples no que diz respeito à explicação do processo – desde a instalação do *software* até a sua desinstalação, passando por todos os aspectos técnicos e legais que o permeiam.

Contudo, a DDPA entendeu que, com relação às precauções necessárias a evitar que os estudantes disponibilizassem dados pessoais sensíveis, de forma não intencional, tanto a Universidade quanto a empresa administradora do *software* utilizado, deveriam ter sido mais claras e até mesmo intensivas quando da adoção dessas precauções, haja vista que, uma vez coletados esse tipo de dado, no contexto analisado, a exclusão seria de difícil realização.

3. COMENTÁRIOS E ANÁLISE CRÍTICA

O arcabouço legal instituído pelo GDPR em 2016 implementou importantes mudanças na lógica do tratamento de dados pessoais, dando ao titular desses dados um maior controle sobre todo o processo de tratamento dessas informações, em atualização à legislação europeia vigente à época, ampliando o escopo da proteção de dados pessoais . Aplicada a qualquer tipo de organização que necessite processar dados pessoais de cidadãos europeus, seja pública ou privada, o GDPR fomentou uma verdadeira reforma nas políticas internas de procedimentos e processamentos de dados, impondo uma série de obrigações e necessidade de adaptações nas instituições públicas e no setor privado.[5]

Esse processo de adaptações foi intensificado e acelerado durante a pandemia da COVID-19, especialmente por conta da necessidade que as organizações de todos os setores econômicos tiveram para reformular sua lógica de funcionamento presencial para um modelo a distância.

Na educação, a necessidade de adoção, e até mesmo criação, de métodos educacionais alternativos se mostrou imperativo. Plataformas de educação síncronas e assíncronas foram criadas, estabelecendo uma nova lógica de captação e armazenamento de dados, inclusive pessoais, obrigando as instituições de ensino a se adequarem, também, às demandas impostas pelo GDPR.[6]

A experiência da *IT University of Copenhagen,* objeto do presente estudo, é uma demonstração de como as instituições de ensino necessitaram inovar num cenário de incertezas tecnológicas e legais. A utilização do software de monitorização em tempo

---

5. TEIXEIRA, Gonçalo Almeida; DA SILVA, Miguel Mira; PEREIRA, Ruben. The critical success factors of GDPR implementation: a systematic literature review. *Digital Policy, Regulation and Governance,* 2019. v. 21 n. 4, p. 402-418. https://doi.org/10.1108/DPRG-01-2019-0007.
6. MOUGIAKOU, Eirini; PAPADIMITRIOU, Spyros; VIRVOU, Maria. Synchronous and asynchronous learning methods under the light of general data protection regulation. *2020 11th International Conference on Information, Intelligence, Systems and Applications.* IISA. IEEE, 2020. p. 1-7. doi: 10.1109/IISA50023.2020.9284341.

real se mostrou um desafio para as determinações do GDPR, que foi enfrentado com objetividade e eficácia por parte da Universidade.

No caso em análise, observa-se que os principais aspectos jurídicos pertinentes à situação da ITU, denunciada para a Agência Dinamarquesa de Proteção de Dados, giraram em torno dos artigos 5.º e 6.º do GDPR, bem como da seção 11, subseção 1, do Ato de Proteção de Dados da Dinamarca, que, em suma, estabelecem a base principiológica para o tratamento de dados pessoais de forma juridicamente adequada.

A autoridade nacional dinamarquesa responsável pela aplicação de eventual sanção no caso do descumprimento das normativas de observância obrigatória à proteção de dados apurou que o uso do serviço de supervisão do exame online pela universidade ocorreu de acordo com o GDPR e a legislação nacional, razão pela qual não houve, no caso concreto, a aplicação de qualquer sanção.

O caso é emblemático porque a praxe tem sido o reconhecimento de violações aos preceitos do GDPR, impondo-se medidas coercitivas para obrigar o cumprimento de tais normativas. Aqui, o que se verifica é que o responsável pelo tratamento dos dados conseguiu comprovar e convencer, ao exercer o seu contraditório, que toda a aplicação da prova online foi planejada e executada para que nenhuma ilicitude ocorresse durante as etapas do certame.

De acordo com Carey,[7] o cumprimento de alguns, ou mesmo da maioria, dos princípios relativos ao tratamento de dados pessoais nunca é suficiente para que uma organização consiga não violar a lei de proteção de dados. Isso porque, dentre outros aspectos sensíveis, os dados foram adquiridos de qualquer maneira, mesmo quando os registros da organização cumprem excelentes normas de segurança.

O autor apresenta uma interpretação literal das normativas pertinentes à proteção dos dados. Por sua vez, na aplicação, a autoridade responsável pela fiscalização do cumprimento dos princípios deve ponderar a licitude do tratamento. Contrariando o posicionamento literal citado, constata-se que no caso analisado a ITU conseguiu o reconhecimento pela DDPA de que não violou a lei de proteção de dados e que todas as medidas tecnologicamente possíveis foram adotadas.

O fato se destaca justamente pelos desafios que o GDPR impôs aos controladores e operadores de dados pessoais. Na prática, as organizações tendem a recolher demasiada informação sobre os indivíduos, e por essa razão precisam rever as suas operações para assegurar que o seu processamento é limitado ao que é estritamente necessário, além de adequado e relevante, com o fim de atender o princípio da minimização de dados.[8]

Nessa perspectiva, a ITU demonstrou a viabilidade de se efetivar um sistema de coleta de dados pessoais que não só se atenha aos dados estritamente necessários para a execução da finalidade proposta, mas também à manutenção dessas informações apenas

---

7. CAREY, Peter. *Data Protection*: A Practical Guide to UK and Eu Law. USA: Oxford University Press, 2018.

8. CAREY, Peter. Ibidem.

pelo tempo necessário, armazenadas em um servidor com as medidas de segurança exigidas e com acesso devidamente controlado.

Essa coordenação entre a estrutura técnica e as demandas jurídicas impostas pelo GDPR é o alicerce para a concretização de um ambiente seguro para o tratamento de dados pessoais. A aplicação da norma depende de que todas as partes envolvidas no processo possuam um entendimento coordenado entre as necessidades legais e técnicas envolvidas nesse processo. Não existe possibilidade da efetiva implementação das determinações do GDPR sem um trabalho coordenado entre legisladores, corpo jurídico e corpo técnico.[9]

É importante destacar que a proteção de dados pessoais é reconhecida como direito fundamental pela jurisdição europeia e, como tal, impacta não só os indivíduos, mas também suas famílias, seus lares e ambientes de trabalho.[10] Essa compreensão ganha relevância quando se discute a coleta de dados pessoais de forma não específica, possibilitando, como o caso em discussão, que o sujeito, durante a disponibilização desses dados, acabe por possibilitar que informações pessoais não essenciais suas e de terceiros sejam fornecidas de forma não intencional.

Nos casos em que há coleta de dados para além do necessário, ou de forma indevida, a legislação europeia é clara ao estabelecer o direito do titular de ter estes dados corrigidos ou apagados, bem como a obrigação do controlador em garantir a execução desse apagamento (Artigos 16.º e 17.º, GDPR).

Neste cenário, é importante destacar a proibição do processamento dos dados listados no artigo 9.º, n.º 1[11] do GDPR, dados estes que são particularmente sensíveis e podem criar riscos significativos para o seu titular, caso haja o tratamento indevido dessas informações.[12]

Ocorre que, nos casos de dados pessoais coletados de forma colateral em áudio e vídeo, esse apagamento poderá se mostrar um desafio técnico a ser executado sem que haja a exclusão dos dados coletados de forma legal.

Os controladores devem, portanto, adotar todas as medidas técnicas cabíveis para evitar a coleta de dados pessoais não necessários, inclusive destacando, de forma clara

---

9. TAMÒ-LARRIEUX, Aurelia. Privacy and Data Protection Regulation in Europe. *Designing for Privacy and its Legal Framework*. Springer, Cham, 2018. p. 73-100.

10. OOSTVEEN, Manon; IRION, Kristina. The golden age of personal data: How to regulate an enabling fundamental right?. *Personal Data in Competition, Consumer Protection and Intellectual Property Law*. Springer, Berlin, Heidelberg, 2018. p. 7-26.

11. GDPR (versão oficial Portuguesa), Artigo 9º Tratamento de categorias especiais de dados pessoais.
    1. É proibido o tratamento de dados pessoais que revelem a origem racial ou étnica, as opiniões políticas, as convicções religiosas ou filosóficas, ou a filiação sindical, bem como o tratamento de dados genéticos, dados biométricos para identificar uma pessoa de forma inequívoca, dados relativos à saúde ou dados relativos à vida sexual ou orientação sexual de uma pessoa.

12. ASENSIO, Miguel. Data Protection in the Internet: A European Union Perspective. *Data Protection in the Internet*. Springer, Cham, 2020. p. 457-477.

e acessível, a importância de serem tomadas todas as precauções necessárias para que o titular dos dados não forneça suas informações, e de terceiros, de forma indevida.

No contexto atual, em que o modelo econômico vem num processo acelerado de transformação, onde os dados ganham cada vez mais relevância, a proteção dos dados pessoais se mostra como um desafio complexo – tecnológica, social e culturalmente – demandando, dos atores envolvidos, um olhar integral sobre a natureza da informação tratada e da estrutura multifacetada que a envolve.[13]

As estruturas de coleta de dados, nesta conjuntura, devem ser pensadas de modo a garantir a proteção dos dados pessoais coletados, por padrão, preferencialmente desde a sua concepção (*Data protection by design and by default*), como previsto no artigo 25.º do GDPR. Essa organização é importante para que os controladores de dados consigam garantir o cumprimento das determinações legais nos processos internos, bem como ter segurança na correlação com estruturas externas em um cada vez mais interconectado sistema de informações no qual estamos inseridos.[14]

O conceito de proteção de dados por padrão, no contexto europeu, não é uma ideia nova, tendo suas bases implementadas desde a Diretiva de Proteção de Dados Pessoais (95/46/CE), substituída pelo GDPR. Esse conceito obriga os criadores de sistemas e controladores de dados a pensar suas tecnologias com a inclusão de medidas de proteção de dados desde os estágios iniciais de planejamento de procedimentos e sistemas de coleta de dados.[15]

A proteção de dados por padrão, ainda que não se configure como um conceito novo, se mostra com um verdadeiro desafio técnico para sua implementação, haja vista a ausência de diretivas claras e objetivas que cubram todos os aspectos estabelecidos pela legislação, bem como de consensos técnicos e experiências registradas.[16]

Os desafios, legais e técnicos, impostos pela possibilidade de coleta de dados pessoais, sensíveis ou não, de forma não intencional e, portanto, indevida, é um dos muitos que deverão ser enfrentados tanto pelas instituições quanto pelos órgãos de controle e legislativos no corrente processo de implementação das leis de proteção de dados pessoais.

A experiência da ITU, ora relatada, ganha ainda mais relevância neste contexto, pois ela serve de paradigma para outras organizações, inclusive para o desenvolvimento da experiência brasileira na aplicação da Lei Geral de Proteção de Dados Pessoais (LGPD), visto que evidencia a viabilidade de se efetivar um processo de coleta e tratamento de dados pessoais coordenado entre as partes envolvidas e de acordo com as determinações do GDPR.

---

13. URSIC, Helena. The Failure of Control Rights in the Big Data Era: Does a Holistic Approach Offer a Solution?. *In*: Personal Data in Competition, Consumer Protection and Intellectual Property Law. Springer, Berlin, Heidelberg, 2018. p. 55-83.

14. KURTZ, Christian; SEMMANN, Martin; BÖHMANN, Tilo. Privacy by design to comply with GDPR: a review on third-party data processors. *Twenty-fourth Americas Conference on Information Systems*, New Orleans, 2018. Disponível em: https://tinyurl.com/2p852pd7.

15. TAMÒ-LARRIEUX, Aurelia. Op. cit.

16. ELSHEKEIL, Salah Addin; LAOYOOKHONG, Saran. *Gdpr privacy by design*. Ph. D. dissertation, Master's thesis – Department of Computer and Systems Sciences, Stockholm University, Sweden, p. 198, 2017.

4. CONCLUSÃO

No caso descrito, a Agência Dinamarquesa de Proteção de Dados entendeu que o processamento dos dados pessoais através do *software* de monitoramento de provas online, *ProctorExam,* utilizado pela *IT University of Copenhagen,* que deu acesso à câmera e ao microfone do computador dos alunos, bem como acesso aos navegadores e às telas, durante o período de realização do exame, ocorreu de acordo com os parâmetros estabelecidos pelo Regulamento Geral sobre a Proteção de Dados Europeu e do Ato de Proteção de Dados da Dinamarca.

A decisão da Agência analisou o processamento dos dados pessoais, de dados pessoais sensíveis e os esclarecimentos prestados aos alunos sobre o processamento dos seus dados, concluindo que as ações da ITU ocorreram em respeito aos artigos 5.º e 6.º do GDPR, porque o tratamento foi lícito, leal e transparente, além de adequado, pertinente e limitado ao necessário, em prol do interesse público; bem como à seção 11, subseção 1, do Ato de Proteção de Dados da Dinamarca, em razão do inequívoco propósito de identificação dos estudantes para evitar fraudes.

Especificamente, quanto ao processamento dos dados pessoais sensíveis, protegidos pelo artigo 9.º do GDPR, observou-se que, com relação às precauções necessárias a evitar que fossem coletados dados pessoais sensíveis, de forma não intencional, tanto a Universidade quanto a empresa administradora do *software* deveriam ter sido mais claras e intensivas nas recomendações aos estudantes, visto que, em que pese não ter ocorrido, uma vez coletados dados sensíveis todo o processo poderia ser comprometido.

Ainda sobre esse ponto, nos casos em que há coleta de dados pessoais para além do necessário, ou de forma indevida, a legislação europeia é clara ao estabelecer o direito do titular de ter estes dados corrigidos ou apagados, sendo obrigação do controlador garantir a execução desse apagamento (Artigos 16.º e 17.º, GDPR). Dessa forma, na situação concreta, caso se identificasse a coleta de forma colateral em áudio e vídeo, o apagamento resultaria em um desafio técnico a ser executado, sem que houvesse a exclusão dos dados coletados de forma legal.

Por isso mesmo, a Agência Dinamarquesa ressaltou a importância das precauções, para que os sujeitos, durante a disponibilização dos dados necessários, não acabassem por possibilitar que informações pessoais e sensíveis, não essenciais para o certame, fossem fornecidas de forma não intencional.

Atualmente, a proteção de dados pessoais é reconhecida como direito fundamental e, como tal, impacta toda a sociedade. O GDPR fomentou uma reforma nas políticas internas de procedimentos e processamentos de dados que impõe uma série de obrigações e necessárias adaptações nas instituições públicas e no mercado privado. Nesse contexto, os controladores receberam a responsabilidade de adotar todas as medidas técnicas cabíveis para garantir a segurança dos dados.

Na educação, com a pandemia da COVID-19, a necessidade de adoção, e até mesmo criação, de métodos educacionais alternativos no meio digital se mostrou imperativo.

Plataformas de educação síncronas e assíncronas foram pensadas, estabelecendo uma nova lógica de captação e armazenamento de dados pessoais, obrigando também as instituições de ensino a se adequarem às demandas impostas pelo GDPR.

Nesse novo cenário, considerando a ausência de diretivas claras e objetivas que cubram todos os aspectos estabelecidos pela legislação, além da escassez de consensos técnicos e experiências positivas registradas, o caso examinado no presente estudo é emblemático e serve de paradigma para outras organizações e ordenamentos jurídicos, pois demonstrou a viabilidade de um processo de coleta e tratamento de dados pessoais coordenado, lícito, transparente, justificado e limitado ao necessário, com a ressalva apenas da necessidade de maior cuidado na implementação das medidas de precaução.

REFERÊNCIAS

1. Citação de livro

ASENSIO, Miguel. *Data Protection in the Internet*: A European Union Perspective. Data Protection in the Internet. Springer, Cham, 2020.

CAREY, Peter. *Data Protection*: A Practical Guide to UK and Eu Law. USA: Oxford University Press, 2018.

2. Artigo em revista

KURTZ, Christian; SEMMANN, Martin; BÖHMANN, Tilo. Privacy by design to comply with GDPR: a review on third-party data processors. *Twenty-fourth Americas Conference on Information Systems*, New Orleans, 2018. Disponível em: https://tinyurl.com/2p852pd7.

MOUGIAKOU, Eirini; PAPADIMITRIOU, Spyros; VIRVOU, Maria. Synchronous and asynchronous learning methods under the light of general data protection regulation. 2020 11th *International Conference on Information, Intelligence*, Systems and Applications. IISA. IEEE, 2020. p. 1-7. doi: 10.1109/IISA50023.2020.9284341.

OOSTVEEN, Manon; IRION, Kristina. The golden age of personal data: How to regulate an enabling fundamental right? *Personal Data in Competition, Consumer Protection and Intellectual Property Law*. Springer, Berlin, Heidelberg, 2018.

TAMÒ-LARRIEUX, Aurelia. Privacy and Data Protection Regulation in Europe. *Designing for Privacy and its Legal Framework. Springer*, Cham, 2018.

TEIXEIRA, Gonçalo Almeida; DA SILVA, Miguel Mira; PEREIRA, Ruben. The critical success factors of GDPR implementation: a systematic literature review. Digital Policy, Regulation and Governance, 2019. v. 21. n. 4. p. 402-418. https://doi.org/10.1108/DPRG-01-2019-0007.

3. Capítulo em obra coletiva

URSIC, Helena. The Failure of Control Rights in the Big Data Era: Does a Holistic Approach Offer a Solution? *Personal Data in Competition, Consumer Protection and Intellectual Property Law*. Springer, Berlin, Heidelberg, 2018.

4. Artigo web

DATATILSYNET. Processo 2020-432-0034, j. 26/01/2021. Disponível em: https://www.datatilsynet.dk/afgoerelser/afgoerelser/2021/jan/universitets-brug-af-tilsynsprogram-ved-online-eksamen. Acesso em: 11 out. 2022.

5. Dissertação ou tese

ELSHEKEIL, Salah Addin; LAOYOOKHONG, Saran. Gdpr privacy by design. Ph. D. dissertation, Master's thesis – Department of Computer and Systems Sciences, Stockholm University, Sweden, p. 198, 2017.

6. Ementas de julgados e legislação

EUROPA. UNIÃO EUROPEIA. Lei 679, de 27 de abril de 2016. Jornal Oficial da União Europeia, 25 de maio de 2018. Disponível em: https://eur-lex.europa.eu/legal-content/PT/TXT/HTML/?uri=CELE-X:02016R0679-20160504&from=EN#tocId13.

EUROPA. UNIÃO EUROPEIA. Diretiva 95/46/CE (Regulamento Geral sobre a Proteção de Dados). Disponível em: https://wipolex.wipo.int/en/text/313007.

15
PROTEÇÃO DOS DADOS PESSOAIS DE TSAI ING-WEN OU PROTEÇÃO DE TSAI ING-WEN DE SEUS PRÓPRIOS DADOS?

Victor Auilo Haikal

Master of Science em Segurança Cibernética. Mestre em Direito Civil. Doutorando em Direito Civil. Professor especialista em Direito Digital, Civil e Comercial e Segurança da Informação. Advogado. victor@haikal.adv.br

Resumo: A ICO ratificou a decisão da Universidade de Londres em negar a solicitação de um indivíduo sobre os nomes dos examinadores que avaliaram a tese de doutorado da atual presidente de Taiwan Tsai Ing-wen, bem como a data da avaliação.

Fundamentos: Art. 5(1) a) GDPR / Art. 6(1) f) GDPR.

Decisão completa:

https://ico.org.uk/media/action-weve-taken/decisionnotices/2020/2617860/fs50908339.pdf

Sumário: 1. Descrição do caso – 2. Fundamentação legal para as decisões do information commissionner's office; 2.1 Decisão paradigma do caso envolvendo Tsai Ing-wen: FS50908339; 2.2 Segunda decisão da ICO sobre a situação narrada com apoio no GDPR: caso IC-40405-S7L3; 2.3 Terceira decisão da ICO sobre a situação narrada com apoio no GDPR: caso IC-83994-C7Z4 – 3. Comentários e análise crítica – 4. Conclusão – Referências.

1. DESCRIÇÃO DO CASO

Em uma sequência de expedientes abertos perante a '*Information Commissioner's Office*' (ICO), houve pedido de avaliação do posicionamento tomado pela '*University of London*' (UoL) e pela '*London School of Economics and Political Science*' (LSE), por meio de seus corpos representativos, em virtude de terem negado o acesso a detalhes específicos sobre a obtenção do grau de doutora (PhD) em direito de Tsai Ing-wen em 1984,[1] a partir de requerimentos para que fossem revelados:

---

1. Cf. OFFICE OF THE PRESIDENT. REPUBLIC OF CHINA (TAIWAN). *President Tsai*. Disponível em: https://english.president.gov.tw/Page/40. Acesso em: 11 out. 2022.

- Os nomes dos examinadores da banca que aprovaram sua tese;[2]
- A data de defesa;[3]
- A tese depositada para defesa;[4]
- Histórico escolar de Tsai Ing-wen e outras anotações da instituição a seu respeito.[5]

Por ser a presidente de Taiwan desde 2016, tais pedidos eventualmente estão eivados de motivação política, dado que houve certo imbróglio institucional durante o curso de doutorado da referida chefe de estado.

A tempo da conclusão do doutorado, 1984, a LSE não estava institucionalmente apta a emitir os diplomas, por isso, o grau de doutora em direito de Tsai Ing-wen foi conferido pela UoL. Todavia, no meio-tempo da habilitação da LSE, a tese depositada se extraviou durante seu transporte da biblioteca da UoL ao acervo da LSE.[6]

Note-se que em junho de 2019 Tsai Ing-wen forneceu um exemplar pessoal de sua tese para a biblioteca, muito embora com a anotação da instituição que tal versão não fora a examinada durante a sua banca, o que provavelmente deu azo para os pedidos de abertura dos dados e informações a respeito do título acadêmico por ela obtido, dado que em outubro de 2019 as instituições mencionadas passaram a receber os aludidos requerimentos.

Além das queixas referenciadas trazidas à ICO,[7] a LSE recebeu até 29 de novembro de 2019:

- 7 requerimentos diretos ao Gerente de Ética e 3 em sua caixa institucional de correspondências;
- 9 requerimentos diretos ao seu Arquivista e 86 mensagens de correio eletrônico;
- 4 requerimentos ao Chefe Jurídico e 8 mensagens de correio eletrônico;
- 344 mensagens de correio eletrônico ao departamento de assessoria de imprensa;
- Aproximadamente 14 requisições diretas ao departamento jurídico;
- Mais de 590 requisições diretas à biblioteca e seu chefe;
- 10 requerimentos para acesso à informação com base no '*Freedom of Information Act*' (FOIA), por ser uma autoridade pública, assim identificada pela Agenda 1 da referida lei.[8]

---

2. Cf. INFORMATION COMMISSIONER'S OFFICE (ICO). FS50908339, Pamela Clements, j. 11.06.2020, disponível em: https://ico.org.uk/media/action-weve-taken/decision-notices/2020/2617860/fs50908339.pdf. Acesso em: 11 out. 2022.

3. Cf. ICO, FS50908339.

4. Cf. INFORMATION COMMISSIONER'S OFFICE (ICO). FS50908339 e FS50919851, j. 08.07.2020, disponível em: https://ico.org.uk/media/action-weve-taken/decision-notices/2020/2618008/fs50898869.pdf. Acesso em: 11 out. 2022.

5. Cf. ICO, FS50908339 e FS50919851, e INFORMATION COMMISSIONER'S OFFICE (ICO). IC-40405-S7L3, j. 16.09.2020, disponível em: https://ico.org.uk/media/action-weve-taken/decision-notices/2020/2618317/ic-40405-s7l3.pdf. Acesso em: 11 out. 2022.

6. Cf. ICO, FS50898869, pp. 1-2

7. Cf. ICO, FS50908339; FS50898869 e FS50919851; IC-43980-J8Z7, j. 3/9/2021, disponível em: https://ico.org.uk/media/action-weve-taken/decision-notices/2020/2618167/ic-43980-j8z7.pdf. Acesso em: 11 out. 2022; IC-40405-S7L3; IC-83994-C7Z4, j. 03.09.2021, disponível em: https://ico.org.uk/media/action-weve-taken/decision-notices/2021/4018304/ic-83994-c7z4.pdf. Acesso em: 11 out. 2022; IC-109451-S1M2, j. 26.11.2021, disponível em: https://ico.org.uk/media/action-weve-taken/decision-notices/2021/4019143/ic-109451-s1m2.pdf . Acesso em: 11 out. 2022.

8. "Section 3 Public authorities

(1) In this Act "public authority" means –

PROTEÇÃO DOS DADOS PESSOAIS DE TSAI ING-WEN **275**

Dentre os expedientes intentados na ICO, serão objeto do presente trabalho apenas os que dizem respeito a controvérsias que envolvam os direitos de privacidade e, mais especificamente, tenham como racional dispositivos presentes do '*Regulamento Geral de Proteção de Dados*' (GDPR).

Isso porque dentre tais queixas foram identificadas discussões no entendimento da aplicação da FOIA nas mais diversas naturezas, a exemplo de requisições administrativas abusivas,[9] pedidos que exigiam mais custos do que o permitido em lei[10] ou solicitações de dados que a LSE não mais possuía.[11]

Por serem instituições públicas, tanto a UoL quanto a LSE, nas pessoas dos seus órgãos representativos, foram questionadas a partir da '*Freedom of Information Act*', conforme já indicado anteriormente, e de alguns pedidos negados pela UoL e LSE houve o encaminhamento da negativa em forma de queixa desafiando tal entendimento à ICO, cujas avaliações que incluíram em suas razões dispositivos e institutos previstos do GDPR serão elencadas no próximo tópico.

Sob este contexto avaliaremos a dúvida proposta no título.

Por curial cautela, ao se avaliar as controvérsias sobre a proteção de dados pessoais no Reino Unido é prudente resgatar algumas características em seu o contexto jurídico, notadamente aos direitos de personalidade, privacidade e acesso à informação de forma geral.

Ainda que no Reino Unido não exista o reconhecimento dos direitos de personalidade da mesma maneira que o Direito Brasileiro, Alemão, ou Italiano, por exemplo, se entende que em seu contexto jurídico há atos ilícitos que violam ou usurpam os atributos da personalidade, v.g., honra, bom nome e identificação, práticas não aceitas no tecido social da Inglaterra sobretudo, dispensando positivação adicional para que os direitos de proteção e reparação dos prejuízos decorrentes desses atos fossem invocados pelos sujeitos de direito afetados pelos atos ilícitos mencionados, assim identificados como *torts*.[12]

(a) subject to section 4(4), any body which, any other person who, or the holder of any office which—
(i)is listed in Schedule 1 (…)"
"SCHEDULE 1 Public authorities
Part I General
Section 1 Any government department other than (a) the Competition and Markets Authority, (b) the Office for Standards in Education, Children's Services and Skills." Em tradução livre do autor: "Seção 3 – Autoridades públicas (1) nesta lei "autoridade pública significa- (a) em respeito à seção 4(4), qualquer instituição que, qualquer pessoa que, ou o investido em qualquer função que- (i)está listada na Agenda 1 (...)"
"AGENDA 1 Autoridades públicas
Parte I Geral
Seção 1 Qualquer departamento de governo que não seja (a) a Autoridade de Concorrência e Mercados, (b) Departamento de padronização na educação e habilidades e serviços infantis."
9. Cf. ICO, FS50898869 and FS50919851.
10. Cf. ICO, IC-43980-J8Z7.
11. Cf. ICO, IC-109451-S1M2.
12. Cf. Starkie Thomas, *A treatise on the law of slander, libel, scandalum magnatum, and false rumours: including the rules which regulate intellectual communications, affecting the characters of individuals and the interests of the public: with a description of the practice and pleadings of personal actions, informations, indictments, attachments for contempts, &c., connected with the subject.* Nova Iorque: G. Lamson, 1826, p. XXXI, As Leis da Inglaterra e

Esta compreensão é resultado da percepção do direito de propriedade que o titular possui em relação aos seus atributos individuais que repetem reflexos comerciais e patrimoniais imediatos,[13] integrando sua esfera de defesa desses direitos como parte de sua própria sobrevivência e incolumidade individual perante a sociedade.[14]

Pertinente, também, asseverar que não existe o reconhecimento indiscutível do direito à privacidade no sistema jurídico do Reino Unido, mesmo que do festejado caso *Albert v. Strange, 2 DeGex & Sm. 652,695 (1849)* tivesse expressamente mencionado tal direito,[15] julgados recentes da Corte Suprema,[16] a doutrina[17] e posições majoritárias do judiciário Reino Unido[18] seguem propugnando a ideia de não existir direito à privacidade.

---

o Common Law dispensam a positivação de ação destinada à reparação de danos causados a alguma pessoa, indicando que o direito à indenização repousa nos princípios basilares do Common Law.

Tal princípio pode ser identificado em *A digest of the laws of England*, compilado por Sir John Comyns e Kyd Stewart, 4ed. vol. I Dublin: Luke White, 1793, p. 178: "In all cases, where a man has a temporal loss, or damage by the wrong of another, he may have an action upon the case, to be repaired in damages.", em tradução livre do autor: "*Em todos os casos, onde o homem possui uma perda de tempo, ou prejuízos pelos atos ilícitos de terceiros, ele pode promover uma ação sobre o caso, para ser indenizado de seus danos.*"

13. Cf. THOMAS, *op. cit.*, p. 2-3, exemplificando que o ataque à reputação de alguém bastaria para que lhe fosse conferida indenização, a exemplo de mercadores ou bancários sendo injustamente taxados de insolventes.

14. A justificativa jurídica encontrada para a legitimidade de a pessoa preservar a própria reputação na Inglaterra foi como um direito absoluto (contra o mundo) que estaria intrínseco ao objeto jurídico (res), o que denota vínculo com o direito real.

Nesse sentido, Blake Odgers. *A digest of the law of libel and slander with the evidence, procedure, practice, and precedents of pleadings both in civil and criminal cases*. 3ed. Londres: Stevens and Sons Ltd, 1896, p. 1: "*Every man has a right to have his good name maintained unimpaired. This right is a jus in rem, a right absolute and good against all the world.*", em tradução livre do autor: "*Todo homem tem o direito de ter seu bom nome incólume. Esse direito é próprio do ser, um direito absoluto e oponível contra todo o mundo.*"

15. *Prince Albert v. Strange, 2 DeGex & Sm. 652,695 (1849)*. Disponível em: http://www.worldlii.org/int/cases/EngR/1849/255.pdf, Acesso em: 11 out. 2022.

16. Destes se extrai o entendimento da Baroness Hale of Richmond, cf. Campbell v. MGN [2004] UKHL, Disponível em: http://www.bailii.org/uk/cases/UKHL/2004/22.html. Acesso em: 11 jan. 2021: "Examined more closely, however, this case is far from trivial. What is the nature of the private life, respect for which is in issue here? The information revealed by the article was information relating to Miss Campbell's health, both physical and mental. (...). It has always been accepted that information about a person's health and treatment for ill-health is both private and confidential. This stems not only from the confidentiality of the doctor-patient relationship but from the nature of the information itself." Em tradução livre do autor: "Examinado mais de perto, todavia, este caso está longe do trivial. O que é de natureza da vida privada, a que título está posto em questão aqui? As informações reveladas pela reportagem são informações vinculadas à saúde física e mental da Senhorita Campbell. (...) Sempre foi aceito que detalhes sobre a saúde e tratamento de doenças de uma pessoa como informação privada e confidencial. Isso não apenas diz respeito à confidencialidade da relação médico-paciente, mas da natureza da informação propriamente dita."

17. Cf. Hayley Stallard, The right of publicity in the United Kingdom. *18 Loy. L.A. Ent. L.* Rev. 1 mar 1988. p. 565-588. Disponível em: http://digitalcommons.lmu.edu/elr/vol18/iss3/7. Acesso em: 11 out. 2022, p. 1; Cf. BEVERLEY SMITH et. al., *Privacy, property and personality*. Cambridge: Cambridge University Press, 2005, p. 75-76; Cf. Gerald Dworkin. The Common Law protection of privacy. *University of Tasmania Law Review*. v. 2, n. 4 (1967), p. 418-445 Disponível em: http://www.austlii.edu.au/au/journals/UTasLawRw/1967/4.html. Acesso em: 11 out. 2022, p. 442, Lionel Bently, Identity and the Law. In: WALKER, Giselle e LEEDHAM-GREEN, Elisabeth (Ed.). *Identity*, Londres: Cambridge University Press, 2010, p. 26-58, p. 33.

18. Assim entendeu o Lord Nicholls of Birkenhead da House of Lords no caso *Campbell v. MGN Limited [2004] UKHL 22* "*The essence of the tort is better encapsulated now as misuse of private information.*", em tradução livre do autor: "*A essência do ato ilícito é melhor compreendida agora como uso indevido de informações privadas.*", cujo esforço argumentativo se reconhece para rechaçar a existência do direito à privacidade na Inglaterra, Disponível em: http://www.bailii.org/uk/cases/UKHL/2004/22.html. Acesso em: 11 out. 2022.

Por outro lado, a legislação do Reino Unido já fixou a proteção de dados pessoais desde 1984, quando se promulgou a primeira versão do 'Data Protection Act' que sucedeu historicamente os textos de similar natureza da Alemanha e França, e teve as devidas atualizações legais em 1998 para conformidade à Diretiva 95/46/EC da União Europeia e 2018 para ajustar-se ao GDPR.

Lateralmente, houve a entrada em vigor do 'Computer Misuse Act' de 1990 tendo como objeto principal a proteção jurídica dos dados informáticos/em sistemas de informação, penalizando as condutas que os acessassem indevidamente e, o já referenciado 'Freedom of Information Act' de 2000.

Este último cuida do dever de revelação de informações ligadas ao Poder Público ou por ele manejadas, contendo disposições para que eventual divulgação de dados pessoais seria permitida com as requisições baseadas nesta lei e quais seriam regidas exclusivamente pelo 'Data Protection Act' para fins de acesso, sobretudo de terceiros em relação ao titular.[19]

Complementarmente, cabe mencionar as 'Environmental Information Regulations' de 2004, indexando as obrigações para divulgação de dados sobre o meio ambiente e as localidades sob a jurisdição do Reino Unido, sobretudo para fins de exames e estudos ligados ao território e utilização do espaço para os mais diversos fins.

A partir das leis previamente indicadas decorrem as obrigações do 'Information Commissioner' que detém o 'Office' próprio, tendo sua organização institucionalizada de forma similar às entidades responsáveis pela fiscalização e supervisão das atividades de tratamento de dados pessoais na Alemanha, França, Itália e Brasil, cuja distinção ímpar perante as mencionadas é também estar incumbida das responsabilidades previstas nas 'Environmental Information Regulations'.

O 'Office', juntamente com a função de 'Information Commissioner' foram fundados em 1984 conforme estabeleceu o primeiro texto do 'Data Protection Act', possuindo necessárias autonomia e independência em relação ao Governo e atualmente conta com 726 funcionários e orçamento anual de 54 milhões de libras esterlinas (2020),[20] com instalações físicas presentes em Wilmslow – Inglaterra, Edinburgh – Escócia, Cardiff – País de Gales e Belfast – Irlanda do Norte

A função de 'Information Commissioner' possui mandato de 7 anos não reconduzíveis e sua nomeação ocorre pela Coroa, autoridade que também decidirá pela sua destituição a partir do requerimento de ambas as casas legislativas.[21]

---

19. Previsões na Seção 40.
20. Cf. INFORMATION COMMISSIONER'S OFFICE. *Information Commissioner's Annual Report and Financial Statements 2019-20*. 16 jul. 2020. Disponível em: https://ico.org.uk/media/about-the-ico/documents/2618021/annual-report-2019-20-v83-certified.pdf. Acesso em: 11 out. 2022.
21. Cf. Schedule 12 do *Data Protection Act* de 2018, 1 (2); 2 (1) a (4) e 3 (1) a (3).

2. FUNDAMENTAÇÃO LEGAL PARA AS DECISÕES DO INFORMATION COMMISSIONNER'S OFFICE

As queixas desafiando o entendimento da proteção de dados pessoais que envolveram elementos do GDPR foram apresentadas duvidando da legalidade de decisões tomadas pelo Conselho da UoL sobre os pedidos da divulgação de diversos detalhes do título de doutoramento em direito realizado por Tsai Ing-wen.

2.1 Decisão paradigma do caso envolvendo Tsai Ing-wen: FS50908339

O primeiro caso dirimido envolveu o pedido de divulgação dos participantes da banca de examinadores de Tsai Ing-wen e da data da aprovação da então candidata, indeferido pelo Conselho da UoL.

Os argumentos trazidos pelo requisitante no caso-paradigma dos pedidos envolvendo Tsai à ICO, registrado como FS50908339, foram, conforme narrado pela decisão:

- A UoL não havia fornecido nenhuma razão pela qual a privacidade dos titulares envolvidos em tais exames devesse ser protegida, ou elencado qualquer precedente para evitar a transparência do processo de titulação;

- Os nomes dos examinadores e as datas de aprovação das teses em documentos por eles assinados não foram identificados, isso considerando que o papel dos examinadores são fundamentais para a missão da universidade e, na espécie, para confirmar a integridade da titulação na UoL. A falta de transparência nesse processo fere a UoL e o público pela perda em sua confiança;

- A diretriz atual da LSE veda qualquer tipo de escolha dos examinadores pelo postulante ao título;

- Os registros dos examinadores são mantidos sob guarda da *'PhD Academy'* e não nos arquivos dos estudantes;

- Existe interesse público em saber das informações sobre a titulação de Tsai Ing-wen, pois há um escândalo em curso sobre tal legitimidade, uma vez que foi circulado que não existiu a arguição da tese e que, na verdade, Tsai teria desistido do curso, pois isso que que sua tese nunca foi enviada à biblioteca da LSE, requisito exigido a todos os postulantes;

- A forma mais rápida e eficiente para encerrar uma alegação de fraude acadêmica é com a divulgação das informações solicitadas, o que não comprometeria nenhum tipo de prejuízo ou perturbação aos examinadores, a menos que não tivesse havido nenhum e fossem pegos em uma mentira, ou da própria Tsai, hipótese que ela não deveria ser defendida da exposição pública;

- Não há nenhum direito à privacidade por parte dos examinadores, a UoL não confere nenhum direito de privacidade aos examinadores e há dúvidas que eles realmente existem;

- A LSE já divulgou lista de examinadores anteriormente durante a investigação Woolf de 2001 e este é o precedente utilizado para análise da requisição, em que dados pessoais de examinadores e do próprio doutorando foram exibidos em extenso documento.[22]

---

22. LONDON SCHOOL OF ECONOMICS AND POLITICAL SCIENCE (LSE). *The Woolf Inquiry*. An inquiry into the LSE's links with Libya and lessons to be learned. Disponível em: https://www.lse.ac.uk/News/News-Assets/PDFs/The-Woolf-Inquiry-Report-An-Inquiry-into-LSEs-Links-with-Libya-and-Lessons-to-Be-Learned-London-School-of-Economics-and-Political-Sciences.Pdf. Acesso em: 11 out. 2022.

A decisão também ponderou sobre a manifestação da UoL, tendo nesta o argumento que nenhum detalhe da graduação de seus estudantes é revelado sem o consentimento do titular, conforme exigido pelo '*Data Protection Act*' de 2018, apenas confirmando o título acadêmico obtido e sem fornecer dados de classificação, cópias de materiais ou trabalhos produzidos, detalhes de registro e datas de conclusão.

Elencara, também, que todos os registros passíveis de conhecimento amplo estão disponíveis nos sistemas de biblioteca e existe razoável expectativa de privacidade daquilo que não é divulgado, sobretudo dos registros do processo de arguição, que podem trazer prejuízo ao candidato tanto em sua vida profissional quanto pessoal.

Concluiu que o grau de doutoramento não é pré-requisito para a carreira pública na espécie, que seria a presidência de Taiwan. Caso fosse, esta seria uma real preocupação que mereceria endereçamento distinto.

A decisão da ICO em 11 junho de 2020 sobre o caso indicado utilizou como racional principal que a exceção invocada pela UoL deveria ser confirmada pela seção 40, parágrafo 2 da '*Freedom of Information Act*', pois o envio das informações desejadas contrariaria qualquer princípio de proteção de dados pessoais.[23]

Para tanto, a decisão adotou o previsto no artigo 5.º, n.º 1, "*a*" do GDPR[24] em conjunto com o artigo 6.º, n.º 1, "*f*",[25] em que pese a inegável subjetividade na interpretação dos dispositivos elencados, a decisão contou com o teste do legítimo interesse como se fosse essa a base legal para o tratamento, considerando-se a necessidade e o balanceamento entre ambos com os direitos fundamentais e liberdades do titular dos dados pessoais.

Nesse passo, a decisão considerou existir legítimo interesse daquele que busca as informações sobre Tsai Ing-wen, sobretudo por se tratar de pessoa pública, pois presidente de Taiwan e porque a partir do imbróglio havido com o original da tese deposita-

---

23. "40 Personal information. (…)

(2) Any information to which a request for information relates is also exempt information if – (…)

(b) [F82 *the first*, second or third] condition below is satisfied.

[F83(3A)The first condition is that the disclosure of the information to a member of the public otherwise than under this Act—

(a) would contravene any of the data protection principles. (...)", em Tradução livre do autor: "40 Informações pessoais (...) (2) Também serão dispensadas quaisquer requisições que estiverem relacionadas a informações se- (...) (b) *a primeira*, segunda ou terceira condições abaixo são satisfeitas. (3A) A primeira condição é que a divulgação de informações de um funcionário público conforme considerado nesta lei- *(a) pudesse contrariar qualquer princípio de proteção de dados pessoais. (...)*".

24. "*Artigo 5. Princípios relativos ao tratamento de dados pessoais*

1. Os dados pessoais são:

a) Objeto de um tratamento lícito, leal e transparente em relação ao titular dos dados («licitude, lealdade e transparência»)".

25. "Artigo 6.

Licitude do tratamento

1. O tratamento só é lícito se e na medida em que se verifique pelo menos uma das seguintes situações: (...)

f) O tratamento for necessário para efeito dos interesses legítimos prosseguidos pelo responsável pelo tratamento ou por terceiros, exceto se prevalecerem os interesses ou direitos e liberdades fundamentais do titular que exijam a proteção dos dados pessoais, em especial se o titular for uma criança."

da, desperta-se dúvida sobre a regularidade na obtenção do título ao se verificar a tese disponibilizada como um documento não definitivo.

A despeito da necessidade da divulgação do que se pretende, a decisão entendeu pela dispensabilidade das informações solicitadas, pois havia dados no catálogo de pesquisas da UoL '*Legal Research in the United Kingdom 1905-1984*' publicado em 1985, no qual constava expressamente o registro da tese de Tsai Ing-Wen, além das listas de aprovação contendo seu nome, o que subentendia a concordância com o processo de arguição, não sendo necessária a divulgação dos nomes dos examinadores.

Entretanto, para fins do teste, se decidiu pela necessidade de divulgação das informações, de modo a homenagear a plenitude do objetivo pretendido pelo requisitante e que a ponderação alcançasse o último estágio.

Na etapa de balanceamento, a decisão levou em consideração os seguintes critérios para avaliar algum tipo de diminuição das liberdades individuais ou direitos fundamentais:

- Potencial prejuízo ou perturbação que a divulgação eventualmente causaria;
- Se a informação já estaria em acesso público;
- Se a informação já é conhecida por determinados indivíduos;
- Se o próprio titular já manifestou preocupação com a divulgação; e
- A razoável expectativa do titular que tais informações fossem divulgadas.

Especificamente, o último critério foi tido como baliza determinante para confirmar a negativa, porque a UoL e suas instituições não forneciam os nomes dos examinadores, tampouco a data específica da aprovação, ainda que tivesse considerado o primeiro critério como racional relevante.

Isso porque em 1984 ainda não estaria em vigor a '*Freedom of Information Act*', situação que reforça a ausência de expectativa na publicação de tais informações tanto tempo depois dos fatos narrados e isso poderia causar perturbação.

Finalmente, a decisão é encerrada indicando que a avaliação é realizada caso a caso e não necessariamente acata a posicionamentos diversamente fundamentados, sobretudo quando se trata de outra autoridade pública em outro contexto.

2.2 Segunda decisão da ICO sobre a situação narrada com apoio no GDPR: Caso IC-40405-S7L3

Este expediente foi recebido a partir do inconformismo da requisitante com a negativa por parte da UoL na confirmação dos registros acadêmicos fornecidos por Tsai em comparação com aqueles constantes na LSE e se o exame oral realizado por Tsai Ing-Wen em 16 de outubro de 1983 foi para escalar eventual pós-graduação de '*Master of Philosophy*' (MPhil) para o '*PhD*' ou se foi sua arguição para obtenção do referido título.

A decisão da UoL entendeu que a confirmação dos registros não consistia em pedido válido e os detalhes sobre o exame oral de Tsai Ing-wen não poderiam ser revelados em virtude no disposto na seção 40, (2), da FOIA, confirmada em procedimento de revisão interna pugnado pelo requisitante.

Processando a requisição, a ICO solicitou que a requisitante reformulasse o pedido sobre a confirmação dos dados fornecidos por Tsai e os constantes na LSE, pois não se trataria de um pedido válido de fornecimento de informações.

Em seguida, em razão da similaridade com a natureza do pedido efetuado no FS50908339, aproveitou todo o racional jurídico anteriormente exposto, realizando o balanceamento do legítimo interesse e confirmando-se que houve pedido que violava a privacidade de Tsai Ing-wen, pois o tratamento de dados pessoais não atenderia aos requisitos principiológicos fixados pelos artigos 5.º e 6.º do GDPR.

De tal sorte, existe razoável expectativa que as anotações e registros acadêmicos de Tsai Ing-wen permaneçam sob sigilo, sobretudo porque a ICO não identificou qualquer consentimento com tais requisições de divulgação de seus dados pessoais, não existindo qualquer obrigação por parte da LSE ou UoL em buscar o consentimento de Tsai para satisfazer os interesses da requisitante.

Se consignou, complementarmente, que muito embora as proposições da 'conspiração de 1984' existam, a LSE e a UoL possuem registros adicionais que atestam a validade da obtenção do grau de doutora em direito por Tsai, muito embora os padrões do sistema de pós-graduação na década de 1980 fossem diferentes do tempo atual, tais merecem justa credibilidade pelo que é possível identificar nos registros bibliotecários sobre a sua tese de doutoramento, por exemplo.

2.3 Terceira decisão da ICO sobre a situação narrada com apoio no GDPR: Caso IC-83994-C7Z4

Na última decisão a respeito do caso envolvendo queixas na divulgação de dados sobre o título de doutora de Tsai Ing-wen negados pela UoL à ICO envolvendo dispositivos do GDPR, novamente houve a base do racional contido no julgamento do FS50908339 ao avaliar os pedidos de abertura de informações que comprovassem a obtenção regular e legítima do título de doutora de Tsai:

- De cópias dos documentos que fixaram em 1984 os requisitos para a o agendamento de exame aos candidatos a 'MPhil' e 'PhD' de forma correspondente ao anexado para 2019-2020, caso existissem;
- De cópias dos documentos que fixaram em 1984 as diretrizes para a determinação dos examinadores e dos candidatos a 'MPhil' e 'PhD' de forma correspondente ao anexado para 2019-2020, caso existissem;
- De cópias das comunicações internas e externas, correspondências, reuniões, mensagens de correio eletrônico, cartas, gravações telefônicas ou de circuitos internos de TV e outros registros entre:

Uol e LSE e UoL e Tsai ou quem a representava sobre o curso de Tsai Ing-wen;

Senate House e Biblioteca da Senate House com o 'Institute of Advanced Legal Studies' (IALS) e entre a UoL e LSE sobre o cadastramento bem-sucedido da tese de Tsai Ing-wen no catálogo da IALS;

Biblioteca da Senate House e IALS e entre Biblioteca da Senate House e quem enviou a cópia da tese de Tsai;

282 VICTOR AUILO HAIKAL

- Cópia dos registros parcelares que sustentam o título de doutoramento obtido por Tsai Ing-wen;

- Cópia de todos os registros da IALS demonstrando o momento que a cópia da tese de Tsai enviada pela Biblioteca da Senate House foi recebida pela IALS, tanto na remessa quanto na chegada; e

- Cópia de todos os registros de quem efetuou o envio da tese de Tsai para a Biblioteca da Senate House, se foi a própria Tsai ou alguém à sua ordem.

As informações anteriormente elencadas foram divididas em três grupos para facilitar o entendimento da situação e não tiveram a autorização para abertura pela UoL.

A categoria 'A' agrupava correspondências eletrônicas entre colaboradores da UoL e LSE sobre a tentativa de localização da tese de Tsai Ing-wen; 'B' para cadeias de correspondências eletrônicas entre os colaboradores da UoL e LSE a respeito do comunicado público da legitimidade na obtenção do título por Tsai; e 'C' para os registros acadêmicos de Tsai.

Em sua defesa, a UoL arguiu que dificilmente possuiria cópia das diretrizes aos examinadores e examinados ou para requisitos para agendamento de exames para os graus de mestre e doutor de 1984, pois muito tempo se passou e a natural atualização desses documentos sugere o descarte sistemático do que ficou datado.

A ICO decidiu, nesse mister, não considerar as informações das categorias 'A' e 'B' como sendo protegidas pelo sigilo de dados pessoais de Tsai por não possuírem conexão suficiente com ela e, assim, determinando sua divulgação, com as ressalvas de ocultação dos nomes dos colaboradores nas correspondências eletrônicas sobre o assunto para preservar os colaboradores das instituições de eventuais aborrecimentos decorrentes.

De outra sorte, todos os documentos enquadrados na categoria 'C' são dados pessoais de Tsai Ing-wen e os esforços para anonimização não seriam suficientes para descaracterizar tais informações como pessoais e, por isso, sua divulgação não seria lícita.

Tal se deve conforme o estudo do legítimo interesse já capitulado pela decisão do caso FS50908339, cujas conclusões fixaram que não existe razão para que os direitos de sigilo nas informações pessoais de Tsai fossem mitigados, mesmo considerando que se trata de uma pessoa com exposição pública e que parte de sua privacidade fica organicamente diminuída em virtude do cargo que exerce.

Segue a decisão indicando que o título acadêmico polemizado não era e não é requisito para a eleição ao cargo de presidente de Taiwan e que todas as informações disponibilizadas ao acesso público eram suficientes para aquilatar a legitimidade do doutoramento obtido por Tsai Ing-wen e que qualquer divulgação ulterior violaria as justas expectativas de privacidade de Tsai em relação à sua vida acadêmica na UoL e LSE.

Por fim, a ICO ponderou que filmagens de circuitos internos de TV e correios eletrônicos não eram utilizados de forma ampla na década de 1980, o que dispensaria maiores esforços para que UoL e LSE justificassem a ausência destes a respeito da época em que alguns registros foram solicitados pela requisitante.

Então, se consignou que nenhuma outra divulgação deveria ser necessária em atenção aos dados pessoais de Tsai a respeito do caso narrado por não haver motivação suficiente para a mitigação do sigilo nas demais informações relacionadas.

3. COMENTÁRIOS E ANÁLISE CRÍTICA

O caso avaliado possui inegáveis implicações políticas para Tsai Ing-wen, sobretudo porque recentes casos envolvendo pessoas com importantes cargos públicos na Romênia, Rússia,[26] Áustria[27] e até mesmo no Brasil[28] levaram à perda das funções seja pela exposição perante o mundo em razão do mau exemplo que deteriora o prestígio perante a opinião pública.

Dessarte, as requisições recebidas tanto pela UoL quanto pela LSE contam com o poder de investigação e busca pela verdade em relação a pessoa com importância ímpar no contexto global por interessados diversos, isso considerando que o cargo de presidente de um país (ou cidade-Estado como é o caso de Taiwan) é tido como dos mais prestigiosos.

Assim, prudente ressaltar que o amplo acesso a informações e a transparência decorrente de tal circunstância na Sociedade da Informação não toleram esquemas ou combinados que favoreçam certas pessoas em detrimento de outras pela razão que for.

Todavia, nem sempre a vontade para acessar determinados dados ou informações em busca da 'verdade' basta para que seja garantida tal pretensão, sobretudo de pessoas publicamente expostas, o que pode subentender maior mitigação à privacidade do que efetivamente ocorre, exatamente pela natural maior exposição perante toda a sociedade.

Razoável salientar, também, que a dinâmica de cada contexto social e jurídico vai nortear as decisões de objeto similar às tomadas pela UoL, LSE e ICO na Inglaterra, pois algumas das informações solicitadas eventualmente são espontaneamente publicadas pelos próprios examinadores em uma banca ou do processo de obtenção do título em determinada universidade.

Em singelo paralelo, a plataforma 'Lattes' no Brasil armazena as informações de atividades de composição de banca voluntariamente compartilhadas pelos examinadores, sem que se caracterize qualquer tipo de violação à privacidade do titulado correspondente, pois existe o direito inquestionável do examinador em compor seu portfólio de atividades acadêmicas em uma solenidade que possui função pública por excelência,

---

26. BABITSKI, Ivan. *Ministers and Dissertations: Academic Fraud Scandals and Their Political Consequences in Russia and the EU*. Legal dialogue. *Topics from civil society*. 29 set 2021. Disponível em: https://legal-dialogue. org/ministers-and-dissertations. Acesso em: 11 out. 2022.

27. THE GUARDIAN. *Austrian minister resigns amid thesis plagiarism scandal*. 9 jan. 2021. Disponível em: https:// www.theguardian.com/world/2021/jan/09/austrian-minister-resigns-amid-plagiarism-scandal. Acesso em: 11 out. 2022.

28. JUCÁ, Beatriz. *Ministro da Educação foi reprovado em tese e não tem o doutorado que divulgava no currículo*. El País. 26 jun 2020. Disponível em: https://brasil.elpais.com/brasil/2020-06-26/ministro-da-educacao-foi-re-provado-em-tese-e-nao-tem-o-doutorado-que-divulgava-no-curriculo.html. Acesso em: 11 out. 2022.

pois a instituição de ensino atestará que determinada pessoa detém todas as qualidades e requisitos para o título pretendido e que produzirá efeitos significativos na vida do titulado tanto no aspecto pessoal quanto profissional, podendo valer também em outros países, o que estende ainda mais o horizonte afetado pela atribuição do título acadêmico.

Significa dizer, noutras palavras, que no processo de titulação acadêmica de uma pessoa se confere razoável presunção de confiança contra quaisquer terceiros que todos os processos e etapas foram cumpridos com lisura, legitimidade, comprometimento, rigor e conforme as expectativas da própria instituição para que fosse expedido tal certificado e que se perpetuará no tempo, consolidando a notoriedade e autoridade na área do conhecimento que terão supedâneo na certificação obtida.

Por isso, é trivial esperar que a instituição que prepara a formação acadêmica dos seus estudantes tenha não apenas a documentação suficiente que garanta que os critérios das avaliações e entregas cumpram com todos os quesitos exigidos para aprovação em todas as etapas do curso, sobretudo com dissertações de mestrado, teses de doutoramento, livre-docência, concursos para vagas de professores titulares etc., mas que também forneça informações sobre o grau acadêmico obtido ao público cativo e àquele eventualmente afetado pelo titulado como forma de transparência no processo e referências acadêmicas para fins de pesquisa e discussão do tema abordado na obtenção do título.

Na espécie, tem-se que Tsai Ing-wen foi professora de três universidades distintas, de 1984 a 2000,[29] o que reforça a importância da confirmação da solidez do título obtido, sob pena de sua trajetória como docente universitária possuir mácula difícil de ser restaurada.

Em que pese tal circunstância, nenhuma das decisões avaliadas da ICO considerou a carreira docente universitária de Tsai Ing-wen como sendo objeto a ser relevado como substancial para a confirmação do grau de doutora, sobretudo porque é corriqueiro considerar a importância do doutoramento para a carreira acadêmica em universidades, por se prestigiar sobretudo a autoridade no conhecimento e dedicação à pesquisa.

Então, a partir do momento que se descobrem falhas ou aspectos que levantem suspeita ou desatendimento de critérios para o cumprimento do que a proposta do curso exigia é natural que a própria instituição passe por escrutínio público para comprovar a validade dos títulos conferidos outrora e que despertaram desconfiança por alguma razão, sobretudo quando eventual quebra da credibilidade da instituição primeira pode respingar nas outras instituições em que Tsai Ing-wen serviu como docente.

Neste ponto, cabe ressaltar o fenômeno do *'shaming'* na Sociedade da Informação na figura parcelar do *'vigilantismo'*,[30] em que se busca encontrar erros, defeitos, falhas ou até mesmo práticas ilegais ou que venham a ser condenáveis pela opinião pública para expor quem os fez a fim de satisfazer ao próprio denunciante por aumentar sua visibili-

---

29. Cf. OFFICE OF THE PRESIDENT. REPUBLIC OF CHINA (TAIWAN). *President Tsai*.
30. LAIDLAW, Emily B. Online Shaming and the Right to Privacy. *Laws 2017*. v. 6, n. 3. 8 fev 2017. DOI: https://doi.org/10.3390/laws6010003, Acesso em: 11 out. 2022, p. 4.

dade na rede por incrementar sua popularidade (*likes*, compartilhamentos, seguidores, *retweets*, dentre outras interações de valor).[31]

Sob esta perspectiva do '*vigilantismo*' indicada, qual não seria a recompensa do denunciante ao ser bem-sucedido em desmascarar uma presidente sobre um título acadêmico obtido de forma obtusa? No meio jornalístico seria equivalente a um notável '*furo de reportagem*'.

Então, compreende-se que uma das motivações da enxurrada de requisições para abertura de dados de Tsai Ing-wen à UoL e à LSE seja o âmbito investigativo e com repercussões na seara do '*vigilantismo*', muito embora seja suficiente o interesse em se confirmar as circunstâncias do título obtida por Tsai depois de todo o imbróglio.

Ao se avaliar as razões trazidas pela ICO, o presente autor não concorda com a decisão específica da FS50908339 acerca da negativa de exposição do nome dos examinadores que efetuaram a banca de Tsai Ing-wen e a data de sua realização, sobretudo diante de todos os percalços percebidos no arquivamento de sua tese em tão renomada universidade londrina.

Nas demais requisições feitas, entende-se que as decisões são hígidas e bem tomadas. Históricos acadêmicos, imagens, documentos, trabalhos intermediários, anotações, assentos individuais e outras formas de registros de Tsai Ing-wen estão plenamente protegidos pelo seu direito à privacidade e, de fato, não importam a nenhum terceiro segundo as circunstâncias dos fatos apontados, até para preservar sua liberdade acadêmica que não necessariamente vai de encontro com as decisões e concessões feitas em sua vida pública.

Com igual acerto, foi a providência para o comando de abertura de correspondências internas das instituições sobre o caso, anonimizando-se para preservar a privacidade dos funcionários, de modo a prestigiar o propósito de existência da FOIA.

Muito embora o procedimento tomado pela ICO tenha sido correto ao se balancear o legítimo interesse do requisitante no caso FS50908339, *data maxima venia*, não se pode deixar de observar o inquérito Woolf de 2011 como precedente, dado que foi investigação perpetrada na própria LSE a despeito da obtenção do doutoramento do filho de Muammar Muhammad Abu Minyar al-Gaddafi, Saif Al- Islam Alquadhaf.[32]

Isso porque não apenas os dados dos examinadores foram divulgados em tal reporte,[33] mas também a data de realização de sua banca,[34] além dos dados pessoais de outros que formavam o corpo institucional e outros envolvidos no caso.

---

31. O professor Daniel J. Solove comenta situação da mesma natureza de '*vigilantismo*' em *The Future of Reputation: Gossip, Rumor, and Privacy on the Internet*. New Haven: Yale University Press, 2007, p. 2-4, o caso de uma garota sul-coreana que falhou ao recolher as fezes de seu cachorro em um vagão de trem em 2007 que teve sua foto viralizada com o '*meme*' '*dog shit girl*', tornando o constrangimento mundial por uma ação que embora reprovável socialmente teve impactos severos em sua privacidade e dignidade em virtude do escrutínio que ficou submetida.

32. Cf. (LSE). *The Woolf Inquiry*, passim.

33. Idem, p. 8, 9, 149 e 151.

34. Idem, p. 44, NR 100.

De tal sorte, a seletividade na divulgação de informações aparenta incorrer na decisão mais conveniente para as instituições UoL e LSE quando se diz respeito à privacidade dos estudantes de acordo com a situação e quem seria o titular, o que está a léguas do respeito à própria legislação do Reino Unido, que dirá do GDPR.

Muito embora a própria '*Commissioner*' tenha frisado em sua decisão que cada caso é um caso,[35] denota-se que a própria cultura jurídica do Reino Unido pela formação do direito consuetudinário é justamente a utilização de precedentes e repetição de certos costumes para a construção das frisas jurídicas no tecido social.

Em necessário resgate histórico, na '*Magna Carta*' assinada em 1215 na Inglaterra identifica-se a '*rule of law*' em sua cláusula 39,[36] corolário jurídico hoje compreendido como '*todos são iguais perante a lei*', difícil de ser defendido ao se examinar que a Saif não foi garantida a privacidade da mesma forma que para Tsai Ing-wen, seja por parte da LSE ou da ICO.

Levando-se em consideração que foi uma interpretação do legítimo interesse do GDPR para vetar o acesso aos dados de Tsai, é prudente ressaltar que ao tempo da divulgação dos dados de Saif em 2011 já havia previsões para o legítimo interesse no acesso das informações pessoais pelo texto do '*Data Protection Act*' de 1998 e da proteção à privacidade dos envolvidos nos exatos termos mencionados pela '*Commissioner*' em sua decisão[37] que não foram inovadas pelas disposições do GDPR a ponto de não haver

---

35. Cf. ICO, FSFS50908339: "That a different public authority in a different set of circumstances released examiners' names in the past is not relevant here; the Commissioner considers each case on a case by case basis. Based on the above factors, the Commissioner has determined in this case that there is insufficient legitimate interest to outweigh the data subjects' fundamental rights and freedoms. The Commissioner therefore considers that there is no Article 6 basis for processing and so the disclosure of the information would not be lawful.", em tradução livre do autor: "Mesmo que distinta autoridade pública em conjunto diverso de circunstâncias tenha liberado dados pessoais de examinadores no passado não é agora relevante; a Commissioner considera cada caso em bases tópicas. Baseada nos fatores anteriores, a Commissioner determinou que neste caso há legítimo interesse insuficiente para perpassar os direitos fundamentais e liberdades da titular dos dados. A Commissioner, entretanto, considera que não existe base legal para processamento dos dados pessoais conforme o Artigo 6º, então a divulgação das informações não estaria de acordo com a lei."

36. Cf. BRITISH LIBRARY. English translation of Magna Carta. Disponível em: https://www.bl.uk/magna-carta/articles/magna-carta-english-translation. Acesso em: 11 out. 2022: "No free man shall be seized or imprisoned, or stripped of his rights or possessions, or outlawed or exiled, or deprived of his standing in any way, nor will we proceed with force against him, or send others to do so, except by the lawful judgment of his equals or by the law of the land.", em tradução livre do autor: "Nenhum homem livre deve ser constrangido, preso ou extirpado de seus bens ou direitos, banido, exilado, retirado de onde estiver, tampouco ser forçado contra sua vontade, exceto se assim for decidido em julgamento lícito por seus pares ou pela legislação vigente no território respectivo."

37. "10 Right to prevent processing likely to cause damage or distress.
(1)Subject to subsection (2), an individual is entitled at any time by notice in writing to a data controller to require the data controller at the end of such period as is reasonable in the circumstances to cease, or not to begin, processing, or processing for a specified purpose or in a specified manner, any personal data in respect of which he is the data subject, on the ground that, for specified reasons—
(a)the processing of those data or their processing for that purpose or in that manner is causing or is likely to cause substantial damage or substantial distress to him or to another, and
(b)that damage or distress is or would be unwarranted.", em tradução livre do autor: "10 Direito de evitar o tratamento que se espera causar prejuízo ou perturbação.

prejuízo à privacidade tanto dos examinadores quanto do próprio Saif em 2011 e em 2019 para os examinadores de Tsai e dela própria, sim.

Isso porque os racionais de perturbação e prejuízo já estavam no texto do '*Data Protection Act*' de 1998 e deveriam ter sido utilizados não apenas para proteger a privacidade daqueles que participaram da banca de Saif, mas de todo o pessoal que está contido no '*Woolf inquiry*', situação na qual os dados pessoais foram amplamente divulgados indo muito além da situação da banca.[38]

No que diz respeito ao argumento da '*Commissioner*' da razoável expectativa que determinados dados pessoais vinculados ao seu doutoramento fossem divulgados, deve-se ter em perspectiva também o próprio precedente do '*Woolf inquiry*', pois se naquele episódio houve divulgação dos dados e informações pessoais dos examinadores e de Saif pela própria LSE com objetivo de se explicar e se posicionar perante as doações realizadas pela Líbia, país sob inequívoco regime ditatorial violento e criminoso, que implicou em ruídos com a opinião pública, não seria inadequado realizar certa divulgação para explicar a falta de documentos e sucessão de erros da própria instituição com o fito de esclarecimento dos fatos em atenção ao doutoramento de Tsai Ing-wen.

A inteligência do brocardo latino '*ubi eadem legis ratio ibi eadem dispositio*' exprime exatamente tal racional, ou seja, se na primeira hipótese não existe a violação do direito da privacidade aos envolvidos assim decidido pela LSE ao liberar tais informações pessoais, na segunda também não deveria existir, sob pena de se incorrer em dois pesos e duas medidas e em tantas outras hipóteses de incoerência jurídica com situações de fato idênticas.

Em que pesem os constantes trechos das decisões darem destaque para homenagear a transparência, se denota parcialidade em proteger Tsai Ing-wen da revelação de uma situação eventualmente indesejada, uma vez que outro brocardo jurídico resume bem tal redoma legal fabricada para evitar a divulgação dos dados dos examinadores e da data da banca: '*qui nihil debet non timet*', em bom português: quem não deve, não teme.

---

(1) Conforme subseção (2), uma pessoa possui a prerrogativa de a qualquer momento requerer por escrito a um controlador de dados o término do tratamento se passado o período razoável para seu objetivo, ou não se inicie, em determinada forma e por determinado objetivo, no que tocar quaisquer dados que o titular em questão, por razões específicas-

(a) o tratamento de tais dados ou conforme a maneira e o propósito destacados está causando ou se espera causar prejuízo substancial ou perturbação substancial ao titular ou terceiro, e

(b) que o prejuízo ou perturbação é ou poderiam ser indesejados."

"SCHEDULE 2 Conditions relevant for purposes of the first principle: processing of any personal data (...) 6(1) The processing is necessary for the purposes of legitimate interests pursued by the data controller or by the third party or parties to whom the data are disclosed, except where the processing is unwarranted in any particular case by reason of prejudice to the rights and freedoms or legitimate interests of the data subject." em tradução livre do autor: "Agenda 2 Condições relevantes para os propósitos do primeiro princípio: tratando qualquer dado pessoal (...)

6(1) O tratamento é necessário para os propósitos dos legítimos interesses buscados pelo controlador dos dados ou por terceiros a quem dos dados serão divulgados, exceto quando existe o tratamento indesejado por qualquer caso particular ou por motivos de violação aos direitos e liberdades dos titulares ou de seus legítimos interesses."

38. Cf. (LSE). *The Woolf Inquiry*, pp. 8-18.

A repetição também é percebida no teor das decisões ao insistirem que existem diversos fatos que comprovam a regularidade da obtenção do título de Tsai Ing-wen,[39] todavia elencam apenas a inclusão de sua tese no sistema de publicações, o que reforça a necessidade não do fechamento dos dados, mas de sua abertura.

Ora, se não há nenhuma circunstância que prejudique a credibilidade do título obtido por Tsai Ing-wen, inexiste qualquer tipo de prejuízo aos examinadores ou a ela própria, sob pena de uma retórica de baixa qualidade estar em uso justamente para cercear o esclarecimento de fatos não triviais que envolvem pessoa pública e cujo resultado não prejudicará sua reputação.

Pelo contrário, a abertura e confirmação de tais dados encerraria a polêmica existente e redimiria as instituições da atabalhoada gestão das teses armazenadas sob seus cuidados.

Ainda que se tenham passado mais de trinta anos da obtenção do título, a necessidade de constatação de lisura e regularidade em sua titulação não se esvaem, ainda mais pelas particularidades percebidas na situação de Tsai e de escândalos paralelos envolvendo a vida acadêmica de pessoas da vida pública conforme mencionado e pelo

---

39. Cf. ICO, FS50908339: "50. However, other information – such as the thesis' inclusion in the IALS index in 1985 – evidenced that, at that time, the thesis had been completed and assessed. 51. At issue here is whether President Tsai's PhD was valid and properly awarded by the University and, more generally, whether the public can trust the University's processes. The complainant has his particular concerns, but the Commissioner considers that the University has demonstrated sufficient transparency in the matter of this PhD thesis;she has no compelling reason to doubt that the University's award processes were not robust in 1984 or now (...) ", em tradução livre do autor: "50. Entretanto, outras informações – a exemplo da inclusão da tese no catálogo IALS em 1985 – evidencia que, a tempo, a tese foi concluída e avaliada. 51. A questão aqui é se o doutoramento da Presidente Tsai é válido e devidamente conferido pela Universidade e, mais amplamente, se o púlico pode confiar nos processos da Universidade. O requisitante possui essas preocupações individuais, mas a Commissioner considera que a Universidade demonstrou transparência suficiente a respeito da tese de seu PhD e não possui qualquer motivo para duvidar que os processos da Universidade não seriam robustos em 1984 ou agora (...)".
Cf. ICO, IC-40405-S7L3: "36. The Commissioner notes that President Tsai is listed on the 1984 degree list as having been awarded a PhD. The title of her thesis is also listed in the Institute of Advanced Legal Studies (IALS) catalogue for 1984-85. 37. Given that contemporaneous records exist demonstrating that a PhD was conferred upon President Tsai (undermining the argument that the PhD was created at a later date), in order for the "1984 conspiracy" to make sense, the Commissioner is being asked to attribute extraordinary powers of foresight to the University. In order for the "fake thesis" theory to make sense, the University must have considered the then-Miss Tsai to have been so remarkable a student that it was worthwhile disregarding the usual safeguards of academic integrity so that in thirty years' time she would be more likely to win a presidential election. The Commissioner considers such a proposition to be fanciful at best.", em tradução livre do autor: "36. A Commissioner observa que a Presidente Tsai está incluída na lista de 1984 como tendo recebido o título de doutora. O título de sua tese também está listada no catálogo da Institute of Advanced Legal Studies (IALS) para 1984-1985. 37. Dado que há registros contemporâneos que o doutoramento foi concedido a Presidente Tsai (comprometendo o argumento que o doutoramento foi criado em momento posterior), e para que a "conspiração de 1984" fizesse sentido, a Commissioner está sendo acionada para conferir poderes extraordinários de previsão do futuro à Universidade. Para que tal teoria da "tese falsa" fizesse sentido, a Universidade deveria ter considerado a então Srta. Tsai para ser uma aluna de destaque que valeria a pena desatender aos critérios usuais para garantir a integridade acadêmica de modo que seria trivial que em trinta anos vencesse uma eleição presidencial."
Cf. ICO, IC-83994-C7Z4: "49. Nothing in the withheld information indicates that this particular degree was not correctly awarded – or that any undue influence was applied to the process in any way.", em tradução livre do autor: "49. Nada nas informações não divulgadas indicam que esta titulação em particular não tivesse sido conquistada corretamente – ou que qualquer influência indevida fosse aplicada no processo de qualquer maneira".

valor acumulado por ela em sua trajetória justamente por ser autoridade na área do conhecimento jurídico no comércio internacional e que incrementaram seu prestígio de forma natural em assuntos deste jaez, sobretudo por também conter notável currículo de docência.[40]

4. CONCLUSÃO

Por todo o exposto, na opinião do presente autor, não houve o melhor direcionamento do caso FS50908339 pela ICO ao negar o acesso às informações dos examinadores da banca de doutoramento de Tsai Ing-wen e sua data de realização, pois a própria instituição que negou acesso a esses detalhes a terceiro interessado deu amplo conhecimento destes e outros detalhes sobre outro aluno no '*Woolf inquiry*', em verdadeira falta de coesão e coerência em seus procedimentos.

REFERÊNCIAS

1. Citação de livro

BEVERLEY-SMITH, Huw et. al., *Privacy, property and personality*. Cambridge: Cambridge University Press, 2005.

COMYNS, Sir John; STEWART, Kyd. *A digest of the laws of England*. 4. ed. Dublin: Luke White, 1793. v. I.

ODGERS, Blake. *A digest of the law of libel and slander with the evidence, procedure, practice, and precedents of pleadings both in civil and criminal cases*. 3. ed. Londres: Stevens and Sons Ltd, 1896.

SOLOVE, Daniel J. *The Future of Reputation: Gossip, Rumor, and Privacy on the Internet*. New Haven: Yale University Press, 2007.

THOMAS, Starkie. *A treatise on the law of slander, libel, scandalum magnatum, and false rumours*: including the rules which regulate intellectual communications, affecting the characters of individuals and the interests of the public: with a description of the practice and pleadings of personal actions, informations, indictments, attachments for contempts, &c., connected with the subject. Nova Iorque: G. Lamson, 1826.

2. Capítulos em obra coletiva

AFTERGOOD, Steven. Privacy and the imperative of open government. *In*: ROTENBERG, Marc; SCOTT, Jeramie; HORWITZ, Julia (Ed.). *Privacy in the modern age*: the search for solutions. Nova York: The New Press, 2015.

BENTLY, Lionel. Identity and the Law. In: WALKER, Giselle e LEEDHAM-GREEN, Elisabeth (Ed.). *Identity*. Londres: Cambridge University Press, 2010.

3. Artigo Web

BRITISH LIBRARY. *English translation of Magna Carta*. Disponível em: https://www.bl.uk/magna-carta/articles/magna-carta-english-translation. Acesso em: 11 out. 2022.

DWORKIN, Gerald. The Common Law protection of privacy. *University of Tasmania Law Review*. v. 2, n. 4 (1967), p. 418-445 Disponível em: http://www.austlii.edu.au/au/journals/UTasLawRw/1967/4.html. Acesso em: 11 out. 2022.

---

40. Cf. OFFICE (…). *President Tsai*.

JUCÁ, Beatriz. *Ministro da Educação foi reprovado em tese e não tem o doutorado que divulgava no currículo.* El País. 26 jun. 2020. Disponível em: https://brasil.elpais.com/brasil/2020-06-26/ministro-da-educacao-foi-reprovado-em-tese-e-nao-tem-o-doutorado-que-divulgava-no-curriculo.html. Acesso em: 11 out. 2022.

OFFICE OF THE PRESIDENT. REPUBLIC OF CHINA (TAIWAN). *President Tsai.* Disponível em: https://english.president.gov.tw/Page/40. Acesso em: 11 out. 2022.

LAIDLAW, Emily B. Online Shaming and the Right to Privacy. *Laws 2017.* v. 6, n. 3. 8 fev. 2017. doi: https://doi.org/10.3390/laws6010003, Acesso em: 11 out. 2022.

STALLARD, Hayley. The right of publicity in the United Kingdom. 18 Loy. *L.A. Ent. L. Rev.* 1 mar 1988. p. 565-588. Disponível em: http://digitalcommons.lmu.edu/elr/vol18/iss3/7. Acesso em: 11 out. 2022.

THE GUARDIAN. *Austrian minister resigns amid thesis plagiarism scandal.* 9 jan. 2021. Disponível em: https://www.theguardian.com/world/2021/jan/09/austrian-minister-resigns-amid-plagiarism-scandal. Acesso em: 11 out. 2022.

4. Dissertação ou Tese

BABITSKI, Ivan. *Ministers and Dissertations: Academic Fraud Scandals and Their Political Consequences in Russia and the EU.* Legal dialogue. *Topics from civil society.* 29 set 2021. Disponível em: https://legal-dialogue.org/ministers-and-dissertations. Acesso em: 11 out. 2022.

5. Ementas de julgados e Legislação

HIGH COURT OF CHANERY; Prince Albert v. Strange, 2 DeGex & Sm. 652,695 (1849). Disponível em http://www.worldlii.org/int/cases/EngR/1849/255.pdf, Acesso em: 11 out. 2022.

HOUSE OF LORDS. Campbell v. MGN [2004] UKHL. Disponível em: https://www.casemine.com/judgement/uk/5a8ff7ae60d03e7f57eb12c7. Acesso em: 11 out. 2022.

INFORMATION COMMISSIONER'S OFFICE. FS50908339, j. 11.06.2020. Disponível em: https://ico.org.uk/media/action-weve-taken/decision-notices/2020/2617860/fs50908339.pdf. Acesso em: 11 out. 2022.

INFORMATION COMMISSIONER'S OFFICE. FS50908339 e FS50919851. j. 08.07.2020. Disponível em: https://ico.org.uk/media/action-weve-taken/decision-notices/2020/2618008/fs50898869.pdf. Acesso em: 11 out. 2022.

INFORMATION COMMISSIONER'S OFFICE. FS50908339 e FS50919851, j. 08.07.2020. Disponível em: https://ico.org.uk/media/action-weve-taken/decision-notices/2020/2618008/fs50898869.pdf. Acesso em: 11 out. 2022.

INFORMATION COMMISSIONER'S OFFICE. IC-43980-J8Z7, j. 03.09.2021. Disponível em: https://ico.org.uk/media/action-weve-taken/decision-notices/2020/2618167/ic-43980-j8z7.pdf. Acesso em: 11 out. 2022.

INFORMATION COMMISSIONER'S OFFICE. IC-40405-S7L3, j. 16.09.2020. Disponível em: https://ico.org.uk/media/action-weve-taken/decision-notices/2020/2618317/ic-40405-s7l3.pdf. Acesso em: 11 out. 2022.

INFORMATION COMMISSIONER'S OFFICE. IC-83994-C7Z4, j. 03.09.2021. Disponível em: https://ico.org.uk/media/action-weve-taken/decision-notices/2021/4018304/ic-83994-c7z4.pdf. Acesso em: 11 out. 2022.

INFORMATION COMMISSIONER'S OFFICE. IC-109451-S1M2, j. 26.11.2021. Disponível em: https://ico.org.uk/media/action-weve-taken/decision-notices/2021/4019143/ic-109451-s1m2.pdf. Acesso em: 11 out. 2022.

6. E-books

LONDON SCHOOL OF ECONOMICS AND POLITICAL SCIENCE (LSE). *The Woolf Inquiry*. An inquiry into the LSE's links with Libya and lessons to be learned. Disponível em: https://www.lse.ac.uk/News/News-Assets/PDFs/The-Woolf-Inquiry-Report-An-Inquiry-into-LSEs-Links-with-Libya-and-Lessons-to-Be-Learned-London-School-of-Economics-and-Political-Sciences.Pdf. Acesso em: 11 out. 2022.

SOLOVE, Daniel J. *Understanding privacy*. Cambridge: Harvard University Press, 2008. *E-book*.

16
A PROTEÇÃO DE DADOS PESSOAIS E A UTILIZAÇÃO DE APLICAÇÕES DE REALIZAÇÃO DE EXAMES À DISTÂNCIA: ALGUMAS NOTAS EM TORNO DA DELIBERAÇÃO 622/2021 DA COMISSÃO NACIONAL DE PROTEÇÃO DE DADOS DE PORTUGAL

Ana Francisca Pinto Dias

Docente na Faculdade de Direito da Universidade de Coimbra. Doutoranda em Ciência Jurídico-Processuais na Faculdade de Direito da Universidade de Coimbra. Endereço de correio eletrónico: francisca.dias@fd.uc.pt.

Resumo: A DPA portuguesa ordenou a uma instituição de ensino cessasse a utilização uma aplicação de software voltados à fiscalização de alunos durante a realização de exames on-line.

Fundamentos: Art. 5 (1) b) GDPR / Art. 5 (1) a) GDPR / Art. 5 (1) c) GDPR / Art. 6 (1) e) GDPR / Art. 6 (1) f) GDPR / Art. 22 GDPR.

Decisão completa:

https://www.cnpd.pt/umbraco/surface/cnpdDecision/download/121887

Sumário: 1. Descrição do caso – 2. Fundamentação legal para a imposição da sanção – 3. Comentários e análise crítica; 3.1 Os sujeitos responsáveis pelo tratamento dos dados pessoais: o responsável pelo tratamento e o subcontratante; 3.1.1 Relevância dos conceitos; 3.1.2 O responsável pelo tratamento (data controller); 3.1.3 O subcontratante (data processor); 3.2 Os princípios relativos ao tratamento de dados pessoais; 3.2.1 O princípio da licitude; 3.2.1.1 Da ilegitimidade do fundamento invocado pelo responsável pelo tratamento; 3.2.1.2 O princípio da licitude, em particular: a ausência de consentimento dos titulares dos dados; 3.2.2 O princípio da limitação das finalidades; 3.2.3 Princípio da minimização dos dados; 3.3 Decisões individuais automatizadas; 3.4 Transferência transfronteiriça de dados pessoais – 4. Conclusão – Referências.

1. DESCRIÇÃO DO CASO

O presente texto propõe-se a analisar a deliberação 622/2021 da Comissão Nacional de Proteção de Dados: o caso *Respondus*.

Esta decisão administrativa tem subjacente, do ponto de vista do seu quadro factual, a introdução de um sistema de avaliação e monitorização à distância dos alunos de uma instituição de ensino superior, através de duas aplicações: a *Respondus Lockdown Browser*, um navegador de internet próprio que tem como finalidade impedir os estudantes de aceder a outras aplicações no seu computador (como seja, impressão, captura de ecrã, copiar e/ou colar, acesso a aplicação de mensagens), durante o período de realização do exame, e a *Respondus Monitor,* que consiste num sistema de vigilância automatizada (*proctoring*) dos estudantes durante a realização do exame, permitindo a monitorização dos seus comportamentos através do recurso à *webcam* e a técnicas de análise de vídeo, as quais podem ser utilizadas em diversos *Learning Management Systems* já existentes nas instituições de ensino (v.g., *moodle*) e através das quais os docentes podem criar e disponibilizar um exame aos estudantes.[1]

Previamente ao início da realização da avaliação, há lugar a um conjunto de operações, que visam capturar um conjunto de dados, nomeadamente: (i) *Webcam Check* (verificação das condições de áudio e vídeo do aluno); (ii) *Student Photo* (solicita que o aluno se enquadre com a área de captura da *webcam*, para recolha de fotografia); (iii) *Show ID* (solicita a exibição da identificação de aluno e enquadramento, com a área de captura, para recolha de fotografia); (iv) *Environment Check* (o aluno filma a área que o envolve); e, (v) *Facial Detection Check* (detecção facial do aluno).[2]

Durante a realização do exame são capturados e gravados o som e a imagem do aluno e a própria gravação da *webcam* é sucedida por uma etapa de tratamento automatizado que utiliza a tecnologia de detecção facial e de reconhecimento facial, para aferir se o estudante permaneceu no enquadramento do vídeo, se houve várias pessoa a aparecer nesse enquadramento, se a pessoa que aparece no enquadramento do vídeo é a mesma pessoa que iniciou o exame e, ainda, qual a posição da face do utilizador em relação à câmara de vídeo.[3]

Ademais, em conformidade com os termos de utilização da aplicação *Respondus Monitor*, os alunos para poderem aceder a ela, são obrigados a aceitar, em cada uma das vezes que acessam a aplicação, todas as condições de utilização impostas pela *Respondus Inc.*, nomeadamente os termos relativos ao tratamento de dados pessoais e são alertados de que utilizam a aplicação por sua conta e risco, isto é, são obrigados a aceitar que a *Respondus Inc.* não será responsável pela ocorrência de eventuais violações de dados pessoais.[4]

---

1. Cfr., parágrafos 7, 8, 11, 12, 14 e 15 da Deliberação 2021/622 da CNPD.
2. Cfr., parágrafo 16 da Deliberação 2021/622 da CNPD.
3. Cfr., parágrafos 18, 20 e 21 da Deliberação 2021/622 da CNPD.
4. Cfr., parágrafo 24 da Deliberação 2021/622 da CNPD.

As aplicações mencionadas foram criadas pela *Respondus Inc.*, uma empresa norte-americana pioneira na prestação de serviços de tecnologia e *software* para a área educativa, em especial no domínio da realização de exames *online*, que autorizou, através de um contrato de licenciamento, uma instituição de ensino superior portuguesa a utilizar as aplicações *Respondus Lockdown Browser* e *Respondus Monitor*.[5]

O referido contrato de licenciamento foi complementado com um *Data Processing Agreement* (DPA), outorgado entre a instituição de ensino e a *Respondus Inc.*, nos termos do qual se reconhece que aquela instituição é responsável pelo tratamento de dados dos estudantes e a *Respondus Inc.* é a subcontratante que trata os dados pessoais em nome do responsável pelo tratamento e sob as suas instruções, sob a forma de armazenamento dos dados, nos seus servidores.

Os servidores da *Respondus Inc.*, que alojam as aplicações *Respondus Lockdown Browser* e *Respondus Monitor* e os respetivos dados pessoais objeto de tratamento, estão localizados fora do Espaço Económico Europeu – havendo, portanto, *transferência internacional de dados pessoais* –, sendo os dados pessoais tratados controlados e operados por um subcontratante, a *Amazon Web Services*, com a devida autorização da entidade licenciada[6].

Relativamente à transferência internacional de dados pessoais, o *Data Processing Agreement* prevê, ainda, que os dados pessoais são transferidos para os Estados Unidos da América para uma entidade certificada ao abrigo dos Princípios do Escudo da Privacidade (*Privacy Shield Framework*) ou para um destinatário ao abrigo de cláusulas contratuais-tipo aprovadas pela Comissão Europeia, constando, em anexo ao acordo de tratamento de dados, um contrato de transferência de dados para os EUA entre a instituição licenciada, enquanto exportadora de dados, e a *Respondus Inc.*, na qualidade de importadora de dados, ao abrigo da então Diretiva 95/46CE, a Diretiva sobre a Proteção de Dados Pessoais, revogada pelo RGPD[7]. Conforme este contrato, são transferidos para os Estados Unidos da América dados pessoais, quer de trabalhadores da instituição licenciada, quer dados pessoais dos estudantes inscritos na instituição licenciada, de diversas categorias, como sejam dados de autenticação (nome de utilizador), dados de identificação (nome e apelido), dados de contacto (e-mail opcional, em caso de pedido de apoio técnico), números únicos de identificação e assinaturas (cartão de identificação de estudante), fotografias, vídeo e áudio (v.g., gravação vídeo/aula do examinando), dados de natureza educativa (v.g., dados resultantes da análise da vigilância dos exames), identificação do dispositivo (endereço IP).[8]

O responsável para o tratamento fundou o tratamento de dados pessoais, no âmbito das aplicações *Respondus Lockdown Browser* e *Respondus Monitor,* na prossecução do

---

5. Cfr., parágrafos 9 e 10 da Deliberação 2021/622 da CNPD.
6. Cfr., parágrafos 25 e 26 da Deliberação 2021/622 da CNPD.
7. Cfr., parágrafo 27 da Deliberação 2021/622 da CNPD.
8. Cfr., parágrafos 28 e 29 da Deliberação 2021/622 da CNPD.

seu *interesse legítimo* em avaliar o desempenho dos estudantes de forma justa, equitativa e credível.

Quid iuris relativamente à licitude do tratamento de dados pessoais?

2. FUNDAMENTAÇÃO LEGAL PARA A IMPOSIÇÃO DA SANÇÃO

A *Comissão Nacional de Proteção de Dados* (adiante, «CNPD») é uma entidade administrativa independente, com personalidade jurídica de direito público e com poderes de autoridade, dotada de autonomia administrativa e financeira, a quem compete *controlar e fiscalizar* o cumprimento do Regulamento (UE) 2017/679 do Parlamento Europeu e do Conselho, de 27 de abril de 2016, relativo à proteção das pessoas singulares no que diz respeito ao tratamento de dados pessoais e à livre circulação desses dados (de ora em diante, Regulamento Geral sobre a Proteção de Dados ou, simplesmente, RGPD), da Lei n.º 58/2019, de 8 de agosto, lei que assegura a execução do RGPD na ordem jurídica portuguesa,[9] da Lei n.º 41/2004, lei que transpõe para a ordem jurídico portuguesa a Diretiva n.º 2002/58/CE, do Parlamento Europeu e do Conselho, de 12 de julho, relativa ao tratamento de dados pessoais e à proteção da privacidade no sector das comunicações eletrónicas, assim como das demais disposições legais e regulamentares em matéria de proteção de dados pessoais, com o fim de defender os direitos, liberdades e garantias das pessoas singulares no âmbito do tratamento dos seus dados pessoais.[10] A CNPD é, portanto, a *autoridade de controlo* nacional para efeitos do Regulamento Geral sobre a Proteção de Dados.[11]

Esta entidade, enquanto autoridade de controlo, dispõe de um conjunto de poderes de investigação, de correção, consultivos e de autorização, integrando-se, entre o núcleo dos seus poderes de correção, *inter alia*, o poder de fazer advertências ao responsável pelo tratamento ou ao subcontratante no sentido de que as operações de tratamento previstas são suscetíveis de violar as disposições do RGPD e o poder de ordenar ao responsável pelo tratamento ou ao subcontratante que tome medidas para que as operações de tratamento cumpram as disposições do RDPG e, se necessário, de uma forma específica e dentro de um prazo determinado[12/13].

---

9. A este respeito, vide, CORDEIRO, António Barreto Menezes. A Interpretação dos Regulamentos Europeus e das Correspondentes Leis de Execução: o Caso Paradigmático do RGPD e da Lei n.º 58/2019. *Revista de Direito e Tecnologia*, v. 1, n.º 2, p. 175 a 200, 2019.

10. Cfr., artigos 4.º e 6.º, n.º 1, alínea b) da Lei n.º 58/2019, de 8 de agosto.

11. Cfr., artigo 3.º da Lei n.º 58/2019, de 8 de agosto. Nos termos do RGPD, entende-se por «autoridade de controlo», uma autoridade pública independente criada por um Estado-Membro a quem compete a responsabilidade pela fiscalização da aplicação do regulamento, a fim de defender os direitos e liberdades fundamentais das pessoas singulares relativamente ao tratamento e facilitar a livre circulação desses dados na União (cfr., artigos 4.º, 21) e 51.º, n.º 1 do RDPG).

12. Cfr., artigo 58.º, n.º 2, alíneas a) e d) do RGPD e artigo 6.º, n.º 2 da Lei n.º 58/2019, de 8 de agosto.

13. Sobre as atribuições das autoridades de controlo, vide, SÍTIMA, Inês. Atribuições das autoridades independentes de controlo. *Revista de Direito e Tecnologia*, v. 2, n.º 2, p. 219 a 256, 2020; VICENTE, Dário Moura; CASIMIRO, Sofia de Vasconcelos. A proteção de dados pessoais na internet à luz do direito comparado. *Revista de Direito Intelectual*, n.º 2, p. 55 e 56, 2018.

No que concerne à operação de tratamento de dados em causa, a CNPD entendeu que a operação de tratamento de dados em questão, através do recurso às aplicações *Respondus Lockdown Browser* e *Respondus Monitor*, no quadro da avaliação à distância dos alunos, seria suscetível de violar determinados princípios fundamentais relativos aos tratamento dos dados pessoais: os princípios da licitude, da limitação das finalidades e da minimização dos dados previstos no artigo 5.º, n.º 1, alíneas a), b) e c) do RGPD.

No exercício dos seus poderes, em 11 de maio de 2021, com vista a salvaguardar o direito à proteção dos dados pessoais, a CNPD determinou na Deliberação 622/2021:[14] (i) advertir o responsável pelo tratamento, uma instituição de ensino público, no sentido de que o tratamento de dados pessoais que pretendia realizar, decorrente da utilização de duas aplicações *Respondus* (*Respondus Lockdown Browser* e *Respondus Monitor*), no âmbito da avaliação à distância dos estudantes durante a pandemia da COVID-19, era suscetível de violar os princípios da licitude, da minimização dos dados e da proporcionalidade, previstos no artigo 5.º, n.º 1, alíneas a), b) e c) do RGPD; e, (ii) ordenar ao responsável pelo tratamento para que desse instruções ao subcontratante *Respondus Inc.* no sentido de proceder, de imediato, à destruição de todos os dados pessoais eventualmente recolhidos no contexto da aplicação das referidas aplicações pelos alunos e, ainda, para que lavrasse auto de destruição dos dados e o remetesse ao responsável pelo tratamento.[15]

A CNPD alertou, ainda, que sem prejuízo do direito de propositura de ação judicial contra si, enquanto autoridade de controlo, a deliberação em análise é suscetível de reclamação administrativa, nos termos do artigo 191.º do Código do Procedimento Administrativo, no prazo legal (geral) de 15 dias a contar da notificação da deliberação.[16]

Vejamos os principais contornos jurídicos do caso.

3. COMENTÁRIOS E ANÁLISE CRÍTICA

3.1 Os sujeitos responsáveis pelo tratamento dos dados pessoais: o responsável pelo tratamento e o subcontratante

3.1.1 Relevância dos conceitos

Os conceitos de *responsável pelo tratamento dos dados* (*data controller*) e de *subcontratante* (*data processor*), bem assim a relação entre estes dois conceitos, desempenham um papel essencial na aplicação do Regulamento Geral sobre a Proteção de Dados, permitindo determinar o responsável pelo cumprimento das normas sobre proteção de dados e de que modo os titulares dos dados em causa podem efetivar os seus direitos.[17]

---

14. Disponível em: https://www.cnpd.pt/decisoes/historico-de-decisoes/?year=2021&type=2&ent=.
15. Cfr., parágrafos 64 e 66 da Deliberação 2021/622 da CNPD.
16. Cfr., artigo 78.º, n.º 1 do RGPD, "sem prejuízo de qualquer outra via de recurso administrativo ou extrajudicial, todas as pessoas singulares ou coletivas têm direito à ação judicial contra as decisões juridicamente vinculativas das autoridades de controlo que lhes digam respeito".
17. Cfr., Orientações 07/2020 sobre os conceitos de responsável pelo tratamento e subcontratante no RGPD, adotadas em 7 de julho de 2021 – *European Data Protection Board*, p. 3 e 8.

Em essência, o papel essencial dos conceito de responsável pelo tratamento e de subcontratante é *atribuir e repartir responsabilidades* em conformidade com as funções efetivas de cada sujeito, tratando-se, por isso, de *conceitos funcionais*, o que implica duas coisas: em primeiro, "que o estatuto jurídico de um interveniente como «responsável pelo tratamento» ou como «subcontratante» deve, em princípio, ser determinado pelas suas atividades efetivas numa situação específica, e não na designação formal de um interveniente como sendo um «responsável pelo tratamento» ou um «subcontratante»" e, em segundo, que "a repartição de funções deve normalmente resultar de uma análise dos elementos ou das circunstâncias factuais do caso e, portanto, não é negociável".[18]

Considere-se, desde logo, o artigo 5.º, n.º 2, do RGPD, o qual prevê explicitamente o *princípio da responsabilidade*, consagrando que "o responsável pelo tratamento é responsável pelo cumprimento do disposto no n.º 1 e tem de poder comprová-lo".[19] A disposição para que este preceito legal remete, o artigo 5.º, n.º 1 do RGPD, diz respeito aos princípios fundamentais que regem o tratamento dos dados pessoais: o *princípios da licitude, lealdade e transparência*, o *princípio da minimização dos dados*, o *princípio da exatidão*, o *princípio da limitação da conservação dos dados* e o *princípio da integridade e confidencialidade*.

Em substância, o princípio da responsabilidade, princípio nuclear do Regulamento Geral sobre a Proteção de Dados, dirige-se especialmente ao responsável pelo tratamento e tem como finalidade colocar em evidência que aquele tem de aplicar medidas apropriadas e eficazes para garantir o cumprimento dos princípios fundamentais do RGPD e tem de poder comprovar o respetivo cumprimento. O que decorre, imediatamente, do artigo 24.º do RGPD, sob a epígrafe "responsabilidade do responsável pelo tratamento", no qual se preceitua que "(...) o responsável pelo tratamento aplica as medidas técnicas e organizativas que forem adequadas para assegurar e poder comprovar que o tratamento é realizado em conformidade com o presente regulamento", as quais, "caso sejam proporcionadas em relação às atividades de tratamento, (...) incluem a aplicação de políticas adequadas em matéria de proteção de dados pelo responsável pelo tratamento".[20]

Na mesma linha, nos termos do artigo 28.º, n.º 1 do RGPD, a respeito do subcontratante, "quando o tratamento dos dados for efetuado por sua conta, o responsável pelo tratamento recorre apenas a subcontratantes que apresentem garantias suficientes de execução de medidas técnicas e organizativas adequadas de uma forma que o trata-

---

18. Cfr., Orientações 07/2020 sobre os conceitos de responsável pelo tratamento e subcontratante no RGPD, adotadas em 7 de julho de 2021 – *European Data Protection Board*, p. 10.

19. Este princípio foi tratado num parecer do Grupo de trabalho do artigo 29.º, o parecer 3/2010 sobre o princípio da responsabilidade, adotado em 13 de julho de 2010, 00062/10/PT, WP 173.

20. Veja-se, ainda, o teor do considerado (74) do RGPD: "deverá ser consagrada a responsabilidade do responsável por qualquer tratamento de dados pessoais realizado por este ou por sua conta. Em especial, o responsável pelo tratamento deverá ficar obrigado a executar as medidas que forem adequadas e eficazes e ser capaz de comprovar que as atividades de tratamento são efetuadas em conformidade com o presente regulamento, incluindo a eficácia das medidas. Essas medidas deverão ter em conta a natureza, o âmbito, o contexto e as finalidades do tratamento dos dados, bem como o risco que possa implicar para os direitos e liberdades das pessoas singulares".

A PROTEÇÃO DE DADOS PESSOAIS E A UTILIZAÇÃO DE APLICAÇÕES DE REALIZAÇÃO DE EXAMES À DISTÂNCIA

mento satisfaça os requisitos do presente regulamento e assegure a defesa dos direitos do titular dos dados".

Por outro lado, as disposições sobre os direitos dos titulares dos dados pessoais – o direito à informação (onde se inclui, a identidade do responsável pelo tratamento), o direito de acesso aos dados, o direito de retificação e apagamento dos dados, o direito à limitação do tratamento, o direito de oposição ao tratamento dos dados pessoais e o direito de não ficar sujeito a decisões automatizadas (v.g., artigos 12.º a 22.º do RGPD) –, encontram-se formuladas de modo a constituírem, correspetivamente, obrigações do responsável pelo tratamento.

Não se olvide, porém, que o conceito de responsável pelo tratamento também emerge em vários preceitos do RGPD como uma componente essencial do seu âmbito de aplicação. Refira-se o artigo 3.º do RGPD, relativo ao seu âmbito de aplicação territorial, nos termos do qual o RGPD se aplica ao tratamento de dados pessoais (i) "efetuado no contexto das atividades de um estabelecimento de um responsável pelo tratamento ou de um subcontratante situado no território da União Europeia, independentemente de o tratamento ocorrer dentro ou fora da União"; (ii) "de titulares residentes no território da União Europeia, efetuado por um responsável pelo tratamento ou subcontratante não estabelecidos na União, quando as atividades de tratamento estejam relacionadas com a oferta de bens ou serviços a esses titulares de dados na União" e com "o controlo do seu comportamento, desde que esse comportamento tenha lugar na União"; e, (iii) "por um responsável pelo tratamento estabelecido não na União, mas num lugar em que se aplique o direito de um Estado-Membro por força do direito internacional público".

Bem assim, como uma componente essencial de requisitos específicos para a aplicação de determinadas disposições do RGPD. Aponte-se, ilustrativamente, o artigo 6.º, n.º 1 do RGPD, o qual determina que o tratamento de dados só é lícito se e na medida em que o tratamento dos dados seja necessário, *inter alia*, para: (i) "o cumprimento de uma obrigação jurídica a que o responsável pelo tratamento esteja sujeito"; (ii) "ao exercício de funções de interesse público ou ao exercício da autoridade pública de que está investido o responsável pelo tratamento"; e, (iii) "para efeitos dos interesses legítimos prosseguidos pelo responsável pelo tratamento ou por terceiros, exceto se prevalecerem os interesses ou direitos e liberdades fundamentais do titular que exijam a proteção dos dados pessoais, em especial se o titular for uma criança".

Note-se, porém, que apesar de o princípio da responsabilidade e os principais deveres previstos no RGPD se dirigirem especial e diretamente ao responsável pelo tratamento, algumas das regras mais específicas são dirigidas quer aos responsáveis pelo tratamento, quer aos subcontratantes. Refiram-se, exemplificativamente, o artigo 32.º, n.º 1 do RGPD, a respeito da segurança do tratamento, nos termos do qual "(...) o responsável pelo tratamento e o subcontratante aplicam as medidas técnicas e orga-nizativas adequadas para assegurar um nível de segurança adequado ao risco", como seja, *inter alia*, a pseudonimização e a cifragem dos dados pessoais; e, o artigo 82.º do RGPD, epigrafado "direito de indemnização e responsabilidade", onde se preceitua que qualquer pessoa que tenha sofrido danos materiais ou imateriais devido a uma violação das normas contidas no RGPD tem direito a ser indemnizada pelo responsável pelo tratamento ou pelo subcontratante pelos danos sofridos, sendo que, o subcontratante só será responsável pelos danos causados pelo tratamento se não tiver cumprido as obrigações decorrentes do regulamento que a ele se dirijam especificamente ou se não tiver seguido as instruções lícitas do responsável pelo tratamento; quer o responsável pelo tratamento, quer o subcontratante ficam exonerados de responsabilidade se provarem que não são, de modo algum, responsável pelo evento causal que esteve na origem dos danos.

Em rigor, a distinção entre «responsável pelo tratamento» e «subcontratante» tem como utilidade diferenciar os responsáveis pelo tratamento, *strictu senso*, das entidades que atuam por conta destes, isto é, os subcontratantes. O que, no fundo, equivale a dizer, repita-se, que se trata de conceitos funcionais, ou seja, de conceitos funcionalizados à questão da atribuição e repartição da responsabilidade.

O princípio da responsabilidade, a par com outras normas específicas acerca do modo como dever ser cumprido o RGPD e da repartição de responsabilidades entre o responsável pelo tratamento (ou os responsáveis conjuntos pelo tratamento) e o subcontratante, torna, por conseguinte, imprescindível a delimitação dos conceitos e das funções dos vários sujeitos envolvidos numa operação ou conjunto de operações de tratamento de dados pessoais.

3.1.2 O responsável pelo tratamento (data controller)

O Regulamento Geral sobre a Proteção de Dados define o «responsável pelo tratamento» como "a pessoa singular ou coletiva, a autoridade pública, a agência ou outro organismo que, individualmente ou em conjunto com outras, determina as finalidades e os meios de tratamento de dados pessoais; sempre que as finalidades e os meios desse tratamento sejam determinados pelo direito da União ou de um Estado-Membro, o responsável pelo tratamento ou os critérios específicos aplicáveis à sua nomeação podem ser previstos pelo direito da União ou de um Estado-Membro".[21]

Se quisermos decompor a definição de «responsável pelo tratamento» podemos apontar cinco elementos essenciais, a saber: (i) «a pessoa singular ou coletiva, a autoridade pública, a agência ou outro organismo»; (ii) «determina»; (iii) «individualmente ou em conjunto com outras»; (iv) «as finalidades e os meios»; e, (v) «de tratamento de dados pessoais».

O primeiro elemento reveste um cariz subjetivo, referindo-se ao tipo de entidade que pode assumir a veste de responsável pelo tratamento. Nos termos do RGPD, não existe qualquer limitação relativamente ao tipo de entidade que pode assumir a função de responsável pelo tratamento, podendo tratar-se de uma pessoa singular, de um grupo

---

21. Cfr., artigo 4.º, 7) do RGPD.

de pessoas singulares, de uma pessoa coletiva, pública ou privada, ou de qualquer outro organismo.[22]

O segundo elemento essencial – «determina» – diz respeito à principal função do responsável pelo tratamento: a *função decisória ou de controlo acerca de elementos fundamentais ou de operações específicas do tratamento de dados pessoais.*

No grosso das situações, é possível identificar com relativa facilidade o responsável pelo tratamento a partir de determinadas circunstâncias legais e/ou factuais que são indicativas do seu *poder de controlo ou de influência sobre o tratamento dos dados*. Neste sentido, são identificáveis duas categorias de situações que dão origem à referida influência ou controlo do responsável pelo tratamento sobre as operações de tratamento de dados pessoais: (i) influência ou controlo derivado de disposições legais (*origem legal* do controlo exercido pelo responsável pelo tratamento dos dados pessoais); e (2) controlo derivado de influência de facto (*origem factual* do controlo exercido pelo responsável pelo tratamento dos dados pessoais).

Na primeira hipótese, estamos diante de situações em que se torna possível inferir o controlo a partir de disposições legais expressamente atributivas de competências ao responsável pelo tratamento. Repare-se que, o artigo 4.º, 7) do RGPD refere que "sempre que as finalidades e os meios desse tratamento sejam determinados pelo direito da União ou de um Estado- Membro, o responsável pelo tratamento ou os critérios específicos aplicáveis à sua nomeação podem ser previstos pelo direito da União ou de um Estado-Membro". Com efeito, sempre que a lei nomear diretamente o responsável pelo tratamento ou definir os critérios para a sua nomeação, tal será decisivo para determinar quem atua na veste de responsável pelo tratamento. Pode suceder, igualmente, que a lei designe alguma entidade a obrigação de recolher e tratar determinados dados pessoais, sendo que, por princípio, essa entidade é considerada responsável pelo tratamento.

Já, na segunda hipótese, não resultando o controlo sobre o tratamento de dados pessoais de disposições legais, a qualificação de uma entidade como responsável pelo tratamento tem de ser determinada através de uma aferição casuística, isto é, com base em todos os elementos factuais subjacentes à operação de tratamento de dados em causa, com vista a concluir que uma entidade exerce um controlo ou influência determinante no que concerne à operação concreta de tratamento de dados pessoais. Trata-se, neste caso, de um *controlo resultante de influência de facto.*

No que diz respeito ao terceiro elemento, o artigo 4.º, 7) do RGPD determina que as *"finalidade e os meios"* do tratamento dos dados podem ser determinados por um ou

---

22. Note-se que, considerando que o objetivo que subjaz à atribuição de uma função de responsável consiste em garantir a responsabilidade e a proteção eficaz dos dados pessoais, o conceito de «responsável pelo tratamento» deve ser interpretado de uma forma suficientemente ampla, favorecendo tanto quanto o possível a proteção eficaz dos titulares dos dados de forma a assegurar o pleno efeito da legislação da UE em matéria de proteção de dados, evitar lacunas e impedir um eventual contorno das regras, não diminuindo, simultaneamente, a função do subcontratante (cfr., Orientações 07/2020 sobre os conceitos de responsável pelo tratamento e subcontratante no RGPD, adotadas em 7 de julho de 2021 – *European Data Protection Board*, p. 10).

mais responsáveis pelo tratamento (*"individualmente ou em conjunto com outras"*), o que significa que, diferentes entidades podem atuar como responsáveis pelo tratamento em relação à mesma operação de tratamento de dados pessoais.[23] Fala-se, nestes casos, de *tratamento conjunto de dados pessoais* e, do ponto de vista subjetivo, em *responsáveis conjuntos pelo tratamento*.[24]

O quarto elemento da definição de responsável pelo tratamento tem um *caráter material*, referindo-se ao objeto do controlo ou da influência determinante do responsável pelo tratamento: as *finalidades e os meios do tratamento de dados pessoais*. Com efeito, a entidade que decide as finalidades (o *para quê*) de uma específica operação de tratamento de dados, assim como, os meios essenciais[25] (o *como*) que devem ser mobilizados para alcançar as finalidades ou os objetivos do tratamento, exercendo, por conseguinte, uma influência determinante sobre a operação de tratamento dos dados pessoais, deve ser tida como responsável pelo tratamento.[26]

Por último, as finalidades e os meios do tratamento têm de dirigir a uma específica operação de *tratamento de dados pessoais*. O artigo 4.º, 2) do RGPD apresenta uma definição muito ampla de tratamento de dados pessoais, definindo-o como "uma operação ou um conjunto de operações efetuadas sobre dados pessoais ou sobre conjuntos de dados pessoais, por meios automatizados ou não automatizados, tais como a recolha, o registo, a organização, a estruturação, a conservação, a adaptação ou alteração, a recuperação, a consulta, a utilização, a divulgação por transmissão, difusão ou qualquer outra forma de disponibilização, a comparação ou interconexão, a limitação, o apagamento ou a destruição".

---

23. Nos termos do artigo 26.º, n.º 1, 1.ª parte do RGPD ("responsáveis conjuntos pelo tratamento"), "quando dois ou mais responsáveis pelo tratamento determinem conjuntamente as finalidades e os meios desse tratamento, ambos são responsáveis conjuntos pelo tratamento".

24. Sobre a responsabilidade conjunta pelo tratamento, vide, Orientações 07/2020 sobre os conceitos de responsável pelo tratamento e subcontratante no RGPD, adotadas em 7 de julho de 2021 – *European Data Protection Board*, p. 21 a 28. Na doutrina, vide, ROCHA, Francisco Rodrigues. Anotação ao artigo 26º, p. 244 a 248. In: CORDEIRO, A. Barreto Menezes (Coord.). *Comentário ao Regulamento Geral de Proteção de Dados e à Lei 58/2019*. Coimbra: Almedina, 2021.

25. No que respeita à determinação dos meios, pode operar-se uma distinção entre meios essenciais e não essenciais. Os primeiros estão reservados ao responsável pelo tratamento, enquanto os segundos podem ser também determinados pelo subcontratante. Segundo as Orientações 07/2020 sobre os conceitos de responsável pelo tratamento e subcontratante no RGPD, "os «meios essenciais» são meios que estão estreitamente ligados à finalidade e ao âmbito do tratamento, tais como o tipo de dados pessoais que são tratados («que dados devem ser tratados?»), a duração do tratamento («durante quanto tempo devem ser tratados?»), as categorias dos destinatários («quem deve ter acesso aos mesmos») e as categorias dos titulares dos dados («cujos dados pessoais estão a ser tratados»)". Por seu turno, "os «meios não essenciais» dizem respeito a aspetos mais práticos da execução, tais como a escolha do tipo específico de hardware ou software ou as medidas de segurança pormenorizadas que podem ser decididas pelo subcontratante" (cfr., Orientações 07/2020 sobre os conceitos de responsável pelo tratamento e subcontratante no RGPD, adotadas em 7 de julho de 2021 – *European Data Protection Board*, p. 17).

26. Referindo que a natureza privada ou pública da entidade é irrelevante, sendo que o que é determinante para aferir da qualidade de responsável pelo tratamento é "saber se a entidade em causa, isolada ou conjuntamente com outras, determina as finalidades e os meios de tratamento de dados", vide, PEREIRA, Alexandre Dias. O Responsável pelo Tratamento de Dados segundo o RGPD. *Revista de Direito e Tecnologia*, v. 1, n. 2, p. 146, 2019.

A PROTEÇÃO DE DADOS PESSOAIS E A UTILIZAÇÃO DE APLICAÇÕES DE REALIZAÇÃO DE EXAMES À DISTÂNCIA **303**

Do mesmo modo, o conceito de dados pessoais é igualmente amplo, vindo definido como qualquer "informação relativa a uma pessoa singular identificada ou identificável" (o titular dos dados), sendo "considerada identificável uma pessoa singular que possa ser identificada, direta ou indiretamente, em especial por referência a um identificador, como por exemplo um nome, um número de identificação, dados de localização, identificadores por via eletrónica ou a um ou mais elementos específicos da identidade física, fisiológica, genética, mental, económica, cultural ou social dessa pessoa singular (cfr., artigo 4.º, n.º 1 do RGPD).

Pelo exposto, no caso em apreciação, dúvidas não há de que a instituição de ensino público, entidade licenciada para utilizar as aplicações *Respondus*, é a responsável pelo tratamento dos dados pessoais em causa, na conceção do artigo 4.º, 7) do RGPD, dado que é esta quem define a finalidade do tratamento – ou seja, a vigilância e monitorização dos exames realizados à distância, com o fim de garantir a sua credibilidade, fiabilidade, integridade e legitimidade –, assim como os meios para alcançar essa finalidade – isto é, o recurso à aplicação *Respondus Lockdown Browser* e a aplicação complementar *Respondus Monitor*, através da contratação de serviços à empresa norte-americana *Respondus Inc.*, que atua como se verá como subcontratante, na aceção do artigo 4.º, 8) do RGPD.

3.1.3   O subcontratante (data processor)

Nos termos do artigo 4.º, 8) do RGPD um *subcontratante* é "uma pessoa singular ou coletiva, a autoridade pública, agência ou outro organismo que trate os dados pessoais por conta do responsável pelo tratamento destes".[27]

À semelhança do conceito de responsável pelo tratamento, o conceito de subcontratante é muito amplo, podendo assumir a função de *data processor* "uma pessoa singular ou coletiva, a autoridade pública, agência ou outro organismo".

Ainda, do mesmo modo que a operação ou o conjunto de operações de tratamento de dados pode envolver vários responsáveis pelo tratamento, poderá também envolver vários subcontratantes, ora porque o responsável pelo tratamento decide contratar vários subcontratantes em etapas distintas do tratamento, ora porque um subcontratante diretamente contratado pelo responsável pelo tratamento contrata ele mesmo um ou mais subcontratantes.[28]

Todavia, o subcontratante só pode contratar outro subcontratante se o responsável tiver dado *autorização prévia e por escrito* para tal. Esta autorização pode ser *específica*, isto é, aquela que especifica por escrito a que subcontratante e a que atividade de tratamento se reporta –, ou *geral,* a qual deve ficar consignada no contrato ou outro ato normativo, conquanto sem qualquer indicação específica acerca do subcontratante e da

---

27. A respeito da subcontratação, vide, ROCHA, Francisco Rodrigues. Anotação ao artigo 28º, p. 251 a 257. In: CORDEIRO, A. Barreto Menezes (Coord.). *Comentário ao Regulamento Geral de Proteção de Dados e à Lei 58/2019.* Coimbra: Almedina, 2021.
28. Cfr., Orientações 07/2020 sobre os conceitos de responsável pelo tratamento e subcontratante no RGPD, adotadas em 7 de julho de 2021 – *European Data Protection Board*, p. 29.

atividade de tratamento de dados a que se refere, devendo ser, porém, complementada com critérios orientadores da escola do subcontratante.[29]

Se o responsável pelo tratamento optar por prestar a sua autorização de forma específica, há dois efeitos a ter em conta: o primeiro, caso o subcontratante não obtenha a autorização do responsável pelo tratamento dentro do prazo estipulado, o pedido de autorização deve considerar-se rejeitado; o segundo, toda e qualquer alteração posterior acerca da subcontratação carece de uma nova autorização pelo responsável pelo tratamento.[30]

No caso de autorização geral para a subcontratação, o subcontratante tem o dever de informar o responsável pelo tratamento, em tempo oportuno, de toda e qualquer alteração relativamente ao aumento do número ou à substituição de subcontratantes, de molde a conferir ao responsável pelo tratamento a oportunidade de se opor a essas alterações.[31] Porém, em sentido diferente do que sucede relativamente à autorização específica para a contratação de outros subcontratantes, o silêncio do responsável pelo tratamento assume o valor de declaração, isto é, a ausência de resposta do responsável pelo tratamento ao pedido de autorização do subcontratante dentro do prazo estabelecido pode ser interpretada como autorização.[32]

A concessão de autorização do responsável pelo tratamento para a utilização de subcontratantes não é absoluta. O responsável pelo tratamento deve, quer no momento de tomada de decisão de concessão de autorização, quer já posteriormente, ter em consideração a sua obrigação de recorrer a subcontratantes que apresentem "garantias suficientes" quanto ao cumprimento dos requisitos do RGPD, pelo que, se no decurso do desempenho das atividades de tratamento de dados pessoais pelo subcontratante, este deixar de apresentar tais garantias, o responsável pelo tratamento pode tomar a decisão de retirar a sua autorização em relação à subcontratação.[33]

Se o subcontratante contratar outro subcontratante para a realização de determinadas operações de tratamento de dados por conta do responsável pelo tratamento, esse outro subcontratante deve ficar vinculado, por contrato ou outro ato normativo ao abrigo do direito da União ou dos Estados-Membros, às mesmas obrigações em matéria de proteção de dados que as estabelecidas no contrato ou outro ato normativo entre o responsável pelo tratamento e o subcontratante, especialmente a obrigação de oferecer garantias suficientes quanto à execução de medidas técnicas e organizativas adequadas que cumpram os requisitos previstos no RGPD. No caso de esse subcontratante não

---

29. *Vide*, Orientações 07/2020 sobre os conceitos de responsável pelo tratamento e subcontratante no RGPD, adotadas em 7 de julho de 2021 – *European Data Protection Board*, p. 48 e 49.
30. Cfr., Orientações 07/2020 sobre os conceitos de responsável pelo tratamento e subcontratante no RGPD, adotadas em 7 de julho de 2021 – *European Data Protection Board*, p. 48.
31. Cfr., artigo 28.º, n.º 2 do RGPD.
32. Cfr., Orientações 07/2020 sobre os conceitos de responsável pelo tratamento e subcontratante no RGPD, adotadas em 7 de julho de 2021 – *European Data Protection Board*, p. 49.
33. Cfr., Orientações 07/2020 sobre os conceitos de responsável pelo tratamento e subcontratante no RGPD, adotadas em 7 de julho de 2021 – *European Data Protection Board*, p. 48.

A PROTEÇÃO DE DADOS PESSOAIS E A UTILIZAÇÃO DE APLICAÇÕES DE REALIZAÇÃO DE EXAMES À DISTÂNCIA | **305**

cumprir as suas obrigações em matéria de proteção de dados, o subcontratante inicial (contratado pelo responsável pelo tratamento) continua a ser responsável, perante o responsável pelo tratamento, pelo cumprimento das obrigações desse outro subcontratante.[34]

Ora, no presente caso, a subcontratante contratou um outro subcontratante, mediante autorização da entidade licenciada, responsável pelo tratamento. Conforme previsto contratualmente no acordo de tratamento de dados (DPA), a entidade licenciada reconheceu e deu autorização no sentido de que "os servidores da Respondus Inc., que alojam as aplicações licenciadas e respetivos dados pessoais tratados, são controlados e operados por um (sub-contratante), a *Amazon Web Services*".[35]

Retomando, da referida definição de subcontratante, decorre que a qualificação de um sujeito ou de uma organização como subcontratante depende de dois requisitos: (i) tratar-se de uma *entidade autónoma relativamente ao responsável pelo tratamento*, a quem este decide delegar, no todo ou em parte, a operação de tratamento de dados a outrem; e, (ii) que *trate dados pessoais por conta do responsável pelo tratamento*, isto é, no benefício e no interesse do responsável pelo tratamento e segundo as diretrizes e instruções emitidas por aquele, *maxime*, no que respeita às finalidades do tratamento e aos elementos essenciais dos meios de tratamento.[36-37]

Para assegurar que o tratamento dos dados satisfaz os requisitos do RGPD e a proteção dos direitos dos titulares dos dados, impõe-se ao responsável pelo tratamento, quando delega as atividades do tratamento, a *obrigação de recorrer exclusivamente a subcontratantes que apresentem garantias suficientes* (*inter alia*, conhecimentos especializados, fiabilidade, reputação no mercado, recursos, vinculação a um código de conduta pelo subcontratante) *relativamente à execução de medidas técnicas e organizativas* que respeitem os requisitos do RGPD[38] e, por conseguinte, a obrigação de avaliar a suficiência dessas garantias em função da específica operação de tratamento de dados.

Qualquer tratamento de dados pessoais em subcontratação terá de ser regulado por um *contrato ou por ato normativo* ao abrigo do direito da União Europeia ou dos Estados-Membros – que devem ser reduzidos a escrito, incluindo em formato eletrónico –,[39] entre o subcontratante e o responsável pelo tratamento, e no qual se estabeleçam um *conjunto de elementos essenciais:*[40] o objeto e a duração do contrato, a natureza e as

---

34. Cfr., artigo 28.º, n.º 4 do RGPD.
35. Cfr., parágrafo 26 da Deliberação 2021/622 da CNPD.
36. Cfr., Orientações 07/2020 sobre os conceitos de responsável pelo tratamento e subcontratante no RGPD, adotadas em 7 de julho de 2021 – *European Data Protection Board*, p. 29.
37. Note-se que, conforme dispõe o artigo 28.º, n.º. 10 do RGPD, "o subcontratante que, em violação do presente regulamento, determinar as finalidades e os meios de tratamento, é considerado responsável pelo tratamento no que respeita ao tratamento em questão".
38. Cfr., artigo 28.º, n.º 1 e considerando (81) do RGPD.
39. Cfr., 28.º, n.º 9 do RGPD.
40. Cfr., Orientações 07/2020 sobre os conceitos de responsável pelo tratamento e subcontratante no RGPD, adotadas em 7 de julho de 2021 – *European Data Protection Board*, p. 39: "Embora os elementos estabelecidos no artigo 28.º do regulamento constituam o seu conteúdo essencial, o contrato deverá ser uma forma de o responsável

finalidades do tratamento, o tipo de dados pessoais, as categorias dos titulares dos dados e as obrigações e direitos do responsável pelo tratamento.[41]

Adicionalmente, constituindo igualmente o conteúdo essencial, o contrato ou outro ato normativo devem estipular, nomeadamente, que o subcontratante: (i) trata os dados pessoais apenas mediante instruções documentadas do responsável pelo tratamento, incluindo no que toca às transferências de dados para países terceiros ou organizações internacionais, salvo se for obrigado a fazê-lo pelo direito da União ou do Estado-Membro a que está sujeito, caso em que deve informar o responsável pelo tratamento desse requisito jurídico antes do tratamento, salvo se a lei proibir tal informação por motivos importantes de interesse público; (ii) assegura que as pessoas autorizadas a tratar os dados pessoais assumiram um compromisso de confidencialidade ou estão sujeitas a adequadas obrigações legais de confidencialidade; (iii) adota todas as medidas de segurança do tratamento, nos termos do artigo 32.º do RGPD; (iv) respeita as condições relativas à contratação de outro subcontratante para a realização de operações específicas de tratamento dos dados; (v) tem em consideração a natureza do tratamento, e na medida do possível, presta assistência ao responsável pelo tratamento, através da adoção de medidas técnicas e organizativas adequadas, por forma a permitir que este cumpra a sua obrigação de responder aos pedidos dos titulares dos dados tendo em vista o exercício dos seus direitos previstos no RGPD; (vi) presta assistência ao responsável pelo tratamento no sentido de assegurar o cumprimento das obrigações previstas no RGPD em matéria de segurança dos dados pessoais e avaliação de impacto sobre a proteção dos dados e consulta prévia, tendo em conta a natureza do tratamento e a informação ao dispor do subcontratante; (vii) apaga ou devolve ao responsável pelo tratamento, à escolha deste, todos os dados pessoais depois de concluída a prestação de serviços relacionados com o tratamento, apagando as cópias existentes, a menos que a conservação dos dados seja exigida ao abrigo do direito da União ou dos Estados-Membros; e, (viii) disponibiliza ao responsável pelo tratamento todas as informações necessárias para demonstrar o cumprimento das referidas obrigações e facilita e contribui para as auditorias, inclusive as inspeções, conduzidas pelo responsável pelo tratamento ou por outro auditor por este mandatado.[42-43]

O responsável pelo tratamento e o subcontratante podem optar por celebrar um *contrato individual* – isto é, por negociar o conteúdo do contrato incluindo nele todos os elementos obrigatórios – ou por basear o contrato ou outro ato normativo, no todo

---

pelo tratamento e o subcontratante clarificarem em maior profundidade de que modo esses elementos centrais vão ser executados com instruções detalhadas. Por conseguinte, o acordo de tratamento não deve simplesmente reproduzir as disposições do RGPD: ao invés, deve incluir informações mais específicas e concretas sobre de que forma os requisitos serão satisfeitos e que nível de segurança é necessário para o tratamento de dados pessoais objeto do acordo de tratamento".

41. Cfr., 28.º, n.º 3, 1.ª parte do RGPD.

42. Cfr., 28.º, n.º 3, 2.ª parte do RGPD.

43. Para uma análise detida de cada uma das condições estabelecidas pelo RGPD no que concerne ao conteúdo do contrato ou de outro ato normativo, vide, Orientações 07/2020 sobre os conceitos de responsável pelo tratamento e subcontratante no RGPD, adotadas em 7 de julho de 2021 – *European Data Protection Board*, p. 40 a 47.

ou em parte, em *cláusulas contratuais-tipo* em relação às obrigações previstas no artigo 28.º,[44] adotadas pela Comissão ou por uma autoridade de controlo, as quais podem fazer parte de uma certificação concedida ao responsável pelo tratamento ou ao subcontratante nos termos dos artigos 42.º e 43.º do RGPD.[45]

Ora, no presente caso, a instituição de ensino público, responsável pelo tratamento, celebrou um contrato de licenciamento com a *Respondus Inc.*, o qual inclui um acordo de tratamento de dados (*Data Processing Agreement* – DPA), no qual se reconhece que a instituição licenciada é reponsável pelo tratamento dos dados pessoais dos estudantes e que a *Respondus Inc.* é a subcontratante que trata os dados pessoais em nome da responsável pelo tratamento e sob instruções documentadas desta.[46] A *Respondus Inc.* atua, portanto, como subcontratante, na aceção do artigo 4.º, 8) do RGPD.

Parece, igualmente, cumprida a obrigação do responsável pelo tratamento de recorrer apenas a subcontratantes que apresentem garantias suficientes, como sejam conhecimentos especializados, relativamente à execução de medidas técnicas e organizativas que respeitem os requisitos do RGPD, uma vez que a subcontratante *Respondus, Inc.*, é uma empresa sedimentada no mercado que presta serviços de tecnologia e software para a área educativa, em particular no setor da realização de testes ou exames *online*.[47]

3.2   Os princípios relativos ao tratamento de dados pessoais

O artigo 5.º do RGPD elenca os princípios norteadores do tratamento de dados pessoais – o princípio da licitude, lealdade e transparência, o princípio da limitação das finalidades, o princípio da minimização dos dados, o princípio da exatidão, o princípio da limitação da conservação, o princípio da integridade e confidencialidade e o princípio da responsabilidade –[48], os quais constituem o filão fundamentador quer dos direitos

---

44. Cfr., Orientações 07/2020 sobre os conceitos de responsável pelo tratamento e subcontratante no RGPD, adotadas em 7 de julho de 2021 – *European Data Protection Board*, p. 38: "Embora o artigo 28.º preveja uma lista de pontos que têm de ser abordados em qualquer contrato que rege a relação entre responsáveis pelo tratamento e subcontratantes permite margem para negociações entre as partes desses contratos. Nalgumas situações um responsável pelo tratamento ou um subcontratante pode ter menor poder de negociação para adaptar o acordo de proteção de dados. A utilização de cláusulas contratuais-tipo adotadas nos termos do artigo 28.º (ns. 7 e 8)) pode contribuir para o reequilíbrio das posições de negociação e para garantir que os contratos cumprem o RGPD".

45. Cfr., 28.º, ns. 6, 7 e 8 do RGPD.

46. Cfr., parágrafo 10 da Deliberação 2021/622 da CNPD.

47. Cfr., parágrafo 9 da Deliberação 2021/622 da CNPD.

48. Para uma abordagem geral sobre os princípios relativos ao tratamento dos dados pessoais, vide, GONÇALVES, Anabela Susana de Sousa. O tratamento de dados pessoais no Regulamento Geral de Proteção de Dados. *Scientia Iuridica*, t. LXVIII, n. 350, p. 173 a 189, Maio-Agosto 2019; CORDEIRO, A. Barreto Menezes. Anotação ao artigo 5.º, p. 100 a 107. In: CORDEIRO, A. Barreto Menezes (Coord.). *Comentário ao Regulamento Geral de Proteção de Dados e à Lei 58/2019*. Coimbra: Almedina, 2021; ALVES, Joel A..*O Novo Modelo de Proteção de Dados Pessoais Europeu*. Coimbra: Almedina, 2021, p. 56 a 61; DIAS, Ana Francisca Pinto. Responsabilidade Civil pelo Tratamento de Dados Pessoais: a responsabilidade do *controller* por factos próprios e por factos de outrem. *Revista de Direito da Responsabilidade*, ano 1, p. 1262 a 1274, 2019; SCHIOPU, Silviu-Dorin. Some correlations between the principles relating to personal data processing and the records of processing activities. *Bolletin of the Transilvania University of Brasov*, v. 12, n. 2, p. 431 a 436, 2019.

ANA FRANCISCA PINTO DIAS

dos titulares dos dados pessoais, quer das obrigações do responsável pelo tratamento dos dados pessoais e são orientadores e legitimadores das operações de tratamento dos dados pessoais.[49]

O presente caso convocou a chamada à colação de determinados princípios relativos ao tratamento dos dados pessoais, por os mesmos, atendo o quadro factual subjacente ao caso, se mostrarem preteridos, nos termos que infra melhor se procurará explicitar.

3.2.1 O princípio da licitude

3.2.1.1 Da ilegitimidade do fundamento invocado pelo responsável pelo tratamento

Um dos princípios fundamentais em matéria de proteção de dados é o *princípio da licitude*, o qual determina que os dados pessoais devem ser objeto de um tratamento lícito. (cfr., artigo 5.º, n.º 1, alínea a) do RGPD).

Este princípio é especificamente tratado no artigo 6.º do RGPD que determina a necessidade de identificação de um *fundamento jurídico adequado* para o tratamento dos dados pessoais em causa que corresponda à finalidade e à essência do tratamento dos dados.

Os fundamentos jurídicos que legitimam ou, *melius*, que determinam a licitude do tratamento dos dados encontram-se taxativamente enumerados no artigo 6.º, n.º 1 do RGPD, a saber: a) o consentimento do titular dos dados para o tratamento dos seus dados pessoais para uma ou mais finalidades específicas; b) a necessidade do tratamento dos dados para a execução de um contrato ou para diligências pré-contratuais a pedido do titular dos dados; c) a necessidade do tratamento dos dados para o cumprimento de uma obrigação jurídica; d) a necessidade do tratamento dos dados para a defesa de interesses vitais do titular dos dados ou de outra pessoa singular; e) a necessidade do tratamento dos dados para o exercício de funções de interesse público ou para o exercício da autoridade pública de que está investido o responsável pelo tratamento; f) a necessidade do tratamento dos dados para efeito dos interesses legítimos prosseguidos pelo responsável pelo tratamento ou por terceiros.

No caso em apreciação, o fundamento jurídico invocado pelo responsável pelo tratamento para o tratamento dos dados pessoais foi o previsto no artigo 6.º, n.º 1, alí-

---

A Lei Geral de Proteção de Dados Pessoais brasileira, a Lei 13.709/18, com clara influência do Regulamento Geral de Proteção de Dados europeu, consagra como princípios relativos ao tratamento de dados pessoais: os princípios da boa-fé, da finalidade, da adequação, da necessidade, do livre acesso, qualidade dos dados, da transparência, da segurança, da prevenção, da não discriminação, da responsabilização e da prestação de contas. Vide, entre outros, na doutrina brasileira, FLUMIGNAN, Silvano José Gomes/FLUMIGNAN, Wévertton Gabriel Gomes. Princípios que Regem o Tratamento de Dados no Brasil. In: LIMA, Cíntia Rosa Pereira (Coord.). *Comentários à Lei Geral de Proteção de Dados*. Brasil: Almedina, 2020, p. 123 a 139; GUIMARÃES, João Alexandre/ MACHADO, Lécio. *Comentários à Lei Geral de Proteção de Dados*. Rio de Janeiro: Lumen Juris, 2020, p. 39 a 43.

49. Referindo que o dever de respeitar os princípios relativos aos dados pessoais previstos no RGPD é um dos principais deveres do responsável pelo tratamento, vide, PEREIRA, Alexandre Dias. O Responsável pelo Tratamento de Dados segundo o RGPD. *Revista de Direito e Tecnologia*, v. 1, n. 2, p. 153, 2019.

nea f), isto é, fundou a necessidade do tratamento dos dados para efeito *dos interesses legítimos por si prosseguidos*[50].

O fundamento invocado para o tratamento dos dados é de dúbia aplicação ao caso em apreço. Assim porque, não obstante a instituição responsável pelo tratamento ser uma fundação pública sujeita a um regime de direito privado (cfr., artigo 9.º, ns. 1 e 2 e artigo 134.º, n.º 1 do Regime Jurídico das Instituições de Ensino Superior), é uma instituição que tem como objetivo a prossecução do interesse público (cfr., artigo 134.º, n.º 2 do mesmo diploma legal). De tal modo que, os interesses legítimos invocados pelo responsável pelo tratamento são exclusivamente os interesses públicos legalmente determinados, razão por que lhe parece estar vedada a invocação da alínea f) do artigo 6.º, n.º 1 do RGPD como base legal para o tratamento dos dados, uma vez que nos termos do segundo parágrafo do artigo 6.º, n.º 1 do RGPD, tal fundamento "não se aplica ao tratamento de dados efetuado por autoridades públicas na prossecução das suas atribuições por via eletrónica".

De todo o modo, ainda que se concluísse que a invocação do interesse legítimo do responsável pelo tratamento constitui uma base legal adequada para o tratamento dos dados em causa, sempre teria de se aferir do cumprimento dos pressupostos de aplicação de tal base legal.

Nesta sequência, importa dar nota de que o fundamento jurídico para o tratamento dos dados em causa requer a realização de um *teste de ponderação* entre os interesses legítimos do responsável pelo tratamento em relação aos interesses ou aos direitos e liberdades fundamentais do titular dos dados pessoais (critério da ponderação dos interesses), bem assim, de um *teste de necessidade* (apreciado de forma estrita) no sentido de que deve existir uma relação entre o tratamento dos dados e as finalidades pretendidas ou os interesses legítimos do responsável pelo tratamento, devendo aferir-se se existem outros meios ou fundamentos menos intrusivos para alcançar a mesma finalidade.[51-52]

---

50. Sobre os interesses legítimos como fundamento do tratamento dos dados pessoais, vide, CORDEIRO, António Menezes Barreto. O tratamento de dados pessoais fundado em interesses legítimos. *Revista de Direito e Tecnologia*, v. 1, n. 1, p. 1 a 31, 2019; GONÇALVES, Anabela Susana de Sousa. O tratamento de dados pessoais no Regulamento Geral de Proteção de Dados. *Scientia Iuridica*, Tomo LXVIII, n. 350, p. 185 a e 190, Maio-Agosto 2019; FERRETTI, Federico. Data protection and the legitimate interest of data controllers: Much ado about nothing or the winter of rights? *Common Market Law Review*, v. 51, n.º 3, p. 843 a 868, 2014.

51. Cfr., Parecer do Grupo de Trabalho do artigo 29.º para a proteção de dados 06/2014 sobre o conceito de interesses legítimos do responsável pelo tratamento dos dados na aceção do artigo 7.º da Diretiva 95/46/CE do GT29 (WP217), p. 36-37 e 45, respetivamente.

52. Segundo a jurisprudência do Tribunal de Justiça da União Europeia, a respeito da norma homóloga da anterior Diretiva em matéria de proteção de dados (Diretiva 95/46/CE), o artigo 6.º, n.º 1, alínea f) do RGPD exige a observância de três requisitos cumulativos para que um tratamento de dados pessoais seja lícito: "em primeiro lugar, a prossecução de interesses legítimos do responsável pelo tratamento ou do terceiro ou terceiros a quem os dados sejam comunicados, em segundo lugar, a necessidade do tratamento dos dados pessoais para a realização do interesse legítimo e, em terceiro lugar, o requisito de os direitos e as liberdades fundamentais da pessoa a que a proteção de dados diz respeito não prevalecerem" (cfr., Acórdão do Tribunal de Justiça da União Europeia, processo C-13/16, *Valsts policijas Rīgas reģiona pārvaldes Kārtības policijas pārvalde vs. Rīgas pašvaldības SIA «Rīgas satiksme»*, datado de 4 de maio de 2017, parágrafo 28.

Tais pressupostos, como bem evidenciou a CNPD na deliberação em análise, não se mostram cumpridos.

Por um lado, o responsável pelo tratamento não logrou demonstrar, como se lhe incumbia por força do princípio da responsabilidade consagrado no artigo 5.º, n.º 2 do RGPD, a impossibilidade de realização das avaliações por outro meio, seja presencialmente, seja através de outros meios que não envolvesse as operações de tratamento de dados pessoais em questão, designadamente, através da plataforma da própria instituição. Não se encontram razões, portanto, que permitam concluir que a utilização do sistema *Respondus* constitui um meio menos intrusivo para alcançar a finalidade pretendida com o tratamento dos dados pessoais.

Por outro lado, o teste de ponderação entre o interesse legítimo do responsável pelo tratamento e os interesses ou direitos e liberdades fundamentais dos titulares dos dados pessoais não foi realizado. O mesmo é dizer que, também quanto a este ponto, o responsável pelo tratamento não demonstrou que o interesse legítimo por si invocado como fundamento para o tratamento dos dados prevalecia sobre os interesses ou os direitos e liberdades dos titulares dos dados.

De todo o modo, ponderando a natureza puramente institucional do interesse legítimo do responsável pelo tratamento com o impacto do tratamento de dados na esfera da privacidade dos titulares dos dados, bem assim, as técnicas implicadas para alcançar a finalidade pretendida, como seja a monitorização do comportamento dos estudantes durante a realização dos exames, sem que hajam sido considerados meios alternativos à utilização da *Respondus*, parece difícil que o alegado interesse legítimo do responsável pelo tratamento supere os testes da ponderação e da necessidade, não constituindo, como tal, um fundamento jurídico adequado para justificar o tratamento dos dados pessoais em causa.

3.2.1.2 *O princípio da licitude, em particular: a ausência de consentimento dos titulares dos dados*

A aplicação *Respondus Monitor* consiste, recorde-se, num sistema de vigilância automatizada dos estudantes durante a realização do exame, permitindo a monitorização dos seus comportamentos através do recurso à *webcam* e a técnicas de análise de vídeo.

Previamente ao início da realização da avaliação, há lugar a um conjunto de operações, que visam capturar um conjunto de dados, como seja a captura de fotografia e a deteção e reconhecimento facial do aluno. Já durante a realização do exame são capturados e gravados, não só o som, como a imagem do aluno e a gravação da *webcam* é sucedida por uma fase de tratamento automatizado que utiliza a tecnologia de deteção facial e de reconhecimento facial, designadamente, para aferir se a pessoa que aparece no enquadramento do vídeo é a mesma pessoa que iniciou o exame.

O que nos conduz a considerar que está em causa o *tratamento de dados biométricos*, que o RGPD define como sendo os "dados pessoais resultantes de um tratamento

A PROTEÇÃO DE DADOS PESSOAIS E A UTILIZAÇÃO DE APLICAÇÕES DE REALIZAÇÃO DE EXAMES À DISTÂNCIA | **311**

técnico específico relativo às características físicas, fisiológicas ou comportamentais de uma pessoa singular que permitam ou confirmem a identificação única dessa pessoa singular, nomeadamente imagens faciais ou dados dactiloscópicos" (cfr., artigo 4.º, 14) do RGPD).

O artigo 9.º do RGPD regula o tratamento de categorias especiais de dados, incluindo no seu âmbito de aplicação o tratamento de "dados biométricos para identificar uma pessoa de forma inequívoca" e determinando, como regra, a proibição do tratamento destes dados (cfr., artigo 9.º, n.º 1 do RGPD).

Excecionalmente, o tratamento desta categoria especial de dados pessoais não é proibido se se verificar um dos casos previstos no n.º 2 do artigo 9.º do RGPD.[53] Dentre os casos legalmente previstos suscetíveis de legitimar o tratamento de dados pessoais biométricos, o único possivelmente aplicável ao caso em apreço consiste no "consentimento explícito do titular dos dados para o tratamento desses dados pessoais para uma ou mais finalidades específicas" (cfr., alínea a) do n.º 2 do artigo 9.º do RGPD).[54]

Neste ponto, importa recordar que é imposto aos estudantes que concordar com as condições de utilização das aplicações *Respondus*, de forma individual e cada vez que se autenticam na aplicação para a realização do exame, o que inclui o consentimento para o tratamento de dados posterior pela Respondus, Inc. para a prossecução dos seus próprios fins (de melhoria das suas aplicações e de investigação), caso em que se assume aqui como responsável pelo tratamento desses dados, sem que tal tratamento esteja sujeito ao consentimento dos estudantes.

Esta obrigatoriedade de anuência dos titulares dos dados para o tratamento dos dados é contrária aos princípios fundamentais do RGPD. Nos termos da alínea a) do artigo 5.º do RGPD, o tratamento dos dados pessoais tem de ser "lícito, leal e transparente em relação ao titular dos dados".

Como se referiu supra, o artigo 6.º do RGPD consagra um conjunto taxativo de situações que determinam a licitude do tratamento dos dados. A alínea a) deste preceito preceitua que o tratamento de dados pessoais é lícito se "o titular dos dados tiver dado o seu consentimento para o tratamento dos seus dados pessoais para uma ou mais finalidades específicas". Esta alínea alude a um conceito fundamental no domínio da proteção de dados pessoais - o conceito de "consentimento" –, a obtenção do qual está sujeita a condições rigorosas.

O RGPD, no seu artigo 4.º, 11), define o "consentimento" do titular dos dados como "uma manifestação de vontade, livre, específica, informada e explícita, pela qual o titular

---

53. Referindo que o tratamento de categorias especiais de dados está sujeito a uma proibição geral, só sendo admitido no caso de se verificarem determinados requisitos específicos, vide, PEREIRA, Alexandre Dias. O Responsável pelo Tratamento de Dados segundo o RGPD. *Revista de Direito e Tecnologia*, v. 1, n.º 2, p. 155, 2019.

54. O consentimento explícito é necessário em determinadas situações em que surge um risco agravado para a proteção dos dados pessoais e, com efeito, em que se torna adequado existir um nível mais elevado de controlo individual em relação aos dados pessoais, o que sucede justamente quando estão em causa categorias especiais de dados como os dados biométricos.

dos dados aceita, mediante declaração ou ato positivo inequívoco, que os dados pessoais que lhe dizem respeito sejam objeto de tratamento".[55]

Desta definição resultam vários requisitos determinativos da validade e relevância jurídica do consentimento. Desde logo, o consentimento tem de ser *prestado de forma livre*, isto é, tem de resultar, de forma inequívoca, da vontade do titular dos dados pessoais a anuência para o seu tratamento e tem de ser livremente revogável a qualquer momento, sem prejuízo da licitude do tratamento dos dados realizado até à retirada do consentimento (cfr., artigo 7.º, n.º 3 do RGPD).[56] Em segundo lugar, o *consentimento tem de ser específico*, isto é, tem se reportar-se a finalidades determinadas que o responsável pelo tratamento visa prosseguir com a operação de tratamento dos dados pessoais, nos termos dos artigos 12.º e seguintes do RGPD.[57] Em terceiro lugar, o *consentimento tem de ser informado*, o que significa que o responsável pelo tratamento dos dados tem de prestar ao titular dos dados, de forma prévia e de modo claro, um conjunto de informações acerca do tratamento que lhe permitam formar uma vontade clara, consciente e esclarecida relativamente à utilização dos seus dados pessoais. Por último, exige-se que o *consentimento seja dado de modo explícito*, a significar que a vontade do titular dos dados em autorizar o tratamento dos dados tem de se manifestar de forma clara e precisa, afastando-se a possibilidade do consentimento tácito.[58]

Com efeito, na falta de um consentimento explícito dos titulares dos dados para o tratamento dos dados biométricos, só poderá concluir-se pela violação do artigo 5.º, n.º 1, alínea a) e do artigo 9.º, n.º 1, ambos do RGPD.

Porém, ainda que se concedesse, como entendeu a CNPD, não haver tratamento de dados biométricos, tal como estes se encontram definidos no supracitado artigo 4.º, 14) do RGPD, o princípio da licitude sempre seria violado por, ao exigir-se aos estudantes que aceitem os termos de utilização da *Respondus* como condição necessária e obrigatória para a realização dos exames, não se verifica nenhum dos requisitos para um consentimento válido, sendo, portanto, o tratamento de dados, incluindo o tratamento

---

55. Sobre o consentimento no RGPD, vide, MENDES, Jorge Barros. O consentimento no Novo Regulamento Geral de Proteção de Dados. *Maia Jurídica – Revista de Direito*, ano VIII, n.º 1, p. 43 a 47, Janeiro-Junho 2017; GONÇALVES, Anabela Susana de Sousa. O tratamento de dados pessoais no Regulamento Geral de Proteção de Dados. *Scientia Iuridica*, Tomo LXVIII, n. 350, p. 179 a 183, Maio-Agosto 2019; DIAS, Ana Francisca Pinto. Responsabilidade Civil pelo Tratamento de Dados Pessoais: a responsabilidade do controller por factos próprios e por factos de outrem. *Revista de Direito da Responsabilidade*, ano 1, p. 1263 e 1264, 2019; BARBOSA, Mafalda Miranda. Proteção de dados e direitos de personalidade: uma relação de interioridade constitutiva. Os beneficiários da proteção de dados e a responsabilidade civil. *Estudos de Direito do Consumidor*, v. 12, n. 1, p. 92 a 96, 2017.
56. CASTRO, Catarina Sarmento. *Direito da Informática, Privacidade e Dados Pessoais*. Coimbra: Almedina, 2005, p. 207.
57. BARBOSA, Mafalda Miranda. Data controllers e data processor: da responsabilidade pelo tratamento de dados à responsabilidade civil. *Revista de Direito Comercial*, p. 433, Março de 2018; CASTRO, Catarina Sarmento. *Direito da Informática, Privacidade e Dados Pessoais*. Coimbra: Almedina, 2005, p. 207.
58. Vide, DIAS, Ana Francisca Pinto. Responsabilidade Civil pelo Tratamento de Dados Pessoais: a responsabilidade do controller por factos próprios e por factos de outrem. *Revista de Direito da Responsabilidade*, ano 1, p. 1264, 2019.

posterior dos dados pela *Respondus, Inc.*, ilícito, por violação do princípio consignado no artigo 5.º, n.º 1, alínea a) do RGPD.

3.2.2 O princípio da limitação das finalidades

A operação de tratamento de dados pessoais em análise pôs também em crise o *princípio da limitação das finalidades*, previsto na alínea b) do n.º 1 do artigo 5.º do RGPD.[59]

Este princípio impõe que os dados pessoais sejam recolhidos tendo em vista *finalidades determinadas*,[60] *explícitas e legítimas* e que o *posterior tratamento* dos mesmos seja efetuado de uma forma *compatível com tais finalidades*.[61-62]

Com efeito, subjazem a este princípio duas intenções: por um lado, procura-se que as finalidades do tratamento dos dados sejam previamente conhecidas pelo titular dos dados de forma precisa, clara e completa e que não se revelem contrárias às disposições do RGPD e, por outro lado, pretende-se que o tratamento dos dados deve ser compatível com a finalidade indicada no momento recolha dos dados, a qual determinou o consentimento do titular dos dados pessoais, de tal modo que, qualquer tratamento de dados que extrapole ou seja contrário às finalidades previamente definidas e consentidas pelo titular dos dados será ilegítimo[63].

---

59. Este princípio é também denominado como "princípio da limitação da utilização". Veja-se, neste sentido, MONIZ, Helena Isabel Gonçalves. Notas sobre a protecção de dados pessoais perante a informática: o caso especial dos dados pessoais relativos à saúde. *Revista Portuguesa de Ciência Criminal*, ano 7, n.º 2, p. 232, Abril/Junho 1997. Sobre este princípio, vide, GONÇALVES, Anabela Susana de Sousa. O tratamento de dados pessoais no Regulamento Geral de Proteção de Dados. *Scientia Iuridica*, Tomo LXVIII, n.º 350, p. 175 e 176, Maio-Agosto 2019; ALVES, Joel A..*O Novo Modelo de Proteção de Dados Pessoais Europeu*. Coimbra: Almedina, 2021, p. 58.

60. Como afirma MENDES BARROS, "os dados pessoais devem ser recolhidos para finalidades determinadas. O responsável pelo tratamento deve, portanto, considerar cuidadosamente qual a finalidade ou finalidades para os quais dos dados serão usados e não pode recolher dados pessoais que não sejam necessários, adequados ou relevantes para a finalidade ou finalidades que se pretendem servir". O Autor acrescenta ainda que, "a determinação da finalidade situa-se no núcleo do enquadramento jurídico estabelecido para a proteção dos dados pessoais", pelo que, "para determinar se o tratamento de dados está conforme com a lei e para estabelecer quais as garantias de proteção de dados que devem ser aplicadas, é uma condição prévia necessária que se identifiquem as finalidades que justificam a recolha dos dados pessoais" (cfr., MENDES, Jorge Barros. O consentimento no Novo Regulamento Geral de Proteção de Dados. *Maia Jurídica – Revista de Direito*, Ano VIII, n.º 1, p. 45, Janeiro-Junho 2017).

61. De forma muito cabal, JOEL ALVES afirma que, numa lógica de segurança jurídica e previsibilidade, o princípio da limitação das finalidades visa "delimitar as balizas dentro das quais os dados pessoais poderão ser utilizados por um responsável pelo tratamento após a respetiva recolha". Neste sentido, permite estabelecer "a montante, a exigência de que os dados sejam recolhidos para finalidades específicas, explícitas e legítimas", o que designada de "dimensão da especificação das finalidades" e, "a jusante, a proibição de que esses dados pessoais venham a ser objeto de tratamento para finalidades consideradas incompatíveis com as chamadas finalidades determinantes da recolha", o que denomina de "dimensão da compatibilidade das finalidades" (cfr., ALVES, Joel A. *O Novo Modelo de Proteção de Dados Pessoais Europeu*. Coimbra: Almedina, 2021, p. 58 e 59).

62. Em sentido próximo, o artigo 6.º, I da Lei Geral de Proteção de Dados brasileira, refere-se ao princípio da finalidade, preceituando que o mesmo impõe a "realização do tratamento para propósitos legítimos, específicos, explícitos e informados do titular, sem possibilidade de tratamento posterior de forma incompatível com essas finalidades".

63. Por esta razão, SOUSA PINHEIRO afirma que este princípio "desempenha um forte elemento fiscalizador da legitimidade do tratamento". Veja-se, PINHEIRO, Alexandre de Sousa. *Privacy e proteção de dados pessoais*. Lisboa: AAFDL, 2015, p. 806.

Como bem salientou a CNPD, em conformidade com o despacho reitoral, as avaliações dos estudantes devem ser feitas preferencialmente através da plataforma da instituição, a mesma que vinha sendo utilizada para as aulas à distância e presumivelmente as avaliações do ano letivo anterior e do primeiro semestre do ano letivo em causa. Por outro lado, é deixada à discricionariedade de cada coordenador das unidades orgânicas da entidade licenciada a decisão sobre as situações em que se justificará a utilização das aplicações *Respondus*, sem que sejam indicadas quaisquer circunstâncias específicas ou critérios ponderosos hábeis a fundamentar o recurso a estas aplicações em alternativa à plataforma institucional.[64]

Note-se que, a razão que fundamentou o tratamento de dados através das aplicações *Respondus* assentou na necessidade de realizar exames de avaliação por via remota e com integridade, não sendo, porém, apresentados e fundamentados motivos concretos para justificar o recurso às aplicações *Respondus* como alternativa à plataforma da instituição que se presume que garante, igualmente, a realização com integridade da avaliação à distância. Ademais, estão em causa duas aplicações diferentes, sendo que a *Respondus Lockdown Browser* pode operar por si só, sem necessidade de utilização da *Respondus Monitor* em paralelo ou em complemento da primeira.

Com efeito, no que diz respeito à finalidade do tratamento de dados pessoais, esta não se pode dizer suficientemente determinada e explícita, tal como impõe o princípio da limitação das finalidades previsto no artigo 5.º, n.º 1, alínea b) do RGPD, justamente, por não se poder reconhecer a previsibilidade quanto às circunstâncias específicas em que justifica o recurso às aplicações *Respondus* como alternativa à plataforma da instituição, nem assim a transparência quanto aos critérios a considerar pelos coordenadores das unidades orgânicas para fundamentar tal decisão.

3.2.3   Princípio da minimização dos dados

Nesta sequência, repare-se, que tal como foi sublinhado pela CNPD, "o nível granular de monitorização e vigilância da aplicação "Respondus Monitor" permite (...) uma recolha intensiva de dados com vista a definir por meios totalmente automatizados um perfil do examinando, ao qual é atribuído um valor".[65]

Não foi, porém, realizada qualquer análise acerca da adequação, necessidade e proporcionalidade dessa "recolha intensiva de dados" com vista a alcançar a finalidade geral do tratamentos dos dados pessoais: assegurar a credibilidade e integridade dos exames de avaliação. De modo que, na ausência de fundamentação comprovada daqueles fatores, o tratamentos dos dados pessoais é ilícito por violação do artigo 5.º, n.º 1, alínea c) do RGPD.

Por outro lado, o princípio da minimização dos dados é igualmente posto em crise na medida em que, como se referiu no ponto anterior, as finalidades do tratamento dos

---

64. Cfr., parágrafo 44 da Deliberação 2021/622 da CNPD.
65. Cfr., parágrafo 53 da Deliberação 2021/622 da CNPD.

dados não se encontram suficientemente determinadas e explícitas e não existem critérios previamente fixados, homogéneos e transparentes, relativamente às hipóteses em que se justifica o recurso às aplicações *Respondus*, sendo deixado ao arbítrio dos coordenadores das unidades orgânicas e de cada docente a aplicação destes meios, o "que pode implicar o tratamento de dados adicionais, tais como a fotografia do estudante e a fotografia do estudante junto com um cartão de identidade", como resulta das fases de tratamento de dados descritas no ponto 16, alíneas d) e e) da deliberação da CNPD.

E assim porque, o referido preceito legal consagra o designado *princípio da minimização dos dados*, cujo cumprimento depende da observância de três condições cumulativas: *adequação, pertinência e proporcionalidade.*[66-67]

Nestes termos, em primeiro lugar, impõe-se que os dados pessoais recolhidos sejam adequados às finalidades que o responsável pelo tratamento visa alcançar, exigindo-se, portanto, uma relação de idoneidade ou de adequação entre a qualidade dos dados e os fins para que vão ser objeto de tratamento.[68]

Em segundo lugar, os dados pessoais têm de ser pertinentes relativamente às finalidades do tratamento, o que se prende com a extensão da utilização dos dados pessoais.[69]

Em terceiro e por último, exige-se que sejam recolhidos e processados apenas os dados pessoais estritamente necessários para a realização da finalidade pretendida com o tratamento dos dados em causa.[70] Nesta medida, impõe-se proceder a um juízo de ponderação que afira se o tratamento de um conjunto de dados pessoais, mesmo

---

66. Acerca do princípio da minimização dos dados, entre outros, vide, GONÇALVES, Anabela Susana de Sousa. O tratamento de dados pessoais no Regulamento Geral de Proteção de Dados. *Scientia Iuridica*, Tomo LXVIII, n.º 350, p. 176, Maio-Agosto 2019; CORDEIRO, A. Barreto Menezes. Anotação ao artigo 5.º, p. 105. *In:* CORDEIRO, A. Barreto Menezes (Coord.). Comentário ao Regulamento Geral de Proteção de Dados e à Lei n.º 58/2019. Coimbra: Almedina, 2021; ALVES, Joel A..*O Novo Modelo de Proteção de Dados Pessoais Europeu.* Coimbra: Almedina, 2021, p. 59.

67. A este respeito, a lei brasileira sobre proteção de dados alude aos princípios da adequação e da necessidade. Relativamente ao primeiro, o legislador brasileiro exige a "compatibilidade do tratamento com as finalidades informadas ao titular, de acordo com o contexto do tratamento" (cfr., artigo 6.º, II). Quanto ao segundo, define-o como consistindo na "limitação do tratamento ao mínimo necessário para a realização de suas finalidades, com abrangência dos dados pertinentes, proporcionais e não excessivos em relação às finalidades do tratamento de dados" (cfr., artigo 6.º, III).

68. Cfr., CASTRO, Catarina Sarmento. *Direito da Informática, Privacidade e Dados Pessoais.* Coimbra: Almedina, 2005, p. 326; MURILLO DE LA CUEVA, Pablo Lucas. *Informatica y proteccion de datos personales: estudio sobre la ley organica 5/1992, de regulacion del tratamiento automatizado de los datos de caracter personal".* Madrid: Centro de Estudios Constitucionales, 1993, p. 66; GONÇALVES, Anabela Susana de Sousa. O tratamento de dados pessoais no Regulamento Geral de Proteção de Dados. *Scientia Iuridica*, Tomo LXVIII, n.º 350, p.176, Maio-Agosto 2019; CORDEIRO, A. Barreto Menezes. Anotação ao artigo 5.º, p. 105. In: CORDEIRO, A. Barreto Menezes (Coord.). *Comentário ao Regulamento Geral de Proteção de Dados e à Lei 58/2019.* Coimbra: Almedina, 2021.

69. Vide, DIAS, Ana Francisca Pinto. Responsabilidade Civil pelo Tratamento de Dados Pessoais: a responsabilidade do controller por factos próprios e por factos de outrem. *Revista de Direito da Responsabilidade*, Ano 1, p. 1269, 2019.

70. GONÇALVES, Anabela Susana de Sousa. O tratamento de dados pessoais no Regulamento Geral de Proteção de Dados. *Scientia Iuridica*, t. LXVIII, n.º 350, p. 176, Maio-Agosto 2019; CORDEIRO, A. Barreto Menezes. Anotação ao artigo 5.º, p. 105. *In:* CORDEIRO, A. Barreto Menezes (Coord.). Comentário ao Regulamento Geral de Proteção de Dados e à Lei 58/2019. Coimbra: Almedina, 2021.

ANA FRANCISCA PINTO DIAS

que considerados adequados e pertinentes, se revela necessário e não excessivo para a consecução da finalidade do tratamento.[71]

Numa relação próxima com o princípio da minimização dos dados, posiciona-se o *princípio da proteção de dados por defeito (privacy by default)*, o qual impõe ao responsável pelo tratamento a aplicação de medidas técnicas e organizativas para assegurar que, por defeito, só sejam tratados os dados pessoais que forem necessários para cada finalidade específica do tratamento[72].

3.3   Decisões individuais automatizadas

Nos termos do artigo 22.º, n.º 1 do RGPD, os titulares dos dados têm o *direito de não ficar sujeitos a decisões tomadas exclusivamente com base no tratamento automatizado* (isto é, através de algoritmos), incluindo a definição de perfis,[73] *que produza efeitos nas suas esferas jurídicas ou que o afete significativamente de forma similar.*[74]

Esta norma estabelece uma *proibição geral* da tomada de decisões com base exclusivamente no tratamento automatizado de dados – ou seja, sem que haja qualquer intervenção humana no processo decisório[75] –, incluindo a definição de perfis, apenas

---

71. Vide, DIAS, Ana Francisca Pinto. Responsabilidade Civil pelo Tratamento de Dados Pessoais: a responsabilidade do controller por factos próprios e por factos de outrem. *Revista de Direito da Responsabilidade*, Ano 1, p. 1269, 2019; CORDEIRO, A. Barreto Menezes. Anotação ao artigo 5.º, p. 105. In: CORDEIRO, A. Barreto Menezes (Coord.). *Comentário ao Regulamento Geral de Proteção de Dados e à Lei 58/2019*. Coimbra: Almedina, 2021.

72. Cfr., artigo 25.º, n.º 2 do RGPD. Sobre este princípio, *vide*, SAIAS, Marco Alexandre. Reforço da responsabilização dos responsáveis pelo tratamento de dados. *Revista Portuguesa de Direito do Consumo*, n.º 89, p. 75, Março de 2017; IGLÉSIAS, Filipa. Os conceitos de privacy by design e privacy by default no âmbito do Regulamento Geral de Proteção de Dados. *AB INSTANTIA*, ano V, n.º 7, p. 136, 2017; ROCHA, Francisco Rodrigues. Anotação ao artigo 25º, p. 238 a 244. *In*: CORDEIRO, A. Barreto Menezes (Coord.). Comentário ao Regulamento Geral de Proteção de Dados e à Lei 58/2019. Coimbra: Almedina, 2021; ALVES, Joel A. *O Novo Modelo de Proteção de Dados Pessoais Europeu*. Coimbra: Almedina, 2021, p. 11 a 113; JEZOVÁ, Daniela. Principle of Privacy by design and privacy by default. *Regional Law Review*, p. 127 a 136, 2020. Disponível em: https://heinonline.org/HOL/Page?handle=hein.journals/rgllr2020&div=14&g_sent=1&casa_token=oApH00wtWlMAAAAA:jqAJFUVD-NgBma0bSJo5t7LOqqNvJqiXkwW78n5sbtLvPMJlq0mNU4MF4HFLIEsNRi8Xg27cn1w&collection=journals (acesso em 04.08.2022).

73. Nos termos do artigo 4.º, 4) do RGPD, a "definição de perfis" consiste em "qualquer forma de tratamento automatizado de dados pessoais que consista em utilizar esses dados pessoais para avaliar certos aspetos pessoais de uma pessoa singular, nomeadamente para analisar ou prever aspetos relacionados com o seu desempenho profissional, a sua situação económica, saúde, preferências pessoais, interesses, fiabilidade, comportamento, localização ou deslocações".

74. Sobre este ponto, vide, FIDALGO, Vitor Palmela Anotação ao artigo 22º, p. 220 a 227. In: CORDEIRO, A. Barreto Menezes (Coord.). *Comentário ao Regulamento Geral de Proteção de Dados e à Lei 58/2019*. Coimbra: Almedina, 2021.

75. Cfr., Orientações sobre as decisões individuais automatizadas e a definição de perfis do Grupo de Trabalho do artigo 29.º para a proteção de dados (WP251), cit. p. 23, "Um processo automatizado gera, na prática, uma recomendação relativa a um titular de dados. Se um ser humano examinar e ponderar outros fatores ao tomar a decisão final, esta não será «tomada exclusivamente com base» no tratamento automatizado. (...) Para que se considere haver uma intervenção humana, o responsável pelo tratamento tem de garantir que qualquer supervisão da decisão seja relevante, e não um mero gesto simbólico. Essa supervisão deve ser levada a cabo por alguém com autoridade e competência para alterar a decisão e que, no âmbito da análise, deverá tomar em consideração todos os dados pertinentes." Sobre este ponto, vide, ainda, DRECHSLER, Laura / SÁNCHEZ, JUAN CARLOS BENITO. The Price Is (Not) Right: Data Protection and Discrimination in the Age of Pricing

A PROTEÇÃO DE DADOS PESSOAIS E A UTILIZAÇÃO DE APLICAÇÕES DE REALIZAÇÃO DE EXAMES À DISTÂNCIA | **317**

nos casos em que tais decisões produzem efeitos na esfera jurídica do titular dos dados ou o afete significativamente de forma similar.

A interpretação desta disposição como uma proibição geral, ao invés de um direito que pode ser invocado pelo titular dos dados,[76] não só reforça a ideia do *controlo do titular dos dados sobre os seus dados pessoais*, em conformidade com os princípios fundamentais do RGPD, como confere um *elevado nível de proteção* aos titulares dos dados, na medida em que "significa que as pessoas estão automaticamente protegidas dos possíveis efeitos de uma decisão tomada exclusivamente tomada com base no tratamento automatizado dos seus dados pessoais".[77]

Como se antecipava, para que esta proibição geral seja aplicável é necessário que se verifiquem quatro requisitos essenciais: (i) tem de existir uma decisão (ii) baseada exclusivamente (iii) no tratamento automatizado de dados pessoais (iv) que produza efeitos na esfera jurídica do titular dos dados ou o afete significativamente de forma similar.[78]

Contudo, o princípio da proibição geral de decisões individuais exclusivamente automatizadas que produzam efeitos jurídicos ou similarmente significativos para os titulares dos dados *não é absoluto*, sendo aquelas permitidas quando sejam: a) necessárias para a execução ou a celebração de um contrato; b) autorizadas pelo direito da União ou do Estado-Membro a que o responsável pelo tratamento estiver sujeito, e na qual estejam igualmente previstas medidas adequadas para salvaguardar os direitos e liberdades e os legítimos interesses do titular dos dados; ou, c) baseadas no consentimento explícito do titular dos dados (cfr., artigo 22.º, n.º 2 do RGPD).[79-80] Nenhum deles se mostrado verificado no caso em análise.

Algorithms. *European Journal of Law and Technology*, v. 9, n.º 3, p. 8, 2018; VOIGT,PAUL/BUSSCHE, AXEL VON DEM. Rights of Data Subjects, p. 181. *In*: VOIGT,PAUL/BUSSCHE, AXEL VON DEM (coord.). *The EU General Data Protection Regulation*, Oxford: Springer, 2017.

76. Cfr., Orientações sobre as decisões individuais automatizadas e a definição de perfis do Grupo de Trabalho do artigo 29.º para a proteção de dados (WP251), p. 21, "O termo «direito» nesta disposição não significa que o artigo 22.º, n.º 1, seja aplicável somente quando ativamente invocado pelo titular dos dados".

77. Cfr., Orientações sobre as decisões individuais automatizadas e a definição de perfis do Grupo de Trabalho do artigo 29.º para a proteção de dados (WP251), p. 22.

78. Apesar de o RGPD não avançar qualquer definição para os conceitos de "efeitos na esfera jurídica" ou "significativamente de forma similar", tem sido entendido que o artigo 22.º deste diploma se refere a decisões automatizadas, incluindo definições de perfis, que produzam efeitos com *consequências ou impactos graves* para as pessoas. Assim, vide, orientações sobre as decisões individuais automatizadas e a definição de perfis do Grupo de Trabalho do artigo 29.º para a proteção de dados (WP251), p. 23.

79. Vide, Orientações sobre as decisões individuais automatizadas e a definição de perfis do Grupo de Trabalho do artigo 29.º para a proteção de dados (WP251) , p. 25 a 27.

80. Nos termos do artigo 22.º, n.º 3 do RGPD, nos casos indicados nas alíneas a) e c), "o responsável pelo tratamento aplica medidas adequadas para salvaguardar os direitos e liberdades e legítimos interesses do titular dos dados, designadamente o direito de, pelo menos, obter intervenção humana por parte do responsável, manifestar o seu ponto de vista e contestar a decisão". Cfr., orientações sobre as decisões individuais automatizadas e a definição de perfis do Grupo de Trabalho do artigo 29.º para a proteção de dados, cit. p. 30, "a intervenção humana é um elemento essencial. Qualquer revisão tem de ser levada a cabo por alguém com a devida autoridade e competência para alterar a decisão. O revisor deve realizar uma avaliação exaustiva de todos os dados pertinentes, incluindo quaisquer informações adicionais transmitidas pelo titular dos dados". Nos termos das recomendações de boas práticas (Anexo 1 ao mesmo documento), o mecanismo de intervenção humana no processo decisório poderá ser implementado através da disponibilização de uma hiperligação para um procedimento de recurso

Em todo o caso, recorde-se que, como destacou a CNPD, "o nível granular de monitorização e vigilância da aplicação "Respondus Monitor" permite (...) uma recolha intensiva de dados com vista a definir por meios totalmente automatizados um perfil do examinando, ao qual é atribuído um valor".[81] Porém, e apesar de se arguir que não existe no caso em apreço qualquer decisão automatizada, uma vez que o docente com base no "valor" que lhe é apresentado relativamente a cada estudante, toma a sua decisão, o que faria intervir o fator humano na tomada de decisão, tal argumento não é suficiente. Assim porque, como bem fundamenta a CNPD, "a ausência de diretrizes específicas quanto à interpretação a dar a esses valores e a falta de critérios norteadores para os docentes tomarem decisões coerentes e transparentes pode ser geradora de discriminação e permitir que o docente por regra valide a decisão automática do sistema".[82]

3.4 Transferência transfronteiriça de dados pessoais

O caso em apreço coloca, ainda, um outro problema – o da *transferência transfronteiriça de dados pessoais* –, uma vez que a instituição do ensino superior, a entidade licenciada, e a *Respondus, Inc.*, contratualizaram que esta trata os dados pessoais, sob a forma de armazenamento, nos seus servidores, os quais estão localizados fora do Espaço Económico Europeu (EEE), reconhecendo a entidade licenciada que há transferência internacional de dados pessoais, sendo, por isso, responsável por estabelecer a base legal para tal operação e, por outro lado, prevê também que os dados pessoais são transferidos para os Estados Unidos da América para uma entidade certificada ao abrigo dos Princípios do Escudo da Privacidade (*Privacy Shield*) ou para um destinatário ao abrigo das cláusulas-tipo aprovadas pela Comissão Europeia.[83]

O quadro normativo da circulação transfronteiriça de dados pessoais encontra-se consagrado no Capítulo V do RGPD, com o título *"transferências de dados pessoais para países terceiros ou organizações internacionais"*, daí resultando a preocupação em tutelar

---

no momento da entrega da decisão automatizada ao titular dos dados, com os prazos de revisão acordados e o nome de um ponto de contacto para quaisquer dúvidas (cfr., Anexo 1, p. 37). De todo o modo, as garantias adequadas também incluem o *direito de informação*, incumbindo ao responsável pelo tratamento o dever de informar o titular dos dados sobre a existência de decisões automatizadas, incluindo a definição de perfis, e fornecer informações úteis relativas à lógica subjacente e explicar a importância e as consequências previstas de tal tratamento (cfr., artigos 13.º, n.º 2, alínea f) e 14.º n.º 2, alínea g) ambos do RGPD). Neste sentido, dispõe também o considerando (71) do RGPD, "(...) em qualquer dos casos, tal tratamento deverá ser acompanhado das garantias adequadas, que deverão incluir a informação específica ao titular dos dados e o direito de obter a intervenção humana, de manifestar o seu ponto de vista, de obter uma explicação sobre a decisão tomada na sequência dessa avaliação e de contestar a decisão". Esta obrigação de transparência é não só essencial em atenção aos potenciais riscos das decisões exclusivamente automatizadas, como também constitui um auxílio para possibilitar o exercício do direito de manifestar o seu ponto de vista e contestar a decisão, na medida em que, o titular dos dados só terá condições contestar uma decisão ou manifestar o seu ponto de vista se *compreender efetivamente* como foi tomada a decisão e qual foi o seu fundamento.

81. Cfr., parágrafo 53 da Deliberação 2021/622 da CNPD.

82. Cfr., parágrafo 55 da Deliberação 2021/622 da CNPD.

83. Cfr., parágrafos 25, 27 e 60 da Deliberação 2021/622 da CNPD. Esta entidade-destinatária é a *Amazon Web Services* (AWS), (sub-)subcontratante, que controla e opera os servidores da *Respondus Inc.*, os quais alojam as aplicações licenciadas e os dados objeto de tratamento.

dois interesses opostos: por um lado, o interesse no desenvolvimento económico e da cooperação internacionais e, por outro lado, o interesse em garantir a proteção eficaz das pessoas singulares (titulares de dados pessoais) da União Europeia, assegurando que a proteção que lhes é conferida pelo RGPD acompanha a transferência dos seus dados pessoais para um país fora da União Europeia.[84-85]

Com base nestes pressupostos, o artigo 44.º do RGPD estabelece o *princípio geral* em matéria de *transferência transfronteiriça de dados pessoais,* isto é, o *princípio do nível adequado de proteção:*[86] qualquer transferência de dados pessoais que sejam ou venham a ver objeto de tratamento após transferência para um país terceiro ou uma organização internacional[87] *só é realizada se, e sem prejuízo das outras disposições do RGPD, forem respeitadas um conjunto de condições previstas no Capítulo V do RGPD pelo responsável pelo tratamento e pelo subcontratante,* inclusivamente no que diz respeito às transferências ulteriores de dados pessoais do país terceiro ou da organização internacional para outro país terceiro ou outra organização internacional, de molde a assegurar o *nível adequado de proteção das pessoas singulares* garantido pelo presente regulamento.[88]

---

84. Cfr., considerando (101) do RGPD: "A circulação de dados pessoais, com origem e destino quer a países não pertencentes à União quer a organizações internacionais, é necessária ao desenvolvimento do comércio e da cooperação internacionais. O aumento dessa circulação criou novos desafios e novas preocupações em relação à proteção dos dados pessoais. Todavia, quando os dados pessoais são transferidos da União para responsáveis pelo tratamento, para subcontratantes ou para outros destinatários em países terceiros ou para organizações internacionais, o nível de proteção das pessoas singulares assegurado na União pelo presente regulamento deverá continuar a ser garantido, inclusive nos casos de posterior transferência de dados pessoais do país terceiro ou da organização internacional em causa para responsáveis pelo tratamento, subcontratantes desse país terceiro ou de outro, ou para uma organização internacional". Quanto a este ponto, *vide,* DUARTE, Diogo Pereira/ TEIXEIRA, Dina Freitas. Anotação ao artigo 44.º, p. 319. *In:* CORDEIRO, A. Barreto Menezes (Coord.). Comentário ao Regulamento Geral de Proteção de Dados e à Lei n.º 58/2019. Coimbra: Almedina, 2021.

85. No sistema jurídico brasileiro, o regime da transferência internacional de dados encontra-se, com uma configuração próxima do RGPD europeu, no capítulo V da Lei 13.709/2018. Sobre este ponto, vide, GUIMARÃES, João Alexandre/MACHADO, Lécio. *Comentários à Lei Geral de Proteção de Dados.* Rio de Janeiro: Lumen Iuris, 2020, p. 106 a 115.

86. Segundo a jurisprudência firmada do Tribunal de Justiça da União Europeia, o conceito de «nível adequado de proteção» deve ser entendido deve ser "no sentido de que exige que esse país terceiro assegure efetivamente, em virtude da sua legislação interna ou dos seus compromissos internacionais, um nível de proteção das liberdades e direitos fundamentais substancialmente equivalente ao conferido dentro da União" nos termos do RGPD, lido à luz da Carta nos termos da Diretiva 95/46, lida à luz da Carta dos Direitos Fundamentais da União Europeia (cfr., Acórdão do Tribunal de Justiça da União Europeia, processo C-362/14, caso *Maximillian Schrems vs. Data Protection Commissioner,* datado de 6 de outubro de 2015, parágrafo 73).

87. Para efeitos do RGPD, considera-se «organização internacional» "uma organização e os organismos de direito internacional público por ela tutelados, ou outro organismo criado por um acordo celebrado entre dois ou mais países ou com base num acordo dessa natureza" (cfr., artigo 4.º, 26) do RGPD). Como afirma MENEZES CORDEIRO, "o RGPD adota a conceção clássica de Direito internacional público, ao associar o conceito de organização internacional à celebração de um acordo – por regra um tratado – entre dois ou mais países" (cfr., CORDEIRO, A. Barreto Menezes. Anotação ao artigo 4.º, p. 100. In: CORDEIRO, A. Barreto Menezes (Coord.). *Comentário ao Regulamento Geral de Proteção de Dados e à Lei 58/2019.* Coimbra: Almedina, 2021.

88. O artigo 44.º do RGPD é o preceito homólogo do artigo 25.º, n.º 1 da revogada Diretiva 95/46. O princípio do nível adequado de proteção mantém-se, registando-se, porém, no novo regulativo em matéria de proteção de dados, algumas alterações de aperfeiçoamento e concretização normativa: (i) a determinação expressa da aplicação da transferência de dados pessoais não só para países fora da União Europeia, mas também para organizações internacionais; (ii) o seu alargamento ao subcontratante; e, (iii) a sua aplicação a transferências posteriores de dados pessoais do país terceiro ou da organização internacional para outro país terceiro ou outra organização

Com efeito, a admissibilidade da transferência de dados pessoais para país terceiro ou organização internacional depende da observância de requisitos gerais e de requisitos específicos por parte do responsável pelo tratamento ou do subcontratante. Só depois de se verificar o cumprimento dos requisitos gerais de que depende a licitude do tratamento dos dados pessoais (i.e., de se verificar a inexistência de entraves ao tratamento de dados pessoais), se procede à aferição da conformidade do tratamento dos dados com os requisitos específicos em matéria de transferência internacional de dados pessoais, previstos nos artigos 45.º a 49.º do RGPD.[89]

No caso concreto, a transferência internacional dos dados fundamentou-se no artigo 46.º, em particular na alínea c) do n.º 2 do referido preceito legal do RGPD.[90]

O artigo 46.º do RGPD, sob a epígrafe "transferências sujeitas a garantias adequadas", refere-se às hipóteses cujo âmbito de aplicação não se encontra compreendido pelo artigo 45.º do RPPG relativo às transferências internacionais de dados baseadas numa decisão de adequação do nível de proteção da Comissão. O que significa, com efeito, que o artigo 46.º do RGPD tem uma *natureza subsidiária* relativamente ao artigo 45.º do mesmo diploma, pelo que, os acordos de transferências internacionais de dados com base na apresentação de garantias adequadas do país importador dos dados pessoais pressupõem a inexistência de uma decisão de adequação da Comissão, o que decorre imediata e expressamente da 1.ª parte, do n.º 1 do artigo 46.º do RGPD.[91]

Nos termos do artigo 46.º, n.º 1 do RGPD, "não tendo sido tomada qualquer decisão nos termos do artigo 45.º n.º 3, os responsáveis pelo tratamento ou subcontratantes só podem transferir dados pessoais para um país terceiro ou uma organização internacional se tiverem apresentado garantias adequadas, e na condição de os titulares dos dados gozarem de direitos oponíveis e de medidas jurídicas corretivas eficazes".

Com se extrai do citado preceito legal, além da inexistência de uma decisão de adequação da Comissão, a transferência internacional de dados pessoais ao abrigo do artigo

---

internacional. Sobre este ponto, *vide* DUARTE, Diogo Pereira/TEIXEIRA, Dina Freitas. Anotação ao artigo 44.º, p. 318. In: CORDEIRO, A. Barreto Menezes (Coord.). *Comentário ao Regulamento Geral de Proteção de Dados e à Lei 58/2019*. Coimbra: Almedina, 2021.

89. Cfr., considerando (101) do RGPD: "Em todo o caso, as transferências para países terceiros e organizações internacionais só podem ser efetuadas no pleno respeito pelo presente regulamento. Só poderão ser realizadas transferências se, sob reserva das demais disposições do presente regulamento, as condições constantes das disposições do presente regulamento relativas a transferências de dados pessoais para países terceiros e organizações internacionais forem cumpridas pelo responsável pelo tratamento ou subcontratante". *Vide*, na doutrina, DUARTE, Diogo Pereira/TEIXEIRA, Dina Freitas. Anotação ao artigo 44.º, p. 319 e 320. In: CORDEIRO, A. Barreto Menezes (Coord.). *Comentário ao Regulamento Geral de Proteção de Dados e à Lei 58/2019*. Coimbra: Almedina, 2021.

90. Cfr., parágrafo 60 da Deliberação 2021/622 da CNPD.

91. Cfr., considerando (108) do RGPD, "na falta de uma decisão sobre o nível de proteção adequado, o responsável pelo tratamento ou o subcontratante deverá adotar as medidas necessárias para colmatar a insuficiência da proteção de dados no país terceiro dando para tal garantias adequadas ao titular dos dados". No mesmo sentido, na doutrina, *vide*, TEIXEIRA, Dina Freitas. Anotação ao artigo 46º, p. 331. In: CORDEIRO, A. Barreto Menezes (Coord.). *Comentário ao Regulamento Geral de Proteção de Dados e à Lei 58/2019*. Coimbra: Almedina, 2021, "esse acordo permite superar a insuficiente proteção conferida pelo Direito do país terceiro, através da concretização de garantias contratuais adequadas à proteção de dados".

A PROTEÇÃO DE DADOS PESSOAIS E A UTILIZAÇÃO DE APLICAÇÕES DE REALIZAÇÃO DE EXAMES À DISTÂNCIA **321**

46.º do RGPD, depende de duas condições: (i) da apresentação de *garantias adequadas de proteção*; e, (ii) da proteção das pessoas singulares titulares dos dados pessoais, no sentido de que beneficiam dos *direitos oponíveis e das medidas corretivas eficazes* contra a violação dos seus dados.[92]

As garantias adequadas de proteção "deverão estar relacionadas, em especial, com o respeito pelos princípios gerais relativos ao tratamento de dados pessoais e pelos princípios de proteção de dados desde a conceção e por defeito"[93] e podem consistir, *inter alia*, no recurso a *cláusulas-tipo de proteção de dados adotadas pela Comissão*, não carecendo a integração das mesmas nos acordos de transferência internacional de dados pessoais de qualquer autorização específica de uma autoridade de controlo (cfr., artigo 46.º, n.º 2, alínea c) do RGPD).[94]

Nos termos do artigo 46.º, n.º 2, alínea c) do RGPD e mediante a observância prévia do procedimento de exame previsto no artigo 5.º do Regulamento (UE) n.º 182/2011 do Parlamento Europeu e do Conselho, de 16 de fevereiro de 2011, que estabelece as regras e os princípios gerais relativos aos mecanismos de controlo pelos Estados-Membros do exercício das competências de execução pela Comissão, por remissão expressa do artigo 93.º, n.º 2 do RGPD, *a Comissão pode emitir garantias adequada através de cláusulas-tipo*, as quais definem, nomeadamente, os direitos e as obrigações do importador e do exportador dos dados pessoais.

Adicionalmente, o artigo 46.º, n.º 1 do RGPD impõe que essas medidas assegurem "o cumprimento dos requisitos relativos à proteção de dados e o respeito pelos direitos dos titulares dos dados adequados ao tratamento no território da União, incluindo a existência de direitos do titular de dados e de medidas jurídicas corretivas eficazes, nomeadamente o direito de recurso administrativo ou judicial e de exigir indemnização, quer no território da União quer num país terceiro", mecanismos que, nos termos do artigo 79.º do RGPD, o titular dos dados pessoais pode lançar mão caso entenda que a transferência dos seus dados com base em garantias adequadas não é lícita.[95]

Ora, olhando para o caso concreto, importa dar conta, acompanhando a deliberação da CNPD, de que apesar de as cláusulas contratuais-tipo elaboradas pela Comissão, proporcionem, em geral, garantias adequadas para a transferência internacional de

---

92. Cfr., considerando (108) do RGPD, "Essas medidas deverão assegurar o cumprimento dos requisitos relativos à proteção de dados e o respeito pelos direitos dos titulares dos dados adequados ao tratamento no território da União, incluindo a existência de direitos do titular de dados e de medidas jurídicas corretivas eficazes, nomeadamente o direito de recurso administrativo ou judicial e de exigir indemnização, quer no território da União quer num país terceiro".
93. Cfr., considerando (108) do RGPD.
94. Em contraponto, o n.º 3 do artigo 46.º do RGPD preceitua que também podem ser previstas garantias adequadas, sob rever de autorização da autoridade de controlo competente – impondo-se, portanto, um requisito de aprovação –, nomeadamente, através de: a) cláusulas contratuais entre os responsáveis pelo tratamento ou subcontratantes e os responsáveis pelo tratamento, subcontratantes ou destinatários dos dados pessoais no país terceiro ou organização internacional; ou, b) disposições a inserir nos acordos administrativos entre as autoridades ou organismos públicos que contemplem os direitos efetivos e oponíveis dos titulares dos dados.
95. Cfr., considerando (108) do RGPD.

dados, sempre será necessário avaliar se a legislação do país de destine colide com o nível de proteção conferido por aquelas cláusulas, de tal modo que afete as garantias de adequação nelas contidas. Neste sentido, releva o Acórdão do Tribunal de Justiça da União Europeia, relativo ao caso *Schrems* II,[96] que invalidou a decisão de adequação do *Privacy Shield*, onde se entendeu que "a legislação de vigilância para fins de segurança nacional dos EUA, a qual se sobrepõe a instrumentos de natureza contratual, não permite que seja garantido um nível de proteção de dados essencialmente equivalente ao da UE".[97]

Por ser assim, as transferências dos dados pessoais para os EUA, com base no artigo 46.º do RGPD, só poderiam ter lugar se fossem adotadas medidas adequadas e eficazes de proteção, capazes de impedir, através de meios técnicos e/ou organizacionais, o acesso em massa pelas autoridades norte-americanas aos dados pessoais transferidos para este território[98]. O que não se verificou no caso em apreciação, razão por que os dados pessoais em causa não podem ser objeto de transferência para os EUA, na linha da jurisprudência firmada pelo Tribunal de Justiça da União Europeia.

4. CONCLUSÃO

De um modo global, acompanhamos a fundamentação jurídica, atento o quadro factual explicitado na deliberação objeto de análise no presente estudo, tecida pela Comissão Nacional de Proteção de Dados.

Entidade esta que referimos ser a autoridade de controlo nacional (portuguesa) para efeitos do RGPD, a qual possui um vasto conjunto de poderes, entre os quais poderes de correção, no âmbito dos quais tem como atribuições fazer advertências ao responsável pelo tratamento ou ao subcontratante no sentido de que as operações de tratamento previstas são suscetíveis de violar as disposições do RGPD e ordenar ao responsável pelo tratamento ou ao subcontratante que tome medidas para que as operações de tratamento cumpram as disposições do RDPG. Tendo sido, justamente, ao abrigo destes poderes corretivos que a CNPD proferiu a deliberação sobre que nos debruçámos.

A nossa exposição tocou nos principais aspetos jurídicos convocados pela deliberação 622/2021 da CNPD.

Começámos por aludir aos conceitos de responsável pelo tratamento e de subcontratante, sem termos deixado de salientar o papel central destes conceitos na economia do RGPD. Neste ponto, concluímos que a entidade licenciada para utilizar as aplicações *Respondus*, é a responsável pelo tratamento dos dados pessoais em causa, na conceção do artigo 4.º, 7) do RGPD, na medida em que é esta quem define a finalidade do tratamento – no caso, a vigilância e monitorização dos exames realizados à distância, com o fim de garantir a sua credibilidade, fiabilidade, integridade e legitimidade –, assim

---

96. Cfr., Acórdão do Tribunal de Justiça da União Europeia, processo C-311/18 (caso Schrems II), datado de 16 de julho de 2020, parágrafos 92, 93 e 195.
97. Cfr., parágrafo 61 da Deliberação 2021/622 da CNPD.
98. Cfr., parágrafo 62 da Deliberação 2021/622 da CNPD.

A PROTEÇÃO DE DADOS PESSOAIS E A UTILIZAÇÃO DE APLICAÇÕES DE REALIZAÇÃO DE EXAMES À DISTÂNCIA **323**

como os meios para alcançar essa finalidade – o mesmo é dizer, o recurso à aplicação *Respondus Lockdown Browser* e a aplicação complementar *Respondus Monitor*, através da contratação de serviços à empresa norte-americana *Respondus Inc.*, que atua, como destacámos também, como subcontratante, na aceção do artigo 4.º, 8) e nos termos do artigo 28.º, ambos do RGPD.

Neste domínio demos, ainda, nota das condições necessárias para a contratação pelo subcontratante, este diretamente contratado pelo responsável pelo tratamento, de um outro subcontratante, justamente, por este fenómeno estar presente no caso em análise nos termos acima expostos. Em síntese, referimos que o subcontratante só pode contratar outro subcontratante caso o responsável dê *autorização prévia e por escrito,* a qual pode ser específica ou geral. Sendo que, porém, a autorização do responsável pelo tratamento para a utilização de subcontratantes não é absoluta, pois aquele deve, quer no momento de tomada de decisão de concessão de autorização, quer já posteriormente, ter em consideração a sua obrigação de recorrer a subcontratantes que apresentem "garantias suficientes" quanto ao cumprimento dos requisitos do RGPD, pelo que, se no decurso do desempenho das atividades de tratamento de dados pessoais pelo subcontratante, este deixar de apresentar tais garantias, o responsável pelo tratamento pode tomar a decisão de retirar a sua autorização em relação à subcontratação.

Em seguida, explorámos os aspetos fácticos e jurídicos suscetíveis de conduzir à ilicitude do tratamento de dados pessoais relacionados com os princípios relativos ao tratamento dos dados pessoais, em especial, os princípios da licitude, limitação das finalidades e minimização de dados, com a matéria das decisões individuais automatizadas, incluindo a decisão de perfis e com a temática da transferência transfronteiriça de dados pessoais.

No que toca ao princípio da licitude, a exigir que o tratamento dos dados seja realizado com base num fundamento jurídico adequado, este não se mostra cumprido. Assim porque, não se observam os pressupostos de que depende a validade e a relevância jurídica fundamento invocado pelo responsável pelo tratamento – a necessidade do tratamento dos dados para efeito dos interesses legítimos prosseguidos pelo responsável pelo tratamento (cfr., artigo 6.º, n.º 1, alínea f) do RGPD) – para legitimar o tratamento, a relembrar: (i) a ponderação entre os interesses legítimos do responsável pelo tratamento em relação aos interesses ou aos direitos e liberdades fundamentais do titular dos dados pessoais, e, (ii) a existência de uma relação entre o tratamento dos dados e as finalidades pretendidas ou os interesses legítimos do responsável pelo tratamento, de tal modo que não se mostrem adequados outros meios ou fundamentos menos intrusivos para alcançar a mesma finalidade.

Este princípio foi, ainda, violado na medida em que era imposto aos estudantes que anuíssem (obrigatoriamente) nas condições de utilização da *Respondus* como condição necessária para a realização dos exames, o que não é condizente com os pressupostos para um consentimento válido à luz do RGPD.

Adicionalmente, o tratamento de dados pessoais em causa punha também em crise o princípio da limitação das finalidades, uma vez que a alegada finalidade do tratamento de dados, através das aplicações *Respondus,* residia na necessidade de realizar exames de avaliação à distância, com integridade e credibilidade, sem que, porém, tivessem sido apresentados fundamentos concretos idóneos a justificar o recurso a tais aplicações como alternativa à plataforma da instituição que se presume que garante, igualmente, a realização com integridade da avaliação à distância. Não se podendo, por conseguinte, afirmar que a finalidade do tratamento de dados pessoais é suficientemente determinada e explícita, tal como exige o princípio da limitação das finalidades previsto no artigo 5.º, n.º 1, alínea b) do RGPD.

Por outro lado, o princípio da minimização dos dados é igualmente posto em crise na medida em que, como se referiu, as finalidades do tratamento dos dados não se encontram suficientemente determinadas e explícitas e não existem critérios predefinidos, homogéneos e transparentes, relativamente às circunstâncias em que se justifica o recurso às aplicações *Respondus,* sendo antes deixado ao arbítrio dos coordenadores das unidades orgânicas e de cada docente a aplicação destes meios.

No que concerne à temática das decisões individuais exclusivamente automatizadas, concluímos, por um lado, não se verificar nenhuma das situações aptas a justificar uma derrogação à regra da proibição geral destas decisões nos termos do artigo 22.º, n.º 2 do RGPD e, por outro lado, que, pese embora se afirme que não existia no caso qualquer decisão automatizada, dado que o docente com base no "valor" que lhe é apresentado relativamente a cada estudante, toma a sua decisão, havendo, portanto, intervenção humana na tomada de decisão, tal argumento não procede, na medida em que a falta de orientações específicas quanto à interpretação a dar a tais valores e a ausência de critérios homogéneos para a tomada de decisões coerentes e transparentes pode permitir que o docente por regra valide a decisão automática do sistema. Valendo, com efeito, no caso em apreço, a proibição geral da tomada de decisões com base exclusivamente no tratamento automatizado de dados.

Por fim, no que toca ao domínio da transferência transfronteiriça de dados pessoais, o juízo é igualmente negativo. Uma vez que, na linha da jurisprudência europeia, no caso Schrems II, se firmou que a legislação de vigilância para fins de segurança nacional dos EUA não permite que seja garantido um nível de proteção de dados essencialmente equivalente ao da UE, condição determinativa da exportação dos dados para este território, as transferências dos dados pessoais para os EUA, com base no artigo 46.º do RGPD, só poderiam ocorrer se fossem adotadas medidas adequadas e eficazes de proteção, capazes de impedir, através de meios técnicos e/ou organizacionais, o acesso massivo pelas autoridades norte-americanas aos dados pessoais transferidos para este território. O que não se verificou, havendo, por conseguinte, de se concluir que os dados pessoais em apreço não poderiam ser exportados para os EUA.

Termos em que, acompanhamos e reiteramos a posição firmada pela Comissão Nacional de Proteção de Dados, como se antecipou.

REFERÊNCIAS

ALVES, Joel A..*O Novo Modelo de Proteção de Dados Pessoais Europeu*. Coimbra: Almedina, 2021;

BARBOSA, Mafalda Miranda. Proteção de dados e direitos de personalidade: uma relação de interioridade constitutiva. Os beneficiários da proteção de dados e a responsabilidade civil. *Estudos de Direito do Consumidor*, v. 12, n. 1, p. 75 a 131, 2017.

BARBOSA, Mafalda Miranda. Data controllers e data processor: da responsabilidade pelo tratamento de dados à responsabilidade civil. *Revista de Direito Comercial*, p. 433, Março de 2018. Disponível em: https://static1.squarespace.com/static/58596f8a29687fe710cf45cd/t/5b2b4f0b575d1f53ad7a-d45e/1529564942011/2018-10.pdf (acesso em 04.08.2022).

CASTRO, Catarina Sarmento. *Direito da Informática, Privacidade e Dados Pessoais*. Coimbra: Almedina, 2005.

CORDEIRO, A. Barreto Menezes. Anotação ao artigo 4.º. *In*: CORDEIRO, A. Barreto Menezes (Coord.). *Comentário ao Regulamento Geral de Proteção de Dados e à Lei 58/2019*. Coimbra: Almedina, 2021.

CORDEIRO, A. Barreto Menezes. Anotação ao artigo 5.º *In*: CORDEIRO, A. Barreto Menezes (Coord.). *Comentário ao Regulamento Geral de Proteção de Dados e à Lei 58/2019*. Coimbra: Almedina, 2021;

CORDEIRO, António Barreto Menezes. A Interpretação dos Regulamentos Europeus e das Correspondentes Leis de Execução: o caso paradigmático do RGPD e da Lei 58/2019. *Revista de Direito e Tecnologia*, v. 1, n. 2, p. 175-200, 2019.

CORDEIRO, António Menezes Barreto. O tratamento de dados pessoais fundado em interesses legítimos. *Revista de Direito e Tecnologia*, v. 1, n. 1, p. 1-31, 2019.

DIAS, Ana Francisca Pinto. Responsabilidade Civil pelo Tratamento de Dados Pessoais: a responsabilidade do *controller* por factos próprios e por factos de outrem. *Revista de Direito da Responsabilidade*, ano 1, p. 1260-1330, 2019.

DRECHSLER, Laura / SÁNCHEZ, Juan Carlos Benito. The Price Is (Not) Right: Data Protection and Discrimination in the Age of Pricing Algorithms. *European Journal of Law and Technology*, v. 9, n. 3, p. 1-23, 2018.

DUARTE, Diogo Pereira/TEIXEIRA, Dina Freitas. Anotação ao artigo 44.º. In: CORDEIRO, A. Barreto Menezes (Coord.). *Comentário ao Regulamento Geral de Proteção de Dados e à Lei 58/2019*. Coimbra: Almedina, 2021.

FERRETTI, Federico. Data protection and the legitimate interest of data controllers: Much ado about nothing or the winter of rights? *Common Market Law Review*, v. 51, n. 3, p. 843 a 868, 2014.

FIDALGO, Vitor Palmela Anotação ao artigo 22º. In: CORDEIRO, A. Barreto Menezes (Coord.). *Comentário ao Regulamento Geral de Proteção de Dados e à Lei 58/2019*. Coimbra: Almedina, 2021.

FLUMIGNAN, Silvano José Gomes/FLUMIGNAN, Wévertton Gabriel Gomes. Princípios que Regem o Tratamento de Dados no Brasil. In: LIMA, Cíntia Rosa Pereira (Coord.). *Comentários à Lei Geral de Proteção de Dados*. Brasil: Almedina, 2020.

GONÇALVES, Anabela Susana de Sousa. O tratamento de dados pessoais no Regulamento Geral de Proteção de Dados. *Scientia Iuridica*, t. LXVIII, n. 350, p. 165 a 190, maio-ago. 2019.

GUIMARÃES, João Alexandre/ MACHADO, Lécio. *Comentários à Lei Geral de Proteção de Dados*. Rio de Janeiro: Lumen Juris, 2020.

IGLÉSIAS, Filipa. Os conceitos de privacy by design e privacy by default no âmbito do Regulamento Geral de Proteção de Dados. *Ab Instantia*, ano V, n. 7, p. 133-138, 2017.

JEZOVÁ, Daniela. Principle of Privacy by design and privacy by default. *Regional Law Review*, p. 127 a 136, 2020. Disponível em: https://heinonline.org/HOL/Page?handle=hein.journals/rgllr2020&div=14&g_sent=1&-casa_token=oApH00wtWlMAAAAA:jqAJFUVDNgBma0bSJo5t7LOqqNvJqiXkwW78n5sbtLvPMJl-q0mNU4MF4HFLIEsNRi8Xg27cn1w&collection=journals (acesso em: 04 ago. 2022).

MENDES, Jorge Barros. O consentimento no Novo Regulamento Geral de Proteção de Dados. *Maia Jurídica – Revista de Direito*, ano VIII, n. 1, p. 43 a 47, jan.-jun. 2017.

MONIZ, Helena Isabel Gonçalves. Notas sobre a protecção de dados pessoais perante a informática: o caso especial dos dados pessoais relativos à saúde. *Revista Portuguesa de Ciência Criminal*, ano 7, n. 2, p. 231-298, abr.-jun. 1997.

MURILLO DE LA CUEVA, Pablo Lucas. *Informatica y proteccion de datos personales: estudio sobre la ley organica 5/1992, de regulacion del tratamiento automatizado de los datos de caracter personal".* Madrid: Centro de Estudios Constitucionales, 1993.

PEREIRA, Alexandre Dias. O Responsável pelo Tratamento de Dados segundo o RGPD. *Revista de Direito e Tecnologia*, v. 1, n. 2, p. 143-173, 2019.

PINHEIRO, Alexandre de Sousa. *Privacy e proteção de dados pessoais*. Lisboa: AAFDL, 2015.

ROCHA, Francisco Rodrigues. Anotação ao artigo 25º. In: CORDEIRO, A. Barreto Menezes (Coord.). *Comentário ao Regulamento Geral de Proteção de Dados e à Lei 58/2019*. Coimbra: Almedina, 2021.

ROCHA, Francisco Rodrigues. Anotação ao artigo 26º. In: CORDEIRO, A. Barreto Menezes (Coord.). Comentário ao Regulamento Geral de Proteção de Dados e à Lei 58/2019. Coimbra: Almedina, 2021.

ROCHA, Francisco Rodrigues. Anotação ao artigo 28º. In: CORDEIRO, A. Barreto Menezes (Coord.). *Comentário ao Regulamento Geral de Proteção de Dados e à Lei 58/2019*. Coimbra: Almedina, 2021.

SAIAS, Marco Alexandre. Reforço da responsabilização dos responsáveis pelo tratamento de dados. *Revista Portuguesa de Direito do Consumo*, n. 89, p. 67-86, mar. 2017.

SCHIOPU, Silviu-Dorin. Some correlations between the principles relating to personal data processing and the records of processing activities. *Bolletin of the Transilvania University of Brasov*, v. 12, n. 2, p. 431 a 436, 2019.

SÍTIMA, Inês. Atribuições das autoridades independentes de controlo. *Revista de Direito e Tecnologia*, v. 2, n. 2, p. 219-256, 2020.

TEIXEIRA, Dina Freitas. Anotação ao artigo 46º. In: CORDEIRO, A. Barreto Menezes (Coord.). *Comentário ao Regulamento Geral de Proteção de Dados e à Lei 58/2019*. Coimbra: Almedina, 2021.

VICENTE, Dário Moura; CASIMIRO, Sofia de Vasconcelos. A proteção de dados pessoais na internet à luz do direito comparado. *Revista de Direito Intelectual*, n. 2, p. 45-90, 2018.

VOIGT, Paul/BUSSCHE, Axel Von Dem. Rights of Data Subjects, p. 181. In: VOIGT, Paul/BUSSCHE, Axel Von Dem (Coord.). *The EU General Data Protection Regulation*, Oxford: Springer, 2017.

Jurisprudência

Acórdão do Tribunal de Justiça da União Europeia, processo C-13/16, *Valsts policijas Rīgas reģiona pārvaldes Kārtības policijas pārvalde vs. Rīgas pašvaldības SIA «Rīgas satiksme»*, datado de 4 de maio de 2017.

Acórdão do Tribunal de Justiça da União Europeia, processo C-311/18 (caso Schrems II), datado de 16 de julho de 2020.

Outros

Orientações 07/2020 sobre os conceitos de responsável pelo tratamento e subcontratante no RGPD, adotadas em 7 de julho de 2021 - *European Data Protection Board*.

Parecer do Grupo de Trabalho do artigo 29.º para a proteção de dados 3/2010 sobre o princípio da responsabilidade, adotado em 13 de julho de 2010, WP 173.

Parecer do Grupo de Trabalho do artigo 29.º para a proteção de dados 06/2014 sobre o conceito de interesses legítimos do responsável pelo tratamento dos dados na aceção do artigo 7.º da Diretiva 95/46/CE do GT29, WP 217.

Orientações sobre as decisões individuais automatizadas e a definição de perfis do Grupo de Trabalho do artigo 29.º para a proteção de dados, WP251.

XI
DIREITOS DO TITULAR

17
"CONTROLADOR ADICIONOU VOCÊ" – INSERÇÃO EM GRUPO DE WHATSAPP SEM CONSENTIMENTO DO TITULAR

Pietra Daneluzzi Quinelato

Doutoranda em Direito Civil pela Universidade de São Paulo. Mestre e Bacharel em Direito pela Universidade de São Paulo. LLM em Direito e Prática Empresarial pelo CEU Law School. Especialista em Direito Digital pela EBRADI e ESA-OAB-SP. Professora efetiva no curso de Direito das Faculdades Integradas Campos Salles. Coordenadora da área de Direito Digital do Mansur Murad Advogados. E-mail: pietraquinelato@gmail.com

Resumo: DPA Espanhola multou uma academia de musculação em 4.000 euros por inserir um ex-aluno, sem o seu consentimento, em seu grupo de WhatsApp.

Fundamentos: Art. 6, GDPR / Art. 5, (1), e), GDPR / Art. 32, (1), b), GDPR / Art. 32, (1), d), GDPR.

Decisão completa:

https://www.aepd.es/es/documento/ps-00260-2021.pdf

Sumário: 1. Descrição do caso – 2. Fundamentação legal para a imposição da sanção – 3. Comentários e análise crítica – 4. Conclusão – Referências.

1. DESCRIÇÃO DO CASO

Apesar de não ser o primeiro país da União Europeia a prever em sua legislação a proteção de dados pessoais, a tradição jurídica da Espanha está diretamente relacionada com o tema. Não obstante as disposições da União Europeia, desde outubro de 1992, o país contava com a Lei Orgânica 5/1992, também conhecida como LORTAD ou Lei Orgânica de Regulação do Tratamento Automatizado de Dados de Carácter Pessoal, que regia o tratamento automatizado de dados pessoais e era regulamentada pelo Decreto Real 1332/1994.

Em 1993, por meio do Decreto Real 428/1993, foi criada a Agência Espanhola de Proteção de Dados (AEPD), órgão da administração pública de controle independente, encarregada de zelar pelo cumprimento das normas de proteção de dados pessoais. Mencionado Decreto Real foi emendado pela Lei Orgânica 15/1999, ou Lei Orgânica de Proteção de Dados, que revogou a LORTAD e implementou a Diretiva 95/46/CE do Parlamento Europeu e do Conselho, aprovada pelo Decreto Real 1720/2007.

Referida Diretiva foi, por muitos anos, o principal texto da União Europeia para regulamentar a proteção da vida privada das pessoas e a livre circulação de dados pessoais em seu território. Em abril de 2016, com a promulgação do Regulamento Geral sobre Proteção de Dados Pessoais da União Europeia – GDPR, a Diretiva foi revogada. O GDPR foi incorporado ao ordenamento espanhol pela Lei Orgânica 3/2018 ou Lei de Proteção de Dados Pessoais e Garantia de Direitos Digitais.

Vale mencionar que a Constituição Espanhola vigente desde 1978 dispõe sobre a proteção à privacidade dos indivíduos, notadamente em seu artigo 18.4, ao afirmar que "a lei restringirá o uso da informática para garantir a honra e a intimidade pessoal e familiar dos cidadãos, bem como o pleno exercício dos seus direitos". Conforme leciona José Javier Santamaría Ibeas, o "artigo constitucional [18.4] é um dos preceitos básicos sobre a qual fundamenta a promulgação de uma lei reguladora da gestão de dados pessoais". Portanto, fica clara a tradição espanhola diretamente relacionada com a proteção à privacidade e aos dados pessoais.

Foi neste contexto em que um titular de dados pessoais, em 24 de dezembro de 2020, comunicou a AEPD sobre inserção indevida de seu número de telefone em grupo de WhatsApp de um clube esportivo. A inserção teria sido feita pelo Club Desportivo Sansueña, S. L., existente em Córdoba há mais de 30 anos, sem nenhuma comunicação prévia ou questionamento ao titular. Além disso, o titular afirmou não ter relacionamento com o clube, doravante denominado parte reclamada, há mais de dez anos.

Em 5 de março de 2021, a reclamada foi notificada pela AEPD para que analisasse o ocorrido e se adequasse aos requisitos estabelecidos nos regulamentos sobre proteção de dados pessoais. Como não houve retorno, em 26 de maio do mesmo ano, o Diretor da AEPD admitiu a tramitação da reclamação do titular perante a reclamada. Em 19 de julho de 2021, iniciou-se o procedimento sancionatório por violação a algumas disposições do GDPR, notadamente aos artigos 5.º, n.º 1, e; 6.º e 32.º, "b" e "d", notificando a reclamada no dia 31 do mesmo mês.

2. FUNDAMENTAÇÃO LEGAL PARA A IMPOSIÇÃO DA SANÇÃO

Sabemos que princípios são basilares em ordenamentos jurídicos de *civil law*, como o Brasil e a Espanha. Nesse sentido, vale relembrar os ensinamentos de Paulo de Barros Carvalho sobre o tema:

> Princípios são linhas diretivas que informam e iluminam a compreensão de segmentos normativos, imprimindo-lhes um caráter de unidade relativa e servindo de fator de agregação num dado feixe de

normas. Exerce o princípio uma reação centrípeta, atraindo em torno de si regras jurídicas que caem sob seu raio de influência e manifestam a força de sua presença.[1]

Neste cenário, o GDPR dispõe sobre diversos princípios relativos ao tratamento de dados pessoais, notadamente em seu artigo 5.º, que devem ser obedecidos pelos agentes de tratamento em qualquer operação realizada. No caso em tela, teria havido afronta ao princípio da necessidade, previsto no artigo 5.º, n.º 1, e do regulamento, vejamos:

Artigo 5.º

Princípios relativos ao tratamento de dados pessoais

1. Os dados pessoais são: (...)

e) Conservados de uma forma que permita a identificação dos titulares dos dados apenas durante o período necessário para as finalidades para as quais são tratados; os dados pessoais podem ser conservados durante períodos mais longos, desde que sejam tratados exclusivamente para fins de arquivo de interesse público, ou para fins de investigação científica ou histórica ou para fins estatísticos, em conformidade com o artigo 89.º, n.º 1, sujeitos à aplicação das medidas técnicas e organizativas adequadas exigidas pelo presente regulamento, a fim de salvaguardar os direitos e liberdades do titular dos dados («limitação da conservação») (...).

O princípio da necessidade estabelece que apenas dados pessoais que sejam imperativos para a operação sejam tratados. Assim, devem ser tratados somente os dados necessários para alcançar a finalidade anunciada, de modo que aqueles coletados em excessos ou que, em algum momento, deixaram de ser essenciais, sejam eliminados. Portanto, desde que haja dados pessoais suficientes para realizar a operação, os demais serão excessivos. Este princípio já estava previsto na Diretiva 95/46/CE, em seu artigo 6.º, n.º 1, "c", com escopo de limitar a coleta de dados pessoais de maneira proporcional à finalidade destinada, colhendo-se o mínimo de informações indispensáveis para chegar ao fim desejado.

No caso estudado, o titular havia encerrado sua relação com a reclamada há mais de dez anos, de modo que seu número de celular não era mais necessário para a finalidade coletada a princípio. Ainda, não teria havido autorização para sua utilização para qualquer finalidade, como será visto a seguir.

Tal ponto nos leva à violação do artigo 6.º do GDPR, pois este dispõe sobre bases legais que tornam lícito o tratamento de dados pessoais. Diferentemente da Lei Geral de Proteção de Dados Pessoais do Brasil – Lei 13.709/2018 ou LGPD, que prevê dez bases legais para o tratamento de dados pessoais não sensíveis, o GDPR prevê apenas seis, vejamos:

Artigo 6.º

Licitude do tratamento

1. O tratamento só é lícito se e na medida em que se verifique pelo menos uma das seguintes situações:

a) O titular dos dados tiver dado o seu consentimento para o tratamento dos seus dados pessoais para uma ou mais finalidades específicas;

---

1. CARVALHO, Paulo de Barros. *Curso de Direito Constitucional Tributário*. 4. ed. São Paulo: Saraiva, 1991.

b) O tratamento for necessário para a execução de um contrato no qual o titular dos dados é parte, ou para diligências pré-contratuais a pedido do titular dos dados;

c) O tratamento for necessário para o cumprimento de uma obrigação jurídica a que o responsável pelo tratamento esteja sujeito;

d) O tratamento for necessário para a defesa de interesses vitais do titular dos dados ou de outra pessoa singular;

e) O tratamento for necessário ao exercício de funções de interesse público ou ao exercício da autoridade pública de que está investido o responsável pelo tratamento;

f) O tratamento for necessário para efeito dos interesses legítimos prosseguidos pelo responsável pelo tratamento ou por terceiros, exceto se prevalecerem os interesses ou direitos e liberdades fundamentais do titular que exijam a proteção dos dados pessoais, em especial se o titular for uma criança.

O primeiro parágrafo, alínea f), não se aplica ao tratamento de dados efetuado por autoridades públicas na prossecução das suas atribuições por via eletrônica. (...)

No caso narrado, o titular afirmou que não autorizou o tratamento de seus dados pessoais, leia-se, não teria sido obtido seu consentimento. Para que um consentimento seja considerado válido, nos termos do GDPR, assim como na LGPD, é necessário o preenchimento de alguns requisitos, quais sejam, a indicação de uma vontade livre, específica,[2] inequívoca e informada. Nesse sentido, é o considerando 32 do GDPR, ao dispor que:

32. O consentimento do titular dos dados deverá ser dado mediante um ato positivo claro que indique uma manifestação *de vontade livre, específica, informada e inequívoca* de que o titular de dados consente no tratamento dos dados que lhe digam respeito, como por exemplo mediante uma declaração escrita, inclusive em formato eletrônico, ou uma declaração oral. O consentimento pode ser dado validando uma opção ao visitar um endereço web na Internet, selecionando os parâmetros técnicos para os serviços da sociedade da informação ou mediante outra declaração ou conduta que indique claramente nesse contexto que aceita o tratamento proposto dos seus dados pessoais. O silêncio, as opções pré-validadas ou a omissão não deverão, por conseguinte, constituir um consentimento. O consentimento deverá abranger todas as atividades de tratamento realizadas com a mesma finalidade. Nos casos em que o tratamento sirva fins múltiplos, deverá ser dado um consentimento para todos esses fins. Se o consentimento tiver de ser dado no seguimento de um pedido apresentado por via eletrônica, esse pedido tem de ser claro e conciso e não pode perturbar desnecessariamente a utilização do serviço para o qual é fornecido. *[g.n.]*

A vontade livre se traduz em um ato em que não se pressupõe coação, estado de perigo, lesão, erro, dolo ou simulação. Como exemplo, o consentimento requerido por um empregador de seu empregado pode ser questionado diante da vulnerabilidade e assimetria de poder deste em relação àquele. Nesse sentido, Bioni reitera a importância da análise do "poder de barganha" do titular diante do agente de tratamento para analisar a voluntariedade do consentimento.[3] No ordenamento jurídico nacional, esta fundamentação tem como base as disposições sobre negócio jurídico no artigo 171 do Código Civil de 2002, de modo que um vício de consentimento poderia torná-lo anulável.

---

2. Este requisito está presente em algumas situações da LGPD, como o compartilhamento de dados pessoais com outros controladores, tratamento de dados pessoais sensíveis e de dados pessoais de crianças.

3. BIONI, Bruno Ricardo. *Proteção de dados pessoais*: a função e os limites do consentimento. 2 ed. Grupo Editorial Nacional: Rio de Janeiro, 2020. p. 197.

Como outro requisito, uma manifestação específica se relaciona à necessidade de o consentimento ser obtido para uma finalidade determinada, sem valer como uma aceitação geral para diversos tratamentos ou, ainda, tratamentos indefinidos. Aqui se destaca a possibilidade de coletar consentimentos de maneira granular, ou seja, manifestações diferentes para operações diferentes, o que pode ser feito por meio de opções de opt-in e/ou de um painel de controle de privacidade e proteção de dados pessoais.

Em harmonia com este requisito, a manifestação também deve ser inequívoca, ou seja, sem ambiguidade nas informações dadas ao titular. Não podem existir dúvidas sobre a intenção e a aceitação do titular para o tratamento. O comportamento do titular deve ser dado de forma concludente, sem manipulações.

Já a manifestação informada se relaciona diretamente com a condição de especificidade do consentimento: o titular deve ter ciência sobre a operação de tratamento, sendo informado não apenas sobre sua existência, mas também sobre a possibilidade de não dar seu consentimento e as consequências desta negativa.

Neste contexto, sob uma análise da perspectiva da LGPD, Bioni divide um consentimento informado em alguns aspectos, quais sejam, aspecto quantitativo, qualitativo e formal.[4] O primeiro se refere ao fato de que as informações sobre a operação devem ser dadas de forma suficiente para a compreensão do titular. Já o aspecto qualitativo está relacionado à clareza da informação. Por fim, o aspecto formal determina que o consentimento deve ser coletado após fornecimento de ostensivas informações. Para tanto, o agente pode usar recursos visuais, linguagem clara e acessível, tabelas etc. Assim, um consentimento informado colabora com o controle do titular sobre os seus dados pessoais, possibilitando uma proteção pessoal.[5-6-7]

Somam-se aos requisitos acima as disposições do artigo 7.º do GDPR, que apresenta condições aplicáveis ao consentimento:

Artigo 7.º

Condições aplicáveis ao consentimento

1. Quando o tratamento for realizado com base no consentimento, o responsável pelo tratamento deve poder demonstrar que o titular dos dados deu o seu consentimento para o tratamento dos seus dados pessoais.

---

4. BIONI, Bruno Ricardo. *Proteção de dados pessoais*: a função e os limites do consentimento. 2. ed. Grupo Editorial Nacional: Rio de Janeiro, 2020. p. 204.
5. BARBOSA, Fernanda N. *Informação*: direito e dever de informar nas relações de consumo. São Paulo: Ed. RT, 2008. p. 35.
6. As informações devem auxiliar o indivíduo na tomada de decisões, ao invés de prejudicá-lo. Nesse sentido, há aqueles que discutem que com um excesso de informações existe a possibilidade de gerar ao usuário uma "fadiga do consentimento", sobrecarregando o indivíduo de informações. Para mais informações, recomenda-se a leitura de CHOI, Hanbyul; PARK, Jonghwa; JUNG, Yoonhyuk. The role of privacy fatigue in online privacy behavior, *Computers in Human Behavior*, [s. l.], v. 81, abr. 2018. Disponível em: https://www.sciencedirect.com/science/article/abs/pii/S0747563217306817. Acesso em: 11 out. 2022.
7. QUINELATO, Pietra D. *Preços personalizados à luz da Lei Geral de Proteção de Dados*. Indaiatuba: Ed. Foco, 2022. p. 142.

2. Se o consentimento do titular dos dados for dado no contexto de uma declaração escrita que diga também respeito a outros assuntos, o pedido de consentimento deve ser apresentado de uma forma que o distinga claramente desses outros assuntos de modo inteligível e de fácil acesso e numa linguagem clara e simples. Não é vinculativa qualquer parte dessa declaração que constitua violação do presente regulamento.

3. O titular dos dados tem o direito de retirar o seu consentimento a qualquer momento. A retirada do consentimento não compromete a licitude do tratamento efetuado com base no consentimento previamente dado. Antes de dar o seu consentimento, o titular dos dados é informado desse facto. O consentimento deve ser tão fácil de retirar quanto de dar.

4. Ao avaliar se o consentimento é dado livremente, há que verificar com a máxima atenção se, designadamente, a execução de um contrato, inclusive a prestação de um serviço, está subordinada ao consentimento para o tratamento de dados pessoais que não é necessário para a execução desse contrato.

Assim, como condição imposta pelo regulamento, caberia à reclamada (i) o ônus de gerir o consentimento e demonstrar que ele foi obtido de forma válida; (ii) coletar o consentimento de forma expressa e destacada de demais temas, se por escrito; (iii) permitir a revogação do consentimento a qualquer momento, informando o titular deste direito; e (iv) avaliar se o consentimento foi voluntário.

Preenchidos os requisitos mencionados e as condições acima, o consentimento será válido. Nesse sentido, afirma Danilo Doneda:

> [...] A fundamentação deste consentimento reside na possibilidade de autodeterminação em relação aos dados pessoais, e que esta autodeterminação deve o elemento principal a ser levado em conta para caracterizarmos tanto a natureza jurídica bem como os efeitos desse consentimento.[8]

Como depreende-se da descrição do caso, em nenhum momento o consentimento do titular foi coletado pela reclamada, não estando presente nenhum dos requisitos e das condições que eram fundamentais para que fosse considerado como uma manifestação válida perante o GDPR.

Contudo, para alegar violação do artigo 6.º, seria necessário que nenhuma outra base legal fosse capaz de justificar o tratamento ocorrido. Isso porque existem outras bases para o tratamento de dados pessoais previstas no GDPR: (i) execução de contratos desde que o titular dos dados seja parte, ou para diligências pré-contratuais a seu pedido; (ii) cumprimento de uma obrigação jurídica; (iii) defesa de interesses vitais do titular ou outrem; (iv) exercício de funções de interesse público ou ao exercício da autoridade pública de que está investido o agente de tratamento; (v) interesses legítimos do agente de tratamento ou de terceiros, exceto se prevalecerem os interesses ou direitos e liberdades fundamentais do titular que exijam a proteção dos dados pessoais.

A seguir, nota-se que, com exceção do legítimo interesse, as demais bases não se aplicam: (i) o titular não fazia parte de nenhum contrato com a reclamada e não tinha a intenção de fazê-lo; (ii) não havia obrigação jurídica que justificasse a inclusão do titular em um grupo de WhatsApp; (iii) tal inclusão também não era necessária para defender interesses vitais de alguém; (iv) a reclamada não estava atribuída de nenhuma função pública.

---

8. DONEDA, Danilo. *Da privacidade à proteção de dados pessoais*. Rio de Janeiro: Renovar, 2006. p. 377.

Restaria, assim, a possibilidade de aplicar o legítimo interesse como base legal. Porém, para a sua aplicação, interesses, direitos e liberdades fundamentais do titular não devem prevalecer, sendo fundamental a existência de uma expectativa deste sobre o tratamento, nos termos do considerando 47 do GDPR.

> 47. Os interesses legítimos dos responsáveis pelo tratamento, incluindo os dos responsáveis a quem os dados pessoais possam ser comunicados, ou de terceiros, podem constituir um fundamento jurídico para o tratamento, desde que não prevaleçam os interesses ou os direitos e liberdades fundamentais do titular, tomando em conta as expectativas razoáveis dos titulares dos dados baseadas na relação com o responsável. Poderá haver um interesse legítimo, por exemplo, quando existir uma relação relevante e apropriada entre o titular dos dados e o responsável pelo tratamento, em situações como aquela em que o titular dos dados é cliente ou está ao serviço do responsável pelo tratamento. De qualquer modo, a existência de um interesse legítimo requer uma avaliação cuidada, nomeadamente da questão de saber se o titular dos dados pode razoavelmente prever, no momento e no contexto em que os dados pessoais são recolhidos, que esses poderão vir a ser tratados com essa finalidade. Os interesses e os direitos fundamentais do titular dos dados podem, em particular, sobrepor-se ao interesse do responsável pelo tratamento, quando que os dados pessoais sejam tratados em circunstâncias em que os seus titulares já não esperam um tratamento adicional. Dado que incumbe ao legislador prever por lei o fundamento jurídico para autorizar as autoridades a procederem ao tratamento de dados pessoais, esse fundamento jurídico não deverá ser aplicável aos tratamentos efetuados pelas autoridades públicas na prossecução das suas atribuições. O tratamento de dados pessoais estritamente necessário aos objetivos de prevenção e controlo da fraude constitui igualmente um interesse legítimo do responsável pelo seu tratamento. Poderá considerar-se de interesse legítimo o tratamento de dados pessoais efetuado para efeitos de comercialização direta.

Para avaliar cuidadosamente sua aplicabilidade, ao agente de tratamento cabe a condução de um teste de proporcionalidade do legítimo interesse, também chamado de *Legitimate Interest Assessment* ou LIA. De forma específica, como o legítimo interesse já era trazido na Diretiva 95/46/CE, em 2014 o Grupo de Trabalho do Artigo 29[9] da mencionada Diretiva dispôs sobre sua forma e metodologia, por meio da Opinião 06/14.[10] Nesse sentido, Bioni, Kitayama e Rielli explicam:

> Diferente de outras bases legais, no caso do legítimo interesse há referência explícita ao princípio da necessidade como condição de aplicabilidade. A necessidade, ou minimização, divide-se em sentido estrito, que diz respeito ao tratamento da menor quantidade de dados possível para uma determinada finalidade, e sentido lato, que se refere à articulação de medidas de salvaguardas mitigatórias aos riscos para os direitos e liberdades fundamentais dos titulares. Trata-se, portanto, de um dever de cuidado duplo, que deflagra dois juízos distintos, um em torno da menor intrusividade do tratamento de dados, outro acerca da menor lesividade.[11]

---

9. O Grupo de Trabalho do Artigo 29 da Diretiva 95/46/CE foi um órgão consultivo europeu independente em matéria de proteção de dados e privacidade. As suas atribuições encontravam-se descritas no artigo 30.º da Diretiva 95/46/CE e no artigo 15.º da Diretiva 2002/58/CE, encerradas com a vigência do GDPR que revogou a Diretiva 95/46/CE.

10. EUROPEAN COMISSION. *Opinion 06/2014 on the notion of legitimate interests of the data controller under Article 7 of Directive 95/46/EC*. Bruxelas, 2014. Disponível em: https://ec.europa.eu/justice/article-29/documentation/opinion-recommendation/files/2014/wp217_en.pdf. Acesso em 11 out. 2022.

11. BIONI, Bruno; KITAYAMA, Marina; RIELLI, Mariana. *O legítimo interesse na LGPD*: quadro geral e exemplos de aplicação. São Paulo: Associação Data Privacy Brasil de Pesquisa, 2021. p. 34.

Diante da reação do titular, da ausência de vínculo há mais de dez anos com a reclamada e da ausência de expectativa com a operação, depreende-se que o teste não seria positivo para a utilização do legítimo interesse como base legal para o caso em comento.

Corrobora com isso o disposto na Lei de Serviços da Sociedade da Informação e Comércio Eletrônico da Espanha, também conhecida como LSSI, de julho de 2002. A LSSI, em seu terceiro título, dispõe sobre comunicações comerciais por via eletrônica, hipótese em que se enquadra o caso em comento.

De forma específica, o artigo 21, 1, da referida lei proíbe o envio de comunicações publicitárias ou promocionais por correio eletrônico ou outro meio equivalente que não tenham sido previamente solicitadas ou expressamente autorizadas pelos seus destinatários. Contudo, caso haja alguma relação contratual prévia, os dados pessoais tenham sido obtidos licitamente e sejam utilizados apenas para o envio de comunicações comerciais relativas a produtos ou serviços da empresa, semelhantes aos inicialmente contratados.

Como não havia relação contratual prévia, fica evidente que apenas o consentimento do titular justificaria a sua inserção no grupo de WhatsApp, o que não ocorreu. Houve, assim, violação ao artigo 6.º do GDPR.

O artigo 32.º do GDPR, também violado pela reclamada, estabelece requisitos de segurança para o tratamento de dados pessoais. Ou seja, cabe ao agente de tratamento assegurar um nível de segurança adequado aos dados pessoais do titular, por meio de medidas técnicas e organizacionais.

De acordo com a AEPD, não houve garantia da segurança, integridade, disponibilidade e resiliência de sistemas e serviços de tratamento, assim como desrespeitou-se a necessidade de testar, apreciar e avaliar medidas para garantir a segurança do tratamento. Isso porque, os dados pessoais do titular, notadamente seu número de telefone, estavam armazenados pela reclamada após ter encerrado seu relacionamento com esta (há dez anos).

Artigo 32.º

Segurança do tratamento

1. Tendo em conta as técnicas mais avançadas, os custos de aplicação e a natureza, o âmbito, o contexto e as finalidades do tratamento, bem como os riscos, de probabilidade e gravidade variável, para os direitos e liberdades das pessoas singulares, o responsável pelo tratamento e o subcontratante aplicam as medidas técnicas e organizativas adequadas para assegurar um nível de segurança adequado ao risco, incluindo, consoante o que for adequado: (...)

b) A capacidade de assegurar a confidencialidade, integridade, disponibilidade e resiliência permanentes dos sistemas e dos serviços de tratamento; (...)

d) Um processo para testar, apreciar e avaliar regularmente a eficácia das medidas técnicas e organizativas para garantir a segurança do tratamento.

Como visto acima, além da desnecessidade da manutenção de tais dados, caberia à reclamada, ao mínimo, garantir a proteção às informações dos titulares para evitar que seus dados pessoais fossem tratados de forma indevida. Um dos motivos da ausência da segurança devida foi a disponibilização de dados pessoais (nome e telefone) em um grupo de WhatsApp para terceiros, o que foi feito sem o consentimento do titular, como mencionado acima.

Feitas tais considerações, a reclamada foi condenada pela violação dos dispositivos acima, culminando na aplicação dos artigos 83.º, n.º 4, *"a"* e 83.º, n.º 5, *"a"* e *"b"*, do GDPR, quais sejam:

> Artigo 83.º
>
> Condições gerais para aplicação de sanções (...)
>
> 4. A violação das disposições a seguir enumeradas está sujeita, em conformidade com o n.º 2, a multas até 10 000 000 EUR ou, no caso de uma empresa, até 2 % do seu volume de negócios anual a nível mundial correspondente ao exercício financeiro anterior, consoante o montante que for mais elevado:
>
> a) As obrigações do responsável pelo tratamento e do subcontratante nos termos dos artigos 8.º, 11.º, 25.º a 39.º e 42.º e 43.º; (...)
>
> 5. A violação das disposições a seguir enumeradas está sujeita, em conformidade com o n.º 2, a multas até 20 000 000 EUR ou, no caso de uma empresa, até 4 % do seu volume de negócios anual a nível mundial correspondente ao exercício financeiro anterior, consoante o montante que for mais elevado:
>
> a) Os princípios básicos do tratamento, incluindo as condições de consentimento, nos termos dos artigos 5.º, 6.º, 7.º e 9.º;
>
> b) Os direitos dos titulares dos dados nos termos dos artigos 12.º a 22.º; (...).

Posto isso, a reclamada foi multada em 4.000 euros, fracionados em 1.000 euros para cada infração, vejamos: (i) desobediência ao princípio da necessidade; (ii) ausência de base legal para o tratamento lícito; (iii) descumprimento do dever de assegurar a confidencialidade, integridade, disponibilidade e resiliência permanentes dos sistemas e dos serviços de tratamento; e (iv) ausência de um processo para testar, apreciar e avaliar regularmente a eficácia das medidas técnicas e organizativas para garantir a segurança do tratamento.

3. COMENTÁRIOS E ANÁLISE CRÍTICA

O caso narrado, apesar de envolver apenas um titular de dados pessoais, retrata uma situação comumente vivida nos dias atuais: somos acionados por terceiros sem nenhuma expectativa de que aquilo ocorresse, por meio de nossos dados pessoais, como telefone e e-mail, que sequer foram compartilhados para referida finalidade.

Em uma Sociedade da Informação, em que dados pessoais estão cada vez mais disponíveis, é fundamental que agentes de tratamento compreendam e respeitem a diferença entre ter acesso à informação e utilizá-la para uma finalidade sem justificativa. Isso porque nossas informações são facilmente acessíveis por meio de websites, redes sociais, perfis de terceiros etc. No entanto, não são consideradas informações públicas e merecem a mesma proteção que demais dados pessoais em confidencialidade. Como exemplo, um e-mail disponível no LinkedIn não pode ser utilizado por determinado corretor para e-mails publicitários sobre um lançamento de imóvel.

Sabemos que, nos termos do artigo 16 da LGPD e do artigo 17.º, n.º 3 do GDPR, é possível armazenar dados pessoais por diversos motivos após alcançada a finalidade para a qual foram coletados, como o cumprimento de uma obrigação legal ou regulatória. No entanto, o tratamento ocorrido no caso em contento não encontra respaldo em nenhuma hipótese. Assim, no caso narrado, a possibilidade de acesso pela reclamada não é suficiente para justificar a inserção do seu número de celular em grupo de WhatsApp.

Vale reiterar que o direito à proteção de dados pessoais na Espanha está intrinsicamente relacionado à sua tradição. Além das leis mencionadas acima, existem entidades que orientam sobre o tema, como o Instituto Nacional Cybersegurança da Espanha que disponibilizou, em agosto de 2020, diretrizes para a utilização do WhatsApp no meio empresarial.[12]

A primeira recomendação do Instituto é a realização do tratamento apenas se presente uma das bases legais previstas no artigo 6.º do GDPR. Além disso, nos termos do artigo 13.º deste regulamento, o agente de tratamento deverá informar sua identidade, a finalidade do tratamento, a base legal para a utilização dos dados pessoais, a existência de transferência internacional, o prazo de conservação, entre outras informações cabíveis e pertinentes. Não apenas, o agente de tratamento deverá utilizar apenas dispositivos seguros a serem utilizados tão somente pelos membros da organização treinados para o correto tratamento dos dados pessoais, seja em grupos de clientes ou grupos internos da organização.

O Instituto esclarece que, caso um usuário deseje exercer seus direitos, o WhatsApp será contatado informando sobre o direito que deseja exercer e uma cópia do e-mail será enviada ao interessado. Ademais, a organização deve avaliar com cautela a necessidade de utilização desta ferramenta no meio empresarial, implementando as medidas de segurança adequadas para garantir a privacidade do titular e a proteção de seus dados pessoais. Por fim, o Instituto complementa que:

> Recomenda-se que o WhatsApp seja utilizado apenas como canal de comunicação para informações ou envio de publicidade, não como meio de compartilhamento de dados pessoais ou informações confidenciais. Isso porque eles estão fora do controle da empresa, contando com a política de privacidade do WhatsApp. Além disso, o responsável, em caso de violação dos direitos, será o responsável pelo tratamento da nossa empresa, conforme indicado no artigo 5.º do RGPD.[13] *[tradução nossa]*

Portanto, vimos que o tratamento ocorrido foi considerado ilícito perante a legislação espanhola, contrariando as diretrizes sobre o tema, apesar de ser uma situação corriqueira não apenas naquele país, como no Brasil. Ainda, vale mencionar que o tra-

---

12. INCIBE. Protege tu empresa. *Utiliza WhatsApp en tu empresa cumpliendo el RGPD y la LOPDGDD.* 28 jan. 2020. Disponível em: https://www.incibe.es/protege-tu-empresa/blog/utiliza-whatsapp-tu-empresa-cumpliendo-el--rgpd-y-lopdgdd. Acesso em: 11 out. 2022.
13. INCIBE. Protege tu empresa. *Utiliza WhatsApp en tu empresa cumpliendo el RGPD y la LOPDGDD.* 28 jan. 2020. Disponível em: https://www.incibe.es/protege-tu-empresa/blog/utiliza-whatsapp-tu-empresa-cumpliendo-el--rgpd-y-lopdgdd. Acesso em: 11 out. 2022.

tamento analisado também seria ilícito perante a LGPD, seja pela violação de princípios, ausência de base legal ou de medidas de segurança, como mencionado acima.

Majoritariamente concentrados no artigo 6.º, estão os princípios previstos na LGPD. Como norteador, há o princípio da boa-fé, elencado no *caput* do artigo 6.º. Nos incisos do mencionado artigo, estão abrangidos os princípios da finalidade, adequação, necessidade, livre acesso, qualidade, transparência, segurança, prevenção, não discriminação e responsabilização e prestação de contas.[14] No caso analisado, nos termos da legislação nacional, além da afronta ao princípio da necessidade mencionado acima, seria possível questionar a boa-fé do agente de tratamento, a afronta aos princípios da finalidade, transparência, segurança, prevenção e prestação de contas.

Ainda no que tange à LGPD, a base legal aplicável à operação também seria o consentimento. Este, por sua vez, para ser considerado válido, deve ser coletado com requisitos específicos assim como no GDPR, ou seja, por meio de uma manifestação livre, inequívoca e informada (artigo 5º, XII da LGPD). Em alguns casos especiais, pode ser necessário que a coleta seja feita de forma específica (ou expressa, como diz o GDPR) e destacada, notadamente quando ocorre o tratamento de dados pessoais sensíveis (artigo 11, I da LGPD) ou de crianças (artigo 14, § 1º da LGPD).

Assim como analisado perante o cenário da União Europeia, o legítimo interesse não seria capaz de justificar o tratamento. Em algumas situações excepcionais, analisadas caso a caso, como uma comemoração ou descontos para de ex-alunos ou ex-associados do clube ou, até mesmo, uma aula especial para reunião de uma turma específica do clube, o legítimo interesse poderia ser estudado para justificar a operação, ainda com algumas medidas de mitigação de risco.

Vale mencionar que a AEPD, de forma célere, recebeu e analisou a demanda proposta pelo titular, ainda que fosse a única vítima até o momento identificada. Outro aspecto interessante no caso analisado, padrão que tem se tornado comum na União

---

14. Art. 6º As atividades de tratamento de dados pessoais deverão observar a boa-fé e os seguintes princípios: I – Finalidade: realização do tratamento para propósitos legítimos, específicos, explícitos e informados ao titular, sem possibilidade de tratamento posterior de forma incompatível com essas finalidades; II – Adequação: compatibilidade do tratamento com as finalidades informadas ao titular, de acordo com o contexto do tratamento; III – Necessidade: limitação do tratamento ao mínimo necessário para a realização de suas finalidades, com abrangência dos dados pertinentes, proporcionais e não excessivos em relação às finalidades do tratamento de dados; IV – Livre acesso: garantia, aos titulares, de consulta facilitada e gratuita sobre a forma e a duração do tratamento, bem como sobre a integralidade de seus dados pessoais; V – Qualidade dos dados: garantia, aos titulares, de exatidão, clareza, relevância e atualização dos dados, de acordo com a necessidade e para o cumprimento da finalidade de seu tratamento; VI – Transparência: garantia, aos titulares, de informações claras, precisas e facilmente acessíveis sobre a realização do tratamento e os respectivos agentes de tratamento, observados os segredos comercial e industrial; VII – Segurança: utilização de medidas técnicas e administrativas aptas a proteger os dados pessoais de acessos não autorizados e de situações acidentais ou ilícitas de destruição, perda, alteração, comunicação ou difusão; VIII – Prevenção: adoção de medidas para prevenir a ocorrência de danos em virtude do tratamento de dados pessoais; IX – Não discriminação: impossibilidade de realização do tratamento para fins discriminatórios ilícitos ou abusivos; X – Responsabilização e prestação de contas: demonstração, pelo agente, da adoção de medidas eficazes e capazes de comprovar a observância e o cumprimento das normas de proteção de dados pessoais e, inclusive, da eficácia dessas medidas. (BRASIL. Lei 13.709, de 14 de agosto de 2018. *Lei Geral de Proteção de Dados Pessoais (LGPD)*. Brasília, DF, 2018).

Europeia, como pode se observar de outras sanções com base no GDPR[15] é o fato de que a aplicação da sanção teve como base cada artigo violado, e não o caso como um todo. Podemos observar que a multa foi dividida pelas quatro violações referentes aos artigos citados, culminando no valor de 4.000 euros, razoável ao considerar o intuito de repressão e educação, assim como o porte da reclamada e a extensão do dano, que atingiu apenas um titular.

No Brasil, apesar dos avanços da Autoridade Nacional de Proteção de Dados (ANPD) em relação ao tema, diante da publicação de diretivas, guias, envios de pedidos de esclarecimentos e processos de fiscalização, até o início de março de 2022 não se tem notícia de sanções aplicadas. Portanto, o modo de contabilização e aplicação de multas da AEPD, como estudado acima, se mostra um importante parâmetro para atuação da autoridade brasileira no futuro.

Espera-se, inclusive, que esta troca de experiência ocorra. Corrobora com isso o fato de que, em outubro de 2021, a ANPD assinou memorando de entendimentos com a AEPD para promover o desenvolvimento de ações conjuntas na divulgação e na aplicação prática da regulamentação de proteção de dados. Nesse sentido:

> O Memorando de Entendimento com a AEPD é o primeiro instrumento desse tipo assinado pela Autoridade e, assim como os acordos de cooperação já firmados, é resultado dos objetivos previstos no Planejamento Estratégico da Autoridade, em especial o de promover o fortalecimento da cultura de proteção de dados pessoais, a partir do diálogo com entidades governamentais e não governamentais, incluindo organismos internacionais e outras autoridades de Proteção de Dados Pessoais.[16]

De forma mais específica, referido MoU trata do estabelecimento das bases para a colaboração institucional entre as autoridades visando promover a disseminação do direito à proteção de dados pessoais, garantir a cooperação conjunta em relação ao tema, além de fornecer um quadro para a troca de conhecimentos técnicos e melhores práticas.

4. CONCLUSÃO

Diante do exposto, vemos um único titular ter seu pleito acolhido por uma autoridade de proteção de dados pessoais, ainda que seu pedido abrangesse tão somente a violação de seus dados pessoais de categoria não sensível. Há clara preocupação da AEPD com a tutela dos direitos deste indivíduo, sancionando a empresa reclamada após ter dado prazo para esclarecimentos.

Vale reiterar que o caso em analisado teria reflexos similares no Brasil. Tanto o GDPR como a LGPD são regulações que têm como base princípios, sendo, na opinião da autora, a primeira esfera que requer análise em uma situação concreta de tratamento

---

15. CMS Law Tax Future. *GDPR Enforcement Tracker*. Disponível em: https://www.enforcementtracker.com/. Acesso em: 11 out. 2022.
16. ANPD. ANPD assina memorando de entendimento com a agência espanhola de proteção de dados. 05 out. 2021. Disponível em: https://www.gov.br/anpd/pt-br/assuntos/noticias/anpd-assina-memorando-de-entendimento-com-a-agencia-espanhola-de-protecao-de-dados. Acesso em: 11 out. 2022.

indevido de dados pessoais. Na sequência, analisa-se a existência de bases legais para a operação e a garantia dos direitos dos titulares.

Outra importante lição extraída da análise acima é a diferenciação de dados pessoais disponibilizados a terceiros por algum motivo ou de fácil acesso de dados que não merecem proteção. Aqueles, ainda que publicizados, não podem ser tratados para finalidades que não estejam relacionadas à sua coleta, desobedecendo aos princípios previstos na legislação e sem uma base legal que fundamente a operação. Ainda, é fundamental a transparência do tratamento ao titular.

Resta, como ensinamento, a atuação positiva da autoridade estrangeira como exemplo, incentivando a coibição de uma operação de tratamento tão corriqueira na Sociedade da Informação.

REFERÊNCIAS

1. Citação de livro

BARBOSA, Fernanda N. Informação: direito e dever de informar nas relações de consumo. São Paulo: Ed. RT, 2008.

BIONI, Bruno Ricardo. *Proteção de dados pessoais:* a função e os limites do consentimento. 2 ed. Grupo Editorial Nacional: Rio de Janeiro, 2020.

CARVALHO, Paulo de Barros. *Curso de Direito Constitucional Tributário.* 4. ed. São Paulo: Saraiva, 1991.

DONEDA, Danilo. *Da privacidade à proteção de dados pessoais.* Rio de Janeiro: Renovar, 2006.

QUINELATO, Pietra D. *Preços personalizados à luz da Lei Geral de Proteção de Dados.* Indaiatuba: Ed. Foco, 2022.

2. Artigo web

BIONI, Bruno; KITAYAMA, Marina; RIELLI, Mariana. O legítimo interesse na LGPD: quadro geral e exemplos de aplicação. São Paulo: Associação Data Privacy Brasil de Pesquisa, 2021.

CMS Law Tax Future. *GDPR Enforcement Tracker.* Disponível em: https://www.enforcementtracker.com/. Acesso em: 11 out. 2022.

INCIBE. Protege tu empresa. *Utiliza WhatsApp en tu empresa cumpliendo el RGPD y la LOPDGDD.* 28 jan. 2020. Disponível em: https://www.incibe.es/protege-tu-empresa/blog/utiliza-whatsapp-tu-empresa--cumpliendo-el-rgpd-y-lopdgdd. Acesso em: 11 out. 2022.

3. Ementas de julgados e legislação

ANPD. ANPD assina memorando de entendimento com a agência espanhola de proteção de dados. 05 out. 2021. Disponível em: https://www.gov.br/anpd/pt-br/assuntos/noticias/anpd-assina-memorando-de--entendimento-com-a-agencia-espanhola-de-protecao-de-dados. Acesso em: 11 out. 2022.

BRASIL. Lei 13.709, de 14 de agosto de 2018. *Lei Geral de Proteção de Dados Pessoais (LGPD).* Brasília, DF, 2018.

COMISSÃO EUROPEIA. *Opinion 06/2014 on the notion of legitimate interests of the data controller under Article 7 of Directive 95/46/EC.* Bruxelas, 2014. Disponível em: https://ec.europa.eu/justice/article-29/documentation/opinion-recommendation/files/2014/wp217_en.pdf. Acesso em: 11 out. 2022.

ESPANHA. AEPD. *Resolução de Procedimento Sancionador PS/00260/2021*. Disponível em: https://www.aepd.es/es/documento/ps-00260-2021.pdf. Acesso em: 11 out. 2022.

ESPANHA. *Constituição Espanhola*, de 6 de agosto de 1978. Disponível em: https://www.boe.es/diario_boe/txt.php?id=BOE-A-1978-40008. Acesso em: 11 out. 2022.

ESPANHA. Lei 34/2002, de 11 de julho de 2002. *Lei de serviços da sociedade da informação e de comércio electrônico*. Disponível em: https://www.boe.es/eli/es/l/2002/07/11/34/con. Acesso em: 11 out. 2022.

ESPANHA. Lei Orgânica 3/1998, de 5 de dezembro de 1998. Lei de Proteção de Dados Pessoais e Garantia de Direitos Digitais. Disponível em: https://www.boe.es/buscar/pdf/2018/BOE-A-2018-16673-consolidado.pdf. Acesso em: 11 out. 2022.

ESPANHA. Lei Orgânica 5/1992, de 29 de outubro de 1992. Lei de regulação do tratamento automatizado de dados de caráter pessoal. Disponível em: https://www.boe.es/buscar/doc.php?id=BOE-A-1992-24189. Acesso em: 11 out. 2022.

UNIÃO EUROPEIA. Regulamento (UE) 2016/679, de 04 de maio de 2016. *Regulamento Geral sobre a Proteção de Dados Pessoais (GDPR)*. Disponível em: https://gdpr-info.eu/. Acesso em: 11 out. 2022.

18
E SE FOSSE NO BRASIL? UMA ANÁLISE DO CASO DO LABORATÓRIO DINAMARQUÊS SANCIONADO POR COMPARTILHAR DADOS

João Alexandre Silva Alves Guimarães

Doutorando em Direito pela Universidade de Coimbra, Portugal. Mestre em Direito da União Europeia pela Universidade do Minho, Portugal. Associado do Instituto Brasileiro de Estudos de Responsabilidade Civil – IBERC, Associado Fundador do Instituto Avançado de Proteção de Dados – IAPD, Membro do Comitê Executivo do Laboratório de Direitos Humanos – LabDH da Universidade Federal de Uberlândia, Investigador no Observatório Jurídico da Comunicação do Instituto Jurídico de Comunicação da Universidade de Coimbra. joaoalexgui@hotmail.com.

Letícia Preti Faccio

Mestranda em Direito pela Universidade de São Paulo (FDRP/USP). Pesquisadora e Membro do Comitê Executivo do Laboratório de Direitos Humanos (LabDH), da Universidade Federal de Uberlândia. Vice-Presidente da Comissão de Integridade e Compliance da 13ª Subseção da OAB/MG. Advogada. leticiapfaccio@gmail.com.

Erick Hitoshi Guimarães Makiya

Mestrando em Direito pela Universidade Federal de Uberlândia (UFU). Pós-Graduando LL.M. em Direito Civil pela Universidade de São Paulo (USP). Pós-Graduado MBA em Contabilidade e Gestão Tributária. Bacharel em Direito pela Universidade Federal de Uberlândia (UFU). Pesquisador do Grupo de Estudos em Sociologia Fiscal da Universidade Federal de Goiás (UFG). Membro da Associação Brasileira de Direito Tributário (ABRADT). Membro da Comissão de Direito Tributário da 13ª Subseção da OAB/MG. Advogado.

Resumo: A DPA dinamarquesa multou o laboratório Medicals Nordic em DKK 600.000 por compartilhar resultados de Testes rápido para Covid-19 pelo WhatsApp.

Fundamentos: Art. 83, GDPR.

Decisão completa:

https://www.datatilsynet.dk/afgoerelser/afgoerelser/2021/jul/medicals-nordic-is-indstillet-til-boede

Sumário: 1. Descrição do caso – 2. Fundamentação legal para a imposição da sanção – 3. Comentários e análise crítica – 4. Conclusão – Referências.

1. DESCRIÇÃO DO CASO

Com a instauração da era digital, tornou-se necessário um preparo global para resguardar os direitos humanos nessa nova realidade. No contexto europeu, apesar da proteção já conferida pela Carta dos Direitos Fundamentais da União Europeia aos cidadãos referente à proteção de dados pessoais, foi edificado um documento mais específico, o Regulamento Europeu de Proteção de Dados (GDPR – Regulamento 2016/679), objetivando a promoção dessa garantia de proteção a esses direitos.[1]

O GDPR, além de servir como aparato para reforçar os direitos fundamentais no espaço digital, facilita a realização coerente e íntegra da atividade comercial, elucidando normas aplicáveis às empresas e aos Estados no mercado digital. Apesar de ser um regulamento relativamente novo, frente à rápida mudança mundial em torno da era digital, a adoção deste regulamento é, no momento, imprescindível para manter a coexistência de ordenamentos jurídicos distintos, resguardada pelo direito internacional. Impedindo, portanto, uma fragmentação legal em torno de um assunto tão urgente e importante na Europa, e no mundo: garantir os direitos humanos mesmo diante do rápido desenvolvimento da era digital.[2]

Visto isso, ressalta-se que, além de ser importante a proteção, é de igual valor a repressão aos atos que violem esses direitos. Dessa forma, mostra-se imperioso compreender a aplicação de sanções que o GDPR possibilita, ao ocorrer a identificação de violações à proteção de dados por parte das Agências Governamentais de supervisão, e o adequado entendimento da abrangência do direito fundamental à proteção de dados pessoais e das regras a ele concernentes.

Observar, portanto, impressões da aplicação do GDPR em casos fáticos, como o caso do laboratório dinamarquês a ser explorado, traz úteis substratos que podem ser utilizados com o intuito de ampliar as possibilidades de interpretação da legislação que versa sobre essa temática no ordenamento jurídico brasileiro, permitindo desencadear a reflexão de como seria a aplicação da LGPD em um caso similar no Brasil.

No ano de 2021, o laboratório dinamarquês provedor de testes rápidos *Charlottenlund Lægehus Medicals Nordic I/S (Medicals Nordic)* foi multado pela Agência Dinamarquesa de Proteção de Dados, em DKK 600.000,00 (seiscentos mil coroas dinamarquesas) ou seja, cerca de R$ 445.847,00 (quatrocentos e quarenta e cinco mil, oitocentos e quarenta e sete reais). Houve a apuração do caso por parte da Agência, ao desconfiar que o referido laboratório utilizava o aplicativo *Whatsapp* para transmitir informações confidenciais, da área da saúde, sobre cidadãos dinamarqueses que fizeram testes de COVID-19 na empresa.[3]

---

1. EUROPEAN UNION. European Commission, [2016]. *Data protection in the EU*. Bruxelas, Bélgica. Disponível em: https://ec.europa.eu/info/about-european-commission/contact_en. Acesso em: 11 out. 2022.
2. EUROPEAN UNION. European Commission, cit.
3. NORWEGIAN DATA PROTECTION AUTHORITY. Datatilsynet, 2021. *Medicals Nordic I/S indstillet til bøde*. Valby, Dinamarca. Disponível em: https://www.datatilsynet.dk/presse-og-nyheder/nyhedsarkiv/2021/jul/medicals-nordic-is-indstillet-til-boede. Acesso em: 11 out. 2022.

A Agência Dinamarquesa de Proteção de Dados constatou que o laboratório *Medicals Nordic* não estabeleceu medidas de segurança organizacionais adequadas em diversos casos, além de não utilizar técnicas pertinentes para garantir a transmissão segura e devida das informações dos cidadãos. Um exemplo é o fato de que os próprios funcionários da empresa utilizavam seus aparelhos telefônicos pessoais para transmitir informações confidenciais dos cidadãos à administração central da empresa, por meio do aplicativo em questão.[4]

Foram criados quatro grupos de *Whatsapp*, um para cada centro de testes da empresa, e todos os funcionários responsáveis por essa sessão participavam de seu respectivo grupo. A Agência Dinamarquesa de Proteção de Dados avaliou que havia funcionários inseridos nesses grupos que não tinham necessidade de processar as informações relacionadas ao trabalho, e, ainda, tinham acessos a números de segurança social e informações confidenciais de saúde dos cidadãos.[5]

Contatou-se que o controle de acesso aos grupos era inadequado, e que funcionários já desligados da empresa continuavam nos grupos do referido aplicativo acessando as informações transmitidas.[6] Dessa forma, a Agência, ao proceder à averiguação do caso e avaliação de gravidade, embasou-se no artigo 83.º, n.º 1 do Regulamento Europeu de Proteção de Dados para, principalmente, apreciar qual a devida sanção que esse órgão de fiscalização deveria aplicar:

> Artigo 83.º
>
> Condições gerais para a aplicação de coimas
>
> 1. Cada autoridade de controlo assegura que a aplicação de coimas nos termos do presente artigo relativamente a violações do presente regulamento a que se referem os ns. 4, 5 e 6 é, em cada caso individual, efetiva, proporcionada e dissuasiva.[7]

Com isso, a Agência avaliou que a multa mencionada deveria ser imposta, em decorrência do fato de que informações confidenciais, e de saúde, de muitos cidadãos, foram tratadas e repassadas de forma que violasse o GDPR em vigor no ordenamento jurídico da União Europeia. Além disso, enfatizou que em vários casos essas violações ocorreram de forma intencional, e que a empresa não havia feito as avaliações adequadas com análises de mitigações de riscos de operação necessárias no tratamento de dados sensíveis.[8]

---

4. NORWEGIAN DATA PROTECTION AUTHORITY. Datatilsynet, 2021. *Medicals Nordic I/S indstillet til bøde. Valby*, Dinamarca. Disponível em: https://www.datatilsynet.dk/presse-og-nyheder/nyhedsarkiv/2021/jul/medicals-nordic-is-indstillet-til-boede. Acesso em: 11 out. 2022.
5. NORWEGIAN DATA PROTECTION AUTHORITY. Datatilsynet, 2021.
6. NORWEGIAN DATA PROTECTION AUTHORITY. Datatilsynet, 2021.
7. UNIÃO EUROPEIA. Parlamento Europeu e o Conselho. *Regulamento n.º 2016/679, de 27 de abril de 2016*. Bruxelas, 2016.
8. NORWEGIAN DATA PROTECTION AUTHORITY. Datatilsynet, 2021.

2. FUNDAMENTAÇÃO LEGAL PARA A IMPOSIÇÃO DA SANÇÃO

O direito à proteção de dados se apresenta essencialmente como um direito de garantias de um conjunto de valores fundamentais individuais de que se destacam a privacidade e a liberdade; em poucas palavras, a autodeterminação individual.[9]

O desenvolvimento e crescente uso dos meios tecnológicos que deixam "pegadas eletrônicas" tornam cada vez mais importantes as garantias contra o tratamento e a utilização abusiva de dados pessoais informatizados. A sua relação de tensão com vários direitos, liberdades e garantias – tais como o desenvolvimento da personalidade, a dignidade da pessoa, a intimidade da vida privada – é inquestionável.[10]

Sendo assim, o direito de conhecer a finalidade ou "a que se destinam" os dados pessoais informatizados se recorta, hoje, como um direito à autodeterminação informativa de particular relevo. Ou seja, trata-se de um direito à autodeterminação sobre informações referentes a dados pessoais que exige uma proteção clara quanto ao "desvio dos fins" a que se destinam essas informações.[11]

A Convenção 108, primeira legislação a nível europeu de proteção de dados, já previa garantias relativas à recolha e tratamento de dados pessoais. A Convenção proibiu, na ausência de garantias jurídicas adequadas, o tratamento de dados «sensíveis», tais como dados sobre a raça, a opinião política, a saúde, as convicções religiosas, a vida sexual ou o registo criminal de uma pessoa.[12]

O Regulamento Europeu de Proteção de Dados traz em seu rol do artigo 4.º várias definições sobre o que são Dados Pessoais. Uma dessas definições é o *Dados relativos à saúde*, que são "dados pessoais relacionados com a saúde física ou mental de uma pessoa singular, incluindo a prestação de serviços de saúde, que revelem informações sobre o seu estado de saúde".[13]

O Considerando 35 define Dados relativos à saúde como:

> (35) Deverão ser considerados dados pessoais relativos à saúde todos os dados relativos ao estado de saúde de um titular de dados que revelem informações sobre a sua saúde física ou mental no passado, no presente ou no futuro. O que precede inclui informações sobre a pessoa singular recolhidas durante a inscrição para a prestação de serviços de saúde, ou durante essa prestação, conforme referido na Diretiva 2011/24/UE do Parlamento Europeu e do Conselho (9), a essa pessoa singular; qualquer número, símbolo ou sinal particular atribuído a uma pessoa singular para a identificar de

---

9. CALVÃO, Filipa Urbano. *O Direito Fundamental à Proteção dos Dados Pessoais e a Privacidade 40 Anos Depois*. In: VAZ, Manuel Afonso; BOTELHO, Catarina Santos; TERRINHA, Luís Heleno; COUTINHO, Pedro (Co-ord.). *Jornadas nos quarenta anos da Constituição da República Portuguesa* – Impacto e Evolução. Universidade Católica Editora, 2017. p. 89.

10. CANOTILHO, J.J. Gomes; MOREIRA, Vital. *Constituição da República Portuguesa Anotada*: artigos 1º a 107º. 4. ed. rev. Coimbra Editora, 2007. v. I, p. 550.

11. CANOTILHO, J.J. Gomes; MOREIRA, Vital. p. 551.

12. CONSELHO DA EUROPA. *Convenção para a Proteção das Pessoas relativamente ao Tratamento Automatizado de Dados de Caráter Pessoal*, Conselho da Europa, STCE n. 108, 1981.

13. UNIÃO EUROPEIA. Parlamento Europeu e o Conselho. *Regulamento n.º 2016/679, de 27 de abril de 2016*. Bruxelas, 2016.

forma inequívoca para fins de cuidados de saúde; as informações obtidas a partir de análises ou exames de uma parte do corpo ou de uma substância corporal, incluindo a partir de dados genéticos e amostras biológicas; e quaisquer informações sobre, por exemplo, uma doença, deficiência, um risco de doença, historial clínico, tratamento clínico ou estado fisiológico ou biomédico do titular de dados, independentemente da sua fonte, por exemplo, um médico ou outro profissional de saúde, um hospital, um dispositivo médico ou um teste de diagnóstico in vitro.[14]

A palavra "privacidade" não é mencionada de forma explícita no GDPR, nem o termo "vida privada". A proteção de dados e a privacidade estão relacionadas, no entanto, tem conceitos distintos. Eles devem ser vistos trabalhando juntos, especialmente com a proteção de dados, ajudando a garantir liberdade e dignidade ao cidadão. A privacidade, em sua dimensão informacional, é um estado de coisas em que os dados relativos a uma pessoa estão em um estado de não acesso. Incorpora uma ampla gama de direitos e valores, como o direito de ser deixado em paz, intimidade, reclusão e personalidade. A proteção de dados é um conjunto de regras legais que visa proteger os direitos, liberdades e interesses dos indivíduos, cujos dados pessoais são coletados, armazenados, processados, disseminados, destruídos etc. O objetivo definitivo é garantir a equidade no processamento de dados e, até certo ponto, justiça nos resultados desse processamento. A proteção de dados possui objetivos mais amplos do que simplesmente a proteção da privacidade, mas, ao mesmo tempo, a proteção de dados é uma ferramenta crucial para garantir nossa privacidade.[15]

O Grupo de Trabalho do Art. 29° considera como ponto de partida a existência de uma categoria de informação que é considerada uniformemente como dados de saúde. Essa é a categoria de dados médicos, de dados sobre o status de saúde física ou mental de um titular de dados que é gerado em um contexto médico profissional. Isso inclui todos os dados relacionados aos contatos com indivíduos e seu diagnóstico e/ou tratamento por prestadores (profissionais) de serviços de saúde, e qualquer informação relacionada sobre doenças, deficiências, histórico médico e tratamento clínico. Isso também inclui quaisquer dados gerados por dispositivos ou aplicativos, usados neste contexto, independentemente de serem considerados "dispositivos médicos".[16]

O Tribunal de Justiça da União Europeia (TJUE), no Acórdão Lindqvist, em 2003, interpretou, atendendo ao objeto da então Diretiva de Proteção de Dados (Diretiva 95/46/CE), em dar à expressão "dados relativos à saúde", utilizada no artigo 8.° , n.° 1, uma interpretação *lato sensu*, de modo que inclua informações relativas a todos os aspectos, quer físicos quer psíquicos, da saúde de uma pessoa. Por conseguinte, deve-se responder à quarta questão no sentido de que indicação do fato de uma pessoa se ter lesionado

---

14. UNIÃO EUROPEIA. Parlamento Europeu e o Conselho. *Regulamento n.º 2016/679, de 27 de abril de 2016*. Bruxelas, 2016.
15. DOVE, Edward S. The EU General Data Protection Regulation: Implications for International Scientific Research in the Digital Era: Currents in Contemporary Bioethics. *Journal of Law, Medicine and Ethics*. Inverno de 2018. p. 1014.
16. UNIÃO EUROPEIA. Grupo de Trabalho do Art. 29.°. *ANNEX – health data in apps and devices*: Concept of "health data" in Directive 95/46/EC. Bruxelas, 2015.

num pé e estar com baixa por doença a meio tempo constitui um dado de caráter pessoal relativo à saúde na acepção do artigo 8.º, n.º 1, da Diretiva 95/46.[17]

Porém, o Grupo de Trabalho considera que os dados de saúde, ou todos os dados pertencentes ao status de saúde de um titular de dados, é um termo muito mais amplo que o termo 'médico'. Com base na Diretiva de proteção de dados, os legisladores, juízes e as Agências de Proteção de Dados nacionais concluíram que informações como o fato de uma mulher ter quebrado a perna (Lindqvist), que uma pessoa está usando óculos ou lentes de contato, dados sobre os aspectos intelectuais e emocionais da capacidade uma pessoa (como QI), informações sobre hábitos de fumar e beber, dados sobre alergias divulgadas a entidades privadas (como companhias aéreas) ou a órgãos públicos (como escolas); dados sobre condições de saúde a serem usadas em situações de emergência (por exemplo, informações de que uma criança que participa de um acampamento de verão ou evento semelhante sofre de asma); participação de um indivíduo em um grupo de apoio ao paciente (por exemplo, grupo de apoio ao câncer), Vigilantes do Peso, Alcoólicos Anônimos ou outros grupos de autoajuda e apoio com um objetivo relacionado à saúde; e a mera menção do fato de que alguém está doente em um contexto de emprego são todos dados relativos à saúde de indivíduos em questão.[18]

O Grupo de Trabalho do Art. 29.º considera, então, que os dados pessoais são dados de saúde quando esses são inerentemente/claramente dados médicos; os dados são dados brutos do sensor que podem ser usados em si ou em combinação com outros dados para tirar uma conclusão sobre o status real de saúde ou o risco à saúde de uma pessoa; estado de saúde ou risco à saúde da pessoa (independentemente de essas conclusões serem precisas ou imprecisas, legítimas ou ilegítimas ou adequadas ou inadequadas).[19]

Sem prejuízo do recente reconhecimento e autonomização de um direito à autodeterminação de informação, a proteção de dados pessoais filia-se, em grande medida, no referido direito à privacidade. Importa, em qualquer caso, enquadrar sumariamente a proteção de dados no âmbito do Direito europeu.[20]

Ao olhar especificamente para os Estados-Membros, pode-se encontrar na Lei portuguesa n.º 12/2005, em seu artigo 3.º, que a informação de saúde é propriedade da pessoa, e essas informações incluem os dados clínicos registados, resultados de análises e outros exames subsidiários, intervenções e diagnósticos, e obriga as unidades do sistema de saúde que no caso ao fazer o tratamento dos dados se tornam os depositários da informação. Além disso, essas informações não poderão ser utilizadas para outros

---

17. UNIÃO EUROPEIA. Tribunal de Justiça da União Europeia. *Acórdão C-101/01, de 6 de novembro de 2003.* Luxemburgo, 2003.

18. UNIÃO EUROPEIA. Grupo de Trabalho do Art. 29.º. *ANNEX – health data in apps and devices*: Concept of "health data" in Directive 95/46/EC. Bruxelas, 2015.

19. UNIÃO EUROPEIA. Grupo de Trabalho do Art. 29.º

20. POÇAS, Luís. Problemas e Dilemas do Setor Segurador: O RGPD e o Tratamento de Dados de Saúde. Revista Online Banca, Bolsa e Seguros. *Revista Online Banca, Bolsa e Seguros* 3. Instituto de Direito Bancário da Bolsa e dos Seguros, Faculdade De Direito, Universidade de Coimbra, n.º 3, p. 217-301, 2018. p. 222.

ANÁLISE DO CASO DO LABORATÓRIO DINAMARQUÊS SANCIONADO POR COMPARTILHAR DADOS **349**

fins que não os relacionados a prestação de cuidados e a investigação em saúde e outros por ventura estabelecidos pela lei.[21]

O artigo 3.º ainda complementa que o titular da informação, ou seja, o paciente tem o direito de tomar conhecimento de todo o seu processo clínico, ou que seja informado a uma pessoa indicada pelo mesmo, porém, somente no caso em que exista alguma circunstância devidamente justificada em que essa informação possa ser prejudicial. Além disso, o acesso a essa informação por parte do titular ou de terceiros com o seu consentimento deve ser feito através de médico, com habilitação e escolhido pelo titular da informação.[22]

Ainda conforme a Lei 12/2005, o tratamento dessa informação de saúde, no artigo 4.º, deve-se tomar as providencias adequadas à proteção da confidencialidade por parte do responsável pelo tratamento, garantindo a segurança das instalações e equipamento, o controle no acesso à informação, bem como o reforço do dever de sigilo e da educação deontológica, que é o estudo do dever das profissões da área da saúde, de todos os profissionais.[23]

Deve essa informação ser utilizada exclusivamente pelo sistema de saúde, nas condições expressas em autorização escrita do seu titular ou de quem o represente, e o acesso à informação de saúde pode ser utilizado para fins de investigação quando eles são anonimizados.[24] Esses dados podem ser considerados protegidos pela constituição pois faz parte do rol do direito à vida privada, previsto no art. 26 da Constituição da República Portuguesa.[25]

A questão principal, desse caso em voga, é que os resultados dos exames de Covid-19 estavam sendo divulgados via *WhatsApp,* e como narrado no capítulo anterior, foi constatado que o laboratório *Medicals Nordic* não estabeleceu medidas de segurança organizacionais adequadas em diversos casos.

O artigo 32.º do GDPR, tendo como título "Segurança do tratamento", elenca os requisitos mínimos para que o tratamento de dado seja feito. Cabe ressaltar que a simples

---

21. PORTUGAL. Assembleia da República. *Lei n.º 12/2005*. Diário da República n.º 18/2005, Série I-A de 2005-01-26, p. 606-611. Lisboa, 2005.
22. PORTUGAL. Assembleia da República. *Lei n.º 12/2005*. Diário da República n.º 18/2005, Série I-A de 2005-01-26, p. 606-611. Lisboa, 2005.
23. PORTUGAL. Assembleia da República. *Lei n.º 12/2005*. Diário da República n.º 18/2005, Série I-A de 2005-01-26, p. 606-611. Lisboa, 2005.
24. PORTUGAL. Assembleia da República. *Lei n.º 12/2005*. Diário da República n.º 18/2005, Série I-A de 2005-01-26, p. 606-611. Lisboa, 2005.
25. A Constituição da República Portuguesa no seu Art. 26 prevê que: 1. A todos são reconhecidos os direitos à identidade pessoal, ao desenvolvimento da personalidade, à capacidade civil, à cidadania, ao bom nome e reputação, à imagem, à palavra, à reserva da intimidade da vida privada e familiar e à proteção legal contra quaisquer formas de discriminação. 2. A lei estabelecerá garantias efetivas contra a obtenção e utilização abusivas, ou contrárias à dignidade humana, de informações relativas às pessoas e famílias. 3. A lei garantirá a dignidade pessoal e a identidade genética do ser humano, nomeadamente na criação, desenvolvimento e utilização das tecnologias e na experimentação científica. PORTUGAL. Assembleia Constituinte. *Constituição da República Portuguesa*. Diário da República n.º 86/1976, Série I de 1976-04-10. Lisboa, 1976.

transmissão e divulgação dos dados pessoais é considerada um tratamento de dados, conforme as definições do artigo 4.º do mesmo regulamento.[26]

Para Menezes Cordeiro, a matéria da segurança dos dados pessoais é tratada nos artigos 32.º, 33.º e 34.º. Porém, ela atravessa, de forma transversal, todo o Direito da proteção de dados, como apresentado na leitura dos artigos 24.º e 25.º do GDPR. E fica evidenciado que o regime da segurança dos dados pessoais pode ser apresentado como uma manifestação ou uma decorrência lógico-jurídica dos princípios da integridade e confidencialidade.[27]

O Artigo 32º, n.º 1, "b", evidencia que o responsável pelo tratamento de dados e o subcontratante deve aplicar medidas técnicas e organizativas adequadas para assegurar a confidencialidade, integridade, disponibilidade e resiliência permanentes dos sistemas e dos serviços de tratamento. Além disso, no n.º 2, condiciona que ao avaliar o nível de segurança adequado, devem ser tidos em conta, designadamente, os riscos apresentados pelo tratamento em particular à divulgação ou ao acesso não autorizado, de dados pessoais transmitidos, conservados ou sujeitos a qualquer tratamento.[28]

Para Alexandre Sousa Pinheiro, a segurança da informação é uma preocupação significativa demonstrada pelo GDPR. Na falta de normas de segurança que cubram o RGPD, continua a revestir uma utilidade significativa da ISO 27001, que é um sistema de gestão de segurança de informação.[29]

A segurança da informação já era uma exigência para o responsável pelo tratamento nos tempos da Diretiva, e agora no GDPR, adquire uma relevância muito mais lata, associada às normas relativas às notificações sobre violação de dados pessoais prevista no Regulamento nos artigos 33.º e 34.º.[30]

Essa segurança já vem refletiva no considerando 74, afirmando que:

> (…) o responsável pelo tratamento deverá ficar obrigado a executar as medidas que forem adequadas e eficazes e ser capaz de comprovar que as atividades de tratamento são efetuadas em conformidade com o presente regulamento, incluindo a eficácia das medidas. Essas medidas deverão ter em conta a natureza, o âmbito, o contexto e as finalidades do tratamento dos dados, bem como o risco que possa implicar para os direitos e liberdades das pessoas singulares.[31]

Fica claro que o GDPR traz a responsabilidade de controle e aplicação de multa, ou coimas na tradução ao português, conforme o artigo 83.º, as autoridades de cada

---

26. UNIÃO EUROPEIA. Parlamento Europeu e o Conselho. *Regulamento n.º 2016/679, de 27 de abril de 2016*. Bruxelas, 2016.
27. CORDEIRO, A. Barreto Menezes. *Direito da Proteção de Dados*: À Luz do RGPD e da Lei n.º 58/2019. Coimbra: Almedina, novembro de 2016. p. 346.
28. UNIÃO EUROPEIA. Parlamento Europeu e o Conselho.
29. PINHEIRO, Alexandre Sousa (Coord.); COELHO, Cristina Pimenta; DUARTE, Tatiana; GONÇALVES, Carlos Jorge; GONÇALVES, Catarina Pina. *Comentários ao Regulamento Geral de Proteção de Dados*. Almedina, Coimbra, dezembro de 2018. p. 449.
30. PINHEIRO, Alexandre Sousa (Coord.). *Comentários ao Regulamento Geral de Proteção de Dados*, cit., p. 451.
31. UNIÃO EUROPEIA. Parlamento Europeu e o Conselho. *Regulamento n.º 2016/679, de 27 de abril de 2016*. Bruxelas, 2016.

Estado-Membro que devem considerar uma multiplicidade de elementos, referidos no artigo 83.º, n.º 2, que incluem (i) a natureza, a gravidade e a duração da infração; (ii) o caráter intencional ou negligente da infração; (iii) a eventual procura por uma atenuação dos danos produzidos; (iv) o grau de responsabilidade à luz das medidas técnicas e organizativas implementadas; (v) a reincidência do infrator; (vi) a cooperação prestada pelo infrator; (vii) a forma como a autoridade de controlo tomou conhecimento da infração; (viii) o cumprimento de medidas de correção impostas; (ix) o cumprimento de código de condutas ou de procedimentos de certificação; e (x) demais fatores relevantes.[32]

Esse artigo chamou a atenção de cidadãos e empresas para a problemática da proteção de dados pessoais, face aos montantes elevadíssimos das multas que o GDPR veio a consagrar.[33]

As multas possuem uma sistematização clássica que distingue as contraordenações muito graves das contraordenações graves. As primeiras, ascendem aos € 20 000 000 ou, no caso de uma empresa, até 4% do seu volume de negócios anual a nível mundial correspondente ao exercício financeiro anterior, consoante o montante mais elevado, artigo 83.º, n.º 5. As segundas, ascendem a 10.000.000€ (dez milhões de euros) ou, no caso de uma empresa, até 2% do seu volume de negócios anual, em termos idênticos aos que se verifica para as contraordenações muito graves, artigo 83.º, n.º 4. Cada um destes preceitos apresenta uma lista de infrações.[34]

O GDPR consagra que a autoridade de controle terá necessariamente que ponderar a natureza, gravidade e a duração da infração, bem como o número de titulares de dados afetados e o nível de danos por eles sofridos, as categorias de dados pessoais afetados pela infração, o seu caráter doloso ou negligente, as medidas tomadas para atenuar os danos sofridos, o grau de responsabilidade e eventuais infrações anteriores, a via pela qual a infração chegou ao conhecimento da autoridade de controle, o cumprimento das medidas ordenadas contra o responsável pelo tratamento, o cumprimento de um código de conduta ou de procedimentos de certificação, assim como os benefícios financeiros obtidos. Deverá ainda considerar qualquer outro fator atenuante ou agravante que se afigure pertinente.[35]

Em cotação atual, a multa apresentada pela Agência Dinamarquesa de Proteção de Dados, foi de aproximadamente de 80.600€ (oitenta mil e seiscentos euros), e sendo ela a Autoridade de Proteção de Dados na Dinamarca, fica claro a legalidade da aplicação da multa pela inobservância da segurança exigida no GDPR, além de estar dentro dos valores previstos no artigo 83.º do Regulamento, visando mapear o prejuízo que cada cidadão teve, quando seus dados, relativos ao contágio de uma doença pandêmica, foram expostos sem segurança alguma e ao alcance de qualquer um.

---

32. CORDEIRO, A. Barreto Menezes. *Direito da Proteção de Dados: À Luz do RGPD e da Lei n.º 58/2019*. Coimbra: Almedina, novembro de 2016. p. 423.
33. PINHEIRO, Alexandre Sousa (Coord.). *Comentários ao Regulamento Geral de Proteção de Dados*, cit., p. 640.
34. CORDEIRO, A. Barreto Menezes. *Direito da Proteção de Dados: À Luz do RGPD e da Lei n.º 58/2019*. p. 423.
35. PINHEIRO, Alexandre Sousa (Coord.). *Comentários ao Regulamento Geral de Proteção de Dados*, cit., p. 642.

3. COMENTÁRIOS E ANÁLISE CRÍTICA

Frente à grande preocupação com a crescente necessidade de proteção do indivíduo, enquanto sujeito de direitos, ocasionada pela evolução tecnológica e a consequente exposição e dependência de informações, o Brasil, seguindo a mesma lógica do GDPR, tratou do direito à proteção de dados através da Lei 13.709/2018, a tão esperada Lei Geral de Proteção de Dados (LGPD).

Embora seja uma legislação que trouxe incontáveis avanços para a proteção de dados, o Brasil já se preocupava, ainda que de forma mais tímida, através do Código de Defesa do Consumidor, do Marco Civil da Internet, do Decreto 7.962/13 (Decreto do Comércio Eletrônico), da Lei de Acesso à Informação, da Lei de Crimes Cibernéticos e, principalmente, do Marco Civil da Internet.

Nossa Lei Geral de Proteção de Dados prevê, de forma bem expressa, em seu art. 1º, que seu objetivo é "proteger os direitos fundamentais de liberdade e de privacidade e o livre desenvolvimento da personalidade da pessoa natural".[36] Percebe-se, sem maiores delongas, que antes mesmo da Emenda Constitucional 115/2022, a LGPD já objetivava o reconhecimento da proteção de dados como um direito fundamental do indivíduo, tal como é no GDPR, conforme pontua Patrícia Peck Pinheiro:

> Considerando a comparação entre a LGPD e GDPR, ambas legislações têm como objetivo o regramento do tratamento de dados pessoais, buscando em si a defesa dos direitos fundamentais, buscando em si a defesa dos direitos fundamentais da pessoa natural.[37]

Exatamente por se tratar de um direito tão importante para o indivíduo, a LGPD trouxe, em seu art. 7º, os requisitos necessários para o tratamento de dados pessoais e, mais especificamente, o inciso V, que dispõe sobre a possibilidade de tratamento quando for necessário para a execução de contratos, ao qual seja parte o titular, ou procedimentos preliminares para sua execução.

Quando analisamos o dispositivo legal em questão, e comparamos com tratamento dado pelo laboratório *Medicals Nordic* aos dados de seus pacientes, percebemos uma evidente violação da referida hipótese, principalmente se também observarmos o disposto no § 5º do já mencionado art. 7º, que dispõe a "eventual dispensa da exigência do consentimento não desobriga os agentes de tratamento das demais obrigações previstas nesta Lei, especialmente da observância dos princípios gerais e da garantia dos direitos do titular.". Ou seja, ainda que o laboratório argumente que não seria necessário o consentimento do titular e que tal compartilhamento se deu por ser necessária à execução do contrato, há violação dos princípios da necessidade e da segurança, previstos no art. 6º, incisos III e VIII.

---

36. BRASIL. Lei 13.709. *Lei Geral de Proteção de Dados Pessoais (LGPD)*, de 14 de agosto de 2018. Brasília, 2018.
37. PINHEIRO, Patrícia Peck. *Proteção de dados pessoais*: comentários à Lei 13.709/2018. São Paulo: Saraiva, 2018, p. 38.

Lado outro, também não seria cabível a ideia de que o compartilhamento, tal qual foi feito, se amoldaria na exceção contida no art. 11, inciso II, alínea "f" da LGPD, que assim dispõe:

> Art. 11. O tratamento de dados pessoais sensíveis somente poderá ocorrer nas seguintes hipóteses:
>
> II – sem fornecimento de consentimento do titular, nas hipóteses em que for indispensável para:
>
> f) tutela da saúde, exclusivamente, em procedimento realizado por profissionais de saúde, serviços de saúde ou autoridade sanitária.

Isso porque, trata-se de um contrato cujo objeto é a realização de um exame médico, mas que não guarda relação com a tutela de saúde disposta no referido dispositivo, uma vez que esta seria aplicável tão somente em situações extremamente necessárias para garantir a saúde do titular, e em situações que seja necessário o afastamento do consentimento – que é um direito –, frente à necessidade de resguardar a saúde e, consequentemente a vida.

Esse artigo trouxe especificamente duas hipóteses para o tratamento dos dados sensíveis no Brasil, específica – que permita e estabeleça os limites de atuação da administração pública – e ainda baseada nos princípios do art. 6.º da LGPD.[38]

Deve-se entender que o rol taxado no inciso II traz a exclusão da ilicitude por não haver o consentimento do detentor dos dados perante o controlador ou o operador, cedendo perante a preponderância de um interesse proporcionalmente mais relevante, justificando assim o tratamento sem o consentimento.[39]

Para além disso, é possível também defender que não só se aplicariam tais exceções, como também a forma como se deu o tratamento dos dados dos pacientes. O compartilhamento de tais resultados, através de uma rede social tal qual é o *WhatsApp*, é totalmente questionável do ponto de vista da segurança da informação, uma vez que sequer é possível estimar quantas pessoas tiveram acesso a tais dados em decorrência da facilidade de se compartilhar informações através da plataforma.

Em consonância a isso, o art. 46º da LGPD dispõe que deverão ser adotadas, pelos agentes de tratamento de dados, medidas de segurança, técnicas e administrativas capazes de proteger os dados pessoais de acessos não autorizados ou qualquer outra forma de tratamento inadequado. Isso quer dizer que o laboratório deveria se valer de sistemas, medidas e procedimentos que garantissem o sigilo dos dados, o que evidentemente não ocorre quando se compartilham resultados de exames médicos para estranhos através de uma rede social, e que também atrairia a aplicação do disposto no art. 49º. Vejamos:

> Os sistemas utilizados para o tratamento de dados pessoais devem ser estruturados de forma a atender aos requisitos de segurança, aos padrões de boas práticas e de governança e aos princípios gerais previstos nesta Lei e às demais normas regulamentares.[40]

---

38. GUIMARÃES, João Alexandre; MACHADO, Lecio. *Comentários à Lei Geral de Proteção de Dados*: lei 13.709/2018 com alterações da MPV 869/2020. Rio de Janeiro: Lumen Juris, 2020. p. 66.
39. Idem.
40. BRASIL. Lei 13.709. *Lei Geral de Proteção de Dados Pessoais (LGPD)*, de 14 de agosto de 2018. Brasília, 2018.

O Controlador de tratamento de dados pessoais deve ter uma formação multidisciplinar ou ser parte de uma equipe formada por um grupo de profissionais de diversas áreas de atuação, tais como juristas, programadores e cientistas de dados, administradores de empresa, entre outros, a fim de garantir que o sistema utilizado para o tratamento de dados esteja estruturado para garantir o mais alto nível de adequação à LGPD.[41]

Percebe-se claramente que o designo do instrumento legislativo, através do art. 46, é a promoção da cidadania, da dignidade da pessoa humana mediante à proteção de dados pessoais. É manifesto que segurança da informação é tema essencial na sociedade da informação, cujas relações pessoais e econômicas, jurídicas e políticas baseiam-se, pelo menos em alguma medida, na comunicação via transferência e armazenamento de dados e informações.[42]

A necessidade de implementar padrões de segurança adequados, boas práticas, governança e princípios gerais da Lei, além das futuras normas regulamentares expedidas pela ANPD são essenciais, em primeiro lugar, para resguardar a segurança e o sigilo dos dados dos titulares tratados evitando que venham a sofrer danos e garantir aos agentes de tratamento se eximam de responsabilidade civil por danos ou risco de danos que possam ocorrer e a obrigação de indenizá-los.[43]

A exigência de mecanismos concretos para atender ao imperativo de segurança descrito no artigo 46, em última instância, na proteção atributos personalíssimos do titular; noutros termos, a segurança da informação é um desdobramento de um novo direito fundamental à proteção de dados pessoais, o que confere à norma em questão maior densidade axiológica no contexto propugnado. Pela norma que deve se voltar ao atendimento de inúmeros parâmetros. Como a confidencialidade, a integridade e a disponibilidade.[44]

Em linhas gerais, pode-se afirmar que o artigo 46 pavimenta o caminho para a delimitação do regime de responsabilidade civil, descrito na LGPD, conjugando-se aos deveres de prevenção desdobrados da governança corporativa expressamente consignados nos artigos 50 e 51. Nesse compasso, observa-se grande similitude ao que dispõe o Regulamento Europeu de Proteção de Dados.[45]

E, ainda, caso tal incidente ocorresse no Brasil, ainda seria aplicável o § 3º, do inciso II do art. 48 que dispõe sobre a avaliação, em eventual incidente, da comprovação de que foram adotadas as medidas técnicas adequadas para tornar os dados afetados

---

41. GUIMARÃES, João Alexandre; MACHADO, Lecio. *Comentários à Lei Geral de Proteção de Dados*, cit., p. 139.
42. MODENESI, Pedro. Artigo 46. In: MARTINS, Guilherme Magalhães; LONGHI, João Victor Rozatti; FALEIROS JÚNIOR, José Luiz de Moura (Coord.). *Comentários à Lei Geral de Proteção de Dados Pessoais*: Lei 13.709/2018. Indaiatuba, SP: Editora Foco, 2022. p. 432.
43. GUIMARÃES, João Alexandre; MACHADO, Lecio. *Comentários à Lei Geral de Proteção de Dados*, cit., p. 140.
44. MARTINS, Guilherme Magalhães; FALEIROS JÚNIOR, José Luiz de Moura. Segurança, Boas Práticas, Governança e *Compliance*. In: LIMA, Cíntia Pereira Rosa de (Coord.). *Comentário à Lei Geral de Proteção de Dados*: Lei n. 13.709/2018, com alteração da Lei n. 13.853/2019. São Paulo: Almedina, 2020. p. 350.
45. MARTINS, Guilherme Magalhães; FALEIROS JÚNIOR, José Luiz de Moura. Segurança, Boas Práticas, Governança e *Compliance*, cit., p. 351.

inteligíveis, o que sequer aconteceu, uma vez que o laboratório apenas procedeu com o desligamento dos funcionários envolvidos, e que agiram com concordância da administração da empresa, já que o intuito era a utilização da rede social para facilitar a comunicação entre os colaboradores e administradores do laboratório.

Em síntese, é importante salientar que a comprovação de efetiva adoção de medidas de segurança, técnicas e administrativas aptas a conter ou mitigar os danos decorrentes de incidentes de segurança é, de acordo com o artigo 52, § 1º, VIII, da LGPD, um dos parâmetros de cominação das sanções administrativas aplicáveis pela à ANPD aos agentes de tratamento nas hipóteses de infração às normas previstas na Lei. Logo, uma diligente observância do regramento estabelecido na Seção I – Da Segurança e do Sigilo de Dados, além de evitar a ocorrência de incidentes de segurança, funcionar como espécie de causa atenuante de sanção administrativa eventualmente aplicável ao agente de tratamento. Em contrapartida, a inobservância das normas, além de aumentar os riscos de violação de dados, poderá configurar uma circunstância agravante do juízo sancionatório da autoridade nacional em razão de infração à LGPD.[46]

Todavia, também é importante lançar críticas sobre a entidade fiscalizadora e seu papel no efetivo cumprimento de tais medidas. De nada adianta existir tais previsões se o órgão responsável não cumprir seu papel institucional.

No Brasil, e de forma bem semelhante à União Europeia, há uma autoridade fiscalizadora da proteção de dados, aqui denominada como Autoridade Nacional de Proteção de Dados (ANPD), que tem atribuições semelhantes à da Agência Dinamarquesa de Proteção de Dados. Inclusive, há um capítulo na LGPD que trata somente das sanções que podem ser aplicadas por tal agência. Essas sanções, vão de aplicação de advertência, multas, bloqueio e eliminação de dados pessoais, suspensão de funcionamento de banco de dados e de exercício de atividade de tratamento de dados e até a proibição parcial ou total de tais atividades.

Entretanto, é importante questionar a forma de organização da ANPD. Diferente da agência dinamarquesa, a agência brasileira é parte integrante da administração pública federal e vinculada à Presidência da República, conforme disposto no art. 55-A. E, na sua composição, a nomeação de membros importantes, como o do Conselho Diretor, é atribuída ao próprio Presidente da República, e que somente perderão seus cargos em virtude de renúncia, condenação judicial transitada em julgado ou em casos de pena de demissão decorrente de processo administrativo disciplinar.

O Brasil precisava de uma lei geral de proteção de dados pessoais, bem como de um órgão independente para o controle e fiscalização do cumprimento da lei total, como ocorre em vários países do mundo. Afinal, só assim poderão as empresas brasileiras receber dados de cidadãos europeus e de cidadão de outros continentes, preservando-se a necessária reciprocidade entre os países. Tomando por base o capitalismo informacional,

---

46. MODENESI, Pedro. Artigo 48. In: MARTINS, Guilherme Magalhães; LONGHI, João Victor Rozatti; FALEIROS JÚNIOR, José Luiz de Moura (Coord.). *Comentários à Lei Geral de Proteção de Dados Pessoais*: Lei 13.709/2018. Indaiatuba, SP: Editora Foco, 2022. p. 456.

tal exigência, crucial para que as empresas brasileiras possam competir em igualdade de condições com as empresas de outros países. Para tanto, não basta adotar uma legislação sobre o tema, mas o modelo regulatório deve ser eficiente.[47]

Não obstante a isso, as receitas da ANPD decorrem, originalmente, do orçamento geral da União, créditos especiais e adicionais, transferências e repasses, e, em decorrência disso, as oriundas de aluguéis ou vendas de imóveis de sua titularidade, aplicações financeiras, recursos provenientes de acordos, convênios ou contratos e doação.

Tanto a LGPD quanto o decreto 10.474/2020 realçam autonomia, técnica e decisória da ANPD, que é um órgão técnico exigindo que seus integrantes tenham profundo conhecimento sobre proteção de dados. Ponto, portanto, a ANPD é o órgão competente para regular a proteção de dados no Brasil.[48]

Em decorrência dessa estrutura, percebe-se que a ANDP é vulnerável às ideologias políticas e interesses orçamentários, sendo plausível prever que em algum momento na história brasileira poderá se tornar uma autarquia sem orçamento ou interesse político, fragilizando, assim, a salvaguarda da proteção de dados no país.

4. CONCLUSÃO

A preocupação com a proteção de dados na União Europeia não é recente. Como apresentado, a Convenção 108, em 1981, trouxe uma regra geral a todos os membros e o Regulamento Europeu de Proteção de Dados (GDPR) se torna o resultado dessa preocupação frente a evolução da tecnologia e a necessidade da sociedade em usar tecnologia para se comunicar.

No caso relatado, a Agência Dinamarquesa de Proteção de Dados demonstra a força e autonomia que desde a Diretiva 95/46 cada autoridade nacional possui, sendo reafirmado no RGPD. Além disso, mostra que a preocupação maior dentro da União Europeia é a segurança dos dados, já que entende ser um direito fundamental da pessoa humana, o que explica que a simples violação da segurança enseja multa, pois o prejuízo para cada cidadão em face dos seus dados expostos seria muito grande, principalmente quando é relacionado a condição de saúde de uma pessoa.

Ao pensar em Brasil, a LGPD cria a Autoridade Nacional de Proteção Dados (ANPD) como um órgão de proteção ao cidadão e que, perante a lei, tem autonomia e força para fiscalizar, sancionar e ensinar. Porém, desde a sua criação, pode ser visto nomeações ligadas ao Poder Executivo que pode tirar essa autonomia, já que a ANPD deve também fiscalizar os órgãos públicos.

---

47. DE LUCCA, Newton; LIMA, Cíntia Pereira Rosa de. Autoridade Nacional de Proteção de Dados (ANPD) e Conselho Nacional de Proteção de Dados e da Privacidade. In: LIMA, Cíntia Pereira Rosa de (Coord.). *Comentário à Lei Geral de Proteção de Dados*: Lei n. 13.709/2018, com alteração da Lei n. 13.853/2019. São Paulo: Almedina, 2020. p. 380.

48. LIMA, Cíntia Pereira Rosa de. Artigo 55-B. In: MARTINS, Guilherme Magalhães; LONGHI, João Victor Rozatti; FALEIROS JÚNIOR, José Luiz de Moura (Coord.). *Comentários à Lei Geral de Proteção de Dados*: Lei 13.709/2018. Indaiatuba, SP: Editora Foco, 2022. p. 504.

Um ponto interessante seria ressaltar o papel da ANPD de criar campanhas de ensino e conscientização da aplicação do direito digital, principalmente na conjuntura brasileira, na qual os cidadãos não têm relevante conhecimento sobre e as possíveis violações que estão submetidos no meio digital, tampouco o devido contato com os regramentos existentes, e acesso à mecanismos de denúncia para resguardar seus direitos pessoais. Diferentemente do que ocorre no espaço europeu, que antes mesmo de condensar esses direitos no GDPR, já tratava com dinamismo e facilidade o anteparo da proteção de dados pessoais dos cidadãos.

Sendo assim, é incerto que, se esse caso acontecesse no Brasil, teria o mesmo desfecho do que pode ser visto na Dinamarca. Primeiro pela falta de consciência por parte da população que a simples falta de segurança no tratamento de seus dados, enseja uma violação da LGPD, e a falta de divulgação ativa e de mecanismos funcionais de denúncias nos casos de violações. Segundo por parte da ANPD, onde desde a sua criação, não mostra a independência, autonomia e força que as autoridades nacionais na União Europeia possuem. E, por fim, possivelmente a consequência dessa violação se daria da mesma forma como observamos atualmente no espaço brasileiro: mais uma notícia nas manchetes das páginas de notícias ou dos telejornais em todo o país.

Mostra-se imprescindível a realização de estudos de casos comparativos no limite de suas desigualdades, embasamentos literários e filosóficos, e movimentação acadêmica em prol desse importante tema. Objetivando, assim, a construção de um pilar no ordenamento jurídico brasileiro que considere faticamente, de maneira prudente e efetiva, o resguardo do direito digital, especialmente na questão da proteção de dados pessoais; e desencadeie a criação de mecanismos eficazes de denúncia e apuração de casos, tal qual podemos visualizar com o caso dinamarquês. Dessa forma, argui-se que a transposição sólida da lei edificada para o caso concreto, através de sua devida aplicação, é o caminho capaz de mitigar os riscos já existentes dentro do contexto da era digital.

REFERÊNCIAS

1. Citação de livro

CANOTILHO, J.J. Gomes; MOREIRA, Vital. *Constituição da República Portuguesa Anotada*: artigos 1º a 107º. 4. ed. rev. Coimbra Editora, 2007. v. I.

CORDEIRO, A. Barreto Menezes. *Direito da Proteção de Dados*: À Luz do RGPD e da Lei N.º 58/2019. Coimbra: Almedina, novembro de 2016.

GUIMARÃES, João Alexandre; MACHADO, Lecio. *Comentários à Lei Geral de Proteção de Dados*: lei 13.709/2018 com alterações da MPV 869/2020. Rio de Janeiro: Lumen Juris, 2020.

PINHEIRO, Alexandre Sousa (Coord.); COELHO, Cristina Pimenta; DUARTE, Tatiana; GONÇALVES, Carlos Jorge; GONÇALVES, Catarina Pina. *Comentários ao Regulamento Geral de Proteção de Dados*. Almedina, Coimbra, dezembro de 2018.

PINHEIRO, Patrícia Peck. *Proteção de dados pessoais*: comentários à Lei 13.709/2018. São Paulo: Saraiva, 2018.

2. Artigo em revista

DOVE, Edward S. The EU General Data Protection Regulation: Implications for International Scientific Research in the Digital Era: Currents in Contemporary Bioethics. *Journal of Law, Medicine and Ethics*. Inverno de 2018.

POÇAS, Luís. Problemas e Dilemas do Setor Segurador: O RGPD e o Tratamento de Dados de Saúde. Revista Online Banca, Bolsa e Seguros. *Revista Online Banca, Bolsa e Seguros*, 3. Instituto de Direito Bancário da Bolsa e dos Seguros, Faculdade De Direito, Universidade de Coimbra, n.º 3, p. 217-301, 2018.

3. Capítulo em obra coletiva

CALVÃO, Filipa Urbano. O direito fundamental à proteção dos dados pessoais e a privacidade 40 anos depois. In: VAZ, Manuel Afonso; BOTELHO, Catarina Santos; TERRINHA, Luís Heleno; COUTINHO, Pedro (Coord.). *Jornadas nos quarenta anos da Constituição da República Portuguesa* – Impacto e Evolução. Universidade Católica Editora, 2017.

DE LUCCA, Newton; LIMA, Cíntia Pereira Rosa de. Autoridade Nacional de Proteção de Dados (ANPD) e Conselho Nacional de Proteção de Dados e da Privacidade. In: LIMA, Cíntia Pereira Rosa de (Coord.). *Comentário à Lei Geral de Proteção de Dados*: Lei 13.709/2018, com alteração da Lei n. 13.853/2019. São Paulo: Almedina, 2020.

LIMA, Cíntia Pereira Rosa de. Artigo 55-B. In: MARTINS, Guilherme Magalhães; LONGHI, João Victor Rozatti; FALEIROS JÚNIOR, José Luiz de Moura (Coord.). *Comentários à Lei Geral de Proteção de Dados Pessoais*: Lei 13.709/2018. Indaiatuba, SP: Editora Foco, 2022.

MARTINS, Guilherme Magalhães; FALEIROS JÚNIOR, José Luiz de Moura. Segurança, Boas Práticas, Governança e *Compliance*. In: LIMA, Cíntia Pereira Rosa de (Coord.). *Comentário à Lei Geral de Proteção de Dados*: Lei 13.709/2018, com alteração da Lei 13.853/2019. São Paulo: Almedina, 2020.

MODENESI, Pedro. Artigo 46. In: MARTINS, Guilherme Magalhães; LONGHI, João Victor Rozatti; FALEIROS JÚNIOR, José Luiz de Moura (Coord.). *Comentários à Lei Geral de Proteção de Dados Pessoais*: Lei 13.709/2018. Indaiatuba, SP: Editora Foco, 2022.

MODENESI, Pedro. Artigo 48. In: MARTINS, Guilherme Magalhães; LONGHI, João Victor Rozatti; FALEIROS JÚNIOR, José Luiz de Moura (Coord.). *Comentários à Lei Geral de Proteção de Dados Pessoais*: Lei 13.709/2018. Indaiatuba, SP: Editora Foco, 2022.

4. Artigo web

NORWEGIAN DATA PROTECTION AUTHORITY. Datatilsynet, 2021. *Medicals Nordic I/S indstillet til bøde*. Valby, Dinamarca. Disponível em: https://www.datatilsynet.dk/presse-og-nyheder/nyhedsarkiv/2021/jul/medicals-nordic-is-indstillet-til-boede. Acesso em: 11 out. 2022.

5. Ementas de julgados e legislação

BRASIL. Lei 13.709. *Lei Geral de Proteção de Dados Pessoais (LGPD)*, de 14 de agosto de 2018. Brasília, 2018.

CONSELHO DA EUROPA. *Convenção para a Proteção das Pessoas relativamente ao Tratamento Automatizado de Dados de Caráter Pessoal, Conselho da Europa*, STCE n.º 108, 1981.

PORTUGAL. Assembleia Constituinte. *Constituição da República Portuguesa*. Diário da República n.º 86/1976, Série I de 1976-04-10. Lisboa, 1976.

PORTUGAL. Assembleia da República. *Lei n.º 12/2005*. Diário da República n.º 18/2005, Série I-A de 2005-01-26, p. 606-611. Lisboa, 2005.

UNIÃO EUROPEIA. European Commission, [2016]. *Data protection in the EU. Bruxelas, Bélgica*. Disponível em: https://ec.europa.eu/info/about-european-commission/contact_en. Acesso em: 11 out. 2022.

UNIÃO EUROPEIA. Grupo de Trabalho do Art. 29.º. *ANNEX – health data in apps and devices*: Concept of "health data" in Directive 95/46/EC. Bruxelas, 2015.

UNIÃO EUROPEIA. Parlamento Europeu e o Conselho. *Regulamento n.º 2016/679, de 27 de abril de 2016*. Bruxelas, 2016.

UNIÃO EUROPEIA. Tribunal de Justiça da União Europeia. *Acórdão C-101/01, de 6 de novembro de 2003*. Luxemburgo, 2003.

19
CNIL MULTA SNAF POR DESCUMPRIMENTO DE PEDIDOS DE RETIFICAÇÃO E EXCLUSÃO DE DADOS PESSOAIS: BREVE ANÁLISE DO CASO E ALGUMAS POSSÍVEIS CONTRIBUIÇÕES AO CENÁRIO BRASILEIRO

Mayara Rocumback Vieira da Silva

Mestranda na Faculdade de Direito da Universidade de São Paulo e Advogada. E-mail para contato: mayara.rocumback.silva@usp.br.

Resumo: A DPA francesa (CNIL) multou a Société nouvelle de l'annuaire français (SNAF) em 3.000 euros. A SNAF opera o site annuairefrancais.fr, que lista as empresas francesas com base em dados publicados pelo Instituto Francês de Estatística. Entre 2018 e 2019, a CNIL recebeu reclamações indicando problemas no pedido de apagamento e retificação de dados pessoais. Em resposta, a CNIL solicitou à SNAF que cumprisse os pedidos no prazo de dois meses, o que a SNAF não realizou. Como consequência, a CNIL aplicou a multa de 3.000 euros à SNAF.

Fundamentos: Art. 16 GDPR / Art. 17 GDPR / Art. 30 GDPR / Art. 31 GDPR.

Decisão completa:

https://www.legifrance.gouv.fr/cnil/id/CNILTEXT000044043045

Sumário: 1. Descrição do caso – 2. Fundamentação legal para a imposição da sanção – 3. Comentários e análise crítica – 4. Conclusão – Referências.

1. DESCRIÇÃO DO CASO

A Comissão Nacional de Informática e Liberdades (CNIL) é a autoridade nacional de proteção de dados pessoais da França, país que tem população de cerca de 67, 4 milhões de pessoas[1] e cujas principais atividades econômicas estão concentradas no setor de serviços (56% do valor agregado) e na indústria (13% do valor agregado), conforme estudo realizado em 2020.[2] A autoridade funciona como reguladora dos dados pessoais. Ela orienta os profissionais para adequarem suas atividades à legislação, bem como auxilia os particulares a controlar seus dados e exercer seus direitos.

Segundo levantamento do Instituto Francês de Opinião Pública (IFOP) de 2018, realizado em parceria com a CNIL, 66% da população francesa entrevistada demonstrou estar mais sensível ao uso de seus dados após o advento do Regulamento Europeu de Proteção de Dados Pessoais (GDPR) e, em outro questionamento, 59% da população ainda considerava, em maior ou menor grau, a proteção de dados pessoais insuficiente.[3]

Desse modo, a adequação do tratamento de dados pessoais às normas pertinentes contribui para a construção de uma relação de confiança entre o titular de dados e os responsáveis pelo tratamento. Para os profissionais franceses, estar em conformidade com a legislação envolve não só o cumprimento de obrigações legais, mas também preocupações com reputação, confiança e vantagens competitivas.[4]

Nesse contexto, a CNIL desempenha importante papel para alcançar um dos objetivos primordiais dos instrumentos normativos de proteção de dados pessoais: a busca por um equilíbrio entre a liberdade de tratamento de dados e a proteção dos direitos das pessoas físicas a que se referem esses dados.[5]

Existem diversos instrumentos normativos na França que remetem direta ou indiretamente à proteção dos dados pessoais. Pode-se considerar que os principais diplomas sobre o tema são o Regulamento Europeu n. 2016/679 e a lei modificada n. 78-17 de 6 de janeiro de 1978, referente ao processamento de dados, arquivos e liberdades na França.

O GDPR oferece uma regulação mais forte e mais coerente no âmbito da proteção de dados pessoais dentro da Europa, tendo em vista os novos desafios trazidos pela globalização e pelo desenvolvimento de novas tecnologias. O foco do GDPR é a proteção das pessoas naturais em relação ao processamento de seus dados, sendo que pessoas jurídicas não estão incluídas no escopo de proteção, conforme já previsto na Diretiva

---

1. INSTITUT NATIONAL DE LA STATISTIQUE ET DES ÉTUDES ÉCONOMIQUES (INSEE). *Bilan démographique 2020*. Disponível em: https://www.insee.fr/fr/statistiques/5007690?sommaire=5007726. Acesso em: 11 out. 2022.

2. Em suma, o valor agregado consiste no saldo da conta de produção, que é a diferença entre o valor de produção e o consumo intermediário. In: INSTITUT NATIONAL DE LA STATISTIQUE ET DES ÉTUDES ÉCONOMIQUES (INSEE). *Tableau de bord de l'économie française*. Disponível em: https://www.insee.fr/fr/outil-interactif/5367857/tableau/10_ECC/11_ECO. Acesso em: 11 out. 2022.

3. INSTITUT FRANÇAIS D'OPINION PUBLIQUE. *Les français et la protection des données personnelles: Sondage IFOP pour la CNIL*. 2018. Disponível em: https://www.cnil.fr/sites/default/files/atoms/files/barometre_ifop_rgpd-2018.pdf. Acesso em: 11 out. 2022.

4. DAUTIEU, Thomas. *La mise en conformité par la CNIL au Règlement général sur la protection des données (RGPD): premier bilan un an après*. [Entrevista concedida a] Béa Arruabarrena. I2D – Information, données & documents, n. 1, p. 25-28, 2019/1. Disponível em: https://www.cairn.info/revue-i2d-information-donnees-et-documents-2019-1-page-25.htm. Acesso em: 11 out. 2022.

5. OCHOA, Nicolas. *Le droit des données personnelles, une police administrative speciale*. 2014. 763 f. Thèse pour le doctorat en droit. Université Paris I – Pantheon – Sorbonne. Paris, 2014, p. 234 e 648.

n. 95/46/CE sobre proteção de dados na Europa, de 24 de outubro de 1995, e também no próprio GDPR, em seu artigo 1.º. A Lei Nacional Francesa n. 78-17 de 1978, por sua vez, disciplinou, em caráter pioneiro, ainda na década de 1970, as bases do direito à proteção de dados pessoais, com enfoque na proteção do indivíduo.[6] Muitos conceitos nela presentes foram adotados posteriormente pelo Direito da União Europeia.[7] Em 2018, ela foi modificada para se adaptar ao GDPR, o que ocorreu por meio da promulgação de uma nova lei n. 2018-493 de 20 de junho de 2018.

A Lei n. 78-17 de 1978 traz disposições sobre princípios, direitos do titular e bases legais que devem ser respeitados no tratamento de dados, além de obrigações dos responsáveis pelo tratamento, bem como dispõe sobre a autoridade de controle (composição e procedimentos da CNIL), disciplinando sobre as formas de sanção às violações legais.

Em seu capítulo II, a lei versa especialmente sobre a Comissão Nacional de Informática e de Liberdades (CNIL). Segundo o diploma normativo, a CNIL é uma autoridade administrativa independente de proteção de dados que tem como missão informar os interessados e os responsáveis pelo tratamento de dados sobre direitos e obrigações e garantir a conformidade do tratamento com os textos legislativos internos da França, bem como com as normas internacionais e da União Europeia aplicáveis ao tema. Para isso, a CNIL dispõe de uma série de atribuições, como a de estabelecer diretrizes e recomendações para melhor adequação à legislação de tratamento de dados; aconselhar pessoas e organismos que pretendem realizar tratamento automatizado de dados pessoais; incumbir um ou mais de seus membros de realizar verificações nos tratamento de dados, solicitando, se for o caso, cópias de documentos e de informações úteis, e, ainda, tratar as reclamações recebidas pelos titulares de dados, dando início a investigações e à abertura de procedimento sancionatório, se for o caso.

Em setembro de 2021, a CNIL aplicou multa de 3.000 euros à "Société Nouvelle de l'Annuaire Français (SNAF)", por não ter cumprido pedidos formais de exclusão e retificação de dados pessoais realizados pela autoridade após o recebimento de reclamações de titulares sobre o não atendimento de suas solicitações.[8]

A SNAF é uma sociedade por ações simplificada ("société par actions simplifiée") com capital social de 5.000 euros que exerce atividade de gestão publicitária do site "annuaire-francais.fr", responsável por listar empresas francesas com base nos dados provenientes do Sistema Nacional de Identificação e Registro das Empresas e dos seus Estabelecimentos (SIRENE) e difundidos pelo Instituto Nacional de Estatística e de Estudos Econômicos da França (INSEE). A sociedade opera por meio da elaboração de fichas de apresentação com dados retirados de base de dados pública, como informações administrativas de nome e

---

6. OCHOA, Nicolas. *Le droit des données personnelles, une police administrative speciale*. 2014. 763 f. Thèse pour le doctorat en droit. Université Paris I – Pantheon – Sorbonne. Paris, 2014, p. 25-27.
7. OCHOA, Nicolas. *Le droit des données personnelles, une police administrative speciale*. 2014. 763 f. Thèse pour le doctorat en droit. Université Paris I – Pantheon – Sorbonne. Paris, 2014, p. 25-27.
8. RÉPUBLIQUE FRANÇAISE. Légifrance: le service public de la diffusion du droit. *Délibération SAN-2021-014 du 15 septembre 2021*. Disponível em: https://www.legifrance.gouv.fr/cnil/id/CNILTEXT000044043045. Acesso em: 11 out. 2022.

endereço dos gerentes. Os gestores de empresas podem criar uma conta no site que permite anunciar ofertas comerciais com apresentação personalizada.

Ocorre que, entre 1 de março de 2018 e 16 de maio de 2019, a CNIL recebeu cerca de 16 denúncias envolvendo o site da SNAF cujo teor relatava dificuldades nos pedidos de exclusão e retificação de dados pessoais. Foi realizada, então, uma missão de controle pela CNIL, junto à empresa, com o objetivo de verificar a conformidade de suas atividades com as disposições do GDPR e da Lei n. 78-17 de janeiro de 1978.

O presidente da sociedade foi intimado por ofício em 20 de julho de 2019 para uma audiência, ocorrida em 05 de setembro de 2019. Além disso, houve também uma verificação online em 03 de setembro de 2019, cujo relatório foi notificado à empresa em 09 de setembro de 2019.

Ao final da missão de controle, foi solicitado à empresa que comunicasse à CNIL, no prazo de oito dias, algumas informações, dentre as quais as relativas a todas as trocas ocorridas entre os denunciantes na origem do procedimento de inspeção e a empresa, bem como enviasse um exemplo de resposta a um pedido de exclusão. A sociedade, contudo, não apresentou os elementos solicitados no prazo estipulado, tendo sido concedido a ela prazo adicional de oito dias.

Segundo a decisão do CNIL disponibilizada no site "Légifrance", no dia 04 de outubro de 2019, a empresa respondeu apenas parcialmente aos pedidos da Comissão e comunicou ter excluído pedidos específicos transmitidos pela autoridade, mas sem especificar o objeto dos pedidos e sem apresentar documentos comprobatórios.

Em 16 de outubro de 2019, os serviços da Comissão enviaram uma carta informando que a empresa não havia apresentado os documentos comprobatórios das trocas entre os denunciantes e a empresa. Diante disso, a empresa foi notificada para, no prazo de 2 meses: informar os interessados sobre os tratamentos de dados realizados e fornecer informações completas às pessoas; proceder à retificação dos dados dos denunciantes e instaurar procedimento que permitisse a efetiva apreciação de qualquer pedido de retificação e atualização efetuado por pessoas cujos dados constassem na base de dados da empresa; proceder à exclusão dos dados dos denunciantes e instaurar procedimento que permitisse a análise efetiva de qualquer pedido de exclusão de dados; implementar registro de atividades de processamento; transmitir os elementos solicitados anteriormente pela autoridade e ainda não comunicados pela empresa, além de apresentar comprovação à CNIL, informando que todos os pedidos realizados pela autoridade foram cumpridos dentro do prazo estipulado.

Na notificação constava que, se a empresa cumprisse os pedidos da notificação no prazo de dois meses, o procedimento administrativo seria encerrado. Caso contrário, seria designado, pelo presidente da CNIL, relator que poderia se pronunciar pela aplicação de sanções previstas no artigo 20 da Lei n. 78-17 de 6 de janeiro de 1978.

Como não houve resposta pela sociedade à notificação formal, foi enviada carta de advertência pelo presidente da Comissão em 19 de novembro de 2020, concedendo prazo adicional de quinze dias para resposta à notificação. Em 17 de dezembro de 2020, a empresa enviou e-mail aos serviços da CNIL no qual informava ter tratado de forma individualizada as solicitações dos reclamantes, sem, todavia, fornecer documentos comprobatórios e explicou que não tinha meios para "gerenciar automaticamente as solicitações de exclusão", segundo constou na decisão da Comissão publicada no site "Légifrance". Em 06 de março de 2021, a empresa enviou novo e-mail à CNIL, com uma lista dos processos correspondentes às várias consultas realizadas pela autoridade, na qual informou o tratamento concedido a cada uma delas e a respectiva situação atual, mas sem incluir comprovação, segundo a decisão da CNIL.

Nesse cenário, em 12 de abril de 2021, o Presidente da Comissão nomeou relatora para investigação do caso. Em 27 de maio de 2021, foi enviada notificação à empresa com relatório detalhado das infrações ao GDPR que foram verificadas, com indicação de aplicação de multa administrativa, além de comunicação sobre a realização de sessão de julgamento em 08 de julho de 2021.

Realizada a sessão pela formação restrita da CNIL (grupo composto por cinco membros e um presidente distinto do presidente da Comissão), concluiu-se pela existência de graves violações ao GDPR pela sociedade investigada, a qual, por sua vez, só tomou medidas de cumprimento da legislação já durante o procedimento de sanção, sem atender a todas as reclamações dos titulares de dados, tampouco às notificações da autoridade a esse respeito.

Com isso, a formação restrita decidiu pela aplicação de multa administrativa à SNAF, levando em consideração que a conduta da sociedade violou direitos dos titulares, princípios da proteção de dados pessoais e que a sociedade (aparentemente de forma deliberada) não cooperou com a Comissão, mesmo após acompanhamento longo e minucioso da autoridade em procedimento prévio ao sancionatório. O valor de 3.000 euros foi considerado proporcional e dissuasivo, diante dos fatores acima mencionados, bem como do tamanho e da situação financeira da empresa. Por fim, a formação restrita também decidiu tornar pública a sanção nos sites da CNIL e da Légifrance.

2. FUNDAMENTAÇÃO LEGAL PARA A IMPOSIÇÃO DA SANÇÃO

De início, a CNIL decidiu que era competente para decidir sobre o caso. Embora a SNAF tenha alegado que os dados publicados no anuário seriam relativos a pessoas jurídicas e não a pessoas identificadas ou identificáveis e que, portanto, suas atividades não se submeteriam às normas do GDPR, tal alegação foi afastada. A formação restrita da CNIL considerou que existiam dados de pessoas físicas nas fichas constantes nos bancos de dados do site, como os de empresários autônomos e profissionais liberais. Por esse motivo, concluiu-se que as atividades da empresa envolveriam dados pessoais, ou seja, dados de pessoas identificadas ou identificáveis (Artigo 4.º do GDPR), o que atrai o âmbito de aplicação do GDPR.

A CNIL apontou quatro violações aos dispositivos do GDPR. Segundo o entendimento da autoridade de proteção de dados, houve uma violação à obrigação de respeitar as solicitações de retificação de dados, direito assegurado pelo artigo 16.º do GDPR. Constatou-se que, quando a SNAF recebe solicitações de retificação de dados, ela compara as informações de seu site com aquelas disponibilizadas pela base SIRENE e, somente em casos de divergências entre esses dados, era deferida a retificação. Ademais, a SNAF não atendeu ao pedido de alteração de endereço de um empresário para constar o domicílio profissional (e não pessoal), realizado em setembro de 2017, mesmo após apresentação de reclamação à Comissão em outubro de 2018 e posterior envio de notificação pela autoridade em 21 de julho de 2020, determinando a realização da retificação no prazo de 2 meses. A retificação só ocorreu no curso do procedimento administrativo sancionatório, depois da apresentação de relatório de sanção pela CNIL.

Além disso, a SNAF não realizou a exclusão de dados solicitados por autores de denúncias recebidas pela CNIL, o que culminou na violação ao artigo 17.º do GDPR. Os artigos 17.º e 21.º do GDPR preveem, respectivamente, o direito do titular de dados de requerer a exclusão de dados com brevidade, bem como o direito de oposição ao tratamento de seus dados, o que deve ser acatado pelo agente de tratamento, a menos que haja motivos legítimos e imperativos para a ocorrência do tratamento. No presente caso, a CNIL verificou, em setembro de 2019, a existência de cerca de 135 pedidos de exclusão de dados que não eram processados desde abril de 2019 por problemas operacionais. Além disso, a SNAF ainda disponibilizava em seu site páginas cuja exclusão já havia sido solicitada e até mesmo dados de fichas que já haviam sido apagadas pelo titular. Embora a CNIL tenha estabelecido prazo para a exclusão desses dados, a relatora observou que alguns dados ainda estavam acessíveis, mesmo após a realização de atualização da base de dados pela SNAF com o objetivo de resolver essas pendências.

Soma-se a isso a ocorrência de violação à obrigação da empresa cuja atividade principal envolve o tratamento de dados pessoais de manter um registro dessas atividades (Artigo 30.º do GDPR), mesmo após ter havido notificação para implementação do registro.

Por fim, segundo a autoridade francesa, ainda houve violação da obrigação de cooperação com a CNIL, conforme artigo 31.º do GDPR, considerando que a SNAF não respondeu de maneira satisfatória ou completa os pedidos realizados pela autoridade após auditoria ocorrida em setembro de 2019, não tendo entregue todos os documentos solicitados durante a audiência de inspeção, como os relativos a pedidos de exclusão de dados, por exemplo.

3. COMENTÁRIOS E ANÁLISE CRÍTICA

A decisão envolvendo a SNAF e a CNIL, que resultou na aplicação de multa à sociedade francesa, evidencia como as autoridades nacionais de proteção de dados de cada Estado-membro são as principais garantidoras da aplicação da legislação de proteção de dados dentro da estrutura normativa do Regulamento Europeu, o que inclusive é um ponto comum com a Lei n. 13.709/2018 (Lei Geral de Proteção de Dados Pessoais) do Brasil.[9]

Na situação analisada, pode-se refletir se, antes de exigir que a sociedade francesa disponibilizasse informações, documentos e adequasse suas atividades às legislações pertinentes, a CNIL não deveria ter atuado de maneira preventiva por meio de monitoramento, orientação e auxílio mais individualizado à empresa, até mesmo antes da ocorrência das denúncias dos titulares de dados. Pode-se pensar inclusive se essa atuação também não deveria ser demonstrada de maneira mais precisa para fundamentar a decisão de instauração de procedimento sancionador e de aplicação da sanção em si.

Nesse quadro, nota-se que existem empresas que possuem estrutura e recursos mais limitados para promover a adequação às normas de proteção de dados. Nesses casos, é essencial destacar também o papel que incumbe à autoridade de proteção de dados de cada país de empreender esforços para simplificar e facilitar a compreensão da lei e a adoção de mecanismos de cumprimento por esse grupo representativo composto por pequenas empresas.

No Brasil, o tratamento favorecido para empresas de pequeno porte constituídas sob as leis brasileiras e que tenham sua sede e administração no país é um princípio da ordem econômica previsto no artigo 170, inciso IX, da Constituição Federal, hábil a servir de fundamento para justificar a elaboração de políticas públicas específicas para esses agentes.[10] Ademais, a Lei 13.709/2018 (Lei Geral de Proteção de Dados) expressamente dispõe que compete à ANPD elaborar normas, orientações e procedimentos simplificados e diferenciados (incluindo-se os prazos) para microempresas e empresas de pequeno porte (Artigo 55-J, inciso XVIII, da Lei). A ANPD inclusive editou a Resolução CD/ANPD 2, de 27 de janeiro de 2022, que versa justamente sobre disposições voltadas ao tratamento de dados pessoais pelos agentes de pequeno porte. A Resolução prevê a possibilidade dessas pessoas jurídicas elaborarem e manterem registro de atividades de tratamento de dados de maneira simplificada (artigo 9º), estabelecerem política simplificada de segurança da informação (artigo 13), dentre outras flexibilizações.

Nessa perspectiva, é importante mencionar que tanto o GDPR quanto a LGPD incorporaram em suas disposições a teoria da regulação responsiva, que, segundo a visão de Ayres e Braithwaite, envolve a construção de um ambiente de diálogo entre regulador e regulado com o objetivo de incentivar o cumprimento voluntário das obrigações legais por esse último,[11] consideradas as limitações e peculiaridades do agente em questão.

Assim, a autoridade regulatória deve pautar sua atuação no quanto os agentes estão buscando a autorregulação e o cumprimento da lei, para decidir se adotará uma

---

9. IRAMINA, Aline. RGPD v. LGPD: Adoção Estratégica da Abordagem Responsiva na Elaboração da Lei Geral de Proteção de Dados do Brasil e do Regulamento Geral de Proteção de Dados da União Europeia. *Revista de Direito, Estado e Telecomunicações*, v. 12, n.º 2, p. 91-117, Brasília, out. 2020.

10. GRAU, Eros Roberto. *A ordem econômica na Constituição de 1988*. 19. ed. São Paulo: Malheiros, 2018, p. 251.

11. ARANHA, Marcio Iorio. *Manual de Direito Regulatório*: Fundamentos de Direito Regulatório. 4. ed. Londres: Laccademia Publishing, 2018, p. 46.

postura mais punitiva ou mais persuasiva.[12] É relevante apontar, contudo, que as técnicas de persuasão e de punição devem ser devidamente balanceadas, na medida em que a demonstração pelo Estado de sua capacidade mais severa de punição pode criar um clima mais voluntarista de autorregulação, enquanto que um ambiente de praticamente exclusão das condutas punitivas pode acarretar justamente menos perspectivas de persuasão ao cumprimento de leis pelos agentes regulados.[13]

Nesse cenário, o modelo piramidal proposto por Ayres e Braithwaite pretende recompensar os agentes que cumprem a legislação e desencorajar aqueles que violam a lei, adotando-se uma técnica de persuasão segundo a qual é priorizada a cooperação do agente regulado para atingir os objetivos previstos nas normas legais e, caso isso não ocorra, parte-se para condutas de punição.[14] A pirâmide regulatória proposta pelos autores apresenta em sua base a autorregulação e, em seu topo, existe a punição não discricionária, sendo a autorregulação forçada e a punição discricionária categorias intermediárias.[15] Seguindo essa lógica, a autoridade reguladora deve iniciar pela base, advertindo o agente regulado sobre a ocorrência de violação legal e, caso a advertência não surta efeito, deve-se partir para técnicas mais intervencionistas e punitivas.[16] Da mesma maneira, se o agente apresentar mudanças positivas no comportamento, devem ser utilizadas medidas menos gravosas em relação às anteriores.[17]

Partindo para a análise da atuação da autoridade francesa na fiscalização do cumprimento da legislação de dados pessoais, tem-se que a CNIL conta com um canal que permite o recebimento de relatos de infrações por diversos meios, como reclamações no site da autoridade, por meio de cooperação com outras autoridades de proteção de dados ou até mesmo pela imprensa ou por iniciativa própria. Isso lhe permite realizar investigações que podem gerar o envio de notificações formais ou até mesmo a aplicação de sanções administrativas.[18]

As investigações realizadas a partir desses relatos podem verificar a ocorrência de nenhuma ou de pequenas infrações ao GDPR, com o envio de carta à organização

---

12. BRAITHWAITE, John. Responsive Regulation and Developing Economies. *World Development*, [S.l], v. 24, n. 5, p. 884-898, 2006.

13. AYRES, Ian; BRAITHWAITE, John. *Responsive Regulation*: Transcending the Deregulation Debate. Oxford: Oxford University Press, 1992, p. 38-39.

14. GARCIA, Renata Cavalcanti de Carvalho. Proteção de dados pessoais no Brasil: uma análise da Lei 13.709/2018 sob a perspectiva da Teoria da Regulação Responsiva. *Revista de Direito Setorial e Regulatório*, v. 6, n. 2, p. 45-58, Brasília, out. 2020.

15. GARCIA, Renata Cavalcanti de Carvalho. Proteção de dados pessoais no Brasil: uma análise da Lei 13.709/2018 sob a perspectiva da Teoria da Regulação Responsiva. *Revista de Direito Setorial e Regulatório*, v. 6, n. 2, p. 45-58, Brasília, out. 2020.

16. GARCIA, Renata Cavalcanti de Carvalho. Proteção de dados pessoais no Brasil: uma análise da Lei 13.709/2018 sob a perspectiva da Teoria da Regulação Responsiva. *Revista de Direito Setorial e Regulatório*, v. 6, n. 2, p. 45-58, Brasília, out. 2020.

17. GARCIA, Renata Cavalcanti de Carvalho. Proteção de dados pessoais no Brasil: uma análise da Lei 13.709/2018 sob a perspectiva da Teoria da Regulação Responsiva. *Revista de Direito Setorial e Regulatório*, v. 6, n. 2, p. 45-58, Brasília, out. 2020.

18. COMMISSION NATIONALE DE L'INFORMATIQUE ET DES LIBERTÉS (CNIL). *La chaîne répressive de la CNIL*. Disponível em: https://www.cnil.fr/fr/la-chaine-repressive-de-la-cnil. Acesso em: 11 out. 2022.

investigada e eventual ordem de cumprimento ou aplicação de sanção, nos termos do artigo 20. I da Lei n. 78-17 de 1978 da França.

Se o responsável pelo tratamento ou subcontratante não cumprir suas obrigações legais, o presidente da CNIL pode emitir notificação para cumprimento, com prazo determinado, com o intuito de satisfazer pedidos apresentados por titulares de dados, colocar o tratamento em conformidade com as disposições legais, retificar, apagar dados pessoais ou limitar o seu tratamento, dentre outros, conforme artigo 20. II da Lei n. 78-17 de 1978.

Em caso de graves violações ao GDPR ou à Lei Nacional de Informática e de Liberdades, a formação restrita da CNIL pode decidir pela imediata instauração de procedimento sancionatório, ou ainda, pode ser dada uma ordem para o investigado sanar as ilegalidades em suas atividades, com prazo de seis meses a um ano, evitando-se a instauração do processo.[19] As sanções podem ser públicas ou não e podem consistir em avisos, ou ainda, multas de até 4% do volume total de negócios ou até 20 milhões de euros nos termos do artigo 20. III da Lei n. 78-17 de 1978.

Para dar início ao procedimento, o organismo investigado é informado e o presidente da CNIL designa um relator e compõe uma formação restrita de 5 membros e um presidente distinto do presidente da Comissão.[20] Antes da reunião do conselho, é elaborado um relatório propondo a aplicação de medidas previstas em lei, do qual o organismo ou seu conselho é notificado, sendo aberto o prazo de um mês para apresentação de observações escritas. O relator tem o prazo de quinze dias para responder essas observações escritas. E, em quinze dias, o organismo pode apresentar novas observações. Para a sessão, formada pelo relator e pela formação restrita, acompanhada por um comissário do governo, o organismo investigado é convocado com um mês de antecedência. Nesta sessão, decide-se pela aplicação ou não de sanção, a qual pode ser pública ou não, pecuniária ou não.[21]

É relevante notar que, no caso da aplicação de multa à SNAF pela CNIL, após o recebimento de denúncias pelos titulares de dados, a Comissão não adotou inicialmente uma postura estritamente punitiva em relação à SNAF. A autoridade, em um primeiro momento, iniciou um diálogo com a investigada, por meio de cartas e avisos com prazo para cumprimento, para corrigir as ilegalidades relativas aos dados pessoais dos cidadãos e evitar a aplicação direta de sanção, tendo aplicado, sob a ótica da regulação responsiva, a técnica da persuasão ao cumprimento voluntário das obrigações pela SNAF. A CNIL

---

19. COMMISSION NATIONALE DE L'INFORMATIQUE ET DES LIBERTÉS (CNIL). *The steps of the CNIL's law enforcement process*. 2021. Disponível em: https://www.cnil.fr/en/steps-cnils-law-enforcement-process. Acesso em: 11 out. 2022.
20. COMMISSION NATIONALE DE L'INFORMATIQUE ET DES LIBERTÉS (CNIL). *Les étapes de la procédure de sanction*. 2019. Disponível em: https://www.cnil.fr/fr/les-etapes-de-la-procedure-de-sanction. Acesso em: 11 out. 2022.
21. COMMISSION NATIONALE DE L'INFORMATIQUE ET DES LIBERTÉS (CNIL). *Les étapes de la procédure de sanction*. 2019. Disponível em: https://www.cnil.fr/fr/les-etapes-de-la-procedure-de-sanction. Acesso em: 11 out. 2022.

também demonstrou preocupação com que a SNAF adequasse seus procedimentos de retificação e exclusão de dados pessoais e demonstrasse a eficácia desses mecanismos à autoridade, prevenindo-se futuras violações aos titulares de dados. No entanto, a SNAF deixou de apresentar as respostas e adotar procedimentos requeridos pela Comissão nos prazos estipulados, de modo que sua postura e as informações dadas por ela à CNIL foram consideradas insuficientes pela autoridade e não atenderam às expectativas da Comissão. Gradativamente, portanto, a missão de controle iniciada pela autoridade culminou na instauração de procedimento sancionatório e posterior aplicação de sanção, o que corresponde a uma conduta de punição do agente regulador sob a perspectiva da regulação responsiva.

Esse comportamento da autoridade francesa é um exemplo importante a ser seguido, inclusive no Brasil pela Autoridade Nacional de Proteção de Dados (ANPD), em um contexto marcado pela entrada em vigor no Brasil das disposições da Lei Geral de Proteção de Dados referentes às sanções administrativas (previstas nos artigos 52, 53 e 54 da Lei) no dia 01 de agosto de 2021 e pela edição da Resolução CD/ANPD 1, de 28 de outubro de 2021 sobre fiscalização e processo administrativo pela Autoridade Nacional de Proteção de Dados (ANPD).

Nesse sentido, a própria Resolução CD/ANPD 1, de 28 de outubro de 2021 previu a atuação preventiva da autoridade em seu capítulo IV do Título II. Essa forma de ação envolve a construção conjunta e dialogada de soluções e medidas para reconduzir o agente de tratamento à conformidade ou evitar/remediar situações dano ao titular de dados (Artigos 15, § 3º, e 30 da Resolução), valorizando-se o cumprimento da legislação de proteção de dados pessoais e não meramente a punição das ilegalidades cometidas.

Dentre as medidas preventivas, estão a divulgação de informações, o aviso, a solicitação de regularização ou informe e o plano de conformidade (Artigo 32 da Resolução). A divulgação de informações pode ocorrer na forma de determinação ao agente regulado para divulgar informações e dados setoriais. Já o aviso refere-se à descrição da situação e informações suficientes para que o agente de tratamento tenha como identificar as providências necessárias. A solicitação de regularização, por sua vez, consiste na determinação de regularização em prazo determinado, em situação cuja complexidade não justifica a elaboração de plano de conformidade. Este último deve conter objeto, prazos, ações para reversão da situação, critérios de acompanhamento e trajetória dos resultados, a serem apresentados pelo agente de tratamento (Artigos 33 a 36 da Resolução).

O não atendimento das determinações da autoridade em sua atuação preventiva poderá levar à progressão para atuação repressiva/sancionatória propriamente dita, desde que haja indícios suficientes de prática de infração para a instauração do processo administrativo sancionatório, o qual poderá ser suspenso pela apresentação de proposta de termo de ajustamento de conduta, cujo cumprimento integral poderá levar ao arquivamento integral do processo (Artigos 40 a 43 da Resolução).

Cabe ressaltar que o desenvolvimento do Direito Administrativo Sancionador no Brasil sofreu intensas transformações após a promulgação da Constituição Federal de

1988, o que é reflexo da própria expansão do Direito Administrativo, o qual se encarrega de gerir relações e normas jurídicas voltadas à concretização do interesse público, mas, ao mesmo tempo, garantir a observância de direitos individuais, sociais e coletivos previstos na Constituição Federal.[22]

Para efetivamente garantir a defesa do interesse público, surge a necessidade da aplicação de sanções jurídicas para regrar as condutas dos administrados, sendo que a institucionalização dessas sanções é imprescindível para a manutenção da organização política do Estado.[23] Não obstante, a atividade sancionatória do Estado está estritamente vinculada à observância de normas constitucionais, como aquelas que asseguram as garantias do contraditório e da ampla defesa do agente sancionado. Dessa maneira, a legalidade material da atividade administrativa está vinculada às normas constitucionais, as quais estabelecem limites e envolvem a delimitação e efetivação dos interesses públicos.[24]

Depreende-se, nesse contexto, que tanto no caso da França, como na situação brasileira, a atuação repressiva das autoridades nacionais de proteção de dados deve respeitar os princípios do Direito Administrativo. No caso brasileiro, alguns deles são previstos na própria Constituição Federal, a exemplo devido processo legal. Nessa linha, a observância de um procedimento preestabelecido (que pode ser definido como a sucessão de atos preparatórios a serem obrigatoriamente realizados antes da prática do ato final[25]), pode ser considerado como um direito constitucional do agente sancionado e o seu descumprimento pode gerar nulidade.

As garantias do contraditório e da ampla defesa também estão previstas diretamente na Constituição e estão vinculadas à própria bilateralidade do processo, assegurando ao agente acusado o direito à ciência dos atos processuais e a possibilidade de resposta/reação, além da possibilidade de manifestação e de produção de provas e requerimento de diligências para permitir o pleno exercício de sua defesa.[26]

Nessa perspectiva, a atividade repressiva é definida, na Resolução CD/ANPD 1, de 28 de outubro de 2021, como a atuação coercitiva da ANPD orientada à interrupção de situações de dano ou risco, recondução à conformidade e punição dos responsáveis, por meio do processo administrativo sancionador (Artigo 15, § 4º, da Resolução). Na fase sancionatória, o processo administrativo será instaurado pela Coordenação-Geral de Fiscalização, garantindo

---

22. GROTTI, Dinorá Adelaide Musetti; OLIVEIRA, José Roberto Pimenta. Direito administrativo sancionador brasileiro: breve evolução, identidade, abrangência e funcionalidades. Revista *Interesse Público*, ano 22, v. 120, p. 83-126, Belo Horizonte, mar./abr. 2020.
23. GROTTI, Dinorá Adelaide Musetti; OLIVEIRA, José Roberto Pimenta. Direito administrativo sancionador brasileiro: breve evolução, identidade, abrangência e funcionalidades. Revista *Interesse Público*, ano 22, v. 120, p. 83-126, Belo Horizonte, mar./abr. 2020.
24. GROTTI, Dinorá Adelaide Musetti; OLIVEIRA, José Roberto Pimenta. Direito administrativo sancionador brasileiro: breve evolução, identidade, abrangência e funcionalidades. Revista *Interesse Público*, ano 22, v. 120, p. 83-126, Belo Horizonte, mar./abr. 2020.
25. DI PIETRO, Maria Sylvia Zanella. *Direito Administrativo*. 32. ed. Rio de Janeiro: Editora Forense, 2019, p. 797.
26. DI PIETRO, Maria Sylvia Zanella. *Direito Administrativo*. 32. ed. Rio de Janeiro: Editora Forense, 2019, p. 806-807.

o contraditório e a ampla defesa ao acusado (Artigo 45 da Resolução). O auto de infração conterá a identificação do agente, a indicação da suposta conduta ilícita e o dispositivo legal ou regulamentar relacionado, sendo que o interessado será intimado para apresentar defesa no prazo de 10 dias úteis (Artigos 46 e 47 da Resolução). Após o transcurso do prazo de defesa, é elaborado relatório de instrução para subsidiar a decisão de primeira instância pela Coordenação-Geral de Fiscalização da qual o atuado será intimado para cumpri-la e terá prazo para interpor recurso administrativo ao Conselho Diretor (instância máxima administrativa), conforme artigos 54 a 58 da Resolução.

Algumas disposições da Resolução CD/ANPD 1, de 28 de outubro de 2021, todavia, devem ser vistas com cautela. É o caso do artigo 37, inciso I da Resolução, que permite a instauração de ofício de processo administrativo sancionador, sem antes ter sido realizado procedimento de monitoramento e sem ao menos existir possibilidade de recurso do despacho de instauração do processo (que é irrecorrível nos termos do artigo 38 da Resolução). Nesse caso, podem ocorrer situações de desrespeito ao exercício do contraditório e da ampla defesa pelo acusado, em especial, em relação à possibilidade de evitar a instauração do procedimento sancionatório, por meio de manifestações e de demonstração de elementos suficientes para tal.

Também o artigo 48 da Resolução da ANPD, que prevê a possibilidade da ANPD de realizar diligências e juntar novas provas aos autos, independentemente do prazo de defesa do acusado, deve ser analisado com cuidado, pois deve-se sempre garantir a oportunidade do acusado ter ciência e se manifestar sobre novas provas e diligências, inclusive com a possibilidade de produção de outras provas, com respeito, assim, às garantias processuais e à segurança jurídica.[27]

Nessa linha, é possível dizer que a existência de regras que disciplinam as etapas de um processo sancionador contribui para uma maior transparência na atuação da autoridade e facilita a análise da conformidade com os diplomas normativos aplicáveis ao processo e da garantia de efetivo contraditório ao agente acusado. Vale dizer que a própria a decisão de aplicação de sanção também deve respeitar determinados critérios, como aqueles previstos no artigo 52, § 1º, da LGPD e no artigo 83.º, n.º 2 do GDPR. Para uma aplicação eficaz, proporcional e dissuasiva da sanção administrativa, a autoridade deve se atentar à natureza, gravidade e consequência da infração, bem como ao objetivo pretendido pela medida corretiva (garantir o cumprimento das normas ou punir comportamentos ilícitos, ou ambos).[28] Assim, ao mesmo tempo que a imposição de multa administrativa não deve ser vista como último recurso, não se pode utilizá-la de

---

27. PYRRHO, Beatriz; IZAY, Carolina Portella; KESSLER, Daniela Seadi. Resolução de fiscalização da ANPD: aplicação de sanções e a segurança jurídica. *Migalhas*. 2021. Disponível em: https://www.migalhas.com.br/depeso/350971/resolucao-de-fiscalizacao-da-anpd. Acesso em: 11 out. 2022.

28. ARTICLE 29 DATA PROTECTION WORKING PARTY. *Guidelines on the application and setting of administrative fines for the purposes of the Regulation 2016/679*. 2017. p. 6-7. Disponível em: https://ec.europa.eu/newsroom/article29/items/611237. Acesso em: 11 out. 2022.

forma que prejudique sua eficácia como ferramenta persuasiva, devendo sua aplicação ser feita, portanto, de forma ponderada e equilibrada.[29]

Outro fator a ser avaliado para a adequada aplicação da sanção é o número de titulares de dados envolvidos a fim de verificar se ocorreu um evento isolado ou uma violação mais sistêmica à legislação de proteção de dados.[30] Além disso, deve-se analisar também a existência e o nível dos danos sofridos pelos titulares, bem como a duração da infração, levando em consideração a inércia do agente em tomar medidas preventivas apropriadas e a incapacidade de implementar medidas organizacionais necessárias.[31]

No mais, também deve-se analisar se a infração teve caráter intencional ou se foi resultado de conduta negligente (sendo o primeiro caso mais grave), bem como se existiram medidas preventivas para reduzir os riscos do processamento de dados e também a adoção de todas as medidas possíveis para mitigar os danos após a infração.[32]

No caso da decisão envolvendo a CNIL e a SNAF, para a aplicação e quantificação do montante da multa, a Comissão considerou que as violações aos direitos de retificação e exclusão de dados trouxeram consequências diretas aos titulares de dados, sendo que 16 deles tiveram que apresentar denúncia diretamente à autoridade e 135 demandas de retificação ou exclusão de dados não haviam sido respondidas no dia da verificação realizada pela CNIL junto à SNAF.[33] Além disso, a CNIL levou em consideração que a investigada não cooperou com os serviços da Comissão, tendo deixado de adotar medidas de adequação solicitadas pela autoridade, como o atendimento de demandas de titulares de dados.[34]

Dessa maneira, é relevante considerar que a atuação da Autoridade Nacional de Proteção de Dados reflete o exercício de poder pelo Estado e pode ocasionar consequências gravosas aos cidadãos. Assim, cabe ao direito administrativo o complexo papel de regular as relações entre o Estado, que exerce autoridade, e os indivíduos, que se sujeitam ao poder de mando do Estado, mas, ao mesmo tempo, são titulares desse

---

29. ARTICLE 29 DATA PROTECTION WORKING PARTY. *Guidelines on the application and setting of administrative fines for the purposes of the Regulation 2016/679.* 2017. p. 6-7. Disponível em: https://ec.europa.eu/newsroom/article29/items/611237. Acesso em: 11 out. 2022.

30. ARTICLE 29 DATA PROTECTION WORKING PARTY. *Guidelines on the application and setting of administrative fines for the purposes of the Regulation 2016/679.* 2017. p. 10. Disponível em: https://ec.europa.eu/newsroom/article29/items/611237. Acesso em: 11 out. 2022.

31. ARTICLE 29 DATA PROTECTION WORKING PARTY. *Guidelines on the application and setting of administrative fines for the purposes of the Regulation 2016/679.* 2017. p. 11-12. Disponível em: https://ec.europa.eu/newsroom/article29/items/611237. Acesso em: 11 out. 2022.

32. ARTICLE 29 DATA PROTECTION WORKING PARTY. *Guidelines on the application and setting of administrative fines for the purposes of the Regulation 2016/679.* 2017. p. 11-12. Disponível em: https://ec.europa.eu/newsroom/article29/items/611237. Acesso em: 11 out. 2022.

33. RÉPUBLIQUE FRANÇAISE. Légifrance: le service public de la diffusion du droit. *Délibération SAN-2021-014 du 15 septembre 2021.* Disponível em: https://www.legifrance.gouv.fr/cnil/id/CNILTEXT000044043045. Acesso em: 11 out. 2022.

34. RÉPUBLIQUE FRANÇAISE. Légifrance: le service public de la diffusion du droit. *Délibération SAN-2021-014 du 15 septembre 2021.* Disponível em: https://www.legifrance.gouv.fr/cnil/id/CNILTEXT000044043045. Acesso em: 11 out. 2022.

poder político.[35] Dessa forma, o respeito a princípios constitucionais como o devido processo é essencial para atender aos interesses tanto dos agentes que sofrem o poder estatal quanto aqueles que esperam que a máquina estatal seja acionada de maneira efetiva,[36] seja na atuação preventiva ou repressiva da autoridade de proteção de dados, o que pode ser demonstrado, por exemplo, com a explicitação das razões e dos critérios utilizados na tomada de decisões.

Nesse sentido, é essencial a construção de um diálogo aberto entre reguladores, organizações reguladas, pesquisadores e pessoas físicas, possibilitando o desenvolvimento de diretrizes, normas e regulamentos de maneira efetiva e realista, buscando-se um equilíbrio entre os interesses públicos envolvidos na proteção de dados pessoais.[37] É relevante notar que ao mesmo tempo que as autoridades têm como escopo garantir o cumprimento da legislação, por meio de produção normativa capaz de direcionar comportamentos, monitorar informações e implantar e avaliar efeitos,[38] as legislações também deram aos agentes regulados mais ferramentas para demonstrar *compliance*,[39] o que pode ser visto como um incentivo à autorregulação dos agentes envolvidos. Esse esforço de adequação pode ocorrer por meio de levantamentos para identificar o índice de conformidade aos padrões exigidos, analisando-se quais dados são tratados e onde estão, as formas de tratamento e a respectiva finalidade, além da verificação de como se dá a gestão do consentimento e do respeito aos direitos dos titulares de dados.[40] A partir desse cenário, pode ser elaborado um planejamento para adequar as atividades dos agentes à legislação de proteção de dados em diferentes níveis, como o técnico (ferramentas), documental (normas, políticas e contratos), procedimental (governança e gestão dos dados) e cultural (treinamentos e conscientização das equipes, fornecedores e cliente).[41]

Dessa forma, cabe à autoridade nacional de proteção de dados atuar não só de maneira repressiva, mas priorizar a ação preventiva para evitar danos aos titulares de dados e garantir o cumprimento da legislação. Incumbe à autoridade também incentivar investimentos, por parte dos regulados, em segurança de dados, avaliação de riscos, revisão documental, além de mecanismos de controle, auditorias e planos de respostas

---

35. SUNDFELD, Carlos Ari. *Fundamentos do Direito Público*. 5. Ed. São Paulo: Editora Malheiros, 2015, p. 109-112.
36. SUNDFELD, Carlos Ari. *Fundamentos do Direito Público*. 5. Ed. São Paulo: Editora Malheiros, 2015, p. 109-112.
37. CENTRE FOR INFORMATION POLICY LEADERSHIP (CIPL) e CENTRO DE DIREITO, INTERNET E SOCIEDADE DO INSTITUTO BRASILIENSE DE DIREITO PÚBLICO (CEDIS-IDP). *O papel da Autoridade Nacional de Proteção de Dados Pessoais (ANPD) conforme a nova Lei Geral de Proteção de Dados Pessoais (LGPD)*. Abr. 2020, p. 19. Disponível em: https://www.jota.info/wp-content/uploads/2020/08/pt-cipl-idp-paper-on-the--role-of-the-anpd-under-the-lgpd-04-17-2020.pdf. Acesso em: 11 out. 2022.
38. VASCONCELOS, Beto; PAULA, Felipe de. A autoridade nacional de proteção de dados: origem, avanços e pontos críticos. In: FRAZÃO, Ana; TEPEDINO, Gustavo; OLIVA, Milena Donato (Coord.). *Lei Geral de Proteção de Dados Pessoais e suas repercussões no Direito Brasileiro*. São Paulo: Thomson Reuters Brasil, 2019, p. 721.
39. IRAMINA, Aline. RGPD v. LGPD: Adoção Estratégica da Abordagem Responsiva na Elaboração da Lei Geral de Proteção de Dados do Brasil e do Regulamento Geral de Proteção de Dados da União Europeia. *Revista de Direito, Estado e Telecomunicações*, v. 12, n. 2, p. 91-117, Brasília, out. 2020.
40. PINHEIRO, Patricia Peck. *Proteção de Dados Pessoais*: Comentários à Lei 13.709/2018. São Paulo: Saraiva Educação, 2018, p. 43-45.
41. PINHEIRO, Patricia Peck. *Proteção de Dados Pessoais*: Comentários à Lei 13.709/2018. São Paulo: Saraiva Educação, 2018, p. 43-45.

a incidentes, promovendo uma verdadeira mudança cultural em relação à temática da proteção de dados pessoais.[42]

4. CONCLUSÃO

A análise do caso de aplicação de multa administrativa pela autoridade nacional de proteção de dados da França (CNIL) à sociedade francesa "SNAF" traz à tona importantes reflexões sobre a estrutura normativa do GDPR e da própria Lei Geral de Proteção de Dados do Brasil.

Consideradas as diferenças e particularidades entre os dois países, para garantir a efetividade da proteção de dados pessoais, é profícuo que a autoridade nacional tenha por objetivo não apenas punir as violações legais eventualmente constatadas, mas dar oportunidade para que o agente regulado consiga adequar seus procedimentos à lei, com o auxílio da autoridade, em um modelo pautado na regulação responsiva.

Ademais, essa construção de uma estrutura regulatória de proteção de dados no Brasil insere-se em um contexto de constitucionalização do direito administrativo sancionatório e com a necessidade de que atuação administrativa satisfaça os interesses públicos voltados à proteção de dados pessoais, mas que também respeite garantias individuais como a do contraditório, da ampla defesa, além de princípios como o devido processo legal.

Conclui-se, assim, que a atuação da autoridade nacional de proteção de dados brasileira deve buscar um equilíbrio entre os direitos dos titulares de dados e os interesses dos agentes que pretendem exercer atividades de tratamento de dados. Isso depende da construção de um diálogo efetivo da autoridade com os setores regulados e do incentivo à adoção de ferramentas de *compliance*, bem como ao cumprimento da legislação pelos agentes regulados com o intuito de promover uma nova cultura de valorização da proteção de dados pessoais no Brasil.

REFERÊNCIAS

1. Citação de livro

ARANHA, Marcio Iorio. *Manual de Direito Regulatório*: fundamentos de direito regulatório. 4. ed. Londres: Laccademia Publishing, 2018.

AYRES, Ian; BRAITHWAITE, John. *Responsive Regulation*: Transcending the Deregulation Debate. Oxford: Oxford University Press, 1992.

BRAITHWAITE, John. *Responsive Regulation and Developing Economies*. World Development, v. 24, n. 5, p. 884-898, 2006.

DI PIETRO, Maria Sylvia Zanella. *Direito Administrativo*. 32. ed. Rio de Janeiro: Editora Forense, 2019.

---

42. PINHEIRO, Patricia Peck. *Proteção de Dados Pessoais*: Comentários à Lei 13.709/2018. São Paulo: Saraiva Educação, 2018, p. 43-45.

GRAU, Eros Roberto. *A ordem econômica na Constituição de 1988*. 19. ed. São Paulo: Malheiros, 2018.

OCHOA, Nicolas. *Le droit des données personnelles, une police administrative speciale*. 2014. 763 f. Thèse pour le doctorat en droit. Université Paris I – Pantheon –Sorbonne. Paris, 2014.

PINHEIRO, Patricia Peck. *Proteção de Dados Pessoais*: comentários à Lei n. 13.709/2018. São Paulo: Saraiva Educação, 2018.

SUNDFELD, Carlos Ari. *Fundamentos do Direito Público*. 5. ed. São Paulo: Editora Malheiros, 2015.

2. Artigo em revista

GARCIA, Renata Cavalcanti de Carvalho. Proteção de dados pessoais no Brasil: uma análise da Lei 13.709/2018 sob a perspectiva da Teoria da Regulação Responsiva. *Revista de Direito Setorial e Regulatório*, v. 6, n. 2, p. 45-58, Brasília, out. 2020.

GROTTI, Dinorá Adelaide Musetti; OLIVEIRA, José Roberto Pimenta. Direito administrativo sancionador brasileiro: breve evolução, identidade, abrangência e funcionalidades. *Revista Interesse Público – IP*, ano 22, v. 120, p. 83-126, mar./abr. 2020.

IRAMINA, Aline. RGPD v. LGPD: Adoção Estratégica da Abordagem Responsiva na Elaboração da Lei Geral de Proteção de Dados do Brasil e do Regulamento Geral de Proteção de Dados da União Europeia. *Revista de Direito, Estado e Telecomunicações*, v. 12, n. 2, p. 91-117, Brasília, out. 2020.

3. Capítulo em obra coletiva

VASCONCELOS, Beto; PAULA, Felipe de. A autoridade nacional de proteção de dados: origem, avanços e pontos críticos. In: FRAZÃO, Ana; TEPEDINO, Gustavo; OLIVA, Milena Donato (Coord.). *Lei Geral de Proteção de Dados Pessoais e suas repercussões no Direito Brasileiro*. São Paulo: Thomson Reuters Brasil, 2019.

4. Artigo web

CENTRE FOR INFORMATION POLICY LEADERSHIP (CIPL) e CENTRO DE DIREITO, INTERNET E SOCIEDADE DO INSTITUTO BRASILIENSE DE DIREITO PÚBLICO (CEDIS-IDP). *O papel da Autoridade Nacional de Proteção de Dados Pessoais (ANPD) conforme a nova Lei Geral de Proteção de Dados Pessoais (LGPD)*. Abr. 2020. Disponível em: https://www.jota.info/wp-content/uploads/2020/08/pt-cipl-idp-paper-on-the-role-of-the- anpd-under-the-lgpd-04-17-2020.pdf. Acesso em: 12 mar. 2022.

DAUTIEU, Thomas. *La mise en conformité par la CNIL au Règlement général sur la protection des données (RGPD): premier bilan un an après*. [Entrevista concedida a] Béa Arruabarrena. I2D – Information, données & documents, n. 1, p. 25-28, 2019/1. Disponível em: https://www.cairn.info/revue-i2d-information-donnees-et-documents-2019-1-page-25.htm. Acesso em: 12 mar. 2022.

INSTITUT NATIONAL DE LA STATISTIQUE ET DES ÉTUDES ÉCONOMIQUES (INSEE). *Bilan démographique 2020*. Disponível em: https://www.insee.fr/fr/statistiques/5007690?sommaire=5007726. Acesso em: 12 mar. 2022.

INSTITUT FRANÇAIS D'OPINION PUBLIQUE. *Les français et la protection des données personelles: Sondage IFOP pour la CNIL*. 2018. Disponível em: https://www.cnil.fr/sites/default/files/atoms/files/barometre_ifop_rgpd-2018.pdf. Acesso em: 12 mar. 2022.

INSTITUT NATIONAL DE LA STATISTIQUE ET DES ÉTUDES ÉCONOMIQUES (INSEE). *Tableau de bord de l'économie française*. Disponível em: https://www.insee.fr/fr/outil-interactif/5367857/tableau/10_ECC/11_ECO. Acesso em: 12 mar. 2022.

PYRRHO, Beatriz; IZAY, Carolina Portella; KESSLER, Daniela Seadi. *Resolução de fiscalização da ANPD: aplicação de sanções e a segurança jurídica*. Migalhas. 2021. Disponível em: https://www.migalhas.com.br/depeso/350971/resolucao-de-fiscalizacao-da-anpd. Acesso em: 12 mar. 2022.

5. Ementas de julgados e legislação

ARTICLE 29 DATA PROTECTION WORKING PARTY. *Guidelines on the application and setting of administrative fines for the purposes of the Regulation 2016/679*. 2017. Disponível em: https://ec.europa.eu/newsroom/article29/items/611237. Acesso em: 12 mar. 2022.

BRASIL. Lei 13.709, de 14 de ago. de 2018, que dispõe sobre a proteção de dados pessoais e altera a Lei 12.965, de 23 de abril de 2014 (Marco Civil da Internet). Brasília, DF, mar 2017.

BRASIL. Resolução CD/ANPD 1, de 28 de outubro de 2021. Aprova o Regulamento do Processo de Fiscalização e do Processo Administrativo Sancionador no âmbito da Autoridade Nacional de Proteção de Dados. Órgão Emissor: Autoridade Nacional de Proteção de Dados (ANPD). Disponível em: https://www.in.gov.br/en/web/dou/-/resolucao-cd/anpd-n-1-de-28-de-outubro-de-2021-355817513. Acesso em 12 mar. 2022.

BRASIL. Resolução CD/ANPD 2, de 27 de janeiro de 2022. Aprova o Regulamento de aplicação da Lei 13.709, de 14 de agosto de 2018, Lei Geral de Proteção de Dados Pessoais (LGPD), para agentes de tratamento de pequeno porte. Órgão Emissor: Autoridade Nacional de Proteção   de   Dados (ANPD). Disponível em: https://www.in.gov.br/en/web/dou/-/resolucao-cd/anpd-n-2-de-27-de-janeiro-de-2022-3765 62019. Acesso em 12 mar. 2022.

COMMISSION NATIONALE DE L'INFORMATIQUE ET DES LIBERTÉS (CNIL). *La chaîne répressive de la CNIL*. Disponível em: https://www.cnil.fr/fr/la-chaine-repressive-de-la-cnil. Acesso em: 12 mar. 2022.

COMMISSION NATIONALE DE L'INFORMATIQUE ET DES LIBERTÉS (CNIL). *Les étapes de la procédure de sanction*. 2019. Disponível em: https://www.cnil.fr/fr/les-etapes-de-la-procedure-de-sanction. Acesso em: 12 mar. 2022.

COMMISSION NATIONALE DE L'INFORMATIQUE ET DES LIBERTÉS (CNIL).b *The steps of the CNIL's law enforcement process*. 2021. Disponível em: https://www.cnil.fr/en/steps-cnils-law-enforcement--process. Acesso em: 12 mar. 2022.

EUROPA. Regulamento (UE) 2016/679 do Parlamento Europeu e do Conselho, de 27 de abril de 2016, relativo à proteção das pessoas singulares no que diz respeito ao tratamento de dados pessoais e à livre circulação desses dados e que revoga a Diretiva 95/46/CE (Regulamento Geral sobre a Proteção de Dados) (Texto relevante para efeitos do EEE). Disponível em: http://data.europa.eu/eli/reg/2016/679/oj. Acesso em: 12 mar. 2022.

RÉPUBLIQUE FRANÇAISE. *Légifrance: le service public de la diffusion du droit*. Délibération SAN-2021-014 du 15 septembre 2021. Disponível em: https://www.legifrance.gouv.fr/cnil/id/CNILTEXT000044043045. Acesso em: 12 mar. 2022.

RÉPUBLIQUE FRANÇAISE. *Loi n.º 78-17 du 06 janvier 1978 relative à l'informatique, aux fichiers et aux libertés*. Légifrance: le service public de la diffusion du droit. Disponível em: https://www.legifrance.gouv.fr/loda/id/JORFTEXT000000886460/2022-01-26. Acesso em: 12 mar. 2022.

XII
FALHAS DE SEGURANÇA

XII
FALHAS DE SEGURANÇA

20
INSUFICIÊNCIA DE MEDIDAS TÉCNICAS E ORGANIZACIONAIS PARA GARANTIR A SEGURANÇA DA INFORMAÇÃO EM SOLUÇÃO TECNOLÓGICA

Livia Clozel Fuziy

Pesquisadora de LGPD do Departamento de Direito Civil da Faculdade de Direito da USP. Encarregada de Dados. Jornalista. Coautora do livro A Lei Geral de Proteção de Dados Brasileira, Editora Almedina, 2021, dos artigos nos capítulos: dos capítulos: Desafios da Implementação de um programa de conformidade à LGPD no Comércio e LGPD; e o Direito à Privacidade dos Trabalhadores – Coautora do livro Lei Geral de Proteção de Dados Comentada: Com Enfoque nas Relações de Trabalho, Editora LTR, 2021, do artigo no capítulo Da Autoridade Nacional de Proteção de Dados (ANPD) e do Conselho Nacional de Proteção de Dados Pessoais e da Privacidade.

Resumo: A DPA cipriota multou o clube de futebol APOEL FC em 40.000 euros por falhas de segurança no sistema de venda de ingressos.

Fundamento: Art. 32 GDPR.

Decisão completa:

http://www.dataprotection.gov.cy/dataprotection/dataprotection.nsf/All/FD9FF8C6CB04DA6CC22587290043314D?OpenDocument

Sumário: 1. Descrição do caso – 2. Fundamentação legal para a imposição da sanção – 3. Comentários e análise crítica – 4. Conclusão – Referências.

1. DESCRIÇÃO DO CASO

Dois times de futebol do Chipre e seu fornecedor de desenvolvimento do sistema de vendas de tickets foram multados em um total de mais de €100,000 pela Autoridade de proteção de dados local, *Personal Data Protection Officer*, também conhecida como DPA, representada pela *Commissioner* Irene Nicolaidou Loizidou.

A empresa terceira contratada, Hellenic Technical Enterprises, que projetou e desenvolveu a ferramenta de bilheteria dos times APOEL FC e Omonia, também foi multada em €25,000, enquanto cada time em €40,000.

A investigação realizada averiguou no dia 06 de agosto de 2021, que a contratante projetou e desenvolveu esses sistemas e nas Decisões de 1ª Instância, os 3 envolvidos foram informados de que foram apuradas infrações ao Regulamento Geral de Proteção de Dados por "não implementação de medidas de segurança técnicas e organizacionais apropriadas" e foram solicitadas as suas posições, antes de se proceder à emissão de "decisões finais".

As violações de dados pessoais ocorreram por causa de uma falha de segurança, resultando no acesso não autorizado de uma pessoa que obteve dos sites dos clubes detalhes dos dados pessoais dos torcedores que tinham comprado tickets para aquele jogo, como nome, número do cartão de fidelidade e CPF. Esse tipo incidente, caso não mitigado, poderia ter sido uma oportunidade para que outras pessoas baixassem direto do site da Cyprus Sports Organisation as informações de cartões de fidelidade de outros torcedores, que é obrigatório na compra de ingressos para ver as partidas de jogos de futebol.

A Autoridade recomendou aos controladores responsáveis pelo envio dos cartões aos torcedores a implementação de medidas mitigatórias para assegurar melhorias nos controles de segurança, como a garantia de recebimento do cartão de fidelidade pelo seu titular e a autenticação do cartão por meio de um único *secure code*.

De acordo com o site O Consumerista, no ano de 2019, que aborda um levantamento feito pelo escritório de advocacia britânico DLA Piper apontou um total de 59 mil multas desde o início da vigência da GDPR na Europa, nesse período o Chipre estava no ranking entre os países com o menor número de violações, somando um total de 35 notificações.[1]

O Chipre tem um regime presidencialista e o presidente da república é, simultaneamente, chefe de Estado e chefe de Governo. O país tem duas línguas oficiais, o turco e o grego, que é a única considerada língua oficial da UE.

De acordo com o site da Autoridade de Dados Pessoais do Chipre, a *Commissioner* de proteção de dados pessoais é uma autoridade pública independente responsável por monitorar a implementação do Regulamento (UE) 2016/679 (RGPD ou GDPR) e outras leis que visam a proteção dos titulares e o processamento de seus dados pessoais. Também representa a República de Chipre nos órgãos e principais comitês da União Europeia, do Conselho da Europa e de outras organizações internacionais. Além de participar no Conselho Europeu de Proteção de Dados, que é composto por todas as Autoridades de Supervisão dos Estados-Membros da UE e pela Autoridade Europeia de Proteção de Dados, bem como pela Comissão Europeia.

---

1. O CONSUMERISTA. *Europa registra 59 mil queixas com base na lei de proteção de dados.* 2019. Disponível em: https://www.oconsumerista.com.br/2019/04/europa-registrou-notificacoes-lei-protecao-dados/. Acesso em: 11 out. 2022.

2. FUNDAMENTAÇÃO LEGAL PARA A IMPOSIÇÃO DA SANÇÃO

Com base na decisão da Commissioner, a conclusão é que houve violação da General Data Protection Regulation (GDPR) por parte de ambos os clubes de futebol e a empresa contratada por falhas na implementação de medidas de segurança técnicas e organizacionais apropriadas, cita o site CyprusMail.[2]

O artigo 32.º do GDPR define a categoria da multa como Insuficiência de medidas técnicas e organizacionais para garantir a segurança da informação, aplicada pela Cypriot Data Protection Commisionner, setor Individuals and Privite Associations, descrito no site www.enfforcementtracker.com. E resume:

> A DPA cipriota impôs uma multa de 40.000 euros ao clube de futebol APOEL FC. Devido à falta de medidas de segurança no sistema de venda de ingressos do clube, foi possível que uma pessoa não autorizada acessasse e divulgasse dados pessoais de torcedores no site do clube. Esses dados envolviam o nome, o número do cartão de torcedor e o número de identificação dos titulares dos dados. A DPA concluiu que o clube não implementou medidas de segurança técnica e organizacional adequadas. Em processos separados, a DPA multou a AC Omonia e a Hellenic Technical Enterprises Ltd. pelas mesmas violações.[3]

O artigo 32.º do GDPR tem ênfase na segurança dos dados pessoais e no seu tratamento sobre a implementação de medidas técnicas e organizativas adequadas para assegurar um nível de segurança adequado ao risco, incluindo, consoante o que for adequado.

No entanto, para ter ocorrido uma violação de dados, provavelmente não foram implementados os controles de segurança de forma que atendesse o requisito mínimo de segurança da informação, a ponto de mitigar essas falhas.

É importante ressaltar que junto com as Leis de Proteção de Dados caminham a normas de Segurança da Informação, ou seja, a parte prática e técnica da implementação desses controles. Pois não é possível garantir a privacidade de dados sem a segurança da informação.

Quando falamos de Normas de Segurança da Informação, existem diversos frameworks globais, entre eles a família ISO 27.000 (IEC/ISO Internacional ou ABNT – Associação Brasileira de Normas Técnicas).

ISO/IEC 27001:2013	É a norma para os requisitos do Sistema de Gerenciamento de Segurança da Informação (Information Security Management System – ISMS). Uma especificação formal para um ISMS.
ISO/IEC 27002:2013	Descreve as boas práticas de controles de segurança da informação.
ISO/IEC 27003:2010	Fornece orientações sobre a implementação da ISO/IEC 27001.
ISO/IEC 27004:2009	Faz a gestão das métricas da segurança da informação.

---

2. CYPRUSMAIL. Data chief slaps €40,000 fines on football clubs. *CyprusMail*, 2021. Disponível em: https://cyprus-mail.com/2021/09/06/data-chief-slaps-e40000-fines-on-football-clubs/. Acesso em: 11 out. 2022.

3. GDPR Enforcement Tracker; Enforcementtracker / Tracked by CMS Law Tax Future, 2021. Disponível em: https://www.enforcementtracker.com/ETid-830. Acesso em: 11 out. 2022. Tradução livre.

ISO/IEC 27005:2011	Aplica a gestão de riscos da segurança da informação.
ISO / IEC 27701:2019	Tem como objetivo estabelecer *controles* de segurança para proteção de dados, sendo uma adequação lógica para a Lei Geral da Proteção de Dados (LGPD) e a General Data Protection Regulation (GDPR) da Europa.

Seção 2

Segurança dos Dados pessoais

Artigo 32.º GDPR

Segurança do tratamento

1. Tendo em conta as técnicas mais avançadas, os custos de aplicação e a natureza, o âmbito, o contexto e as finalidades do tratamento, bem como os riscos, de probabilidade e gravidade variável, para os direitos e liberdades das pessoas singulares, o responsável pelo tratamento e o subcontratante aplicam as medidas técnicas e organizativas adequadas para assegurar um nível de segurança adequado ao risco, incluindo, consoante o que for adequado:

a) A pseudonimização e a cifragem dos dados pessoais;

b) A capacidade de assegurar a confidencialidade, integridade, disponibilidade e resiliência permanentes dos sistemas e dos serviços de tratamento;

c) A capacidade de restabelecer a disponibilidade e o acesso aos dados pessoais de forma atempada no caso de um incidente físico ou técnico;

d) Um processo para testar, apreciar e avaliar regularmente a eficácia das medidas técnicas e organizativas para garantir a segurança do tratamento.

2. Ao avaliar o nível de segurança adequado, devem ser tidos em conta, designadamente, os riscos apresentados pelo tratamento, em particular devido à destruição, perda e alteração acidentais ou ilícitas, e à divulgação ou ao acesso não autorizados, de dados pessoais transmitidos, conservados ou sujeitos a qualquer outro tipo de tratamento.

3. O cumprimento de um código de conduta aprovado conforme referido no artigo 40.º ou de um procedimento de certificação aprovado conforme referido no artigo 42.º pode ser utilizado como elemento para demonstrar o cumprimento das obrigações estabelecidas no n.º 1 do presente artigo.

4. O responsável pelo tratamento e o subcontratante tomam medidas para assegurar que qualquer pessoa singular que, agindo sob a autoridade do responsável pelo tratamento ou do subcontratante, tenha acesso a dados pessoais, só procede ao seu tratamento mediante instruções do responsável pelo tratamento, exceto se tal lhe for exigido pelo direito da União ou de um Estado-Membro.

O Art. 40 (Código de Conduta) prevê, no inciso 1, que "[o]s Estados-Membros, as autoridades de controlo, o Comité e a Comissão promove, a elaboração de conduta destinados a contribuir para a correta aplicação do presente regulamento, tendo em conta as características dos diferentes setores de tratamento e as necessidades específicas das micro, pequenas e medias empresas".

O inciso 2 além de especificar alguns exemplos de controles, como o tratamento equitativo e transparente, pseudonimização de dados pessoais, notificação de violações de dados pessoais a autoridades de controlo etc., o inciso 3 define que os responsáveis pelo tratamento ou subcontratantes assumem compromissos vinculativos e com força executiva de aplicar as garantias apropriadas, inclusivamente em relação ais direitos dos titulares de dados.

O inciso 4 explica que os códigos de conduta referidos no n.º 2 do presente artigo devem prever procedimentos que permitam ao organismo referido no artigo 41.º, n.º 1, efetuar a supervisão obrigatória do cumprimento das suas disposições por parte dos responsáveis pelo tratamento ou subcontratantes, que se comprometem a aplicá-lo, sem prejuízo das funções e competências das autoridades em relação aos direitos dos titulares dos dados.

De acordo com Hintzbergen et al:

> A segurança da informação é alcançada através da implementação de um conjunto adequado de controles, incluindo políticas, processos, procedimentos, estruturas organizacionais e funções de software e hardware. Esses controles precisam ser estabelecidos, implementados, monitorados, revisados e melhorados, onde necessário, para assegurar que os objetivos específicos de segurança e do negócio da organização sejam atendidos. Isso deve ser feito em conjunto com outros processos de gerenciamento de negócio.[4]

Neste caso, estamos falando de algo muito mais complexo e completo, que é a integração da Governança Corporativa com a Governança de TI seguindo essas diretrizes, afinal, mitigar falhas na implementação de medidas de segurança técnicas e organizacionais apropriadas em uma solução tecnológica vai muito além do que implementar controles.

3. COMENTÁRIOS E ANÁLISE CRÍTICA

De acordo com o artigo 32.º do GDPR, citado acima, são descritos diversos controles que podem garantir os 5 pilares de segurança da informação, bem como os programas de segurança do ISO 27.000: confidencialidade, integridade, disponibilidade, autenticidade e não repúdio dos dados pessoais.

Nesse caso, houve o comprometimento da Confidencialidade, devido ao acesso não autorizado de uma pessoa que obteve dos sites dos clubes detalhes dos dados pessoais dos torcedores que tinham comprado tickets para aquele jogo, como nome, número do cartão de fidelidade e CPF.

E de autenticidade, a ponto de a Autoridade de Proteção de Dados recomendar aos controladores responsáveis pelo envio dos cartões aos torcedores a implementação de medidas mitigatórias para assegurar melhorias nos controles de segurança, como a garantia de recebimento do cartão de fidelidade pelo seu titular e a autenticação do cartão por meio de um único *secure code*.

Confidencialidade	Segregação de acesso apenas a pessoas autorizadas a dados sigilosos. Implementar controles de proteção contra pessoas não autorizadas, como gestão de acesso, criptografia, senhas fortes etc.
Integridade	Preservação, precisão, consistência e confiabilidade dos dados durante todo o ciclo de vida. Implementar mecanismos para evitar que informações não sejam alteradas, deletadas por pessoas não autorizadas (profissionais, ciberataques, processos falhos, políticas de segurança inadequadas etc.)

---

4. HINTZBERGEN, Jule; HINTZBERGEN Kess; SMULDERS André; BAARS Hans.; *Fundamentos de Segurança da Informação*: Com base na ISO 27001 e na ISO 27002. 3. ed. Rio de Janeiro: Brasport, 2018.

Disponibilidade	Os dados devem estar disponíveis sempre que necessário, garantindo acesso em tempo integral (24/7) pelos usuários finais. Garantir estabilidade de acesso a sistemas, *disaster recovery*, atualizações constantes, planos de administração de crises, plano de contingência.
Autenticidade	Valida a autorização do usuário para acessar, transmitir e receber informações por meio de mecanismos, como por exemplo logins e senhas, autenticação biométrica. O objetivo é validar a legitimidade da identidade do usuário antes de liberar o acesso aos sistemas / recursos, para garantir que não se passem por terceiros.
Não Repúdio	Do princípio jurídico da irretratabilidade, esse pilar garante que uma pessoa ou entidade não possa negar a autoria de uma informação fornecida, como caso do uso de certificados digitais par transações online e assinatura de documentos eletrônicos. Dessa forma, registrado por meio de um sistema impossibilita a negação das ações dos usuários.

Não foram identificados materiais publicados on-line desse case que especifiquem quais são os controles específicos que não foram implementados pela empresa contratada para desenvolver o sistema de bilheteria dos clubes de futebol, que ocasionou a violação de dados. Não existem as evidências de quais são as falhas técnicas, como por exemplo: o sistema não tinha criptografia, por isso foi invadido. Os dados não estavam pseudonimizados. Ou, era um sistema legado e não existia mais a possibilidade de atualização de patches.

No entanto, é possível exemplificar o mapa mental da Segurança da Informação por meio dessa imagem abaixo:

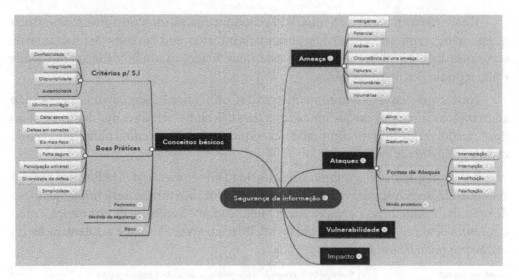

Existem frameworks que passam diretrizes de controles adequados para um desenvolvimento seguro de uma plataforma, além do ISO 27.000 citado acima, como por exemplo OWASP e CIS Controls.

O OWASP (Open Web Application Security Project) Top 10 é um documento padrão de conscientização para desenvolvedores e segurança de aplicativos na web, que aponta anualmente quais são os riscos mais críticos de segurança das soluções tecnológicas com o objetivo em minimizar riscos e produzir um código mais seguro.

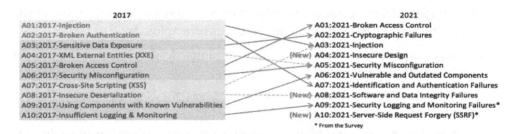

O CIS Controls (Critical Security Controls) tem melhores práticas para mitigar os ataques mais comuns contra sistemas e redes, que são aceitas globalmente, e a versão do CIS Controls, Privacy Companion Guide, N.Y., 2022, conta com 18 controles técnicos e de processos, que tem o objetivo de ajudar na estrutura dos fundamentos de um programa de segurança da informação e a base de toda a estratégia de segurança de uma empresa (vide imagem abaixo).

Foi criado para estabelecer um padrão mínimo de Segurança da Informação para empresas privadas nos EUA, especificamente as que tem intenção de fornecer produtos e serviços ao governo norte-americano.

Quando se planeja projetar um sistema é imprescindível que haja um desenvolvimento seguro para garantir que a aplicação tenha segurança de ponta a ponta. Para tanto pode-se aplicar os princípios de *Security by Default* ou *Security By Design*, que devem ser implementadas desde o início do projeto.

O *Security by Default* garante as configurações mais seguras possíveis de acordo com o *Risk Assessment* e testes de usabilidade, e seus princípios são:
- a segurança deve ser incorporada aos produtos desde o início, não pode ser adicionada posteriormente;
- segurança deve ser adicionada para tratar a causa raiz de um problema, não seus sintomas;
- a segurança nunca é um objetivo em si, é um processo – e deve continuar durante toda a vida útil do produto;
- a segurança nunca deve comprometer a usabilidade – os produtos precisam ser seguros o suficiente e, então, maximizar a usabilidade;
- a segurança não deve exigir configuração extensa para funcionar e deve funcionar de forma confiável quando implementada;
- a segurança deve evoluir constantemente para atender e derrotar as ameaças mais recentes – novos recursos de segurança devem levar mais tempo para serem derrotados do que para serem construídos;
- a segurança através da obscuridade deve ser evitada;
- a segurança não deve exigir compreensão técnica específica ou comportamento não óbvio do usuário.

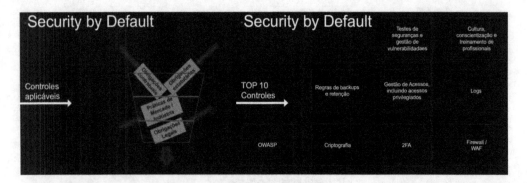

Enquanto o *Security by Design* pensa na segurança da informação desde o início escopo de desenvolvimento de um novo software, uma abordagem proativa na prevenção de possíveis de riscos. Também é comum estar alinhado com os controles de segurança dos frameworks mais conhecidos do mundo.

Por meio do *Security by Design* é possível:
- Criar funções obrigatórias que não podem ser ignoradas, ou alteradas por usuários sem têm permissão para esse acesso.
- Estabelecer operações com controles confiáveis.
- Ativar auditoria contínua e em tempo real.
- Desenvolver roteiros técnicos da sua política de governança.

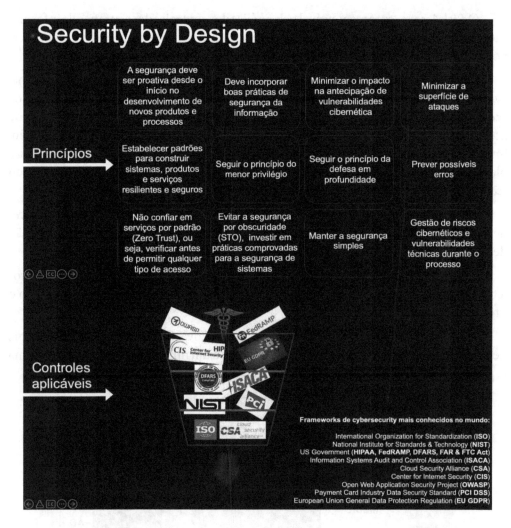

4. CONCLUSÃO

Quando se desenvolve um novo sistema é mandatório passar pelas avaliações de Segurança da Informação e *Data Privacy*, ou seja, um *Risk Assessment*, o RA, e um *Privacy Impact Assessment*, o PIA, ou o AIPD (Avaliação de Impacto na Proteção de Dados), também conhecido como DPIA (*Data Protection Impact Assessment*), logo no início do projeto para identificar riscos e implementar os mitigadores de vulnerabilidades, reduzindo falhas na implementação de medidas de segurança técnicas e organizacionais apropriadas em ferramentas tecnológicas a um nível aceitável.

Existem casos em que as ferramentas passam por processos de homologação extremamente complexos e rígidos, com validações mandatórias de múltiplas áreas de uma empresa.

Independentemente, todo tipo de processo faz parte da Governança Corporativa integrada a Governança de TI e claro, atrelada a Segurança da Informação e *Data Privacy*.

O *Risk Assessment* é responsável pela análise dos controles de segurança da informação implementados na solução se atendem os minimamente os requisitos de segurança, normas, legislações, configurações adequadas, processos de gestão de acesso etc.

Os pontos padrão avaliados são: descrição do sistema; mapeamento do sistema; avaliação de fornecedores; classificação da informação; tipos de criptografia; perfis de acesso; acessos externos/uso de VPN/uso de 2FA ou MFA; autenticação/validação de acessos; arquitetura/infraestrutura; ambientes; banco de dados; linguagem da aplicação; interfaces com sistemas; regra de firewalls; habilitação de SSL; backups/restore; logs; plano de continuidade de negócios; levantamento de possíveis riscos; teste de *cyber* ou *scan* de vulnerabilidades.

Por fim, a classifica-se o risco de acordo com a probabilidade, que são as chances de acontecer, e o impacto, as consequências e intensidade do ocorrido, sendo que são definidos baixo, médio, alto e altíssimo.

O risco Altíssimo, Alto e Médio, via de regra, inviabilizam a execução de um projeto, devido as graves consequências, e caso deva ser prosseguido, deve ser adotado o processo de *Risk Acceptance*.

Já, o risco baixo pode ser considerado para aprovação de um projeto, desde que dentro de um prazo razoável, as vulnerabilidades sejam mitigadas com um cronograma já preestabelecido (vide matriz de risco abaixo).

PROBABILIDADE			
1	2	3	4
BAIXO	MÉDIO	ALTO	ALTISSIMO

		1 BAIXO	2 MÉDIO	3 ALTO	4 ALTISSIMO	
1	BAIXO	1	2	3	4	
2	MÉDIO	2	4	6	8	IMP
3	ALTO	3	6	6	12	AC TO
4	ALTÍSSIMO	4	8	12	16	

Já, o PIA ou AIPD analisa o mapeamento dos dados pessoais coletados, bem como todo seu fluxo pela ferramenta no tratamento, retenção até a exclusão da ferramenta e servidores, ou cloud. as principais informação analisadas são: origem do dado pessoal; especificar quais são os dados pessoais e de quem são; base legal; finalidade do uso do dado pessoal; forma de recebimento e formas de comunicação; todos os dados coletados são usados ou não no processo; os dados são editados, anonimizados, pseudonimizados, deletados ou minimizados; se existe transferência de dados, para onde e por quê; se existe compartilhamento de dados com terceiros; prazo de retenção de dados e onde ficam armazenados e porque devem ficar armazenados; gestão do processo de retenção e exclusão dos dados; princípios; minimização; esconder, separar, agregar; controle;

revogação; edição, exclusão; transparência; publicização; acesso ao titular; limitação de uso; segurança de ponta-a-ponta.

A Insuficiência de medidas técnicas e organizacionais para garantir a segurança da informação pode ser ocasionada por diversos fatores, entre eles: falta de controle, controles, má implementação, falta de processos, problemas de gestão, gaps de integração de governança, falta de visibilidade da segurança da informação, não *compliance*, não definição de políticas de segurança consistentes etc.

O importante é entender que a Privacidade de Dados Pessoais não existe sem a Segurança da Informação.

REFERÊNCIAS

1. Citação de livro

FRANKLIN, Joshua M; RUNNERGAR, Christina. *CIS Controls*. Privacy Companion Guide, N.Y., 2022.

HINTZBERGEN, Jule; HINTZBERGEN Kess; SMULDERS André; BAARS Hans.; *Fundamentos de Segurança da Informação*: com base na ISO 27001 e na ISO 27002. 3. ed. Tradução do livro "Foundations of information Secutity: based on ISO 27001 and ISO 27002", BRASPORT Livros e Multimídia Ltda, 2018.

MORAIS, Izabelly Soares de; GONÇALVES, Glauber Rogério Barbieri. *Governança de Tecnologia da Informação*. Know How Editorial, 2018.

2. Artigo web

BLOG, Blockbit. O que é Security by design. Blockbit.com. Disponível em: https://www.blockbit.com/pt/blog/security-by-design/. Acesso em: 24 fev. 2022.

CONSUMERISTA, Adm. Europa registra 59 mil queixas com base na lei de proteção de dados. O Consumerista, 2019. Disponível em: https://www.oconsumerista.com.br/2019/04/europa-registrou-notificacoes-lei-protecao-dados/. Acesso em: 18 fev. 2022.

CYPRUS, Supervisory Authorities. By the Cypriot Data Protection Authority: Security lack in ticketing system of APOEL and OMONOIA. Privacy 365, 2021. Disponível em: https://www.privacy365.eu/en/by-the-cypriot-data-protection-authority-security-lack-in-ticketing-systems-of-apoel-and-omonoia/. Acesso em: 17 fev. 2022.

GDPR Enforcement Tracker; Enforcementtracker / Tracked by CMS Law Tax Future, 2021. Disponível em: https://www.enforcementtracker.com/ETid-830. Acesso em: 18 fev. 2022.

INC, OWASP Foundation. OWASP Top tem. OWASP Org, 2022. Disponível em: https://owasp.org/www-project-top-ten/. Acesso em: 24 fev. 2022.

MULLIGAN, Richard. Cyprus' leading football clubs fined over ticketing data breach. The Ticketing Business News, 2021. Disponível em: https://www.theticketingbusiness.com/2021/09/07/cyprus-leading-football-clubs-fined-over-ticketing-data-breach/. Acesso em: 17 fev. 2022.

National Cyber Security Centre. Secure by Default. ncsc.gov.uk, 2022. Disponível em: https://www.ncsc.gov.uk/information/secure-default. Acesso em: 24 fev. 2022.

Office of the Commissioner for the Personal Data Protection. Who we are. Data Protection, 2018. Disponível em: https://www.dataprotection.gov.cy/dataprotection/dataprotection.nsf/home_el/home_el?opendocument. Acesso em: 18 fev. 2022.

REPORTER, Staff. Data chief slaps €40,000 fines on football clubs. CyprusMail, 2021. Disponível em: https://cyprus-mail.com/2021/09/06/data-chief-slaps-e40000-fines-on-football-clubs/. Acesso em: 18 fev. 2022.

3. Ementas de julgados e legislação

CHIPRE. Autoridade de proteção de dados do Chipre. Κενό ασφάλειας στα συστήματα έκδοσης εισιτηρίων του ΑΠΟΕΛ και της ΟΜΟΝΟΙΑΣ. Disponível em: https://www.dataprotection.gov.cy/dataprotection/dataprotection.nsf/All/FD9FF8C6CB04DA6CC22587290043314D?OpenDocument. Acesso em: 31 mar. 2022.

21
O 'CASO IRISH CREDIT BUREAU' E A PROTEÇÃO DE DADOS

Carolina Lopes Scodro

Mestranda da Faculdade de Direito de Ribeirão Preto – FDRP USP. Especialista em Direito Processual Civil pela Universidade Presbiteriana Mackenzie. Advogada. E-mail: carolinascodro@usp.br.

Resumo: A DPA irlandesa multou o *Irish Credit Bureau* (ICB) em 90.000 euros por uma falha na atualização do banco de dados que afetou os registros de 15.120 contas que haviam sido encerradas.

Fundamentos: Art. 5 (2) GDPR, Art. 24 (1) GDPR, art. 25 (1) GDPR.

Decisão completa:

https://www.dataprotection.ie/sites/default/files/uploads/2021-05/Redacted_23.03.2021_Decision_IN-19-7-2.pdf

Sumário: 1. Descrição do caso – 2. Fundamentação legal para a imposição da sanção – 3. Comentários e análise crítica – 4. Conclusão – Referências.

1. DESCRIÇÃO DO CASO

O *Irish Credit Bureau* (ICB) era uma agência de crédito[1] irlandesa que realizava a manutenção de banco de dados a respeito de contratos de crédito junto a instituições financeiras – aproximadamente 280 – e mutuários.[2] As informações eram utilizadas

---

1. Segundo o site do Irish Credit Bureau, a agência não se encontra mais em funcionamento. IRISH CREDIT BUREAU. Irish Credit Bureau D. A. C. is no longer in business, Dublin, [s/a]. Acesso em: 11 out. 2022.
2. DATA PROTECTION COMMISSION. Decision. DPC Case Reference: IN-19-8.2. *An Coimisiún um Chosaint Sonraí*, Dublin, 2021. Disponível em: https://www.dataprotection.ie/sites/default/files/uploads/2021-05/Redacted_23.03.2021_Decision_IN-19-7-2.pdf. Acesso em: 11 out. 2022.

para realização de relatórios de crédito e para definição de pontuação aos mutuários, com acesso destes últimos mediante a realização de perguntas diretamente ao ICB.[3]

Os relatórios eram utilizados pelas instituições, a fim de decidir pela concessão ou não de pedidos de crédito.[4] Assim, o ICB se tratava de uma agência que fazia a intermediação de informações entre os indivíduos que desejavam crédito e as instituições financeiras a quem este era solicitado, mediante o fornecimento de informações, o que fazia com o ICB tivesse, pelo fornecimento de dados, influência nas decisões quanto à concessão ou não de crédito, na medida em que processava informações relativas ao perfil de pagamento dos indivíduos.[5]

Segundo informação contida na decisão realizada pela Comissão de Proteção de Dados Irlandesa, eram as próprias instituições financeiras quem realizavam a constante atualização do banco de dados, abarcando mensalmente a quantia de aproximadamente 3,5 milhões de atualizações.[6] Após o cadastro das informações pelas instituições financeiras, cabia ao próprio ICB o processamento das informações, realizado, segundo consta no relatório, de forma manual.[7]

Em 28 de junho de 2018, com vista a fornecer maior exatidão aos perfis de crédito, o ICB procedeu a uma mudança de código para alterar o modo como era realizada as atualizações, no entanto, a modificação continha um erro técnico, culminando com a retirada de um filtro e, portanto, a realização de atualizações equivocadas.[8] Segundo consta no relatório, 15.120 contas foram atualizadas de forma incorreta, o que resultou em seus encerramentos, apresentando-se no sistema como concluídas. Na maioria das contas, o erro se referiu a data de encerramento, anterior ao que realmente foi realizado.[9] Já na minoria, o erro foi no saldo das contas.[10]

---

3. DATA PROTECTION COMMISSION. Decision. DPC Case Reference: IN-19-8.2. *An Coimisiún um Chosaint Sonraí*, Dublin, 2021. Disponível em: https://www.dataprotection.ie/sites/default/files/uploads/2021-05/Redacted_23.03.2021_Decision_IN-19-7-2.pdf. Acesso em: 11 out. 2022.

4. DATA PROTECTION COMMISSION. Decision. DPC Case Reference: IN-19-8.2. *An Coimisiún um Chosaint Sonraí*, Dublin, 2021. Disponível em: https://www.dataprotection.ie/sites/default/files/uploads/2021-05/Redacted_23.03.2021_Decision_IN-19-7-2.pdf. Acesso em: 11 out. 2022.

5. DATA PROTECTION COMMISSION. Decision. DPC Case Reference: IN-19-8.2. *An Coimisiún um Chosaint Sonraí*, Dublin, 2021. Disponível em: https://www.dataprotection.ie/sites/default/files/uploads/2021-05/Redacted_23.03.2021_Decision_IN-19-7-2.pdf. Acesso em: 11 out. 2022.

6. DATA PROTECTION COMMISSION. Decision. DPC Case Reference: IN-19-8.2. *An Coimisiún um Chosaint Sonraí*, Dublin, 2021. Disponível em: https://www.dataprotection.ie/sites/default/files/uploads/2021-05/Redacted_23.03.2021_Decision_IN-19-7-2.pdf. Acesso em: 11 out. 2022.

7. DATA PROTECTION COMMISSION. Decision. DPC Case Reference: IN-19-8.2. *An Coimisiún um Chosaint Sonraí*, Dublin, 2021. Disponível em: https://www.dataprotection.ie/sites/default/files/uploads/2021-05/Redacted_23.03.2021_Decision_IN-19-7-2.pdf. Acesso em: 11 out. 2022.

8. DATA PROTECTION COMMISSION. Decision. DPC Case Reference: IN-19-8.2. *An Coimisiún um Chosaint Sonraí*, Dublin, 2021. Disponível em: https://www.dataprotection.ie/sites/default/files/uploads/2021-05/Redacted_23.03.2021_Decision_IN-19-7-2.pdf. Acesso em: 11 out. 2022.

9. DATA PROTECTION COMMISSION. Decision. DPC Case Reference: IN-19-8.2. *An Coimisiún um Chosaint Sonraí*, Dublin, 2021. Disponível em: https://www.dataprotection.ie/sites/default/files/uploads/2021-05/Redacted_23.03.2021_Decision_IN-19-7-2.pdf. Acesso em: 11 out. 2022.

10. DATA PROTECTION COMMISSION. Decision. DPC Case Reference: IN-19-8.2. *An Coimisiún um Chosaint Sonraí*, Dublin, 2021. Disponível em: https://www.dataprotection.ie/sites/default/files/uploads/2021-05/Redacted_23.03.2021_Decision_IN-19-7-2.pdf. Acesso em: 11 out. 2022.

De todas as contas afetadas, apenas 1.062 foram comunicadas aos seus titulares antes da solução do problema, todos relativos à data de encerramento das contas, resultando no envio de 118 relatórios de crédito contendo informações equivocadas.[11] Segundo informações contidas no relatório, o ICB somente tomou conhecimento da falha em 27 de agosto de 2018, a partir de uma notificação recebida de um indivíduo a respeito de erro na data de encerramento de um cartão de crédito.[12]

No dia 29 de agosto de 2018, o ICB constatou que o erro teria sido causado pela modificação do código, sendo que após dois dias, procedeu a correção dos dados.[13] Pela situação, imediatamente a correção, o ICB notificou três instituições detentoras de 98% dos registros equivocados e a Comissão de Proteção de Dados Irlandesa a respeito da violação de dados pessoais.[14] Posteriormente, entre os dias 4 e 5 de setembro de 2018, foram avisadas as demais instituições, detentoras dos 2% restantes de contas, sendo que até o dia 21 de setembro do mesmo ano todas as instituições que tiveram acesso aos dados equivocados foram avisadas.[15]

Ao todo, considerando todas as instituições, além das que realizaram consultas em contas incorretas, foram notificadas 153 instituições sobre a violação dos dados.[16] Pela possibilidade de negativa ou concessão de crédito fundado nos dados incorretos, foi recomendado pelo ICB às instituições financeiras que contatassem os titulares de dados.[17] Segundo informação esclarecida pelo ICB e constante no relatório da Comissão Irlandesa, nenhum indivíduo teve um crédito negado em razão da falha.[18] Em relação aos indivíduos que tiveram acesso aos 118 relatórios de crédito contendo informações equivocadas, estes foram notificados na data de 24 de setembro de 2018, com o envio de novo relatório, também sendo recomendado o novo contato junto à instituição onde haviam solicitado crédito.[19]

Em julho de 2019 a Comissão informou o ICB a respeito do início do inquérito sobre a violação de dados pessoais, sendo solicitada a agências esclarecimentos e docu-

---

11. DATA PROTECTION COMMISSION. Decision. DPC Case Reference: IN-19-8.2. *An Coimisiún um Chosaint Sonraí*, Dublin, 2021. Disponível em: https://www.dataprotection.ie/sites/default/files/uploads/2021-05/Redacted_23.03.2021_Decision_IN-19-7-2.pdf. Acesso em: 11 out. 2022.
12. DATA PROTECTION COMMISSION. Decision. DPC Case Reference: IN-19-8.2. *An Coimisiún um Chosaint Sonraí*, Dublin, 2021. Disponível em: https://www.dataprotection.ie/sites/default/files/uploads/2021-05/Redacted_23.03.2021_Decision_IN-19-7-2.pdf. Acesso em: 11 out. 2022.
13. Ibidem.
14. Ibidem.
15. Ibidem.
16. Ibidem.
17. DATA PROTECTION COMMISSION. Decision. DPC Case Reference: IN-19-8.2. *An Coimisiún um Chosaint Sonraí*, Dublin, 2021. Disponível em: https://www.dataprotection.ie/sites/default/files/uploads/2021-05/Redacted_23.03.2021_Decision_IN-19-7-2.pdf. Acesso em: 11 out. 2022.
18. DATA PROTECTION COMMISSION. Decision. DPC Case Reference: IN-19-8.2. *An Coimisiún um Chosaint Sonraí*, Dublin, 2021. Disponível em: https://www.dataprotection.ie/sites/default/files/uploads/2021-05/Redacted_23.03.2021_Decision_IN-19-7-2.pdf. Acesso em: 11 out. 2022.
19. DATA PROTECTION COMMISSION. Decision. DPC Case Reference: IN-19-8.2. *An Coimisiún um Chosaint Sonraí*, Dublin, 2021. Disponível em: https://www.dataprotection.ie/sites/default/files/uploads/2021-05/Redacted_23.03.2021_Decision_IN-19-7-2.pdf. Acesso em: 11 out. 2022.

mentos sobre o caso, o que foi realizado mediante o envio de informações por meio do Manual Técnico dos Membros do ICB, em vigência desde agosto de 2018 e o anterior, vigente à época dos fatos, de julho de 2015.[20] Nessa ocasião, também foi salientado pelo ICB sobre a sua certificação ISO 27001 desde 2012.[21]

Nesse ponto, importante esclarecer que o ICB por ser uma agência irlandesa e, portanto, de país pertencente à União Europeia,[22] está sujeito ao *General Data Protection Regulation* (GDPR),[23] que fundamentou legalmente todo o procedimento de inquérito resultante falha no tratamento de dados.

No transcorrer do inquérito foram solicitadas também outras informações como, relativas à classificação de risco da alteração do código – classificada pela empresa como média, à documentação da mudança e às medidas técnicas e organizacionais de combate à riscos em vigência à época dos fatos.[24] Com relação aos documentos solicitados, a ICB informou que não os possuía, sendo que em relação às medidas, afirmou que não teria testado o impedimento à atualização de contas encerradas, esclarecendo, no entanto, que havia o registro de tudo, o que possibilitou sanar o erro no prazo de 72 horas.[25]

Em setembro de 2020 o inquérito foi encerrado, isso após medidas de correção de falhas e de governança apresentadas pelo ICB, dando início a fase de decisão, concluída em fevereiro de 2021, constatando que houve violação ao *General Data Protection Regulation* e fixação das sanções.[26]

2. FUNDAMENTAÇÃO LEGAL PARA A IMPOSIÇÃO DA SANÇÃO

Os primeiros artigos analisados do GDPR foram o 25.º, n.º 1 e 5.º, n.º 1, dispondo sobre a proteção de dados desde a concepção, também conhecido como *Privacy by Design*, e o princípio da exatidão, em que ambos preveem a necessidade de implementação de medidas, o primeiro, a fim de diminuir o risco na ocasião do tratamento e o segun-

---

20. DATA PROTECTION COMMISSION. Decision. DPC Case Reference: IN-19-8.2. *An Coimisiún um Chosaint Sonraí*, Dublin, 2021. Disponível em: https://www.dataprotection.ie/sites/default/files/uploads/2021-05/Redacted_23.03.2021_Decision_IN-19-7-2.pdf. Acesso em: 11 out. 2022.

21. DATA PROTECTION COMMISSION. Decision. DPC Case Reference: IN-19-8.2. *An Coimisiún um Chosaint Sonraí*, Dublin, 2021. Disponível em: https://www.dataprotection.ie/sites/default/files/uploads/2021-05/Redacted_23.03.2021_Decision_IN-19-7-2.pdf. Acesso em: 11 out. 2022.

22. UE. *Irlanda*. Disponível em: https://european-union.europa.eu/principles-countries-history/country-profiles/ireland_pt. Acesso em: 11 out. 2022.

23. UE. *General Data Protection Regulation*. Disponível em: https://eur-lex.europa.eu/eli/reg/2016/679/oj. Acesso em: 11 out. 2022.

24. DATA PROTECTION COMMISSION. Decision. DPC Case Reference: IN-19-8.2. *An Coimisiún um Chosaint Sonraí*, Dublin, 2021. Disponível em: https://www.dataprotection.ie/sites/default/files/uploads/2021-05/Redacted_23.03.2021_Decision_IN-19-7-2.pdf. Acesso em: 11 out. 2022.

25. DATA PROTECTION COMMISSION. Decision. DPC Case Reference: IN-19-8.2. *An Coimisiún um Chosaint Sonraí*, Dublin, 2021. Disponível em: https://www.dataprotection.ie/sites/default/files/uploads/2021-05/Redacted_23.03.2021_Decision_IN-19-7-2.pdf. Acesso em: 11 out. 2022.

26. DATA PROTECTION COMMISSION. Decision. DPC Case Reference: IN-19-8.2. *An Coimisiún um Chosaint Sonraí*, Dublin, 2021. Disponível em: https://www.dataprotection.ie/sites/default/files/uploads/2021-05/Redacted_23.03.2021_Decision_IN-19-7-2.pdf. Acesso em: 11 out. 2022.

do, para garantir a exatidão dos dados tratados.[27] Com efeito, considerando a atuação do ICB e, portanto, o seu dever de proteção dos dados tratados por meio de medidas técnicas e organizacionais, partir-se da análise do que seria apropriado na ocasião da violação de dados.[28]

Nesse sentido, foi esclarecido no relatório que considerando que a inserção de dados teria ocorrido por meio de terceiros, decorrentes de informações advindas de instituições financeiras parceiras, o ICB por se tratar de controlador de dados, estaria submetido a um risco ainda maior, incrementado pela atuação com dados de natureza sensível – trazendo também o art. 76.º do GDPR, na medida em que poderiam ser decisivos na concessão ou não de crédito a um determinado indivíduo.[29] Sobre isso, a decisão esclareceu que caberia ao ICB a implementação de medidas técnicas e organizacionais mais eficazes, tudo para o correto tratamento dos dados.[30]

Um ponto levantado pelo ICB disse respeito à realização dos procedimentos de acordo com a ISO 27001, órgão de certificação que trata de práticas envolvendo segurança da informação.[31] No entanto, conforme informação levantada no relatório da Comissão, embora na ocasião dos fatos não havia normas sobre a necessidade de testes para mudanças de codificações, ou sua documentação, ainda assim, havia a previsão discussão com a alta administração do ICB, embora sem necessidade de aprovação, o que segundo o relatório também afronta o art. 25.º, n.º 1 do GDPR.[32] Além disso, em afronta à ISO, que previa a necessidade de testes e de procedimentos de aprovação.[33]

Com efeito, levando-se em conta o risco da natureza da atuação do ICB e o tempo da falha, ocorrida entre os meses de junho e agosto de 2018, ou seja, de pouco mais de dois meses, embora tenha sido acolhida a alegação de acidente na remoção do filtro,

---

27. DATA PROTECTION COMMISSION. Decision. DPC Case Reference: IN-19-8.2. *An Coimisiún um Chosaint Sonraí*, Dublin, 2021. Disponível em: https://www.dataprotection.ie/sites/default/files/uploads/2021-05/Redacted_23.03.2021_Decision_IN-19-7-2.pdf. Acesso em: 11 out. 2022.
28. DATA PROTECTION COMMISSION. Decision. DPC Case Reference: IN-19-8.2. *An Coimisiún um Chosaint Sonraí*, Dublin, 2021. Disponível em: https://www.dataprotection.ie/sites/default/files/uploads/2021-05/Redacted_23.03.2021_Decision_IN-19-7-2.pdf. Acesso em: 11 out. 2022.
29. DATA PROTECTION COMMISSION. Decision. DPC Case Reference: IN-19-8.2. *An Coimisiún um Chosaint Sonraí*, Dublin, 2021. Disponível em: https://www.dataprotection.ie/sites/default/files/uploads/2021-05/Redacted_23.03.2021_Decision_IN-19-7-2.pdf. Acesso em: 11 out. 2022.
30. DATA PROTECTION COMMISSION. Decision. DPC Case Reference: IN-19-8.2. *An Coimisiún um Chosaint Sonraí*, Dublin, 2021. Disponível em: https://www.dataprotection.ie/sites/default/files/uploads/2021-05/Redacted_23.03.2021_Decision_IN-19-7-2.pdf. Acesso em: 11 out. 2022.
31. DATA PROTECTION COMMISSION. Decision. DPC Case Reference: IN-19-8.2. *An Coimisiún um Chosaint Sonraí*, Dublin, 2021. Disponível em: https://www.dataprotection.ie/sites/default/files/uploads/2021-05/Redacted_23.03.2021_Decision_IN-19-7-2.pdf. Acesso em: 11 out. 2022.
32. DATA PROTECTION COMMISSION. Decision. DPC Case Reference: IN-19-8.2. *An Coimisiún um Chosaint Sonraí*, Dublin, 2021. Disponível em: https://www.dataprotection.ie/sites/default/files/uploads/2021-05/Redacted_23.03.2021_Decision_IN-19-7-2.pdf. Acesso em: 11 out. 2022.
33. DATA PROTECTION COMMISSION. Decision. DPC Case Reference: IN-19-8.2. *An Coimisiún um Chosaint Sonraí*, Dublin, 2021. Disponível em: https://www.dataprotection.ie/sites/default/files/uploads/2021-05/Redacted_23.03.2021_Decision_IN-19-7-2.pdf. Acesso em: 11 out. 2022.

que gerou a falha, foi também reconhecida a violação ao artigo o 25.º, n.º 1.[34] Pela situação, foi proposto a implementação de medidas técnicas, processo de gerenciamento de mudanças, precedido de testes devidamente documentados, além de procedimento formal de aprovação.[35]

Outros artigos abordados foram o 24.º, n.º 2 e o 5.º, n.º 2 do GDPR, que preveem como dever do responsável pelo tratamento a demonstração da conformidade com os princípios de proteção de dados, bem como a implementação de medidas técnicas e organizacionais.[36] Segundo consta no relatório, considerando o risco advindo do tipo de dado tratado, que diz respeito a crédito dos indivíduos, caberia ao ICB ter realizado testes antes de proceder as alterações que culminaram com a falha.[37]

No caso discutido, embora tenha sido alegado pela agência a realização de testes anteriores a implementação das mudanças, estas não foram registrados, o que caso realizado, poderia demonstrar a adequação aos referidos artigos.[38] Além disso, foi destacado que o registro de testes poderia ser útil tanto para executar futuras melhorias como para identificação das falhas, que no caso, só foram descobertas após notificação de indivíduo a respeito do seu cartão de crédito.[39]

Para além disso, em que pese ter sido destacado pela empresa à conformidade com as regras da ISO, tal justificativa também foi afastada no relatório, na medida em que, embora a regra da certificação ISO preveja a realização de testes, sua documentação e discussão com a alta administração, nenhuma destes requisitos ficou demonstrado no caso discutido.[40] Com efeito, foi reconhecida a ofensa aos art. 24.º, n.º 2 e o 5.º, n.º 2 do GDPR, pois a agência deixou de demonstrar a realização de testes a fim de evitar falhas.[41]

---

34. DATA PROTECTION COMMISSION. Decision. DPC Case Reference: IN-19-8.2. *An Coimisiún um Chosaint Sonraí*, Dublin, 2021. Disponível em: https://www.dataprotection.ie/sites/default/files/uploads/2021-05/Redacted_23.03.2021_Decision_IN-19-7-2.pdf. Acesso em: 11 out. 2022.

35. DATA PROTECTION COMMISSION. Decision. DPC Case Reference: IN-19-8.2. *An Coimisiún um Chosaint Sonraí*, Dublin, 2021. Disponível em: https://www.dataprotection.ie/sites/default/files/uploads/2021-05/Redacted_23.03.2021_Decision_IN-19-7-2.pdf. Acesso em: 11 out. 2022.

36. DATA PROTECTION COMMISSION. Decision. DPC Case Reference: IN-19-8.2. *An Coimisiún um Chosaint Sonraí*, Dublin, 2021. Disponível em: https://www.dataprotection.ie/sites/default/files/uploads/2021-05/Redacted_23.03.2021_Decision_IN-19-7-2.pdf. Acesso em: 11 out. 2022.

37. DATA PROTECTION COMMISSION. Decision. DPC Case Reference: IN-19-8.2. *An Coimisiún um Chosaint Sonraí*, Dublin, 2021. Disponível em: https://www.dataprotection.ie/sites/default/files/uploads/2021-05/Redacted_23.03.2021_Decision_IN-19-7-2.pdf. Acesso em: 11 out. 2022.

38. DATA PROTECTION COMMISSION. Decision. DPC Case Reference: IN-19-8.2. *An Coimisiún um Chosaint Sonraí*, Dublin, 2021. Disponível em: https://www.dataprotection.ie/sites/default/files/uploads/2021-05/Redacted_23.03.2021_Decision_IN-19-7-2.pdf. Acesso em: 11 out. 2022.

39. DATA PROTECTION COMMISSION. Decision. DPC Case Reference: IN-19-8.2. *An Coimisiún um Chosaint Sonraí*, Dublin, 2021. Disponível em: https://www.dataprotection.ie/sites/default/files/uploads/2021-05/Redacted_23.03.2021_Decision_IN-19-7-2.pdf. Acesso em: 11 out. 2022.

40. DATA PROTECTION COMMISSION. Decision. DPC Case Reference: IN-19-8.2. *An Coimisiún um Chosaint Sonraí*, Dublin, 2021. Disponível em: https://www.dataprotection.ie/sites/default/files/uploads/2021-05/Redacted_23.03.2021_Decision_IN-19-7-2.pdf. Acesso em: 11 out. 2022.

41. DATA PROTECTION COMMISSION. Decision. DPC Case Reference: IN-19-8.2. *An Coimisiún um Chosaint Sonraí*, Dublin, 2021. Disponível em: https://www.dataprotection.ie/sites/default/files/uploads/2021-05/Redacted_23.03.2021_Decision_IN-19-7-2.pdf. Acesso em: 11 out. 2022.

Além dos art. 25.º, n.º 1, 5.º, n.ºs 1 e 2 e 24.º, n.º 2, também foi analisada a ofensa ao art. 26.º, n.º 1, que trata da responsabilidade quando há mais de um controlador de dados, sendo evidenciado o termo "controladores conjuntos".[42] Na situação apresentada, os controladores conjuntos se tratam da ICB e de seus membros, instituições financeiras, que alimentam seus dados com informações de créditos de mutuários, com relação regida pelo "Manual Técnico dos Membros do ICB julho de 2015".[43]

Segundo o manual, as informações dos indivíduos fornecidas pelas instituições financeiras permanecem no sistema por cinco anos, sendo estes dados processados pela ICB, que é ao responsável pelas informações, ao ter amplo acesso, determinar quem também os teria e a quais informação, fixando como sua obrigação o processamento dos dados cadastrados por meio de seu sistema.[44] Com isso, pela ausência de demonstração de que os membros (instituições financeiras) também contribuíram no processamento das informações cadastradas, o ICB foi considerado o único controlador dos dados, afastando, assim, qualquer responsabilidade das instituições financeiras que fizeram o cadastro dos dados.[45]

Pelas razões exemplificadas, foi reconhecida a violação dos artigos 25.º, n.º 1, 5.º, n.º 2.º e 24.º, n.º 2 do GDPR, passando-se a análise das medidas corretivas, nos termos do artigo 58.º, n.º 2 do GDPR, que prevê a possibilidade de repreensão e multa administrativa e do Considerando 129, que garante que a medida deve ser "adequada, necessária e proporcional" ao caso.[46] Antes da análise das medidas aplicadas, foi reconhecida a alteração da "Política de Gerenciamento de Mudanças do *Irish Credit Bureau*".[47] Segundo a nova política, de fevereiro de 2021, as novas mudanças demandariam a aprovação em cinco etapas, com fixação de responsabilidades.[48] Além disso, ficou definido que medidas que possam afetar dados pessoas, ou seja, medidas de alto risco, devem ser aprovadas pelo CEO da agência.

---

42. DATA PROTECTION COMMISSION. Decision. DPC Case Reference: IN-19-8.2. *An Coimisiún um Chosaint Sonraí*, Dublin, 2021. Disponível em: https://www.dataprotection.ie/sites/default/files/uploads/2021-05/Redacted_23.03.2021_Decision_IN-19-7-2.pdf. Acesso em: 11 out. 2022.

43. DATA PROTECTION COMMISSION. Decision. DPC Case Reference: IN-19-8.2. *An Coimisiún um Chosaint Sonraí*, Dublin, 2021. Disponível em: https://www.dataprotection.ie/sites/default/files/uploads/2021-05/Redacted_23.03.2021_Decision_IN-19-7-2.pdf. Acesso em: 11 out. 2022.

44. DATA PROTECTION COMMISSION. Decision. DPC Case Reference: IN-19-8.2. *An Coimisiún um Chosaint Sonraí*, Dublin, 2021. Disponível em: https://www.dataprotection.ie/sites/default/files/uploads/2021-05/Redacted_23.03.2021_Decision_IN-19-7-2.pdf. Acesso em: 11 out. 2022.

45. DATA PROTECTION COMMISSION. Decision. DPC Case Reference: IN-19-8.2. *An Coimisiún um Chosaint Sonraí*, Dublin, 2021. Disponível em: https://www.dataprotection.ie/sites/default/files/uploads/2021-05/Redacted_23.03.2021_Decision_IN-19-7-2.pdf. Acesso em: 11 out. 2022.

46. DATA PROTECTION COMMISSION. Decision. DPC Case Reference: IN-19-8.2. *An Coimisiún um Chosaint Sonraí*, Dublin, 2021. Disponível em: https://www.dataprotection.ie/sites/default/files/uploads/2021-05/Redacted_23.03.2021_Decision_IN-19-7-2.pdf. Acesso em: 11 out. 2022.

47. DATA PROTECTION COMMISSION. Decision. DPC Case Reference: IN-19-8.2. *An Coimisiún um Chosaint Sonraí*, Dublin, 2021. Disponível em: https://www.dataprotection.ie/sites/default/files/uploads/2021-05/Redacted_23.03.2021_Decision_IN-19-7-2.pdf. Acesso em: 11 out. 2022.

48. DATA PROTECTION COMMISSION. Decision. DPC Case Reference: IN-19-8.2. *An Coimisiún um Chosaint Sonraí*, Dublin, 2021. Disponível em: https://www.dataprotection.ie/sites/default/files/uploads/2021-05/Redacted_23.03.2021_Decision_IN-19-7-2.pdf. Acesso em: 11 out. 2022.

Segundo o relatório, pelas circunstâncias do caso e considerando as ofensas aos artigos 25.º, n.º 1, 5.º, n.º 2 e 24.º, n.º 2 do GDPR, foi fixada repreensão nos termos do artigo 58.º, n.º 2 da mesma legislação.[49] Com relação à multa administrativa, esta também foi fixada, levando-se em conta a possibilidade de cumulação de medidas previstas no artigo 83.º, n.º 2 do GDPR, que garante aplicação "em complemento ou em substituição das medidas referidas".[50]

Para fixação da multa, primeiro houve a definição da gravidade da falha ocorrida, para isso, foi levado em consideração o dever do ICB na implementação de medidas técnicas e organizacionais, algo não realizado pela agência, que considerando o alto número de titulares com dados sob seu domínio (2,8 milhões), culminou com reconhecimento de violação de natureza grave.[51] Com relação à falha decorrente da ausência de registro realização de testes para modificação que funções que afetem dados pessoais, também foi considerado de natureza grave.[52]

Em relação ao nível de danos ocorridos, considerando que apenas 1.062 dos 15.120 afetados tiveram erros divulgados, foi reconhecido que embora o número seja significativo, o nível de dano foi mínimo em relação a 14.058 contas.[53] No que se refere às demais contas, 1.062, considerando que a falha resultou em histórico equivocado, na grande maioria decorrente de data errada de encerramento, embora tenha sido afirmado pela agência que o dano teria sido mínimo, foi reconhecido que dano foi grave.[54] A justificativa para o nível de gravidade decorre do tipo de dado envolvido – sensível por se tratar de informações relativas à crédito, além da falha ter sido reconhecida apenas nove semanas após o início do erro e em razão de notificação de indivíduo que teve seu financiamento recusado por divergência de data em seu cartão de crédito, posteriormente aprovado por outra instituição financeira, resultando em atraso por culpa da agência.[55]

---

49. DATA PROTECTION COMMISSION. Decision. DPC Case Reference: IN-19-8.2. *An Coimisiún um Chosaint Sonraí*, Dublin, 2021. Disponível em: https://www.dataprotection.ie/sites/default/files/uploads/2021-05/Redacted_23.03.2021_Decision_IN-19-7-2.pdf. Acesso em: 11 out. 2022.

50. DATA PROTECTION COMMISSION. Decision. DPC Case Reference: IN-19-8.2. *An Coimisiún um Chosaint Sonraí*, Dublin, 2021. Disponível em: https://www.dataprotection.ie/sites/default/files/uploads/2021-05/Redacted_23.03.2021_Decision_IN-19-7-2.pdf. Acesso em: 11 out. 2022.

51. DATA PROTECTION COMMISSION. Decision. DPC Case Reference: IN-19-8.2. *An Coimisiún um Chosaint Sonraí*, Dublin, 2021. Disponível em: https://www.dataprotection.ie/sites/default/files/uploads/2021-05/Redacted_23.03.2021_Decision_IN-19-7-2.pdf. Acesso em: 11 out. 2022.

52. DATA PROTECTION COMMISSION. Decision. DPC Case Reference: IN-19-8.2. *An Coimisiún um Chosaint Sonraí*, Dublin, 2021. Disponível em: https://www.dataprotection.ie/sites/default/files/uploads/2021-05/Redacted_23.03.2021_Decision_IN-19-7-2.pdf. Acesso em: 11 out. 2022.

53. DATA PROTECTION COMMISSION. Decision. DPC Case Reference: IN-19-8.2. *An Coimisiún um Chosaint Sonraí*, Dublin, 2021. Disponível em: https://www.dataprotection.ie/sites/default/files/uploads/2021-05/Redacted_23.03.2021_Decision_IN-19-7-2.pdf. Acesso em: 11 out. 2022.

54. DATA PROTECTION COMMISSION. Decision. DPC Case Reference: IN-19-8.2. *An Coimisiún um Chosaint Sonraí*, Dublin, 2021. Disponível em: https://www.dataprotection.ie/sites/default/files/uploads/2021-05/Redacted_23.03.2021_Decision_IN-19-7-2.pdf. Acesso em: 11 out. 2022.

55. DATA PROTECTION COMMISSION. Decision. DPC Case Reference: IN-19-8.2. *An Coimisiún um Chosaint Sonraí*, Dublin, 2021. Disponível em: https://www.dataprotection.ie/sites/default/files/uploads/2021-05/Redacted_23.03.2021_Decision_IN-19-7-2.pdf. Acesso em: 11 out. 2022.

Pela conjugação de danos e níveis de gravidade, foi reconhecido que a conduta do ICB conteve gravidade considerada moderada.[56]

Com relação à intencionalidade que culminaram com a falha, foi reconhecido no relatório que não houve intenção, na medida em que a modificação que culminou com a falha, buscava a melhoria, sendo reconhecido, além disso, que não houve conhecimento ou vontade.[57] Em contrapartida, no que se refere à negligência da agência, esta foi reconhecida, isso pelo dever do ICB, por gerir dados, implementar medidas técnicas e organizacionais, a fim de proteger os dados, que além de tudo, são considerados sensíveis pela natureza de crédito que possuem.[58] Além disso, foi reconhecida a negligência pela ausência de medidas de gerenciamento de mudanças, nele incluídos a realização de testes.[59]

No que se refere a ações para mitigação dos danos sofridos pelos titulares de dados, foi reconhecido no relatório o cumprimento por parte do ICB, na medida em que, após o reconhecimento da falha, teria agido de forma célere para correção dos problemas, tendo também notificado os afetados a respeito da falha constatada.[60] Entretanto não foi considerada uma ação atenuante, visto que não teria sido realizada de forma voluntária.[61] Quanto ao grau de responsabilidade, este foi considerado alto, na medida em que o ICB deixou de implementar medidas a evitar a falha, a despeito da não consideração de agravante.[62]

Em relação a infrações anteriores, pela ausência em relação ao ICB, este foi considerado um atenuante.[63] Em consideração ao grau de cooperação, considerando às respostas a falha como, correção, notificação dos envolvidos e estruturação de novas medidas, além dos esclarecimentos prestados ao inquérito, foi constatado um ato grau

---

56. DATA PROTECTION COMMISSION. Decision. DPC Case Reference: IN-19-8.2. *An Coimisiún um Chosaint Sonraí*, Dublin, 2021. Disponível em: https://www.dataprotection.ie/sites/default/files/uploads/2021-05/Redacted_23.03.2021_Decision_IN-19-7-2.pdf. Acesso em: 11 out. 2022.

57. DATA PROTECTION COMMISSION. Decision. DPC Case Reference: IN-19-8.2. *An Coimisiún um Chosaint Sonraí*, Dublin, 2021. Disponível em: https://www.dataprotection.ie/sites/default/files/uploads/2021-05/Redacted_23.03.2021_Decision_IN-19-7-2.pdf. Acesso em: 11 out. 2022.

58. DATA PROTECTION COMMISSION. Decision. DPC Case Reference: IN-19-8.2. *An Coimisiún um Chosaint Sonraí*, Dublin, 2021. Disponível em: https://www.dataprotection.ie/sites/default/files/uploads/2021-05/Redacted_23.03.2021_Decision_IN-19-7-2.pdf. Acesso em: 11 out. 2022.

59. DATA PROTECTION COMMISSION. Decision. DPC Case Reference: IN-19-8.2. *An Coimisiún um Chosaint Sonraí*, Dublin, 2021. Disponível em: https://www.dataprotection.ie/sites/default/files/uploads/2021-05/Redacted_23.03.2021_Decision_IN-19-7-2.pdf. Acesso em: 11 out. 2022.

60. DATA PROTECTION COMMISSION. Decision. DPC Case Reference: IN-19-8.2. *An Coimisiún um Chosaint Sonraí*, Dublin, 2021. Disponível em: https://www.dataprotection.ie/sites/default/files/uploads/2021-05/Redacted_23.03.2021_Decision_IN-19-7-2.pdf. Acesso em: 11 out. 2022.

61. DATA PROTECTION COMMISSION. Decision. DPC Case Reference: IN-19-8.2. *An Coimisiún um Chosaint Sonraí*, Dublin, 2021. Disponível em: https://www.dataprotection.ie/sites/default/files/uploads/2021-05/Redacted_23.03.2021_Decision_IN-19-7-2.pdf. Acesso em: 11 out. 2022.

62. DATA PROTECTION COMMISSION. Decision. DPC Case Reference: IN-19-8.2. *An Coimisiún um Chosaint Sonraí*, Dublin, 2021. Disponível em: https://www.dataprotection.ie/sites/default/files/uploads/2021-05/Redacted_23.03.2021_Decision_IN-19-7-2.pdf. Acesso em: 11 out. 2022.

63. DATA PROTECTION COMMISSION. Decision. DPC Case Reference: IN-19-8.2. *An Coimisiún um Chosaint Sonraí*, Dublin, 2021. Disponível em: https://www.dataprotection.ie/sites/default/files/uploads/2021-05/Redacted_23.03.2021_Decision_IN-19-7-2.pdf. Acesso em: 11 out. 2022.

de cooperação.[64] No que se refere à categoria de dados pessoais, embora não se trate de dados de categoria especial ou decorrentes de condenações ou infrações criminais, ainda assim, podem ser considerados como sensíveis, haja vista que se referem à crédito, influenciando diretamente na sua concessão ou recusa por parte das instituições financeiras.[65] Assim, considerando a sensibilidade, reconhecida como alta, a categoria dos dados foi considerada um agravante.[66]

No que se refere à forma como a autoridade de controle tomou conhecimento, embora tenha sido por meio de notificação realizada pela agência, segundo o relatório tal comunicação é obrigatória nos termos do artigo 33.º, n.º 1 do GDPR, o que resulta no não enquadramento como atenuante.[67] Quanto à questão de medidas corretivas, foi reconhecido, que estas não foram determinadas à agência.[68] No que se refere à adesão à código de conduta ou certificação aprovada, embora a agência seja certificada pela ISO, por esta não ser aprovada nos termos do artigo 42.º do GDPR, esta não foi considerada nem atuante, nem agravante.[69]

Com todos os atenuantes e agravantes elencados, a primeira definição foi quanto ao intervalo do valor da multa, fixado até 10 milhões de euros, considerando o faturamento da agência no ano de 2020 e o artigo 83.º, n.º 4 do GDPR.[70] Com efeito, foi fixado o valor de 90 mil euros a título de multa, que segundo o relatório seria "efetivo, proporcional e dissuasivo".[71]

---

64. DATA PROTECTION COMMISSION. Decision. DPC Case Reference: IN-19-8.2. *An Coimisiún um Chosaint Sonraí*, Dublin, 2021. Disponível em: https://www.dataprotection.ie/sites/default/files/uploads/2021-05/Redacted_23.03.2021_Decision_IN-19-7-2.pdf. Acesso em: 11 out. 2022.

65. DATA PROTECTION COMMISSION. Decision. DPC Case Reference: IN-19-8.2. *An Coimisiún um Chosaint Sonraí*, Dublin, 2021. Disponível em: https://www.dataprotection.ie/sites/default/files/uploads/2021-05/Redacted_23.03.2021_Decision_IN-19-7-2.pdf. Acesso em: 11 out. 2022.

66. DATA PROTECTION COMMISSION. Decision. DPC Case Reference: IN-19-8.2. *An Coimisiún um Chosaint Sonraí*, Dublin, 2021. Disponível em: https://www.dataprotection.ie/sites/default/files/uploads/2021-05/Redacted_23.03.2021_Decision_IN-19-7-2.pdf. Acesso em: 11 out. 2022.

67. DATA PROTECTION COMMISSION. Decision. DPC Case Reference: IN-19-8.2. *An Coimisiún um Chosaint Sonraí*, Dublin, 2021. Disponível em: https://www.dataprotection.ie/sites/default/files/uploads/2021-05/Redacted_23.03.2021_Decision_IN-19-7-2.pdf. Acesso em: 11 out. 2022.

68. DATA PROTECTION COMMISSION. Decision. DPC Case Reference: IN-19-8.2. *An Coimisiún um Chosaint Sonraí*, Dublin, 2021. Disponível em: https://www.dataprotection.ie/sites/default/files/uploads/2021-05/Redacted_23.03.2021_Decision_IN-19-7-2.pdf. Acesso em: 11 out. 2022.

69. DATA PROTECTION COMMISSION. Decision. DPC Case Reference: IN-19-8.2. *An Coimisiún um Chosaint Sonraí*, Dublin, 2021. Disponível em: https://www.dataprotection.ie/sites/default/files/uploads/2021-05/Redacted_23.03.2021_Decision_IN-19-7-2.pdf. Acesso em: 11 out. 2022.

70. DATA PROTECTION COMMISSION. Decision. DPC Case Reference: IN-19-8.2. *An Coimisiún um Chosaint Sonraí*, Dublin, 2021. Disponível em: https://www.dataprotection.ie/sites/default/files/uploads/2021-05/Redacted_23.03.2021_Decision_IN-19-7-2.pdf. Acesso em: 11 out. 2022.

71. DATA PROTECTION COMMISSION. Decision. DPC Case Reference: IN-19-8.2. *An Coimisiún um Chosaint Sonraí*, Dublin, 2021. Disponível em: https://www.dataprotection.ie/sites/default/files/uploads/2021-05/Redacted_23.03.2021_Decision_IN-19-7-2.pdf. Acesso em: 11 out. 2022.

3. COMENTÁRIOS E ANÁLISE CRÍTICA

O primeiro ponto que merece ser considerado diz respeito a concordância à ofensa aos artigos 25.º, n.º 1, 5.º, n.º 2 e 24.º, n.º 2 do GDPR. A ofensa ao artigo 25.º, n.º 1 do GDPR decorreu do fato de que embora o contexto de utilização e a finalidade do tratamento dos dados pela agência evidenciassem a sua sensibilidade, para além da quantidade de dados tratados mensalmente, o ICB deixou de realizar medidas, nela incluídas técnicas e organizacionais a evitar a falha ocorrida. Nesse contexto, deve-se evidenciar que na ocasião da modificação do código, deixou realizar testes, o que poderia indicar e antecipar o erro técnico ocorrido e que culminou nas atualizações equivocadas que se propagaram por mais de dois meses.

No que se refere à ofensa ao artigo 5.º, n.º 2, esta também ocorreu, na medida em que pese a previsão quanto à necessidade de salvaguardar o princípio da exatidão, este foi ferido, na medida em que, por ausência de teste e, portanto, possibilidade de antecipação e prevenção ao erro, culminou no fornecimento de informações equivocadas sobre mais de 15 mil contas por meses. Com efeito, considerando que os dados erroneamente atualizados diziam respeito à questão de crédito e, portanto, defmíveis na concessão ou não de financiamento a indivíduos, clara a ofensa ao princípio da exatidão, que garante aos titulares de dados, a adoção por parte das empresas de todas as medidas possíveis a preservar sua exatidão, algo que não ocorreu no caso em análise, visto que nem mesmo foi realizado testes antes da implementação da mudança.

Quanto à ofensa ao artigo 24.º, n.º 2 do GDPR, considerando que o artigo trata da responsabilidade dos agentes de tratamento, oportuno novamente trazer a discussão o equívoco da agência, de deixar de aplicar medidas a impedir o erro, que resultou em atualizações errôneas em milhares de contas. Como consequência, a ofensa ao presente artigo decorre do dever da agência, que embora não cumprido, deveria ter procedido a testes, a fim de antecipar possíveis erros, tudo a fim de preservar os dados tratados, bem como, estar de acordo com o disposto no GDPR.

Em contrapartida, em relação aos requisitos para fixação de multa, considerando as constatações levantadas no relatório, que considerou os dados como sensíveis e os fatos como de natureza grave, considerando que a infração durou nove semanas, ou seja, pouco mais de dois meses, considero à gravidade da ocorrência como grave, a despeito de no relatório ter sido considerada como moderada. Com relação ao caráter intencional ou negligente, a iniciativa para tomada atenuação dos danos e o grau de responsabilidade do ICB, merece concordância as razões contidas no relatório, na medida em que não é possível dos fatos levar a conclusão a respeito de intencionalidade das ocorrências, mas sim, a negligência, além das medidas terem sido realizadas pela agência, única responsável pelo erro.

No que se refere a infrações anteriores, grau de cooperação e categoria de dados afetados, também merece concordância as elucidações contidas no relatório, isso porque não há razão para se falar em infrações anteriores. Além disso, houve plena cooperação da agência, que procedeu ao fornecimento de informações e esclarecimentos quando solicitado. Sendo que em relação à categoria de dados, correto o enquadramento dos dados tratados como sensíveis, pelo que se destinam (concessão de crédito), embora não estejam contidos nas categorias especiais de dados, nem se refiram a questões de ordem criminal.

Quanto aos demais requisitos para fixação do valor da multa, também merece anuência os esclarecimentos do relatório, haja vista que embora o ICB tenha realizado a notificação sobre a falha, esta é obrigatória nos termos do GDPR, devendo ser ressaltado o fato de que somente ocorreu após sua ciência, realizada por titular de dado afetado. Com relação ao cumprimento do artigo 58.º, n.º 2, considerando que a própria agência reconheceu o erro e o sanou, não houve qualquer determinação relativa a este artigo. Por fim, no que se refere à código de conduta ou certificação, considerando que a certificação da empresa (ISO) não foi aprovada nos termos da legislação em vigência (GDPR), não há razão para se falar em benefício ao ICB.

Pelas razões lançadas, a despeito da compreensão dos cálculos que resultaram na multa, entendo que o valor fixado, de 90 mil euros, não seria suficiente ao cumprimento da tríade "efetivo, proporcional e dissuasivo", na medida em que considerando o valor máximo, de 10 milhões de euros, que indicava faturamento alto da agência, bem como, o grande risco a que foram submetidos os titulares de dados, seja pela sensibilidade dos dados como pelo volume mensal que eram tratados, o valor da multa possivelmente foi irrisório à agência.

Ao trazer a discussão do caso *Irish Credit Bureau* à realidade brasileira, regida pela Lei Geral de Proteção de Dados Pessoais (LGPD), entendo pela ofensa aos princípios da qualidade dos dados e da segurança. A ofensa ao princípio da qualidade decorre do fato de que à atualização de dados, a despeito de sua incerta necessidade, trouxe inexatidão dos dados. No que se refere à alteração acidental resultante de mudança de código, resultando em erros nas datas, haveria também ofensa ao princípio da segurança.

Com efeito, pela situação ocorrida, nos termos da LGPD, o ICB também ficaria sujeito à sanção como multa, limitada à R$ 50 milhões, também se considerando critérios como, gravidade e natureza da infração e dos dados, boa-fé, vantagem, condição econômica, reincidência, grau de dano, cooperação, adoção de mecanismos para minimizar os danos, adoção de políticas de boas práticas e governança, e de medidas coercitivas, e proporcionalidade entre gravidade e sanção (art. 52, I ao XI da LGPD). Assim, notam-se diferenças entre os requisitos para aplicações de sanções como, vantagem auferida ou pretendida e duração da infração previstas na LGPD e no GDPR, respectivamente.

4. CONCLUSÃO

Com fundamento na proposta apresentada, de trazer um panorama sobre o caso do *Irish Credit Bureau*, primeiramente foi trazida a descrição dos fatos ocorridos, bem como das constatações levantadas no inquérito no que se refere ao equívoco que culminou com a inexatidão de dados relativos a créditos de mais de 15 mil indivíduos.

Esclarecido os fatos, foi apresentado as razões que resultaram na ofensa aos artigos 25.°, n.° 1, 5.°, n.° 2 e 24.°, n.° 2 do *General Data Protection Regulation*, culminando com as sanções de repreensão e multa.

Posteriormente, em uma terceira parte do estudo foram realizados comentários e análise crítica sobre as sanções aplicadas, com especial análise quanto aos requisitos que definiram a aplicação de multa e seu valor. Pela análise realizada, houve manifestação no sentido de que a quantia fixada a título de multa seria suficiente ao cumprimento da tríade "efetivo, proporcional e dissuasivo".

Por fim, de forma breve, foi trazida a discussão à seara legislativa brasileira, resultando na constatação de que o caso ICB teria ofendido princípios da qualidade dos dados e da segurança, além de ter sido realizada diferenciação entre os requisitos de aplicações de sanções como, vantagem auferida ou pretendida e duração da infração previstas na LGPD e no GDPR, respectivamente.

REFERÊNCIAS

1. Ementas de julgados e legislação

BRASIL. [Lei Geral de Proteção de Dados Pessoais (2018)]. *Lei 13.709, de 14 de agosto de 2018*. Brasília, DF: Presidência da República, [2018]. Disponível em: http://www.planalto.gov.br/ccivil_03/_ato2015-2018/2018/lei/l13709.htm. Acesso em: 11 out. 2022.

DATA PROTECTION COMMISSION. Decision. DPC Case Reference: IN-19-8.2. *An Coimisipun um Chosaint Sonraí*, Dublin, 2021. Disponível em: https://www.dataprotection.ie/sites/default/files/uploads/2021-05/Redacted_23.03.2021_Decision_IN-19-7-2.pdf. Acesso em: 11 out. 2022.

IRISH CREDIT BUREAU. *Irish Credit Bureau D. A. C. is no longer in business*. Dublin, [s/a]. Acesso em: 11 out. 2022.

UE. *General Data Protection Regulation*. Disponível em: https://eur-lex.europa.eu/eli/reg/2016/679/oj. Acesso em: 11 out. 2022.

UE. *Irlanda*. Disponível em: https://european-union.europa.eu/principles-countries-history/country-profiles/ireland_pt. Acesso em: 11 out. 2022.

22
ABALO NO FIRMAMENTO: O 'CASO CATHAY PACIFIC AIRWAYS LIMITED'

Giovanni Carlo Batista Ferrari

Pós-graduado em Direito Digital e Direito do Consumidor. Graduado em Direito pela UFMG. Advogado. E-mail: giovannicbf@hotmail.com.

Resumo: A ICO multou a empresa aérea *Cathay Pacific Airways Limited* em 500,000 libras por falhas de segurança no armazenamento dos dados pessoais de seus clientes.

Fundamento: *Data Protection Act* 2018.

Decisão completa:

https://ico.org.uk/media/action-weve-taken/mpns/2617314/cathay-pacific-mpn-20200210.pdf

Sumário: 1. Descrição do caso – 2. Fundamentação legal para a imposição da sanção – 3. Comentários e análise crítica – 3.1 Análise do caso sob perspectiva da legislação brasileira – 4. Conclusão – Referências.

1. DESCRIÇÃO DO CASO

A *Cathay Pacific Airways Limited*, doravante referida como *Cathay*, é uma companhia de transporte aéreo baseada em Hong Kong, mas também registrada na *Companies House*, no Reino Unido.[1] A empresa possui cerca de 200 destinos aéreos mundo afora, e no ano de 2018, transportou cerca de 35.5 milhões de passageiros.[2] Para prover esses

---

1. UNITED KINGDOM. GOV.UK. *Cathay Pacific Airways Limited - Companies House Service*. Disponível em: https://find-and-update.company-information.service.gov.uk/company/FC010617. Acesso em: 11 out. 2022.
2. "At the end of 2018, Cathay Pacific acquired from DHL International the 40% shareholding in Air Hong Kong that it did not already own, with the result that Air Hong Kong became a wholly-owned subsidiary. (...) 35.5 million passengers were carried, an increase of 2% compared to the previous year". SWIRE PACIFIC. SWIRE PACIFIC 2018 ANNUAL REPORT. 14 mar. 2019. p. 36. Disponível em: https://www1.hkexnews.hk/listedco/listconews/sehk/2019/0410/ltn20190410272.pdf. Acesso em: 11 out. 2022.

serviços, a *Cathay* trata dados pessoais dos seus clientes, incluindo números de passaporte, nomes, detalhes de contato, data de nascimento e nacionalidade.

Além disso, a *Cathay* possui um programa de fidelidade, que premia passageiros que escolhem voar com eles. Por isso, a companhia também guarda os números de cadastro, histórico de viagens e informações de serviço ao cliente.

No dia 10 de fevereiro de 2020, a *Cathay* foi notificada de uma multa[3] que sofreu do *Information Commissioners Office* (ICO),[4] no valor de £500 mil Libras Esterlinas,[5] por violação às normas legais de proteção de dados vigentes, uma vez que ficou constatado o vazamento em massa de dados pessoais, evento que atingiu cerca de 9.4 milhões de clientes no mundo,[6] incluindo 233.234 do Espaço Econômico Europeu, e sendo 111.578 do Reino Unido.[7] Dessas pessoas atingidas, 12 mil reclamaram com a empresa e 2 apresentaram reclamações formais à ICO.[8]

Enquanto suas belas e imponentes aeronaves riscavam os céus do globo, levando passageiros a seus destinos, viabilizando a realização de sonhos, passeios e negócios, uma outra situação concomitante, sem júbilo, e que compromete as operações da empresa, acontecia nas entranhas da *Cathay*.

Através de investigações minuciosamente conduzidas por uma empresa especializada em segurança da informação, foram identificados alguns pontos de vulnerabilidade crítica nos sistemas informáticos da *Cathay*, que culminou no massivo vazamento de dados pessoais acima descrito. Nessa ótica, de acordo com o que foi apurado, ataques realizados por *hackers* tiveram início em 15 de outubro de 2014, mas a notícia do fato e do vazamento em massa veio a público apenas em maio de 2018.[9]

O incidente de segurança afetou quatro dos sistemas da *Cathay*:

– Sistema A: usado para fazer relatórios, compilando informações em diferentes bases de dados, incluindo a base de dados de clientes.

– Sistema B: usado para processar e gravar os detalhes de vínculo dos titulares de dados em um grupo.

– Sistema C: uma base de dados de processos internos, usada principalmente para dar suporte em aplicativos baseados na internet.

– Sistema D: uma base de dados transitória, que permite a usuários da *Asia Miles* resgatar prêmios que não sejam relativos a voos.

---

3. UNITED KINGDOM. Information Commissioner's Office (ICO). *Cathay Pacific Airways Limited monetary penalty notice*. Decision n. 2617314. 10 fev. 2020. Disponível em: https://ico.org.uk/media/action-weve-taken/mpns/2617314/cathay-pacific-mpn-20200210.pdf. Acesso em: 11 out. 2022.

4. UNITED KINGDOM. *Information Commissioner's Office* (ICO). Disponível em: https://ico.org.uk/. Acesso em: 11 out. 2022.

5. Parágrafo 43 da Decisão n. 2617314.

6. Parágrafo 27 da Decisão n. 2617314.

7. Parágrafo 19 da Decisão n. 2617314.

8. Parágrafo 21 da Decisão n. 2617314.

9. Parágrafo 18 da Decisão n. 2617314.

A *Cathay* somente percebeu que algo estava errado em 13 de março de 2018, quando foi alvo de um ataque de força bruta[10] na base de dados do *Active Directory*. Esse ataque teve origem em um prestador de serviços de tecnologia da informação (TI), cujo servidor dava suporte à empresa.

A partir disso, a companhia realizou uma investigação independente, conforme já dito, que identificou dois grupos distintos de ataque, que operavam de forma separada, devido ao seu modo de agir diferenciado em relação a táticas, técnicas e procedimentos.

> – Grupo 1: foi responsável pelo ataque no Sistema A, e a *Cathay* não foi capaz de identificar como eles tiveram acesso a isso.
>
> – Grupo 2: foi responsável pelos ataques nos Sistemas B, C e D. Aparentemente o Grupo 2 conseguiu fazer a invasão através de um servidor conectado à internet. Uma vez dentro do ambiente da *Cathay*, os atacantes foram capazes de instalar um *malware*[11] para adquirir credenciais de acesso desde 10 de agosto de 2017. Usando essas credenciais, o Grupo 2 acessou uma *virtual private network* (VPN), uma plataforma de comunicação externa e outra plataforma administrativa.

Então, diante de todo o problema mapeado, a *Cathay*, através de medidas técnicas, bloqueou o acesso não autorizado aos seus sistemas em 11 de maio de 2018.

A ICO somente ficou ciente da situação de vazamento massivo de dados em 25 de outubro de 2018, quando a *Cathay* voluntariamente reportou o incidente. A empresa relatou que vários meses foram necessários para analisar os dados atingidos e entender o impacto do incidente, bem como ajustar os sistemas de atendimento ao cliente, realizando ainda a notificação adequada e individual sobre a situação.

Embora não haja casos confirmados do mal uso dos dados pessoais que os malfeitores tiveram acesso, devido à natureza da informação adquirida, incluindo número de passaportes, é provável que as pessoas sejam alvo de ataques de engenharia social e *phishing*,[12] uma vez que as informações confidenciais podem ser usadas para convencer as vítimas da legitimidade do interlocutor.

Com uma população estimada em cerca de 67 milhões de habitantes, o Reino Unido, é uma das maiores economias do mundo, com o Produto Interno Bruto estimado em US$ 2,7 trilhões de dólares. Nesse contexto, o fluxo de pessoas naquele país é intenso, com cerca de 26 milhões de passageiros transitando anualmente,[13] por ser aquele um centro econômico e cultural de amplitude mundial.

---

10. "Um ataque de força bruta, ou *brute force*, consiste em adivinhar, por tentativa e erro, um nome de usuário e senha e, assim, executar processos e acessar sites, computadores e serviços em nome e com os mesmos privilégios deste usuário." Centro de Estudos, Resposta e Tratamento de Incidentes de Segurança no Brasil (CERT.BR). Cartilha de Segurança para Internet – Versão 4.0. São Paulo: Comitê Gestor da Internet no Brasil, 2012. p. 20. Disponível em: https://cartilha.cert.br/livro/cartilha-seguranca-internet.pdf. Acesso em: 11 out. 2022.

11. "Códigos maliciosos (malware) são programas especificamente desenvolvidos para executar ações danosas e atividades maliciosas em um computador." Ibidem, p. 23.

12. "*Phishing, phishing-scam* ou *phishing/scam*, é o tipo de fraude por meio da qual um golpista tenta obter dados pessoais e financeiros de um usuário, pela utilização combinada de meios técnicos e engenharia social." Ibidem, p. 23.

13. UNITED KINGDOM. Civil Aviation Authority. *Terminal and Transit Passengers May 2019*. Disponível em: https://www.caa.co.uk/Documents/Download/3465/150f3235-794c-43a6-bedf-14c72161e3e5/1397. Acesso

GIOVANNI CARLO BATISTA FERRARI

Nessa ótica, considerando que as pessoas dependem de serviços aéreos de qualidade, em que possam confiar suas informações para a realização do contrato de transporte, a invasão dos sistemas da *Cathay* trouxe temores ao mercado, e os investidores receosos de existirem outras vulnerabilidades informáticas, preferem não correr riscos de prejuízo, levando um desestímulo econômico para o setor.

2. FUNDAMENTAÇÃO LEGAL PARA A IMPOSIÇÃO DA SANÇÃO

A ICO, baseada nos fatos acima descritos, abriu um processo sancionatório contra a *Cathay*, por haver fortes indícios de violação à legislação vigente à época.

Analisando a legislação aplicável, e considerando que a violação aos sistemas da *Cathay* ocorreu antes de 2018, que também foi o ano de entrada em vigor do Regulamento n.º 2016/679 da União Europeia (GDPR),[14] a norma a ser aplicada é a vigente na data dos fatos, que remontam ao ano de 2014. Dessa forma, a legislação a ser utilizada é a Diretiva 95/46/EC,[15] que garante os direitos fundamentais das pessoas em relação à proteção de dados. Além disso, aplica-se ainda a *Data Protection Act 1998* (DPA),[16] legislação local do Reino Unido, que dá efeito ao estabelecido na Diretiva 95/46.

Nesse caso, é importante analisar a natureza jurídica da *Cathay* no contexto, que nesse caso era de controladora de dados pessoais, conforme descreve a Seção 1 do DPA:

(1) 'data controller' means, subject to subsection (4), a person who (either alone or jointly or in common with other persons) determines the purposes for which and the manner in which any personal data are, or are to be, processed.

E ainda, a seção 5 do DPA prevê que:

(1) Except as otherwise provided by or under section 54, this Act applies to a data controller in respect of any data only if

a) the data controller is established in the United Kingdom and the data are processed in the context of that establishment,

(3) For the purposes of subsections (1) and (2), each of the following is to be treated as established in the United Kingdom

d) any person who does not fall within paragraph (a), (b) or

---

em: 12 de julho de 2022.

14. UNIÃO EUROPEIA. Regulamento (UE) 2016/679 do Parlamento Europeu e do Conselho de 27 de abril de 2016 relativo à proteção das pessoas singulares no que diz respeito ao tratamento de dados pessoais e à livre circulação desses dados e que revoga a Diretiva 95/46/CE (Regulamento Geral sobre a Proteção de Dados). Jornal Oficial da União Europeia, Bruxelas, 119/1, 04 maio 2016. Disponível em: https://eur-lex.europa.eu/legal-content/PT/TXT/HTML/?uri=CELEX:32016R0679. Acesso em: 11 out. 2022.

15. UNIÃO EUROPEIA. Directiva 95/46/CE do Parlamento Europeu e do Conselho de 24 de outubro de 1995 relativa à proteção das pessoas singulares no que diz respeito ao tratamento de dados pessoais e à livre circulação de dados. Jornal Oficial das Comunidades Europeias, L 281/31, 23 nov. 1995. Disponível em: https://www.ipvc.pt/wp-content/uploads/2021/01/Directiva-n.%C2%BA-95_46_CE-do-Parlamento-Europeu-e-do-Conselho--de-24-de-outubro-de-1995.pdf. Acesso em: 11 out. 2022.

16. UNITED KINGDOM. *Data Protection Act 1998*. Disponível em: https://www.legislation.gov.uk/ukpga/1998/29/contents. Acesso em: 11 out. 2022.

(c) but maintains in the United Kingdom

i) an office, branch or agency through which he carries on any activity, or

(ii) a regular practice; and the reference to establishment in any other EEA State has a corresponding meaning.

Dessa forma, considerando que a *Cathay* possui filial registrada no Reino Unido e faz o tratamento de dados dos seus clientes para realizar sua atividade de transporte aéreo, ela se encaixa perfeitamente na categoria de controlador de dados pessoais.

Os critérios de julgamento considerados pela autoridade levaram em conta a conduta da *Cathay* nos seguintes aspectos:[17]

1 – Base de dados não criptografadas. A aplicação da criptografia é um aspecto importante na segurança da informação, uma vez que, em regra, só poderá ter acesso àquelas informações, quem tem a chave, sendo, portanto, um método seguro para armazenar e transferir dados pessoais. A política interna da *Cathay* já previa a criptografia como meio de prover segurança aos dados pessoais tratados, entretanto, numa atitude contraditória, a *Cathay* violou suas próprias regras e não aplicou a criptografia em sua base de dados. Dessa forma, os atacantes tiveram acesso à base de dados pessoais da *Cathay* sem terem que descriptografar as informações acessadas.

2 – Os servidores conectados à internet eram acessíveis por terceiros devido à vulnerabilidades conhecidas e tornadas públicas. Um dos servidores que foram acessados através da exploração de vulnerabilidades amplamente conhecidas desde 2007. Tal vulnerabilidade permitiu aos atacantes burlar a autenticação e ganhar acesso ao sistema de caráter administrativo via requisição. A complexidade dessa manobra é considerada baixa, podendo ser executada por pessoas com pouca habilidade. A remediação para esse problema, com as instruções de reparo, foi fornecida ao público há mais de 10 anos e a *Cathay* não tomou providências para retificar o problema.

3 – A plataforma de administração era publicamente acessível pela internet. A plataforma deveria ser acessada apenas pelos empregados autorizados da *Cathay* ou terceiros que prestam suporte técnico. Nenhuma avaliação sobre os riscos de acessos de terceiros foi realizada, embora tal fosse exigido pela própria política de acesso da empresa. A companhia poderia organizar controles que preveniriam ataques ao site.

4 – O Sistema A era hospedado em um sistema operacional que não recebe mais suporte técnico. Isso significa que atualizações de segurança não são mais criadas para o sistema operacional. Como o sistema não é mais atualizado, ele torna-se vulnerável a ataques com o passar do tempo, sendo um alvo preferencial para os criminosos.

A política de tecnologia da informação da *Cathay* prevê que *hardwares* e *softwares* devem ser atualizados quando se chega no fim da sua vida útil, e isso pode envolver a substituição ou a melhoria de ativos importantes. Por negligência, a *Cathay* nem substituiu, nem adquiriu nenhum suporte ao Sistema A. Dessa forma, se a empresa tivesse

---

17. Parágrafo 24 da Decisão n. 2617314.

seguido suas próprias políticas e não tivesse entrado em contradição, ela estaria utilizando um sistema mais seguro.

5 – A *Cathay* não apresentou evidências de uma adequada segurança nos servidores. A gestão adequada dos servidores perpassa por processos de remoção de aplicações, funcionalidades, serviços e portas desnecessárias, minimizando, assim, vulnerabilidades. Tal situação já estava prevista na política da *Cathay*, estabelecendo que "todas as portas não utilizadas devem ser desativadas para evitar acessos indevidos".[18] A empresa não apresentou nenhuma documentação sobre esses procedimentos de segurança.

6 – Usuários da rede eram permitidos autenticar através da VPN, sem realizar o múltiplo fator de autenticação (MFA). O uso do MFA é recomendado para garantir que os usuários são genuínos, e não estão utilizando credenciais apócrifas. Se todos os usuários tivessem que realizar o duplo fator de autenticação, os atacantes não seriam capazes de utilizar credenciais roubadas para acessar a VPN e o vazamento de dados seria evitado.

7 – Defesa de antivírus inadequada. O servidor que tinha o Sistema B hospedado não possuía software antivírus instalado. A *Cathay* explicou que não fez a instalação por problemas de compatibilidade entre os programas. A empresa também não explicou o motivo de o servidor que hospeda o Sistema C. Se a proteção antivírus apropriada fosse aplicada adequadamente, o uso de *malwares* por atacantes poderiam ser identificados antes.

8 – Gerenciamento de atualizações é inadequado. A *Cathay* não apresentou qualquer evidência de gerenciamento de atualizações aos servidores dos Sistemas A e C. No Sistema B, a empresa trouxe registros que mostram que atualizações foram instaladas e 25 e 26 de setembro de 2017, 11 de novembro de 2017 e 26 de julho de 2018. Por 8 meses entre novembro de 2017 e julho de 2018, um importante servidor estava em falta de 16 atualizações de segurança que resolviam problemas publicamente conhecidos, sendo 12 vulnerabilidades descritas como facilmente exploráveis. Também foi identificado que um controlador de domínios comprometido não teve 12 atualizações instaladas entre junho de 2016 e maio de 2017, tempo que a Microsoft disponibilizou tais correções. Se a *Cathay* tivesse eficiência no gerenciamento de atualizações, os atacantes teriam menos oportunidade de explorar vulnerabilidades conhecidas.

9 – Evidências forenses não estavam mais disponíveis durante a investigação do Comissário. Conforme referido acima, alguns servidores foram descomissionados após o vazamento de dados. A *Cathay* apontou isso como razão de não providenciar evidências ao Comissário. Entretanto, está claro que esses servidores foram analisados durante a própria investigação da *Cathay*, bem como da empresa de segurança contratada. Se a *Cathay* tivesse seguido as melhores práticas em termos de preservação de evidências digitais, mais informações estariam disponíveis.

10 – Privilégio inapropriado foi dado a algumas contas. Muitas das contas de usuários comprometidos faziam parte do grupo de administração, dando a elas controle total do domínio. Esses privilégios vinculados a essas contas possibilitaram que os atacantes tivessem mais acesso aos dados e aos dispositivos. As melhores práticas entendem que

---

18. Tradução livre: "all unused ports must be de-activated to avoid illegal access".

não devem haver contas usadas no dia a dia dentro do grupo de administração, apenas devendo ter esse acesso a conta inicial de Administrador. Outra boa prática consiste em dar privilégio mínimo para as contas, possibilitando que elas executem suas tarefas com apenas o mínimo necessário em relação a acessos administrativos. Nesse contexto, outro conceito é o de uso no tempo adequado, em que as permissões adquiridas acontecem numa janela de tempo pré-determinada e limitada, evitando acessos permanentes. Se a *Cathay* tivesse se atentado a essas boas práticas, ao invés de dar privilégios administrativos a mais de 90 contas de forma permanente, ela poderia ter prevenido os ataques de acontecerem e dos atacantes tomarem o controle da mais privilegiada das contas no domínio, que acessavam outros dispositivos na rede.

11 – Testes de invasão inadequados. Os sistemas devem ser testados regularmente, com as boas práticas indicando uma frequência anual ou após uma mudança relevante na organização. Para os Sistemas A, B e C, a *Cathay* não forneceu informações de quando o último teste foi realizado. Em outros sistemas, o último a ser analisado foi em novembro de 2016, o que demonstra que os sistemas ficaram mais de 2 anos sem fazer o devido teste. Considerando a natureza e quantidade de dados pessoais armazenados pela *Cathay*, e o rápido desenvolvimento das ameaças que as torna mais sofisticadas ao logo do tempo, o comportamento da empresa é inapropriado ao não realizar os testes de invasão.

12 – Períodos de armazenamento de dados muito longos. Os dados do Sistema B eram armazenados indefinidamente, e apenas seriam limpos após sete anos consecutivos de inatividade. A empresa explicou que os passageiros se tornavam inativos após a requisição de encerramento da conta ou conta do clube de membros cancelada ou após a morte. Sete anos após esses eventos ocorrerem, os dados seriam eliminados. Se a *Cathay* tivesse aplicado uma política de retenção de dados mais apropriada, menos dados pessoais seriam comprometidos.

A *Cathay* tinha ao seu dispor uma ampla variedade de medias de segurança na época dos ataques. Porém, ela falhou em efetivamente gerenciar essas soluções, ou em se adequar às próprias políticas. Muitas dessas falhas e omissões demonstram a negligência da empresa com os dados pessoais que tratava, levando em conta a quantidade e a natureza dos dados pessoais. Se medidas adequadas fossem implementadas, isso poderia ter prevenido ou limitado a amplitude e o impacto do incidente, ou possibilitado que o ataque fosse detectado e remediado antes.

O DPA contém oito princípios importantes no que diz respeito à proteção de dados pessoais.[19] Na seção 4(4) dessa norma prevê que o controlador de dados deve estar em

---

19. Part I The principles. 1 Personal data shall be processed fairly and lawfully (...). 2 Personal data shall be obtained only for one or more specified and lawful purposes, and shall not be further processed in any manner incompatible with that purpose or those purposes. 3 Personal data shall be adequate, relevant and not excessive in relation to the purpose or purposes for which they are processed. 4 Personal data shall be accurate and, where necessary, kept up to date. 5 Personal data processed for any purpose or purposes shall not be kept for longer than is necessary for that purpose or those purposes. 6 Personal data shall be processed in accordance with the rights of data subjects under this Act. 7 Appropriate technical and organisational measures shall be taken against unauthorised or unlawful processing of personal data and against accidental loss or destruction of, or damage to, personal data. 8 Personal data shall not be transferred to a country or territory outside the European Economic

conformidade com os princípios trazidos pela lei. Nesse sentido, o comissário da ICO responsável em analisar o caso, considerou que a *Cathay* violou gravemente o sétimo princípio do DPA, qual seja:

7. Appropriate technical and organisational measures shall be taken against unauthorised or unlawful processing of personal data and against accidental loss or destruction of, or damage to, personal data.

Sobre a interpretação desse princípio, o próprio DPA dispõe:

The seventh principle

9. Having regard to the state of technological development and the cost of implementing any measures, the measures must ensure a level of security appropriate to –

(a) the harm that might result from such unauthorised or unlawful processing or accidental loss, destruction or damage as are mentioned in the seventh principle, and

(b) the nature of the data to be protected.

10. The data controller must take reasonable steps to ensure the reliability of any employees of his who have access to the personal data.

11. Where processing of personal data is carried out by a data processor on behalf of a data controller, the data controller must in order to comply with the seventh principle –

(a) choose a data processor providing sufficient guarantees in respect of the technical and organisational security measures governing the processing to be carried out, and

(b) take reasonable steps to ensure compliance with those measures.

12. Where processing of personal data is carried out by a data processor on behalf of a data controller, the datacontroller is not to be regarded as complying with the seventh principle unless –

(a) the processing is carried out under a contract

(i) which is made or evidenced in writing, and

(ii) under which the data processor is to act only on instructions from the data controller, and

(b) the contract requires the data processor to comply with obligations equivalent to those imposed on a data controller by the seventh principle.

Assim, a autoridade responsável considerou que a *Cathay* não tomou providências razoáveis quanto à implementação e manutenção dos seus sistemas, atitude que causou falhas e vulnerabilidades que possibilitaram os ataques feitos pelos criminosos.

Dessa forma, considerando o disposto na Seção 55-A do DPA, que dá poderes sancionatórios ao Comissário da ICO,[20] este resolveu aplicar a multa de £500 mil Libras Esterlinas à *Cathay*, em razão de todas as particularidades do caso em comento.

Area unless that country or territory ensures an adequate level of protection for the rights and freedoms of data subjects in relation to the processing of personal data.

20. "The Commissioner may serve a data controller with a monetary penalty notice if the Commissioner is satisfied that- (a) there has been a serious contravention of section 4(4) by the data controller, (b) the contravention was of a kind likely to cause substantial damage or substantial distress, and (c) subsection (2) or (3) applies".

3. COMENTÁRIOS E ANÁLISE CRÍTICA

A ICO aplicou a sanção pecuniária à *Cathay* tendo em vista toda a atuação da empresa em relação à falta de proteção de dados pessoais de seus clientes armazenados nos sistemas informáticos.

Considerando todo o contexto analisado pela ICO, e a conduta da *Cathay*, creio que a sanção aplicada à empresa é proporcional à gravidade da situação. Conforme documentos apresentados, em especial suas políticas internas, os gestores da *Cathay* tinham plena consciência do que precisava ser feito em relação à segurança dos seus sistemas informáticos e mesmo assim agiram de forma incoerente com as próprias regras.

Nesse contexto, observa-se uma conduta omissiva por comissão por parte da *Cathay*, assumindo ela, assim, o risco de um incidente de segurança da informação. Tal risco mostrou-se verdadeiro, porque possibilitou aos atacantes invadirem de forma ilícita os sistemas informáticos da empresa. Essa conduta omissiva prolongou-se por diversos anos, deixando a empresa exposta a agentes maliciosos, fazendo com que os dados pessoais de seus clientes ficassem ao dispor deles.

A *Cathay*, como empresa multinacional que transporta quase uma dezena de milhão de passageiros anualmente, possui capacidade técnica e financeira para adquirir serviços de segurança da informação compatíveis com a natureza de suas atividades e as soluções de proteção de dados adequadas a esse modelo de negócio. Dessa forma, como ela optou por não fazer essas medidas de segurança recomendadas pelos fornecedores e pelas próprias políticas internas, sua conduta deve ser considerada grave.

Os desenvolvedores dos sistemas utilizados pela *Cathay* criaram atualizações nos programas para corrigir falhas de segurança, e mesmo com as vulnerabilidades publicadas na internet e as alternativas de correção disponibilizadas pelos seus fornecedores, a empresa não agiu diligentemente e deixou de tomar atitudes minimamente razoáveis para remediar o problema. Até mesmo atacantes com poucas habilidades técnicas poderiam burlar os sistemas da companhia e conseguir acesso a contas administrativas com alto privilégio.

A privacidade dos titulares de dados pessoais foi atingida por culpa da *Cathay*. Dados pessoais sobre passaporte, viagens, nacionalidade e outros puderam ser acessados pelos atacantes. Considerando a atitude ilícita desses atacantes, a ligação destes com outros criminosos, e conhecendo também sobre o que é feito com esses dados pessoais, nota-se que os titulares podem se tornar mais facilmente alvos de outras fraudes, pois informações de documentos e outros serão usados para construir uma aparência de genuinidade e facilitar um golpe perpetrado por estelionatários.

Além de tudo isso, a *Cathay*, após análise interna e auditoria da firma de segurança independente, deliberadamente descomissionou alguns servidores, o que impediu ao Comissário da ICO de investigar e compreender toda a situação de ataque. Dessa forma, não foi possível analisar propriamente as ações e omissões da *Cathay* durante o período, o que pode muito bem configurar "queima de arquivo", algo muito grave.

416 GIOVANNI CARLO BATISTA FERRARI

Sobre a legislação aplicável, a *Cathay* descumpriu com várias normas sobre proteção de dados pessoais, entretanto a empresa teve uma atitude positiva em cooperar com as investigações e em notificar os titulares de dados pessoais do ocorrido.

Portanto, levando em conta todos esses aspectos acima apontados, reputo justa a sanção aplicada pela ICO no valor de £500 mil Libras Esterlinas. Após ser notificada da sanção imposta, a *Cathay* teve um prazo de sete dias para oferecer defesa em relação ao decido.

Vejo com bons olhos a atuação da ICO, na exposição do caso e na solução encontrada por ela, mostrando de forma clara como tudo aconteceu e quais foram os critérios utilizados por essa autoridade para chegar na decisão final, oferecendo ainda ao sancionado a possibilidade de apresentar sua defesa sobre os mesmos fatos.

3.1 Análise do caso sob perspectiva da legislação brasileira

Se a *Cathay* fosse uma empresa que tratasse dados pessoais coletados no Brasil, oferecendo seus produtos neste país, ela teria de atuar conforme a lei federal 13.709/2018, a Lei Geral de Proteção de Dados Pessoais (LGPD),[21] e a autoridade supervisora seria a Autoridade Nacional de Proteção de Dados (ANPD),[22] que analisaria o caso acima narrado de acordo com as normas vigentes.

Nesse caso, a *Cathay*, como organização que trata os dados pessoais de seus clientes para fins de prestação de serviços de transporte, se encaixa bem na definição de controladora de dados pessoais, conforme art. 5, VI da LGPD,[23] pois é ela quem define as finalidades para o tratamento de dados pessoais dos seus clientes.

A LGPD traz como fundamentos da proteção de dados, entre outros, o respeito à privacidade e a inviolabilidade da intimidade, da honra e da imagem.[24] Dessa forma, os agentes de tratamento de dados no Brasil precisam observar essas diretrizes, para garantir por meios técnicos e administrativos a efetiva proteção de dados pessoais, respeitando a dignidade da pessoa humana e não deixando a privacidade e a intimidade dos titulares serem devassados por terceiros. Por isso, pode-se dizer que há um ônus ao controlador de dados, em ter que prover meios de proteção aos dados pessoais que ele trata.

Em outro giro, sobre os princípios que a LGPD traz no seu art. 6º, destacam-se, para esse caso analisado, os princípios da segurança, que determina a "utilização de meios técnicos e administrativos aptos a proteger os dados pessoais de acessos não autorizados e de situações acidentais ou ilícitas de destruição, perda, alteração, comunicação ou difusão" e também o princípio da prevenção, que estatui a "adoção de medidas para

---

21. BRASIL. Lei 13.709, de 14 de agosto de 2018. Lei Geral de Proteção de Dados Pessoais (LGPD). Brasília, DF: Presidência da República; 2018.
22. BRASIL. Autoridade Nacional de Proteção de Dados (ANPD). Disponível em: https://www.gov.br/anpd/pt-br. Acesso em: 11 out. 2022.
23. Controlador: pessoa natural ou jurídica, de direito público ou privado, a quem competem as decisões referentes ao tratamento de dados pessoais.
24. Art. 2º, incisos I e IV.

prevenir a ocorrência de danos em virtude do tratamento de dados pessoais". Assim, o controlador precisa implementar medidas de segurança aptas a proteger os dados pessoais que trata, de maneira preventiva, ou seja, não esperar a ocorrência de um incidente para robustecer seus meios de prover a proteção necessária aos dados pessoais objeto de tratamento.

De acordo com os fatos envolvendo a *Cathay*, os dados vazados de seus clientes foram números de passaporte, nomes, detalhes de contato, data de nascimento e nacionalidade. Esses dados, de acordo com a classificação da LGPD, são considerados dados pessoais.[25] Eles não são sensíveis, por isso tem menos potencial para tratamentos discriminatórios dos titulares envolvidos, mas ainda assim são importantes e devem ser devidamente protegidos pelos agentes de tratamento.

A investigação realizada pela ICO revelou diversas condutas reprováveis por parte da *Cathay*, que envolvem negligência e má conduta na gestão da segurança de seus sistemas. Dessa forma, a ANPD, estabelecida como autoridade supervisora, e gozando de suas prerrogativas institucionais nos termos do art. 55-J da LGPD, ao apreciar o caso aqui exposto, deve analisar cada uma das variáveis envolvidas no incidente.[26]

Para não ficar repetitivo este artigo, repassarei brevemente as condutas tomadas pela *Cathay* e o que a legislação nacional traz como consequência.

Inicialmente, embora não seja uma norma positivada, a ANPD recomenda que a notificação à autoridade deve acontecer até 2 dias úteis a partir do conhecimento do incidente.[27] A *Cathay* estava sob ataque desde 2014, mas teve certeza da situação em março de 2018. Somente em 25 de outubro ela comunicou o fato à autoridade supervisora. A LGPD estabelece em seu art. 48, que o Controlador deve comunicar à ANPD em prazo razoável a ser definido pela autoridade. Como o lapso temporal e a comunicação foram longos, cerca de sete meses, a *Cathay* deve ser punida mais gravemente por retardar a comunicação muito além do que a ANPD recomenda e também por ser bem distante do "razoável".

A *Cathay* possuía políticas de segurança de dados vigentes à época dos incidentes, mas não cumpriu com o que ela mesma estabeleceu. A falta de zelo em atualizar seus sistemas e garantir maior segurança aos dados pessoais que tratava é uma grave violação ao art. 46 da LGPD e tem que ser levado em conta no quantitativo da punição. Assim sendo, considerando que a empresa tinha conhecimento do que era devia ser feito, tinha recursos financeiros para robustecer a segurança e mesmo assim não o fez. Dessa forma,

---

25. LGPD, Art. 5º, II: "Para os fins desta Lei, considera-se: dado pessoal sensível: dado pessoal sobre origem racial ou étnica, convicção religiosa, opinião política, filiação a sindicato ou a organização de caráter religioso, filosófico ou político, dado referente à saúde ou à vida sexual, dado genético ou biométrico, quando vinculado a uma pessoa natural".

26. Art. 55-J. Compete à ANPD: I – zelar pela proteção dos dados pessoais, nos termos da legislação; (...) IV – fiscalizar e aplicar sanções em caso de tratamento de dados realizado em descumprimento à legislação, mediante processo administrativo que assegure o contraditório, a ampla defesa e o direito de recurso; (...) XX – deliberar, na esfera administrativa, em caráter terminativo, sobre a interpretação desta Lei, as suas competências e os casos omissos.

27. BRASIL. Autoridade Nacional de Proteção de Dados (ANPD). Comunicação de incidentes de segurança – Governo Federal. 22 fev. 2021. Disponível em: https://www.gov.br/anpd/pt-br/assuntos/incidente-de-seguranca. Acesso em: 11 out. 2022.

a *Cathay* deve ser punida por sua conduta negligente, pois os atacantes tiveram acesso aos sistemas devido à falhas de conhecimento público, e muitas delas com correções disponibilizadas pelos desenvolvedores.

Nesse contexto, a *Cathay* ainda usava sistemas obsoletos, que não eram mais atualizados e, por isso, vulneráveis, além de não criptografar ou pseudominimizar a base de dados pessoais. Nesse diapasão, foram identificados dados sendo armazenados por um tempo além do razoável sobre clientes inativos da empresa, o que gera um maior risco de incidentes envolvendo o titular.

Dessa forma, analisando o ponto de falha de segurança nos sistemas, observa-se que a empresa não possuía boas práticas em relação à sua governança, pois não foi capaz de detectar um problema interno de gestão, que compromete a operação da companhia e corrigi-lo adequadamente. Assim, ficou caracterizada a violação à LGPD, no que tange às normas sobre governança estipuladas no art. 50 e seus parágrafos.

Outro ponto questionável da conduta da *Cathay* foi o deliberado descarte de alguns sistemas violados, após a empresa de segurança contratada analisar a situação. Ao meu sentir, isso trata-se de destruição de provas importantes para desvendar o caso, antes da investigação pela autoridade supervisora e pode ser considerada uma conduta grave por parte da companhia.

Como ponto positivo a ser contabilizado, a *Cathay* avisou os titulares sobre o incidente envolvendo os dados pessoais, evitando a sanção de publicidade do incidente nas mídias tradicionais, bem como adquiriu novos sistemas para remediar o problema, além de ter contribuído razoavelmente com a investigação.

A ANPD deve ainda levar em consideração os critérios objetivos de julgamento elencados no art. 52, § 1º da LGPD, quais sejam: "a gravidade e a natureza das infrações e dos direitos pessoais afetados; a boa-fé do infrator; a vantagem auferida ou pretendida pelo infrator; a condição econômica do infrator; a reincidência; o grau do dano; a cooperação do infrator; a adoção reiterada e demonstrada de mecanismos e procedimentos internos capazes de minimizar o dano, voltados ao tratamento seguro e adequado de dados; a adoção de política de boas práticas e governança; a pronta adoção de medidas corretivas; e a proporcionalidade entre a gravidade da falta e a intensidade da sanção."

Conforme garantido legalmente no art. 52, § 1º da LGPD, ao acusado é garantida sua possibilidade de apresentar defesa no processo administrativo sancionatório. Então a *Cathay* seria notificada da situação e teria um prazo de 10 dias úteis para protocolar sua defesa, conforme determinado no art. 47 da Resolução 01/2021 da ANPD.[28]

As possíveis sanções a serem aplicadas seriam as determinadas nos incisos do art. 52 da LGPD: "advertência, com indicação de prazo para adoção de medidas corretivas; multa simples, de até 2% (dois por cento) do faturamento da pessoa jurídica de direito

---

28. BRASIL. RESOLUÇÃO CD/ANPD 1, DE 28 DE OUTUBRO DE 2021. Aprova o Regulamento do Processo de Fiscalização e do Processo Administrativo Sancionador no âmbito da Autoridade Nacional de Proteção de Dados. Disponível em: https://www.gov.br/anpd/pt-br/assuntos/incidente-de-seguranca. Acesso em: 11 out. 2022.

privado, grupo ou conglomerado no Brasil no seu último exercício, excluídos os tributos, limitada, no total, a R$ 50.000.000,00 (cinquenta milhões de reais) por infração; multa diária; publicização da infração após devidamente apurada e confirmada a sua ocorrência; bloqueio dos dados pessoais a que se refere a infração até a sua regularização; eliminação dos dados pessoais a que se refere a infração; suspensão parcial do funcionamento do banco de dados a que se refere a infração pelo período máximo de 6 (seis) meses, prorrogável por igual período, até a regularização da atividade de tratamento pelo controlador; suspensão do exercício da atividade de tratamento dos dados pessoais a que se refere a infração pelo período máximo de 6 (seis) meses, prorrogável por igual período; proibição parcial ou total do exercício de atividades relacionadas a tratamento de dados."

Então, levando em conta todos esses fatos e argumentos levantados, a ANPD apreciaria o caso e provavelmente declararia a *Cathay* responsável pelo incidente e a sancionaria. O montante da sanção, ao meu ver, deveria ser uma multa simples no valor de R$ 4 milhões de Reais.

4. CONCLUSÃO

Como pode ser observado neste artigo, a conduta da *Cathay* foi reprovável no Reino Unido e se aqui acontecesse, também o seria. Além de infringir normas internas, a empresa também violou normas legais, colocando seus milhões de clientes em risco, ao deixar seus sistemas informáticos vulneráveis e com isso possibilitar a invasão por atacantes criminosos.

A sanção exemplar serve tanto para educar o sancionado, como também de aviso aos demais controladores de dados, para que estes tomem providências eficazes na gestão de seus dados pessoais, a fim de evitarem danos futuros.

Portanto a ICO acertou na aplicação das medidas legais cabíveis contra a *Cathay* e, aqui no Brasil, esperamos que a ANPD tenha uma mesma postura transparente, qualitativa e razoável diante dos casos que vierem a ser apreciados.

REFERÊNCIAS

1. Artigo web

SWIRE PACIFIC. *SWIRE PACIFIC 2018 ANNUAL REPORT*. 14 mar. 2019. p. 36. Disponível em: https://www1.hkexnews.hk/listedco/listconews/sehk/2019/0410/ltn20190410272.pdf. Acesso em: 11 out. 2022.

2. Ementas de julgados e legislação

BRASIL. Autoridade Nacional de Proteção de Dados (ANPD). Disponível em: https://www.gov.br/anpd/pt-br. Acesso em: 11 out. 2022.

BRASIL. Autoridade Nacional de Proteção de Dados (ANPD). Comunicação de incidentes de segurança – Governo Federal. 22 fev. 2021. Disponível em: https://www.gov.br/anpd/pt-br/assuntos/incidente-de-seguranca. Acesso em: 11 out. 2022.

BRASIL. Centro de Estudos, Resposta e Tratamento de Incidentes de Segurança no Brasil (CERT.BR). Cartilha de Segurança para Internet – Versão 4.0. São Paulo: Comitê Gestor da Internet no Brasil, 2012. p. 20. Disponível em: https://cartilha.cert.br/livro/cartilha-seguranca-internet.pdf. Acesso em: 11 out. 2022.

BRASIL. Lei 13.709, de 14 de agosto de 2018. Lei Geral de Proteção de Dados Pessoais (LGPD). Brasília, DF: Presidência da República; 2018.

BRASIL. RESOLUÇÃO CD/ANPD 1, DE 28 DE OUTUBRO DE 2021. Aprova o Regulamento do Processo de Fiscalização e do Processo Administrativo Sancionador no âmbito da Autoridade Nacional de Proteção de Dados. Disponível em: https://www.gov.br/anpd/pt-br/assuntos/incidente-de-seguranca. Acesso em: 11 out. 2022.

UNIÃO EUROPEIA. Directiva 95/46/CE do Parlamento Europeu e do Conselho de 24 de outubro de 1995 relativa à proteção das pessoas singulares no que diz respeito ao tratamento de dados pessoais e à livre circulação de dados. Jornal Oficial das Comunidades Europeias, L 281/31, 23 nov. 1995. Disponível em: https://www.ipvc.pt/wp-content/uploads/2021/01/Directiva-n.%C2%BA-95_46_CE-do-Parlamento--Europeu-e-do-Conselho-de-24-de-outubro-de-1995.pdf. Acesso em: 11 out. 2022.

UNIÃO EUROPEIA. Regulamento (UE) 2016/679 do Parlamento Europeu e do Conselho de 27 de abril de 2016 relativo à proteção das pessoas singulares no que diz respeito ao tratamento de dados pessoais e à livre circulação desses dados e que revoga a Diretiva 95/46/CE (Regulamento Geral sobre a Proteção de Dados). Jornal Oficial da União Europeia, Bruxelas, 119/1, 04 maio 2016. Disponível em: https://eur-lex.europa.eu/legal-content/PT/TXT/HTML/?uri=CELEX:32016R0679. Acesso em: 11 out. 2022.

UNIÃO EUROPEIA. Civil Aviation Authority. *Terminal and Transit Passengers May 2019*. Disponível em: https://www.caa.co.uk/Documents/Download/3465/150f3235-794c-43a6-bedf-14c72161e3e5/1397. Acesso em 12 de julho de 2022.

UNIÃO EUROPEIA. GOV.UK. *Cathay Pacific Airways Limited - Companies House Service*. Disponível em: https://find-and-update.company-information.service.gov.uk/company/FC010617. Acesso em: 11 out. 2022.

UNIÃO EUROPEIA. *Information Commissioner's Office* (ICO). Disponível em: https://ico.org.uk/. Acesso em: 11 out. 2022.

UNIÃO EUROPEIA. *Information Commissioner's Office* (ICO). Cathay Pacific Airways Limited monetary penalty notice. Decision n. 2617314. 10 fev. 2020. Disponível em: https://ico.org.uk/media/action-we-ve-taken/mpns/2617314/cathay-pacific-mpn-20200210.pdf. Acesso em: 11 out. 2022.

UNIÃO EUROPEIA. *Data Protection Act 1998*. Disponível em: https://www.legislation.gov.uk/ukpga/1998/29/contents. Acesso em: 11 out. 2022.

XIII
TELEMARKETING

23
PLEASE, DON'T "CALL ME BACK": O DIREITO DE OPOSIÇÃO DO TITULAR DE DADOS PESSOAIS ANTE AS CONDUTAS DE TELEMARKETING DA ITALIANA FASTWEB S.P.A

Daniel Falcão

Doutor e Mestre em Direito do Estado e Graduado em Direito pela Faculdade de Direito da Universidade de São Paulo (FADUSP). Pós-Graduado em *Marketing* Político e Propaganda Eleitoral pela Escola de Comunicação e Artes da Universidade de São Paulo (ECA/USP). Graduado em Ciências Sociais pela Faculdade de Filosofia, Letras e Ciências Humanas da Universidade de São Paulo (FFLCH/USP). Professor do Instituto Brasileiro de Ensino, Desenvolvimento e Pesquisa (IDP). Controlador Geral do Município de São Paulo (CGM/SP) e Encarregado pela Proteção de Dados Pessoais da Prefeitura do Município de São Paulo. Advogado e Cientista Social. E-mail: danielfalcao@danielfalcao.adv.br.

Kelvin Peroli

Mestrando em Filosofia pelo Instituto de Filosofia e Ciências Humanas da Universidade do Estado do Rio de Janeiro (IFCH/UERJ). Pós-Graduando em Direito Notarial e Registral e Graduado em Direito pela Faculdade de Direito de Ribeirão Preto da Universidade de São Paulo (FDRP/USP), com intercâmbio acadêmico na *Seconda Università degli Studi di Napoli* (Itália). Associado Fundador do Instituto Avançado de Proteção de Dados (IAPD). Assessor Técnico na Controladoria Geral do Município de São Paulo (CGM/SP). Advogado. E-mail: kelvin.reis@alumni.usp.br.

Resumo: A DPA italiana multou a *Fastweb SpA* em 4.500.000 euros por processar ilegalmente dados pessoais de milhões de usuários para fins de telemarketing.

Fundamentos: Art. 5 GDPR / Art. 6 GDPR / Art. 7 GDPR / Art. 12 GDPR / Art. 13 GDPR / Art. 21 GDPR / Art. 24 GDPR / Art. 25 GDPR / Art. 32 GPDR / Art. 33 (1) GDPR / Art. 34 (1) GDPR

Decisão completa:

https://www.garanteprivacy.it/web/guest/home/docweb/-/docweb-display/docweb/9570997

Sumário: 1. Descrição do caso – 2. Fundamentação legal para a imposição da sanção – 3. Comentários e análise crítica – 4. Conclusão – Referências.

1. DESCRIÇÃO DO CASO

Em 25 de março de 2021, a Autoridade de Proteção de Dados italiana, a *Autorità Garante per la Protezione dei Dati Personali*, impôs à *Fastweb S.p.A*, dentre outras medidas, sanção administrativa pecuniária, prevista pelo art. 83.º, ns. 3 e 5, do Regulamento Geral sobre Proteção de Dados (GDPR), da União Europeia (UE), em razão da prática de contatação ilícita de titulares de dados pessoais por meio de atividades de *telemarketing*.

Sediada em Milão, a *Società per Azioni*, fundada em 1999, atua no mercado de provisão de serviços de Internet e de telecomunicações. A sociedade, dentre outras ilicitudes, como consta das investigações da *Autorità Garante*, se utilizou de bancos de dados pessoais, compartilhados por terceiros, sem o consentimento de seus titulares, às finalidades de *marketing*, pelo contínuo contato telefônico com os potenciais clientes de seus serviços de telefonia e Internet.

O procedimento de investigação da *Autorità* iniciou-se após o recebimento de centenas de manifestações de titulares de dados pessoais que reclamaram do contínuo e indesejado contato telefônico, por parte da *Fastweb* e de seus parceiros, à promoção de seus serviços.

A *Autorità Garante* apurou ter aberto 283 procedimentos em confronto à *Fastweb*, desde o início da vigência do GDPR, em 25 de maio de 2018, sendo a maioria dos quais, justamente, relacionados às suas atividades de *marketing*, de envio de ofertas promocionais.

As investigações da Autoridade também deram conta da utilização, por parte da *Fastweb* e de seus parceiros, do uso de números não cadastrados no Registro dos Operadores de Comunicação ("Registro degli Operatori di Comunicazione"). A gravidade dessa conduta está no fato de que, no país, é obrigatória a inscrição, no registro, dos "Operatori di Comunicazione".

Esse fenômeno é apontado pela Autoridade como um resultado do crescimento, no país, de "call centers" com práticas ilícitas, que realizam atividades de *telemarketing* em desconformidade às normas de proteção de dados pessoais. As condutas da *Società*, nesse contexto, fazem parte do que é denominado, na Itália, de "telemarketing aggressivo" – que buscam, a todo custo, ofertar os seus serviços a clientes e potenciais clientes.

Nesse mesmo sentido, investigou a Autoridade o uso de um serviço, pela *Fastweb*, denominado "call me back", pelo qual, em tese, os titulares de dados, clientes ou potenciais clientes da sociedade, poderiam ser contatados por um agente da *Fastweb*, isto após um clique sobre a tecla "me ligue de volta, gratuitamente",[1] na eventualidade de demonstrarem interesse em receber ofertas relativas aos serviços da *Società*.

Em seguida, o sistema, de acordo com a sociedade, ligava, continuamente, aos titulares de dados, em intervalos de tempo predeterminados, a fim de ofertar os serviços. Na hipótese de se alcançar um também predeterminado número de chamadas não atendidas, o "call me back" era capaz de interromper as ligações.

---

1. Em italiano, "richiamami gratis".

No entanto, como apurou a Autoridade, o fenômeno de contatos promocionais indesejados é uma prática reiterada da *Società*. Desde 2011, tem sido a *Fastweb*, em razão dessa mesma conduta, alvo de diversos procedimentos administrativos de imposição de medidas prescritivas e inibitórias, além de sanções pecuniárias.

Em suas investigações no *website* da *Fastweb*, entendeu a *Autorità* ser evidente a falta de informações aos titulares sobre o serviço do "call me back", isto quanto as formas de tratamento dos dados pessoais e do próprio contato da sociedade com os titulares. Destacou que apenas havia um aviso conciso, inserido juntamente à tecla "richiamami gratis", limitando-se a informar ao titular que, com o seu "click", consente com o tratamento de seus dados pessoais a fim de receber contatos telefônicos sobre ofertas da *Fastweb*, isto exclusivamente nos horários indicados.

Porém, verificou que não há informação sobre a possibilidade de novos contatos após não ter o titular aceitado a primeira ligação de *telemarketing* da sociedade ou de seus parceiros. Nesse sentido, o titular ignora o fato, confirmado pela sociedade, de que, mesmo tendo recusado a primeira ligação, poderia ser recontatado outras dezenove vezes, no mesmo dia, antes de o sistema entender a sua recusa às ligações como uma recusa em receber as ofertas da sociedade.[2]

Também foi verificada a falta de um sistema que permitisse ao titular cancelar esse serviço com a mesma facilidade que aquela à de sua subscrição – ou seja, por apenas um "click". Para o cancelamento, devia o titular enviar, por *e-mail*, essa solicitação.

A *Autorità*, então, sancionou a *Fastweb*, isto pela prática de condutas contrárias aos arts. 5º, 6º, 7º, 12, 13, 21, 24, 25, 32, 33 e 34, do GDPR, ao pagamento de sanção administrativa pecuniária no valor de EUR 4.501.868,00. Além disso, impôs a necessidade da adequação de suas atividades de *telemarketing* às disposições normativas de proteção de dados pessoais, isto de modo a prever e comprovar, com relação aos seus contatos telefônicos, que as suas ofertas de serviços e efetivas contratações tenham se realizado apenas mediante números de telefone inscritos no "Registro degli Operatori di Comunicazione". Por fim, também estabeleceu a necessidade de a *Società* reforçar as suas medidas de segurança a fim de impedir o acesso não autorizado de terceiros às suas bases de dados.

---

2. Conforme a *Autorità*: "si è evidenziata la carenza di un'informativa ad hoc in relazione al servizio di cui sopra, in cui fosse esplicato il funzionamento del servizio, le modalità di trattamento dei dati personali e di ricontatto dell'utente. In particolare, nell'avviso sintetico inserito in prossimità del tasto di attivazione del servizio, Fastweb si limita ad avvisare l'utente che 'cliccando su 'Richiamami gratis', presta il proprio 'il consenso al trattamento dei dati personali per ricevere contatti telefonici sulle offerte Fastweb esclusivamente nelle fasce orarie [...] indicate', senza fornire alcuna indicazione in merito ai 'ricontatti che scaturiscono [...] dopo aver cliccato sul tasto 'richiamami gratis'' qualora la prima chiamata non vada a buon fine (in tal senso, l'utente è ignaro, ad esempio, del fatto che dalla sua richiesta di attivazione del servizio, qualora la sua numerazione risultasse poi 'libera', potrebbero potenzialmente derivare 'un totale di 20 tentativi [di chiamate] nell'arco della giornata' prima che 'il contatto [sia] chiuso')." ITÁLIA. Garante per la Protezione dei Dati Personali. *Ordinanza ingiunzione nei confronti di Fastweb S.p.A, 25 marzo 2021*. Registro dei provvedimenti n. 112 del 25 marzo 2021. Roma, *Garante per la Protezione dei Dati Personali*, 25 março 2021. Disponível em: https://www.garanteprivacy.it/web/guest/home/docweb/-/docweb-display/docweb/9570997. Acesso em: 11 out. 2022.

2. FUNDAMENTAÇÃO LEGAL PARA A IMPOSIÇÃO DA SANÇÃO

A Autoridade, por sua análise das manifestações recebidas de titulares de dados, concluiu que ao menos 70% das contatações foram realizadas com números que não pertenciam à *Fastweb*. Concluiu, também, que, em quase todos os casos, não estavam os números inscritos no "Registro degli Operatori di Comunicazione".[3]

Esse contexto permitiu que *call centers*, não integrados à rede de vendas oficialmente reconhecida e autorizada pela *Fastweb*, contatassem ilicitamente clientes e potenciais clientes da sociedade, coletassem os seus dados pessoais e ofertassem os serviços de Internet e de telefonia da *Società*. Muitos titulares, por entenderem estar em contato com um agente licitamente reconhecido e autorizado da *Fastweb*, acabaram por aderir às ofertas promocionais.

Os dados coletados pelos parceiros confluíam na base de dados da sociedade por meio das propostas de subscrição (*"proposte di abonamento"*), que eram compartilhadas pelos *call centers* à base de dados da *Fastweb*.

Nesse sentido, de acordo com as investigações da *Autorità Garante*, a fim de reestabelecer a conformidade de suas condutas, deve poder a *Società* bloquear o procedimento de contratação de serviços advindos das propostas de subscrição originadas de contatos ilícitos com titulares de dados pessoais. Assim, para cada contratação de serviço, os sistemas da *Società*, além de requererem a indicação da lista de contatos utilizada, deveriam também requisitar outros elementos necessários para determinar a licitude do contato de *telemarketing*, como, *e.g.*, a indicação dos parceiros que eventualmente tenham realizado o primeiro e os sucessivos contatos, a indicação dos números de telefone que os realizaram e o *script* das chamadas originadas dos *call centers*.

Em consequência de qualquer desconhecimento relativo a esses outros elementos, deve a *Fastweb* ser capaz de eliminar os dados pessoais relativos a esses contatos e bloquear a contratação de serviços provenientes das propostas de subscrição a eles relacionados.

Em caso análogo, a *Autorità Garante*, nesse raciocínio, já esclareceu que a questão de não proceder com as ofertas, na hipótese de não haver provas de que foram propostas, pelos policitantes, aos oblatos, em conformidade às normas, "não constitui mera faculdade do responsável pelo tratamento, mas uma obrigação específica ditada pelas disposições combinadas dos artigos 5.º, § 2.º, 6.º e 7.º, do Regulamento [Geral sobre Proteção de Dados da União Europeia], e dos artigos 2-X e 130, do Código de Proteção de Dados Pessoais [italiano]".[4]

---

3. "Dall'analisi delle segnalazioni e dei reclami pervenuti all'Autorità nonché dei relativi riscontri forniti da Fastweb, è emerso che per un considerevole numero di chiamate promozionali illecite effettuate per conto dela Società (almeno il 70%) sono state utilizzate numerazioni non facenti capo alla rete di vendita Fastweb e, in quasi tutte le circostanze, non censite al ROC (ossia al Registro degli Operatori di Comunicazione)." ITÁLIA. Garante per la Protezione dei Dati Personali. *Ordinanza ingiunzione nei confronti di Fastweb S.p.A, 25 marzo 2021.* Registro dei provvedimenti n. 112 del 25 marzo 2021. Roma, *Garante per la Protezione dei Dati Personali,* 25 março 2021. Disponível em: https://www.garanteprivacy.it/web/guest/home/docweb/-/docweb-display/docweb/9570997 Acesso em: 11 out. 2022.

4. Conforme o *art. 2-decies* do *Codice in materia di protezione dei dati personali* (*Decreto Legislativo 30 giugno 2003, n. 196*): "I dati personali trattati in violazione della disciplina rilevante in materia di trattamento dei dati personali non possono essere utilizzati, salvo quanto previsto dall'articolo 160-bis." ITÁLIA. Decreto Legislativo 30 giugno 2003,

Em suas conclusões sobre a responsabilidade da *Fastweb*, a Autoridade entendeu, como primeiro apontamento, pela ocorrência de violação aos artigos 5.º, ns. 1 e 2,[5] 6.º, n.º 1,[6] 7.º,[7] 24.º[8] e 25.º, n.º 1,[9] do GDPR, por não ter a *Fastweb* implementado um sistema

---

n. 196. Codice in matéria di protezione dei dati personali, recante disposizioni per l'adeguamento dell'ordinamento nazionale al regolamento (UE) n. 2016/679 del Parlamento europeo e del Consiglio, del 27 aprile 2016, relativo alla protezione delle persone fisiche con riguardo al trattamento dei dati personali, nonché alla libera circolazione di tali dati e che abroga la direttiva 95/46/CE. Roma, *Gazzetta Ufficiale*, 29 julho 2003. Disponível em: https://www.normattiva.it/uri-res/N2Ls?urn:nir:stato:decreto.legislativo:2003-06-30;196 Acesso em: 11 out. 2022.

5. Como descreve o art. 5º, ns. 1 e 2, quanto aos princípios relativos ao tratamento de dados pessoais: "1. Os dados pessoais são: a) Objeto de um tratamento lícito, leal e transparente em relação ao titular dos dados ('licitude, lealdade e transparência'); b) Recolhidos para finalidades determinadas, explícitas e legítimas e não podendo ser tratados posteriormente de uma forma incompatível com essas finalidades; o tratamento posterior para fins de arquivo de interesse público, ou para fins de investigação científica ou histórica ou para fins estatísticos, não é considerado incompatível com as finalidades iniciais, em conformidade com o artigo 89.º, n.º 1 ('limitação das finalidades'); c) Adequados, pertinentes e limitados ao que é necessário relativamente às finalidades para as quais são tratados ('minimização dos dados'); d) Exatos e atualizados sempre que necessário; devem ser adotadas todas as medidas adequadas para que os dados inexatos, tendo em conta as finalidades para que são tratados, sejam apagados ou retificados sem demora ('exatidão'); e) Conservados de uma forma que permita a identificação dos titulares dos dados apenas durante o período necessário para as finalidades para as quais são tratados; os dados pessoais podem ser conservados durante períodos mais longos, desde que sejam tratados exclusivamente para fins de arquivo de interesse público, ou para fins de investigação científica ou histórica ou para fins estatísticos, em conformidade com o artigo 89.º, n.º 1, sujeitos à aplicação das medidas técnicas e organizativas adequadas exigidas pelo presente regulamento, a fim de salvaguardar os direitos e liberdades do titular dos dados ('limitação da conservação'); f) Tratados de uma forma que garanta a sua segurança, incluindo a proteção contra o seu tratamento não autorizado ou ilícito e contra a sua perda, destruição ou danificação acidental, adotando as medidas técnicas ou organizativas adequadas ('integridade e confidencialidade'); 2. O responsável pelo tratamento é responsável pelo cumprimento do disposto no § 1º e tem de poder comprová-lo ('responsabilidade')."

6. O art. 6º, n.º 1, em seu turno, dispõe quanto à licitude do tratamento: "1. O tratamento só é lícito se e na medida em que se verifique pelo menos uma das seguintes situações: a) O titular dos dados tiver dado o seu consentimento para o tratamento dos seus dados pessoais para uma ou mais finalidades específicas; b) O tratamento for necessário para a execução de um contrato no qual o titular dos dados é parte, ou para diligências pré-contratuais a pedido do titular dos dados; c) O tratamento for necessário para o cumprimento de uma obrigação jurídica a que o responsável pelo tratamento esteja sujeito; d) O tratamento for necessário para a defesa de interesses vitais do titular dos dados ou de outra pessoa natural; e) O tratamento for necessário ao exercício de funções de interesse público ou ao exercício da autoridade pública de que está investido o responsável pelo tratamento; f) O tratamento for necessário para efeito dos interesses legítimos prosseguidos pelo responsável pelo tratamento ou por terceiros, exceto se prevalecerem os interesses ou direitos e liberdades fundamentais do titular que exijam a proteção dos dados pessoais, em especial se o titular for uma criança. O primeiro parágrafo, alínea f), não se aplica ao tratamento de dados efetuado por autoridades públicas na prossecução das suas atribuições por via eletrônica."

7. Trata o art. 7.º das condições aplicáveis ao consentimento: "1. Quando o tratamento for realizado com base no consentimento, o responsável pelo tratamento deve poder demonstrar que o titular dos dados deu o seu consentimento para o tratamento dos seus dados pessoais. 2. Se o consentimento do titular dos dados for dado no contexto de uma declaração escrita que diga também respeito a outros assuntos, o pedido de consentimento deve ser apresentado de uma forma que o distinga claramente desses outros assuntos de modo inteligível e de fácil acesso e numa linguagem clara e simples. Não é vinculativa qualquer parte dessa declaração que constitua violação do presente regulamento. 3. O titular dos dados tem o direito de retirar o seu consentimento a qualquer momento. A retirada do consentimento não compromete a licitude do tratamento efetuado com base no consentimento previamente dado. Antes de dar o seu consentimento, o titular dos dados é informado desse facto. O consentimento deve ser tão fácil de retirar quanto o de dar. 4. Ao avaliar se o consentimento é dado livremente, há que verificar com a máxima atenção se, designadamente, a execução de um contrato, inclusive a prestação de um serviço, está subordinada ao consentimento para o tratamento de dados pessoais que não é necessário para a execução desse contrato."

8. O art. 24.º do GDPR estabelece responsabilidades ao responsável pelo tratamento de dados pessoais, a saber: "1. Tendo em conta a natureza, o âmbito, o contexto e as finalidades do tratamento dos dados, bem como os riscos para os direitos e liberdades das pessoas naturais, cuja probabilidade e gravidade podem ser variáveis, o responsável pelo tratamento aplica as medidas técnicas e organizativas que forem adequadas para assegurar e

de controle sobre o ciclo de tratamento de dados pessoais, originado da coleta de dados de clientes e potenciais clientes, de modo a permitir a ativação de serviços advindos de contatos ilícitos. Aduziu que essa falha se arvorou, em verdade, sobre toda a base de clientes da *Società*.

Como segundo apontamento, assentou a existência de violação aos artigos 5.º, ns. 1 e 2, 6.º, n.º 1, e 7.º, do GDPR, em razão da aquisição, pela *Fastweb*, de bancos de dados pessoais de terceiros (os seus parceiros, *call centers*), isto sem o consentimento dos titulares ao compartilhamento de seus dados.

Em razão do *modus operandi* de subscrição e de revogação da subscrição do titular ao serviço *"call me back"*, como terceiro apontamento, entendeu a *Autorità* pela ocorrência de violação aos artigos 5.º, 6.º, 7.º, 12.º, 13.º[10] e 21.º,[11] do GDPR.

Como quarto apontamento, pela verificação da existência de acessos, por terceiros (os seus parceiros, *call centers*), ao seu banco de dados pessoais, assentou a existência de violação aos artigos 24.º e 32.º,[12] do Regulamento.

Ainda, como quinto apontamento, entendeu a Autoridade pela ocorrência de violação aos artigos 33.º, n.º 1,[13] e 34.º,[14] do GDPR, por não ter a sociedade apresentado à *Autorità* e aos titulares de dados pessoais interessados, respectivamente, uma notificação e uma comunicação de violação à proteção de dados, isto com relação aos referidos acessos, por terceiros, ao seu banco de dados pessoais.

---

poder comprovar que o tratamento é realizado em conformidade com o presente regulamento. Essas medidas são revistas e atualizadas consoante as necessidades. 2 Caso sejam proporcionadas em relação às atividades de tratamento, as medidas a que se refere o § 1º incluem a aplicação de políticas adequadas em matéria de proteção de dados pelo responsável pelo tratamento. 3. O cumprimento de códigos de conduta aprovados conforme referido no artigo 40.º ou de procedimentos de certificação aprovados conforme referido no artigo 42.º pode ser utilizada como elemento na demonstração do cumprimento das obrigações do responsável pelo tratamento."

9. O art. 25.º, em sua totalidade, dispõe sobre a necessidade da observância dos princípios de *privacy by design* e *privacy by default*. Nesse sentido, dispõe o seu n.º 1: "1. Tendo em conta as técnicas mais avançadas, os custos da sua aplicação, e a natureza, o âmbito, o contexto e as finalidades do tratamento dos dados, bem como os riscos decorrentes do tratamento para os direitos e liberdades das pessoas naturais, cuja probabilidade e gravidade podem ser variáveis, o responsável pelo tratamento aplica, tanto no momento de definição dos meios de tratamento como no momento do próprio tratamento, as medidas técnicas e organizativas adequadas, como a pseudonimização, destinadas a aplicar com eficácia os princípios da proteção de dados, tais como a minimização, e a incluir as garantias necessárias no tratamento, de uma forma que este cumpra os requisitos do presente regulamento e proteja os direitos dos titulares dos dados."

10. O art. 12.º do GDPR trata de regras para a transparência das informações e para o exercício dos direitos dos titulares. Nesse mesmo sentido, traz o art. 13.º traz informações que devem ser disponibilizadas ao titular, quando do tratamento de seus dados.

11. O art. 21.º trata do direito do titular de oposição ao tratamento de seus dados pessoais, que será melhor explorado adiante.

12. Traz o art. 32.º regras que visam a estabelecer a necessidade de medidas de segurança ao tratamento dos dados.

13. O art. 33.º dispõe sobre a necessidade da notificação, para a Autoridade de Proteção de Dados competente, quando de uma violação de dados pessoais. Nesse sentido, dispõe o seu n.º 1: "1. Em caso de violação de dados pessoais, o responsável pelo tratamento notifica desse fato a autoridade de controle competente, nos termos do artigo 55.º, sem demora injustificada e, sempre que possível, até 72 horas após ter tido conhecimento da mesma, a menos que a violação dos dados pessoais não seja suscetível de resultar num risco para os direitos e liberdades das pessoas naturais. Se a notificação à autoridade de controle não for transmitida no prazo de 72 horas, é acompanhada dos motivos do atraso."

14. Trata o art. 34.º da necessidade de comunicação, ao titular, da violação de dados pessoais.

Também dispôs, de modo específico, como sexto apontamento, sobre a violação ao art. 5.º, n.º 1, *"d"*, do GDPR, em razão do descumprimento da sociedade ao princípio da exatidão sobre dados tratados, assim como a violação aos artigos 15.º a 22.º do Regulamento, isto relativamente a diversos pedidos específicos de exercício de direitos propostos pelos titulares de dados.

Por fim, como sétimo apontamento, de forma globalizante, apontou a violação aos artigos 5.º, ns. 1.º e 2.º, 6.º e 7.º do Regulamento, em relação ao tratamento de dados pessoais com fins promocionais de oferta de serviços, realizados sem o consentimento de seus titulares.

As conclusões de imputação de responsabilidade à *Società* serviram de base, então, à aplicação da sanção administrativa pecuniária, como prevista pelo art. 83.º, ns. 3 e 5, do GDPR,[15] assim como de sanção acessória e da imposição de medidas prescritivas e inibitórias com relação às práticas envolvidas nas violações.

Ao fim de precisar a sua tomada de decisão com relação às sanções impostas, considerou a *Autorità Garante* gradações com relação às condutas da *Società*.

Assim, quanto às questões agravantes e atenuantes, a Autoridade pontuou, inicialmente, a própria gravidade das violações ao Regulamento, em razão da pervasividade dos contatos ilícitos de *telemarketing*, lesivos a diversos direitos fundamentais – como os direitos à privacidade e à proteção de dados pessoais.

Em seguida, destacou, como primeiro fator agravante, a duração das infrações, isto em razão do caráter permanente das violações destacadas em seus apontamentos primeiro, segundo, terceiro e sétimo, além da duração superior a seis meses das violações destacadas por seus apontamentos quarto, quinto e sexto.

Pontuou, então, o elevado número de titulares envolvidos como segundo fator agravante, isto porque o seu apontamento primeiro diz respeito a toda a carteira de clientes da *Fastweb*, enquanto o segundo inclui, ainda, mais sete milhões de titulares, cujos dados foram compartilhados, com a *Società*, por seus parceiros.

A *Autorità*, como terceiro fator agravante, pontuou a conduta significativamente negligente da sociedade, isto pelo contexto de constantes diálogos, empreendidos

---

15. Traz o art. 83.º, ns. 3 e 5, regras aplicáveis, neste caso, para a aplicação da sanção pecuniária, nos seguintes termos: "3. Se o responsável pelo tratamento ou o subcontratante violar, intencionalmente ou por negligência, no âmbito das mesmas operações de tratamento ou de operações ligadas entre si, várias disposições do presente regulamento, o montante total da multa não pode exceder o montante especificado para a violação mais grave. 5. A violação das disposições a seguir enumeradas está sujeita, em conformidade com n.º 2, a multas até 20 000 000 EUR ou, no caso de uma empresa, até 4 % do seu volume de negócios anual a nível mundial correspondente ao exercício financeiro anterior, consoante o montante que for mais elevado: a) Os princípios básicos do tratamento, incluindo as condições de consentimento, nos termos dos artigos 5.º, 6.º, 7.º e 9.º; b) Os direitos dos titulares dos dados nos termos dos artigos 12.º a 22.º; c) As transferências de dados pessoais para um destinatário num país terceiro ou uma organização internacional nos termos dos artigos 44.º a 49.º; d) As obrigações nos termos do direito do Estado-Membro adotado ao abrigo do capítulo IX; e) O incumprimento de uma ordem de limitação, temporária ou definitiva, relativa ao tratamento ou à suspensão de fluxos de dados, emitida pela autoridade de controlo nos termos do artigo 58.º, n.º 2, ou o fato de não facultar acesso, em violação do artigo 58.º, n.º 1."

entre a Autoridade e a *Fastweb*, justamente sobre os aspectos de *telemarketing*, que deveriam ter sido, então, considerados quando das escolhas da *Società* com relação às suas condutas, especialmente aquelas referidas pelos apontamentos primeiro, segundo e sétimo, mas também aos apontamentos quarto e quinto, à razão das vulnerabilidades encontradas nos bancos de dados da sociedade, que ainda não haviam sido, à época da decisão da Autoridade, completamente solucionadas, e da demora da *Fastweb* quanto à comunicação, aos titulares, sobre a ocorrência de violações de dados pessoais.

Como quarto e último fator agravante, foi destacada a reiteração da conduta, uma vez que a própria Autoridade já adotou procedimentos corretivos e sancionadores análogos em relação às atividades da *Fastweb*.

Como fatores atenuantes, a Autoridade pontuou, primeiramente, a adoção, por parte da sociedade, de medidas aptas a mitigar as consequências das violações, particularmente as de: (i) controle de incidentes relacionados aos contatos promocionais praticados por seus parceiros; (ii) estabelecimento de novas plataformas aptas a adequar o tratamento de dados à finalidade de *telemarketing*; (iii) eliminação gradual das atividades de *telemarketing* que não apresentem confiabilidade; (iv) fortalecimento de medidas de segurança ao acesso às suas bases de dados; e (v) adequação, ao GDPR, de suas informações sobre os tratamentos de dados realizados e de seus procedimentos de resposta aos titulares de dados pessoais.

Como segundo fator atenuante, entendeu a Autoridade o da cooperação da *Fastweb* no curso da instrução preliminar do procedimento. Nesse mesmo sentido, como terceiro fator atenuante, dispôs o da participação da sociedade em mesas de discussão sobre o combate aos fenômenos relacionados ao *marketing* agressivo ("marketing selvaggio" ou "marketing aggressivo").

Por fim, como outros fatores a serem considerados ao cálculo da sanção pecuniária, pontuou a *Autorità*: (i) o amplo lapso temporal de dois anos, concedido aos responsáveis pelo tratamento de dados pessoais, ao fim de se adequarem ao GDPR – entre 25 de maio de 2016 e 24 de maio de 2018, última data anterior à sua vigência; (ii) a recente atenção do legislador com o fenômeno de *telemarketing*, expresso por diversas normativas;[16] e

---

16. Cita-se, e.g., a *Legge* n. 5, de 11 de janeiro de 2018, que instituiu "nuove disposizioni in materia di iscrizione e funzionamento del registro delle opposizioni e istituzione di prefissi nazionali per le chiamate telefoniche a scopo statistico, promozionale e di ricerche di mercato". Nesse sentido, os arts. 7.º e 8.º da *Legge* dispuseram sobre a proibição do compartilhamento de dados pessoais dos titulares, em acordo ao que prevê o RGPD: "7. A decorrere dalla data di entrata in vigore della presente legge, sono vietati, con qualsiasi forma o mezzo, la comunicazione a terzi, il trasferimento e la diffusione di dati personali degli interessati iscritti al registro di cui al comma 2, da parte del titolare del trattamento, per fini di pubblicità o di vendita ovvero per il compimento di ricerche di mercato o di comunicazione commerciale non riferibili alle attività, ai prodotti o ai servizi offerti dal titolare del trattamento. 8. In caso di cessione a terzi di dati relativi alle numerazioni telefoniche, il titolare del trattamento è tenuto a comunicare agli interessati gli estremi identificativi del soggetto a cui i medesimi dati sono trasferiti." ITÁLIA. Legge 11 gennaio 2018, n. 5. Nuove disposizioni in materia di iscrizione e funzionamento del registro delle opposizioni e istituzione di prefissi nazionali per le chiamate telefoniche a scopo statistico, promozionale e di ricerche di mercato. Roma, *Gazzetta Ufficiale*, 04 fev. 2018. Disponível em: https://www.normattiva.it/uri-res/N2Ls?urn:nir:stato:legge:2018;5. Acesso em: 11 out. 2022.

(iii) a significativa posição de mercado da *Fastweb* no setor das telecomunicações, assim como o seu valor econômico.

Tendo em vista os fatores aludidos e os princípios da efetividade, proporcionalidade e dissuasão, previstos pelo art. 83.º, n.º 1, do Regulamento, aplicou a *Autorità* a referida sanção administrativa pecuniária de EUR 4.501.868,00.

Considerando a conduta da sociedade e de seus parceiros, assim como do elevado número de titulares envolvidos nos tratamentos de dados ilícitos realizados, entendeu a Autoridade por também necessária a aplicação de sanção acessória relativa à publicação, no *website* da própria Autoridade, do procedimento administrativo, isto sob o fundamento do art. 166, § 7.º, do Código de Proteção de Dados Pessoais da Itália, e do art. 16 do "Regolamento del Garante" n. 01/2019.

No entanto, para além da sanção pecuniária e de sua sanção acessória, trouxe a Autoridade diversas medidas prescritivas e inibitórias a serem tomadas pela sociedade ao fim de sua conformidade ao GDPR.

Nesse sentido, prescreveu à *Fastweb*, dentro do prazo de trinta dias a contar de sua decisão, a necessidade de adequação de seus serviços, em matéria de *telemarketing*, de modo a comprovar que as novas contratações apenas são resultado de contatações promocionais realizadas pela rede de vendas da *Società* inscrita no "Registro degli Operatori di Comunicazione".

Prescreveu, também, de acordo com o art. 58.º, n.º 2, *"d"*, do Regulamento, de reformular as informações relacionadas ao serviço *"call me back"*, indicando especificamente as modalidades em que a *Fastweb* pode recontatar os titulares de dados, sempre em relação à matéria já relacionada, quando da primeira ligação, além da necessidade de prever uma forma de desativação automatizada do serviço.

Como última medida prescritiva, previu a necessidade de a *Fastweb* adequar as suas medidas de segurança com relação ao acesso às suas bases de dados, isto ao fim de eliminar ou, ao menos, mitigar os riscos de acessos não autorizados e de tratamentos em desconformidade à finalidade que fundamentou a coleta dos dados pessoais a eles conexos.

Como medida inibitória, impôs a proibição de realizar tratamentos com relação a dados pessoais que tenham sido compartilhados por seus parceiros, isto na hipótese de os titulares não terem consentido, de forma livre, específica e informada, a um tratamento de dados, realizado por parte da *Fastweb*, com a finalidade de *telemarketing*. Pontuou, nesse sentido, *Eni Gas* e *Luce S.p.A* como parceiras com as quais comprovadamente houve esse compartilhamento ilícito.

Por fim, determinou à *Fastweb* a necessidade de comunicar à Autoridade, no prazo de trinta dias, as ações adotadas ao fim do cumprimento das medidas prescritivas e inibitórias apontadas. Estabeleceu, ainda, a aplicação de sanção administração pecuniária em caso de descumprimento de suas determinações.

3. COMENTÁRIOS E ANÁLISE CRÍTICA

As práticas da *Fastweb* são, como referido, conhecidas como *marketing agressivo* ("*marketing aggressivo*" ou "*marketing selvaggio*"), em que os agentes de *telemarketing* buscam, a todo custo, no contexto da sociedade consumerista e do espetáculo,[17] ofertar os seus serviços a clientes e potenciais clientes. Na União Europeia, pelo GDPR, o *direito de oposição* ("diritto di opposizione") é o mecanismo fundamental pelo qual pode o titular de dados pessoais, justamente, fazer frente a essa prática de *marketing*.

Conforme o art. 21.º, n.º 1, do Regulamento, nas hipóteses de tratamento previstas pelo art. 6.º, n.º 1, "*e*" e "*f*",[18] e n.º 4,[19] do mesmo artigo, o titular tem o direito de se opor, em qualquer momento, a um tratamento de dados, exceto nos casos de haver fundamentos legítimos à manutenção do tratamento que prevaleçam sobre os interesses, direitos e liberdades do titular, ou mesmo de serem utilizados para efeitos de declaração, exercício ou defesa de direitos em âmbito judicial. Nessas hipóteses, previstas pelo art. 6.º, n.º 1, "*e*" e "*f*", e n.º 4, o direito de se opor do titular de dados pessoais deve se dar de forma fundamentada.

Essas hipóteses, no entanto, não dizem respeito ao *marketing*. A este, coube as delimitações dos ns. 2 e 3 do art. 21.º,[20] por meio dos quais o direito de oposição do titular pode ser exercido sem motivação e não importando ter sido o tratamento realizado com o seu consentimento ou com base em uma hipótese que o prescinda. Além disso, como preceitua o n.º 5 do mesmo artigo, no contexto da utilização de serviços relacionados à sociedade informacional, o titular de dados pode exercê-lo por meios automatizados.

---

17. DEBORD, Guy. *A sociedade do espetáculo*. Comentários sobre a sociedade do espetáculo. Trad. Estela dos Santos Abreu. Rio de Janeiro: Contraponto, 2016, passim.
18. "Artigo 6.º Licitude do tratamento. 1. O tratamento só é lícito se e na medida em que se verifique pelo menos uma das seguintes situações: [...] e) O tratamento for necessário ao exercício de funções de interesse público ou ao exercício da autoridade pública de que está investido o responsável pelo tratamento; f) O tratamento for necessário para efeito dos interesses legítimos prosseguidos pelo responsável pelo tratamento ou por terceiros, exceto se prevalecerem os interesses ou direitos e liberdades fundamentais do titular que exijam a proteção dos dados pessoais, em especial se o titular for uma criança."
19. *Ipsis litteris*, o art. 6.º, n.º 4, dispõe que: "Quando o tratamento para fins que não sejam aqueles para os quais os dados pessoais foram recolhidos não for realizado com base no consentimento do titular dos dados ou em disposições do direito da União ou dos Estados-Membros que constituam uma medida necessária e proporcionada numa sociedade democrática para salvaguardar os objetivos referidos no artigo 23.º, n.º 1, o responsável pelo tratamento, a fim de verificar se o tratamento para outros fins é compatível com a finalidade para a qual os dados pessoais foram inicialmente recolhidos, tem nomeadamente em conta: a) Qualquer ligação entre a finalidade para a qual os dados pessoais foram recolhidos e a finalidade do tratamento posterior; b) O contexto em que os dados pessoais foram recolhidos, em particular no que respeita à relação entre os titulares dos dados e o responsável pelo seu tratamento; c) A natureza dos dados pessoais, em especial se as categorias especiais de dados pessoais forem tratadas nos termos do artigo 9.º, ou se os dados pessoais relacionados com condenações penais e infrações forem tratados nos termos do artigo 10.º; d) As eventuais consequências do tratamento posterior pretendido para os titulares dos dados; e) A existência de salvaguardas adequadas, que podem ser a cifragem ou a pseudonimização."
20. De acordo com o art. 21.º, ns. 2 e 3: "2. Quando os dados pessoais forem tratados para efeitos de comercialização direta, o titular dos dados tem o direito de se opor a qualquer momento ao tratamento dos dados pessoais que lhe digam respeito para os efeitos da referida comercialização, o que abrange a definição de perfis na medida em que esteja relacionado com a comercialização direta. 3. Caso o titular dos dados se oponha ao tratamento para efeitos de comercialização direta, os dados pessoais deixam de ser tratados para esse fim."

É neste sentido que a *Autorità*, com relação ao uso do serviço "call me back", observou a facilidade com que a *Società* disponibilizava, de forma automatizada, pelo simples clique na tecla *"me ligue de volta"*, a sua oferta de serviços de Internet e de telecomunicações, a ser realizada por contato telefônico – a qual não havia, no entanto, quando da intenção do exercício do direito de oposição, pelo titular.

Como verificado, entendeu a *Autorità*, em seu terceiro apontamento, pela violação da sociedade aos artigos 5.º, 6.º, 7.º, 12.º, 13.º e 21.º, do GDPR, pelo *modus operandi* da realização dos procedimentos baseados no serviço "call me back".

Considerados os fundamentos jurídicos da decisão da Autoridade, cabe o destaque que esse serviço desrespeitou os princípios do tratamento de dados pessoais da licitude (art. 5.º, n.º 1, *"a"*, e art. 6.º, do GDPR) e o da responsabilidade (art. 5.º, n.º 2, e art. 7.º), este justamente por ser a *Fastweb* a responsável pelo tratamento de dados.

É de se dizer ainda que, quanto ao art. 7.º, entendeu haver a violação às condições aplicáveis ao consentimento do titular, isto à luz da análise do conteúdo a que prevê os arts. 12.º e 13.º do Regulamento, que dispõem da necessidade de prestar informações ao titular de dados sobre o tratamento a ser realizado. No caso, os titulares não foram informados que, na primeira recusa à ligação da *Fastweb*, ainda poderiam ser contatados outras dezenove vezes, no mesmo dia, antes de o sistema *"call me back"* interpretar as recusas aos telefonemas como recusas ao recebimento das ofertas – fundamentos justamente pertencentes ao conteúdo a que dispõe os aludidos arts. 12.º e 13.º.

Com relação ao art. 21.º, como se analisou nas linhas anteriores, o tratamento de dados para fins de *marketing* foi realizado em desconformidade ao direito de oposição do titular, isto por ter previsto a necessidade da solicitação, por *e-mail*, ao cancelamento da subscrição – de forma díspar àquela da própria subscrição, feita de forma automatizada pelo clique na tecla "ligue-me de volta".

Além disso, como verificado pela *Autorità*, por ter a *Fastweb* adquirido bases de dados pessoais de terceiros (de seus parceiros), sem o consentimento dos titulares quanto ao compartilhamento de seus dados com a *Società*, entendeu a Autoridade, em seus segundo e sétimo apontamentos, pela violação aos artigos 5.º, ns. 1 e 2, 6.º, n.º 1, e 7.º, do GDPR, justamente pelo descumprimento dos princípios da licitude e da responsabilidade durante o ciclo de tratamento, iniciado já com a ilicitude do próprio compartilhamento.

De modo inverso, como quarto apontamento, pela verificação da ocorrência de acessos, pelos parceiros da *Fastweb*, ao seu banco de dados pessoais, assentou a existência de violação aos artigos 24.º e 32.º, que dispõem, nesse sentido, respectivamente, das responsabilidades dos responsáveis pelo tratamento e da observância de técnicas aptas a garantir a segurança do tratamento – o que não foi garantido, tendo em vista terem sido os dados compartilhados com terceiros sem o consentimento dos titulares.

Nesse mesmo raciocínio, como quinto apontamento, por não ter a sociedade apresentado à *Autorità* e aos titulares de dados pessoais interessados notificação de violação ao tratamento de dados – isto com relação aos referidos acessos ao seu banco de dados pessoais –, assentou, coerentemente, a ocorrência de violação aos artigos 33.º, n.º 1, e 34.º, que abordam, justamente, a necessidade de notificação ao titular de dados pessoais e de comunicação à autoridade garante de eventuais violações de dados pessoais.

Como visto, como primeiro apontamento, entendeu a Autoridade pela existência da violação aos artigos 5.º, ns. 1 e 2, 6.º, ns. 1 e 7, 24.º e 25.º, n.º 1, do GDPR, por não ter a sociedade implementado um sistema de controle sobre o ciclo de tratamento de dados pessoais, originado da coleta de dados de clientes e de potenciais clientes – o que permitiu a subscrição de serviços por meio de contatos ilícitos.

Além do descumprimento aos já aludidos princípios da licitude (art. 5.º, n.º 1, "a", e art. 6.º, do GDPR) e da responsabilidade (art. 5.º, n.º 2, e art. 7.º), entendeu pela violação aos artigos 24.º e 25.º, n.º 1, por tratarem, respectivamente, das já aluídas responsabilidades dos responsáveis pelo tratamento e da necessidade da observância dos princípios de *privacy by design* e *privacy by default* – ou seja, da observância dos princípios de proteção de dados desde a concepção dos produtos ou serviços e como um padrão de configurações ou condutas. Como visto, não houve a licitude do tratamento e o respeito aos princípios da proteção de dados desde concepção e como padrão de conduta – como pontuado, em muitos casos, as ilicitudes derivaram já do próprio compartilhamento de dados, por parte de terceiros, à *Fastweb*, isto sem o consentimento dos titulares.[21]

É de se concluir que a Autoridade, ao considerar, pontualmente, as diferentes práticas levantadas pelas investigações, e contextualizá-las segundo os seus diferentes fundamentos jurídicos, procurou racionalizar a imposição de suas sanções – tanto as medidas inibitórias e prescritivas, quanto a sanção pecuniária e a sanção acessória – de modo a considerá-las segundo as suas agravantes e atenuantes específicas. Isto se deve à questão de as investigações terem se pautado em diversas práticas da sociedade em relação ao seu *telemarketing*, o que implicou, embora sobre o mesmo contexto, em diferentes condutas, com distintos graus de violação aos direitos de titulares de dados.

Por fim, cabe o exercício mental da hipótese de terem essas condutas ocorrido sob a égide da legislação brasileira.

O direito de oposição do titular está previsto, na Lei Geral de Proteção de Dados (LGPD), pelo art. 18, § 2.º, isto com relação às hipóteses de tratamento que prescindem do consentimento do titular. Quando da necessidade do consentimento, pode se interpretar que a revogação do consentimento – guardadas as diferenças entre os institutos, na LGPD – possui um efeito de oposição.

No caso, a justificativa da sociedade era a de que houve o consentimento dos titulares de receberem ofertas da *Fastweb* e de seus parceiros com relação aos seus serviços de Internet e telefonia. Considerando que o tratamento foi realizado com fundamento

---

21. Além destes apontamentos, como mencionado, a Autoridade também pontuou, por seu sexto apontamento, a violação ao art. 5.º, n.º 1, "d", do GDPR, em razão do descumprimento do princípio da exatidão sobre os dados tratados, assim como da violação aos artigos 15.º a 22.º do Regulamento, relativamente a pedidos específicos de exercício de direitos propostos pelos titulares de dados.

no consentimento e que, em alguns casos, não houve o próprio consentimento, não há que se falar em sua revogação, já que *inexistente*. O que houve, neste caso, se enquadra como um compartilhamento ilícito de dados pessoais. Nesse sentido, pode se interpretar o art. 7.º, § 5.º, da LGPD: "§ 5.º O controlador [parceiro da Fastweb] que obteve o consentimento referido no inciso I do caput deste artigo [mediante o fornecimento de consentimento pelo titular] que necessitar comunicar ou compartilhar dados pessoais com outros controladores [Fastweb] deverá obter consentimento específico do titular para esse fim, ressalvadas as hipóteses de dispensa do consentimento previstas nesta Lei."

Nas hipóteses de tratamento realizados com o consentimento do titular, é de se afirmar não ter sido este apto a constituir uma manifestação livre, informada e inequívoca, como requer o art. 5.º, inc. XII, da LGPD, já que prescindiu de informações elementares à possibilidade de contatação da sociedade – como o fato de ter o titular de recusar 20 ligações, no mesmo dia, para que a sua recusa seja interpretada como uma recusa à oferta dos serviços. Neste caso, o consentimento foi *inválido*, porque, embora *existente*, não se revestiu dos atributos prescritos em lei. Nesse sentido dispõe o art. 9.º, § 1.º, da LGPD: "Na hipótese em que o consentimento é requerido, esse será considerado nulo caso as informações fornecidas ao titular tenham conteúdo enganoso ou abusivo ou não tenham sido apresentadas previamente com transparência, de forma clara e inequívoca."

Em ambas as hipóteses, pode o titular exercer o seu direito de petição, isto diante da configuração de um tratamento ilícito de seus dados, embora a partir de fundamentos jurídicos distintos. O direito de petição, nos termos do art. 18, § 2.º, da LGPD, pode ser exercido, é claro, perante a própria ANPD.

Nesse exercício, que buscou apenas hipotisar o ponto inicial das violações da *Fastweb* no cenário brasileiro, é de se destacar que, embora o GDPR e a LGPD possuam muitos institutos semelhantes, a fundamentação jurídica, nos casos concretos, com relação aos tratamentos em desconformidade às respectivas normas, pode se dar de forma muito distinta, isto especialmente em razão das diferenças entre as hipóteses ou bases de tratamento de dados existentes em cada normativo.

4. CONCLUSÃO

As violações à proteção de dados pessoais, praticadas pela *Fastweb*, específicas de um contexto de *telemarketing*, mostram-se como um reflexo da sociedade informacional: o das crescentes práticas ilícitas de *marketing*, facilitadas pelo uso de tecnologias que empregam decisões automatizadas e criação de perfis.

Essas práticas, como exposto, obstaram o exercício efetivo dos titulares de dados de seu direito de oposição, como previsto pelos ns. 2 e 3 do art. 21.º, do GDPR, por meio dos quais pode o titular exercê-lo sem motivação e não importando ter sido o tratamento realizado com o seu consentimento ou com base em hipótese que o prescinda. Aspecto demonstrado pelas investigações da Autoridade, que representa essa conduta, é o da necessidade da recusa, por um titular, de vinte contatos telefônicos promocionais, no mesmo dia, para que o sistema *"call me back"* interprete essa recusa como sendo, em verdade, uma recusa com relação às próprias ofertas e o efetivo exercício do direito de oposição, da parte do titular.

Constatado esse contexto de tratamentos ilícitos de dados pessoais, que abrangeu diversos dispositivos do GDPR, a sanção pecuniária, imposta pela Autoridade, à *Fastweb*, no valor de EUR 4.501.868,00, buscou, é de se depreender, assegurar o desincentivo às suas condutas.

No mesmo sentido esteve a aplicação, pela Autoridade, da sanção acessória, que buscou dar publicidade aos fatos investigados e comprovados pela *Autorità*. Essa sanção assume grande importância na medida em que compele a *Società* a estar em conformidade com um lícito tratamento de dados, isto em prol, e.g., de sua própria reputação (imagem-atributo). Em tese, apesar de constar essa, neste caso, como uma sanção acessória, pode, em muitos contextos, ser um incentivo ainda maior que a própria sanção pecuniária ao fim de dar efetividade às normas de proteção de dados pessoais.

Além disso, a Autoridade italiana, como visto, previu, para além de uma sanção pecuniária e uma sanção acessória, medidas prescritivas e inibitórias. As prescritivas, como impostas pela *Autorità*, constituíram-se como obrigações de fazer que buscaram, por óbvio, conformar condutas da sociedade ao que prevê o GDPR. As inibitórias, de modo inverso, moldaram-se como obrigações de não fazer que impuseram a vedação à *Fastweb* de realizar tratamentos de dados pessoais que tenham sido compartilhados por terceiros sem o consentimento dos titulares – cujo fim último também é o da conformidade às disposições do Regulamento.

Por fim, considerando o exercício mental aludido nas linhas anteriores, é de se concluir que, apesar da existência do direito de oposição tanto no GDPR quanto na LGPD, não há coincidência quanto às suas hipóteses de aplicação. Nesse sentido, embora, na Itália, tenha havido um prejuízo à efetivação do direito de oposição dos titulares, no Brasil, o caso poderia levar às distintas hipóteses de um compartilhamento ilícito de dados pessoais pela ausência de consentimento e da nulidade de um consentimento não manifestado de forma livre, informada e inequívoca, isto nos termos, respectivamente, do art. 7.º, § 5.º, e do art. 9.º, § 1.º, ambos da LGPD.

REFERÊNCIAS

1. Citação de livro

DEBORD, Guy. *A sociedade do espetáculo*. Comentários sobre a sociedade do espetáculo. Trad. Estela dos Santos Abreu. Rio de Janeiro: Contraponto, 2016.

2. Ementas de julgados e legislação

BRASIL. Constituição da República Federativa do Brasil de 1988. *Diário Oficial da União*, Brasília, 05 out. 1988. Disponível em: http://www.planalto.gov.br/ccivil_03/constituicao/constituicao.htm. Acesso em: 27 mar. 2022.

BRASIL. Lei 13.709, de 14 de agosto de 2018. Lei Geral de Proteção de Dados Pessoais (LGPD). Brasília, *Diário Oficial da União*, 15 ago. 2018. Disponível em: http://www.planalto.gov.br/ccivil_03/_ato2015-2018/2018/lei/l13709.htm. Acesso em: 27 mar. 2022.

ITÁLIA. Decreto Legislativo 30 giugno 2003, n. 196. Codice in materia di protezione dei dati personali, recante disposizioni per l'adeguamento dell'ordinamento nazionale al regolamento (UE) n. 2016/679 del Parlamento europeo e del Consiglio, del 27 aprile 2016, relativo alla protezione delle persone fisiche con riguardo al trattamento dei dati personali, nonché alla libera circolazione di tali dati e che abroga la direttiva 95/46/CE. Roma, *Gazzetta Ufficiale*, 29 julho 2003. Disponível em: https://www.normattiva.it/uri-res/N2Ls?urn:nir:stato:decreto.legislativo:2003-06-30;196. Acesso em: 26 mar. 2022.

ITÁLIA. Garante per la Protezione dei Dati Personali. *Ordinanza ingiunzione nei confronti di Fastweb S.p.A, 25 marzo 2021.* Registro dei provvedimenti n. 112 del 25 marzo 2021. Roma, *Garante per la Protezione dei Dati Personali,* 25 mar. 2021. Disponível em: https://www.garanteprivacy.it/web/guest/home/docweb/-/docweb-display/docweb/9570997. Acesso em: 26 mar. 2022.

ITÁLIA. Legge 11 gennaio 2018, n. 5. Nuove disposizioni in materia di iscrizione e funzionamento del registro delle opposizioni e istituzione di prefissi nazionali per le chiamate telefoniche a scopo statistico, promozionale e di ricerche di mercato. Roma, *Gazzetta Ufficiale*, 04 fev. 2018. Disponível em: https://www.normattiva.it/uri-res/N2Ls?urn:nir:stato:legge:2018;5. Acesso em: 26 mar. 2022.

UNIÃO EUROPEIA. Regulamento (UE) 2016/679 do Parlamento Europeu e do Conselho, de 27 de abril de 2016, relativo à proteção das pessoas singulares no que diz respeito ao tratamento de dados pessoais e à livre circulação desses dados. Bruxelas, *Jornal Oficial da União Europeia*, 27 abril 2016. Disponível em: https://eur-lex.europa.eu/legal-content/PT/TXT/?uri=celex%3A32016R0679. Acesso em: 27 mar. 2022.

XIV
DIVULGAÇÃO INDEVIDA DE DADOS

24
A DIVULGAÇÃO DE IMAGENS EM DESCOMPASSO COM O GDPR E OS DANOS À HONRA E À IMAGEM DO TITULAR DE DADOS

Ludmila Douettes

Doutora em Direito pela Universidade de Granada na Espanha, com menção de Doutorado Europeu. Diploma de Estudios Avanzados (Mestrado) em Direito Mercantil e Especialista em Direito do Consumidor pela Universidade de Granada – Espanha. Professora de Direito da Universidade Estadual da Paraíba. Consultora de Privacidade e Proteção de Dados. Contato: douettes@hotmail.com.

Pedro Dalese

Bacharel em Direito pela Universidade Federal Fluminense (UFF), advogado do Escritório Luciano Tolla Advogados (Niterói/RJ) e especializado em Direito Digital e Proteção de Dados pela Escola Superior de Advocacia (ESA/OABRJ). Contato: pedrodalesejur@gmail.com.

Resumo: A DPA espanhola notificou estabelecimento hoteleiro responsável por bar situado na cidade de Almería, no qual um cidadão cuja identidade não foi revelada sofreu uma queda acidental e foi gravado por aparato de videovigilância. O vídeo, dias depois, passou a circular em aplicativos de telemensagens e chegou a ser divulgado na mídia local, gerando procedimento sancionatório.

Fundamentos: Art. 58(2) GDPR / Art. 5.º, (1), "b" GDPR.

Decisão completa:

https://www.aepd.es/es/documento/ps-00236-2021.pdf

Sumário: 1. Descrição do caso – 2. Fundamentação legal para a imposição da sanção – 3. Comentários e análise crítica – 4. Conclusão – Referências.

1. DESCRIÇÃO DO CASO

Os dados pessoais estabelecem significativo atributo dos direitos da personalidade e da proteção dos dados pessoais dos titulares. A imagem de uma pessoa, na medida em que identifica ou capaz de identificá-la, constitui um dado pessoal que pode ser processado para variadas finalidades. Nada obstante o mais comum ser o uso de câmeras para garantia da segurança de estabelecimentos e pessoas, também pode-se usá-las para outros fins, como pesquisa científica, estudos de saúde ou monitoramento da atividade laboral dos empregados.

Por envolver a coleta e processamento de dados pessoais, tais atividades devem cumprir os princípios e obrigações estabelecidos pelas normas atinentes ao assunto.

Na Espanha, a carta magna garante aos cidadãos o direito ao respeito à honra, à intimidade pessoal e familiar, bem como à própria imagem,[1] sendo garantido a proteção de ilegalidades violadoras desses direitos e o dever estatal de tutela frente a ameaças e ofensas dessa ordem.

No plano infraconstitucional, merecem destaque a Lei Orgânica 1/1982, de 5 de maio, sobre a proteção civil do direito à honra, à intimidade pessoal e familiar e à própria imagem,[2] a Lei Orgânica 9/1983, de 15 de julho, que regulamenta o Direito de Reunião,[3] a Lei Orgânica 2/1986, de 13 de março, sobre Forças e Órgãos de Segurança,[4] a Lei Orgânica 4/2015, de 31 de março, sobre a Proteção da Segurança Cidadã,[5] a Lei Orgânica 3/2018, de 5 de dezembro, de Proteção de Dados Pessoais e Garantia dos Direitos Digitais,[6] a Lei Orgânica 4/1997, de 4 de agosto, que regulamenta a utilização de câmaras de vídeo pelas Forças e Órgãos de Segurança em locais públicos,[7] e o seu Regulamento aprovado pelo Real Decreto 596/1999, de 16 de abril, Lei 5/2014, de 4 de abril.[8]

---

1. ESPANHA. Constitución Española. Boletín Oficial del Estado, n. 311, 29 dez. 1978. Disponível em: https://www.boe.es/eli/es/c/1978/12/27/(1)/con. Acesso em: 13 abr. 2022.
2. ESPANHA. Ley Orgánica 1/1982, de 5 de mayo, de protección civil del derecho al honor, a la intimidad personal y familiar y a la propia imagen. Boletín Oficial del Estado, n. 115, 14 maio 1982. Disponível em: https://www.boe.es/buscar/doc.php?id=BOE-A-1982-11196. Acesso em: 13 abr. 2022.
3. ESPANHA. Ley Orgánica 9/1983, de 15 de julio, reguladora del derecho de reunión. Boletín Oficial del Estado, n. 170, 18 jul. 1983. Disponível em: https://www.boe.es/buscar/doc.php?id=BOE-A-1983-19946. Acesso em: 13 abr. 2022.
4. ESPANHA. Ley Orgánica 2/1986, de 13 de marzo, de Fuerzas y Cuerpos de Seguridad, n. 63, 14 mar. 1986. Disponível em: https://www.boe.es/buscar/doc.php?id=BOE-A-1986-6859. Acesso em: 13 abr. 2022.
5. ESPANHA. Ley Orgánica 4/2015, de 30 de marzo, sobre Protección de la Seguridad Ciudadana. Boletín Oficial del Estado, n. 77, 31 mar. 2015. Disponível em: https://www.boe.es/eli/es/lo/2015/03/30/4. Acesso em: 13 abr. 2022.
6. ESPANHA. Ley Orgánica 3/2018, de 5 de diciembre, de Protección de Datos Personales y Garantía de los Derechos Digitales. Boletín Oficial del Estado, n. 294, 6 dez. 2018. Disponível em: https://www.boe.es/buscar/act.php?id=BOE-A-2018-16673. Acesso em: 13 abr. 2022.
7. ESPANHA. Ley Orgánica 4/1997, de 4 de agosto, por la que se regula la utilización de videocámaras por las Fuerzas y Cuerpos de Seguridad en lugares públicos. Boletín Oficial del Estado, n. 186, 05 ago. 1997. Disponível em: https://www.boe.es/buscar/doc.php?id=BOE-A-1997-17574. Acesso em: 13 abr. 2022.
8. ESPANHA. Real Decreto 596/1999, de 16 de abril, por el que se aprueba el Reglamento de desarrollo y ejecución de la Ley Orgánica 4/1997, de 4 de agosto, por la que se regula la utilización de videocámaras por las Fuerzas y Cuerpos de Seguridad en lugares públicos. Boletín Oficial del Estado, n. 93, 19 abr. 1999. Disponível em: https://www.boe.es/eli/es/c/1978/12/27/(1)/con. Acesso em: 13 abr. 2022.

O mosaico normativo em vigor no Estado espanhol comunica-se com o que dispõe o Regulamento (UE) 2016/679 do Parlamento Europeu e do Conselho de 27 de abril de 2016, *General Data Protection Regulation* – GDPR, em especial as disposições atinentes ao tratamento de categorias especiais de dados pessoais, aos princípios da responsabilidade proativa e de minimização de dados.

Em termos de proteção de dados, uma das questões que mais vem sendo objeto de reclamações e denúncias à Agência Espanhola de Proteção de Dados (AEPD) diz respeito ao uso de câmeras, principalmente com o propósito de segurança, e sua relação com o GDPR, a fim de cumpri-lo e garantir os direitos de personalidade dos titulares de dados.

Segundo Relatório Anual da AEPD, dentre as dez áreas de atuação com maior número de reclamações recebidas em 2021 encontra-se a videovigilância. No referido ano, a Agência recebeu 1.736 denúncias sobre o tema que representaram mais de 12% das reclamações recebidas e um crescimento de 40% se comparado ao ano de 2020.[9]

Nesse sentido, a análise do *Procedimiento* n.º os/00236/2021, que trata sobre a gravações de imagens de um titular e sua posterior divulgação em meios digitais e plataformas de mensagens instantâneas, traz reflexões práticas na compreensão dos limites entre atividades de tratamento de dados (i)legítimas e os direitos de personalidade, como imagem e honra.

O referido caso origina-se de fato ocorrido em 14 de junho de 2020. Na ocasião, um cidadão cuja identidade não foi revelada, estava no bar de um hotel situado na cidade de Almeria, província espanhola integrante da comunidade autónoma da Andaluzia, quando sofreu uma queda acidental na localidade.

Dias após o ocorrido, o cidadão tomou ciência de que as imagens de sua queda estavam sendo propagadas por moradores da cidade através do aplicativo de mensagens WhatsApp. Ao ter acesso ao vídeo, o cidadão pode constatar que as imagens eram oriundas das câmeras de segurança do bar. Em 17 de novembro de 2020, o vídeo também foi divulgado em publicação do jornal digital Almería.

Nos meses subsequentes, um maior número de pessoas teve acesso às imagens e o cidadão passou a ser alvo de piadas jocosas e ridicularização. Sendo assim, em 27 de janeiro de 2021 o cidadão apresentou reclamação junto à AEPD pela propagação, reprodução e transmissão de sua imagem e os danos causados à sua honra e imagem e de sua família, por se tratar de uma pequena cidade onde o mesmo é bastante conhecido.

2. FUNDAMENTAÇÃO LEGAL PARA A IMPOSIÇÃO DA SANÇÃO

Ao receber a denúncia, a AEPD notificou o estabelecimento hoteleiro responsável pelo bar para que fosse apresentada defesa. Todavia, não houve manifestação do denunciado.

---

9. AEPD. MEMORIA ANUAL 2021. 18 de mar. de 2022. Disponível em: https://www.aepd.es/es/documento/memoria-aepd-2021.pdf. Acesso em: 13 abr. 2022.

Destarte, concluídos os procedimentos investigatórios preliminares, em 14 de junho de 2021, em virtude dos poderes conferidos pelo artigo 58.º, n.º 2, GDPR,[10] e de acordo com o disposto nos artigos 47[11] e 48[12] da Lei Orgânica 3/2018, de 5 de dezembro, sobre Proteção de Dados Pessoais e garantia de direitos digitais (LOPDGDD),[13] o Diretor da AEPD iniciou procedimento sancionatório contra o denunciado, de acordo com o disposto nos artigos 63[14] e 64[15] da Lei 39/2015, de 1 de outubro, do Procedimento Ad-

---

10. Artigo 58.º. Poderes. 2. Cada autoridade de controlo dispõe dos seguintes poderes de correção: a) Fazer advertências ao responsável pelo tratamento ou ao subcontratante no sentido de que as operações de tratamento previstas são suscetíveis de violar as disposições do presente regulamento; b) Fazer repreensões ao responsável pelo tratamento ou ao subcontratante sempre que as operações de tratamento tiverem violado as disposições do presente regulamento; c) Ordenar ao responsável pelo tratamento ou ao subcontratante que satisfaça os pedidos de exercício de direitos apresentados pelo titular dos dados nos termos do presente regulamento; d) Ordenar ao responsável pelo tratamento ou ao subcontratante que tome medidas para que as operações de tratamento cumpram as disposições do presente regulamento e, se necessário, de uma forma específica e dentro de um prazo determinado; e) Ordenar ao responsável pelo tratamento que comunique ao titular dos dados uma violação de dados pessoais; f) Impor uma limitação temporária ou definitiva ao tratamento de dados, ou mesmo a sua proibição; g) Ordenar a retificação ou o apagamento de dados pessoais ou a limitação do tratamento nos termos dos artigos 16.º, 17.º e 18.º, bem como a notificação dessas medidas aos destinatários a quem tenham sido divulgados os dados pessoais nos termos do artigo 17.º, n.º 2, e do artigo 19.º; h) Retirar a certificação ou ordenar ao organismo de certificação que retire uma certificação emitida nos termos dos artigos 42.º e 43.º, ou ordenar ao organismo de certificação que não emita uma certificação se os requisitos de certificação não estiverem ou deixarem de estar cumpridos; i) Impor uma coima nos termos do artigo 83.º, para além ou em vez das medidas referidas no presente número, consoante as circunstâncias de cada caso; j) Ordenar a suspensão do envio de dados para destinatários em países terceiros ou para organizações internacionais.
11. Artículo 47. Funciones y potestades de la Agencia Española de Protección de Datos. Corresponde a la Agencia Española de Protección de Datos supervisar la aplicación de esta ley orgánica y del Reglamento (UE) 2016/679 y, en particular, ejercer las funciones establecidas en el artículo 57 y las potestades previstas en el artículo 58 del mismo reglamento, en la presente ley orgánica y sus disposiciones de desarrollo. Asimismo, corresponde a la Agencia Española de Protección de Datos el desempeño de las funciones y potestades que le atribuyan otras leyes o normas de Derecho de la Unión Europea.
12. Artículo 48. La Presidencia de la Agencia Española de Protección de Datos. 1. La Presidencia de la Agencia Española de Protección de Datos la dirige, ostenta su representación y dicta sus resoluciones, circulares y directrices. 2. La Presidencia de la Agencia Española de Protección de Datos estará auxiliada por un Adjunto en el que podrá delegar sus funciones, a excepción de las relacionadas con los procedimientos regulados por el Título VIII de esta ley orgánica, y que la sustituirá en el ejercicio de las mismas en los términos previstos en el Estatuto Orgánico de la Agencia Española de Protección de Datos. Ambos ejercerán sus funciones con plena independencia y objetividad y no estarán sujetos a instrucción alguna en su desempeño. Les será aplicable la legislación reguladora del ejercicio del alto cargo de la Administración General del Estado. (...).
13. ESPANHA. Ley Orgánica 3/2018, de 5 de diciembre, de Protección de Datos Personales y garantía de los derechos digitales. Boletín Oficial del Estado, n. 294, 06 dez. 2018. Disponível em: https://www.boe.es/buscar/doc.php?id=BOE-A-2018-16673. Acesso em: 13 abr. 2022.
14. Artículo 63. Especialidades en el inicio de los procedimientos de naturaleza sancionadora. 1. Los procedimientos de naturaleza sancionadora se iniciarán siempre de oficio por acuerdo del órgano competente y establecerán la debida separación entre la fase instructora y la sancionadora, que se encomendará a órganos distintos. Se considerará que un órgano es competente para iniciar el procedimiento cuando así lo determinen las normas reguladoras del mismo. 2. En ningún caso se podrá imponer una sanción sin que se haya tramitado el oportuno procedimiento. 3. No se podrán iniciar nuevos procedimientos de carácter sancionador por hechos o conductas tipificadas como infracciones en cuya comisión el infractor persista de forma continuada, en tanto no haya recaído una primera resolución sancionadora, con carácter ejecutivo.
15. Artículo 64. Acuerdo de iniciación en los procedimientos de naturaleza sancionadora. 1. El acuerdo de iniciación se comunicará al instructor del procedimiento, con traslado de cuantas actuaciones existan al respecto, y se notificará a los interesados, entendiendo en todo caso por tal al inculpado. Asimismo, la incoación se comunicará al denunciante cuando las normas reguladoras del procedimiento así lo prevean. 2. El acuerdo de iniciación deberá contener al menos: a) Identificación de la persona o personas presuntamente responsables. b) Los hechos

ministrativo Comum das Administrações Públicas (LPACAP),[16] por possível violação do artigo 5.º, n.º 1, *"b"* («limitação das finalidades») do GDPR.

Durante o procedimento, o denunciante juntou aos autos Ata Notarial na qual constava as páginas da Internet que permitiam a reprodução do vídeo obtido das câmeras do bar, enquanto o denunciado não apresentou defesa ou qualquer alegação contrária à acusação.

No intuito de constatar a alegação do denunciante, a AEPD periciou o local do ocorrido. Desse modo, verificou que o bar dispunha de um sistema de câmeras de vigilância por vídeo que permitia obter imagens do seu interior.

Em 27 de julho de 2021, a AEPD emitiu "Proposta de Resolução" confirmando a infração descrita no artigo 5.º, n.º 1, *"b"*, GDPR, tipificada no artigo 83.º, n.º 5 do mesmo diploma,[17] impondo sanção pecuniária no valor de € 3.000,00 (três mil euros) ao denunciado.

A decisão da AEPD considerou que restou comprovado que os dados e imagens do denunciante obtidas do sistema de câmeras foram processados com a intenção de difamá-lo de modo a afetar sua reputação pública.

3.   COMENTÁRIOS E ANÁLISE CRÍTICA

As câmeras de vigilância se converteram em uma alternativa tecnológica e economicamente viável, aptas a auxiliar na prevenção e solução de delitos, na conservação de

---

que motivan la incoación del procedimiento, su posible calificación y las sanciones que pudieran corresponder, sin perjuicio de lo que resulte de la instrucción. c) Identificación del instructor y, en su caso, Secretario del procedimiento, con expresa indicación del régimen de recusación de los mismos. d) Órgano competente para la resolución del procedimiento y norma que le atribuya tal competencia, indicando la posibilidad de que el presunto responsable pueda reconocer voluntariamente su responsabilidad, con los efectos previstos en el artículo 85. e) Medidas de carácter provisional que se hayan acordado por el órgano competente para iniciar el procedimiento sancionador, sin perjuicio de las que se puedan adoptar durante el mismo de conformidad con el artículo 56. f) Indicación del derecho a formular alegaciones y a la audiencia en el procedimiento y de los plazos para su ejercicio, así como indicación de que, en caso de no efectuar alegaciones en el plazo previsto sobre el contenido del acuerdo de iniciación, éste podrá ser considerado propuesta de resolución cuando contenga un pronunciamiento preciso acerca de la responsabilidad imputada. 3. Excepcionalmente, cuando en el momento de dictar el acuerdo de iniciación no existan elementos suficientes para la calificación inicial de los hechos que motivan la incoación del procedimiento, la citada calificación podrá realizarse en una fase posterior mediante la elaboración de un Pliego de cargos, que deberá ser notificado a los interesados.

16. ESPANHA. Ley 39/2015, de 1 de octubre, del Procedimiento Administrativo Común de las Administraciones Públicas. Boletín Oficial del Estado, n. 236, 02 out. 2015. Disponível em: https://www.boe.es/buscar/act.php?id=BOE-A-2015-10565. Acesso em: 13 abr. 2022.

17. Artigo 83.º. Condições gerais para a aplicação de coimas. 5. A violação das disposições a seguir enumeradas está sujeita, em conformidade com o n.º 2, a coimas até 20 000 000 EUR ou, no caso de uma empresa, até 4 % do seu volume de negócios anual a nível mundial correspondente ao exercício financeiro anterior, consoante o montante que for mais elevado: a) Os princípios básicos do tratamento, incluindo as condições de consentimento, nos termos dos artigos 5.º, 6.º, 7.º e 9.º; b) Os direitos dos titulares dos dados nos termos dos artigos 12.º a 22.º; c) As transferências de dados pessoais para um destinatário num país terceiro ou uma organização internacional nos termos dos artigos 44.º a 49.º; d) As obrigações nos termos do direito do Estado-Membro adotado ao abrigo do capítulo IX; e) O incumprimento de uma ordem de limitação, temporária ou definitiva, relativa ao tratamento ou à suspensão de fluxos de dados, emitida pela autoridade de controlo nos termos do artigo 58.º, n.º 2, ou o facto de não facultar acesso, em violação do artigo 58.º, n.º 1.

bens e proteção do indivíduo, difundindo-se rapidamente nos espaços públicos e privados. Pode-se afirmar que os benefícios, sob a ótica da segurança, são inquestionáveis.

Por outro lado, em razão desse monitoramento, são sacrificados de forma sistemática, no todo ou em parte, garantias fundamentais como a proteção de dados pessoais, a privacidade e, por extensão, a honra e a imagem.

A dicotomia entre segurança e privacidade tem sido objeto de atenção pela doutrina. Ao enfrentar essa questão, Butarelli[18] afirma de maneira enfática e cirúrgica que:

"Há, de fato, circunstâncias em que é legítimo e necessário sacrificar a privacidade e outros direitos fundamentais até certo ponto, em nome da segurança. A nossa sociedade deve ser capaz de se defender da melhor forma contra as ameaças.

No entanto, o ônus da prova deve sempre recair sobre aqueles que afirmam que tais sacrifícios são necessários e as medidas propostas são todas instrumentos eficazes para proteger a sociedade.

Não devemos renunciar a direitos fundamentais, se isso for apenas para uma ilusão de maior segurança ou se simplesmente for útil para 'apenas no caso'. Corremos o risco de entrar como sonâmbulos em uma sociedade-vigiada, passo a passo e sem perceber todas as consequências: em nossa sociedade onde os direitos e liberdades fundamentais serão, na prática, grande e permanentemente diminuídos".

Ademais, o tema tem sido objeto de reiteradas análises pelas Autoridades de Controle europeias. No caso da Autoridade Espanhola de Proteção de Dados (AEPD), há diversos guias educativos, análises jurídicas e, também, procedimentos sancionadores sobre a matéria, como o que se examina nesta oportunidade.

O fato que motivou a abertura do processo administrativo, que ora nos debruçamos, foi a difusão na internet de imagens de um cidadão em uma situação embaraçosa, capturadas pelas câmeras de vigilância no interior de um estabelecimento comercial.

O fundamento jurídico da Autoridade para sancionar o responsável pelo tratamento dos dados partiu das seguintes premissas: *i.* a consideração da imagem como dado pessoal; *ii.* a captura e registro de imagem como atividades de tratamento de dados; e *iii.* a necessidade de exigir o respeito aos princípios da proteção de dados, especificamente ao da finalidade, em todo tratamento de dados pessoais.

Sobre a primeira premissa, o GDPR define dado pessoal como "informação relativa a uma pessoa singular identificada ou identificável («titular dos dados») ", explicitando que uma pessoa pode ser considerada identificável quando seja possível a sua identificação direta ou indireta, através principalmente de identificadores, identificadores por via eletrônica, ou mais elementos específicos da identidade física, fisiológica, genética, mental, econômica, cultural ou social.

---

18. BUTARELLI, Giovanni, "Legal Restrictions – Surveillance and Fundamental Rights". Discurso apresentado na Conferência *New Technical Means of Surveillance and the Protection of Fundamental Rights – Challenges for the European Judiciaries*, Vienna, 2009.

Para Murillo de la Cueva,[19] não é necessário que os dados sejam apenas íntimos para que caiam na órbita do direito à autodeterminação informativa, mas que sejam pessoais, ou seja, pertencentes a um indivíduo, independentemente de que sejam conhecidos por um certo círculo de pessoas próximas ao titular desses dados.

Ainda, o caráter de identificar ou ter a capacidade de identificar um indivíduo pode traçar um perfil que sirva para propósitos que se constituam em uma ameaça aos direitos das pessoas, sejam eles fundamentais ou não.

O amplo e genérico conceito de dado pessoal é necessário. Como assinala CASSANO e FADDA,[20] ao analisar o conceito inserido no *Codice in Materia di Protezione dei Dati Personali* italiano, a importância da definição de dado pessoal contribui na individualização do âmbito de sua aplicação normativa e, também, sana dubiedade na aplicação da Lei.

Destarte, desnecessária qualquer dilação interpretativa, porquanto a imagem, pela sua natureza, identifica diretamente uma pessoa, possuindo a capacidade de extrair outras informações sobre o titular, inclusive as que são conceituadas como sensíveis.

A segunda premissa da AEPD diz respeito à consideração das atividades de captação e registro de imagens como sendo de tratamento de dados.

O artigo 4.º, n.º 1 do GDPR define tratamento de dados como:

"uma operação ou um conjunto de operações efetuadas sobre dados pessoais ou sobre conjuntos de dados pessoais, por meios automatizados ou não automatizados, tais como a recolha, o registo, a organização, a estruturação, a conservação, a adaptação ou alteração, a recuperação, a consulta, a utilização, a divulgação por transmissão, difusão ou qualquer outra forma de disponibilização, a comparação ou interconexão, a limitação, o apagamento ou a destruição".

De igual maneira, a definição normativa do termo segue a estrutura flexível e ampla, permitindo que a atividade do intérprete se adeque às mudanças tecnológicas, culturais e sociais.

A generalidade legal do conceito de tratamento, segundo Vecchi,[21] permite considerar o rol meramente exemplificativo. Por outro lado, a amplitude da finalidade da tutela que se propõe não admite que uma atividade isolada sobre um dado pessoal seja excluída da definição de tratamento, impedindo, portanto, a redução da tutela legal.

---

19. MURILLO DE LA CUEVA, Pablo Lucas. *El Derecho a la Autodeterminación Informativa*. Madrid: Tecnos, 1990, p. 117.

20. CASSANO, Giuseppe; FADDA, Stefano. *Codice in materia di protezione dei dati personali: commento articolo per articolo al Testo unico sulla privacy D. lgs. 30 giugno 2003, n. 196*. CASSANO, Giuseppe; FADDA, Stefano (Coord.). Milano: IPSOA, 2004, p. 54.

21. VECCHI, Paolo Maria. "Comentario al artículo 4º". In: BIANCA, Cesare Massimo; BUSNELLI, Francesco (Dir.). *La protezione dei dati personali. Commentario al D. Lgs. 30 giugno 2003, n. 196 ("Codice della privacy")*. Milano: CEDAN, 2007, p. 44. O autor refere-se na obra ao Código Italiano de Proteção de Dados, embora o entendimento se aplique ao GDPR, em razão da semelhante estrutura normativa, inspirada na Diretiva de 95/46.

Na interpretação do Regulamento Geral de Proteção de Dados (GDPR), as Autoridades europeias se alinham no entendimento de que a captura e o registro de imagem de pessoas são atividades que se enquadram no disposto no artigo 4.º, n.º 2 da Lei (tratamento de dados).

Este entendimento se fortalece na medida em que diretrizes publicadas pelo EDPB[22] destacam os riscos da utilização de câmeras de segurança, prevenindo sobre a implementação de numerosas ferramentas para explorar as imagens capturadas, através de técnicas mais ou menos intrusivas, que transformam simples câmeras tradicionais em dispositivos inteligentes. Juntas, a combinação das mencionadas ferramentas e a câmera de vigilância, são capazes de gerar uma grande quantidade de dados, primários e secundários, aumentando consideravelmente o risco de utilização indevida e para finalidades distintas àquelas que legitimaram o seu uso.

Após a identificação de uma atividade sobre dados pessoais ser considerada como tratamento para efeitos legais, o seguinte passo é encontrar o seu respaldo normativo.

Com relação ao monitoramento por câmeras, o Conselho Europeu de Proteção de Dados (EDPB)[23] considera que qualquer comunicação de dados pessoais (difusão, transmissão etc.) é um tipo distinto de tratamento e, portanto, o seu responsável deve encontrar a base legal que fundamente a atividade, segundo o rol do artigo 6.º do GDPR.

Por conseguinte, cabe à Autoridade de controle nos casos por ela apreciados, verificar a base legal que fundamenta a operação de tratamento de dados.

Neste sentido, a AEPD entendeu que a difusão das imagens não possuía uma causa legitimadora, concluindo que houve um ilegal tratamento de dados. Esta verificação, *per se*, é considerada como uma grave violação à norma de proteção de dados.

Contudo, o Órgão continua o exame, debruçando-se sobre a última premissa, qual seja, a sujeição ao princípio da finalidade.

O artigo 5.º, n.º 1, "*b*" do GDPR, inserido no capítulo II, que trata sobre os princípios relativos ao tratamento de dados pessoais, dispõe que:

"Os dados pessoais são: Recolhidos para finalidades determinadas, explícitas e legítimas e não podendo ser tratados posteriormente de uma forma incompatível com essas finalidades; o tratamento posterior para fins de arquivo de interesse público, ou para fins de investigação científica ou histórica ou para fins estatísticos, não é considerado incompatível com as finalidades iniciais, em conformidade com o artigo 89.º, n.º 1 («limitação das finalidades»)."

Pode-se extrair do texto que existe a possibilidade de mudança na finalidade do tratamento, embora condicionada à necessidade de que esse novo tratamento tenha um propósito conexo com a finalidade inicial que motivou a coleta dos dados.

---

22. EDPD, Directrices 3/2019 sobre El Tratamiento de Datos Oersonales Mediante Dispositivos de Vídeo, de 29 de janeiro de 2020, p. 5.
23. Ibidem, p. 16.

Além do imprescindível exame da existência do vínculo com a finalidade primária, a apuração da compatibilidade deverá passar pela verificação: do contexto em que os dados foram coletados, sobretudo no que concerne às expectativas razoáveis do titular dos dados com relação ao seu uso posterior, levando em consideração a sua relação com o responsável pelo tratamento; da natureza dos dados pessoais; das consequências que o posterior tratamento dos dados pode ter para o seu titular; e da existência de garantias adequadas tanto no tratamento inicial, como nas outras operações de tratamento previstas.[24]

Com efeito, neste ponto, oportunamente registramos[25] que a utilização dos dados coletados deverá ser feita aplicando-se:

"um critério de racionalidade, preservando seu uso apenas para as finalidades compatíveis com as que motivaram a sua coleta. Em definitiva, essa relação estreita entre o dado e a finalidade é o que legitimará seu registro, tratamento e conservação. (...) se em algum momento se rompe essa conexão, aniquila-se o banco de dados, por ausência de legitimidade para existir".

Ademais, não é excessivo destacar que o início do surgimento da moldura jurídica do Direito à autodeterminação informativa parte da análise pelo Tribunal Constitucional Alemão[26] sobre a constitucionalidade da Lei do Censo de 1980.[27] No tocante à coleta de dados e a sua finalidade, a Corte conclui que para o Estado obrigar o cidadão a fornecer seus dados pessoais não anônimos, era necessário um trabalho diligente do legislador no sentido de que este apontasse, com precisão, a finalidade para o qual são coletados, além da atenção para que tais dados fossem adequados e necessários para tal finalidade.[28]

Voltando à análise do caso, a AEPD estabelece que, de forma geral, a atividade de tratamento de dados captados pela vigilância privada, através de câmeras, tem como finalidade a segurança da propriedade contra agressões externas. Estabelecido o propósito, todas as demais ações que sejam compreendidas como atividades de tratamento devem ser acopladas a essa engrenagem. É dizer, o ciclo de vida dos dados e sua própria razão de existir, naquela situação, gravita em torno da segurança.

Ao efetuar o compartilhamento dos dados pessoais, deve-se atender ao propósito da coleta, ou a uma finalidade conexa, além da necessária identificação da base legal que fundamenta o referido compartilhamento.

Ademais, especificamente na Espanha, a Lei Orgânica 3/2018, no artigo 22, item 4, dispõe que a conservação das imagens deve ser realizada apenas para colocá-las à

---

24. Considerando 50 do GDPR.
25. ARAUJO, Ludmila Albuquerque Douettes Araujo, Estudio Comparado del Régimen Jurídico de los Ficheros de Solvencia Patrimonial y Crédito. 2010. 554f. Tese (Doutorado em Direito). Faculdade de Direito de Granada, Universidade de Granada – Espanha, 2010, p. 153.
26. Tribunal Constitucional Alemão, Sentença de 15 de dezembro de 1983.
27. Lei do Censo de 25 de março de 1982.
28. Vide ARAUJO, op. cit., p. 44.

disposição da autoridade competente com o intuito de provar a prática de atos que ameacem a integridade de pessoas, bens ou instalações.

Portanto, é a própria norma que estabelece a possibilidade restritiva de compartilhamento desta natureza de dados pessoais, que se coaduna com a finalidade do seu tratamento.

É de se ressaltar que a AEPD endurece ao analisar o desvio, ou a ausência de finalidade na distribuição do conteúdo das imagens em grupos de WhatsApp, a um número indeterminado de pessoas, quando manifesta que o tratamento realizado é incompatível com a com a finalidade de segurança a que obedece a instalação das câmeras, sendo tratados sem a devida reserva exigida nesses casos. Por esta razão, decide que todo o ocorrido efetivamente se constitui em infração por violar o princípio da finalidade, disposto no artigo 5.º, n.º 1, "b" do GDPR.

Superada a análise do princípio da finalidade, sobreleva destacar que a Autoridade considera comprovado o fato de que os dados pessoais do denunciante foram tratados com o ânimo de difamação, utilizando-se as imagens gravadas com a intenção de afetar a sua honra, divulgando-as para que atingissem a sua reputação pública.

Embora a natureza administrativa da Autoridade Espanhola de Proteção de Dados não permita maiores considerações de mérito sobre os efeitos das divulgações das imagens ao direito à honra do titular dos dados, não causa surpresa que haja a constatação, por parte do Órgão, de fato comprovado deste aspecto.

Isto porque a relação existente entre o direito à proteção de dados com os direitos à honra, imagem, privacidade e intimidade é estreita. Com efeito, a autodeterminação informativa se introduz no ordenamento jurídico como um direito autônomo, entretanto somando e fortalecendo a tutela da pessoa natural, no que respeita aos seus direitos de personalidade. Sobre esta questão, consignamos o seguinte:[29]

> Atualmente, a proteção de dados pessoais direciona sua tutela para banco de dados manuais ou automatizados por meio das tecnologias que atualmente estão à disposição da sociedade, estabelecendo regras mais específicas para garantir o real exercício da liberdade informática. No entanto, também serve para evitar que outros direitos como honra, imagem, privacidade etc. sejam afetados. A inobservância legal de como os dados devem ser coletados, o seu uso desviado da finalidade para a qual foram obtidos, ou a sua circulação indevida são condutas que por si já violam o direito fundamental à autodeterminação informativa. O problema não está nos efeitos posteriores, pois é impossível vislumbrar em futuro próximo a intenção do suposto autor ao praticar tais atos ilícitos – ou mesmo se sua atuação está viciada apenas por culpa – e todas as consequências do ato. Por esta razão, pensamos que não são as consequências que este fato pode acarretar, mas o que o direito à proteção de dados pretende evitar é a própria ação ilícita. (...) este direito é também uma proteção preventiva, que igualmente resguarda outros direitos fundamentais, porque neles estão sistematicamente integrados.

A proteção de dados pessoais não é um direito com um fim em si mesmo. Ao contrário, é composto por ferramentas que podem auxiliar, preventivamente,

---

29. ARAUJO, op. cit., p. 123.

violações de outros direitos fundamentais. Desempenha um papel essencial como instrumento para garantir que o indivíduo possa gozar de sua liberdade, sendo incompatível falar de garantias individuais, do livre desenvolvimento da pessoa e da sua dignidade humana se não forem dotados de instrumentos para desfrutá-los com a necessária liberdade.[30]

Sobre esta questão, Denninger[31] ressalta de maneira muito precisa que:

> A consideração histórica ensina que os direitos fundamentais não são a expressão, nem o resultado de uma elaboração sistemática, de caráter racional e abstrato, mas respostas normativas históricas concretas a essas experiências mais insuportáveis de limitação e risco à liberdade.

Resta, ainda, um aspecto que deve ser enfrentado quando o debate se centra no direito à imagem, honra, proteção de dados e privacidade *versus* segurança: a necessária análise de ponderação entre estes direitos, quando confrontados, e a identificação de seus limites. Principalmente, quando há uma relação estreita entre eles.

Nesta perspectiva, Butarelli[32] destaca, com absoluta precisão, que:

> (...) na verdade, segurança e privacidade são ideias muito semelhantes. Ambos os conceitos contêm, no fundo, o indivíduo e a capacidade de viver sua vida com dignidade e livre da interferência de outrem, em particular do Estado.

De igual maneira, somando-se a esta ideia, o direito à autodeterminação informativa, que tem como objeto de tutela a pessoa com relação aos seus dados pessoais, fornecendo-lhe a garantia de controle sobre o uso e destino desses dados, facultando-lhe, assim, o poder de se opor a tratamento que se desvie da finalidade para os quais foram obtidos. E no mesmo sentido, o direito à imagem e à honra protegidos pelo ordenamento jurídico como direitos autônomos, em toda a sua expressão, porquanto integrados aos direitos personalíssimos do indivíduo.

Portanto, o necessário equilíbrio se projeta na perspectiva do direito à informação, à publicidade e proteção das pessoas e seus bens, em relação ao anonimato, bem como ao poder de controle sobre os dados e, inclusive, ao direito de ser deixado em paz.

A manifestação de uma Autoridade de controle em procedimentos administrativos sancionadores em casos que alcançam limites de outros direitos, demarca a fronteira da proteção de dados, seja no aspecto preventivo ou repressivo, auxiliando na harmonização desses bens jurídicos.

---

30. ARAUJO, op. cit., p. 38.
31. DENNINGER, Erhard. "El Derecho a la autodeterminación informativa". In: PEREZ LUÑO, Antonio Enrique (Dir.). *Problemas actuales de la documentación y la informatica juridica*. Madrid: Tecnos, 1987, p 272.
32. BUTARELLI, G. Discurso proferido no *Parliamentary Forum on Intelligence-Security*. Viena, 6 de maio de 2015. Disponível em https://edps.europa.eu/sites/default/files/publication/15-05-06_vienna_parliamentary_forum_speech_gb_en.pdf. Acesso em 17 de abril de 2022.

4. CONCLUSÃO

De forma geral, as leis de proteção de dados são estruturadas em uma rede principiológica que dão o fundamento às interpretações dos casos concretos, no mais das vezes, sem a necessidade de se recorrer a outros dispositivos.

Esta estrutura normativa permite a flexibilização e a longevidade das mencionadas leis, sobretudo com relação ao surgimento de novas tecnologias, como é o caso dos sistemas de monitoramento.

Ademais, a tutela dessas normas coloca em destaque a proteção de direitos fundamentais e isso se torna mais evidente ao se analisar o histórico legislativo do direito à proteção de dados.

Nesta perspectiva, a interseção entre o Direito à proteção de dados pessoais e os da honra, imagem e intimidade se torna mais evidente, criando-se um amplo espectro de proteção dos direitos da personalidade.

A análise da AEPD do caso concreto não se aprofunda no aspecto do mérito da violação à honra e à imagem. Contudo, evidencia a tênue fronteira entre esses direitos, principalmente quando há violação dos princípios que regem o direito à proteção de dados pessoais.

Por outro lado, verifica-se de forma clara os riscos a que estão expostos os dados dos indivíduos e a dificuldade de controlar seu destino e seu uso, em especial quando a sociedade se encontra conectada e as informações se propagam rapidamente, assim como as novas tecnologias, que também impactam no aludido risco.

Atualmente, os sistemas de vigilância são capazes de coletar dados que vão além da mera imagem de um indivíduo. Quando a isto se acrescenta a cultura de acesso irrestrito e veloz à informação, aumenta a importância dos posicionamentos desses Órgãos, no que diz respeito à fixação das fronteiras ética e jurídica do conjunto de bens jurídicos que necessitam e efetivamente possuem a sua própria tutela.

A atuação das Autoridades de Proteção de Dados é, portanto, essencial na harmonização do uso de dados pessoais como um recurso imprescindível para a sociedade, em diversos aspectos, e na proteção de um direito fundamental que existe e é reconhecido.

REFERÊNCIAS

1. Citação de livro

CASSANO, Giuseppe; FADDA, Stefano. *Codice in materia di protezione dei dati personali*: commento articolo per articolo al Testo unico sulla privacy D. lgs. 30 giugno 2003, n. 196. CASSANO, Giuseppe; FADDA, Stefano (Coord.). Milano: IPSOA, 2004.

DENNINGER, Erhard. "El Derecho a la autodeterminación informativa". Em: PEREZ LUÑO, Antonio Enrique (Dir.). *Problemas actuales de la documentación y la informatica juridica*. Madrid: Tecnos, 1987.

MURILLO DE LA CUEVA, Pablo Lucas. *El Derecho a la Autodeterminación Informativa*. Madrid: Tecnos, 1990.

2. Capítulo em obra coletiva

VECCHI, Paolo Maria. "Comentario al artículo 4º". In: BIANCA, Cesare Massimo; BUSNELLI, Francesco (Dir.). *La protezione dei dati personali. Commentario al D. Lgs. 30 giugno 2003, n. 196* ("Codice della privacy"). Milano: CEDAN, 2007.

3. Artigo web

BUTARELLI, G., "Legal Restrictions – Surveillance and Fundamental Rights", Discurso apresentado na Conferência New Technical Means of Surveillance and the Protection of Fundamental Rights – Challenges for the European Judiciaries, Vienna, 2009.

BUTARELLI, G. *Discurso proferido no Parliamentary Forum on Intelligence-Security.* Viena, 6 de maio de 2015. Disponível em https://edps.europa.eu/sites/default/files/publication/15-05-06_vienna_parliamentary_forum_ speech_gb_en.pdf. Acesso em 17 de abril de 2022.

4. Dissertação ou tese

ARAUJO, Ludmila Albuquerque Douettes Araujo. *Estudio Comparado del Régimen Jurídico de los Ficheros de Solvencia Patrimonial y Crédito.* 2010. 554f. Tese (Doutorado em Direito). Faculdade de Direito de Granada, Universidade de Granada – Espanha, 2010.

5. Ementas de julgados e legislação

ESPANHA. AEPD. MEMORIA ANUAL 2021. 18 de mar. de 2022. Disponível em: https://www.aepd.es/es/documento/memoria-aepd-2021.pdf. Acesso em: 13 abr. 2022.

ESPANHA. AEPD. Procedimiento PS/00236/2021, Resolución de Procedimiento Sancionador, j. 27/09/2021. Disponível em: https://www.aepd.es/documento/ps-00236-2021.pdf. Acesso em: 13 abr. 2022.

ESPANHA. Constitución Española. Boletín Oficial del Estado, n. 311, 29 dez. 1978. Disponível em: https://www.boe.es/eli/es/c/1978/12/27/(1)/con. Acesso em: 13 abr. 2022.

ESPANHA. Ley Orgánica 1/1982, de 5 de mayo, de protección civil del derecho al honor, a la intimidad personal y familiar y a la propia imagen. Boletín Oficial del Estado, n. 115, 14 mai. 1982. Disponível em: https://www.boe.es/buscar/doc.php?id=BOE-A-1982-11196. Acesso em: 13 abr. 2022.

ESPANHA. Ley Orgánica 9/1983, de 15 de julio, reguladora del derecho de reunión. Boletín Oficial del Estado, n. 170, 18 jul. 1983. Disponível em: https://www.boe.es/buscar/doc.php?id=BOE-A-1983-19946. Acesso em: 13 abr. 2022.

ESPANHA. Ley Orgánica 2/1986, de 13 de marzo, de Fuerzas y Cuerpos de Seguridad, n. 63, 14 mar. 1986. Disponível em: https://www.boe.es/buscar/doc.php?id=BOE-A-1986-6859. Acesso em: 13 abr. 2022.

ESPANHA. Ley Orgánica 4/2015, de 30 de marzo, sobre Protección de la Seguridad Ciudadana. Boletín Oficial del Estado, n. 77, 31 mar. 2015. Disponível em: https://www.boe.es/eli/es/lo/2015/03/30/4. Acesso em: 13 abr. 2022.

ESPANHA. Ley Orgánica 3/2018, de 5 de diciembre, de Protección de Datos Personales y Garantía de los Derechos Digitales. Boletín Oficial del Estado, n. 294, 6 dez. 2018. Disponível em: https://www.boe.es/buscar/act.php?id=BOE-A-2018-16673. Acesso em: 13 abr. 2022.

ESPANHA. Ley Orgánica 4/1997, de 4 de agosto, por la que se regula la utilización de videocámaras por las Fuerzas y Cuerpos de Seguridad en lugares públicos. Boletín Oficial del Estado, n. 186, 05 ago. 1997. Disponível em: https://www.boe.es/buscar/doc.php?id=BOE-A-1997-17574. Acesso em: 13 abr. 2022.

ESPANHA. Real Decreto 596/1999, de 16 de abril, por el que se aprueba el Reglamento de desarrollo y ejecución de la Ley Orgánica 4/1997, de 4 de agosto, por la que se regula la utilización de videocámaras por las Fuerzas y Cuerpos de Seguridad en lugares públicos. Boletín Oficial del Estado, n. 93, 19 abr. 1999. Disponível em: https://www.boe.es/eli/es/c/1978/12/27/(1)/con. Acesso em: 13 abr. 2022.

ESPANHA. Ley Orgánica 3/2018, de 5 de diciembre, de Protección de Datos Personales y garantía de los derechos digitales. Boletín Oficial del Estado, n. 294, 06 dez. 2018. Disponível em: https://www.boe.es/buscar/doc.php?id=BOE-A-2018-16673. Acesso em: 13 abr. 2022.

ESPANHA. Ley 39/2015, de 1 de octubre, del Procedimiento Administrativo Común de las Administraciones Públicas. Boletín Oficial del Estado, n. 236, 02 out. 2015. Disponível em: https://www.boe.es/buscar/act.php?id=BOE-A-2015-10565. Acesso em: 13 abr. 2022.

EUROPA. EDPD, Directrices 3/2019 sobre El Tratamiento de Datos Personales Mediante Dispositivos de Vídeo, de 29 de janeiro de 2020.

25
VIOLAÇÃO DE DADOS PESSOAIS E COMUNICAÇÃO DO CONTROLADOR À AUTORIDADE DE PROTEÇÃO DE DADOS: O *ENFORCEMENT* DO ART. 33.º, NS. 1 E 5 DO GDPR AO ART. 48 DA LGPD

Sthéfano Bruno Santos Divino

Doutor e Mestre em Direito Privado pela Pontifícia Universidade Católica de Minas Gerais. Bacharel em Direito pelo Centro Universitário de Lavras. Professor Adjunto do Curso de Direito do Centro Universitário de Lavras. Professor substituto de Direito Privado da Universidade Federal de Lavras (03/2019-03/2021). Advogado. Contato: sthefanoadv@hotmail.com.

Ingrid Drumond Correia Alves

Graduada em Direito pela Universidade Federal de Lavras. Contato: ingriddrumondalves@gmail.com.

Resumo: A DPA irlandesa sancionou o Twitter em 450 mil libras por vazamento de dados.

Fundamentos: Art. 5 GDPR / Art. 6 GDPR / Art. 7 GDPR / Art. 12 GDPR / Art. 13 GDPR / Art. 21 GDPR / Art. 24 GDPR / Art. 25 GDPR / Art. 32 GPDR / Art. 33 (1) GDPR / Art. 34 (1) GDPR

Decisão completa:

https://dataprotection.ie/en/news-media/press-releases/confirmation-fine-twitter-international-company

Sumário: 1. Descrição do caso – 2. Fundamentação legal para a imposição da sanção – 3. Comentários e análise crítica – 4. Conclusão – Referências.

1. DESCRIÇÃO DO CASO

Com cerca de 206[1] milhões de usuários ativos diariamente por todo o mundo, e aproximadamente 30 milhões apenas na Europa,[2] o Twitter é uma rede social de grande impacto em larga escala quando falamos prestação de serviços digitais, bem como coleta e tratamento de dados. Em uma escala global e comparativa de acessos, o Twitter ocupou o 32º lugar na lista dos mais acessados, com cerca de 12 min e 35 ss. por usuário.[3] Seus usuários têm a oportunidade de demonstrar seus posicionamentos pessoais e políticos em "tweets". O Twitter foi recentemente encontrado como o 45º site mais visitado do mundo.

Mesmo diante de considerável participação no mercado, a plataforma ainda apresenta constantes falhas. Uma dessas falhas (denominadas *bug*[4]) foi detectada no design da rede social enquanto prestava seus serviços na Irlanda. O usuário da rede escolhe se seus Tweets serão públicos (*unprotected*) ou privados (*protected*). Nesse último caso, somente um conjunto específico de pessoas (seguidores) pode ler os tweets divulgados pelo usuário. O bug que resultou em uma considerável violação de dados pode ser verificado na seguinte situação: se um usuário ao utilizar um dispositivo Android alterasse o endereço de e-mail associado à sua conta no Twitter, seus *tweets* ficariam desprotegidos e, consequentemente, acessíveis ao público em geral sem o conhecimento do usuário. Em suma, as informações restritas aos seguidores daquele usuário estariam disponíveis irrestritamente para outras pessoas que tivessem acesso à rede social.

Os acontecimentos foram datados em 26 de dezembro de 2018. Contudo, apenas em 29 de janeiro de 2019 e 06 de fevereiro de 2019 a empresa notificou a autoridade de proteção de dados irlandesa sobre o possível bug em seus serviços. Na notificação constou-se:

> Em 26 de dezembro de 2018, recebemos um relatório de bug através de nosso programa de recompensa por bug constatando que, se um usuário do Twitter com uma conta protegida, usando o Twitter para Android, mudasse seu endereço de e-mail, o bug resultaria na vulnerabilidade de sua conta. Isto tornaria seus Tweets previamente privados (Tweets visualizados apenas por seguidores aprovados da conta) em públicos e o erro no código foi rastreado até chegarmos a uma mudança de código feita em 4 de novembro de 2014.[5]

---

1. Dados referente ao período entre 2017 e 2021 (3º trimestre). STATISTA. Number of monetizable daily active Twitter users (mDAU) worldwide from 1st quarter 2017 to 3rd quarter 2021. 2021. Disponível em: https://www.statista.com/statistics/970920/monetizable-daily-active-twitter-users-worldwide/. Acesso em: 11 out. 2022.
2. STATISTA. Leading countries based on number of Twitter users as of October 2021. 2021. Disponível em: https://www.statista.com/statistics/242606/number-of-active-twitter-users-in-selected-countries/. Acesso em: 11 out. 2022.
3. ALEXA. The top 500 sites on the web. 2021. Disponível em: https://www.alexa.com/topsites. Acesso em: 11 out. 2022.
4. Trata-se de uma falha no código de programação após o desenvolvimento do software. Essa falha é capaz de gerar resultados não previstos pelo responsável ou mesmo advir de erros humanos. O que importa, neste caso, é que se trata de uma característica involuntária presente em um programa informacional.
5. "On 26 December 2018, we received a bug report through our bug bounty program that if a Twitter user with a protected account, using Twitter for Android, changed their email address the bug would result in their account being unprotected. This would render their previously protected Tweets (Tweets viewable by only approved followers of the account) public and viewable to anyone...The bug in the code was traced back to a code change made on 4 November 2014". IRELAND. DPC Case Reference: IN-19-1-1. 2020. Disponível em: https://edpb.europa.eu/sites/default/files/decisions/final_decision_-_in-19-1-1_9.12.2020.pdf. Acesso em: 11 out. 2022.

Contudo, conforme o relatório detalhado da autoridade de proteção de dados, alguns fatos foram omitidos pelo Twitter. Durante a investigação iniciada para verificar a causa do *bug* e do vazamento de dados, a autoridade de proteção de dados constatou que em 29 de dezembro de 2018 o *bug* já havia sido verificado por uma empresa de segurança em Tecnologia da Informação contratada pelo Twitter, porém até a data mencionada nenhuma ação preventiva destinada à solução ou triagem do problema tinha sido tomada.

Ocorre que no relatório enviado pelo Twitter à autoridade de proteção de dados, a empresa alegou que "estava de acordo com seus compromissos contratuais, portanto não houve atraso no cumprimento dos requisitos do processo interno" e que "Dada a natureza da maioria dos relatórios de bugs, este alvo é um padrão razoável e apropriado, e está de acordo com outros programas de recompensa por bugs. A empresa também confirmou que o sua contratada responsável pela segurança informacional, ao avaliar o relatório, rotulou a questão como sendo de "baixo risco".[6] Porém, a equipe de Segurança da Informação determinou que, embora o incidente não tenha "desencadeado imediatamente um incidente relacionado à segurança", ele foi identificado como sendo "potencial preocupação relacionada à privacidade".

Nesse escopo, apenas em 2 de janeiro de 2019, em virtude das festividades de final de ano, a equipe de segurança solicitou auxílio ao departamento jurídico do Twitter para orientá-los sobre possíveis atos de violação à privacidade. Os procedimentos internos de verificação foram iniciados apenas em 4 de janeiro de 2019, mas que não foi seguido adequadamente naquele momento, tendo em vista que o Global Data Protection Officer (DPO) não tomou ciência do chamado aberto pela equipe, o que significou que o Twitter, enquanto controlador, não o cientificou do incidente naquele momento.[7]

A notificação da autoridade responsável pela fiscalização administrativa aconteceu *oralmente* apenas em 7 de janeiro de 2019 durante uma reunião semanal da equipe do Grupo Twitter com a participação do DPO responsável pelo caso. Apenas no dia seguinte, cerca de 19 horas após a reunião, a comissão foi devidamente notificada expressamente sobre a falha na rede social.

Diante o caso apresentado, a *Data Protection Comission* (DPC) passou a analisar as possíveis violações ao *Data Protection Act* Irlandês[8] e ao GDPR europeu.[9]

---

6. "Given the initial risk classification of the Underlying Bug, this was a reasonable time period within which to review the report, taking into account that of the four preceding days (including the day on which the JIRA ticket was raised), three were holidays (a weekend, and New Year's Day)"

7. "The process required that the legal team and the DPO be immediately added as watchers to the ticket. This would have led to the DPO being automatically notified. This step was not followed."
   ""The Twitter Inc legal team were already involved in the incident as they had been consulted to determine whether an issue may exist and as a result the DART team assumed that the legal steps (including notifying the DPO) of the Runbook were satisfied. As a result, the DPO was not added to the incident ticket or document and so was not automatically notified."

8. IRELAND. Data Protection Act. 2018. Disponível em: https://www.irishstatutebook.ie/eli/2018/act/7/enacted/en/html. Acesso em: 11 out. 2022.

9. EUROPEAN UNION. *GDPR*: Regulation (EU) 2016/679 of the European Parliament and of the Council of 27 April 2016 on the protection of natural persons with regard to the processing of personal data and on the

2. FUNDAMENTAÇÃO LEGAL PARA A IMPOSIÇÃO DA SANÇÃO

Em revisão dos materiais encaminhados pelo Twitter em razão da falha apresentada em seu sistema, a DPC apresentou previamente dois dispositivos para verificação de sua irregularidade e ilicitude: o art. 33.º, n.º 1 e o art. 33.º, n.º 5, ambos do GDPR Europeu.

Dispõe o art. 33.º, n.º 1 do GDPR que

> Em caso de violação de dados pessoais, o responsável pelo tratamento notifica desse facto a autoridade de controlo competente nos termos do artigo 55.º, sem demora injustificada e, sempre que possível, até 72 horas após ter tido conhecimento da mesma, a menos que a violação dos dados pessoais não seja suscetível de resultar num risco para os direitos e liberdades das pessoas singulares. Se a notificação à autoridade de controlo não for transmitida no prazo de 72 horas, é acompanhada dos motivos do atraso.

A DPC ressaltou que o referido dispositivo obriga a notificação em até 72 horas após o conhecimento da violação, o que não ocorreu no caso em análise, pois o fato aconteceu em 26 de dezembro de 2018 e a notificação expressa somente ocorreu em 07 de janeiro de 2019.[10] Além disso, como *conhecimento* entende-se a ciência do controlador sob um certo grau de certeza sobre um incidente de segurança em sua plataforma e que pode levar ao comprometimento de dados pessoais. Para que esse conhecimento seja realizado efetivamente o GDPR exige que o controlador implemente medidas de proteção técnica e organizacional expressas por meio de governança corporativa e digital que sejam apropriadas para estabelecer de forma imediata se houve ou não uma violação, bem como informar prontamente as pessoas em supervisão do caso.[11]

As obrigações do controlador em notificar uma violação de dados pessoais perpassa, portanto, por um contexto de obrigações estabelecidas pelo GDPR e, especificamente, a responsabilidade de adequação conforme princípios de proteção de dados pessoais englobados na legislação e aplicados em seus termos de prestações de serviços.

O Twitter alegou que a interpretação do termo *consciência* sob a ótica do controlador não estaria sugerida nas diretrizes publicadas pela autoridade de proteção de dados. Nesse escopo, a interpretação dada pela DPC seria subjetiva e fugiria aos parâmetros objetivos estabelecidos pelo GDPR, inclusive pelo art. 33.º. Dessa forma, a interpretação da DPC seria subjetiva e imputaria responsabilidade a um responsável pelo tratamento de dados ao mesmo tempo que seu operador também tomaria conhecimento e ciência do fato. Ou seja, o art. 33.º dispõe que a notificação deve acontecer "após a ciência do fato". Como o Twitter tomou ciência apenas em 7 de janeiro de 2019 por meio de seu setor

---

free movement of such data, and repealing Directive 95/46/EC (General Data Protection Regulation). 2016. Disponível em: https://eur-lex.europa.eu/eli/reg/2016/679/oj. Acesso em: 11 out. 2022.

10. "On 7 January during a weekly meeting between members of the Twitter Inc. legal team and the Global Data Protection Officer, a member of the Twitter Inc legal team raised the topic of an ongoing incident. Upon hearing this, the Global DPO immediately reached out to the Detection and Response Team ("DART") leader and requested to be added to the incident materials. Thereafter, the Global DPO attended the next incident response meeting on 7 January 2019".

11. The Article 29 Working Party, in its *Guidelines on Personal data breach notification under Regulation 2016/679 (Adopted on 3 October 2017)*.

jurídico, alega a empresa que a ciência deveria ser exclusivamente a ela e não aos seus contratados que inicialmente notificaram a causa. Em suma, o Twitter estaria delegando sua responsabilidade a empresa de TI contratada para analisar a causa.

Porém, a autoridade de proteção de dados entendeu que o Twitter estava ciente da violação ocorrida em suas atividades empresariais e estava em seu âmbito obrigacional o dever de notificá-la sobre o ilícito.[12] O Twitter, enquanto controlador dos dados, tem a responsabilidade por supervisionar as operações de processamento realizadas por seus empregados e contratados, bem como deve garantir que seus responsáveis informem qualquer violação em até 72 horas conforme determinação do art. 33.º do GDPR. Além disso, não se deve atribuir a responsabilidade de forma subsidiária aos seus empregados, pois continua sendo de incumbência do controlador assegurar que todo o processo de coleta e tratamento de dados forneçam garantias suficientes para a implementação de medidas técnicas e organizacionais adequadas destinadas a assegurar que todo o processo esteja em conformidade ao GDPR e as legislações esparsas. Portanto, na visão do relator, houve falha da gigante tecnológica em cumprir a legislação vigente, mesmo possuindo processos extensos e robustos em conformidade ao art. 24.º e 32.º do GDPR.

Em termos objetivos, a DPC entendeu que a interpretação do termo "após ter tido conhecimento" abrange também aos operadores por estarem ligados em um vínculo contratual objetivo, jurídico e econômico. O controlador utiliza seus empregados para atingir seus propósitos; portanto, em princípio, o controlador deve ser considerado ciente quando seus responsáveis estão cientes sobre os vazamentos de dados da plataforma. Dessa forma, a DPC considerou que o Twitter interpretou de forma equivocada o termo "após ter tido conhecimento" contido no art. 33.º do GDPR e a empresa deve ser responsabilizada pela falha nos procedimentos administrativos internos em comunicar a autoridade de proteção de dados sobre o evento.[13]

Assim, o relator da DPC responsável pelo caso pontuou os seguintes aspectos:

1) Sujeito aos outros pontos abaixo, quando um controlador contratar um operador para processar dados pessoais em seu nome, e o operador sofrer uma violação de dados pessoais, o conhecimento do controlador da violação (para os fins do Artigo 33.º, n.º 1 começará quando for notificado da violação pelo operador, a menos que tenha algum outro método independente de tomar conhecimento de tal violação fora da notificação pelo processador.

---

12. "As set out above, at paragraphs 4.2 to 4.5, the Commission's understanding of when TIC was 'aware' of the Breach was initially informed by the contents of the Breach Notification Form. This referred to 'Twitter' generically – i.e. without specifying which 'Twitter' entity was at issue – as having received the bug report on 26 December 2018, and further explained that the reason for the delayed notification to the Commission was that 'Twitter' had not appreciated the severity of the issue, and that it was reportable, until the 3 January 2019 "at which point Twitter's incident response plan was put into action."

13. "*The controller uses the processor to achieve its purposes; therefore in principle, the controller should be considered as "aware" once the processor has informed it of the breach.* The obligation on the processor to notify its controller allows the controller to address the breach and to determine whether or not it is required to notify the supervisory authority in accordance with Article 33(1) and the affected individuals in accordance with Article 34(1). (Emphasis added)

"The controller uses the processor to achieve its purposes; therefore, in principle, the controller should be considered as "aware" once the processor has become aware."

2) O conhecimento do controlador da violação (e quando isso ocorrer) depende, portanto, da eficácia do processo de notificação de violações que ele tenha acordado com seu processador (a menos que haja algum outro método pelo qual o controlador possa tomar conhecimento independentemente da existência de uma violação de dados pessoais que não seja do processador). É responsabilidade geral do controlador supervisionar as operações de processamento realizadas por seu operador e, como parte disto, garantir que seu processador o torne ciente de qualquer violação de dados de forma que lhe permita cumprir sua obrigação de notificar nos termos do Artigo 33.º, n.º 1.

3) Em tais circunstâncias, quando esse processo – conforme acordado com o operador – não é eficaz em algum aspecto, falho ou não é seguido pelo operador, de tal forma que, mesmo em uma situação isolada ou isolada, o conhecimento real e a notificação da violação por parte do controlador são atrasados, o controlador não pode procurar desculpar sua própria notificação atrasada, ou falha completa de notificação, nos termos do Artigo 33.º, n.º 1 com base na inadimplência do operador.

4) Isto é reconhecido pelas atuais Diretrizes de Notificação de Infração (*Breach Notification Guidelines*) que estabelecem que "... em princípio, o controlador deve ser considerado como "ciente" uma vez que o processador o tenha informado sobre a infração". Entretanto, isto é claramente considerado no contexto de o responsável pelo tratamento ter medidas apropriadas para garantir que ele realmente "tome conhecimento" de uma violação de dados pessoais, para os fins do Artigo 33.º, n.º 1, prontamente.

Nos termos da decisão da DPC, torna-se indispensável a existência de métodos e processos efetivos pelo operador que o possibilitem a tomar ciência de possíveis violações de privacidade e permitam sua comunicação e notificação ao controlador de dados. Situação essa verificável no caso em análise, tendo em vista a notificação do Twitter logo antes do final de 2018. Quando o controlador não garante a existência de um procedimento efetivo com o seu operador para cientificá-lo sobre uma possível violação de dados ou mesmo se esse processo existe e é falho ou não é seguido corretamente pelo operador, os resultados em atrasos ou até mesmo falha do processador automaticamente fazem com que o controlador de dados esteja ciente da situação, ainda que não tenha participação concreta no procedimento, por determinação da solidariedade existente no GDPR.[14]

O outro dispositivo em análise pela DPC foi o art. 33.º, n.º 5 do GDPR, o qual dispõe:

The controller shall document any personal data breaches, comprising the facts relating to the personal data breach, its effects and the remedial action taken. That documentation shall enable the supervisory authority to verify compliance with this Article.

A prescrição do dispositivo é no sentido de exigir uma documentação escrita a ser encaminhada a autoridade de supervisão para permitir a verificação de práticas internas de *compliance* e o comprimento do art. 33.º do GDPR. Embora a comunicação do Twitter tenha sido realizada oralmente em 7 de janeiro de 2019, formalmente o procedimento de abertura investigativa aconteceu logo em 26 de dezembro de 2018 e em 3 de janeiro de 2019 estava no setor jurídico para manifestação, a manifestação não foi reprovada por ser considerada oral. A forma prescrita, portanto, fora dispensada.

---

14. "Such an interpretation of the concept of 'controller awareness' is necessary in order to ensure that the controller's obligation to notify under Article 33(1) remains effective, and also reflects the responsibility and accountability of the controller in the GDPR scheme".

Contudo, o art. 33.º, n.º 5 exige que após a formalização a documentação encaminhada deve permitir a autoridade competente a verificação de todos os procedimentos e possíveis violações ao GDPR. Segundo o relator, o chamado aberto pela equipe de TI do Twitter contém uma série de limitações de informações sobre a falha e os impactos em seus usuários, bem como não aborda como o controlador avaliou o risco, decorrente da infração, para os usuários afetados. Portanto, a documentação encaminhada não serve ao propósito do art. 33.º, n.º 5 do GDPR, principalmente por não apresentar nenhuma justificativa viável que levou à demora na notificação da infração à autoridade de proteção de dados.[15] As deficiências na documentação fornecida pelo Twitter são comprovadas e reforçadas na medida em que a DPC precisou, durante o curso do inquérito, solicitar informações para esclarecer fatos que envolviam a infração diante de questões nebulosas e não compreendidas pela autoridade.

Assim, de acordo com a Lei de Proteção de dados Irlandesa, especificamente nos termos da seção 111(1),[16] a DPC constatou que o Twitter infringiu tanto o art. 33.º, n.º 1 quanto o art. 33.º, n.º 5 do GDPR. Embora a legislação europeia autorize multas administrativas de até 2%[17] do valor capital da empresa que, segundo a DPC, o Twitter estaria avaliado em $3.46 bilhões (2% seriam equivalentes a $69.2 milhões), objetivando a aplicação de uma sanção adequada, a DPC adotou os critérios trazidos no art. 83.º do GDPR para adequá-lo ao caso concreto[18] e, em

---

15. "In particular, the tickets do not contain information relating to the delay in Twitter Inc.'s notification of the Breach to TIC, or information relating to the date on which TIC was made aware of the Breach. In addition, one of the tickets, the initial assessment ticket from Contractor 2 (at (i) above) pre-dates the assessment of the incident (by Twitter Inc.) as being a personal data breach".
    "On the basis of my assessment of the documentation furnished by TIC during the course of the Inquiry, and wherein it claims that it 'documented' the Breach, I do not consider that this documentation contains sufficient information so as to enable the question of TIC's compliance with the requirements of Article 33 to be verified".
16. "111. (1) Where an inquiry has been conducted of the Commission's own volition, the Commission, having considered the information obtained in the inquiry, shall – (a) if satisfied that an infringement by the controller or processor to which the inquiry relates has occurred or is occurring, make a decision to that effect, and (b) if not so satisfied, make a decision to that effect. (2) Where the Commission makes a decision under subsection (1) (a), it shall, in addition, make a decision – (a) as to whether a corrective power should be exercised in respect of the controller or processor concerned, and (b) where it decides to so exercise a corrective power, the corrective power that is to be exercised. (3) The Commission, where it makes a decision referred to in subsection (2)(b), shall exercise the corrective power concerned".
17. "Art. 83 (4) Infringements of the following provisions shall, in accordance with paragraph 2, be subject to administrative fines up to 10 000 000 EUR, or in the case of an undertaking, up to 2 % of the total worldwide annual turnover of the preceding financial year, whichever is higher.
18. a) A natureza, a gravidade e a duração da infração tendo em conta a natureza, o âmbito ou o objetivo do tratamento de dados em causa, bem como o número de titulares de dados afetados e o nível de danos por eles sofridos; b) O caráter intencional ou negligente da infração; c) A iniciativa tomada pelo responsável pelo tratamento ou pelo subcontratante para atenuar os danos sofridos pelos titulares; d) O grau de responsabilidade do responsável pelo tratamento ou do subcontratante tendo em conta as medidas técnicas ou organizativas por eles implementadas nos termos dos artigos 25.º e 32.º; e) Quaisquer infrações pertinentes anteriormente cometidas pelo responsável pelo tratamento ou pelo subcontratante; f) O grau de cooperação com a autoridade de controlo, a fim de sanar a infração e atenuar os seus eventuais efeitos negativos; g) As categorias específicas de dados pessoais afetadas pela infração; h) A forma como a autoridade de controlo tomou conhecimento da infração, em especial se o responsável pelo tratamento ou o subcontratante a notificaram, e em caso afirmativo, em que medida o fizeram; i) O cumprimento das medidas a que se refere o artigo 58.º, n.º 2, caso as mesmas tenham sido previamente impostas ao responsável pelo tratamento ou ao subcontratante em causa relativamente à mesma matéria; j) O

conjunto com o art. 58.º, n.º 2, "*i*" do GDPR,[19] multou o Twitter em $500.000,00 equivalentes a €450,000.[20]

O caso em análise é paradigmático e disruptivo, tendo em vista a previsão semelhante na LGPD brasileira, mas em um nível ainda imaturo e nitidamente não desenvolvido. A decisão da DPC irlandesa pode ser complementar e essencial a ANPD no que tange ao auxílio interpretativo do art. 48, *caput*, parágrafos e incisos da LGPD. É justamente neste disposto que focaremos neste momento.

3. COMENTÁRIOS E ANÁLISE CRÍTICA

A comunicação de incidentes de segurança na LGPD brasileira perpassa pela normatização de boas práticas estabelecidas a partir do art. 46 do referido legislativo. Ocorre que o art. 48,[21] que dispõe expressamente sobre o assunto, apenas estabelece a imposição desse dever legal. O primeiro desafio posto pela LGPD foi verificar a estipulação do prazo necessário para que a notificação da autoridade de proteção de dados ocorra. Isso porque o parágrafo primeiro do art. 48 afirma somente que ela deverá ser realizada em tempo hábil e mencionar no mínimo: I) a descrição da natureza dos dados pessoais afetados; II) as informações sobre os titulares envolvidos; III) a indicação de quais medidas técnicas e de segurança foram adotadas para proteção dos dados, desde que resguardados os segredos comercial e industrial; IV) os riscos advindos do incidente; V) possíveis motivos e justificativas pela demora, caso a comunicação não seja feita no prazo estabelecido; e VI) quais medidas foram ou serão adotadas para remediar ou mitigar os efeitos advindos do incidente.

Conforme mencionado, as exigências necessitam de compilação e encaminhamento ao órgão responsável em um prazo definido. Mas, qual é esse prazo? A LGPD não estabelece de forma expressa. Em um Formulário de comunicação de incidente de segurança com dados pessoais à Autoridade Nacional de Proteção de Dados (ANPD)[22] disponibilizado pela própria autoridade no início de 2021, indica-se um prazo de 2 (dois) dias úteis, contados da data do conhecimento do incidente, para a respectiva comunicação. Em termos literais...

---

cumprimento de códigos de conduta aprovados nos termos do artigo 40.º ou de procedimento de certificação aprovados nos termos do artigo 42.º; e k) Qualquer outro fator agravante ou atenuante aplicável às circunstâncias do caso, como os benefícios financeiros obtidos ou as perdas evitadas, direta ou indiretamente, por intermédio da infração.

19. "2. Cada autoridade de controlo dispõe dos seguintes poderes de correção: a) Fazer advertências ao responsável pelo tratamento ou ao subcontratante no sentido de que as operações de tratamento previstas são suscetíveis de violar as disposições do presente regulamento".

20. "Even if the DPC is correct in its finding that TIC infringed Article 33(1), which TIC strenuously disputes, it is wrong to conclude that a fine, and particularly a fine potentially as high as $500,000, is appropriate in this case".

21. Art. 48. O controlador deverá comunicar à autoridade nacional e ao titular a ocorrência de incidente de segurança que possa acarretar risco ou dano relevante aos titulares.

22. BRASIL. Comunicação de incidentes de segurança. ANPD. 2021. Disponível em: https://www.gov.br/anpd/pt-br/assuntos/incidente-de-seguranca. Acesso em: 11 out. 2022.

Enquanto pendente a regulamentação, recomenda-se que após a ciência do evento adverso e havendo risco relevante, a ANPD seja comunicada com a maior brevidade possível, sendo tal considerado *a título indicativo o prazo de 2 dias úteis*, contados da data do conhecimento do incidente."

"Se a comunicação inicial do incidente não foi comunicada no *prazo sugerido de 2 dias úteis* após ter tomado ciência do incidente, justifique os motivos.[23]

A ANPD, neste ponto, foi falha. Caracterizar o prazo como indicativo abre margens para protelação e descumprimento sem possivelmente sofrer sanções e penalidades de ordem administrativa (especialmente). Tal prazo, assim como estabelecido no art. 33.º, n.º 5 do GDPR deve ser cogente e não possibilitar margens interpretativas para sua esquiva, a não ser quando devidamente justificada, nos termos do art. 48, V, da LGPD.

A falha, neste ponto, pode ser suprida pela edição de regulamentos e normativos (portaria ou resolução) conforme competência estabelecida no art. 55-J, XIII e XVIII da LGPD, recentemente atualizado pela Lei 13.853/2019.

Art. 55-J. Compete à ANPD:

[...]

XIII – *editar regulamentos e procedimentos sobre proteção de dados pessoais e privacidade*, bem como sobre relatórios de impacto à proteção de dados pessoais para os casos em que o tratamento representar alto risco à garantia dos princípios gerais de proteção de dados pessoais previstos nesta Lei;

[...]

XVIII – *editar normas, orientações e procedimentos simplificados e diferenciados*, inclusive quanto aos prazos, para que microempresas e empresas de pequeno porte, bem como iniciativas empresariais de caráter incremental ou disruptivo que se autodeclarem startups ou empresas de inovação, possam adequar-se a esta Lei.

A elaboração desse regulamento estabelecendo um prazo razoável de 3 (três) dias úteis, tal como o GDPR, seria mecanismo de cumprimento de efetividade das políticas de governança que já devem estar ou deveriam estar implementadas nas sociedades empresárias. Além disso, ao mencionar o prazo como obrigatório, tem-se parâmetros objetivos de verificação que, ao nosso ver, atualmente inexistem. Diante dessa inexistência, a ANPD encontra limitações para aplicar sanções de ordem administrativa aos controladores e responsáveis pelo tratamento de dados por incidentes ocorridos em sua gestão. Essa dificuldade se dá justamente em razão de que no procedimento administrativo deve exigir ampla defesa e contraditório, conforme art. 55-J, IV, da LGPD,[24] e nesse procedimento administrativo, caso inexista uma lei (em sentido formal, abrangendo desde portarias até Emendas constitucionais) estabelecendo formalmente e objetiva-

---

23. BRASIL. Formulário de comunicação de incidente de segurança com dados pessoais à Autoridade Nacional de Proteção de Dados (ANPD). ANPD. 2021. Disponível em: https://www.gov.br/anpd/pt-br/assuntos/atual-for-mulario-de-comunicacao-de-incidentes-de-seguranca-com-dados-pessoais_01-03-2021-4.docx. Acesso em: 11 out. 2022.

24. "IV – fiscalizar e aplicar sanções em caso de tratamento de dados realizado em descumprimento à legislação, mediante processo administrativo que assegure o contraditório, a ampla defesa e o direito de recurso; (Incluído pela Lei 13.853, de 2019)".

mente as obrigações a serem cumpridas, poderá a ANPD ter sua eficácia reduzida e seu poder sancionatório ceifado diante de sua inércia regulamentar.

Em outros termos, torna-se imprescindível à ANPD formalizar o prazo e caracterizá-lo como imposição normativa sob pena de inaplicabilidade ou ilegalidade da sanção caso ele seja reconhecido meramente como *indicativo*. Mas a ANPD pode encontrar desafios na elaboração dessa norma. Ainda que o art. 55-J, XIII e XVIII autorize a elaboração de normativos destinados à aperfeiçoar a LGPD, o poder regulamentar da ANPD está limitado e deve ser precedido de consultas e audiências públicas, bem como de análises de impacto regulatório, conforme art. 55-J, § 2.º da LGPD.[25]

Dessa forma, a normatização realizada pela ANPD fica nitidamente atrelada, mas não totalmente dependente, dos parâmetros e resultados obtidos com as pesquisas realizadas. A sugestão dos três dias ligadas ao GDPR pode ser ou não suficiente para a realidade brasileira. O despreparo das empresas brasileiras na adequação pode criar uma necessidade de dilatação, ao menos temporária, do prazo estabelecido pelo GDPR ou mesmo pelo formulário da ANPD. Dessa forma, como sugestão complementar às consultas e às audiências públicas, recomenda-se a ANPD analisar objetivamente o tempo adequado às empresas para que ocorra a notificação conforme eficiência no setor de governança empresarial. Mas essa sugestão não deve ser preponderante ou sobrepor à proteção de dados do titular, já que a obrigatoriedade de adequação está em vigor e não é escusa para qualquer pessoa jurídica o descumprimento da lei. Trata-se, contudo, de um intermédio ou um meio termo entre aspecto regulamentar sancionatório e adequação cultural, entendendo ser indispensável para sua constituição e efetividade em momentos de danos a privacidade e intimidade de terceiros.

A segunda situação problemática, que deriva diretamente da ausência de *enforcement* da ANPD é a responsabilização do controlador e do operador pelo descumprimento normativo. Caso seja estabelecido nos termos acima mencionados, conforme determinação do art. 42, § 1.º, I da LGPD,[26] o controlador e o operador responderão solidariamente pelos danos causados pelo incidente relativo aos dados pessoais.

Neste ponto, o julgamento do Twitter pela DPC irlandesa é essencial, já que o formulário e a sugestão da ANPD adotam a "data do conhecimento do incidente" como termo inicial para contagem do prazo destinado à comunicação da autoridade. Assim, acreditamos que o mesmo raciocínio do caso exemplificado e julgado sob a ótica do GDPR deve ser realizado aqui: o conhecimento será tanto do controlador quanto do operador de dados.

---

25. "§ 2.º Os regulamentos e as normas editados pela ANPD devem ser precedidos de consulta e audiência públicas, bem como de análises de impacto regulatório".

26. "Art. 42. O controlador ou o operador que, em razão do exercício de atividade de tratamento de dados pessoais, causar a outrem dano patrimonial, moral, individual ou coletivo, em violação à legislação de proteção de dados pessoais, é obrigado a repará-lo. § 1.º A fim de assegurar a efetiva indenização ao titular dos dados: I – o operador responde solidariamente pelos danos causados pelo tratamento quando descumprir as obrigações da legislação de proteção de dados ou quando não tiver seguido as instruções lícitas do controlador, hipótese em que o operador equipara-se ao controlador, salvo nos casos de exclusão previstos no art. 43 desta Lei".

Como existe solidariedade entre esses agentes pelos danos causados advindos do descumprimento da legislação de proteção de dados (art. 42, § 1.º, I, da LGPD), não poderá qualquer envolvido no incidente e na coleta de dados esquivar-se da reparação dos danos advindos dessa prática. Não se trata apenas de coobrigação, mas de dever solidário entre os entes reconhecido pelo legislador em razão do risco da atividade de empresa. Não se deve admitir a transmissão ou transferência de responsabilidade para terceiros, o que muitas vezes pode acontecer em grades empresas, vez que contratam especializadas para gerenciar o sistema de dados empresarial.

Contudo, essa responsabilização somente será possível a partir do momento em que a ANPD estabelecer legal e formalmente o prazo para ocorrência de sua notificação e comunicação, seja por meio de portarias ou qualquer outro meio legislativo admitido no âmbito regulamentar de suas competências.

A depender do porte da empresa, da gravidade do fato e dos mecanismos de governança implementados pela sociedade empresária para evitar ou mitigar os danos, a ANPD poderá aplicar diferentes sanções administrativas. Ao nosso ver, a responsabilidade adotada pela LGPD é modalidade subjetiva. Primeiramente por ser a modalidade mais adequada a negócios atrelados ao risco e que podem esses serem reduzidos por práticas de governança. Caso a modalidade objetiva fosse adotada, não teria qualquer necessidade de a Lei exigir que tais condutas fossem implementadas no âmbito empresarial, já que a responsabilidade ocorreria independentemente de culpa. Assim, a modalidade subjetiva é a mais adequada ao contexto e parece ser a defendida pela LGPD, a qual também estabelece situações de não responsabilidade em seu art. 43.[27]

Portanto, caso estejam presentes fatores e condutas de governança corporativa e todo o procedimento tenha ocorrido nos tramites legais, analisando o impacto da violação e o incidente, o ideal seria a aplicação de advertência (art. 52, I, da LGPD). Lado outro, quando o procedimento de comunicação é falho ou inexistem justificativas para o seu devido cumprimento, tal como no caso envolvendo o Twitter exemplificado anteriormente, a multa simples, de até 2% (dois por cento) do faturamento da pessoa jurídica de direito privado, poderá e deverá surtir maior efeito, podendo sê-la aplicada diariamente até sua respectiva solução.[28] Não se trata de uma indenização de caráter punitivo, mas de caráter pedagógico e reparador dos danos que possivelmente os interessados e titulares possam ter sofrido diante do incidente.

---

27. "Art. 43. Os agentes de tratamento só não serão responsabilizados quando provarem: I – que não realizaram o tratamento de dados pessoais que lhes é atribuído; II – que, embora tenham realizado o tratamento de dados pessoais que lhes é atribuído, não houve violação à legislação de proteção de dados; ou III – que o dano é decorrente de culpa exclusiva do titular dos dados ou de terceiro".

28. "Art. 52. Os agentes de tratamento de dados, em razão das infrações cometidas às normas previstas nesta Lei, ficam sujeitos às seguintes sanções administrativas aplicáveis pela autoridade nacional: (Vigência) I – advertência, com indicação de prazo para adoção de medidas corretivas; II – multa simples, de até 2% (dois por cento) do faturamento da pessoa jurídica de direito privado, grupo ou conglomerado no Brasil no seu último exercício, excluídos os tributos, limitada, no total, a R$ 50.000.000,00 (cinquenta milhões de reais) por infração; III – multa diária, observado o limite total a que se refere o inciso II.".

Diante o exposto, pode-se verificar que os aspectos executórios e sancionatórios da ANPD quanto à falta de comunicação dos incidentes envolvendo tratamento de dados ainda carece de regulamentação e aplicação prática. Qualquer ato que ocorra sem a respectiva previsão normativa não possui respaldo legal e deverá ser evitado, sendo que o procedimento administrativo é um dos mecanismos aptos a essa defesa.

Por fim, uma terceira observação quanto à responsabilidade ou quanto a imposição de ônus e deveres legais é a atribuição do dever de comunicação. Tal como exposto no julgado europeu, a DPC interpretou o art. 33.º, n.º 5 do GDPR como sendo direcionado exclusivamente ao controlador dos dados. No que tange ao art. 48[29] da LGPD, a previsão do ônus legal *de comunicar a ANPD* é direcionada *apenas* à pessoa do controlador, não mencionando o operador. Como o controlador figura no centro da cadeia de tratamento dos dados, sendo o responsável pelas questões que a envolvem e, consequentemente, por determinar a forma como o operador realizará as manipulações dos dados, verifica-se certa hierarquia na relação entre as figuras do controlador e do operador, de modo que o controlador assume uma posição central e tem domínio sobre o manejo dos dados. Por essa razão, de forma semelhante, tanto o GDPR quanto a LGPD imputam ao controlador a obrigação de comunicar à autoridade nacional quando ocorrer qualquer incidente de segurança capaz de acarretar risco ou dano relevante aos seus titulares.

Nesse contexto, é incompatível atribuir ao operador o dever exclusivo de comunicar à autoridade nacional sobre eventual incidente de segurança, tendo em vista que a função do operador é clarividente subordinada ao controlador. Ora, não há que se falar em transferência de responsabilidade com o fito de eximir o controlador das obrigações que lhe cabem por expressa previsão legal e decorrência lógica da questão aqui debatida.

Tal interpretação se atém ao preceito geral da vedação de interpretação extensiva destinada à criação de deveres legais ou restrição de direitos. Ao particular somente deve atribuir uma obrigação ou dever de cumprir uma determinada ação quando previamente estabelecida na lei. Contudo, a LGPD pecou neste aspecto e deixou apenas o dever de comunicação direcionado ao controlador. Assim, mesmo que exista o ilícito, o setor de governança e comunicação interna devem estar devidamente implementados para facilitar a transição dessas informações e, posteriormente, a comunicação a ANPD.

Portanto, verifica-se que os desafios a serem enfrentados pela LGPD diante de sua incompleta construção são árduos. Pretende-se que as críticas aqui expostas sejam adequadas aos novos caminhos a serem traçados nesses árduos tempos em que a proteção de dados e a autodeterminação informativa se transformam em comodities em conjunto com seus titulares.

---

29. Art. 48. O controlador deverá comunicar à autoridade nacional e ao titular a ocorrência de incidente de segurança que possa acarretar risco ou dano relevante aos titulares.

4. CONCLUSÃO

A comunicação da violação de dados pessoais pelo infrator a autoridade de proteção é mecanismo indispensável para efetivação administrativa sancionatória e para concretização dos preceitos gerais de governança da legislação temática. O caso trazido pela DPC irlandesa demonstra os possíveis equívocos que podem e acometeram a interpretação do GDPR já em ampla aplicação. As contribuições trazidas podem e certamente são aplicadas a LGPD brasileira.

Primeiramente, demonstrou-se que o termo inicial para comunicação da autoridade de proteção de dados ocorre com a ciência tanto pelo controlador quanto pelo operador, ainda que esse seja terceirizado. Assim o deve ser pois o controlador possui o dever jurídico de supervisionar seus subordinados e a lei parece não admitir escusas quanto à transmissão dessa responsabilidade.

No GDPR, a DPC irlandesa constatou a existência da solidariedade, forma e instituto esse também presente na LGPD brasileira. Ocorre que um dos maiores problemas da LGPD brasileira quanto ao *enforcement* da ANPD refere-se à ausência de um prazo previamente fixado na LGPD, sendo que suas instruções são meramente indicativas. Por adquirem *status* exemplificativo, orientativo ou não-normativo, atualmente não se verifica a possibilidade de a ANPD aplicar sanções quanto ao descumprimento do prazo. A solução seria elaboração de normas e regulamentos, conforme já autorizado pelo art. 55-J da LGPD, observada as consultas e audiências públicas, bem como os impactos normativos, para adequar o prazo exigido pela LGPD à realidade e à cultura brasileira.

Acredita-se que apenas após essa normatização sanções de caráter administrativo poderão ser aplicadas pela não observância dos padrões objetivos estabelecidos pela norma. Até lá, o caminho a ser percorrido pela ANPD perpassa pela análise da responsabilidade geral subjetiva pelo descumprimento normativo, apenas. Pois o prazo, para que seja computado como requisito, indispensável normatização e formalização.

REFERÊNCIAS

1. Artigo web

ALEXA. The top 500 sites on the web. 2021. Disponível em: https://www.alexa.com/topsites. Acesso em: 08 jan. 2022.

BRASIL. Comunicação de incidentes de segurança. ANPD. 2021. Disponível em: https://www.gov.br/anpd/pt-br/assuntos/incidente-de-seguranca. Acesso em: 27 fev. 2022.

BRASIL. Formulário de comunicação de incidente de segurança com dados pessoais à Autoridade Nacional de Proteção de Dados (ANPD). ANPD. 2021. Disponível em: https://www.gov.br/anpd/pt-br/assuntos/atual-formulario-de-comunicacao-de-incidentes-de-seguranca-com-dados-pessoais_01-03-2021-4.docx. Acesso em: 27 fev. 2022.

STATISTA. Leading countries based on number of Twitter users as of October 2021. 2021. Disponível em: https://www.statista.com/statistics/242606/number-of-active-twitter-users-in-selected-countries/. Acesso em: 08 jan. 2022.

STATISTA. Number of monetizable daily active Twitter users (mDAU) worldwide from 1st quarter 2017 to 3rd quarter 2021. 2021. Disponível em: https://www.statista.com/statistics/970920/monetizable-daily--active-twitter-users-worldwide/. Acesso em: 08 jan. 2022.

2. Ementas de julgados e legislação

EUROPEAN UNION. *GDPR*: Regulation (EU) 2016/679 of the European Parliament and of the Council of 27 April 2016 on the protection of natural persons with regard to the processing of personal data and on the free movement of such data, and repealing Directive 95/46/EC (General Data Protection Regulation). 2016. Disponível em: https://eur-lex.europa.eu/eli/reg/2016/679/oj. Acesso em: 08 jan. 2022.

IRELAND. Data Protection Act. 2018. Disponível em: https://www.irishstatutebook.ie/eli/2018/act/7/enacted/en/html. Acesso em: 08 jan. 2022.

IRELAND. DPC Case Reference: IN-19-1-1. 2020. Disponível em: https://edpb.europa.eu/sites/default/files/decisions/final_decision_-_in-19-1-1_9.12.2020.pdf. Acesso em: 08 jan. 2022.

ANOTAÇÕES

ANOTAÇÕES